国家出版基金项目
NATIONAL PUBLICATION FOUNDATION

交通与运载工程学科：
前沿技术发展与科学问题

|第三册|

张　军　田红旗　侯　晓　**总　主　编**
　　　　严新平　王云鹏
赵祥模　史忠科　安毅生　**执行总主编**

严新平　黄维和　**主　　　编**
吴超仲　梁永图　**执 行 主 编**

人民交通出版社股份有限公司
北 京

内 容 提 要

本册主要阐述水路交通与管道运输学科方向的科学问题，共分两篇：第一篇水路交通包括水路交通系统规划与设计、水路交通信息与控制、水路交通安全与环境、水路交通运营与服务、水路运载工具智能控制与节能、水路运载工具可靠性与运维、港口系统与装备、水路交通基础设施管养等方向问题；第二篇管道运输包括管道运输系统规划与设计，管道运输系统运行与控制，管道运输系统应急与维护，管道运输系统设备与设施，管道运输计量技术与装备，新型、特种管道运输系统及相关技术等方向问题。

本书可供水路交通和管道运输领域科研人员以及相关专业高年级研究生工作学习参考。

图书在版编目（CIP）数据

交通与运载工程学科：前沿技术发展与科学问题.
第三册 / 严新平，黄维和主编. — 北京：人民交通出
版社股份有限公司，2023.11
ISBN 978-7-114-18979-1

Ⅰ.①交… Ⅱ.①严…②黄… Ⅲ.①交通工程—文
集 Ⅳ.①U491-53

中国国家版本馆 CIP 数据核字（2023）第 173416 号

Jiaotong yu Yunzai Gongcheng Xueke Qianyan Jishu Fazhan yu Kexue Wenti（Di-san Ce）

书　　　名：	交通与运载工程学科：前沿技术发展与科学问题（第三册）
著 作 者：	严新平　黄维和
责 任 编 辑：	刘永超　丁　遥　潘艳霞　钟　伟　黎小东
责 任 校 对：	孙国靖　卢　弦
责 任 印 制：	刘高彤
出 版 发 行：	人民交通出版社股份有限公司
地　　　址：	（100011）北京市朝阳区安定门外外馆斜街 3 号
网　　　址：	http://www.ccpcl.com.cn
销 售 电 话：	（010）59757973
总 经 销：	人民交通出版社股份有限公司发行部
经　　　销：	各地新华书店
印　　　刷：	北京印匠彩色印刷有限公司
开　　　本：	787×1092　1/16
印　　　张：	43.25
字　　　数：	865 千
版　　　次：	2023 年 11 月　第 1 版
印　　　次：	2024 年 6 月　第 2 次印刷
书　　　号：	ISBN 978-7-114-18979-1
定　　　价：	230.00 元

咨询委员会
Consulting Committee

丁荣军　马　建　马福海　方守恩　田红旗　刘文杰　关积珍

孙逢春　闫晓波　杜彦良　严新平　李　骏　吴光辉　岑晏青

张　军　张进华　项昌乐　赵国堂　钟志华　姚俊臣　黄维和

翟婉明

（按姓氏笔画排序）

审定委员会
Review Committee

于登云　王云鹏　王志东　王殿海　史忠科　冯小香　关积珍

孙逢春　向锦武　朱祖超　刘　攀　严新平　李克强　杨晓光

杨绍普　余卓平　余祖俊　张进华　张　宁　张来斌　张劲军

金永兴　项昌乐　赵国堂　侯　晓　蒋先国　管　欣　翟婉明

（按姓氏笔画排序）

编写委员会
Editorial Committee

序
Preface

科学的发展本质就是不断地发现问题和解决问题的过程,也是科学内涵、科学规律和科学理论不断形成和增长的过程。科学问题的提出、确认和求解构成了科学发展的内生驱动力,也是开启未知世界的一把钥匙。爱因斯坦在《物理学的进化》中说:"提出一个问题往往比解决一个问题更为重要。因为解决一个问题也许是一个数学上或实验上的技巧,而提出新的问题、新的可能性,从新的角度看旧问题,却需要创造性的想象力,并且标志着科学的真正进步。"1900 年,德国著名数学家希尔伯特在巴黎召开的国际数学家大会上提出了 23 个数学难题,激发了众多数学家的热情,引领了数学研究的方向,对数学发展产生了难以估量的影响。由此可见,科学问题的提出,尤其是系统、清晰的科学难题更能推动科学的真正进步。

一个国家基础科学研究的深度和广度,决定着这个国家原始创新的动力和活力。不断深入探究各个领域的基础科学难题,抢占科技创新发展先机,已经成为世界各大强国的普遍共识。21 世纪初,中国科学院编辑了《21 世纪 100 个交叉科学难题》,在宇宙起源、物质结构、生命起源和智力起源四大探索方向上提出和整理了 100 个科学难题,推动了我国科学技术的前进。2015 年,教育部、科学技术部、中国科学院和国家自然科学基金委员会联合编制《10000 个科学难题》系列丛书,归纳、整理和汇集了多个学科领域当时尚未解决的科学难题,引起了广大研究人员的高度关注。由中共中央、国务院发布的《国家创新驱动发展战略纲要》指出,科技创新是提高社会生产力和综合国力的战略支撑。科学技术部联合教育部、中国科学院、国家自然科学基金委员会共同制定的《"十三五"国家基础研究专项规划》指出"基础研究是整个科学体系的源头,是所有技术问题的总机关",这再次强调了解决基础研究问题的重要作用。

在国家自然科学基金委员会工程与材料科学部的大力支持下,交通与运载工程学科紧密结合国内外科技和交通运输领域发展趋势,面向"交通强国"等国家重大战略,开展了学科科学问题征集活动,系统归纳、整理和汇集交通与运载工程学科目前尚未解决的科学问题。在这个过程中,回顾了交通与运载工程学科的发展历程,厘清了学科内涵与外延,明确了学科发展的重大需求,研判了学科未来发展趋势及新兴学科生长点。这项工作可启迪我国交通与运载工程的广大科研工作者,引导学科研究人员尤其是青年学者和研究生聚焦关键基础理论问题和"卡脖子"技术,从源头上解决科学难题,实现关键问题和核心技术的自立自强。这项工作对于加强本学科基础科学研究的导向作用,加速学科发展的理论创新与技术突破,响应国家战略、助力国家发展,具有十分重要的意义。

一、交通与运载工程学科发展与科学问题征集

在科学技术发展的进程中,衣食住行始终是人类赖以生存和发展的基础,而交通则是人类科技文明的重要标志。伴随着历次工业革命,汽车、火车、飞机、轮船、航天飞船等交通运载工具的发展极大地提高了人类生活质量、推动了科技进步。

交通行业的快速演变发展,在全球范围内有力地催生了交通运输工程学科的诞生。20 世纪 30 年代,当汽车逐渐开始普及,美国、日本、欧洲等国家和地区以探索交通流运行规律为切入点,开始了交通工程研究。交通学科初期主要是应用科学原理和工程技术探讨有关减缓交通拥堵、保障交通安全的交通工程科学技术和方法等。20 世纪 60 年代,随着电子信息和计算机科技的应用,开始开展交通信号控制、数据分析和交通规划与管理研究,并关注交通环境问题。70 年代起,发达国家在大规模开展交通基础设施建设的同时,在交通工程领域引入系统工程理论与方法。80 年代末,世界各地的交通问题再次呈现尖锐化的趋势,基于信息科技改善交通的智能交通运输系统被提出。

20 世纪 80 年代以前,我国交通工程相关学科的发展相对滞后。伴随着改革开放,各类交通基础设施大规模建设,多种运载工具逐步实现自主研发制造。20 世纪 90 年代,伴随着我国大规模交通基础设施建设以及城镇化、机动化进程的不断加快,交通学科进入快速发展时期。2019 年,中共中央、国务院印发《交通强国建设纲要》,指明了新时代我国交通发展的战略方针。为积极响应"交通强国"国家战略,适应交通系统与运载工具变革及多学科交叉融合发展需要,2020年1月,国家自然科学基金委员会工程与材料科学部率先落实改革方案,遵循知识体系结构和逻辑演化规律及趋势,优化学科布局调整,设立了"交通与运载工程"学科。

2021年以来,为了解决我国交通与运载工程领域"卡脖子"技术背后的基础科学问题和关键技术难题,遵循"需求牵引、问题导向"原则,在国家自然科学基金委员会工程与材料科学部交通与运载工程学科处的指导下,交通与运载工程学科学术共同体发起倡议,在全国近140所相关高校、科研院所、国家级学会和行业学会开展了"交通与运载工程学科前沿技术发展与科学问题"(简称"科学问题百问")征集活动。此次征集活动历时两年,最终遴选出涵盖七大交通方式和八个二级学科领域的科学问题共557个,内容包括重大基础研究、前沿瓶颈研究、关键共性技术、颠覆性技术、"卡脖子"技术等多个类型。

二、交通与运载工程学科内涵与重大需求

"科学问题百问"的征集与编撰工作是解析当今科学技术飞速发展对交通与运载工程学科的影响机理,引领未来交通与运载工程学科发展的重要学术活动,其编目体系的科学性、系统性、可操作性对于顺利完成此项工作意义重大。编目体系的确立与学科内涵的挖掘和提炼紧密相关。在交通与运载工程学科处统筹安排下,借助学科发展论坛、青年学者论坛、广泛调研等多种形式,凝练出本学科的内涵为:交通与运载工程学科针对道路、轨道、水路、航空、航天、管道运输、作业运输、综合与新型交通等交通运输方式(体系),研究交通参与者、运载工具、交通设施、空间资源、环境与信息等要素构成的系统,及系统与各要素之间的相互作用和内在规律;研究系统的规划与设计、运行与控制、集成与匹配、运维与管养,实现各种交通运输方式和综合交通系统的安全、经济、高效、节能、环保。

"科学问题百问"的征集过程中,坚持"需求牵引、问题导向",重视引导专家学者瞄准制约我国交通与运载工程领域发展的基础理论和关键核心技术瓶颈提出科学问题。具体来讲,当前学科发展面临的科学难题主要来自以下一些方面：综合立体交通多网融合给综合运输服务品质、综合交通系统整体效能带来的挑战；变革性技术和第四次工业革命给交通行业带来的新问题与新挑战；新型交通运载体系与原创关键技术对交通与运载工程学科基础理论的挑战；地面运载工具的功能与性能测试评价理论与关键技术带来的挑战；资源约束条件下交通与运载工具的可持续发展问题等。

三、交通与运载工程学科未来趋势

通过对学科发展现状的调研、对学科发展方向的梳理和对科学难题演化趋势的研判，交通与运载工程学科的未来将呈现出技术集成、交叉融通等特征。本学科与材料科学、制造科学、电气科学、自动化与控制、信息科学与人工智能、土木建筑，以及经济与管理等学科高度交叉、深度融合，是以行业需求为牵引的技术科学学科，具有鲜明的工程应用特征。基于学科特征和战略发展趋势，交通与运载工程学科未来主要工作应强化基础科学和面向重大需求领域的共性难题研究，将立足国防安全、国家重大任务及行业发展的现实需求，加强顶层设计与战略布局；深度挖掘亟须解决的行业"卡脖子"难题与工程技术背后的科学问题；围绕学科基础理论与关键技术，增强重点及重大科学项目部署；加强多学科领域协同合作、交叉融通；加快研究成果落地应用，促进交通运输行业科技进步。基于学科未来多元发展方向，瞄准世界科技前沿，服务国家重大发展战略需求，交通与运载工程学科未来将着力于交通运输系统的高度智能网联化、数字交通基础设施推动的自动驾驶的车路系统、智能电动化运载工具的设计与控制、磁浮组网、智慧码头、军民融合的航空运输网络、空天飞行器可重复使用可靠性与寿命评估、管道关键装备自主研发、城市群综合交通网络协同规划设计与运行管控、临近空间飞行器等重点领域的基础理论和关键技术研究。

总而言之，挖掘学科研究难题，探明学科发展趋势，为交通与运载工程学科健康稳定发展奠定坚实的科学基础，促进交通与运载工程学科在支撑国家重大需求、产生原创性基础研究成果等方面做出应有的贡献是本书的初心和使命。本书是全国交通与运载工程广大科研工作者的集体智慧结晶，期盼此项工作能对我国交通与运载工程相关研究产生有益的引导，激发科研工作者探索未知、努力创新的研究热情，引导广大研究人员从源头上破解学科难题,有力支撑并引领我国交通与运载工程科技和学科的发展。

中国工程院机械与运载工程学部主任

2023 年 9 月 12 日

前　言
Foreword

新一轮科技革命深入发展,科学研究的范式和组织方式正在经历深刻变革,应对全球性挑战和满足国家经济社会高质量发展对源头创新的需求愈加迫切。党的二十大报告明确了实现高水平科技自立自强和加快建设科技强国的奋斗目标,提出了社会主义现代化建设对基础研究和核心关键技术创新的新任务新要求。

基础科学研究是创新的基石,科学问题的提出和解决是推动基础科学研究不断发展的源泉。2021 年初,在国家自然科学基金委工程与材料科学部大力支持下,在交通与运载工程学科处的指导帮助下,依托科学基金专项项目,全国交通与运载工程学科有关高校、科研院所、国家级学会和行业协会共同发起了"交通与运载工程学科前沿技术发展与科学问题"(简称"科学问题百问")征集活动,旨在凝练交通与运载工程学科关键科学问题和国家重大工程中蕴含的科学技术难题。在整个科学问题百问征集过程中,始终坚持"需求牵引、问题导向",通过汇聚行业共识,夯实学科基础,激发科研人员从源头破解科学难题的热情,以促进交通与运载工程学科健康发展,有力支撑"交通强国"建设。

科学问题百问工作由长安大学和西北工业大学牵头,同济大学、清华大学、中南大学、武汉理工大学、东南大学、北京理工大学、中国石油大学(北京)、北京航空航天大学、中国铁道学会、中国汽车工程学会等高校和学会发挥了主力军作用,包括西南交通大学、北京交通大学、哈尔滨工业大学、重庆理工大学、浙江理工大学等在内的 140 个依托单位的 4200 余名专家学者积极参与编撰工作,实现了产学研用的有机结合,形成了全国交通与运载工程学科基础研究的强大合力。

科学问题百问工作自启动以来,完成了自下而上广泛征集和自上而下顶层设计查漏补缺两个阶段的工作。由领军学者掌舵把关,优秀学者亲力亲为,按照道路、轨道、水路、航空、航天、管道运输、作业运输、综合与新型交通等各交通运输方式进行顶层设计,综合考虑覆盖度、关联度、发展历程等因素,设计科学问题百问总体架构,对最初征集的812个科学问题,通过分类、合并、提炼,经层层筛选、螺旋递进,最终确定了557个科学问题。编委会邀请交通运输各领域的领军学者为本领域的科学问题撰写综述,"学史明理、展望未来",梳理相关领域科学问题的前世今生,总结研究热点,预判未来发展趋势及新兴学科生长点。

全书共分五册:第一册包括道路交通篇和综合与新型交通系统篇,共108个科学问题;第二册包括轨道交通篇和磁浮运载系统篇,共74个科学问题;第三册包括水路交通篇和管道运输篇,共136个科学问题;第四册包括航空交通篇和航天运载工程篇,共131个科学问题;第五册包括地面运载工程篇和移动作业装备与作业工程篇,共108个科学问题。

科学问题百问征集、编撰、审稿全过程得到了国家自然科学基金委员会工程与材料科学部交通与运载工程学科处王之中主任的悉心指导和热情帮助,在此表示诚挚的感谢!在科学问题百问的征集、审定和成书过程中得到了张军院士、翟婉明院士、田红旗院士、侯晓院士、项昌乐院士、严新平院士、王云鹏院士、李克强院士、黄维和院士、陈志杰院士等战略科学家的指导,对他们的关心和帮助表达真诚的感谢!最后,我们代表本书编写组衷心感谢参加此项工作的全国交通与运载工程学科领域的专家学者及相关工作人员。

本书凝聚了全国交通与运载工程学科专家学者的智慧和心血,是国内外最新的对该学科领域科学问题较为全面的总结和凝练,期盼能对我国交通与运载工程广大学者的科学研究和技术创新产生有益启发,引导学科研究人员尤其是青年学者和研究生聚焦共性科学问题和"卡脖子"技术,从源头上解决科学难题,实现关键问题和核心技术的自立自强。希望本书能有力支撑我国交通与运载工程学科的发展,破解我国交通与运载工程行业在高质量发展中遇到的科学问题和技术难题,引领学科研究前沿,为我国"科技强国"和"交通强国"建设做出应有的贡献。作为交通与运载工程学科科学问题的初次探索，在科学问题征集和凝练过程中虽然努力涵盖各个方向，但难免存在疏漏，各个科学问题的内涵描述也不一定十分准确，希望广大读者批评指正，以便在再版更新时进行补充和修正。

《交通与运载工程学科：前沿技术发展与科学问题》编撰工作总召集人

2023 年 9 月 12 日

目 录
Contents

第二篇
管道运输

第一篇

水 路 交 通

INTRODUCTION

绪　　论

水路运输是我国立体综合交通系统的重要组成部分,我国对外贸易的90%以及国内大宗商品运输的70%通过水路运输完成。相比于其他交通运输方式,水路运输系统具有高度的复杂性、开放性和不确定性等特点,深入研究其运行特征和规律,对提升水路运输系统的安全性、可靠性、运行效率和服务能力等有重要的意义。

水运系统是以船舶为载运工具,以港口为节点,以海洋、江河、湖泊等水域为通道的一种运输方式,水路交通与运载工程作为交通与运载工程学科的一个分支,以交通流理论、交通仿真理论、交通风险理论、人机工效学理论、事故致因理论、交通信息控制理论、扩散动力学理论、水动力学理论、船舶力学理论、船舶振动理论、船舶摩擦学理论、船舶在波浪中的运动理论等为基础,重点研究船舶及其与参与者和通航环境间的相互作用与内在规律。

水路交通与运载工程关注水路运输系统中船舶的通航活动,即人-船-环境要素之间的相互耦合作用,以及整个过程中的水上交通态势和演化趋势,主要包括水路交通系统规划与设计、水路通航环境与控制、水路交通安全态势分析、水路交通运营与服务等,探索水路交通系统的智能化方法和运用工程技术,聚焦水路交通系统运载工具的动力学特征和规律、船舶流体动力和结构响应、船舶绿色技术与减振降噪、设计基础理论、性能优化、安全运行等,突破水路交通与运载关键技术,为构建安全、高效、绿色、智能的水路交通系统提供支撑。

纵观水路交通与运载工程的发展历程,技术不断进步背后的驱动力源于科技问题的不断提出与解决,而在此过程中,基础科学理论的不断突破能大力推动相关技术、产品与产业的发展革新。为适应新时代背景下国家生产力的进一步发展,展现大交通时代国家力量,满足人民对美好生活的向往与需求,保障国家安全,实现中华民族伟大复兴,陆续印发《关于建设世界一流港口的指导意见》等纲领性文件,促进水路交通与运载工程向绿色化、少人化、谱系化、电动化、数字化和韧性化方向发展。为更好地服务水路交通与运载工程的技术革新,亟须系统梳理学科背后的科学问题,并转化为学科发展的内生动力。本篇总结了水路交通与运载工程的发展历史、发展现状及未来方向等内容，并以此为基础提出了水路交通与运载工程领域中若干重要的科学问题。

1. 水路交通与运载工程发展历史

人类发展水路交通与运载工程的历史源远流长，几乎和人类的文明史一样悠久。从石器时代的独木舟到现代的运输船舶，大体经历了四个时代：舟筏时代、帆船时代、蒸汽船时代和柴油船时代。在舟筏时代，人们利用火烧或用石斧加工巨大树干制成中空的独木舟，这是最古老的水路运载工具。在帆船时代，人们利用风力作为船的基本动力在水上行驶，并由人来操控改变方向前进的船称为帆船，这是以自然力代替人力的典范。帆船的出现使得船舶在航行速度和载运量方面大幅度提高，从帆船出现到19世纪初，它一直是主要的水路运载工具。在蒸汽船时代，英国的詹姆斯·瓦特在1765年发明了双缸蒸汽机。1768年专门研制了一台用于船舶推进的特殊用途的蒸汽机，从而完成了船舶动力的第三次革命。船舶的推动力从人力、自然力转变为机械力，船舶用蒸汽机提供巨大动力，使人类有可能建造越来越大的船，运载更多的货物。在柴油船时代，德国的鲁道夫·狄塞尔发明了柴油机，又为船舶提供了新的动力。柴油船问世后逐渐取代了蒸汽船。第二次世界大战结束后，工业化国家经济的迅速恢复和发展，国际贸易的空前兴旺，中东等地石油的大量开发，促使运输船舶迅速发展，船舶普遍采用柴油机推进。为了提高船舶运输的经济效益，船舶出现了大型化、专业化、高速化、自动化和内燃机化的多种趋势。

2. 水路交通与运载工程发展现状和趋势

水路交通与运载工程和船舶与海洋工程、港口与航道工程、安全科学与工程、信息工程、环境工程、控制理论等学科联系密切，但总体上更关注与水路交通相关的活动，即船舶和船舶与各要素之间的相互作用耦合关系。

根据研究对象和科学内涵的差异，水路交通与运载工程学科领域设置了八个方向。其中，交通工程领域主要包括水路交通系统规划与设计、水路交通信息与控制、水路交通安全与环境、水路交通运营与服务四个方向，运载工程领域主要包括水路运载工具智能控制与节能、水路运载工具可靠性与运维、港口系统与装备、水路交通基础设施管养四个方向。

（1）水路交通系统规划与设计方面。新时代下，水路交通系统规划与设计以安全、经济、高效、节能和环保为新目标，重点研究船舶自组织运行体系与船-港-货协同控制，探索基于自主编队航行的多船协同运输基础理论，发展智慧水运和绿色水运新生态的水路交通系统。与此同时，开展集装箱港口运营系统资源协同配置与调度、地下集装箱运输系统协同布局与规划、多网数据融合的港口集疏运系统规划与管控方法、邮轮港口布局与规划基础理论与工程技术、复杂突变环境下水路交通运输需求预测技术、面向多能互补态势的"源-网-荷-储"一体化港口布局规划、多式联运无缝衔接系统规划理论与方法等领域的研究。

（2）水路交通信息与控制方面。随着水路交通信息化的快速发展，以智慧港口、智能航运、绿色航道为代表的航运"新基建"正在不断丰富扩大水路交通数据源，使水路交通从多数据时代进入大数据时代。航道等基础设施和水路载运装备网联化、以船舶为典型的水路运载装备控制智能化发展进程加速，水路交通数字孪生、船-岸-云协同、水路交通系统智能控制、水路交通信息安全等方面成为水路交通信息与控制方向的重点发展领域。其中，内河航运中人-船-环境耦合要素控制与优化的研究尤为重要。

（3）水路交通安全与环境方面。当前，水路交通安全正从被动风险防控向以韧性和柔性为核心的主动风险控制发展，注重提升系统应对外部扰动恢复到正常状态的能力，扩展水路交通安全的研究范围。内河航运系统运营风险预警和应急资源调配方法，以及内河航道长期性能演变及协同调控等研究是面向国家战略的重点问题。同时，船舶大气污染、水污染对空气质量、生态环境和居民健康的影响日益引起关注，水上交通环境等面临挑战。可持续发展、绿色新能源、航运减碳和碳捕捉以及大气和水生态安全成为未来的发展方向。

（4）水路交通运营与服务方面。从国内外研究现状来看，班轮运输研究集中于运输组织决策和运输组织优化；不定期船运输研究主要包括船舶调度决策、船舶航次优化及短期航线规划等。然而，水路交通运营与服务仍面临基础性、前瞻性研究储备不足，缺乏面向全寿命周期、数字化、物联化、智能化、绿色化的自主核心技术等问题。因此，未来水路交通运营与服务方向将重点发展智能化数字水路交通管理技术、一体化运输技术、水路交通科学决策与优化技术、水路交通安全保障技术、绿色水路交通技术等领域。

（5）水路运载工具智能控制与节能方面。在本地辅助、远程智能、云端自主、系统网联的发展态势和新一代航运系统的技术装备架构指导下，水路运载工具智能控制与节能研究将以人机共驾、船-岸-云高度协同为典型特征，以船舶多异性能源动力融合设计与协同控制、船舶动力系统的摩擦能量损耗与能效控制耦合作用机理及控制为重点问题，开展内河船舶操纵运动计算流体动力学（Computational Fluid Dynamics，CFD）数值模拟方法、复杂水域内的船舶自主航行技术、智能船舶航行测试仿真关键技术、无人船航线规划与跟踪控制方法、船舶编队航行一致性控制理论与方法、智能船舶远程驾驶中的人机共融问题、船舶可替代燃料及新能源技术、船舶能效与航行环境的耦合机理及协同优化、船用新型电力传动系统理论与性能优化、船舶绿色动力系统的氢能存储关键技术等领域的研究。

（6）水路运载工具可靠性与运维方面。现有水路运载工具可靠性和运维研究尚缺乏全面系统的基础理论支撑,水路运载工具多系统耦合关系不清晰,运载工具整体可靠性评估困难,运载系统内部轻量化、减阻、智能监测与健康管理、危险预测、结构摩擦与润滑机理、能源化学性能可靠性、水润滑轴承磨损机制、孤岛微电网系统的协调控制与运维等方面的协同机制不明确,融合设计及设配方法难以实现通用化。其中,船舶可靠性监测正反问题与健康管理技术,以及商船应急改造与安防设计的理论和方法等重点问题亟须解决。水路运载工具可靠性与运维未来将主要发展绿色航运、节能增效、全球全天候航行新要求下与可靠性紧密关联的综合交叉新理论、新方法和新技术。

(7)港口系统与装备方面。随着自动化技术、传感器技术、计算机技术和通信技术的快速发展,建设自动化、智能化和绿色化的智慧港口成为行业发展新引擎。在新形势下,港口系统与装备研究聚焦于港口交通系统综合协调及全程控制,以及大型散货卸船装备连续输送机理及其优化方法等重点问题,开展智慧低碳港口新型自动装卸系统优化理论、绿色智慧港口系统多源信息融合理论、港口集疏运系统平行智能调控方法、集装箱码头空间资源时空优化及韧性作业、港口系统污染治理与能源消耗安全韧性调控、港口装备多能源绿色驱动及其能效提升、港口多能源融合系统源荷匹配协同理论、港口物流装备全役健康智能监测方法、港口机械装备数字孪生智能安全制造、港口装备多模定位与装备群协同管控等领域的研究。

(8)水路交通基础设施管养方面。当前,水路交通基础设施管养研究聚焦于在大数据基础上构建科学的港口、船闸和航道养护技术规范与标准体系,并对标准进行动态的修正完善,全面推行养护标准化管理,重点解决大型水利枢纽复杂水路交通高效运行的基础问题。随着在线监测、智能预警、协同调控等技术的不断引入,水路交通基础设施管养将借助现代化科技信息手段和大数据方法,实现水路交通基础设施养护管理全过程的信息化、自动化和智能化。

3. 现有科学问题梳理

在此次征集的科学问题中,共收集水路交通与运载工程方向的81个科学问题,经过对水路交通与运载工具领域发展历史、发展现状以及未来方向的分析,对科学问题进行系统梳理。结合交通工程领域的水路交通系统规划与设计、水路交通信息与控制、水路交通安全与环境、水路交通运营与服务四个方向,以及运载工程领域的水路运载工具智能控制与节能、水路运载工具可靠性与运维、港口系统与装备、水路交通基础设施管养四个方向,对未来需要重点资助的研究方向进行了细分,对科学难题进行了整理以及合并。

CHAPTER ONE

第1章
水路交通系统规划与设计

　　作为水路交通与运载工程学科发展的核心基础,水路交通系统规划与设计紧扣水路交通系统安全、经济、高效、节能和环保等国家重大战略需求,以港口、航道、船舶、装卸搬运设备、货物及旅客运输等要素构成的水路交通系统为研究对象,在水路运输模式与决策、水路交通空间规划、港航能源系统设计、水运网络、水路交通多网合一、水路交通基础设施运维、水路交通运营与服务等方面开展先进理论、技术与方法研究。

　　水路交通系统规划与设计的研究主要针对其构成要素。第一,港口是水路交通系统的重要组成部分,港口规划与设计首先需要考虑水路交通空间规划,研究包括港口陆域水域空间规划、多港口一体化规划、水路交通网络空间规划、港口选址与布局、岸线规划等;其次考虑港口运营系统资源协同配置与调度规划,研究包括泊位与岸桥联合调度、堆场资源配置与优化、集装箱车(俗称集卡)与场桥资源配置协同优化、海铁联运装卸设备配置及能力协调、码头实时调度系统等;然后考虑港口集疏运系统规划与设计,研究包括集疏运通道规划、港城交通协同规划、集疏运结构、地下通道运输、车路协同等。第二,水上运输也是水路交通系统的重要组成部分,主要研究水运航线网络规划与设计、船舶生产经营指标体系、班轮运输组织、不定期船运输组织、内河船舶运输组织、船舶运输计划与调度优化、船舶贸易及经营策略、邮轮运营模式、客滚运营模式、特种船舶运营服务等。以水运航线网络规划与设计为主要研究方向,包括航线网络韧性、航线设计、挂靠港选择、船型与船队规模、运力布局等。以船舶运输计划与调度优化为主要研究方向,包括船队规划、船舶配载、航线设计、船岸协同、空箱调租等。第三,港航能源是近年来水路交通系统日益重视的重要组成要素,研究内容包括微电网、能源替代、岸电、新能源、混合动力等。此外,水路运输系统与其他运输系统的衔接和集成也是水路交通系统研究的热点问题,主要研究多式联运系统规划与设计,包括公铁水联运、多式联运结构、多式联运枢纽设计、转运衔接设计、绿色联运等。

随着各种运输方式的发展和交通运输领域新型基础设施的建设,多网络复合和融合已经成为新趋势,拓展了水路交通系统规划与设计的传统研究领域。一方面,水路交通系统中,以港口为枢纽节点,以船舶航线为链路,以区域内的港口群、全球多港口节点链接和港口经济辐射圈形成面,构成水运网络空间,并与陆路、航空、管道等构成多式联运协同复合网络空间,形成复杂巨系统。另一方面,水路交通多网合一规划与设计已成为水路交通一体化高质量发展的重要载体,包括水运基础设施网与水运服务网融合、水运基础设施网与信息网融合、水运基础设施网与能源网融合、水运服务网与信息网融合、多网融合的规划与设计等。

随着互联网、大数据、云计算、人工智能等新技术的发展,以及多网融合即将落地,智慧水运和绿色水运新生态伴随着传统水路交通系统正在逐步形成。水路交通系统的安全、经济、高效、节能和环保面临新目标和新要求,亟须在基础理论和核心关键技术等方面开展攻关及研究,发展趋势与重点主要集中在时空多尺度水路交通运输空间规划理论与技术,集装箱港口运营系统资源协同配置与调度规划,地下集装箱运输的协同布局与规划,多网数据融合的港口集疏运系统规划与管控方法,邮轮港口布局与规划科学问题研究,复杂突变环境下水路交通运输需求预测技术,面向多能互补态势的"源-网-荷-储"一体化港口布局规划,多式联运无缝衔接系统规划理论与方法,复杂网络下船舶运输规划与调度方法,水路交通系统多网复合与融合的理论、技术与方法等领域。

撰稿人：沙梅(上海海事大学)

船舶自组织运行体系与船-港-货协同控制

Ship self-organization operation system and ship-port-cargo coordination control

1　科学问题概述

水路运输由交通参与者、船舶、助航设施和环境信息等要素共同作用完成,是典型的人-信息-物理-社会系统,具有非线性、强耦合、高时变等特征。目前研究多停留在场桥货物调度、船货智能匹配、港口泊位优化等方面,尚未考虑水路运输过程中船舶、港口、货物三者协作运行的控制理论与方法,难以彻底解决交通运行效率低、资源配置优势尚未发挥等问题,也未实现船-港-货高效协同调度。世界水路交通正处于重大技术革新的前夜,正在向"岸基驾控为主,船端值守为辅"的新一代航运系统发展。我国水路运输的发展历经瓶颈制约、初步缓解、基本适应的过程,逐渐步入立体互联、域级融合、系统推进的新发展阶段,基本实现了从基础研究并跑、共性关键技术赶跑到应用研究并驾齐驱,但在关键设备研发和核心技术攻关方面仍与发达国家存在一定差距,迫切需要突破颠覆性技术和实现体系性创新。为保障新一代水路运输的高效运行,保障船-港-货协同控制的安全可信,从水路交通系统的组织运行机理出发,亟待构建多目标优化与协同控制理论和船-港-货协同控制方法,突破系统多目标优化协同运行控制的技术瓶颈,使得协同控制水平由低级有序走向高级自主。其中涉及的基础科学问题重点包括以下方面:

1.1　如何描述水路交通系统的组织运行机理

水路交通系统由航道基础设施、水路运载装备、客货调度组织、海事运营管理组织等构成。如何揭示船-港-货作用的变化规律和内在机理,探寻船舶、港口、场桥、泊位等资源的优化配置和协同调度对于交通系统运行的影响,挖掘复杂水路交通环境下的运行条件,解析水路交通全时全域的共性规律和协同机制,是首先需要解决的关键科学问题。

1.2　如何构建系统多目标优化与协同控制理论

船、港、货耦合组成的复杂水路交通系统,受到载运工具、基础设施、旅客和货物等多层域对象交互影响。研究如何针对多目标的不同需求构建最优的调配路线,基于船-港-货之间的耦合效应建立系统多目标优化模型,探究区域多智能体协同控制方法,形成一系列评价标准,以实现系统的整体控制。

1.3　如何研究船-港-货协同的运行控制方法

在船-港-货协同环境下,船舶、港口、货物及系统和谐共生,是典型的自组织运行体系应用场景。面向船-港协同、船-货协同和港-货协同等阶段的功能逻辑,预先开展船-港-货协同运行控制方法理论与共性关键技术研究,基于空间和边界概念的自主性设计框架,研究船-港调度协同、船-货匹配协同和港-货衔接协同等运行控制模式下的序贯决策机制与共享自适应调度控制方法,具有重要意义。

2　科学问题背景

2.1　复杂环境多因素耦合建模与影响参数辨识问题有待解决

船-港-货闭环系统的态势演化同时受到自然环境(势能场)、运动特征(动能场)、调度行为特性(行为场)等因素的影响,基于水上交通环境变化、船舶运动状态等信息分析各因素的影响权重和分布特征,揭示系统运行规律并预测演化趋势。

2.2　对船-港-货交互作用机理认知不足

目前研究更多聚焦于单一交通对象,船-港、船-船、港-货、船-港-货相互作用机理尚未明晰,缺乏岸桥装卸货、船舶进出港、堆场管理等典型场景下船舶与货物调度对周围交通环境的影响,以及不同管理系统操作差异性对船舶自组织运行体系影响的研究,亟须探寻水路交通系统中船-港-货交互作用机理和运行特性。

2.3 现有工作多面向自主智能系统,聚焦于智能决策和自动控制等方面,在真实复杂动态环境下其安全性和可信度无法得到保证

面向不同智能水平的港口与船舶,针对船-港间调度、船-货间调度和港-货间调度模式,基于联合设计框架的自主性边界判定、基于自主性协同系统的共享控制与基于序贯决策的共享控制方法仍需进一步研究。

综上所述,迫切需要开展复杂环境多因素耦合建模方法和模型影响参数辨识研究,实现对系统运行规律的表征和演化趋势的预测,保障船-港-货协同系统的高效运行。构建船-港-货协同控制系统多目标优化与协同控制理论,实现高非确定性条件下多目标控制决策,面向不同智能等级船舶与港口,突破船-港-货协同的多模态感知、面向典型场景和特定工况的决策策略等关键技术,确保系统的安全可信。

3 科学问题研究进展

3.1 针对船-港-货交互作用机理

现有研究主要聚焦于港口船舶调度、多目标协同优化和港口交通系统风险仿真等方面,云计算、物联网、计算机仿真技术被应用于航道与泊位资源协调调度、港口内集卡调度和货物流向的控制分析,缺乏水路交通全水域的共性规律和协同机制的分析,典型场景下船-港-货耦合机理有待研究。

3.2 针对船-港-货系统多目标优化与协同控制理论

现有研究更多关注港口集群的调度,船岸通信网络交互,港口船舶作业管理,物联网、第五代移动通信技术(5th Generation Mobile Communication Technology,5G)等新技术对于港区货物装卸效率的提升,船-港-货耦合特性缺乏对多船船队之间协同控制的影响,以及各操作系统之间的自适应,迫切需要构建港区多目标优化模型,形成整体协同控制方法。

3.3 针对船-港-货协同控制系统的控制方法

现有研究主要围绕船舶调度优化、港口货物调度优化、多船协同等方面,更适用于特定工况和理想化环境下的自主性船-港-货协同控制系统。在船-港-货协同环境下,船舶、港口、货物的合理调度成为船舶自主性运行体系的发展方向,非确定性条件下的多目标控制决策和多目标优化与协同控制是现有研究亟待突破的技术瓶颈。

　　综上所述,现有针对船-港-货自主决策机理和协同控制方法的研究尚处于理论探索阶段且局限于理想环境,尚未考虑交通要素交互作用和耦合机理,缺乏全面系统的基础理论支撑。船-港信息交互特性与港-货序贯调度决策机制不明确,尚未建立统一的自主性边界描述框架和自主式内河船-港-货协同决策机制,制约了航运系统自组织性的快速发展。因此,面向 L2 ~ L3 等级智能船舶以及无人智慧港口,预先开展船-港-货协同控制系统决策机理与协同控制方法研究,具有重要意义。

主要参考文献

[1] 严新平,李晨,刘佳仑,等.新一代航运系统体系架构与关键技术研究[J].交通运输系统工程与信息,2021,21(05):22-29,76.

[2] 张宝晨,张英俊,王绪明,等.基于船岸协同的船舶智能航行与控制关键技术研究[J].中国基础科学,2021,23(02):44-51.

[3] 张卫东,刘笑成,韩鹏.水上无人系统研究进展及其面临的挑战[J].自动化学报,2020,46(05):847-857.

[4] 李晓玲.基于动态规划算法的散货港口船舶调度优化[J].计算机仿真,2020,37(11):393-397.

[5] 江振峰,陈东旭,杨忠振,等.基于运输需求时/空特征的不定期船舶运输的调度优化[J].交通运输工程学报,2019,19(03):157-165.

[6] Zhang M,Zhang D,Yao H,et al. A probabilistic model of human error assessment for autonomous cargo ships focusing on human-autonomy collaboration[J]. Safety Science,2020,130:104838.

[7] Li S,Liu J,Negenborn R R. Distributed coordination for collision avoidance of multiple ships considering ship maneuverability[J]. Ocean Engineering,2019,181:212-226.

[8] Liu J,Aydin M,Akyuz E,et al. Prediction of human-machine interface (HMI) operational errors for maritime autonomous surface ships (MASS)[J]. Journal of Marine Science and Technology,2022,27(1):293-306.

[9] Fan S,Blanco-Davis E,Yang Z,et al. Incorporation of human factors into maritime accident analysis using a data-driven Bayesian network[J]. Reliability Engineering & System Safety,2020,203:107070.

[10] Chen L,Negenborn R R,Huang Y,et al. Survey on cooperative control for waterborne transport[J]. IEEE Intelligent Transportation Systems Magazine,2020,13 (2):71-90.

　　撰稿人:严新平(武汉理工大学)　张笛(武汉理工大学)

时空多尺度水路交通运输空间规划理论与技术

Spatial planning theories and technologies for waterway transportation in multi-scale time and space

1 科学问题概述

空间规划是综合考虑协调发展与环境保护,规范各类活动与空间需求之间关系的战略性规划。水路交通运输空间规划是以提升空间效率、优化空间结构为目标,调整水路运输系统空间结构、规范开发层级、合理布局资源的规划。

水路交通运输系统时空多尺度特征主要体现在船舶、货物、技术、信息、资金等要素在不同空间维度和不同时间尺度下,呈现异质化的分布与流转状态,并形成对国家、流域、区域、城市不同层次和长、短时间周期的不同规划需求。水运交通运输系统各组成部分在不同尺度的时空中呈现不同的宏观结构、中观结构、微观结构和演化动力机理,表现为空间和时间上的分异、关联与集聚,以及微观层面与中观层面的耦合、宏观层面的协同。时空多尺度视角能够为水运空间规划提供更为丰富和细观的信息,能更精确地刻画水路运输动态行为与空间结构间的关系。

从系统维度出发,水路交通运输空间规划可解构为单一港口空间规划、多港口一体化空间规划、水运网络空间规划三个方面的关键科学问题。

1.1 资源集约化与多运输模态协同下的单一港口空间规划

单一港口空间规划包括港口选址、功能、规模、资源配置、布局方案等内容。关键科学问题包括:①空间资源约束下,码头前沿装卸系统、水平搬运系统与堆场装卸系统三者之间的空间分配、空间资源耦合、承载力协同等问题。②空间资源约束下与运输方式冲突下,水水转运、水铁联运换装等港口集疏运方式选择下,港口陆域与水域空间资源分配的耦合、航道水域与中转水域空间资源分配的耦合问题,以及港口货量不均衡情况下的水公铁集疏运方式的负荷与空间分配之间的均衡问题。③为实现水路运输与多种运输方式的高效协同,需解决不同时间尺度下港口集疏运空间结构和多式联运网络空间结构的耦合关系与布局问题。

1.2 深度耦合关联的多港口一体化空间规划

多港口一体化的内涵既可以理解为基于地域概念的港口群一体化,也可以理解为第四代港口所指的全球多港口节点链接形成一体化。关键科学问题包括:①港口群的时空演化规律,港口群中各港口节点布局的关系。②港口群与港口群之间的布局关系、耦合作用、协同整合问题。③全球多港口节点链接形成一体化网络后,在内外因素的交互作用下,网络拓扑结构与交通动力学时空演化规律;全球多港口节点之间的承载力整合与空间匹配关系、空间布局耦合作用等问题。

1.3　复杂环境下韧性水运网络空间规划

水运网络由港口与船舶航线构成,是船舶、码头、货物、技术、信息、资金等要素流动、交互和耦合而成的复杂系统。其空间布局与结构是水路运输系统高效运行的核心因素。水运网络空间规划是水运网络规划的重要组成部分,旨在从空间资源集约化有效利用的角度,满足水运网络高效运行与可持续发展的需要。关键科学问题包括:①在不同时空尺度下,分支航线网络、多港挂靠航线网络、轴辐式航线网络、混合式航线网络等不同水路交通运输网络在空间布局上的演化机理与特征。②港口节点与航线网络之间的互馈耦合关系;港口节点、航线网络及多式联运网络的交通流负荷与空间资源承载力匹配问题。③复杂环境因素扰动下的国际海运网络空间结构对水路运输系统的可靠性和鲁棒性,以及抗毁性和可恢复性的影响问题。

2　科学问题背景

水路交通系统中,以港口为枢纽节点,以船舶航线为链路,以区域内的港口群、全球多港口节点链接和港口经济辐射圈形成面,构成水运网络空间,并与陆路、航空、管道等构成多式联运协同复合网络空间,形成复杂巨系统。

目前水路交通空间规划涵括空间布局与结构的分异及类型识别、空间演化动力学、功能定位、一体化协同规划等内容。这些研究取得了一些进展,奠定了水路交通空间规划的研究基础。然而,由于水路交通系统随时间空间不断演变,现有研究仍存在对水路交通空间规划的时空多尺度特征认识不足的问题。与此同时,水路交通系统随着社会经济发展面临新型挑战,可以归纳为:港口数字化转型带来的实体空间与虚拟空间的影响;低碳可持续集约化发展的需求;复杂多变环境引发的突发风险和极端扰动;货源异质性与货主个性化运输需求等。这些挑战势必要求传统的空间规划理论与技术必须适应未来不同空间维度、不同时间尺度下安全、高效、便捷、绿色发展的需要,由此亟待在以下几个方面实现突破:

资源集约化背景下港口装卸功能空间与集疏运空间亟待重构。港口由一定水域和陆域空间构成,其中陆域与水域的交界区域承载码头前沿装卸作业,陆域空间承载水平搬运、堆场装卸及水铁联运功能,而水域空间承载船舶装卸作业、航行与水水转运功能。船舶持续大型化与港口城市亲水空间的拓展使得岸线资源日益紧缺,岸线集约化、高效化利用必然要求在不同时间尺度下重构港口空间，以适应新发展态势。在此背景下，亟须探索：①港口效率取决于各个功能模块的协同效率，而船舶大型化带来的货物"大进大出"对港口空间布局和智慧化升级提出了新需求。在岸线资源和土地资源日益稀缺的背景下，若空间规划缺乏系统集成思维，则会造成空间布局不合理、运输负荷与空间资源不匹配等问题。②运输结构调整要求提升水路和铁路集疏运的比重，导致水水中转、铁水联运作业空间需求增加，而不同运输方式的差异化空间需求和港内有限空间的集约化利用往往会导致不同运输方式在换装、集货、载运等空间布局上的冲突，引起集疏运不畅、衔接低效的问题。③港口选址和布局在空间结构上不是孤立的，而是嵌入在综合交通多式联运网络空间之中，为此需从港口作为整个综合交通运输系统枢纽的角度，考虑其空间规划。港口空间设计及资源配置上，需与铁路运输主通道、高等级内河航道、航空货运枢纽实现无缝衔接。

全球经贸竞合新格局对多港口的资源整合与共享提出更高的要求。全球经贸竞合新格局更强调产业链、价值链和运输通道的深度多元融合，沿海和内河港口群一体化集成、全球港口一体化网络构建是确保其获得更高层次战略优势的重要支撑。主要研究涉及以下三个层次：①我国已形成五大港口群和八大运输体系，为避免多港口恶性竞争和重复投资造成浪费，港口群内枢纽港、干支线港、喂给港在空间布局和资源配置上应形成合理的层次结构，成为国内大循环和国际大循环的有效衔接点。②伴随着全球经济发展格局的快速变化，港口区域一体化发展方式发生转变，港口群腹地的运输需求变化显著。多个港口群一体化布局与规划旨在实现各港口群间的统筹协调，集约高效利用港口群资源，提升协同发展水平和整体竞争力。③在第四代港口发展模式的引领下，辐射全球的港口网络联营体正在形成。其形式上主要表现为不同港口之间虽然在空间上分离，但却由共同的运营商经营或者由统一的港口管理机构来管理，最大限度地共享和调配资源。这一模式势必给多港口空间布局演化带来新的驱动力，诸如中枢节点的布局、多港口形成的社团结构在空间上的演化，需要探索与之相适应的新规划理论与方法。

水运网络空间结构与功能之间的互馈耦合机理挖掘不够深入，无法形成适应复杂环境变化的有效规划理论与技术。网络化是水路交通运输系统的自然属性和内在需求，水运网络空间布局受到水路交通供需平衡、陆地与海洋空间资源以及综合交通运输空间布局的影响。合理的空间规划是水运网络规划的基础，同时也是影响水运网络运行效能的关键因素。复杂多变的环境给现有水运网络空间规划带来诸多挑战：①现有水运网络缺乏全域空间尺度和多源时空动态数据的融合，导致透明化程度低、可追溯性差。不同水运网络在时空多尺度上呈现日趋复杂的形态，对其动态演化机理的探索不够深入。②港口与航线是构成水运网络的关键要素，两者在空间布局与资源配置上存在很强的互馈耦合效应，并由此影响整个水运网络的交通流负荷与空间承载力。③水运网络在空间规划上主要聚焦于单一维度的特征,对涉及基础设施、载运工具、货运需求、资源配置、运输组织、社会经济效应多层次要素相互耦合而形成的复合影响研究不足,迫切需要量化枢纽港口、关键航道、极端事件、需求波动等对水运网络运行效率的影响,挖掘关键脆弱因素和风险扩散路径,模拟不同网络空间布局下系统韧性的演化,为实现水运网络智能可观、可测、可控提供理论支撑。

3　科学问题研究进展

3.1　针对单一港口空间规划问题

现有研究主要聚焦于港口选址问题,港口货源特征对港口空间功能分区及规模、布局形式、资源配置的影响规律,港口空间功能分区及规模、布局形式、资源配置对港口及其集疏运系统综合效率的影响规律,港口空间规划与多式联运系统的集成技术四个方面。港口空间规划重点关注空间资源的利用和配置问题,目前正处于"单纯需求导向"向"资源＋需求导向"转变的阶段,需综合考虑货流需求特征、空间资源约束和多式联运系统效率。现有研究的局限性主要体现在:①港口各功能区域的空间布局研究往往假设货流和船流服从既定分布,对货流和船流时空多尺度特征的内在机理揭示不充分;对各功能区域空间耦合效应下的港口各功能区空间布局和平面布置的研究不足;对设备与设施配置耦合效应下的码头设施空间规划研究不充分。②现有研究尚未统筹考虑港口与公路、铁路、水路等交通运输网络的衔接问题,缺乏对港口货流特征、空间资源配置模式、多式联运系统能力三者之间动态作用机制的深度揭示,难以适应多式联运港口空间资源配置的需要。③港口空间与综合交通系统空间布局规划的集成研究存在不足,难以发挥相互间的协同作用。

3.2　针对多港口一体化空间规划问题

现有研究主要聚焦于港口群相关概念研究、港口群空间演化研究、港口群内的港口优化整合、区域层面的港口群治理、内河港口群发展研究等方面。这些研究的不足主要体现在:①如何利用大数据及人工智能方法分析与判断港口群时间空间演化规律;如何在平衡港口群规模化与集约化发展的前提下,对群内各港口进行分层次的空间布局。②如何在考虑多个港口群之间耦合关系的情况下,从顶层对多个港口群进行布局与规划;如何在不同港口群发展水平不平衡的条件下实现资源的有效整合。③如何在全球范围内布局关键港口节点和联结通道,以使得整个港口网络兼具较强的承载能力和结构韧性;如何使多港口一体化布局契合国家的整体发展战略。

3.3 针对水运网络空间规划问题

研究热点主要集中于单一航线及区域航线网络设计与优化模型、水运网络空间结构特征与演化动力学、水运网络空间结构对系统鲁棒性与脆弱性的影响等方面。现有研究存在的不足及难点主要体现在：①微观层面的港口及航线布局与宏观层面的水运网络空间结构和功能特征之间存在机理断层，港口选址、航线规划、船舶调度等微观行为与状态无法解释整个水运网络的宏观演化，宏观动态演化如何反作用于微观决策也无法辨识。由此导致水运网络宏观特征与演化分析不够深入，微观层面的港口与航线网络优化则因素过于简化，不利于解析水运网络时空多尺度演化机制。②水运网络的空间嵌入性、时变效应和多维尺度与不同的风险扰动情景耦合，对水运系统鲁棒性和脆弱性往往会产生异质化的影响，现有研究对此种差异性缺乏足够的关注和有效的分析技术。③水运网络的韧性研究偏重于静态的鲁棒性和脆弱性，忽视诸如货主、港口、船舶、运营商、集疏运系统等各要素自主适应性和集群行为产生的动态影响，无法准确全面反映水运网络韧性水平。④水运网络既是综合交通运输体系的核心组成部分，又与全球商品贸易与供应链网络密切相关，其空间布局既涉及工程、技术因素，还受到社会、经济、城市规划、综合交通的影响。现有研究多数仅考虑单一维度，对如何量化这一复合影响，尚缺乏统一、系统的范式与方法。如何超越单一维度和静态结构的传统研究视角，依托全息感知、知识图谱、机器学习、复杂网络揭示水运网络多尺度时空动态演化机理，在空间规划层面整合网络结构与功能以应对复杂突变环境的挑战，是亟待解决的理论和技术难题。

综上所述，在新国土空间规划体系、国内外经济发展双循环新格局、港口数字化转型背景下，亟须探索时空多尺度视角下的水路交通运输空间规划理论与技术。从单一港口空间规划、多港口一体化空间规划、水运网络空间规划三个方面重点研究资源集约化与多运输模态协同下的单一港口空间规划、深度耦合关联的多港口一体化空间规划、复杂环境下韧性水运网络空间规划，使传统的空间规划理论与技术适应未来不同空间维度和不同时间尺度下安全、高效、便捷、绿色发展的需要。

主要参考文献

[1] Böse J. Handbook of Terminal Planning[M]. Cham, Switzerland: Springer Nature Switzerland, 2020.

[2] Schepler X, Balev S, Michel S, et al. Global planning in a multi-terminal and multi-modal maritime container port[J]. Transportation Research Part E: Logistics and Transportation Review, 2017, 100: 38-62.

[3] Czermański E, Oniszczuk-Jastrząbek A, Zaucha J, et al. Preconditions of new container ter-

minal location in the Maritime Spatial Planning framework. A Case Study for the Central Port Concept in Gdańsk[J]. Marine Policy,2021,130:104585.

[4] Monios J,Wilmsmeier G. The role of intermodal transport in port regionalisation[J]. Transport Policy,2013,30:161-172.

[5] Asadabadi A,Miller-Hooks E. Maritime port network resiliency and reliability through coopetition[J]. Transportation Research Part E:Logistics and Transportation Review, 2020,137:101916.

[6] Ducruet C,Notteboom T. The worldwide maritime network of container shipping:spatial structure and regional dynamics[J]. Global Networks,2012,12(3):395-423.

[7] Chen H,Lam J,Liu N. Strategic investment in enhancing port-hinterland container transportation network resilience:A network game theory approach[J]. Transportation Research Part B:Methodological,2018,111:83-112.

[8] 严新平,李晨,刘佳仑,等.新一代航运系统体系架构与关键技术研究[J].交通运输系统工程与信息,2021,21(05):22-29,76.

[9] 严新平.自主水路交通系统的研究与展望[J].中国水运,2020(07):6-7.

[10] 毛保华,高自友.城市轨道交通网络运营资源共享方法与技术进展[J].交通运输系统工程与信息,2018,18(03):1-8.

撰稿人:沙梅(上海海事大学)　张欣(上海海事大学)　雷超(上海海事大学)

集装箱港口运营系统资源协同配置与调度

Coordinated resource allocation and scheduling of container port operation system

1　科学问题概述

港口作为国际供应链的重要节点,具有能耗高、外部环境复杂、资源密集等特点。随着集装箱吞吐量的逐年增长和码头自动化技术的发展,优化配置港口资源、提高港口运营效率,是增强港口竞争力的关键因素。目前世界各地的港口和研究机构投入了大量人力、物力,探索研究如何提高港口的工作效率、如何实行自动化、如何降低成本等问题。由于港口本身是一个复杂的系统,在实际运作中,港口运行效率的提高不仅仅依靠单个系统的优化,还与各个系统之间的配合有着重要的关系。因此,整体考虑各个系统的配合,研究港口运营系统的资源协同配置,制定港口整体运营调度规划,是港口规划与设计的重要方向,也是提高港口竞争力的关键问题。

国内外学者已在港口运营系统资源协同配置与调度方面做了许多研究,尤其在集装箱港口运营系统的资源协同配置与调度领域做了大量研究,包括泊位与岸桥联合调度、堆场资源配置与优化、集卡与场桥资源协同配置与优化、海铁联运装卸设备配置与能力协调,以及码头实时调度系统研究等问题,取得了一些有价值的成果。这些研究大多围绕港口泊位、堆场、水平运输、装卸工艺及运营系统等展开,随着港口自动化与智能化的发展,传统集装箱码头与港口的优化方法很难适应当前先进技术的应用与发展。

当前港口运营系统中引进了自动化设备与智能调度系统,设备类别、设备数量、作业规模的增加以及人的智能决策的减少,也增加了对高效率、安全和灵活性的需求。以泊位、堆场、水平运输、集成运营和先进装卸工艺为核心,需要重点解决以下五个科学问题:

1.1 港口泊位智能调度

港口泊位调度的目标是决定集装箱船舶的停靠泊位和停泊时间(即停泊顺序),使所有到港船舶的总在港时间最短,提高港口装卸作业效率。考虑到港口作业环境的多变性与复杂性,面对自然环境等因素对船舶作业时间的影响,泊位智能调度需要解决港口船舶与泊位资源的动态调度,以及优化泊位资源与港口其他资源的协同作业。在港口自动化与智能化发展进程中,利用大数据、智能设备等对泊位与船舶作业等信息进行预测与分析,为港口泊位智能调度问题提供决策支持。

1.2 堆场资源协同配置与优化

堆场资源配置是根据堆场系统多资源集成约束条件,对堆场作业进行科学指导,即对箱位空间分配、机械设备调度进行科学指导,而堆场布局对其资源配置有着直接影响。由于港口自动化与智能化的建设与改造,堆场布局逐渐多元化,主要有平行布局、垂直布局和U形布局,尤其U形堆场中水平运输车辆可直接进入堆场作业,对堆场装卸设备的作业、堆场多个设备资源的交互等提出了新的挑战,堆场资源的协同配置与优化问题更需要进一步解决,以提高堆场作业效率。

1.3 水平运输系统调度优化

水平运输系统连接泊位作业系统和堆场作业系统,是提高港口作业效率的关键环节之一,例如自动化码头水平运输设备自动导引车(Automated Guided Vehicle, AGV)的作业调度对整个码头运营有着重要影响,也是制约码头提高效率的瓶颈。因此港口水平运输系统的调度优化需要考虑水平运输作业与泊位、堆场装卸作业之间的协同,以及道路容量与作业环境的影响。通过调度水平运输设备,优化任务分配与运输路线,实现多个水平运输设备间的无缝衔接,缩短总作业时间以及无效作业时间。

1.4　核心业务集成与运营系统优化

港口集成运营系统通过分析港口的功能布局、作业模式以及作业流程等,对港口的核心作业(如泊位分配、岸桥调度等任务)进行界定。根据作业流程的描述,确定港口核心作业的构成及其核心作业计划,分析集成运营系统优化问题所需的约束条件、决策变量和优化目标,描述港口核心作业计划优化问题的模型构建,从而为核心作业计划优化问题的研究提供理论依据。

1.5　先进装卸工艺系统协同优化

港口装卸工艺系统是指运用装卸设备及配套机械化系统,完成货物在不同运输方式之间的装卸作业。随着港口自动化与智能化的发展,自动化轨道起重机、双小车岸桥等先进装卸设备的使用对港口装卸工艺有了新的需求,装卸设备的管理模式也在向数据化与智能化转变,先进装卸设备的人机交互、智能运维与远程控制等作业要求对港口运营效率有着重要影响。不同类型的装卸作业所运用的装卸工艺也不尽相同,港口整体作业主要由岸桥、堆场起重机、集卡等设备协同完成,需要综合考虑不同设备间的协同调度,提高装卸效率。

2　科学问题背景

在世界大物流的背景下,港口占据着物流网络和供应链的巅峰位置。在我国港口吞吐量迅速增长的同时,许多港口码头能力不足的矛盾也日渐凸显,其实际完成的吞吐量常常大于码头通过能力,致使码头处于超负荷工作状态。目前需要解决的重要问题就是在现有码头规模下,尽可能提高码头作业效率,充分挖掘码头能力,以优化港口运营系统资源配置与调度。

目前国内外对泊位资源配置的研究相对较多,针对泊位数量、服务能力、调度策略等研究均较为深入,且在实际作业中得以应用,体现出良好的效果。通过对码头泊位资源配置、调度和岸桥联合调度,提高泊位利用效率,促进码头与集装箱双向合作、信息共享和调度决策,实现码头和集装箱公司利益最大化。

集装箱码头堆场资源管理的局限性制约着港口集装箱吞吐量的进一步增长,直接影响码头的运作效率和运营成本。为了提高码头整体作业效率和集装箱业务处理能力,应对船舶大型化时代的港口竞争压力,堆场资源的精细化管理质量逐步提升,数据化转型速度逐步加快,有效提高堆场作业资源利用率并提升码头盈利能力,以适应未来集装箱运输业的发展和挑战。

集装箱码头水平运输作业指岸边与堆场间的集装箱运输作业。随着船舶大型化、作业高效化发展,水平运输作业越来越成为影响停泊时间的关键环节,主要体现在 AGV 等水平运输设备与岸桥的装卸作业衔接不流畅时，岸桥将出现等待或者无效运行的情况，这大大降低了岸桥作业的连续性。

核心业务集成与运营系统的局限性是影响船舶泊位分配与岸桥调度作业的关键因素，同时制约着港口服务作业各部门之间的信息交互，使港口与铁路之间缺少联系并造成信息交互过程中出现数据丢失和错误匹配的不良现象。因此，如何完善核心业务集成与运维系统、减少错误发生，成为集装箱港口运营系统资源协同配置与调度规划需要解决的重要问题。

港口装卸工艺合理与否对港口的经济效益以及社会效益有重要影响，不同工艺方案配备不同的机械、工具和工人数量等，产生的效果必然不同，优化先进装卸工艺一直是港口工程设计的难点。港口集装箱装卸作业可分解为泊位分配、岸桥调度、集卡调度、堆场起重机调度等几类子问题，这些子问题紧密相连，仅优化一种类型的子问题可能不是总体最佳操作。岸桥调度问题主要决定岸桥对船舶的分配和每个岸桥分别处理的任务顺序，集卡调度问题主要涉及集装箱在岸桥与堆场起重机之间的运输。从操作角度看，上述两个调度问题交织在一起。因此，将岸桥调度和集卡调度等问题作为一个整体，协同优化资源配置与调度十分必要。此外，自动化技术的成熟给港口作业带来了新的装卸设备，例如双小车岸桥、全自动轨道起重机、自动穿梭机等，更需要思考如何配置与调度先进的装卸设备，以保证高效率作业。

目前集装箱港口各系统运行相对孤立，配合较少且交互能力较差，各系统数据利用率低下，导致港口整体运营自动化、智能化水平有待提高。因此优化船舶泊位分配、堆场、水平运输和先进装卸工艺等系统并将其整合到港口集成运营系统中，增强港口运营系统资源配置与调度，有助于码头工作人员操作和管理，提高港口竞争力。

3 科学问题研究进展

港口资源协同配置与调度是为了满足港口与航运企业组建战略联盟而发展起来的，港口不断拓展自身服务系统，以保持在世界港口范围内货物吞吐量的领先地位。目前，集装箱港口运营系统资源协同配置与调度主要围绕以下五个科学问题开展研究：

3.1 港口泊位智能调度

当前泊位调度的研究重点已经从单一的泊位分配问题转向泊位资源的联合调度，从早期的静态离散型泊位分配发展到现在的动态连续型泊位分配。此外，还考虑了单向航道、潮汐、靠泊优先权、船舶准班率、船舶靠泊泊位偏好以及泊位分配干扰管理等因素的影响，从多方面、多角度来解决泊位调度问题。

研究港口泊位调度时，利用大数据分析等技术完成数据采集与信息整合，挖掘数据信息的巨大价值,包括对泊位占用情况、泊位艘次情况、资源流向情况进行分析,为港口泊位智能调度提供决策辅助。利用物联网、大数据等新兴技术解决港口泊位智能调度问题时,可以有效提升港口泊位调度水平,保证港口泊位调度的高效化,更好地实现港口调度质量,但也存在数据信息量过大、增加泊位调度的计算复杂度等难点。

3.2　堆场资源协同配置与优化

当前堆场资源配置的研究重点是堆场的空间资源和机械设备资源配置,包括箱位分配、场桥调度、多资源集成调度等。面对堆场空间资源和机械设备资源有限的局面,合理配置与调度场桥和分配堆场箱位,能够有效避免堆场拥堵等问题,提高堆场资源的利用效率。

在堆场资源协同配置与优化研究中,主要围绕提高装船作业效率和提高堆存作业效率两个目标,分为优化堆场时间、优化装船时间和同时优化两者三类。虽然有研究对两个目标同时进行优化,但大多是考虑了同一堆场既存在堆存作业又存在装船作业的情况,对同一批集装箱同时优化其堆存作业及装船作业的研究还很少。考虑到堆场作业的连续性与不确定性,提出了作业时间预测、车辆预约、随机策略等方法,对堆场资源进行协同配置与优化,以保证堆场作业效率的最大化。这些方法都是针对特定场景下的作业环境,缺乏普适性,还需要探究满足港口整体运营条件的堆场资源优化方法。

3.3　水平运输系统调度优化

水平运输系统的研究重点是对水平运输设备的统筹调度,保证水平运输设备能够随时调整方法,完成多个场桥和岸桥之间的运输任务。在水平运输设备的调度研究中,利用时空网络图来刻画 AGV 作业过程和充电过程,合理控制 AGV 数量和均匀分配每个 AGV 的作业任务,并对其充电时机做出决策,以提高设备利用率。此外,有研究通过大数据平台提供的有效信息,结合机器学习等算法,帮助水平运输设备有效应对运输过程中的障碍识别,提高运输效率。

随着水平运输设备自动化与智能化水平的提高,水平运输系统调度研究从传统集卡的最短路径选择转向智能小车的电量优化、障碍识别等方面,其调度算法由一般的启发式算法改进为数据训练、机器学习等方法,更需要考虑运输过程中的复杂因素。

3.4　核心业务集成与运营系统优化

港口核心业务集成与运营系统优化的主要目标是增强港口服务作业各部门之间的信息交互能力,减少信息交互过程中的冗余流程,避免由于信息交互过程中出现的数据丢失和错误匹配影响船舶泊位分配、堆场作业等主要业务。在港口业务集成与运营系统研究中,结合设备综合效率(Overall Equipment Effectiveness,OEE)理论和模糊聚类等方法,分析作业效率和计划制定的衔接情况,并进行设备运作效率瓶颈分析,收集港口运营的各项生产指标与数据,进行全寿命周期的生产监控和数据分析,对港口生产与运营的全流程进行集成化管理,对主要作业环节进行针对性处理与优化。港口业务的集成运营能够实现整体资源的配置优化,提高资源利用率,减少运营成本。但是,面对港口业务的大量运营数据,进行集成优化时需要选择适当的聚类分析方法,有效帮助港口实现作业优化。

3.5 先进装卸工艺系统协同优化

针对港口先进装卸工艺系统的资源协同配置与调度问题,当前研究路线主要考虑不确定因素、低碳背景、实时调度等因素。基于港口大数据平台实时采集的装卸工艺数据,以优化装卸效率为目标,建立综合调度优化模型,将设备故障、任务延迟、碳排放等列入约束条件,设计智能优化算法或利用数学规划方法求解,通过仿真实验验证作业方案,是研究该类问题的主要技术路线。随着机器学习技术的快速发展,相关深度学习算法被用来预测港口运营的不确定因素,通过对大量数据的学习与训练,尽可能实现港口装卸工艺系统资源的实时优化。数学优化方法与机器学习的结合,提高了求解算法的性能,降低了计算复杂度;对历史数据的学习,有助于实现港口运营的智能管理。但是,港口运营数据多而杂,很难进行统计与分类处理;港口运营环境复杂多变,智能算法的假设条件和求解结果过于理想化。

综上所述,集装箱港口运营系统资源协同配置与调度的关键技术研究主要从港口泊位智能调度、堆场资源协同配置与优化、水平运输系统调度优化、核心业务集成与运营系统优化、先进装卸工艺系统协同优化这五条路线推进。重点研究:①将计算机技术、无线通信技术以及传感器技术融入港口调度系统,以港口建设需求为基础,拟定技术方案,对传统的人工操作模式存在的不足进行有效的弥补。根据业务内容,提供技术方面的服务,选择合理的调度控制方案。②与相邻港口实现一体化的运营,建立合作关系,需要设计出可靠的传输平台作为主要媒介,利用港口的调度网,有效控制传输平台,及时将信息进行传输。③结合港口资源调配和常规调控的实际情况,以计算机控制平台为基础,建立具有全自动特点的调度中心,有效降低相关工作人员的工作难度。

主要参考文献

[1] Zhen L,Yu S,Wang S,et al. Scheduling quay cranes and yard trucks for unloading operations in container ports[J]. Annals of Operations Research,2019,273:455-478.

[2] Lu Y,Le M. The integrated optimization of container terminal scheduling with uncertain factors[J]. Computers & Industrial Engineering,2014,75:209-216.

[3] Gumuskaya V,van Jaarsveld W,Dijkman R,et al. Integrating stochastic programs and deci-

sion trees in capacitated barge planning with uncertain container arrivals［J］. Transportation Research Part C：Emerging Technologies，2021，132：103383.

［4］ Qin T，Du Y，Chen J，et al. Combining mixed integer programming and constraint programming to solve the integrated scheduling problem of container handling operations of a single vessel ［J］. European Journal of Operational Research，2020，285（3）：884-901.

［5］ Triska Y，Frazzon E，Vmd S. Proposition of a simulation-based method for port capacity assessment and expansion planning［J］. Simulation Modelling Practice and Theory，2020，103：102098.

［6］ Ansorena I. Operational strategies for managing container terminals. An approach based on closed queuing networks［J］. International Journal of Industrial and Systems Engineering，2020，35（1）：1-12.

［7］ Filipe R，Agostinho A. An exact robust approach for the integrated berth allocation and quay crane scheduling problem under uncertain arrival times［J］. European Journal of Operational Research，2021，295（2）：499-516.

［8］ Lin Z，Lin S，Neamtiu I，et al. Predicting environmental risk factors in relation to health outcomes among school children from Romania using random forest model—An analysis of data from the SINPHONIE project［J］. Science of the Total Environment，2021，784：147145.

［9］ 靳志宏，王莉，邢磊，等.考虑集卡预约信息的堆场箱区分配和场桥配置协同优化［J］.大连海事大学学报，2019，45（03）：1-8.

撰稿人：苌道方（上海海事大学）

地下集装箱运输系统的协同布局与规划

Collaborative layout and planning of underground container transportation system

1　科学问题概述

中国城市化发展速度的持续增加和港口吞吐量的持续增长，进一步引发了港口城市建筑用地紧张、城市地面交通拥堵、汽车尾气排放污染、人口生态环境日益恶劣等一系列问题。加上我国许多港口城市由于集疏运体系不合理，港口陆路集疏运交通需要大量穿越城市或占用城市道路资源，原本就不堪重负的城市道路还要额外承担港口产生的大量集装箱集散交通，以集卡为主的货运交通极大地影响了城市道路的服务水平和通行能力，导致港口城市交通综合环境日益恶化。随着城市和经济的发展，工程建设技术日益更新进步,发展地下物流系统所要具备的客观条件也日趋完备。经济的发展为发展地下物流系统提供了经济基础,工程建设技术等的进步为发展地下物流系统提供了技术支撑,政策的完善为发展地下物流系统提供了保障。将地下集装箱物流系统纳入港口集疏运体系,将会对建设一种新型的、绿色的、高效的港口集疏运体系起到至关重要的作用。为促进港口城市地下集装箱物流系统的规划建设,亟待研发一套基于地下集装箱物流的港口集疏运系统运营的新理论、新方法和新技术,进而保障城市综合交通体系、港口集疏运体系运行的高效性、稳定性、安全性。为突破上述技术瓶颈,一系列关键科学问题有待研究。

1.1 地下集装箱物流系统与港口集疏运体系的衔接模式

集疏运体系的快速高效取决于集疏运设施、集疏运方式及集疏运有效管理。在实际生产经营中,集疏运设施通常指公路、铁路、港口、机场、仓库、堆场等,结合低碳运输理念,公路运输为高能耗运输方式,而管道运输、水路运输和铁路运输为绿色运输方式。因此,需要综合考虑不同运输方式的特点和适用范围,根据具体港口货源地(目的地)及流量,建立港口集疏运方式选择模型和港口物流集疏运系统运量分配模型,获得港口集疏运最优分配方案。

1.2 地下集装箱物流系统与港口集疏运体系衔接后的布局与优化

为进一步构建纳入地下集装箱物流系统后的港口集疏运系统的高效无缝衔接体系,必须要考虑港口与物流园区场站(公路终端)、铁路场站(铁路终端)、中转堆场(水路终端)之间的连接问题,研究港口与各种集疏运终端之间的无缝衔接问题。地下集装箱物流系统主要负责连接海港群与城郊外的物流园区,一定程度上分流地面集卡的运输,缩短集装箱码头与城外物流园区的运输距离;也负责连接港口与港口、港口与铁路场站,可承担港口群内与铁路场站之间的集卡运输,实现港口之间的短驳以及解决铁路进港难的问题。为有效提高港口集疏运效率,必须解决地下集装箱物流系统与各集疏运终端之间的无缝衔接问题,从而有针对性地设计地下集装箱物流系统的布局,并结合实际运营情况开展优化研究。

1.3 地下集装箱物流系统与港口集疏运体系的协同理论

协同是两个或更多子系统之间在资源共享的基础上产生的,纳入地下集装箱物流系统后的集装箱港口集疏运协同,需要把公铁水的"集"和港口的"疏"用地下快速"通道"协同连接起来。因此,有必要根据集、疏、运三个子系统各自能力的大小,研究三者相互协调,制定合理有效的运输组织,具体从装备协同、技术协同、能力协同三个层面开展分析,实现集疏运过程的畅通无阻和统一,缓解港口集疏运的压力。

2　科学问题背景

地下物流是为缓解城市货物运输压力与能源紧张等问题,在地下建设大型隧道或管道来进行货物运输的一种方式。地下物流系统采用全自动化运输,利用竖井口或斜坡衔接地面与地下通道,是连接各物流枢纽与集结点的一种新型运输供应系统。它作为城市基础设施的一部分,能突破现有交通网络运输能力的瓶颈。地下集装箱物流系统是利用深层地下空间(地下40m以下),通过隧道和大直径的管道连接各主要地下货运站,并连接到货物终端各处置场所,进行港口与港口、港口与内陆、内陆与内陆之间的集装箱运输。地下物流系统在全世界范围内得到广泛的研究和应用。2016年开始,瑞士的地下物流货运系统(Cargo Sous Terrain,CST)项目规划了一条450km的隧道,用于运输包裹和货运托盘,有望成为首个现代地下物流系统。除此以外,法国、意大利、英国和比利时等国也对地下磁悬浮轨道运输技术、地下无人轨道运输技术、地下真空管道技术等进行了近20年的研究。我国的地下物流系统也得到广泛的发展,包括上海连接港区和物流园区的地下集装箱专线、雄安新区结合综合管廊的地下物流系统、北京副中心的地下货运系统、青岛城区结合既有人防设施的地下物流系统以及覆盖苏南地区的城际集装箱运输专线。地下集装箱物流系统能够全部或部分在地下运行,实现全天候、大运量、节能、环保、稳定、高效的货物运输,最大可能地减少集卡等重载卡车(简称重卡)对中心城市的影响。

将地下集装箱物流系统纳入港口集疏运体系,成为衔接港口与物流园区(公路终端)、铁路场站(铁路终端)、港口堆场(水路终端)等的高效通道,将会对建立高效协同的港口集疏运体系起到至关重要的作用。但目前针对港口集疏运体系的无缝衔接问题,面临理论研究缺乏,地下集装箱物流系统的装卸、运输等业务流程及相关布局研究不足,尚未见协同布局与优化等困境。因此,迫切需要突破地下集装箱物流系统的协同布局与规划的技术瓶颈。

2.1　对地下集装箱物流在当前港口集疏运系统中的功能定位缺乏研究

此前对地下物流系统的研究中并未具体说明其是作为独立系统还是与港口集疏运系统相互补充,缺乏地下物流与城市当前道路、铁路、水路等不同运输模式之间关系的研究。此外,针对如何进行有效衔接的研究更是少之又少。如何针对各个运输方式的特点,建立地下集装箱物流系统与港口集疏运系统的衔接模式,从而为后续整个系统的布局设计提供理论支撑有待研究。

2.2　地下集装箱物流系统与港口集疏运体系衔接后的布局设计缺乏适用性

以往研究在解决地下物流系统的规划布局问题上,均没有港口集疏运体系、物流系统和交通运输等多个层面的统筹规划建设。并且,在地下集装箱物流系统规划设计研究中,均只表达了规划设计指的是"节点选址与网络布局"等"形态层"内容，而未明确地下物流系统在货物运输过程中的功能和特征，即缺乏地下集装箱物流系统运输设备参数、通道容量和节点处理能力等"性能层"的规划设计。现有的规划设计理论框架难以解决地下集装箱物流系统与港口集疏运终端的无缝衔接的适用性问题。

2.3 引入地下集装箱物流后的港口集疏运系统的协同理论研究不到位

现有理论难以充分分析港口集疏运协同问题，无法先从装备协同入手确定地下集装箱物流系统布局的设施设备的规模，再考虑技术协同研究其运输组织优化方案，最后归结到能量协同实现无缝衔接的整体集疏运体系的协同。因此，有必要揭示港口集疏运协同机制，并提出地下集装箱物流系统的协同方案。

3 科学问题研究进展

3.1 针对地下集装箱物流系统与港口集疏运系统衔接的研究

港口的集疏运体系对一个港口城市的智慧物流发展起关键作用，而新兴的具有高效、绿色、安全特点的地下物流也越来越受到物流领域的认可与应用。有研究运用铁路集疏运协同神经元模型以及离散模型对货物运输网络进行了能力预测和优化，为港口集疏运系统中的各子系统提供了一个相互协调的理论基础；针对当前港口集疏运网络在顶层设计和决策方面的缺陷，提出优化的集疏运模式；阐述港口铁路集疏运的基础设施和节点布局，提出适用的实证模型；以港口集疏运网络特征和组织形式为切入点，提出沿线港口与港站的协同优化方法，从全局提升港口铁水联运集疏运的竞争优势；提出结合内陆港建设形成铁水联运"无缝衔接"物流通道；提出参考莱茵河江海联运的经验，上海港要充分利用长江流域和内河水网，构建高效港口集疏运体系。国外有学者分析了点状、线状、网络等不同网络结构的特点，并对地下物流系统网络建设的政策提出了建议；提出了货物舱体(Cargo-Cap)的地下物流系统概念，并且进行了实体模型技术实验；讨论了地下货物自动化运输(Underground Freight Transport, UFT)在得克萨斯州的应用以及路径和方法的比较。在国内，一些学者将地下物流系统与我国国情相结合，进行了相关研究。2004年，钱七虎院士在我国首次明确提出地下物流系统可以作为解决特大城市(如北京和上海)交通拥堵问题的新思路，并结合北京的交通拥堵问题开展研究。有学者初步探讨了地下物流系统网络规划并运用系统化布置设计(Systematic Layout Planning, SLP)法对地下物流系统的配送中心进行布置，对地下物流系统的复杂性、动态性、协同性进行了分析。2016年，上海市政工程设计研究总院(集团)有限公司、上海海事大学、同济大学、上海振华重工(集团)股份有限公司联合开展城市地下物流系统规划关键技术研究，着重研究了地下集装箱运输的可行性、经济效益等,上海外高桥港、洋山深水港、深圳盐田港、雄安新区、济南新旧动能转换综合试验区等的建设规划中均加入了地下物流系统的应用。

3.2　针对地下集装箱物流系统的布局研究

由于地下集装箱物流系统的需求紧迫性,一些学者开始研究地下集装箱物流系统。例如,开展基于地下集装箱运输的城市地下环境物流系统设计;提出中国国家会展中心地下集装箱物流系统概念方案;创建考虑运输成本、时间和排放的集成地上-地下运输网络的多目标规划模型;提出地下集装箱运输系统研究中应注重自动运输与隧道的结合、与现有集装箱运输系统的兼容和综合效益研究三个方向;考虑地下集装箱物流的运输工具、通道出口处的方式设计、出口转运方式等因素构建网络,对地下集装箱物流系统运输模式进行建模;规划地下物流系统和集装箱港口之间的联系。另外还有关于地下集装箱物流的相关发明专利。例如一种基于地下通道的集装箱海铁联运系统,利用地下通道连接自动化集装箱码头和集装箱铁路中心站,保证海铁联运的高效性;一种基于深层地下通道的地下集装箱物流装卸系统,采用垂直装卸的模式以及地下集装箱物流运输的方式实现货物运输,一定程度上分流地面集卡的运输,进而缓解港口城市的地面运输压力。上海市城市建设设计研究总院(集团)有限公司与上海海事大学建立了新型地下道路及地下物流系统技术创新中心,致力于对地下集装箱物流系统的研究进行攻关。

3.3　针对港口集疏运协同的研究

目前,学者虽然从多个角度对集疏运系统协同进行研究,但尚未见较深入的研究结果,关于港口集疏运协同的研究多是停留在定性的层面。从宏观、中观、微观方面分析集装箱铁水联运系统协同层次,给出集装箱铁水联运系统集疏运协同演化方程,探析集装箱铁水联运集疏运系统各要素、各子系统之间协同作业的重要性和协同作业过程。关于铁路集疏运系统协同的研究成果较多。叶峻青认为重载铁路集疏运系统协同的外延可以扩展到装备协同、技术协同、能力协同三个方面,从设施设备、生产组织以及运营管理三方面出发,从路港能力协调和铁路点线能力协调两个层次对曹妃甸港区铁路集疏运系统能力协调进行详细分析。另有学者从设施设备协调、车流组织协调及运输管理协调三个层面阐述了重载铁路集疏运系统协调的内容,并分别构建集运子系统、运输子系统和疏运子系统的能力求解模型以及能力协同度计算模型;通过大宗货物集疏运系统各要素的配置标准,从铁路线路能力和装车点规划运量两个限制点出发,进一步建立铁路大宗货物集疏运系统技术设备之间作业能力协调的数学关系,分别建立了基于排队过程和费用最小的装卸机械合理配置模型。以上学者研究了重载铁路系统的集疏运协同,但大多是对集疏运能力协同度的评价,并没有考虑与运输组织协同的定量化的研究,港口集疏运协同方面的定量化研究少之又少,更是未见应用地下集装箱物流系统的港口集疏运协同研究。

综上所述,现有针对基于地下集装箱运输的港口集疏运终端的无缝衔接以及协同问题的研究尚缺乏全面系统的基础理论支撑。缺乏集疏运体系、物流系统和交通运输等多个层面的统筹规划建设,缺乏地下集装箱物流系统运输设备参数、通道容量和节点处理能力等"性能层"的规划设计,这些关键问题制约了地下集装箱物流及港口集疏运系统的快速发展,有必要逐一攻克。同时,以上理论有助于获得高效集疏运体系中的地下集装箱物流系统的协同方案,揭示港口集疏运协同机制,并提出地下集装箱物流系统的协同方案,这对高效协同的港口集疏运体系建设具有重要的理论指导意义。

主要参考文献

[1] Visser J. Underground logistics systems for goods distribution in urban areas:overview and experience in the Netherlands[C]//ISUFT 2005 Proceedings,Shanghai,2005.

[2] 范益群,钱七虎.基于地下集装箱运输的城市地下环境物流系统建设[J].科技导报,2011,29(07):31-35.

[3] 陈一村,董建军,尚鹏程,等.城市地铁与地下物流系统协同运输方式研究[J].地下空间与工程学报,2020,16(03):637-646.

[4] Pan Y,Liang C. A two-stage model for an urban underground container transportation plan problem[J]. Computers & Industrial Engineering,2019,138,106113.

[5] Fan Y,Liang C. Planning connections between underground logistics systems and container ports[J]. Computers & Industrial Engineering,2019,139,106199.

[6] Liang C,Hu X. Joint dispatch of shipment equipment considering underground container logistics[J]. Computers & Industrial Engineering,2022,165,107874.

[7] 胡筱渊,梁承姬,潘洋,等.一种基于地下通道的集装箱海铁联运系统:CN111646227B[P].2021-09-21.

[8] 梁承姬,胡筱渊,苌道方,等.一种基于深层地下通道的地下集装箱物流装卸系统:CN113135438A[P].2021-07-20.

[9] 丁立群.集装箱铁水联运系统集疏运协同演化研究[J].铁道运输与经济,2018,(07):90-95.

[10] 叶峻青.重载铁路集疏运系统协同相关问题研究[D].长沙:中南大学,2012.

撰稿人:梁承姬(上海海事大学)

范益群[上海市政工程设计研究总院(集团)有限公司]

王钰(上海海事大学)

多网数据融合的港口集疏运系统规划与管控方法

Planning and management methods for port collection-distribution system based on multi-network data integration

1　科学问题概述

面对快速发展的智能化货物运输系统,港口集疏运存在人驾集卡与智能重卡混合编队、港区全自动化 AGV 与智能重卡接驳组织、信息互联互通、突发事件后果影响预判等挑战。为响应《交通强国建设纲要》提出的一体化融合发展要求,兼顾效率、安全、能耗等多个目标,亟待开展信息互联互通下的港口集疏运系统规划与协同管控前沿研究,进而保障港口集疏运的智慧化和一体化。为突破上述技术瓶颈,一系列关键科学问题有待研究。

1.1　面向安全绿色高效的港口集疏运道路设施规划方法

完善的港口集疏运道路设施是港口物流系统高效运行的有力支撑。一方面,经济社会发展全面绿色转型和产业结构的深度调整对港口集疏运道路设施提出了安全绿色高效的新要求;另一方面,新型运输工具和信息技术为规划安全绿色高效的港口集疏运道路设施创造了基础条件。因此,开展面向安全绿色高效的港口集疏运道路设施规划方法研究,建立集疏运道路设施配置模式、集疏运道路设施服务能力、集疏运社会总成本之间的作用关系,有助于规划安全绿色高效的港口集疏运道路设施。

1.2　面向自动化码头的集疏运系统协同组织方法

高效合理的集疏运交通组织规划是发挥港口功能的基本条件。随着大数据、无人技术和人工智能的发展,无人船、无人集卡和智运空轨等新兴智能运输工具将不断投入使用。然而,现有的集疏运交通组织规划理论与方法无法适应这些新兴运输工具带来的影响。因此,开展针对大型自动化码头的智能车船等集疏运工具的协同调度、集疏运系统内外部接驳组织工作,有助于我国在智慧港口集疏运设计运营领域占领理论和技术的制高点,不仅具有重要的科学研究价值,还具有深远的社会意义。

1.3　基于自主学习的车港船协同调控技术

如今,港口的发展已不再完全取决于港区内部环境的优劣,而是更多地依托与其腹地区域的运输连接能力。港口城市与腹地城市之间的货物运输有多种方式,目前的集疏运系统各运输方式之间缺乏合理衔接和协同,基于港口-水路-道路的多网数据无法互联互通,导致车-港-船间的数据也无法共享交流,这也是造成交通拥堵、运输事故和运输污染等问题的主要原因。随着北斗导航系统、5G和智能车船等逐步投入使用以及交通基础设施的互联互通,集卡、港口和船舶间状态数据实时共享交流成为可能。因此,探索智能车港船数据共享交流机制,并基于大数据技术和深度学习方法,构建智能车港船协同自主调控技术,将大大提升港口货物运输的效率和安全性,并创造巨大的社会经济效益。此外,开展此方面的研究也有助于推动交通运输科学与计算机科学、人工智能等其他领域的交叉与融合。

1.4 突发事件下的公水港动态协调应急响应方法

鉴于港口货物集疏运系统运营过程中出现的突发事件(如偶发事故、极端天气)可能造成整个集疏运体系无法正常运转并造成灾难性影响,确定突发事件下的港口集疏运系统应急响应机制是实现安全可靠的智慧港口集疏运系统需要解决的一个重要问题。因此,为了降低突发事件对港口集疏运系统造成的影响,需要解决基于港口-水路-道路的多网数据融合问题,解析突发事件对港口集疏运系统的影响传导机理,考虑公水港各部门间的协同动态合作,基于信息共享机制,研究突发事件下的公水港动态协调应急响应方法,为实现智慧港口集疏运系统的安全高效运营提供前瞻性理论与技术支撑。

2 科学问题背景

港口集疏运系统涉及集疏运公路交通、港口码头、集疏运水上交通。我国货物运输系统快速发展,需要实现港口货物运输一体化和多目标协同调控。具体研究内容包括集疏运系统协同组织规划、车港船协同调控、公水港动态协调应急响应。

目前港口集疏运系统规划与管控研究包括以单一集疏运工具为对象的优化调度、港口集疏运道路网规划、港口突发事件应急管理机制研究等,这些研究主要聚焦单一对象,对于安全绿色高效集疏运设施规划、车港船协同调度与调控、公水港动态协调应急响应研究不足,而智能化下的港口集疏运面临诸多挑战,如集疏运系统协调运行与组织、互联互通背景下的港口集疏运运行状态协同感知与自适应调控和突发事件下的港口集疏运协同救援,这不利于提升港口集疏运系统的智慧化水平,将对社会经济效益产生负面影响。因此,迫切需要突破信息互联互通下的港口集疏运设施规划与协同管控的技术瓶颈。

2.1 面向安全绿色高效的港口集疏运道路设施规划方法不完善

如果港口集疏运道路设施达不到安全绿色高效目标,将直接影响我国经济社会全面绿色转型和产业结构深度调整。现有规划方法对安全绿色目标的考虑不够全面,且未考虑能源网、信息网的影响和融合规划,难以实现安全绿色高效的港口集疏运道路设施规划目标。因此,亟须对新需求新技术背景下的港口集疏运道路设施规划方法进行深入研究,建立面向安全绿色高效的港口集疏运道路设施规划方法,为规划安全绿色高效的港口集疏运道路设施提供有力支撑,以促进我国经济社会全面绿色转型和产业结构深度调整。

2.2　新兴运输工具带来的集疏运交通组织规划问题有待解决

港口集疏运系统道路网规划的不合理将导致港口公路运输存在诸多问题。随着信息技术的发展,智能重卡、智运空轨等智能化运输工具不断投入使用,集疏运交通组织规划问题日益突出,例如如何解决人驾集卡与智能重卡混合编队、运行规范问题,如何攻克港区全自动化 AGV 与智能重卡接驳组织难题,以及如何确保智能重卡在行驶过程中的稳定性和抗干扰性。高效合理的集疏运交通组织规划能够为研究智慧港口集疏运设计运营提供理论支撑。

2.3　智能车港船数据共享交流机制认识不足

智能车港船数据是基于港口-水路-道路的多网数据的一部分,智能运输设备的逐步投入使用和交通基础设施的互联互通使得车港船间状态数据实时共享交流成为可能,然而对集卡、港口和船舶间的数据共享交流机制研究及优化设计方法的探索有限。探索智能车港船数据共享交流机制,有利于智能车港船协同自组调控技术的构建,有利于提升港口货物运输的效率和安全性。

2.4　突发事件对港口集疏运系统的影响传导机理有待解析

运营过程中出现的突发事件对集疏运公路交通、港口码头和集疏运水上交通的影响复杂且不确定,为突发事件后果影响预判带来挑战。解决基于港口-水路-道路的多网数据融合问题,有利于建立动态协调应急响应模型,为提升集疏运网络运输效率和安全性提供理论支撑和技术保障。

综上所述,亟须进行信息互联互通下的港口集疏运设施规划与协同管控研究,实现对该问题的清晰认知以及港口货物运输一体化和多目标协同调控。充分研究面向自动化码头的集疏运系统协同组织方法,构建基于自主学习的车港船协同调控技术,进一步研究突发事件下的公水港动态协调应急响应方法,对于港口集疏运协同管控具有重要指导意义,科学价值突出。

3　科学问题研究进展

3.1　针对面向安全绿色高效的港口集疏运道路设施规划方法

现有相关研究成果主要包括公路集疏运通道规划、临港公路交通枢纽规划、公路集疏运网络规划等,采用的研究方法包括四阶段法、源点-终点(Origin-Destination,OD)矩阵法、双层规划、仿真分析、博弈论等,涉及的核心参数包括集疏运量、集疏运距离、单位运输成本、单位时间成本、单位排放量等。然而,现有研究大多缺乏对安全目标的考量,而对绿色目标的考量通常仅涉及碳排放,未考虑氮氧化物(NO_x)、颗粒物(Particulate Matter,PM)等其他排放物。此外,现有研究几乎都没有考虑集疏运道路设施、能源网、信息网融合规划对规划目标的影响。总之,现有研究不足以支持集疏运道路设施规划目标的实现,因此需要对面向安全绿色高效的集疏运道路设施规划方法开展系统深入的研究。

3.2 针对面向自动化码头的集疏运系统协同组织方法

现有对集疏运交通组织规划研究的成果主要包括集疏运工具(如集卡、船舶)的优化调度,集疏运交通组织设计,集疏运道路交通特性分析等。针对不同的研究问题,集疏运交通组织规划研究的方法包括构建仿真模型模拟集疏运系统不同运输方式,结合交通流理论和路网优化原理深入探究集疏运交通组织规划,使用数学模型对集疏运道路交通特性进行定量分析。随着信息技术的发展,无人船、无人集卡和智运空轨等新兴智能运输工具将不断投入使用,以上集疏运交通组织规划理论与方法无法适应这些新兴运输工具带来的影响。例如,传统非自动化码头的集卡最优路线研究方法无法适用于大型自动化码头的人驾集卡与智能重卡优化调度,封闭场景下的无人集卡调度问题无法适用于开放场景下的智能重卡优化调度。此外,开放场景下存在的人驾集卡与智能重卡混合编队和运行规范问题,港区全自动化AGV与智能重卡接驳组织问题,智能重卡稳定性和抗干扰性(如突然制动、突然加速)需要进一步解决。因此,开展针对大型自动化码头的智能车船等集疏运工具的协同调度,集疏运系统内外部协调运行规范与组织管理,包括智能重卡的编队方案、智能船进出港的航行规则等方法理论研究,已成为该研究领域的重点。

3.3 针对基于自主学习的车港船协同调控技术

港口的发展依托与其腹地区域的运输连接能力,伴随着港口集疏运体系快速发展带来的一系列负面效应,对于港口集疏运系统中多种运输方式组合协同优化的研究越来越得到重视。通过考虑运输成本、运输污染、能源消耗及运输安全,建立多种运输方式优化模型,并利用算法进行求解。然而,车港船协同调控技术的前提是智能车港船数据的实时共享交流。目前车-港-船间数据共享存在的主要问题是由于各行业企业信息化进程的不同以及管理的条块分割,行业间信息不畅通和不对等,各种系统间存在"信息孤岛",数据无法汇集到一起。大数据、5G、物联网等技术的场景化落地使集卡、港口和船舶间状态数据实时共享交流成为可能,但各个单位的数据只在内部形成了闭环,并未形成真正意义上的大数据共享交换。因此,迫切需要探索集卡、港口和船舶间状态数据共享交流机制,并基于大数据技术和深度学习方法,构建智能车港船协同自组调控技术,提升港口货物运输效率和安全性,并创造巨大的社会经济效益。

3.4　针对突发事件下的公水港动态协调应急响应方法

需要解决基于港口-水路-道路的多网数据融合问题,多网数据融合的前提是打通港口-水路-道路间的数据壁垒,为突发事件下的公水港动态协调应急响应提供数据支持。数据融合模型主要分为人工智能模型和概率模型。人工智能模型主要包括神经网络模型和遗传算法模型等。概率模型包括可能性理论和贝叶斯理论等。现有研究多针对港口突发事件应急响应,鲜有研究考虑公水港动态协调应急响应。随着对突发事件应急管理研究的不断深入,专家学者纷纷将全面整合、协同治理等理论引入到突发事件应急管理研究当中,并相应提出了突发事件网络治理机构、公共危机协同治理、多元参与主体协同治理等多种模型。随着港口规模数量、港口货物吞吐量的不断攀升,港口正面临着各类突发事件的严重威胁和挑战。于是,针对港口应急管理制定了多种措施,并对各级管理部门应急人员和物资的配备提出了具体要求,有效促进了港口突发事件管理工作的进步。信息技术推动了智慧港口集疏运一体化建设,港口货物集疏运系统运营过程中一旦出现突发事件(如偶发事故、极端天气),就可能导致整个集疏运体系无法正常运转并造成灾难性影响。因此,为了降低突发事件对港口集疏运系统造成的影响,需要解决基于港口-水路-道路的多网数据融合问题,解析突发事件对港口集疏运系统的影响传导机理,考虑公水港各部门间的协同动态合作,基于信息共享机制,研究突发事件下的公水港动态协调应急响应方法,为实现智慧港口集疏运系统的安全高效运营提供前瞻理论与技术支撑。

综上所述,现有针对多网数据融合的港口集疏运系统规划与管控方法研究尚缺乏全面系统的基础理论支撑。集疏运系统协调运行与组织存在挑战,智能车港船数据共享交流机制不明确,智能车港船协同自组调控技术难攻破,突发事件对港口集疏运系统的影响传导机理难解析,这些关键问题制约了智慧港口集疏运一体化管控,有必要逐一攻克,最终实现智慧港口集疏运系统的安全高效运营。

主要参考文献

[1] Yi S, Scholz-Reiter B, Kim T, et al. Scheduling appointments for container truck arrivals considering their effects on congestion [J]. Flexible Services and Manufacturing Journal, 2019, 31(3):730-762.

[2] Lalla-Ruiz E, Shi X, Voß S. The waterway ship scheduling problem [J]. Transportation Re-

search Part D：Transport and Environment，2018，60：191-209.

[3] Dunning L A，Kresman R. Privacy preserving data sharing with anonymous ID assignment[J]. IEEE Transactions on Information Forensics and Security，2012，8(2)：402-413.

[4] 李广儒，杨大奔，任大伟.集卡动态调度路径优化算法[J].交通运输工程学报，2012，12(03)：86-91.

[5] 张绍阳，葛丽娟，安毅生，等.交通运输数据标准研究现状与发展[J].交通运输工程学报，2014，14(02)：112-126.

[6] Wang M. Countermeasures and measures for optimizing the collection and distribution system of coastal container ports under the background of Yangtze River Delta integration[J]. International Core Journal of Engineering，2020，6(12)：58-65.

[7] Yang S，Liu G，Wang Z. Research on coordinated development saturation model of port collection and distribution system[J]. Journal of Ningbo University (Natural Science & Engineering Edition)，2018，31(01)：76-81.

[8] 王晶，王向栋.基于多港协同的煤炭港口应急调度模型与算法[J].物流工程与管理，2020，42(05)：65-68.

[9] 朱中华，王则胜.港口水域突发事件应急预案存在的问题与对策分析[J].中国安全生产科学技术，2011，7(03)：123-127.

[10] Zhu Z H，Wang Z S. Analysis and countermeasure to problems of emergency response plan in port waters incident[J]. Journal of Safety Science and Technology，2011，3：123-127.

撰稿人：翁金贤(上海海事大学)

邮轮港口布局与规划基础理论和工程技术

Basic theory and engineering technology of cruise port layout and planning

1 科学问题概述

邮轮港口布局与规划是邮轮产业发展及科学进步的重大课题。近年来，在中国邮轮旅游业蓬勃发展和世界邮轮产业中心东移的大环境下，国内邮轮港口迎来了建设高潮。为避免建设过程中出现港口定位不清晰、同质化港口恶性竞争、港口功能不完善等问题，亟须对邮轮港口层次定位、港口资源配给能力优化、港口物资供应链体系构建、运营管理、产业链构建等邮轮港口布局与规划科学问题进行研究。

1.1　如何合理准确定位邮轮港口布局规划层次

根据我国邮轮运输市场发展特点及趋势,依据港口具备的功能等,可将邮轮港口分为访问港、始发港和母港。邮轮访问港以挂靠航线为主,应具备停靠、游客和船员上下船等基本功能;邮轮始发港以始发航线为主,应具备邮轮补给、旅客通关等功能;邮轮母港是游客规模更大、服务功能完备和邮轮相关产业聚集度较高的始发港,可提供维修补给、运营管理、市场开拓等全面服务。不同层次的邮轮港口相辅相成、不可替代,并在整个邮轮产业与区域经济发展中起着不同的作用。因此,在市场分析预测的基础上,把握邮轮港口选址关键因素,构建合理、科学、全面、可量化的邮轮港口定位指标体系,确定港口层次定位依据,合理定位邮轮母港、始发港和访问港的邮轮港口层次是邮轮港口布局规划的关键。

1.2　如何有效优化邮轮港口资源配给能力

邮轮港口资源配给能力是从邮轮港口要素资源禀赋和集合方式出发,依据邮轮港口的定位,最大限度地形成邮轮港口资源最优利用,取得资源配置效率、经济效益、运营管理绩效等之间的均衡。在时空条件约束下的邮轮港口平面布局、交通组织、船供物流配送中心选址等优化配置,是邮轮港口资源配给能力优化的关键。

1.3　如何构建有韧性的邮轮港口物资供应链体系

邮轮港口物资供应包括邮轮自身补给与维护、油料添加、生活必需品采购、邮轮船供物流等。作为主要接待和服务邮轮的母港,还应满足邮轮在港口补充各类物资和提供邮轮养护维修等要求。邮轮港口物资供应链受游客需求多元化、服务定位高、供应链范围广及参与方多等因素影响,对效率、成本、质量、安全等多方面均提出更高要求,运营过程中存在不确定性。因此,从游客需求及市场驱动角度出发,如何构建灵活的、有韧性的邮轮港口物资供应链体系,探索供应链成员间的关系,提升港口物资供应链应对风险的能力,保障邮轮港口服务水平,是保证邮轮港口物资供应链体系可靠性的关键。

1.4　如何高效全面进行邮轮运营管理

邮轮运营管理涉及邮轮业、邮轮地理、基础设施、航线设计及邮轮上的组织机构、顾客服务、餐饮管理、设施管理、综合业务管理、卫生与安全、培训与学习、应急处置等方面的综合管理。当前邮轮运行管理研究系统性、综合性不足,暂未形成高效、全面的邮轮运行管理机制。因此,需充分挖掘消费者需求,探讨综合服务评价及提升机制,分析航线布局合理性,探索人才、技术及设备管理模式,建立有效、全面的邮轮运行管理体制,引入先进信息技术,促进管理系统化、智能化,是保证邮轮产业高效、快速发展的关键。

1.5 如何构建基于邮轮母港的完整的邮轮产业链

邮轮产业链是以邮轮为载体,以休闲、观光、游玩等为具体内容,围绕船舶制造、港口服务、后勤保障、交通运输、游览观光、餐饮购物和银行保险等行业形成的产业链条,由上游邮轮设计与建造、中游邮轮运营管理与服务、下游邮轮港运维服务三部分组成。邮轮产业对我国区域经济的发展起到重要作用,而现阶段我国邮轮产业链存在不完整、产业集聚效应不强等问题。因此,分析邮轮母港产业链特征、运行方式及邮轮产业发展对区域经济的作用,激发、引领邮轮产业市场开发,培育和构建完整的邮轮产业链是邮轮母港建设的关键。

2 科学问题背景

邮轮港口作为邮轮产业的发展依托,对区域邮轮经济与邮轮旅游发展起着重要支撑作用。邮轮运输在我国呈现出市场规模快速扩张、航线密度比较集中、船舶大型化和明显的季节性等特点。2015 年,交通运输部发布了《全国沿海邮轮港口布局规划方案》,我国沿海城市相继扩建或规划新建一系列邮轮港口。为有效利用邮轮港口资源并形成港口间的有序竞争与合作,充分吸引国际邮轮停靠我国邮轮母港、始发港和访问港,满足人们日益增长的邮轮旅游需求,同时也充分带动我国邮轮产业的发展,有必要加强对邮轮港口布局与规划理论和工程技术的研究。

当前,邮轮港口布局与规划理论和工程技术在邮轮港口层次定位、邮轮港口资源配给能力优化、邮轮港口物资供应链体系构建、邮轮运营管理、邮轮产业链构建等方面存在以下问题:

2.1 邮轮港口重复建设、港口竞争力不足问题

邮轮港口功能性质定位不清晰、港口层次与建设规模研究不足,易引发邮轮港口重复建设、竞争力不足等不良后果,不利于港口与港口、港口与港口城市之间协调高效发展。因此,明确邮轮港口层次化定位是进行邮轮港口布局规划的首要因素。

2.2 邮轮港口资源配给不充分问题

邮轮港口区域性建设过多、港口间缺乏联动合作、港口资源未得到有效整合等,将造成邮轮港口靠泊数量低,导致有些邮轮访问港、挂靠港口资源闲置而邮轮母港的资源配给能力不足等问题。因此,探讨优化不同邮轮港口层次的资源合理配置有利于邮轮港口长远和可持续发展,对提升邮轮港口经营效益具有重要意义。

2.3 邮轮产品供需矛盾、港口运行效率低问题

邮轮运营智能化管理技术不足、相关流程及机制不合理、系统化管理水平不高、管理深度不够等问题,将导致邮轮产品供需矛盾凸显、港口运行效率低、邮轮游客体验感不佳。因此,邮轮运营管理影响着游客需求及邮轮港口的服务水平。

2.4 邮轮港口综合服务水平不高、游客满意度低问题

邮轮港口物资供应链机制不成熟,导致港口游客集散、加载燃料、各类物资补充、邮轮养护等配套综合服务水平下降,影响邮轮产业高效、可持续发展。因此,邮轮港口物资供应链构建是港口布局规划的重要环节,对邮轮运营、游客满意度影响较大。

2.5 邮轮产业链价值增值效应不明显问题

缺乏系统的邮轮产业链构建体系,尤其是培育和建设邮轮母港不足,不利于邮轮港口的可持续发展,不利于港口城市合作及协调发展,进而导致邮轮产业链价值增值效应不明显。邮轮母港在港口布局规划中具有重要战略地位,基于邮轮母港的邮轮产业链构建有利于形成完整的邮轮产业链集群,为邮轮港口布局规划全国性整体考量提供战略性依据。

综上所述,亟须构建以邮轮母港为引领、始发港为主体、访问港为补充的港口布局,实现邮轮港口差异化定位;科学利用、整合和优化配置资源,完成邮轮港口布局规划体系结构;丰富邮轮航线设计,开发特色邮轮航线,扩大港口辐射范围,提高港口知名度;提升邮轮港口软、硬实力,改善港口综合配套服务,形成成熟、高效的邮轮运营管理机制,打造精品邮轮航线,发展我国邮轮产业链,使我国成为全球主要邮轮运输市场之一,邮轮旅客吞吐量位居世界前列。

3 科学问题研究进展

3.1 针对邮轮港口层次定位

现有研究成果包括港口选址条件分析、港口选址方案评价,缺乏对市场动态把握及港口层次定位标准的研究。①邮轮港口选址条件分析。现有邮轮港口选址大多关注港口地理区位、布局规模、交通衔接、配套、集疏运等因素,缺乏对邮轮市场预测、港口定位及建设规模的研究。②邮轮港口选址方案评价。当前港口选址方案评价多采用层次分析、模糊综合评价、灰色关联度等方法,存在客观性不足、与实际偏差等局限。因此,预测市场发展,设计邮轮港口层次定位指标体系,制定港口层次定位依据,明确港口定位,合理定位邮轮母港、始发港和访问港不同邮轮港口层次,已成为该领域的研究重点。

3.2 针对邮轮港口资源配置

现有研究多从港口网络布局、港口资源管理等方面入手。①邮轮港口布局研究。当前研究侧重于从港口规划者与港口使用者之间相互影响角度出发,利用模糊综合评价、Stackelberg 模型、博弈模型、双层规划模型等方法规划邮轮港口网络布局,适用于静态化研究,缺乏对市场、社会环境、邮轮发展需求等多角度动态因素的系统考量。②邮轮港口资源管理。当前研究主要引进现代化手段对港口资源进行调度,如基于传统关系型数据库的信息管理系统和基于网络地理信息系统的资源管理系统,利用系统仿真方法和排队论理论分析各港口资源配置情况。以上方法不能准确分析不确定复杂因素对港口资源配置效率的影响,且缺乏对港口群资源的系统规划与管理。因此,深入研究邮轮港口资源配给能力优化技术,关注邮轮港口群及港口城市发展现状,分析港口、腹地邮轮旅游发展需求,评估资源配置现状并分析资源整合条件,探讨实施邮轮港口自然资源、行政资源、经营资源整合的路径及模式,可为有效促进港口资源高效配给、增强港口运营效益提供指导。

3.3 针对邮轮船供物资供应链体系

现有研究多从邮轮旅游供应链管理、邮轮供应商服务集成和邮轮公司效益入手,对邮轮物资港口供应链整体架构、风险管理、供应链协同管理等研究较少。①邮轮旅游供应链管理。当前主要从宏观视角对邮轮旅游供应链各环节进行优化,包括强化邮轮公司核心地位、促进供应链成员信息共享、加强邮轮母港建设、加快邮轮港口基础设施升级和服务标准统一等,忽略了港口节点在沟通邮轮公司和物资供应商中的关键作用。②邮轮供应商服务集成。现有研究在面向服务架构的基础上,构建了基于游客服务平台的邮轮船供物资供应链模型,未考虑各供应商现状差异、需求不同,难以达成统一认识。③邮轮公司效益。当前研究主要从邮轮物资采购与运输两个环节进行分析,仅考虑邮轮公司利益最大化,缺乏系统集成化和协同化思想,不能有效地整合邮轮物资供应链资源。因此,亟须形成完整的邮轮港口船供物资供应链体系,制定以需求为导向的游客价值驱动的邮轮港口船供物资供应链战略与策略,建立健全邮轮港口船供物资供应链管理组织架构体系,构建由邮轮船供企业、船供代理、邮轮港口与邮轮公司组成的战略合作伙伴关系,完善跨企业的供应链协同流程和关系管理机制,设置供应链管理指标考核体系,搭建包含供应链成员管理、公共仓储、运输物流服务、物资追踪、风险动态预警、信息通知等模块的邮轮港口船供物资供应链信息平台。

3.4 针对邮轮运营管理

现有研究成果主要包括邮轮旅游产品偏好预测、邮轮运营管理系统开发、邮轮航线设计、绿色港口规划等,离系统化、智能化的邮轮运营管理目标存在一定距离。①邮轮旅游产品偏好预测。当前邮轮产品预测集中于自我报告的理论和方法,如联合分析和选择实验法。上述方法存在游客心理感知获取不完整、客观性不足等问题,需求预测结果与实际存在一定误差。②邮轮运营管理系统开发。当前已开发了邮轮一体化运营管理系统,在现有管理基础上将人工智能应用与系统联动,促进邮轮运营工作流程规范化,总体缺乏对邮轮运营管理流程的优化模型及方法研究。③邮轮航线设计。当前多关注成本最小化、邮轮挂靠港口组合竞争力最大或航线利润最大化原则,构建邮轮航线设计优化模型,忽略了我国邮轮旅游特征、市场变化、邮轮游客需求、绿色环保等因素,不利于设计低碳可持续的、满足游客多样化需求的邮轮航线。④绿色港口规划。主要包含港口污染源确定及降低污染两方面,缺乏对绿色指标的有效监督和跟踪研究及新能源的探索与运用。当前确定港口污染物来源的方法主要为港口大气污染物源解析技术,如燃料消耗法、动力法。上述方法存在数据全面性和准确性不足、缺乏本土化的排放因子标准等问题。邮轮岸电技术在我国已得到初步发展,但绿色岸电技术标准尚未完善,且针对港航双方在岸电使用收益机制上的关系缺乏探讨。因此,充分考虑游客需求、市场因素、政策制度等因素预测邮轮配套需求,开发满足游客需求和特征的邮轮产品,多角度评价综合配套服务,设置港口基础设施评估与维护机制,规划创新、科学、合理的航线并组织评价,构建完备的邮轮公司人力资源管理机制,强化邮轮物资管理,探索以顾客、管理、信息、战略为导向的动态邮轮市场营销管理机制,建立基于高新技术、以人为本的绿色安全的邮轮旅游制度与评价机制,搭建先进的、创新的邮轮技术管理平台,引进区块链、物联网等技术形成完整的信息网络体系,以达到智能高效的邮轮运营管理极为重要。

3.5　针对邮轮产业链构建

现有邮轮产业链条规划主要在以港口接待和旅游接待为主的产业链末端,对产业上游邮轮设计建造、中游邮轮运营及产业链整体构建有待深入研究。①邮轮建造及运维管理。当前我国邮轮建造技术仍处于起步阶段,需不断根据市场、环境要求提高造船和邮轮修理技术水平。②邮轮产业链管理。当前邮轮产业链的管理研究引入了"战略-战术-运营"三层次理论模型、邮轮产业链二级供应商理论等,在构建邮轮产业链管理框架基础上,以供应商为基础设计了产业链上层架构,忽视了邮轮游客需求及母港效应,未从全局角度分析产业间区域协调关系。③邮轮产业合作研究。现有研究多从邮轮制造、邮轮旅游、区域合作等方面挖掘邮轮产业合作存在的问题,探讨邮轮旅游产业合作路径与模式,缺乏从产业链视角探讨邮轮产业合作与发展,客观性不足,难以得出可靠的结论。因此,健全邮轮产业链上的邮轮产业主体合作关系,提高邮轮建造运维技术水平,建立完善的人才管理机制,建立旅游、娱乐、物料供应一体化的配套服务体系;协调发展上游邮轮设计建造、中游邮轮运营及下游邮轮运维的各产业链环节;以中游产业链的建立和运营为核心,构建基于母港的,具备成熟发达的邮轮接待产业、独具优势的邮轮运营产业、系统完善的邮轮配套产业的邮轮产业链是现有研究亟待突破的技术瓶颈。

综上所述,依据邮轮港口布局与规划现有研究成果,结合邮轮港口特点,有必要逐一攻克邮轮港口层次定位、邮轮港口资源配给能力优化、邮轮港口物资供应链体系构建、邮轮运营管理、邮轮产业链构建等关键科学问题,为我国邮轮产业的长远发展提供理论研究基础。

主要参考文献

[1] 谭凤,马小江,李大功,等.绿色港口规划设计思路[J].水运工程,2021(10):104-110.

[2] Huang L,Yang J. An optimization approach to a two-stage replenishment strategy in cruise liner operations under dynamic demand[J]. The Journal of the Operational Research Society, 2021,72(9):1992-2003.

[3] 蒋旻昱,杨秀,陈健,等.豪华邮轮空间体验感知的影响因素分析[J].同济大学学报(自然科学版),2021,49(03):350-359.

[4] 孙晓东,侯雅婷.邮轮母港游客满意度测评与提升研究——基于上海的实证分析[J].地理科学,2017,37(05):756-765.

[5] Sun X,Feng X,Gauri D K. The cruise industry in China:Efforts,progress and challenges [J]. International Journal of Hospitality Management,2014,42:71-84.

[6] Papachristou A A,Pallis A A,Vaggelas G K. Cruise home-port selection criteria[J]. Research in Transportation Business & Management,2020:100584.

[7] Wang S,Zhen L,Zhuge D. Dynamic programming algorithms for selection of waste disposal ports in cruise shipping[J]. Transportation Research Part B:Methodological,2018,108: 235-248.

[8] 房卓,姚海元,黄俊,等.多智能体仿真在 LNG 码头选址及港口规划中的应用[J].水运工程,2017(12):123-128.

[9] 杨安海,于津伟,朱若凡,等.豪华邮轮工程的"大邮轮"平台及效益风险分析[J].船舶工程,2021,43(01):22-27.

[10] Wang H. Report on the Development of Cruise Industry in China (2018) [M]. Singapore:Social Sciences Academic Press and Springer Nature Singapore Pte Ltd. ,2019.

撰稿人:王海燕(武汉理工大学)

复杂突变环境下水路交通运输需求预测技术

Water transportation demand forecasting technology under complex abrupt change environment

1　科学问题概述

水路交通运输发展受国家政策、国际形势、国民生产总值、产业结构及布局、港航基础设施条件、水文及气候条件、综合运输网络、运输组织、通航管理等多维内外部环境因素的影响，因素间存在交互、叠加等作用关系。在自然灾害、事故灾难、公共卫生事件和社会安全等方面的全局性重大事件扰动下，环境影响因素状态易发生本质性变化。因此，水路交通运输需求的发展环境呈现出复杂突变的特征。

水路交通运输需求预测是水路交通基础设施规划建设、水路交通运营组织、水路运输管理政策决策的基础性课题。受环境复杂突变的影响，水路交通运输需求量的变化趋势呈现非线性特征，涉及运输量、运输结构、出行行为等多个方面，预测难度大。为准确把握水路运输需求变化趋势，亟待提出复杂突变环境下水路交通运输需求预测的新技术和新方法，进而支撑水路交通运输高质量发展。为突破上述技术瓶颈，一系列关键科学问题有待研究。

1.1　如何识别复杂突变环境对水路交通运输需求的影响

复杂突变环境影响因素状态突变对水运需求的影响程度大小、影响叠加效应强度、影响路径和机理各异，且货类的不同会使得这种差异进一步放大。因此，为探究复杂突变环境与水路运输需求变化的关系，需全面梳理不同货类水路运输需求的影响因素，挖掘不同因素状态突变及因素叠加对水路运输需求的影响。如何识别复杂突变环境对水路交通运输需求的影响是首先需要解决的关键科学难题。

1.2　如何构建多情景模式下的水路交通运输需求预测方法

受政策、经济、技术及社会发展需求与发展阶段变化的影响，水路交通运输需求的环境影响因素状态突变具有不确定性，未来可能呈现出突变持续、恢复或跃阶等多种可能情景，水路交通运输需求变化随之呈现非线性特性。因此，有必要探索不确定条件下环境影响因素状态变化的典型情景组合模式及相应的环境参数，构建环境因素状态突变情景模式下的水路交通运输需求预测方法，进而提升水路交通运输需求预测结果的准确度和可信度，这是需解决的关键科学问题之二。

1.3　如何分析水路交通运输需求动态演化规律

为有效应对环境突变对水路交通运输需求的影响，需施加相应的应对措施。环境、对策、需求三者之间存在交互影响，水路交通运输需求的动态演化具有系统性和复杂性。因此，有必要从运输量、运输结构、出行行为等方面出发，充分考虑水路交通运输需求的多维度特征，探明环境突变和应对措施交互作用条件下水路交通运输需求的演化路径，揭示水路交通运输需求的动态演化规律，掌握应对措施的实施效果，进而合理引导水路运输需求变化趋势，这是需解决的关键科学问题之三。

2　科学问题背景

近年来，我国经济发展的内外部环境已发生了深远的变化。在此背景下，水路交通运输发展面临着前所未有的新的不确定性。

目前研究对水路交通运输发展相关的复杂突变环境因素及其对需求量的影响关系认识不足，水路交通运输需求量的预测多聚焦于相对确定环境下的交通运输需求预测，造成了预测精度和信度上的缺陷，且无法反映突变环境应对措施下的需求动态演化路径。

(1)水路交通运输中的复杂突变环境因素影响量化验证问题有待解决。例如，如何提取重大公共卫生事件、自然灾害、贸易环境等多维多模复杂突变环境变量的水路交通运输需求影响因素，如何挖掘与验证复杂突变环境因素对水路交通运输的影响关系，如何探析与量化复杂突变影响因素对水路交通运输需求影响的叠加效应，从而为识别复杂突变环境对水路交通运输需求的影响提供支撑。

(2)对水路交通运输需求预测中环境因素不确定性的认识不足。一方面，现有预测方法难以充分考虑环境突变及其状态组合情景的影响；另一方面，对复杂突变环境变量历史数据不足条件下的水路交通运输需求预测探索有限。因此，有必要揭示环境因素突变及其状态组合情景模式的发生规律，构建完善的水路交通运输需求预测方法。

(3)现有研究多面向客观环境影响下的水路交通运输预测，针对客观环境变动应对措施介入下的水路交通运输需求演化建模研究不足，而环境、对策、需求三者之间的交互影响将使水路交通运输需求的演变更为复杂。

3　科学问题研究进展

(1)针对复杂突变环境下对交通需求影响的研究，海运和其他运输方式也都有涉及。如 LI X 等研究了新冠疫情对航空旅客需求的影响，利用季节差分自回归移动平均(Seasonal Auto-Regressive Integrated Moving Average, SARIMA)模型，分不同情景分析了航班停航和需求下降带来的双重影响；TSEKERIS T 等利用重力模型研究了航空进口货值与成本、海运竞争、支出模式的关系,研究航空系统在全球金融危机前后的鲁棒性,疫情对易腐货物、高价值货物、低价值货物的不同作用;NOTTEBOOM T 通过统计对比全球供应链影响、运营组织影响、市场结构影响、企业战略行为影响、船舶靠港和吞吐量影响、集装箱港口连接网络影响等方面,比较新冠疫情和全球金融危机前后的差别,分析了全球集装箱航运和港口的弹性。

(2)水路交通运输需求预测主要有三大类方法,包括交通规划四阶段预测法、统计分析预测法和人工智能技术预测法。

交通规划四阶段预测法应用到水路需求预测中,主要采用交通生成、交通分布、交通方式选择、交通分配四个步骤,编制各种货类基年 OD 表,基于区域划分,根据各个区域的社会经济、人口统计和土地利用特征,研究特定交通区域对之间(起点-目的地或生产-吸引)的出行生成;根据交通区域对之间的距离或时间、货币等其他出行成本的阻抗函数,在交通源-目的地对之间分配出行需求;利用经典 Logit 模型和 Probit 模型分析水运转移量;最后将未来年 OD 分配到航道网中。之后也出现了研究将基于四阶段模型的联合模型应用到水路运输需求预测中。四阶段预测法是交通需求预测的经典模型,在各种运输方式上应用广泛,但也存在数据需求量大、数据收集具有局限性等不足,经济危机、自然和人为灾害以及其他意外事件造成的需求冲击也很难在模型中予以显现。

统计分析预测法主要包括确定需求模型与随机需求模型、分析模型与模拟仿真模型、时间序列模型和因果关系模型。运输需求的单变量时间序列分析包括卡尔曼滤波、平滑和 Box-Jenkins 模型、广义自回归条件异方差(Generalized Auto-Regressive Condition Heteroskedasticity,GARCH)模型等,以研究水运量时间序列的波动性。动态或时变预测模型包括 Compertz 增长和学习曲线模型、自回归过程模型、自回归分布滞后模型(Autoregressive Distributed Lag Model,ADLM)、自回归移动平均(Auto-Regressive Moving Average,ARMA)模型、季节回归模型(如加性季节性、乘性季节性和季节性分数模型)和时变参数(Time-Varying Parameter,TVP)模型。其他模型指逐步切换回归、支持向量回归和传递函数模型。多元模型包括多元自回归移动平均(Auto-Regressive Integrated Moving Average,ARIMA)模型、状态空间模型和多元 GARCH 模型等。因果关系模型包括回归模型、弹性系数模型、生成系数模型等。

最近的研究倾向于将人工智能技术应用到水路交通运输需求预测中,试图解决水路交通运输需求时间序列固有的随机性、非线性和非平稳性相关的复杂问题。此类模型包括基于模糊规则推理方法、进化计算、群体智能、人工神经网络和杂交(如基因模糊、神经模糊等)方法。人工神经网络(Artificial Neural Network,ANN)的特性能够更好地适应不完美数据、非线性和仲裁函数映射的能力,使该方法成为经典(统计)方法的有用替代方法。经验证据表明,ANN 在交通量预测方面通常优于经典时间序列和多元回归模型。遗传算法(Genetic Algorithm,GA)依赖于一个随机过程,该过程利用与不同控制参数值相关的待优化系统性能的信息;贝叶斯统计推断方法能够表示随机变量集之间的因果依赖关系,并根据每个变量和数据的先验分布计算这些随机变量的联合后验分布,如马尔可夫链蒙特卡罗(Markov Chain & Monte Carlo,MCMC)法或拉丁超立方体模拟(Latin Hypercube Sampling,LHS)法,用于解释交通预测中不可观测的风险源。

为了避免基于普通最小二乘(Ordinary Least Squares,OLS)法的传统回归分析中经常出现的虚假回归,在水运量建模和预测的背景下,大量应用现代计量经济学方法,如向量自回归(Vector Auto-Regressive,VAR)模型和误差修正模型(Error Correction Model,ECM)已成为主要的预测方法。与其他单方程模型(其中包含的解释变量应为外生变量)相比,VAR 模型和向量误差修正(Vector Error Correction,VEC)模型将所有变量视为内生变量,每个变量都指定为其他变量的线性关系。更复杂的程序,如一般到特定(General to Specific)模型,可以考虑变量之间的非线性和不对称关系。

与现有的统计方法相比,基于人工智能的技术应更受青睐。这是因为在使用真实世界的复杂数据集时,传统的统计方法需要对复杂的多元似然函数和误差分布进行假设。当然,人工智能方法也面临着可解释性和黑盒问题。在复杂突变环境下,水路交通需求预测技术需要进一步研究和开发。

(3)针对水路交通运输需求演化机制的研究,主要采用系统理论相关模型和方法。如结构方程模型(Structural Equation Modeling,SEM)为表达因变量和解释变量之间的跨方程相互关系提供了灵活的框架;系统动力学也用来处理水运需求、环境、经济间的互动反馈关系,进而预测各种环境变量突变下的系统演变路径和结果;系统经济预测模型还包括可计算的一般均衡模型或部分均衡模型等宏观经济模型。

上述模型和方法从数据收集频率上看,可以是每年、每季度、每月,用于长期或中期预测,甚至是每小时或几分钟,用于实时预测。传统的调查主要依赖于人工,但往往不完整并且成本高,现代化的信息和电信技术的不断进步为交通大数据分析奠定了基础,为提供更精确、适应性更强的水运需求预测方法提供了支撑。

综上所述,水运需求受到区域经济、基础设施、运输市场竞争、气候水文、国际贸易、政府管控、传染病疫情等复杂因素的影响,且部分因素存在突变可能,如何在传统交通需求预测方法基础上,利用智能化手段对信息进行充分挖掘,构建多情景多模式的水运交通需求新框架,弥补现有模型在长期预测和可解释性上的缺陷,值得进一步思考和研究。

主要参考文献

[1] Li X,de GROOT M,BÄCK T. Using forecasting to evaluate the impact of COVID-19 on passenger air transport demand[J]. Decision Sciences,2021:1-16. https://doi.org/10.

1111/deci.12549.

[2] 路广宇,汤银英,陈思.中欧国际铁路货运需求预测及系统动力学仿真研究[J].交通运输工程与信息学报,2022,20(02):150-163.

[3] Xiao Y,Liu J J,Hu Y,et al. A neuro-fuzzy combination model based on singular spectrum analysis for air transport demand forecasting[J]. Journal of Air Transport Management, 2014,39:1-11.

[4] Alexander D W,Merkert R. Applications of gravity models to evaluate and forecast US international air freight markets post-GFC[J]. Transport Policy,2021,104:52-62.

[5] Tsekeris T,Tsekeris C. Demand forecasting in transport:overview and modeling advances [J]. Ekonomska Istraživanja,2011,24(1):82-94.

[6] Notteboom T,Pallis T,Rodrigue J. Disruptions and resilience in global container shipping and ports:the COVID-19 pandemic versus the 2008—2009 financial crisis[J]. Maritime Economics & Logistics,2021,23(2):179-210.

[7] Cui Q,He L,Liu Y,et al. The impacts of COVID-19 pandemic on China's transport sectors based on the CGE model coupled with a decomposition analysis approach[J]. Transport Policy,2021,103:103-115.

[8] 李文杰,贺艺伟,杨胜发,等.长江上游涪陵至丰都段航道水运量分析预测[J].水运工程,2020(6):99-105.

[9] 闫伟,朱晓宁,王力.铁路集装箱运量中长期预测模型研究[J].交通运输系统工程与信息,2013,13(3):138-143.

撰稿人:刘清(武汉理工大学)

面向多能互补态势的"源-网-荷-储"一体化的港口布局规划

Integrated "source-grid-load-storage" port layout planning for multi-energy complementary situation

1　科学问题背景

国际能源署(International Energy Agency)和国际清洁运输委员会(International Council on Clean Transportation)统计数据表明,2018年全球交通能源所产生的二氧化碳排放量中,交通运输占比24%,达80亿吨,其中10.6%源自水运,巴黎协定1.5℃的温升预算将在2028年耗尽。航运业脱碳挑战及替代能源的应用将是未来20～30年绿色航运发展的主题,涉及船、港、货等水路交通运输系统的核心构成要素。港口作为水路交通运输体系中的节点,沟通船货两端,无论是产业结构调整带来的货源构成与规模流向变化,还是船舶新动力系统及能源替代带来的技术更替都将集中反映在新的港口布局规划中。当前,迫切需要研究面向电能、液化天然气(Liquefied Natural Gas,LNG)、液化石油气(Liquefied Petroleum Gas,LPG)、氨、氢、生物燃料等新能源对传统能源替代背景下的多能互补的"源-网-荷-储"一体化融合的港口布局规划理论与方法。其涵括的关键科学问题包括:

1.1　水路交通载运工具多能互补演进态势对港口布局规划的影响机理

该科学问题包括水路交通载运工具能源替代路线图;水路交通载运工具能源互补代际划分与特征;能源互补异化特征对港口布局规划的影响与作用机理。

1.2　水路交通运输多能互补背景下的港口布局规划优化理论

该科学问题包括能源供给网、综合交通运输网、信息网与港口网多网融合的关键问题,以及其对港口总体布局的影响;多能互补背景下港口功能提升路径及规划;全国煤炭、原油、铁矿石、钢材及集装箱港口功能布局优化模型;水路交通运输多能互补态势下能源加注港站选址模型。

1.3　"源-网-荷-储"一体化港口码头三维布置设计与评价体系模型

"源-网-荷-储"一体化协同的港口内部设施和功能区的布置设计包括港区划分和功能分工、港口界线确定、港口岸线利用规划、码头布局模式、水陆域布置、新能源设施布置、绿色水上服务区规划以及集疏运等配套设施规划等;构建适用于不同能源互补体系的码头布置方案的技术性、经济性、安全性、协同性、韧性及可拓展性"六性"通用评价体系模型。

2　科学问题概述

2021年3月,国家发展改革委、国家能源局联合发布了《国家发展改革委　国家能源局关于推进电力源网荷储一体化和多能互补发展的指导意见》,源网荷储是一种包含"电源、电网、负荷、储能"整体解决方案的运营模式,可精准控制社会可中断的用电负荷和储能资源,提高电网安全运行水平,可解决清洁能源消纳过程中电网波动性等问题。

脱碳压力之下,船舶替代能源的应用步伐不断加快,并且多能互补的态势日趋明显。挪威船级社(DNV)研究表明,世界船队中约0.39%的现有船舶使用了替代能源,其中甲醇占 0.01%、LNG 占 0.16%、电池占 0.22%;而 2020 年订单船舶中约 9.74% 使用替代能源,其中氨占 0.02%、氢占 0.06%、甲醇占 0.47%、LPG 占 0.67%、LNG 占 4.52%、电池占 3.99%;2020 年入籍挪威船级社在中国区建造的船舶约 30% 使用了替代能源;2030 年国际海事组织(International Maritime Organization,IMO)合规情景下,将约有 37% 的船舶使用替代能源,其中生物燃料将占 11%、零碳燃料占比小于 1%、化石燃料的替代能源占比达 24%、电网供电能源占 2%。船用替代能源的使用涉及诸多问题,其中最核心的问题是船舶能源加注使用的安全性、便利性与经济性问题,由此核心问题延展而来的是面向未来,港口布局规划如何与不同能源的源头、输送网、负荷侧及储能枢纽协同布局,以适应不同代际间多能互补态势下的船型优化发展,服务货物运输。

脱碳压力之下,碳成本大幅增加,全球贸易格局和产业结构也将发生根本性改变。发达国家已完成工业化进程,能源结构整体较优,去碳化意愿坚决,美国提出到 2035 年实现电力部门脱碳化,欧洲 324 座燃煤电厂将在 2030 年前关闭一半,煤炭运输市场将受到极大影响。此外,未来 15 年,全球大部分国家将淘汰汽油车,改用电动或氢能源车,石油需求减弱,影响原油、成品油水运市场。国内来看,我国是全球最大的石油进口国,石油进口依赖高达 72%,其中 70% 被汽车消耗。随着电动汽车的普及,2025 年我国新能源车的占有率将从不到 3% 提升至 25%,国际国内原油、成品油水路运输市场将受到较大影响。与此同时,电动汽车不断普及,煤炭作为我国发电的主要能源,短期内难以被替代,但增速可能放缓,国家能源局《"十四五"现代能源体系规划》指出,2025 年,煤电装机规模力争控制在 12.3 亿 kW,力争 2030 年可再生能源市场份额提升至 25%,2050 年最高达 60% 左右,可见未来煤炭国内外水运市场也将受到重要影响。受房地产调控加码、环保要求趋严、叠加碳交易加大钢材出口成本等因素影响,粗钢产量回落概率较大,这也会反映到铁矿石及钢材运输市场,而具有低碳优势的内河集装箱运输将在此大背景下整体受益。由此可见,脱碳压力之下,未来水路运输货源结构、流量流向等均会发生较大变化,必须重新审视现有港口布局规划,对新能源替代背景下煤炭、原油、铁矿石、钢铁、集装箱等枢纽港布局进行优化研究,构建面向多能互补态势的一体化港口布局规划理论与方法,对全国性港口布局规划进行优化,对不同能源类型的个体港口码头的布置进行设计指导与综合评价。

从研究背景来看,目前港口布局规划的研究包括港口功能区的规划布置、港口选址、港口评价等,这些研究主要聚焦于传统环境下的布局规划,对于新环境、新背景下的港口布局规划研究不足。现有全国性港口布局规划,如 2006 年发布的《全国沿海港口布局规划》、2007 年发布的《全国内河航道与港口布局规划》以及 2015 年发布的《全国沿海邮轮港口布局规划方案》主要基于传统船用能源,未考虑能源替代对于港口布局的新需求。而在多能互补的大环境下,港口布局能否适应现有的政策和需求,港口布局规划能否与源、荷、储能量枢纽规划有效结合起来,这对于能否落实港口生态环境保护、港口稳步生产经营和绿色港口建设具有重要意义。因此，迫切需要解决一系列难题，包括：

港口布局规划与"源-网-荷-储"一体化的有效结合。例如，如何确定新环境对于港口布局规划的影响机理、如何明晰多网融合等关键问题对港口总体布局的影响、如何提升港口功能以符合国家发展要求，从而达到为港口布局规划提供理论支撑的目的。

考虑多能互补态势如何构建相关模型，包括选址模型、布局优化设计模型、评价模型等。如何突破传统方式方法的局限，将多能互补态势的大背景充分融合到港口布局规划中，建立完善的技术体系。

综上所述，亟须进行能源变化背景下港口布局规划设计的建模及相关理论研究，实现对该问题的深刻理解和清晰认知，提供理论支撑和技术保障。深入分析能源互补异化特征对港口布局规划的影响与作用机理，构建不同类型港口功能布局优化模型和能源加注港站选址模型，进一步进行"源-网-荷-储"一体化港口码头三维布置设计并构建评价体系模型，对于深入探究港口布局规划理论、进一步优化港口布局和资源利用具有重要意义。

3 科学问题研究进展

3.1 针对水路交通载运工具多能互补演进态势对港口布局规划的影响机理研究

现有研究多从传统的生产管理角度对港口发展的影响进行研究，对于港口布局规划的影响机理鲜有研究。具体来说，现有研究多从地理因素、管理因素、资金因素、环境因素等角度展开，评价指标的广度不足，少有从载运工具能源态势演进的全局角度进行研究。目前对于水路载运工具的相关研究还多停留于新能源在船舶上的应用，对于水路运输载运工具的能源替代路线尚不清晰，水路交通载运工具能源互补代际划分与特征还不明朗。港口是运载工具停泊和往来的主要枢纽，作为承载者与接纳者，其布局规划应及时适应载运工具的变化。水路交通载运工具多能互补的态势将对港口的装卸设施、泊位数量、堆场大小、集疏运系统等布置情况提出不同要求。因此，迫切需要针对能源互补异化特征对港口布局规划的影响进行深入的研究，对水路载运工具的能源互补异化特征展开描述，在此基础上构建影响港口布局规划的指标体系，掌握水路运输载运工具能源替代对港口布局规划的作用机理，为新时期港口规划和港口发展提供理论指导。

3.2 针对水路交通运输多能互补背景下的港口布局规划优化理论研究

现有港口布局规划优化理论主要包括港口功能布局和港口选址这两大部分。对于功能布局规划，研究集中在港口自身建设、港口经济功能和港口区位选择等方面，基于不同货种的全国港口的功能布局优化还尚未进行研究,多能互补背景下港口的功能提升路径和发展思路尚待探究,对于能源供给网、综合交通运输网、信息网与港口网多网融合关键问题对港口总体布局的影响还不清晰,因此,需要充分考虑多网融合等问题对于港口总体布局的影响,给出港口功能提升的发展思路和措施,构建全国煤炭、原油、铁矿石、钢材及集装箱港口功能布局优化模型,并利用合适的数学方法对其求解,为港口规划提供理论依据。目前针对港口选址规划问题的求解模型和方法很多,包括专家经验法、重心法、灰色模糊法、层次分析法、反向传播(Back Propagation,BP)神经网络法等,但多是基于货运量进行选址规划,而非出于系统性、整体性和应用性的全方位角度来解决此类问题。对于能源加注港站的选址研究,应充分考虑能源加注港站的特殊性,基于船舶的加注方式,结合水路交通运输多能互补态势的发展背景,利用供需平衡理论,从不同方面设计评价指标,建立基于水路交通运输多能互补态势的能源加注港站选址模型,为未来港口船舶能源加注站的布局设计与决策评估提供参考借鉴。

3.3　针对"源-网-荷-储"一体化港口码头三维布置设计与评价体系模型研究

现有关于码头布置设计的研究主要集中在平面布局方案与方案评价及优选两个方面。具体来说,港口布置设计研究多考虑港口吞吐量、设施数量、功能区距离等生产指标进行港口布局规划,鲜有将能源供给考虑到港口的布局规划中来,多是基于 SLP 理论对港口功能区进行多目标模型的构建,然后通过启发式算法进行求解,得出的港口布局结论仍停留在二维平面布置层面,对于设计、建设、运营、管理各个阶段的不确定因素难以全面把控,规划实施后的效果和影响难以评估。其次在评价体系模型研究方面,多目标决策、层次分析、模糊综合评价等数学评价模型方法常被用于港口布局方案的评价,但现有的评价模型多是根据实际的港口情况进行设置,尚未形成一套通用的评价体系。由上可知,如何基于多能源"源-网-荷-储"一体化协同进行港口内部设施和功能区的三维布置设计,以及如何构建适用于不同能源互补体系的码头布置方案的通用评价体系模型是现有研究亟待解决的问题。

综上所述,现有针对面向多能互补态势的"源-网-荷-储"一体化港口布局规划的研究尚缺乏全面系统的基础理论支撑。水路运输载运工具的能源替代路线不清晰、特征不清楚,对于港口布局规划的影响机理有待探索。同时新环境、新政策下如何进行港口的总体布局,能源供给网、综合交通运输网、信息网与港口网多网如何融合,针对"源-网-荷-储"一体化码头三维布置设计如何建模等关键问题亟待解决。以上关键问题的理论研究,从港口多能互补的大背景入手,以港口布局规划为切入点,建立系统的港口规划布局理论体系,能够为绿色港口建设和长远发展提供深厚基础,具有突出的科学价值。

主要参考文献

[1] 郭创新,王惠如,张伊宁,等.面向区域能源互联网的"源-网-荷"协同规划综述[J].电网技术,2019,43(09):3071-3080.

[2] 郭利泉,杨忠振.基于对外运输系统的内部运输社会福利最大的多港口地区港口整合方法研究[J].系统工程理论与实践,2018,38(08):2098-2109.

[3] 姚海元,薛天寒,齐越,等.国土空间规划体系下 BIM 技术在港口规划中的应用[J].水运工程,2021(04):147-152.

[4] 房卓,姚海元,黄俊,等.多智能体仿真在 LNG 码头选址及港口规划中的应用[J].水运工程,2017(12):123-128.

[5] 赵旭,杨赞,靳志宏,等.区域集装箱港口网络布局规划优化模型[J].交通运输工程学报,2007(03):44-49.

[6] 陈继红,路瑶.中国环渤海湾区域主要港口发展布局及其层次划分[J].地域研究与开发,2012,31(05):11-15.

[7] Abu Aisha T,Ouhimmou M,Paquet M. Optimization of container terminal layouts in the seaport—Case of port of Montreal[J]. Sustainability,2020,12(3):1165.

[8] Stopka O,Kampf R. Determining the most suitable layout of space for the loading units' handling in the maritime port[J]. Transport,2016,33(4):1-11.

[9] Zeng J,Wan R Y. Multilevel layout planning of port space designs in marine transportation systems[J]. Journal of Coastal Research,2018,82:163-167.

[10] DNV. Assessment of the impact on the fleet of short-term GHG measures for IMO[R]. IMO:Marine Environment Protection Committee-MEPC 76,2021.

撰稿人:涂敏(武汉理工大学)

第2章
水路交通信息与控制

　　水路交通信息与控制是智能航运的重要组成部分,其研究紧扣水路交通信息感知、态势辨识、智能控制、大数据分析等领域的科学和技术问题,在确保水路交通运输安全和环保的前提下,实现水路交通的高效运行,进一步提升水路交通服务保障能力,支撑建设交通强国。

　　水路交通信息感知目前主要研究船舶航行状态感知,对水路交通要素特别是货物状态、水路通航环境和通信环境缺少全面和有效的感知手段,对于远距离水路交通要素缺少针对性的传输手段。水路交通信息感知研究重点将由区域要素感知向全面要素感知再向个体要素全面感知发展,对个体要素的感知范围和感知精度急剧增加。水路交通态势辨识主要研究在多传感数据下进行船舶目标检测定位、目标跟踪、信息融合与轨迹数据处理,采用数理统计、密度聚类、贝叶斯网络等分析方法和元细胞自动机等动态方法等进行状态辨识,采用统计方法、机器学习和深度学习等方法进行状态预测。水路交通态势辨识需加强船舶、交通设施和航行环境三者间的相关性、不同时域尺度下时空相关性等方面的研究。水路交通智能控制多以单航道为研究对象,对于多航道、多交叉口、多港口等复杂水域研究不足,且交通流数据来源与特征分析不全面,造成现阶段交通控制方案难以适应复杂水域环境,易出现水上交通安全紧张、通航效率不高、航路交错复杂、交通冲突加剧等困境。为能有效解决水路交通控制中复杂对象、复杂环境和复杂任务所产生的棘手问题,水路交通控制方法正逐步由系统性控制向智能化控制快速发展,需对水路交通中产生的不确定性、高度非线性、分布式传感、动态突变、多时间标度、复杂的信息模式等特性指标进一步进行挖掘与研究,开展跨域协同控制和群智协同控制等问题的研究。水路交通大数据分析主要基于交通数据及数据所含的特点表征,利用物理和计算机科学类方法,对数据背后的统计规律进行挖掘。水路交通数据的海量化、实时性、多维度等特征程度日渐加深,大大增加了水路交通数据管理和价值挖掘的复杂度和困难度,同时水路交通数据安全性问题的处理也刻不容缓,需重点开展水路交通知识图谱、水路交通复杂网络、水路战略物资通道和流量分析、水路交通信息安全等方面的研究。

撰稿人：胡勤友(上海海事大学)　王桐(哈尔滨工程大学)

刘克中(武汉理工大学)　陈亮(上海海事大学)

内河航运中人-船-环境耦合要素控制与优化

Control and optimization of human-ship-environment coupling factors in inland waterway

1 科学问题概述

内河航运活动是由人-船-环境构成的复杂耦合系统,是区域经济发展的重要载体与支撑,如何加快内河航运高质量发展是国家科学技术进步面临的重大课题。在交通系统网络中,内河航运存在交通监管不到位、航运资源利用不充分等突出问题;在水运交通发展中,内河航运存在人员工作强度高、船舶操纵滞后以及交通环境复杂多变等因素制约,这些因素使得内河航运的经济效益、环境污染、通航风险等问题难以得到根本性改善。以上问题均可归纳为人、船、环境三大要素的耦合控制与优化。为促进内河航运安全、高效、节能、环保发展,亟须针对影响内河航运活动的本质因素开展系统性研究,研究人-船-环境要素的获取、人-船-环境要素耦合等理论与技术,解决人-船-环境要素控制优化的"卡脖子"技术难题,以达到改善内河航运活动的目的。现有研究存在要素获取不全面、机理研究不深入、耦合不充分等问题。为突破上述理论难点与技术瓶颈,一系列关键科学问题有待研究。

1.1 如何获取人-船-环境要素

人-船-环境要素的耦合问题研究,首先要获取人、船、环境等综合要素,获取是指对人、船、环境要素的主动采集与分析,包含要素的多源感知、筛选、预测和评价等诸多层面。内河航运活动中,由于存在航道狭窄、气候多变、水流复杂以及临河建筑、跨越和穿越航道工程较多等情况,诸如不同能见度下远近小目标与遮挡目标等的感知与识别难题尚未有效解决,因此需全面、系统、深度挖掘影响航运活动的要素信息,并且对要素的准确性、有效性耦合和级联特性进行分析。如何精准获取人、船、环境要素是首先需要解决的科学难题。

1.2　如何实现人-船-环境要素深度耦合

获取人、船、环境要素后,要明确人-船-环境要素的耦合关系,才能够进一步控制与优化耦合要素。人-船-环境要素的耦合的内涵是多要素之间的作用机制问题,现有研究多单独着眼于宏观交通系统(航运主管机关-交通流-环境)或微观交通系统(船上工作人员-船舶-环境),且其内在驱动机制的相互作用与制约关系的研究并不清晰,耦合程度有限。因此,有必要从整体出发,扩充系统需要进行耦合的要素范围,探索要素间复杂耦合作用关系,揭示系统要素耦合的形成及演变规律,挖掘多要素耦合作用下内河航运活动的演化机理,形成要素涵盖范围全、作用机理清晰的人-船-环境深度耦合关系。

1.3　如何控制和优化人-船-环境耦合要素

明晰人-船-环境要素深度耦合关系后,需要针对性地控制和优化人-船-环境系统,达到改善内河航运活动的目的。控制和优化人-船-环境耦合要素问题的内涵为:充分考虑系统中多源多维问题的产生过程,对影响系统的不利要素进行控制,对要素之间消极的作用关系进行优化。内河航运活动中影响要素存在种类多、变化速度快、作用机制复杂等特征,因此对于人-船-环境耦合要素的控制和优化研究是解决内河通航活动最终落脚的科学难题。

2　科学问题背景

人、船、环境三者相互作用,构成了以船舶为中心的闭环系统,在微观上是内河航运活动的基本单元,在宏观上构成了内河航运的交通流与交通系统。对人-船-环境耦合要素的控制与优化研究是保障内河航运活动安全、高效、节能、环保发展的重要理论基础,其内涵包括各影响要素的机理建模与物理仿真、要素间作用机制以及系统的动态演化规律等诸多方面。

目前,关于人-船-环境要素的研究通常聚焦于宏观或者微观,研究单要素识别或要素互馈演化方面。例如,人-人、人-船、船-船、船-环境之间的耦合,较少涉及人-船-环境全要素耦合与级联关系研究。同时,内河航运活动安全保障技术方面的研究也面临诸多挑战,如风险要素缺失、风险指标量化与耦合不足、安全保障措施不全面等突出问题。因此,迫切需要突破人-船-环境耦合要素感知、耦合、控制和优化研究中的技术瓶颈。

2.1　人、船、环境要素的获取问题有待解决

例如,内河航运存在航道蜿蜒曲折、水深宽度条件有限、气候变化较快以及临河建筑、跨越和穿越航道工程较多的现状,如何全面挖掘影响航运活动的因素,解决复杂约束下的人、船、环境要素选择难题;如何在大数据量的前提下快速多源感知人、船、环境要素,解决

多目标动态场景的实时感知和识别难题；如何保证多源异构数据的准确性与有效性，解决带宽限制和通信抖动条件下的大数据传输难题，为人-船-环境要素的耦合研究提供理论支撑。

2.2 人-船-环境要素的深度耦合研究深度不足

例如，船舶驾驶人员的操作除受船舶状态、航行环境的影响之外，还受海事监管、交通流状态等因素影响，如何扩充耦合要素，研究宏观交通系统和微观交通系统之间的作用机理。人-船-环境系统是一种人在回路的闭环系统，人是导致交通系统复杂性和不确定性的核心因素，各因素难以量化、耦合，对其的评价准确度普遍较低。如何深度挖掘人为因素的影响机理，建立充分考虑人为因素的深度耦合理论体系是技术突破的核心内容。

2.3 人-船-环境耦合要素控制和优化不充分、不合理

例如，现有控制和优化措施大多从单一利益方角度考虑与制定，船舶运营者向着有利于经济效益最大化的方向控制人、船、环境要素，如仅采取基础的安全、环保措施；主管机关主要基于港口、基建等多方面安全考虑控制和优化三大要素，设置较为严苛的航行环境限制条件等。这些措施会导致航行活动风险增大或航运资源利用率降低，均不利于航运发展。因此，人-船-环境耦合要素控制和优化仍需进一步深化研究，改善要素控制条件，优化要素间作用机制及保障措施，并建立全新的人-船-环境耦合技术评价指标体系。

综上所述，亟须充分感知内河航运活动中的多维信息，对各个因素进行机理建模与物理仿真，量化评价指标并进行信息融合，建立人-船-环境要素深度耦合研究体系；深入探究航运活动中风险因素的致因机理，进一步提炼人-船-环境系统风险动态演化机制；深度开展人-船-环境耦合要素控制与优化研究，促进内河航运的安全、高效、节能、环保高质量发展。因此，本研究具有重大的理论意义，科学技术价值突出。

3 科学问题研究进展

3.1 针对内河航运活动多源信息的感知

现有研究成果主要包含单一传感数据的获取、多传感器协同感知及信息传递等方面。这些研究通常仅能体现对于信息感知的准确性，而对信息的实用性关注较少。如单一传感器中基于激光雷达对近距离障碍测量，随后可获取三维点云数据，实现对航行环境的三维重建，但该方法数据噪声大、成像速度慢，在内河航运瞬息万变的环境下，该方法取得的结果滞后性较强、实用性有限。在多传感器融合中，过于追求对传感器的数量以及数据的叠加，而忽略对感知信息的处理技术，多源异构数据融合难度大、融合效率低，导致最终数据结果呈现时间早已超出数据的需求时间，数据失去有效性。多传感器融合技术在海事

领域复杂的应用场景目前主要还停留在实验室阶段,进行实际工程应用仍存在差距。传感器信息传输的研究多集中于移动网络,在道路交通领域发展已较为成熟,但由于航运活动的特殊性,诸多航道的移动网络覆盖并不完善,而采用卫星通信技术又存在传输信息量大、带宽不足等问题。因此,在复杂环境下进行多源信息快速感知、传递和分析是该领域研究的重点内容。

3.2　人-船-环境深度耦合的重点在于要素的致因机理研究以及要素之间的作用机制研究两方面

现有研究由于研究方法与试验数据的局限性,往往先将人-船-环境进行解耦,随后针对某一项因素单独展开研究,最后再进行有限的耦合研究。上述方法从单一对象扩展至人-船、人-环境、船-环境交互视角,鲜有从人-船-环境统一视角出发。具体而言,现有船-环境耦合研究愈发深入,但针对恶劣环境、极限工况下的船-环境耦合机理研究尚不清晰,当前船-环境耦合机理研究多基于流体力学进行,难以扩展构建人-船-环境耦合系统模型。随着新兴技术的发展,人-船耦合、人-环境耦合研究结果的准确度已有提升,但人-船-环境整体研究结果仍较少。一方面是由于航行活动面向非结构化动态复杂环境,研究要素的复杂程度大大增加;另一方面是由于航行活动样本数量远远小于道路交通,难以保证迭代结果的准确性。

3.3　针对人-船-环境耦合要素控制和优化研究

现有成果较为片面,主要包括法律、制度研究和技术层面研究两大方面。法律、制度的研究又分为以主管机关为主体的研究和以船舶、港口生产运营方为主体的研究。主管机关在研究过程中除了要考虑航运活动本身的安全外,还需要考虑对港口、码头的损毁,对环境的危害以及对周边居民的影响等因素,对要素控制严苛,如限制交通流量、设置通航环境限制等,所制定的规章制度严苛,不能充分发挥航运效率。生产经营方的研究方向主要以提升经济效益为主,对要素控制会大大放松,如最低限度配备船用消防、救生、导助航设备等,仅能保障航运基本安全。技术研究多着眼于宏观层面,基于运筹学和系统优化思想,常采用进化计算、模拟退火、禁忌搜索等启发式算法,但对于航运活动,还是存在约束条件多、目标函数随主体需求不同而发生变化等问题,求解难度大。该方向需打破不同主体之间的理念壁垒,统筹宏观和微观要素,开展大量控制措施与优化方法的研究。

综上所述,现有内河航运活动中人-船-环境深入耦合研究尚缺乏全面系统的基础理论支撑,多要素耦合关系尚不清晰,信息交互机制尚不明确,多方研究主体之间存在理念差别。上述问题制约了内河航运安全、高效、节能发展,有必要逐一攻克,最终实现高效、节能、环保的内河航运体系。同时,以上科学问题的突破,也能为智能交通产业长远发展提供深厚基础,具有重要的理论意义和现实意义。

主要参考文献

[1] 严新平.智能船舶的研究现状与发展趋势[J].交通与港航,2016,3(1):23-26.

[2] 邹俊杰.无人船航行环境感知方法研究[D].镇江:江苏科技大学,2020.

[3] 余必秀.基于多传感器的内河无人测量船航行环境感知系统研究[D].武汉:武汉理工大学,2018.

[4] MUNIN. Research in maritime autonomous systems project results and technology potentials [R]. MUNIN,2015.

[5] 吴兆麟.海上交通工程[M].大连:大连海运学院出版社,1993.

[6] 孙星,严新平,初秀民,等.基于船标岸一体化技术的内河信息服务关键技术研究[J].交通信息与安全,2012,30(4):5.

[7] Korkmaz S,Ledoux E,Nder H. Application of the coupled model to the Somme river basin [J]. Journal of Hydrology,2009,366(1-4):21-34.

[8] 韩丹丹.长江干线水上交通安全风险耦合研究[D].武汉:武汉理工大学,2017.

[9] Blokus-Roszkowska A,Smolarek L. Influence of maritime traffic organization at waterways' crossings on the safety level of navigation[J]. LOGISTYKA,2014,3:553-562.

[10] Chen C,Zhang L,Tiong R L K. A novel learning cloud Bayesian network for risk measurement[J]. Applied Soft Computing,2020,87:105947.

撰稿人:冯小香(交通运输部天津水运工程科学研究院)
杨云平(交通运输部天津水运工程科学研究院)
汪洋(武汉理工大学)

水路交通导航卫星感知机理与关键技术

The mechanism and key issues of navigation satellite sensing for waterway traffic environment

1 科学问题概述

水路交通相比其他运输方式具有独特的优势,我国水路运输高质量可持续发展迫切要求安全、绿色、智慧要素引领,从而实现水路运输高质量可持续发展。在构建便捷、安全、绿色、可靠的立体交通运输系统中,船舶及船舶周围交通环境的信息获取与感知是立体交通运输系统的重要组成部分。传统的水路交通环境获取方式如卫星遥感、航空遥感、闭路电视监控系统和浮标跟踪,或多或少存在着卫星过境时间长、卫星数目少、检测面积小、海面时空覆盖有限、受天气因素和环境条件的影响等不足。因此,传统的监测手段对水路交通重点区域实施长期、实时、大范围监测存在较大困难。近年来,利用导航卫星遥感的全球卫星导航反射计(Global Navigation Satellite System-Reflectometry,GNSS-R)技术因其独特的探测特性逐渐成为一种新型遥感手段,其具有探测范围广、全天候、全天时、稳定、信息全面真实、易更新、低成本等特点,在地球科学、大气海洋、交通等领域得到了越来越多的关注。GNSS-R遥感虽然可以提供免费、稳定、长期以及覆盖范围广的探测信号,并具有只需要布设接收机而不需要装备发射机、设备费用较低等独特的优势,但水路交通环境与陆地环境不同,导航电磁波传播环境更加复杂,特别是粗糙水面电磁波散射严重、水面反射信号强度较弱、近水面对流层对反射信号有影响、大尺度电离层分布不均等,制约了GNSS-R技术在水路交通领域的应用,存在着以下关键问题:

1.1　水路交通环境下GNSS-R信号传播特性及探测机理问题

GNSS-R星载设备体积小、重量轻、成本低,可以提供全天时、全天候、全球覆盖的大量探测数据。与陆地环境不同,GNSS-R信号在水面环境传播,存在着电磁波散射严重、水面反射信号强度弱等特点,甚至无相干观测量可用。因此,需要研究不同海况下水面导航无线电磁波的传播特性及机理,建立适合不同海面粗糙度的大、中、小尺度GNSS-R反射信号传播模型;细化和研究岸基、空基、星基等不同GNSS-R感知平台的信号传播特性及探测机理;解决弱反射信号条件下星载GNSS-R接收机对信号的快速捕获和数据的快速处理问题,以使星上载荷能实时高速处理GNSS-R所获取的反射信号。

1.2　如何解决水面信号传播环境对GNSS-R信号的影响问题

目前GNSS-R探测影响误差包括:与卫星有关的误差(卫星钟差、卫星轨道误差、相对论效应等);与接收机和测站有关的误差;与信号传播有关的误差(对流层延迟误差、电离层延迟误差等)。在水路交通信息的探测中,复杂大气水文环境对信号传播特性的影响更加严重,特别是近水面对流层对反射信号的影响、大尺度电离层分布不均等将造成探测的不可靠和精度的降低。因此,需要研究和提炼影响GNSS-R感知精度和可靠性的主要误差及其影响规律,特别是针对近水面对流层和大尺度电离层分布不均的特点,建立相关的改正模型和算法进行误差修正,提升水路交通环境信息的GNSS-R感知的可靠性和精度。

1.3　如何解决水路交通信息获取的时间和空间分辨率低问题

水路交通信息获取的时空分辨率影响因素众多,主要受发射机及接收机的几何关系、动态特性,接收机的参数、信噪比(Signal to Noise Ratio,SNR),导航信号的特性(如伪随机码、信号调制)等因素的影响。为了提升水路交通信息获取的时间和空间分辨率,需研究和提炼各种影响因素与空间分辨率的相互关系,并建立时空分辨率的主要指标;通过建立相关模型和算法,提出相应的解决方案,以解决探测时空分辨率低的问题。

2 科学问题背景

我国《交通强国建设纲要》强调强化前沿关键科技研发,瞄准新一代信息技术、人工智能、智能制造、新材料、新能源等世界科技前沿,加强对可能引发交通产业变革的前瞻性、颠覆性技术研究,构建泛在先进的交通信息基础设施,构建综合交通大数据中心体系,推进北斗卫星导航系统应用。《国家卫星导航产业中长期发展规划》也强调适应重点行业及领域的应用需求,充分发挥北斗卫星导航系统等特色优势,推动形成行业综合应用解决方案。

目前针对水路交通环境的 GNSS-R 感知应用尚未深入开展,利用 GNSS-R 进行水路交通环境感知应用仍存在诸多挑战,如水面导航电磁波传播环境复杂、恶劣海况下粗糙水面电磁波散射严重、水面反射信号强度较弱、近水面对流层对反射信号有影响、大尺度电离层分布不均等,造成现阶段无法进行有效和可靠的水路交通环境感知,因此迫切需要突破水路交通环境的 GNSS-R 感知关键技术瓶颈。

(1)复杂水面 GNSS-R 信号传播及探测机理问题有待完善。需要在不同海况下建立完善的大、中、小尺度的反射信号传播模型;细化和研究岸基、空基、星基等不同 GNSS-R 感知平台的信号传播特性及探测机理;解决在弱反射信号条件下星载 GNSS-R 接收机对信号的快速捕获和数据的快速处理问题,从而为水路交通环境的导航卫星感知从信号传播机理上提供理论支持。

(2)现有工作大多针对解决导航定位解算的误差问题,而水路交通环境 GNSS-R 感知面临的共性问题是复杂大气水文环境对信号传播特性的影响,如近水面对流层对探测可靠性和精度的影响与传统的定位解算中对流层影响不同。另外大尺度电离层分布不均,特别是极区等电离层活跃区域,对 GNSS-R 探测的影响更加严重。水路交通特殊的大气水文环境为利用 GNSS-R 进行水路交通环境感知带来更多挑战。

(3)水路交通环境感知的实时性和高时空分辨率是 GNSS-R 应用面临的关键技术瓶颈,特别是复杂海况下,水面反射信号弱和粗糙水面电磁波散射等特点,使得提炼水路交通信息获取的时空分辨率影响因素更加困难。因此,建立相关模型和算法并提出相应的解决方案以解决时空分辨率低的问题具有挑战性。

综上,亟须进行深入的复杂水面 GNSS-R 信号传播特性及探测机理研究,充分解决水面信号传播环境对 GNSS-R 感知性能影响的共性问题,构建完善的多平台水路交通环境的导航卫星感知探测模型,解决水路交通信息获取的时间和空间分辨率低问题。利用GNSS-R和北斗卫星导航反射信号作为重要的数据源,与原有的浮标、岸基站点、航空和卫星监测设备等一起,可实现对水上交通的全天候、全天时、稳定、高精度的信息获取与监测,对完善水路交通系统、打造21世纪海上丝绸之路、提升海运联通范围与联通能力具有重要的意义。

3　科学问题研究进展

3.1　针对 GNSS-R 信号传播及探测机理问题

从20世纪90年代中期开始,美国、欧洲等地的科研人员在这一新兴的领域开展了理论研究和实验工作。1993年,欧洲空间局(European Space Agency,ESA)科学家 Martin-Neira 首次提出利用 GNSS-R 进行海面高度测量的概念和技术途径,提出通过开发基于低轨卫星(Low Earth Orbit,LEO)的 GNSS-R 接收设备(PARIS)来完善海洋雷达高度计的覆盖范围。这些早期的工作引起了研究人员对等 GNSS-R 遥感技术的极大关注,搭载 GNSS-R 接收机的平台也逐渐扩展到岸基、机载和星载等平台。近年来,美国、欧洲先后利用非专用或专用的接收机进行了星载接收实验,并相继建设了 TDS-1(TechDemoSat-1)和气旋全球卫星导航系统(Cyclone Global Navigation Satellite System,CYGNSS)。国内相关部门已意识到 GNSS-R 海洋遥感的巨大应用前景,各项研究工作正在积极展开。但针对水路交通环境感知的 GNSS-R 探测机理仍有待进一步研究。特别是在弱 GNSS 反射信号特性下,实现星载 GNSS-R 接收机的信号和数据快速处理,提升星上载荷实时处理反射信号能力以及 GNSS-R 遥感大数据的水路交通环境感知能力仍有待加强。

3.2　针对信号传播环境对 GNSS-R 信号的影响问题,特别是在水路交通环境探测和感知中,复杂水域大气水文环境对 GNSS-R 信号传播特性的影响不容忽视

与传统利用 GNSS 进行导航定位类似,三类误差(与卫星有关的误差、与接收机有关的误差、与信号传播环境有关的误差)不同程度影响着 GNSS-R 探测系统的精度和有效性。特别是大气对流层和电离层的影响,如近水面对流层对 GNSS 观测值的影响是主要误差源之一。在传统的 GNSS 研究中,电离层改正模型和误差修正方面,一般都是在本特(Bent)模型、国际参考电离层模型、克罗布歇(Klobuchar)模型等基础上进行误差改正;对流层改正模型和误差修正方面,一般都是基于霍普菲尔德(Hopfield)模型、萨斯塔莫宁(Saastamoinen)模型、勃兰克(Black)模型等进行误差修正。因此,如何提炼影响探测精度的主要误差及影响规律,并建立相应的模型和算法以减小 GNSS-R 探测误差的影响,是水路交通环境感知需要解决的又一关键问题。

3.3 针对海面目标探测及探测分辨率问题

近年来,国外研究人员利用全球定位系统(Global Positioning System,GPS)反射信号进行了海面大型目标探测研究。Mojarrabi 等人首先发现 GPS 反射信号强度对探测距离的影响,分析了海面杂波对探测效果的影响,并提出 GNSS-R 在典型环境中能实现的最大探测距离为 200km。Kees Stolk 等人在利用数字波束控制天线阵列提高 GPS 反射信号信噪比的机载实验中进行了油轮的有效探测。Francois SOULAT 等人分析了星载LEO 平台信号接收功率和 LEO 覆盖密度,并指出利用星载 GNSS-R 进行目标探测的可行性。Valencia 等人基于 GPS 反射信号遥感海面风场和空间整合方法进行海面溢油目标的仿真,表明利用星载 GPS 反射信号进行海面溢油探测的可行性。国内学者在利用GNSS-R 技术进行海上目标探测的研究方面尚处于起步阶段。虽然国内外对 GNSS-R目标的探测进行了一定的研究,但总体来说仍未解决复杂水域大气水文环境对 GNSS-R探测信号的影响、实时水路交通目标获取以及提升 GNSS-R 探测的时间和空间分辨率等问题。

综上所述,现有针对水路交通环境的 GNSS-R 感知研究尚缺乏完善的信号传输和探测机理作为理论和技术支撑。在复杂水域大气水文环境对 GNSS-R 信号的影响、水路交通信息获取的时间和空间分辨率提升等关键问题研究上仍需要进一步突破。通过突破相关的探测理论和技术,开发 GNSS-R 探测系统,并利用 GNSS-R 作为重要的数据源,与原有的岸基、微波探测及卫星遥感设备等一起,实现对水路交通环境的全天候、全天时、稳定、高精度感知,对完善水路交通环境感知手段,拓展长时间尺度、大空间尺度和高时空分辨率的水路交通环境感知和监测具有重要的意义。

主要参考文献

[1] Cardellach E, Fabra F, Nogués-Correig O, et al. GNSS-R ground-based and airborne campaigns for ocean, land, ice, and snow techniques: Application to the GOLD-RTR data sets [J]. Radio Science, 2011, 46(6): 1-16.

[2] Zavorotny V, Voronovich A. Scattering of GPS signals from the ocean with wind remote sensing application [J]. IEEE Trans. On Geoscience and Remote Sensing, 2000, 38(2): 951-964.

[3] Garrison J, Katzberg S, Howell C. Detection of ocean reflected GPS signals: Theory and experiment [C] // Proceedings of the IEEE Southeastcon 97: Engineering the New Century, 1997: 290-294.

[4] Martin-Neira M. A passive reflectometry and interferometry system (PARIS): Application

to ocean altimetry[J]. ESA Journal,1993,17:331-355.

[5] Lowe S,LaBrecque J,Zuffada L,et al. First spacebrone observation of an earth-reflected GPS signal[J]. Radio Science,2002,37(1):7-27.

[6] Wang Y,Morton J. Ionospheric total electron content and disturbance observations from space-borne coherent GNSS-R measurements[J]. IEEE Transactions on Geoscience and Remote Sensing,2022,60:1-13.

[7] 付俊明,黄宇,李时良,等. GNSS-R 遥感与成像探测技术综述[J]. 卫星应用,2017(07):19-21.

[8] Ortega L,Vilà-Valls J,Chaumette E. Insights on the estimation performance of GNSS-R coherent and noncoherent processing schemes[J]. IEEE Geoscience and Remote Sensing Letters,2021,19:1-5.

[9] Valencia E,Camps A,Park H,et al. Oil slicks detection using GNSS-R[C]// Proc. IEEE Int. Geosci. Remote Sens. Soc. (IGARSS),2011:4383-4386.

[10] Pascual D,Clarizia M,Ruf C. Spaceborne demonstration of GNSS-R scattering cross section sensitivity to wind direction[J]. IEEE Geoscience and Remote Sensing Letters,2021,19:1-5.

撰稿人:刘卫(上海海事大学)

水路交通视频目标识别与态势感知机理与关键技术

The mechanism and key technologies of waterway target recognition and situation awareness with CCTV

1　科学问题概述

水路交通是货物运输的重要方式之一,相比陆路交通,同样有着复杂的交通环境。闭路电视(Closed Circuit Television,CCTV)视频监控系统可以对内河和沿海特定水域进行有效的实时监管,对提高航运效率、保障船舶航行安全起到重要作用。因此,基于视频的水上交通信息感知是航运业的一个重点研究领域。部署于岸基和船上的视频传感设备可以采集连续的可见光图像,结合计算机视觉技术可以代替人眼来识别航道目标信息、分析通航状态、引导船舶航行。然而,在实际应用中,航道面临着复杂的交通条件,为提升视频的自主感知能力,真正实现对人力的替代作用,提高水路交通监管的智能化水平,目前还有以下问题需要解决。

1.1 航道内多类水上目标的检测

监控视频可有效实现对特殊区域内水上目标的识别功能,通过计算目标在世界大地坐标系中的真实位置,即可分析船舶航行的空间状态,规范船舶的航行路线。水上目标主要分为船舶、落水人员、水面漂浮物、浮标等动态目标和桥梁、岸线、泊位、灯塔等静态目标。目标检测是应对该问题的关键技术,包括基于运动背景建模、特征提取并分类的传统方法和基于深度学习的智能算法,实际应用中往往还需要考虑各种不同的环境因素。常见的水上目标检测大多要面对光照变化、雨、雪、雾等复杂自然环境的影响,导致图像中产生较多的噪点,船舶轮廓模糊,缺乏色彩信息,同时水上目标的尺寸不同、形态各异,这些都不利于图像的特征提取,进而会严重影响检测框的生成概率与检测位置的准确性。因此需要形成一种针对复杂场景的水上目标检测方法体系,来实现对航道内出现的关键性目标信息的提取。

1.2 复杂水域多源数据的融合

基于视频感知,通过深度学习的方法,可实现对视频中多类别目标的检测。但视频提取的水上目标信息维度较低,仅局限于类别与模糊的位置信息,因此需要借助自动识别系统(Automatic Indentification System,AIS)与雷达来获取更多的空间运动信息。然而在通航密集水域,由于多目标间相互干扰,视频目标与 AIS、雷达目标难以实现精确匹配,AIS 信号更新速度具有不确定性,且远小于视频传输中的图像序列,难以满足与视频、雷达目标的时间同步性。因此需要对 AIS 轨迹进行插值计算,保证插值结果的真实性与可靠性,同时对视频目标进行持续跟踪,提取关键点位置,实现像素坐标到经纬度坐标的映射,得到虚拟轨迹。在此基础上对三者的空间运动信息进行相似性计算,设计合理的关联规则,避免目标信息的遗漏和错误匹配。

1.3 数据融合模式下的交通态势与船舶行为感知

水上视频感知的目标之一是实现船舶交通组织,而交通组织的关键在于对目标群体行为和个体行为的理解,识别群体行为的语义、把握个体行为的规律,才能更好地掌握视频中船舶的航行态势与船舶动态。而目前该领域还局限于基础的目标信息提取与流量统计阶段,没有充分结合目标群体间的多元时空特性来计算分析视频中的深层含义。这就需要在分析过程中充分考虑目标的运动信息和位置信息,融合时间特性,构建节点网络,形成对监控区域的抽象性描述,进一步解析出不同的群体行为。同时还需要针对个体船舶,在检测的基础上对船舶目标进行跟踪,结合航速、艏向、航行轨迹等信息,对船舶的锚泊、过桥、偏航以及碰撞风险进行有效判别。

2　科学问题背景

随着航运经济与信息技术的快速发展,智能化已成为现代水路运输的重要发展趋势之一,交通感知、通信、信息处理、人工智能等相关理论和技术的发展为之提供了有力支撑。视频感知技术致力于为海事船舶监管提供一种适用于密集水域、桥区、码头等重点区域的主动式监管方式,具有较高的科技含量和应用价值。

船舶目标检测是首要任务,基于深度学习的方法可以有效提高目标检测的准确率。这类检测算法可分为两类:基于分类的目标检测模型,包括区域卷积神经网络(Region-CNN,R-CNN)、快速区域卷积神经网络(Fast Region-CNN,Fast R-CNN)、超快速区域卷积神经网络(Faster Region-CNN,Faster R-CNN);基于回归的检测模型,包括"只看一次"(You Only Look Once,YOLO)系列和单步多框目标检测(Single Shot Multi-Box Detector,SSD)系列。随着船舶检测算法的成熟,天气条件、目标遮挡情况以及目标尺度变化等因素都已经被加以综合考虑。除船舶目标以外,一些航标常被用来确认通航条件、指导船舶航行,还可用来标示锚地、碍航物、浅滩等信息,在夜间发出特定颜色的灯光并伴随着一定的闪光频率,是水上通航环境的重要组成元素。而视频感知不能仅限于低维度、低层次的信息提取,面对复杂的自然环境因素与多变的船舶动态,目前水上视频感知技术还面对着以下现状:

2.1　视频感知内容的集中性与单一性

目前的水上目标识别研究大多集中于各种类型的船舶目标,基于传统或深度学习的目标检测手段,对抗各种环境因素和遮挡因素,逐渐发展成比较成熟的技术领域,成为用于船舶区域闯入报警、自动拍照和流量统计的基础性研究。但是目前还尚未建立更加深层的感知体系,对船舶运动态势的深层语义信息提取,需要检测出更多的水上目标信息。除船舶以外,通航环境下常见的目标包括水上溢油、浮标等,这些目标大多是静态的,检测时同样会受到特殊环境因素的影响。由于采集条件的限制,此类目标数据集较少,学习样本还不够丰富,相比公路视频感知和行人重识别等拥有丰富样本资源的技术领域,表现得相对落后。

2.2　传感技术的蓬勃发展

随着科学技术的不断发展和智能海事技术研究的不断深入,除 AIS 与甚高频(Very High Frequency,VHF)等传统通信方式外,一系列新型感知技术,如长距高清摄像机、毫米波雷达、激光雷达等,开始被用于水上交通领域。将这些传感设备部署于桥区、码头等重点航段,借助于高速率的网络通信技术,逐渐形成了航道在图像-距离模式下的三维感知体系。基于 AIS 与雷达采集的空间运动信息和视频采集的图像信息,实现多传感器协同,丰富了通航环境内的目标信息。

2.3 视频对交通态势和船舶行为的感知能力较弱

相关研究往往集中在应用层面,侧重于对交通流动性的分析,通过船舶实际位置、航速、航向等动态信息,分离出不同船舶的轨迹,在图像中为航道设置检测线,对比船舶轨迹的空间位置,来对船舶交通流量与密度进行统计分析;很少对采集到的交通信息进一步整合与利用,形成基于视频中多目标时空特征的关系网络,识别群体行为,实现对交通态势的感知;很少对船舶个体行为展开研究,没有充分结合目标的运动姿态数据和时间维度信息,对目标与目标间、目标与环境间的运动关系进行刻画,构建船舶不同行为的分类体系,发现异常行为,更好地实现对船舶行为的监视与船舶交通的组织。

3 科学问题研究进展

3.1 水上目标检测与识别算法的研究现状

对于船舶目标检测目前已有较多研究,船舶检测的研究最早始于 2002 年,代号为"Spartan Scout"的美国自主控制无人驾驶舰艇项目,其装载有船舶检测系统,能够对海上船舶目标实施检测与跟踪。一般使用区域分割的方式提取不同分割区域的特征,加以机器学习算法处理来检测各区域船舶;也可以通过分离天水线并基于船舶目标特征均值,实现对视野内船舶的检测。基于深度学习方法的检测器可用于检测多种类型的船舶(货船、军舰、油轮和拖船等),常使用基于 K-means 锚框聚类和自注意力机制改进 YOLOv3、SSD 等方法进行船舶检测,这样可有效提升复杂水况与船舶间遮挡的检测精度;也可在卷积神经网络(Convolutional Neural Networks,CNN)中引入平衡特征金字塔的概念,以提高对不同尺寸船舶的检测效果。在弱光检测研究领域,传统方法往往使用噪声去除、光照补偿算法以及图像-距离融合等方法,在深度学习方面主要从图像增强、样本训练和网络结构设计等方面入手。除船舶以外,有学者使用卷积神经网络设计了对船舶、礁石、海冰、岛屿和浮标等目标的检测算法,但使用的样本数据大多来源于网络,不适用于真实的场景。还有少量针对船名文字信息提取和水上漂浮物检测的研究,但是场景规模较小,不能满足较宽阔水域的感知要求。

3.2 水上多源信息融合的研究现状

多源信息融合技术（又称多传感器数据融合技术）是船舶交通管理系统（Vessel Traffic Service,VTS）国产化的关键技术之一。以往水上多源信息融合技术的研究多集中在船舶自主感知层面,包括多雷达目标融合、雷达与 AIS 目标融合、视频与 AIS 目标融合以及雷达与视频融合等,其中对多雷达目标融合和雷达与 AIS 目标融合已有较多研究,主要包括轨迹时间校准与航迹关联两个步骤。有学者分析了基于最优加权与递推最小二乘法结合的插值拟合算法来进行时间对准,综合多因素模糊和灰色关联度算法来进行雷达间轨迹关联性计算。在视频与 AIS 目标融合方面,有学者通过检测船舶前方图像来计算船舶姿态,利用图像分析和 AIS 数据检测船舶位置,实现船舶信息的增强显示。雷达和视频传感已经成为无人驾驶和无人机系统应用中的关键传感技术,使用高精度、大分辨率的雷达来探测周围的环境和障碍物,是自动路径规划的基础,在航运上多体现在应用层面,根据雷达获取目标的位置信息来控制摄像机云台实现联动拍照。

以往的技术手段都无法同时实现雷达、视频与 AIS 多源数据的融合,且随着传感技术的不断发展,已经出现如毫米波雷达、激光雷达等测量精度、测量角度和分辨率更优的三维传感器,以及拥有去雾功能和光照补偿功能的视频传感设备,需要提出新的目标识别方法,在此基础上,对船舶轨迹进行融合,提高信息采集的可靠性和准确性。

3.3 针对船舶行为分析的相关研究

对于船舶行为的分析,一方面是对异常行为的检测,以往的异常行为检测方法包括:基于样本密度的方法,如果通航密度大于给定的阈值,则表示该船舶进入该区域是正常的,否则认为是异常的;基于概率的方法,船舶航迹出现的概率越大,表示该船的行为与大多数船舶的行为相同,概率越小表示船舶行为越可能异常;基于距离的方法,通过计算某个航迹数据到正常样本所代表的聚类之间的距离,设定阈值划分出异常轨迹。另一方面是对特殊行为的模型构建,基于船舶行为特征构建船舶行为画像模型,通过船速、航向角、船舶尺寸、船舶类型等特征信息对船舶行为进行描述,使用聚类和分类技术处理船舶不同的行为特征,根据所构建的船舶行为的模型标签体系,赋予每个船舶行为特征相应的标签,刻画出较完整的船舶行为画像。

综上所述,水上交通视频是交通信息采集与目标识别、通航环境感知与船舶交通组织的基础。自然场景下的船舶目标检测是目标信息提取研究的重点,而对多种类的背景目标涉及较少。为应对重点水域交通态势感知的要求,亟须开展针对水上多种类目标检测的应用范例。为解决视频传感对距离、角度等空间信息感知的不足,需要在传感系统中融入雷达与 AIS 数据,在目标识别的基础上完成多轨迹的融合。同时,为感知监控水域的交通态势与船舶行为,需要结合目标时空特征信息、位置信息与运动信息,进一步构建视频群体行为分析模型,判别整体行为,同时针对个体船舶目标构建行为识别模型,挖掘出船舶在不同行为下的运动规律,发现异常行为,实现船舶交通组织优化。

主要参考文献

[1] Yang G, Lu Q, Gao F. A novel ship detection method based on sea state analysis from optical imagery[C]//Sixth International Conference on Image and Graphics, IEEE, 2011: 466-471.

[2] Liu J. Moving ship detection and tracking from infrared image for collision avoidance of ships[J]. Opto-Electronic Engineering, 2010, 37(9):8-13.

[3] Yang J, Leonidas L, Mumtaz F, et al. Ship detection and tracking in inland waterways using improved YOLOv3 and deep SORT[J]. Symmetry, 2021, 13(2):308.

[4] Guo H, Yang X, Wang N, et al. A rotational libra R-CNN method for ship detection[J]. IEEE Transactions on Geoscience and Remote Sensing, 2020, 58(8):5772-5781.

[5] 刘贺贺. 基于 SSD 算法的水面目标图像的检测研究[D]. 大连：大连海事大学, 2019.

[6] 吴志奇. VTS 多雷达目标融合技术[D]. 大连：大连海事大学, 2017.

[7] Kim H T, Park J S, Yu Y S. Ship detection using background estimation of video and AIS information[J]. Journal of the Korea Institute of Information and Communication Engineering, 2010, 14(12):2636-2641.

[8] Huang Z S, Hu Q Y, Mei Q, et al. Identity recognition on waterways: a novel ship information tracking method based on multimodal data[J]. The Journal of Navigation, 2021, 74(6):1336-1352. https://doi.org/10.1017/S0373463321000503.

[9] 陈克嘉. 基于 AIS 的内河船舶过桥行为画像研究[D]. 武汉：武汉理工大学, 2019.

撰稿人：胡勤友(上海海事大学)　黄子硕(上海海事大学)

船舶甚高频无线电信号与语音信息的感知机理与关键技术

Mechanism and key technology of emitter signal identification and speech perception in VHF

1　科学问题概述

水路交通信息感知是水路交通智能化发展的重要研究方向。现有的水路交通信息感知主要以 AIS 为主,感知的信息仅局限于 AIS 的数据结构。水路交通的智能化发展需要对水路交通信息的全面化感知,急需水路交通信息感知的新技术和新方法。VHF 电台是水路交通系统中船船、船岸信息交互与协同的核心载体。通过 VHF 信号的辐射源识别可以获取船舶信息,通过 VHF 电台的语音感知可以获得与船舶航行状态、船舶航行安全、水上交通组织、通航环境信息等相关的感知信息。

然而,船舶 VHF 电台采用模拟通信技术,为信号识别和信息感知增加了技术难度。对船用 VHF 模拟信号的辐射源特征识别存在分辨率低的问题,从船用 VHF 模拟信号中感知语音缺少有效感知方法以克服 VHF 信道环境中的噪声干扰,船用 VHF 语音信息为标准化船船、船岸交互信息与方言、口音的叠加,船用 VHF 语音的语义识别也缺少有效的技术手段。为解决上述问题,一系列关键科学问题有待研究。

1.1　如何设计船用 VHF 通信设备辐射源的特征识别方法

在船用 VHF 设备辐射源识别过程中,核心关键是有效提取辐射源的特征并进行识别,主要包括辐射源信号的接收与处理、辐射源信号的特征提取和辐射源分类几个过程。船用 VHF 设备具有标准化制式的硬件构成、相同信号频点和信号结构、在标准化语音交互下的差异性信息等特点,因此如何设计和研发有效的船用 VHF 设备的辐射源特征提取和识别方法,是首先需要解决的关键科学难题。

1.2　如何研究 VHF 语音感知水路交通信息的机理

船用 VHF 语音采用标准化的语音交互制式,通常发生在船舶避碰、船舶报告等过程中,语音信息具有结构化特征,同时由于语音发出人员的口音干扰和 VHF 频道的信号干扰,语音信息又具有非结构化特征。因此,需研究带噪环境下的 VHF 语音的结构化与非结构化机理,探寻 VHF 语音识别水路交通信息模型的构建方法,为 VHF 语音的水路交通信息感知提供理论基础。

1.3　如何研发船用 VHF 语音的语义识别方法

从 VHF 语音感知的离散化水路交通信息到完整感知水路交通信息,还需要对 VHF 语音进行深度语义感知和学习。面向船用 VHF 语音的垂直业务深度语义理解,需要研究垂直业务的语义表示框架,然后通过关键语义要素识别,建立 VHF 语音业务的知识库,研究深度学习的方法关联语义要素和标准 VHF 业务,以完成完整的 VHF 语音的语义感知和理解。因此,研发船用 VHF 语音的语义识别方法,是完成 VHF 语音感知完整的水路交通信息的核心科学难题之一。

2　科学问题背景

2.1　船用 VHF 频道非业务占用

船用 VHF 频道是船船信息交互和船岸信息交互的重要载体,其中以 VHF 16 频道为典型代表,它是国际海事通用的保障船舶航行安全的守听频道,被国际海事组织和国际电信联盟指定为广播船舶遇险、紧急和安全信息的频道,同时船舶之间的避碰信息交互、船岸之间的交通管理信息交互,都需要通过 VHF 16 频道建立基础。由于船用 VHF 通信采用半双工的模拟通信方式,船用 VHF 频道在同一瞬时仅能容纳单个目标使用,一旦出现非业务占用,不仅是对海上宝贵通信资源的侵害,还会对船舶避碰、海事管理、应急救助以及港口的业务通信产生危害,严重威胁整体水路交通安全。上海海事大学团队对 273 名行业相关对象开展的一项调查研究发现,超过 90% 的调查对象遇到过船用 VHF 频道的非业务占用。

由于采用了模拟通信的方式,在船用 VHF 信道使用过程中,所有 VHF 频道的使用用户均在同一频点接收或者发射信号,无法直接对频道的占用用户身份进行识别,若发生了船用 VHF 频道的违规占用,也无法有效开展管理和处罚。因此,能够在船用 VHF 频道中有效识别当前占用频道的用户,是当前亟须解决的问题。

2.2　船船、船岸信息的无效交互

船用 VHF 语音通信是当前船船、船岸信息交互的主要方式,水路交通过程中各个环节的信息获取也绝大多数来自 VHF 语音通信,语音信息的有效交互是保障船舶航行安全和水上交通效率的重要基础。由于通信设备、信道环境、语种口音等原因,语音交互过程中往往容易出现交互对象之间无法理解、偏差理解、错误理解等情况,导致发生船舶碰撞事故、航道阻塞事件、船舶搁浅事故等发生。同时,未来智能船舶广泛使用后,船队营运平台需要完成船队管理指令的传达、船-岸通信和船-船通信,这些功能大部分都通过语音信息传递,语音将成为船舶感知的重要手段。远期当无人船或智能船营运后,"以岸基监控为主,船端值守为辅"的中国智能船舶方案将导致岸基管理人员的工作压力大幅提升,语音指令能高效地完成人机指令输出、传递和交互,语音语义识别技术将能在云端实现船队营运平台的交互功能。

因此,基于船舶语音感知的语义识别技术将是船舶全方位感知技术发展道路上亟待解决的根本问题之一。本问题主要聚焦水路交通系统范畴内水上语音信息的识别与分析,语音通信交互数据库技术、基于多层次知识交叉融合的语音信息分析技术、结构化与非结构化水上交通数据挖掘等关键技术,探索以语音内容识别为核心,搭建语音检出、

语种识别、语音分离、多语言翻译、声纹识别、关键词检索和意图识别等语音识别与分析共性技术,实现水上交通语音数据的识别以及信息利用,服务于水路交通组织、交通安全,为船舶智能航行等场景中海量语音的信息筛查、信息记录、信息挖掘与利用进行底层技术储备。

3　科学问题研究进展

3.1　船舶 VHF 辐射源识别

针对船舶 VHF 辐射源的识别目前还鲜有研究,辐射源的识别较多出现于军用场景。辐射源个体的识别主要包括:①信号的接收与预处理,包含射频系统、数据采集系统和信号处理系统。②信号的特征提取部分,即特征提取系统。③分类与识别部分,包含分类器、验证系统、类管理系统和辐射源数据库。辐射源个体识别是指对空间中传播的信号进行特征测量,根据已有的先验信息确定产生信号的辐射源个体。指纹特征是发射机内硬件工作时产生的,若提取的指纹特征满足普遍性、唯一性、稳定性、独立性和可测性,将有利于提高个体识别的准确率,因此大量学者进行指纹提取的研究。辐射源个体识别对于频谱资源管理和无线网络安全等方面有着重大的研究意义。

在辐射源识别分类方面,早期主要研究雷达辐射源的个体识别,通过雷达信号参数来实现,如载频、脉宽、脉幅、到达时间、到达方位和脉冲重复间隔等。由于雷达信号的发射体制越来越复杂、工作频段不断拓宽等原因,仅使用信号参数作为特征已无法满足个体识别的需求。基于此,研究人员提出了脉冲包络前沿、脉冲样本图和脉冲包络上升沿等指纹特征。通信辐射源识别更加复杂。通信信号类型多种多样,包括移动通信信号、无线网络信号和卫星信号等。通信信号包含有调制信息与数据信息等内容,而信号中携带的大量信息会对细微特征提取产生严重干扰,因此对于通信辐射源识别来说指纹特征提取更困难。为了降低干扰,研究人员利用通信相关原理从信号中提取特征来实现识别。

在辐射源特征提取方面,主要分为:①人工特征提取。人工特征提取主要基于研究人员的通信领域知识,对时间序列信号进行计算或变换来获取指纹信息。人工提取主要从信号的时域、频域、时频平面和非线性硬件建模等方面进行。个体特征来自辐射源设备中硬件的不稳定特性,这种微小的差异会在脉冲包络中得到体现。随着电磁环境愈加复杂,辐射源个体差异不断缩小,使用参数特征已经很难实现个体的精确识别。②深度学习特征提取。由于特征需要人为设计,其普适性不强。近几年,深度学习在语音识别、计算机视觉与自然语言处理等方面取得了巨大的进展,常见的深度学习网络有深度置信网络、自编码器、卷积神经网络、循环神经网络、长短时记忆网络和生成式对抗网络等。早期将深度学习方法引入辐射源识别领域是将深度学习用于辐射源识别的分类器中,深度学习的输入结合了领域知识的人工特征。深度学习对于算力的要求较高,需要图形处理器(Graphics Processing Unit,GPU)等硬件进行运算,并且深度学习提取的特征可解释性差,很难理解设计的模型提取了什么特征,也存在被环境特征干扰的可能性。

综上所述,船舶 VHF 辐射源兼具标准化制式的 VHF 信号类型差异性小和相同频段范围内可学习的样本量大的特点,因此可以结合辐射源识别的不同技术路线的优势,研究建立符合船舶 VHF 辐射源识别的可行技术路径,通过船舶 VHF 信号完成对船舶身份的识别。

3.2 船舶 VHF 语音感知

以 VHF 无线电通信过程中实时语音信息作为主要研究对象,利用人工智能语音技术,对来自 VHF 通信设备的输出与输入信号进行声学收集、语音识别、转写记录、语义理解、语音翻译等研究,将软硬件技术集成一体化后,可用于船舶驾驶台、岸基站管理室场景中,利用人工智能语音技术处理海事船用 VHF 通信中信道语音感知的问题。重点加强船舶"听觉"感知能力,从而降低船舶驾驶人员、岸基站管理人员船舶驾控与管理工作强度,确保沟通过程中信息记录的及时性、可追溯性,增强语音信息获取效率、准确性;语言同步翻译,减少不同语言间的沟通障碍,从而实现船舶的安全航行、海上通航的高效组织。目前,该问题的研究存在以下难点:①船舱、岸基站语音环境嘈杂,存在海浪、机械、人声、双工等噪声来源。②航运专业术语的深度学习难度大,识别与翻译准确率可能低于通用场景。为解决这些难点,存在以下技术路线:

在声学前端降噪与干扰抑制方面,通过麦克风阵列的远场拾音技术,提升语音信息录入的灵敏度和信噪比,以期显著改善拾音距离远,拾音环境内海浪、机械、人声等噪声干扰的问题;通过多延迟频域(Multi-Delay Frequency Domain,MDFD)的多通道回声消除技术,基于环境噪声抑制和多人语音分离方法,解决语音交互时的输入输出干扰,显著提升语音识别的成功率。

在语音识别方面,基于截断双向长短时记忆(Bidirectional Long Short-Term Memory,BLSTM)模型结构的实时语音识别框架,从当前时刻向后固定帧数的未来时刻向前进行递归,以进行语音实时解码;通过语义信息的断句方案、深度学习建模方案、中英文混合建模方案的研究,提升非连贯交互场景中语音识别的准确率和英文识别、中英文混合识别的效果;针对语音识别在高噪环境的应用刚需,重点提升语音识别噪声的鲁棒性,利用深度神经网络(Deep Neural Networks,DNN)降噪方案,以不损失目标音频为前提,使带噪语音尽量净化;针对不联网的场景,利用语音识别模型低损耗压缩方案和本地识别多遍解码方案,使本地语音识别接近语音云识别的识别效果。

通过面向垂直业务的深度语义理解技术,研究垂直业务的语义表示框架,然后通过序列标注的方式从输入文本中抽取完成用户需求所需要的关键语义要素,以实现关键信息的高亮或筛选。研究拟采用语义相似度计算和知识库查询结合的方案。语义相似度计算技术使用 CNN 或循环神经网络(Recurrent Neural Networks,RNN)将离散的文本序列抽象成分布式的语义向量表示,用以计算句子间的语义相似度。知识库查询技术中,知识库的要素,例如常见知识库三元组表示中的实体和实体间的关系,同样采用 DNN 抽象为分布式向量表示,通过计算句子向量表示与三元组向量表示间的相关性来实现知识库的查询。研究基于长短期记忆网络(Long-Short Term Memory,LSTM)的序列标注模型,并采用注意力(attention)机制和记忆(memory)机制结合业务相关知识和对话历史关联信息来进一步提升理解语义能力。

主要参考文献

[1] Kenneth I Talbot,Paul R Duley,Martin H Hyatt,et al. Specific emitter identification and verification[J].Technology Review Journal,2003(1):113-133.

[2] Huang G,Yuan Y,Wang X,et al. Specific emitter identification for communications transmitter using multi-measurements[J]. Wireless Personal Communications,2017,94(3):1523-1542.

[3] 孙丽婷,黄知涛,王翔,等.辐射源指纹特征提取方法述评[J].雷达学报,2020(6):1014-1031.

[4] 蔡忠伟,李建东.基于双谱的通信辐射源个体识别[J].通信学报,2007(2):75-79.

[5] Satija U,Trivedi N,Biswal G,et al. Specific emitter identification based on variational mode decomposition and spectral features in single hop and relaying scenarios[J]. IEEE Transactions on Information Forensics and Security,2019,14(3):581-591.

[6] Liu J,Ling Z,Wei S,et al. Improving the decoding efficiency of deep neural network acoustic models by cluster-based senone selection[J]. Journal of Signal Processing Systems,2017(2):1-13.

[7] 刘俊华,魏思,胡国平,等.语种识别系统中声学特征提取方法及装置:CN103559879A[P].2014-02-05.

撰稿人:郑剑(上海海事大学)　陈亮(上海海事大学)

船舶舱室无线感知理论与方法

Theory and methods of wireless sensing towards shipboard cabin environments

1 科学问题概述

水路运输对我国经济发展和社会发展起着巨大支撑作用,是经济社会发展的重要基础性产业。船舶是水路运输最主要的载运工具,其智能化已成为当前热点科技攻关内容,高技术船舶、智能驾驶船舶在《中国制造2025》《新一代人工智能发展规划》中明确被列为我国未来科技重大创新领域。泛在化的场景感知是船舶智能化的基本前提,船舶舱室无线感知是船舶状态远程监测、安全监管、客货状态感知等的重要手段,应用前景广泛。近年来随着物联网、人工智能的飞速发展,智能感知渠道已经从依赖传统单一模态的传感器,如视觉、声音传感器等感知周围环境,转变为依赖更为泛在化的无线信号,以实现对人体和目标行为等的感知。感知目标从人、机、物的目标位置、移动轨迹等简单属性转变为更为情境化的特征和因素,如人员行为、生理体征等。然而,基于无线网络通信技术(Wi-Fi)等射频信号感知的全新感知模式,其中的感知机理尚未完全明晰,与陆地环境相比,船舶舱室无线感知仍然存在以下关键科学问题:

1.1 船舶动态环境对无线感知信号的影响和作用机理

船舶舱室内无线信号的传播模式复杂多变,是阻碍船舶舱室环境无线智能感知实现的重要难题。探究并明晰船舶动态环境对无线感知信号的影响是最基础的研究工作,是后续感知信号特征提取和感知算法设计的重要前提。船舶动态环境涉及的因素众多且交叉影响作用明显,如不同感知场所、船舶速度及改变情况、航向及改变情况、船舶周围环境等。同时,无线感知信号具有复杂的时变特性,涉及信号强度、信号载波幅度、相位及到达角等多个参量,这些参量在不同反射、绕射、多径、噪声等影响下表现出显著差异。因此,需要通过信道状态参数分析研究多径、噪声等信号特征,最终实现无线感知信号时空物理信道建模和参数估计,为无线感知特征提取和特征库构建提供支持。

1.2 船舶动态环境多因素耦合作用下的无线感知特征迁移

从感知环境中获取的射频信号所蕴含的各项感知特征与不同的感知状态之间的变化关系和敏感程度尚不明确,有待进一步探索。无线感知特征跨域是解决不同感知环境下位置与特征匹配的重要手段。由于船舶动态环境因素众多且相互作用,形成完备的感知环境参数集非常困难,实现不同环境条件下的感知位置与感知特征准确匹配更是存在代价大、匹配方法适应性困难等问题。可以认为,船舶动态环境多因素耦合作用下的感知特征迁移问题是解决船舶环境无线感知的核心关键。需要对环境参数集进行降维抽象,对精度有限的感知特征序列进行精细化表征,采用动态映射思想实现船舶无线感知环境变迁与无线感知特征之间的匹配。

1.3　船舶动态环境下多目标多辨识度无线感知特征模式匹配

为适应不同感知精度需求及感知区域空间结构形态约束,船舶动态环境下多目标多辨识度感知特征模式匹配问题是实现船舶室内无线感知的最终步骤。该关键性步骤的难点在于两个方面:一是特定感知场景与感知特征库适配性问题,而且快速将感知特征库与实际感知场景关联关系到无线感知性能。二是多目标情形下的感知信号特征与单目标感知特征之间映射的转化问题,通用线性映射显然存在计算代价高、实时性差等弊端。需利用迁移学习理论和压缩感知技术方法,研究感知特征库的自适应扩展方法,同时提出非线性组合映射,实现多分辨率多目标的目标位置快速解算。

2　科学问题背景

随着长江经济带战略,建设海洋强国、交通强国等战略及"一带一路"倡议的提出,水路运输高质量发展要求进一步强化。无线感知技术旨在挖掘无线信号中蕴含的无线传输环境中的各种信息并使无线网络设备拥有感知外界环境的能力,其在船舶室内人员定位跟踪、行为识别、安全监控、人机交互等领域具有广泛的应用前景。研究船舶舱室环境无线感知基础理论和关键技术对我国抢占国际交通领域未来技术制高点、培育新的产业竞争点具有重要作用。船舶无线感知领域相关研究受到学术界广泛重视与关注,船舶环境下的目标感知已成为迫切而真实的需求。在分析国内外相关研究成果的基础上,可以得到以下结论:

2.1　船舶环境无线感知具有明显特殊性

无线感知受到了广泛关注并取得了丰富的研究成果,但对于结构特殊、状态多变的船舶无线感知场景,无线感知系统的空间分辨率、时间稳定性都面临全新挑战。已有的无线感知方法尚不能在船舶动态环境下实现高精度、全方位、多场景且长期稳定运行,针对船舶环境无线感知开展独立研究是十分必要的。

2.2　船舶动态环境对无线感知影响机理不明晰

目前,已有少量针对船舶环境开展无线定位系统适应性分析的研究,但这些研究主要在船舶静止状态下进行,船舶航行时变环境对室内无线信号产生影响的具体环境因素和影响量化程度尚不明晰。船舶动态环境对无线感知影响的机理研究是科学设计感知方法的前提，因此，本选题具有重要的科学意义。

2.3 船舶环境影响下的无线感知特征跨域及相应感知方法缺乏

在环境变化的感知场景中，无线感知信号特征在不同环境下的自适应迁移和更新可显著降低成本。现有无线感知方法的感知特征库更新方法主要面向普通室内场景，应用于快速航行状态变迁的船舶环境时会产生巨量的时间成本和人工成本。针对现有方法代价过高问题，研究适应船舶动态环境的感知特征迁移方法和与之适应的感知策略具有重要的学术和应用价值。

综上所述，将立足无线感知领域已有研究成果，综合考虑船舶动态环境对无线感知信号及感知性能的影响，重点突破感知信号预处理技术及感知特征自适应迁移方法等关键问题，通过实验数据分析、理论模型构建、方法算法创新等手段深入开展研究工作，系统提出面向船舶动态环境的无线感知理论和方法，为船联网、智能船等相关研究提供理论和技术支持。

3 科学问题研究进展

3.1 针对船舶动态环境对无线感知信号的影响和作用机理

随着船舶智能化发展以及对船舶内部目标精细化感知的需求，船舶舱室环境无线感知问题逐渐受到重视和关注。近年来，英、法等国家已达成战略合作，协议开发船舶智能感知系统和无人自主航行运输船舶。欧盟也在逐步开展 SeaSafeNet、MONALISA 2.0 等船舶智能化项目，利用船联网和信息技术手段开发集成的智能化船舶管理系统。为了探讨船舶环境无线信号的传输特性与传输机理，国内外学者纷纷开展研究：韩国海事与海洋工程研究所基于无线传感器网络和可编程逻辑控制器开发了设备异常操作和危险区域火灾的实时监控系统，重点研究传感器节点在船舱内的布设、数据传输以及能耗问题，并在Hannara轮上完成了网络平台的搭建；刘克中等在构建船载监控传感网络体系架构的基础上，通过实测信号特征，建立了船载环境复合事件检测模型，并对船载无线信号随距离衰减规律以及船舶在不同航行状态下的信号波动情况进行了实测分析；Kdouh 通过测量和分析封闭船舶环境内发射的 2.4GHz 频率的无线电波，探讨了信号频率以及信号强度在船舶环境传播时的波动特征。

3.2 针对无线信号定位与感知特征提取

通用环境室内定位是在室内空间中按照特定的方案在固定位置部署锚节点作为定位

服务的信标。根据无线信号在室内定位中的应用方式,可将现有定位方法分为基于模型计算的无线室内定位方法和基于特征库匹配的室内定位方法。基于模型计算的无线室内定位方法主要是根据无线信号传输模型,利用无线链路信号强度,结合定位系统部署的相关物理空间信息,构建目标与部署设备之间的测距模型,进而实现目标位置计算。在研究初期,以 Wi-Fi 无线网络为代表的无线室内定位中,测距主要采用基于接收信号强度(Received Signal Strength,RSS)的测距模型,而最新的研究工作利用 Wi-Fi 网络物理层的信道状态信息(Channel State Information,CSI)来取代多址接入信道(Multiple Access Channel, MAC)层的 RSS,以提升测距精度。目前,针对船舶舱室位置感知方法的研究相对有限,现有研究主要应用射频识别(Radio Frequency Identification,RFID)测距、指纹等方法。欧盟提出 MONALISA 2.0 项目,将 RFID 技术运用于船舶环境,实现人员位置追踪、船上危险区域的实时监控。武汉理工大学团队针对船舶航行过程中舱室形变和船速变化导致的 Wi-Fi 指纹变化而引起的位置误判问题,分别提出了基于卷积自动编码器的舱室动态环境无线感知方法和预测指纹变化并重建指纹的被动式感知方法。

3.3　针对多目标多辨识度无线感知特征模式匹配

近年来智能感知目标从人、机、物的目标位置、移动轨迹等简单属性转变为更为情境化的特征和因素,如人员行为、体征信息等。目前无线感知技术根据识别目标行为的粒度不同可以分为粗粒度活动识别和细粒度行为识别两大类。粗粒度活动识别主要包括对目标行走、坐下、跑步、摔倒等行为的识别。例如,北京大学团队利用 CSI 的相位差特征分割出与人体跌倒行为相关的动作片段,通过输入信号的统计特征,借助支持向量机(Support Vector Machine,SVM)算法识别人体的跌倒行为。南京大学通过分析不同人员的步态幅度和周期,提取人体步态中 CSI 的多个统计特征,对不同人员的步态进行区分。E-eyes 将 CSI 幅值的统计直方图作为区分人体日常活动的特征,对人员居家生活中的日常活动进行识别。细粒度识别主要针对目标微小行为,如说话时的手势变化、呼吸频率等。例如,清华大学团队将多普勒频移特征转换为一种身体坐标速度剖面特征,解决了手势识别中无线信号特征受方向、位置影响的问题,并用一个深度学习模型进行手势分类。北京大学团队利用 Wi-Fi 信号感知菲涅尔区内部目标胸部的细微起伏,以此进行呼吸检测。

主要参考文献

[1] Paik B G,Cho S R,Park B J,et al. Development of real-time monitoring system using wired and wireless networks in a full-scale ship[J]. International Journal of Naval Architecture & Ocean Engineering,2010,2(2):132-138.

[2] 刘克中,雷鸣,罗广,等. 面向船载监控传感网络的复合事件检测方法[J]. 大连海事大学学报,2012,38(2):67-70.

[3] Kdouh H,Farhat H,Zaharia G,et al. Performance analysis of a hierarchical shipboard wireless sensor network[C]//Proceedings of 23rd IEEE International Symposium on Personal Indoor and Mobile Radio Communications,2012:765-770.

[4] 吴陈沭. 基于群智感知的无线室内定位[D]. 北京:清华大学,2015

[5] Chen M,Liu K,Ma J,et al. MoLoc:Unsupervised fingerprint roaming for device-free indoor localization in a mobile ship environment[J]. IEEE Internet of Things Journal,2020,7(12):11851-11862.

[6] Chen M,Liu K,Ma J,et al. SWIM:Speed-aware WiFi-based passive indoor localization for mobile ship environment[J]. IEEE Transactions on Mobile Computing,2019,20(2):765-779.

[7] Wang H,Zhang D,Wang Y,et al. RT-Fall:A real time and contactless fall detection system with commodity WiFi devices[J]. IEEE Transactions on Mobile Computing,2016,16(2):511-526.

[8] Wang W,Liu A X,Shahzad M. Gait recognition using wifi signals[C]//Proceedings of the 2016 ACM International Joint Conference on Pervasive and Ubiquitous Computing,2016:363-373.

[9] Zheng Y,Zhang Y,Qian K,et al. Zero-effort cross-domain gesture recognition with Wi-Fi[C]//Proceedings of the 17th Annual International Conference on Mobile Systems,Applications,and Services,2019:313-325.

[10] Zeng Y,Wu D,Xiong J,et al. MultiSense:Enabling multi-person respiration sensing with commodity wifi[J]. Proceedings of the ACM on Interactive,Mobile,Wearable and Ubiquitous Technologies,2020,4(3):1-29.

撰稿人:刘克中(武汉理工大学)　陈默子(武汉理工大学)

复杂水域船舶交通态势感知机理与关键技术

The mechanism and key technology of marine traffic situation awareness in complex waters

1 科学问题概述

船舶交通态势的感知是船舶安全航行的保障,感知系统基于信息感知技术而生,是智能船舶航行过程中获取自身和周围环境各种信息的关键系统,是智能航行的基础。目前对态势评估的理论、方法及可视化方面都有一些研究成果,提出了很多应用方面的概念、研究框架和评估方法,并且向具体系统实现和工程开发迈出了一大步,但复杂水域船舶交通态势感知的相关研究尚不多见。为顺应智能船舶的发展,保障船舶在复杂水域的航行安全,有必要针对以下问题开展研究。

1.1 智能硬件支持下的船用传感器技术

感知系统作为船舶安全航行的基础,其研发进展对船舶交通态势感知有重大影响。传感器是感知系统的数据和信息来源,在感知系统中起着非常重要的作用,传感器技术直接影响感知系统的性能。传感器技术是信息产业三大支柱之一,受到各国高度重视。近几年我国传感器市场发展很快,但我国传感器技术仍相对落后。由于核心制造工艺、制造装备的落后,我国生产的传感器品种不全、质量差、使用寿命短,无法满足国内需求,并且由于人才资源匮乏、科研投资偏少,我国在传感器研发方面也始终落后,导致传感器技术发展缓慢。目前船舶交通态势感知多依赖于 AIS、GPS、雷达、电子海图等设备,随着 AIS 设备的长期应用,信息阻塞、数据丢失、数据交换能力差等问题逐渐暴露出来,为解决此类问题,提高水上数据通信能力和效率,亟须研制集航行环境、船舶状态、设备状态、货物状态等数据采集于一身的感知系统。

1.2 多源水上交通态势感知数据融合技术

复杂水域船舶航行态势感知需要多种数据源的融合,因此在船舶态势感知研究领域中数据融合是保障精准感知的关键。目前国内外对于雷达、AIS 等数据融合的研究较多,但对于全景视觉等新型设备的数据融合研究相对较少。全景视觉技术具有高分辨率、高灵敏度、实时性好等特点,有利于在复杂水域船舶交通态势感知领域应用。目前感知系统的应用和开发已经进入实践阶段,但是在智能感知方面仍然存在感知精度不够、受环境影响大等问题。依靠现有的 AIS、电子海图以及雷达等设备获取的信息进行独立或简单的叠加感知已经无法满足现有复杂水域船舶航行的需求,特别是涉及内河复杂的航行环境以及锚泊、靠离泊等多个作业环节,目前的态势感知尚无法达到精准识别感知的要求。因此,从智能航海与复杂水域交通应用需求来说,亟须解决在智能硬件(包括船载设备与岸基设备)支持下的复杂水域多源感知数据与信息的融合问题。

1.3 水上交通态势的语义模型、感知模型与量化模型的构建

利用多传感器数据融合,针对构建各类水上交通场景的水上交通态势的语义理解算法、感知与量化方法进行了一定的研究且已有较好的适用性,但诸如雨、雪、雾等复杂场景

下水上交通环境的语义分割、感知与量化模型的鲁棒性仍需进一步提升。此外，基于智能硬件将图像描述生成技术引入水上交通场景语义理解，还需要进一步完善交通场景语义数据集，不仅从图像数量上，在语义标注上也需进一步完善。同时，实时交通场景下的语义分割算法是一种需要快速生成高质量预测结果的方法，因此，研究能够更好地表示连续视频图像下交通场景图像语义的图像描述生成方法，将能够提高描述质量并构建合理有效的交通态势感知与量化模型。

2 科学问题背景

增强航运安全，减少海上事故，历来是航运领域关注的重中之重。上海海事法院发布的《船舶碰撞案件审判与航行安全情况通报》指出，船舶碰撞地点多为航线密布、船舶集中、通航环境复杂水域。目前船舶交通态势智能感知系统也已作为关键技术被列入智能船舶发展行动规划。

复杂水域船舶交通系统是一个开放、复杂的巨大系统。系统内水上交通对象(船舶)在交通环境和交通管理规则约束条件下表现出的宏观和微观交通行为及其演化构成了复杂水域船舶交通态势，也就是复杂水域船舶交通系统的运行状态和发展趋势。复杂水域船舶交通系统的各子系统之间有强耦合性和非线性约束关系，使得整个系统具有高度不确定性和实时性，从而导致态势具有动态演变且无法精确描述的特点。

在现代水上交通应用中，各种船载感知设备(如雷达、AIS、GPS、摄像机等)和岸基感知设备与系统(如VTS、CCTV、遥感遥测系统等)为复杂水域船舶交通信息的采集、分析和判断提供了日益丰富的手段，也为复杂水域船舶交通大数据准备了基础条件。在现代航海与水上交通应用日益智能化的背景下，日益膨胀的复杂水域船舶交通感知与大数据使得应用人员越来越"茫然"。受制于人脑对信息采集、处理和分析能力的局限，传统的基于应用人员的直觉感知、判断和分析的复杂水域船舶交通数据处理和分析模式已经不能满足现代智能航海和水上交通应用的需要。

从智能航海与现代水上交通应用需求来说，复杂水域船舶交通态势感知的研究一方面要解决各种传感设备(包括船载设备与岸基设备)之间数据与信息的融合问题，另一方面就是要研究基于复杂水域船舶交通大数据特征和复杂水域船舶交通应用需求的知识发现模型和理论，以及基于大数据的深层次交通态势理解的新手段和方法。亟待解决的是如何充分利用和挖掘日益丰富的复杂水域船舶交通大数据，提高大数据的知识发现能力与智能化应用水平，科学、客观地认知并理解复杂水域船舶交通系统各组成要素的运行状况、行为特征及其发展和演变趋势，增强对复杂水域船舶交通状态的理解与判断能力，为船舶智能航行、复杂水域船舶交通组织和管理、水上交通风险预测预控提供更准确、更智能的决策和判断依据。

3　科学问题研究进展

交通态势感知是船舶安全航行的基础,航行态势感知不足将会严重影响航行的安全。复杂水域船舶交通态势感知不仅要感知自身数据(位置、航速、航向等动态数据和静态数据),更要感知航行环境信息(风、浪、流等水文气象信息)。安全可靠的感知系统包括三个部分:灵敏的传感器、智能的感知算法以及高精度的感知模型。传感器是智能感知系统的数据来源,无论船舶自身信息还是周围环境信息,都是依靠各种传感器来获取的。船舶的各个设备、关键位置都需要设置不同用途的传感器,从而获取船舶的设备运行状态、航行状态以及周围的环境等信息,通过智能感知系统对数据进行综合分析进而规划航行。针对以上三个部分,国内外学者从交通态势感知机理与交通态势感知关键技术两方面已经开展了一系列探索性研究。

3.1　交通态势感知机理

交通态势感知机理涵盖的主要学科领域包括目标识别与决策信息融合、传感器综合跟踪与定位、运载器组合导航信息融合等。杨坤等通过相邻帧差法和变换域法依次配合,实现对障碍物的识别和跟踪显示;王贵槐等提出了一种基于 SVM 的内河典型障碍物识别方法,搭建了基于激光雷达的无人船环境感知系统;王华鲜等把多目标主动感知场景建模为带邻域的多旅行商问题,然后使用自组织映射网络规划出旅行时间最短的闭环轨迹,并利用三阶贝塞尔曲线对轨迹做平滑处理;雷进宇等采用态势感知理论与可视化分析技术设计了船舶航行风险态势感知认知框架,为航行决策提供了重要参考依据;Wang 等提出了一种快速准确的在线自组织精简模糊神经网络(Fast and Accurate Online Self-organizing Parsimonious Fuzzy Neural Network,FAOS-PFNN)辨识船舶域模型;Zhou 等首次提出了一种基于远程控制船舶系统安全控制结构的态势感知定量模型。随着科技的不断发展以及研究的不断深入,固态雷达、激光雷达以及人工智能等新技术被广泛应用于智能船舶研究领域,大大提高了航行环境的智能感知能力。

为实现复杂水域中船舶交通态势的精准感知,目前船上配备的船载设备已经不能满足要求,还应额外增加传感器和设备以加强对外部航行环境(水深、高空限制高度、风速、风向、浪高、浪向、流速、流向、海上目标的距离、方位、速度、最近会遇距离、最近会遇时间等)和船舶内部环境(本船船速、航向、位置、操纵性能、装载情况、燃油淡水压载情况等)的感知。虽然海浪信息以及海上船舶及建筑物可以通过在船上配备波浪仪、船载 X 波段雷达的回波信息中提取到,同时可通过 AIS 和号灯对他船航行态势进行判断,但是,对于部分小型船舶以及一些不按规章制度航行的船舶来说,此方面的检测则显得力不从心。因此,在复杂水域船舶交通态势智能感知方面,需要进一步研究船载导航传感器信息融合理论和方法,对多传感器下获取的动态目标信息进行多尺度信息融合技术研究。

3.2　交通态势感知关键技术

交通态势感知系统在船舶航行中起着非常重要的作用,受到了国内外智能船舶企业的高度重视。韩国、日本等造船大国纷纷投入智能感知系统研发中。2017 年,英国罗·罗公司与瑞典 Stena Line AB 签署协议,借鉴 AAWA 项目的成功经验,合作研发首套船舶智能感知系统。该智能感知系统研制成功后可以为船员提供更好的船舶自身及周围环境感知度,以便更加简便、安全、高效地操作船舶,降低了海员在夜间、恶劣天气条件下或在拥挤水道驾驶船舶面临的安全风险。美国罗德岱堡推出的罗罗智能感知系统,是可以利用数据收集提高航行安全性和运营效率的商用智能感知系统。

国内启动的"船舶(航行)态势智能感知系统研制"项目,旨在利用雷达、全景红外视觉、声音识别、遥感及三维重构数字场景等新技术的高度融合及多媒体技术的应用,提高船舶航行环境态势的感知能力,彻底解决船舶航行环境探测、感知乃至认知的问题,将成为船舶交通态势感知的核心技术之一。百度 Apollo 3.5 的感知系统已经成为国内自动驾驶的领头羊。随着计算机视觉技术的成熟,利用图像进行态势感知已经是重要发展方向。从感知向认知的演进是未来智能性提升的重要研究方向。

上文对国内外复杂水域船舶交通态势感知机理及交通态势感知关键技术进行了研究现状分析。在理论及关键技术分析的基础上,提出了当前复杂水域船舶交通态势感知面临的难点问题。当前,态势感知研究仍处于起步阶段,关键技术研究依然面临不少挑战,关键技术的集成应用还有很长的路要走,复杂水域船舶交通态势感知机理及关键技术研究任重道远。

主要参考文献

[1] 张笛,赵银祥,崔一帆,等.智能船舶的研究现状可视化分析与发展趋势[J].交通信息与安全,2021,39(01):7-16,34.

[2] 王华鲜,华容,刘华平,等.无人机群多目标协同主动感知的自组织映射方法[J].智能系统学报,2020,15(3):609-614.

[3] Weiss S,Achtelik M W,Lynen S,et al. Real-time onboard visual-inertial state estimation and self-calibration of MAVs in unknown environments[C]// IEEE International Conference on Robotics & Automation,2012:957-964.

[4] Mukhtar A,Xia L,Tang T. Vehicle detection techniques for collision avoidance systems:A review[J]. IEEE Transactions on Intelligent Transportation Systems, 2015, 16 (5): 2318-2338.

[5] Rolls-Royce. Autonomous ships—The next step [R/OL]. [2016-7-16]. https：// www. rolls-royce. com/ ~ /media/Files/R/Rolls-Royce/documents/%20customers/marine/ship-intel/rr-ship-intel-aawa-8pg. pdf.

[6] Vukić M，Grgić B，Dinčir D，et al. Unity based urban environment simulation for autonomous vehicle stereo vision evaluation[C]//2019 42nd International Convention on Information and Communication Technology，Electronics and Microelectronics（MIPRO）. IEEE,2019:949-954.

[7] Endsley M R. Handbook of human factors and ergonomics[M]. Hoboken，New Jersey：Wiley,2021:434-455.

[8] Zhu Q. Research on road traffic situation awareness system based on image big data[J]. IEEE Intelligent Systems,2019,35(1):18-26.

[9] Chauvin C，Clostermann J P，Hoc J M. Situation awareness and the decision-making process in a dynamic situation：avoiding collisions at sea[J]. Journal of Cognitive Engineering and Decision Making,2008,2(1):1-23.

撰稿人：史国友(大连海事大学)

船舶数字雷达导航与通信复用机理与关键技术

Mechanism and key technology of navigation and communication multiplexing in ship digital radar

1　科学问题概述

海上船舶宽带数字通信是船舶智能化和数字化发展的重要课题。现有的船船通信仍以窄带通信为主(以甚高频频段为代表)，通信速率和容量远低于地面的移动通信，无法满足船舶高速率和高通量的通信需求，因此亟须研发具备高速率和高通量的船船通信新技术和新方法。在船船通信间可用的海上通信频段中，雷达信号频段是唯一具备宽带通信基础的频段。然而传统船载机械雷达由于机械扫测的周期特性，无法同时实现雷达导航和通信。数字雷达也尚未能够在满足雷达导航功能的基础上实现通信功能。因此，雷达信号频段导航和通信功能的复用问题是大幅提升船舶之间通信速率和通信容量亟须解决的关键问题。为突破上述技术瓶颈，一系列关键科学问题有待研究。

1.1　如何构建海上数字雷达宽带通信模型

通信结构的表达和参与通信的对象、通信介质以及通信场景密切相关，利用雷达通信频段的宽带特性,突破现有海上通信的带宽限制,同时利用雷达在时域上提供通信窗口。通信环境具有带宽充足和时隙有限的特性,因此需要对带宽和通信时隙的结构表达进行准确描述,结合数字雷达的波束和天线阵列特性,建立符合海上船舶通信场景和业务需求的通信模型结构,是首先需要解决的科学问题。

1.2　如何研究数字雷达导航和通信过程的机理

数字雷达导航和通信是利用导航和通信的时分复用来实现的,呈现互补和互斥的关系。导航过程参数决定了雷达扫测频率与雷达探测范围和目标精度之间的关系,通信过程参数又影响着通信效率和导航效率,因此需要准确揭示数字雷达导航和通信过程的运行规律和复用机理,准确建立数字雷达导航和通信过程的结构模型,研究通信过程系统参数的辨识方法,为船舶数字雷达导航与通信的效率控制建立模型基础。

1.3　如何设计数字雷达导航和通信的变时复用控制方法

针对数字雷达导航和通信时分复用这一问题,研究如何在保证雷达导航工作效率的基础上控制输出最优状态的通信工作时间,以满足雷达导航和通信功能的同时实现。将数字雷达导航和通信过程变为一种变时复用的状态,雷达导航的扫测频率变为受探测目标精度和范围影响的可控因素,设计和研究在不同航行状态和通信需求的前提下,雷达导航的可控因素与通信效率之间的控制方法,通过建立变通信时域策略提高数字雷达的导航和通信效率。

2　科学问题背景

在建设海洋强国和交通强国战略推动下,航运业正在进行广泛的数字化升级和变革。传统船舶向智能船舶、无人船舶发展,数字化的船舶从控制指令到运行状态,将产生海量的智能航行数据,通过与周边环境进行高频次、高数据量的信息交互实施智能航行行为,需要高实时、高速率和高通量的海上通信技术支持。交通运输部在《智能航运发展指导意见》中,明确提出建设"满足高通量、高速率、高可靠、低延时、多连接的智能航运通信需求"的智能航行保障体系。

目前海上船舶通信技术主要分为卫星通信和地面通信。卫星通信可以提供高速率的船舶通信服务,但卫星通信的总体容量有限、通信成本较高。频繁的日常船舶导航通信仍以地面通信系统为主,船舶地面通信也是船舶使用最广泛和频繁的通信技术。但是海上现有的地面通信技术信号频段不超过甚高频频段,频段较低的基础属性决定了现有的海上地面通信技术以模拟通信和窄带数字通信为主,通信速率和通信容量低,无法满足高速率和高通量通信的需求。当前的海上地面通信技术与陆地的移动通信技术相比,存在巨大差距,较大程度上制约了智能船舶发展对高速率、高通量的基础地面通信技术的使用需求。

近年来海上的地面通信技术已有大幅度发展,以甚高频数据交换系统(VHF Data Exchange System,VDES)为代表的利用多载波通信的数字通信技术在海上通信中获得广泛的关注和研究。VDES的通信速率已经大幅领先于传统海上通信技术,但相较于陆地的第四代移动通信技术(4th Generation Mobile Communication Technology,4G)和5G使用的高频带通信技术,甚高频存在频段的带宽基因差距,通信性能的提升也只能限制在窄带通信环境中,通信速率远远低于陆地移动通信技术。智能船舶与周边船舶及岸基进行实时、高速的数据交换时,地面通信技术较难满足其需求,只能借助卫星通信。卫星通信容量的总量是有限的,随着卫星覆盖范围内船舶数量的不断增加,卫星通信的高速性也将受到限制,并且卫星通信的基础通信成本也较高,智能船舶的全面发展和市场化运行需要更丰富的通信技术手段。

雷达是船舶导航的核心设备,船用导航雷达通常为S波段,S波段频点与4G使用的频点相近,雷达通信频段为船舶高速通信提供了可行的高带宽频段基础。传统的船用雷达为机械雷达,机械雷达天线扫测的物理旋转特性不能满足通信的需求。现有的雷达通信主要采用雷达通信波形一体化技术,该技术对设备的要求较高,技术成本较难被民用市场接受,因此基本用于军用。随着数字雷达的发展和广泛应用,数字雷达的数字波束成形技术能够有效弥补机械雷达在通信方面的不足,数字扫测的可控性能够在满足船用雷达扫测目标性能的基础上提供通信时间窗口,通过在时域上进行雷达与通信的复用,有效避免雷达通信波形一体化的高成本技术门槛,为商船雷达通信的实现提供了基础条件。因此如何在满足雷达导航功能基础上建立实现雷达通信功能的模型结构和控制方法成为本方向的研究重点,其中数字雷达的通信结构表达和雷达通信变时复用过程的效率及可靠性问题是亟待解决的关键问题。

3　科学问题研究进展

雷达通信技术也是雷达应用领域的研究热点,国内外专家学者对雷达通信一体化开展了持续的研究和探索。从理论模型和系统构型来看,雷达和通信在信号、通道、处理和应用等方面存在许多固有的、不可调和的矛盾。现有的雷达通信主要聚焦在波形共用的雷达通信一体化研究方面,需要高性能的雷达设备,整体技术成本较高,主要应用于军用场景中,在航运领域商船中的应用门槛较高。利用雷达同时实现通信技术,能够提高设备运行效率,降低雷达和通信的整体能量消耗,是雷达技术领域的一个重点研究内容,主要包括雷达通信波束成形及通信过程控制等问题。近年来国内外学者针对雷达通信一体化的问题进行了大量研究,在雷达通信过程中雷达导航和通信的复用问题是本领域研究的热点问题。

在国内方面,胡苏教授团队通过恒包络正交频分复用(Orthogonal Frequency Division Multiplexing,OFDM)雷达融合技术研究了基于变换域的通信雷达一体化波形设计方法。刘宏伟教授团队将优化相位扰动的波形设计方法应用于雷达通信一体化系统中。赵洪林教授团队利用差分进化算法研究联合雷达通信系统中的边带时间调制抑制问题。谢锐对雷达网络的接收机布局进行优化并研究了基于OFDM信号的车联网通信雷达一体化系统。张柄提出一种基于信道独立性相位调制的激光雷达网络电子通信数据加密技术。曾瑞琪分析了新一代集分布式、网络化、一体化三大特性于一体的网络雷达对抗系统的雷达通信一体化性能要求。张贞凯研究了时间调制线性阵列的多波束成形,并以此开展了舰载机会阵雷达通信一体化时的阵列资源自适应分配算法研究。陈金立团队基于协方差矩阵分析算法对多输入多输出(Multiple Input Multiple Output,MIMO)雷达波达方向(Direction of Arrival,DOA)估计进行深入研究,并开展了在多项式矩阵框架下宽带MIMO雷达/通信频谱共享的研究。何茜研究了混合型的MIMO雷达和MIMO通信系统的性能提升方法。李永哲通过设计具有良好相关性的单模波形研究与无线通信共存的MIMO雷达波形设计方法。杨超分别从波形体制和波形优化理论两方面介绍一体化波形设计的新进展,探讨了当前一体化波形存在的问题与未来一体化系统发展的方向。

在国外方面,新加坡的Mishra团队以联合波形设计和性能提升为目标对毫米波的通信雷达联合系统进行分析,得到在通信和雷达功能之间进行权衡的优化方法。美国的Chiriyath提出了一种新的最小估计误差方差波形设计方法,用于协同雷达通信系统的雷达波形优化。意大利的Santi利用全球卫星导航系统实现多地基雷达系统和多海上船舶雷达系统的联合探测与定位。Basit利用频控阵-多输入多输出(Frequency Diverse Array-Multiple Input Multiple Output,FDA-MIMO)技术设计自适应传输天线阵列旁瓣控制方法,实现在雷达通信联合系统中的跟踪功能。瑞士的Ledergerber利用信道脉冲响应将现有的超宽带通信和定位网络扩展为多静态雷达网络。德国的Multerer提出了一种改进的正交频分多路复用-多输入多输出(Orthogonal Frequency Division Multiplexing-Multiple Input Multiple Output,OFDM-MIMO)雷达系统到达角估计的相位校正方法,以提高MIMO雷达接收信号的准确性。

综上所述,由于传统机械雷达不具有可行的通信性能,目前的雷达通信研究以MIMO雷达和毫米波雷达为主,应用于陆地智能车的自主驾驶中,主要研究雷达通信一体化系统的波形控制和网络优化,研究较多集中在雷达和通信波形的同时共存性,通过波形设计、信道估计优化、时空变换域等方法使得雷达功能和通信功能相融合。MIMO雷达部署在商船上成本较高,毫米波雷达在海上的作用距离较短。现有雷达通信一体化的研究成果主要聚焦于军用需求的雷达通信波形一体化研究,较少考虑船舶通信业务的实际需求,较难应用于商船通信领域,因此当前数字雷达通信的难点仍然是雷达功能与通信功能的复用效率和性能可靠性。

主要参考文献

[1] Wang J,Liang X D,Chen L Y,et al. First demonstration of joint wireless communication and high-resolution SAR imaging using airborne MIMO radar system[J]. Ieee Transactions on Geoscience and Remote Sensing,2019,57:6619-6632.

[2] 梁兴东,李强,王杰,等.雷达通信一体化技术研究综述[J].信号处理,2020,36(10):1615-1627.

[3] Zheng L,Lops M,Eldar Y C,et al. Radar and communication coexistence:An overview:A review of recent methods[J]. IEEE Signal Process Mag,2019,36(5):85-99.

[4] Huang Y X,Luo Q,Ma S,et al. Constant envelope OFDM RadCom system[C]//Communications Signal Processing and Systems,2019,463:896-904.

[5] Zhou S H,Liang X L,Yu Y,et al. Joint radar-communications co-use waveform design using optimized phase perturbation[J]. IEEE Trans Aerosp Electron Syst,2019,55(3):1227-1240.

[6] Shan C Z,Ma Y K,Zhao H L,et al. Time modulated array sideband suppression for joint radar-communications system based on the differential evolution algorithm[J]. Digit Signal Processing,2020,97:102601.

[7] 陈金立,李巧雅,李家强,等.基于协方差匹配 SL0 算法的 MIMO 雷达 DOA 估计[J].雷达科学与技术,2019,17(01):19-24.

[8] Chiriyath A R,Ragi S,Mittelmann H D,et al. Novel radar waveform optimization for a cooperative radar-communications system[J]. IEEE Trans Aerosp Electron Syst,2019,55(3):1160-1173.

撰稿人:陈亮(上海海事大学)

港口水域船舶交通协同管控

Coordinated control of ship traffic in port waters

1　科学问题概述

港口水域船舶交通协同组织与管理是智慧港口发展面临的重大问题,而现有港口水域船舶交通系统存在交通构成复杂、船舶密度大、影响因素多、船舶交通需求耦合效应强、交通安全监管智能化水平低等特点,使得船舶交通冲突严重、通航效率低下、交通安全监管压力剧增。为满足港口水域船舶交通组织与管理的智能化需求,亟待研发具有协同式、自组织、自适应特点的港口水域船舶交通管控理论与方法,进而保证船舶的安全、有序、高效航行。为突破上述技术瓶颈,需重点解决以下关键科学问题。

1.1　如何实现港口水域船舶之间航行干扰特征的模型化描述

港口水域船舶交通协同组织与管理的难点之一在于船舶交通之间的相互干扰。它不仅涉及船舶交通航行冲突的相互影响,还涉及船舶航行决策的相互制约。因此,为揭示不同场景下船舶航行干扰耦合作用对船舶冲突与决策的影响,需探究各种船间干扰下的船舶交通拥塞度和船舶碰撞风险的时空变化特征,挖掘船间航行干扰与船舶交通协同管理模式之间的耦合效应,从而为船舶协同决策提供基础支撑。

1.2　如何明晰港口水域船舶交通行为的时空演化机理

港口水域船舶交通系统受到会遇局面、水域环境、避碰规则、通航需求等多方面要素的耦合影响,船舶交通行为往往表现出不确定性。而现有船舶交通行为研究无论是宏观层面还是微观层面都侧重于统计分布规律的分析和建模,鲜有研究系统剖析船舶交通行为演化机理。因此,针对复杂耦合的港口水域船舶交通系统,需透彻分析船舶交通行为演化规律,确定船舶交通行为产生、转化、消退的不同形态,剖析行为演变过程中的突变特性,探究船舶交通行为序贯链的演化模式,进而揭示船舶交通时空演化的内在机理。

1.3　如何构建港口水域船舶交通动态跨域协同控制方法

船舶交通自主协同航行是未来智慧港口发展的必然趋势,而现有港口水域船舶交通监管仍然是以 VTS 集中管控模式为主,无法满足多主体自组织、自协商、自主控制航行的要求。因此,有必要结合船舶交通特点构建一种分布式的决策框架和系统,明晰船舶航行的任务场景、管理机制以及船舶属性等要素与船舶协同管控之间的耦合约束关系,探究兼顾区域与局部船舶交通航行风险与效率的协同控制机制,进而实现区域与局部船舶交通需求的动态平衡。

2　科学问题背景

船舶交通组织与管理是指通过监控、引导、规范或协助船舶行为,建立良好的交通秩序,减少海难事故,特别是避免船舶碰撞、搁浅、触礁等事故的发生,从而保证船舶安全,保护水域环境,提高船舶交通运行效率。船舶交通组织及管控作为船舶交通管理的主要手段之一,主要以船舶交通的安全、有序、高效为目标,通过一定手段调节和控制船舶时空运动,达到降低船舶碰撞风险和提高船舶交通运行效率的目的。

目前港口水域船舶交通管理智能化发展进程较为缓慢,相关研究主要集中在宏观层面上的船舶交通组织与管理。这些研究着重关注交通系统的整体最优,对于局部水域船舶交通风险与效率的有效兼顾与协同机理研究不足。而船舶交通(尤其是港口水域)存在航行条件复杂多样、船舶避让和操纵自主性强、信息感知及发布手段和技术较弱等显著特征,造成了交通组织与管理协同难的问题。因此,迫切需要突破具有协同式、自组织、自适应特点的交通组织与管理的技术瓶颈。

2.1　考虑人为因素的船间干扰模型比较缺乏

人、船、环境是构成水路交通的三大要素。当前船舶驾驶人员的操船行为主要依靠船舶状态和水域环境等信息进行感知和判别,较少考虑与人相关的因素,而人为意图不明确或意图判断错误往往是导致船舶陷入危险紧迫局面或者通航效率低下的重要因素。如何明确人为航行意图与船间行为干扰之间的耦合关系,如何基于人为意图以及船舶行为时变特性进行船间干扰的量化建模,从而为船舶航行风险评价、船舶航行避让决策等提供直接的理论支撑,是需要解决的科学问题之一。

2.2　基于多源信息融合的船舶行为时空耦合研究不足

船舶交通系统构成复杂,受多因素耦合效应影响。因此,明晰船舶交通时空演化机理需要综合考虑船舶运动状态、船舶行为及通航环境等多源信息的时空耦合关系。如何基于源信息的优势互补,减少不确定因素对船舶交通行为演化特征判别的影响,是船舶交通智能化组织与管理需要突破的重大技术瓶颈之一。

2.3　局部/区域水域船舶交通通航效率的协同平衡有待解决

局部/区域水域船舶航行效率动态平衡优化模型可保证兼顾区域水域船舶航行效益整体最优与局部水域船舶航行需求。构建局部/区域水域船舶航行效率动态平衡优化模型的最大难点在于局部利益与区域整体利益存在不统一的问题。因此,有必要理清船舶之间的协同交互模式与合作机制,构建兼顾区域与局部船舶交通通航风险与效率的协同控制方法。

综上所述,亟须进行深入的港口水域船舶交通协同组织与管理技术研究,实现对该问题的清晰认知。充分挖掘港口水域船舶之间航行干扰特征,明晰港口水域船舶交通行为的时空演化机理,进而系统形成具有协同式、自组织、自适应特点的港口水域船舶交通调度理论与方法,能够有效实现船舶交通的安全、有序、高效运行,在突破智能港口发展和智慧海事监管中的制约瓶颈、创新传统船舶交通管理模式等方面具有重要的理论和现实意义。

3　科学问题研究进展

针对船舶之间航行干扰分析与模型化描述,现有研究多从局部水域的船舶避碰及避让技术开展研究。主要思路是基于《国际海上避碰规则》(Convention on the International Regulations for Preventing Collisions at Sea, COLREGs),应用专家系统、模糊决策、遗传算法、神经网络、机器学习等理论和方法来探讨船舶之间的干扰特征及相应的避让策略。相关研究始于 20 世纪五六十年代,主要成果包括藤井弥平和 Goodwin 提出的船舶领域模型以及 Davis 提出的动界模型,这些模型为后来研究船间干扰特性及交通流控制等提供了重要的理论基础。随着计算机技术的发展,尝试利用专家系统、神经网络等理论和方法研究船间干扰及智能化避碰问题受到了前所未有的关注。此后,基于协作模式的船舶避碰方法受到关注,这其中主要以多目标优化、多智能体技术的应用为代表,该类研究更加注重信息的交互、协作与协同,主要包括基于协作模式的避碰决策和路径规划两个方面。在避碰决策方面,武汉理工大学 Li 等提出了一种基于分布式约束优化(Distributed Constraint Optimization Proposal, DCOP)的协同机制,帮助搜寻多船避碰的最有效方案,该分布式机制不需要来自中央系统的任何指令,船舶之间可以通过协同通信自行找到最佳避碰决策;Yonghoon 等针对传统避碰规则不能提供明确的定量标准问题引入新的会遇类型判别方法,构建了一种基于船舶运动不确定性的多船协同避碰决策支持系统。在路径规划方面,Hu 等采用分层多目标粒子群优化方法研究了多船会遇情况下船舶避让的实时路径优化问题,实现了驾驶员对良好船艺及多目标优化需求的考虑;Yu 等通过整合船舶运动行为特征、港口航道地理特征和国际海上避碰规则等,提出一种基于船舶碰撞风险和避让成本最小化的全局路径规划方法,从整体上为每艘船舶计算出优化的规划路径。以上研究中,协同避碰策略主要侧重研究解决避让决策之间的冲突问题,协同路径规划则主要面向避让行动的效益问题,对船间动态交互和干扰实时性方面考虑不足,从而可能导致船舶对碰撞危险判断错误,进而引发碰撞事故。

针对船舶交通行为的时空演化机理分析,现有研究主要基于交通流特征和水域风险特征开展,主要表现为交通流信息采集手段及提取、交通流特征分析、交通容量计算、航行风险量化、通航安全保障措施等方面。该领域研究的主要特点是注重新理论、新技术和新方法的应用,包括利用排队论、元胞自动机等方法描述船舶交通流特征,利用证据理论、贝叶斯网络、置信规则库方法等研究区域交通风险评价等。船舶交通流及船舶航行特征的研究最早可以追溯到 Goldwell(1983)发表在 *The Journal of Navigation* 上的论文,他对受限水域交通特征及船舶航行特征做了定性的分析和研究,提出了适用于受限水域的船舶领域模型。新加坡国立大学 Zhang 等基于新加坡港口的 AIS 轨迹数据定量分析了船舶交通的时空动态特性和相关性,系统描述了船舶交通的空间分布以及时间动态信息。近年来,人们对港口水域风险特征进行了较多研究,但多为特定航段或某一具体类型水域。例如,Cucinotta 等基于 AIS 历史数据构建了水域交通流特征分布模型,实现了对 Messina 海峡内船舶航行风险的评估及高风险水域识别;Bye 等综合使用 AIS 数据和船舶事故报告进行水域船舶潜在风险特征识别。上述研究表明,基于数据挖掘的交通流特征研究是当前本领域重要研究趋势,船舶历史轨迹数据的客观性特点能有效帮助挖掘交通流的时空动态特征及宏观风险特征。然而,船舶交通时空动态演化机理与航行场景适应性相关研究仍然欠缺,这对船舶交通协作模式下的风险演化、船舶之间的通信机制、协同策略有效性的保证等方面造成了很大的影响。

在船舶交通协同组织及规划方面,主要研究思路是通过分析港口水域船舶交通进出港行为提出面向管理层面的风险控制方案或交通组织策略。该领域最为成熟且应用最为广泛的技术当属 VTS 和船舶定线制技术。1985 年,IMO 分别通过了《关于船舶定线制的一般规定》和《VTS 指南》,为规范宏观层面的船舶交通管理发挥了重要作用。近年来,相关研究热点主要包括船舶交通调度与船舶编队研究两大类。相应的研究方法包括分支定界、动态规划、随机搜索、模糊逻辑、多准则优化等。在船舶交通调度方面,Li 等通过优化航道、码头和锚地的利用率,构建了一种基于混合整数线性规划的港口船舶交通增强调度策略,以最大限度减少船舶靠泊和离港延误以及不能成功靠泊或离港的船舶数量;Gan 等针对长江上游受限航道提出了一种基于滑动窗口的在线船舶排序和调度算法,并引入"位置偏移"概念来处理调度交通流量实时不确定性的影响;Kang 等针对大型集装箱港口的集装箱船到达和拖船过程时间的不确定性问题,建立了混合整数线性规划模型,整合主动和被动调度策略来处理不确定性,实现最小化船舶服务时间和预期恢复成本。在船舶交通编队方面,荷兰代尔夫特理工大学 Rudy 团队针对港口航道拥塞问题提出了基于船舶编队和航道交叉口调度组成的多船编队系统,以提高港口水路网络运输的安全性和效率。上述研究表明,分布式、协同式船舶交通组织和调度已经受到学者的关注,但当前相关研究还主要停留在模型方法和实验仿真阶段。

综合上述国内外研究进展可以看出,针对局部水域的船舶避碰研究、船舶交通流特征和宏观风险特征以及区域水域的船舶交通组织、编队等研究比较受到关注,然而当前船舶交通管理智能化发展进程较为缓慢,真正意义上的船舶智能交通方面的研究成果较少,尤其是在港口水域的船舶交通行为演化机理及智能化组织和调度问题方面尚未实现有效的理论和技术瓶颈突破。因此,基于港口水域船舶交通行为特性,以船舶交通的安全、有序、高效为目标,系统研究具有协同式、自组织、自适应特点的船舶交通调度理论与方法,有望为突破船舶交通智能化发展的瓶颈制约、创新传统船舶交通管理模式、拓展海事安全保障的学科内涵等提供重要的理论和技术支持。

主要参考文献

［1］ Li S,Liu J,Negenborn R R. Distributed coordination for collision avoidance of multiple ships considering ship maneuverability［J］. Ocean Engineering,2019,181:212-226.

［2］ Cho Y,Han J,Kim J. Efficient COLREG-compliant collision avoidance in multi-ship encounter situations［J］. IEEE Transactions on Intelligent Transportation Systems,2020,23 (3):1899-1911.

［3］ Hu L,Naeem W,Rajabally E,et al. A multiobjective optimization approach for COLREGs-compliant path planning of autonomous surface vehicles verified on networked bridge simulators［J］. IEEE Transactions on Intelligent Transportation Systems, 2019, 21 (3): 1167-1179.

［4］ Yu H,Murray A T,Fang Z,et al. Ship path optimization that accounts for geographical traffic characteristics to increase maritime port safety［J］. IEEE Transactions on Intelligent Transportation Systems,2021,23(6):5765-5776.

［5］ Zhang L,Meng Q,Fwa T F. Big AIS data based spatial-temporal analyses of ship traffic in Singapore port waters［J］. Transportation Research Part E:Logistics and Transportation Review,2019,129:287-304.

［6］ Bye R J,Aalberg A L. Maritime navigation accidents and risk indicators:An exploratory statistical analysis using AIS data and accident reports［J］. Reliability Engineering & System Safety,2018,176:174-186.

［7］ Li S,Jia S. The seaport traffic scheduling problem:Formulations and a column-row generation algorithm［J］. Transportation Research Part B:Methodological,2019,128:158-184.

［8］ Gan S,Wang Y,Li K,et al. Efficient online one-way traffic scheduling for restricted waterways［J］. Ocean Engineering,2021,237:109515.

［9］ Kang L,Meng Q,Tan K C. Tugboat scheduling under ship arrival and tugging process timeuncertainty［J］. Transportation Research Part E:Logistics and Transportation Review, 2020,144:102125.

［10］ Chen L,Huang Y,Zheng H,et al. Cooperative multi-vessel systems in urban waterway networks［J］. IEEE Transactions on Intelligent Transportation Systems, 2019, 21 (8): 3294-3307.

撰稿人：刘克中(武汉理工大学)　辛旭日(武汉理工大学)

水路交通流量预测与协同优化机制

The prediction and cooperative control mechanism of waterway traffic flow

1　科学问题概述

水路交通运输以港口为节点,航道为通道,通过船舶实现货物和乘客搭载,是交通运输业的主要运营方式之一。交通流预测是港口管理的重要部分,为科学规划航道、优化港口资源提供战略性指导。水路交通与道路交通存在一定差异,为保证复杂水域和交通流密集水域航行安全,减少船舶事故的发生,亟待提高交通流预测的准确度和适用性,建立多港口协同控制优化机制,进而为港口建设、航道设计提供可靠支持和保障,使进出港口航道的可航能力得到充分发挥。为突破上述技术瓶颈,一系列关键科学问题有待研究。

1.1　如何构建水路交通流时空特征模型

水路交通的主体是运输船舶,而不同类型船舶在船体长度和航速等数据上存在较大差异,单个主体间的差异性将影响交通流量的预测精度。同时交通流三要素(流量、密度、速度)反映的速度分布特征、船舶到达规律密度分布在时间、空间上均呈现不同特性。因此面向船舶-交通设施-气象环境闭环系统,从船舶航迹、港口环境、船舶到达规律、船舶交通流的位置分布和船舶交通流密度相互耦合机理分析入手,揭示水运交通流时空分布特征,解决波动性和非平稳性带来的时空建模难题,建立交通组织管理决策系统是现有研究亟待突破的技术瓶颈。

1.2　如何研究船舶交通流联合预测技术

船舶领域的研究主要集中在海上(开阔水域),而对于沿海港口受限航道或内河航运的船舶领域研究相对较少。内河航道内船舶航行环境、船舶操纵等方面与海上开阔水域有很大的差异,且内河航道具有交通流量波动性大、非平稳等特征,因此有必要从整体出发提出内河航道的交通流预测方案,探索船与船、多港口间协作机制,建立分布式大区域联合交通流预测框架,挖掘多断面/多港口联合预测下单个主体和总体发展趋势变化机理。

1.3　如何建立多港口船舶交通流协同控制优化机制

针对具有航道复杂、港口多且密集特点的内河,仅能确保局部船舶交通流量的平顺和密度最优的船舶交通流量控制方案已不适用。在内河船舶交通流量控制系统中,需要多个具有较强关联性的港口统一起来建立协同控制优化机制,全面挖掘多港口协同控制系统的时空特性,建立动态交通流模型和多港口协同控制模型,辨识协同机制下船舶航行安全态势和航行时长,进而保证整体航段最优目标。

2 科学问题背景

在水路领域内,交通流理论随着海上运输的逐渐兴起而进一步应用到海域。交通流是船舶运动状态最好的体现,是最大程度发挥智能水运管理与决策制定功能、合理利用资源的主要参考依据,是智能水运设施建设规模的重要参考。对交通流量提前进行预测的主要作用有:①为相关海事管理部门提供交通管制决策,在交通流量较大时采取适当的交通管制措施,可在一定程度上缓解分道通航航道内的交通压力,提高船舶航行效率;②为通航分道制的制定和规划提供参考,在船舶密集区域,分道通航制可在很大程度上规范船舶的航行行为,疏通和指导船舶交通流向,进而减小船舶因无规律航行而发生事故的概率;③为船舶驾驶人员提供航行预警信息,使其在船舶密集的水域根据相应的预测交通流量提前做好谨慎航行措施,并在设计航线时适当根据船舶交通流量的预测状况采取一定的措施,避开船舶过多的水域。

目前交通流预测与控制优化的研究多数为以单航道为对象的预测与控制技术,这些研究主要聚焦单一对象,对于多航道、多交叉口、多港口等复杂水域研究不足,且交通流数据来源与特征分析不全面,造成现阶段船舶控制方案难以应对复杂水域环境,易出现水上交通安全紧张、通航效率不高、航路交错复杂、交通冲突加剧等困境。因此,迫切需要突破复杂水域环境下船舶交通流精准预测与控制优化的技术瓶颈。

(1)水路交通时空模型建立。船舶交通流是一种典型的时空数据,在时间维度和空间维度上呈现相关性和异质性。船舶活动情况会受气象、水文等自然环境因素影响,还受到码头、泊位容量限制和分航定线制等交通设施因素影响。复杂航运环境下交通流时空分布特征的建模问题有待解决。针对水运交通量的时空特征,需研究:如何度量影响船舶活动的环境因素和交通设施因素,如何攻克船舶-交通设施-气象水文环境多交通要素的随机性、动态性和交互性等特性带来的建模难题,如何建立具有高适应性的交通流时空分布特征模型,从而为水运交通组织和决策提供理论支撑。

(2)水路交通受气象、水文和通航状态等因素影响大,其交通量预测模型误差大、时间间隔长、波动性大,表现出非平稳性和周期性不显著等特征。因此,水路交通的交通量预测更具困难性和挑战性。需研究:如何进行多断面/多港口空间动态性和短时模式的表征,如何进行不同时域尺度下时空相关性的分析,如何有效结合机器学习/深度学习算法建立高效水运交通量预测模型,从而为海事管理和港口决策提供理论支撑。

(3)现有协同控制研究大多面向单港口场景,针对内河复杂航道、多港口环境协同优化仍需进一步研究。在内河复杂航道环境中,由于汇入船舶对主航道的影响及主航道状态对其本身通过能力的限制,易出现主航道、各支航道及港口公共航道上严重拥堵、排队现象,即局部最优并不意味着整体最优。在多港口协同优化控制中,船与船、航道与航道、港口与港口的交互协调将更加复杂而不确定,为整体大区域水路交通的最优控制带来挑战。

3　科学问题研究进展

3.1　针对水运交通流的时空分布特征指标及分布规律

现有相关研究成果主要包括数理统计的方法、基于密度的聚类分析方法、基于贝叶斯网络的船舶轨迹分析方法和基于元胞自动机的动态方法等。这些研究通常仅从船舶轨迹出发,有部分研究考虑到航运环境和交通设施因素对船舶活动的影响,但很少关注到船舶、交通设施和航运环境三者间的相关性。针对交通流的时空分布特征建模,主要研究工作可分为两类:一类是将空间依赖视作各自独立,简化为传统的时序建模问题;另一类是将时间依赖视作周期性,以周期为单元对空间依赖关系进行建模。复杂航运环境下交通流的建模问题,既要考虑到船舶、交通设施和航运环境三方面的要素及其相互影响,又要考虑到交通流的时空相关性。然而,现有研究没有在交通流的时空特征建模中考虑水运的复杂因素。例如,时空特征模型多为空间相关性进行静态的表述,较少涉及空间相关性动态变化的情况;时间相关性多采用周期性限定,较少涉及短时变化模式挖掘。另外,在对交通流建模中,对环境和交通设施受限等影响因素的关注较少,造成对交通流时空特征的波动性表征难,并缺乏交通流的非平稳性及其机理研究。因此,针对上述道路交通模型移植到水路交通将遇到的一系列问题,面向船舶-交通设施-气象环境闭环系统,从船舶航迹、港口环境、船舶到达规律、船舶交通流的位置分布和船舶交通流密度相互耦合机理分析入手,揭示水运交通流时空分布特征,解决波动性和非平稳性带来的时空建模难题,建立交通组织管理决策系统是现有研究亟待突破的技术瓶颈。

3.2　针对交通流量预测研究

交通流量预测研究分为基于统计的方法、传统机器学习方法和基于深度学习的方法等。基于统计的方法包括历史均值法、自回归积分滑动平均法、卡尔曼滤波等;传统机器学习方法包括 K 近邻算法、支持向量机和随机森林算法等。其中常见方法分析如下:①K近邻模型可以针对非固定的、曲线性的数据进行非参数建模,该模型不需要提前设定参数,是通过对历史数据的筛选比对,找到与目前变化趋势相似的情况。该模型的缺点是需要大量的历史数据。②时间序列预测模型以时间序列数据为基础,分析数据中蕴含的特征和变化。作为一种比较传统的方法，该模型的计算过程步骤较少，数据可以随时完善，同时也便于大范围的推广和使用。③灰色预测模型是通过已有信息来分析和预测整个系统的规律和趋势，其基本假设是将原始采集的数据序列经过累加和累减等计算后得到船舶交通流的序列预测值，但该预测方法通常用来预测短期的趋势，在预测长期目标值时会出现较大误差。④神经网络模型通过选取合适的网络结构对输入数据进行处理，从而得出预测值。与传统预测模型相比，该模型具有一定的学习和泛化能力，但也存在学习速度慢以及容易陷入局部极值等问题。针对船舶交通流具有非线性、不确定性等特点，目前水路交通流预测研究多采用以上方法的组合预测模型。另一方面，当前研究主要集中在单断面流量预测，然而将单断面模型从交通流整体状况中割裂出来并进行预测，忽略了多断面交互效应，具有很大的局限性。考虑到上游断面的交通流量将会在一定时间后到达下游断面，或者上游断面的滞留船舶将会影响邻近下游断面的船舶进港速率，为更好地挖掘多断面时空关联，深度学习方法被用于解决交通量预测问题，成为研究热点。例如哈尔滨工程大学团队针对难以获得大规模实时交通状态问题，建立基于模糊逻辑和深度学习的交通状态预测模型，重要性能指标方面均优于传统模型；进一步针对道路交通预测方法映射到水路需解决的问题，面向水路交通特点，通过对预测区域内 AIS 数据网格划分筛选统计方法得到船舶流量数据，进行不同时域尺度下时空相关性的分析，有效结合机器学习/深度学习算法建立高效水运交通量预测模型，为海事管理和港口决策提供理论指导。

3.3 针对内河水路交通流控制优化研究

国外目前尚处于起步阶段，且主要集中在海上交通流的控制问题上；国内基本处于空白，有少量文献研究班轮货运线路、网络优化及利用跟踪技术防止船舶拥堵等内容，但鲜有通过研究船舶交通流组织来实现船舶流控制优化从而预防船舶拥堵情况。目前研究场景总结如下：①针对运河等单向航道场景流量优化方法主要有自适应船舶流量优化模糊专家系统、受限航道顺序疏导方法、多目标优化吞吐量排队延迟方法等。例如应用受限航道顺序疏导方法，通过大小船舶优先级的权衡来提高通行效率，相较于传统先到先过模式可以减少船舶平均等待时间；通过多目标优化吞吐量和排队延迟这两种度量，能够最大限度地提高运河的船舶吞吐量，同时使排队延迟保持在可接受的范围内。②基于船闸或管制航道等受限场景的流量控制研究，如对 AIS 收集的船舶数据进行专家分析的方法，可以为每艘船生成最优的交通指挥策略，以确保水上安全和交通效率；船舶交通最优关闭仿真模型减轻了单向航道通道关闭的影响后果等。③基于水道交叉口进行流量优化研究，例如在荷兰鹿特丹港复杂水道研究中，通过类比道路交通和水路交通，将冲突技术应用于水路交通中，将冲突区域视为一个排队系统，利用冲突区域计算交叉口的通行能力，改进水路交叉口/港口交通规则设计，也为水道交通复杂航道协同控制提供了新的解决思路。

　　综上所述,现有针对水路交通预测与协同优化的研究尚缺乏全面系统的基础理论支撑,将道路交通相关模型、理论引入水路交通领域会遇到一系列问题;船舶交通流控制方面的研究尚处于起步阶段,鲜有通过研究船舶交通流组织来实现船舶流控制优化从而解决船舶拥堵情况。因此,参考比照道路交通流控制中匝道控制、协调控制等相关理论,借鉴多智能体深度学习/强化学习等思想,结合船舶交通特点来综合考量水路交通预测控制问题,将是未来解决水路交通预测与控制的重要方向。以上理论研究对提高港口、航道系统交通运行效能具有重要意义。

<h2 style="text-align:center">主要参考文献</h2>

[1] Ma X,Tao Z,Wang Y,et al. Long short-term memory neural network for traffic speed prediction using remote microwave sensor data[J]. Transportation Research Part C:Emerging Technologies,2015,54:187-197.

[2] Wang T,Hussain A,Sun Q,et al. Congestion prediction of urban road traffic by using deep stacked LSTM network[J]. IEEE Intelligent Transportation Systems Magazine,2021,14(4):102-120.

[3] 董伟,张磊磊,金子恒,等. 基于多特征时空图卷积网络的水运通航密度预测[J]. 物联网学报,2020,4(3):78-85.

[4] Wang T,Cao J,Hussain A. Adaptive traffic signal control for large-scale scenario with cooperative group-based multi-agent reinforcement learning[J]. Transportation Research Part C:Emerging Technologies,2021,125:103046.

[5] Xiao Z,Ponnambalam L,Fu X,et al. Maritime traffic probabilistic forecasting based on vessels' waterway patterns and motion behaviors[J]. IEEE Transactions on Intelligent Transportation Systems,2017,18(11):3122-3134.

[6] Liang S,Yang X,Bi F,et al. Vessel traffic scheduling method for the controlled waterways in the upper Yangtze River[J]. Ocean Engineering,2019,172:96-104.

[7] Rahimikelarijani B,Abedi A,Hamidi M,et al. Simulation modeling of Houston Ship Channel vessel traffic for optimal closure scheduling[J]. Simulation Modelling Practice and Theory,2018,80:89-103.

[8] Bellsolà Olba X,Daamen W,Vellinga T,et al. A method to estimate the capacity of an intersection of waterways in ports[J]. Transportmetrica A:Transport Science,2019,15(2):1848-1866.

[9] 李晋,钟鸣,李扬威. 基于 AIS 船舶数据的港口交通流量预测模型研究[J]. 交通信息与安全,2018,36(3):72-78.

[10] 郑友银,徐志京. 基于灰色自回归模型的船舶流量预测方法[J]. 船海工程,2011,40
(1):122-124.

撰稿人:王桐(哈尔滨工程大学)

水路交通群体智能控制理论

Swarm intelligent control theory of waterway traffic flow

1 科学问题概述

港口是航运业和陆路交通的集结点和枢纽处,航道则是航运业的大动脉,港口以及内河、海峡航道等都具有空间受限的特点。目前,人工智能技术正在水路运输各个层面上快速推广使用,无人船舶也在加紧进行实用化的推进。为满足水路运输量迅猛增加的需求,大幅提高空间受限的航道运输效率和港口吞吐量,推动国民经济快速发展,必然要求对高度自主且密集的运输船舶进行群体化的智能控制,建立去中心化的密集水路交通智能控制新理论、新方法和新技术,一系列科学问题亟待解决。

1.1 如何建立船舶动态自组网络与通信安全控制机制

在未来水路运输中,密集的有人船舶与无人船舶要求快速有序地通过空间受限的运输航道,为了实现群体化的智能控制,高度自主船舶之间的自组网络是基础前提。运输船舶自组网络要求具有动态性高、通信量小、随机加入/退出、对用户透明并且确保用户信息安全等特点。因此,面向港口、内河水道和海洋航道等不同运输环境,研究能够支持对运输船舶进行群体化控制的层次结构、组织模式、路由机制和演化特性的自组网络,建立确保用户信息安全的通信方法,是需要解决的关键科学难题之一。

1.2 如何进行密集船舶航行的无中心集群化智能控制

无中心生物集群(如鱼群)能够高效通过狭长水道,在有限空间内成群高效行动而互不碰撞,遇到障碍物时能够自主规避绕行并重新汇聚成群,这些特点源于生物集群的内在隐秩序原理和恒新性特征。将生物集群的这些特点与船舶动力学、运动学有机结合,突破生物集群隐秩序和恒新性原理及其可计算性、受限空间有人/无人船舶自主编队与演化控制等难题,建立水路交通去中心化的密集船舶集群化智能控制新理论和新方法,是大幅度提高空间受限的水路交通运输效率必须要解决的一个关键科学问题。

1.3 如何研究空间受限的船舶个体智能避碰控制

运输船舶个体的避碰控制是水路交通群体智能控制必须要解决的一个难题。在无中心的运输船舶集群中,船舶内航行动力、个体之间吸斥力以及环境作用力等构成了复杂的关系,要实现个体之间、个体与环境之间的避碰,需要建立三层运动控制模型,分别是全局控制器、外环控制器和内环控制器,如何在全局控制的社会力学、外环控制场论力学和内环控制的水动力学之间建立起能够支撑船舶集群快速通过运输航道并实现避碰的控制模型,这是必须要解决的基础性科学难题之一。

2　科学问题背景

随着经济的快速发展,水路交通运输愈加繁忙,在港口、内河航道和海峡通道等单位时间需要通过的运输船舶日益增多。港口以及内河、海峡航道等都具有空间受限的特点,大幅提高水路交通运输效率,对推动国民经济快速发展具有重要的意义。目前,人工智能技术正在水路运输各个层面上快速推广使用,无人船舶也在加紧进行实用化的推进。因此,未来必然要求高效智能控制密集有人船舶与无人船舶组成的集群快速有序地通过空间受限的运输航道,需要突破船舶动态自组网络与通信安全控制、密集船舶航行的无中心集群化智能控制、空间受限的船舶个体智能避碰控制等科学问题,建立去中心化的密集水路交通智能控制新理论、新方法和新技术。

2.1　在船舶动态自组网络方面,船联网网络拓扑与通信安全控制问题有待解决

船联网(Connected Ships)是近几年发展起来的,旨在构建一个面向服务、规范统一、灵活可扩展的数据共享与交换平台,实现各类船联网业务系统动静态数据的互联互通和资源共享。我国实施了长三角航道网及京杭运河水系智能航运信息服务应用示范项目,欧盟构建了统一的内河航运综合信息服务系统(River Information Service System,RIS)。然而,有人/无人船舶等组成集群的自组网络的路由机制、演化特性以及安全通信等方面研究还处于起步阶段。

2.2　在船舶集群化智能控制方面,密集船舶航行的无中心集群化智能控制是核心关键技术之一

无人船舶运输是未来水路交通运输的发展趋势,欧盟针对内河和近海,提出了船舶列车(Vessel Train)的概念,旨在降低水上运输的成本,目前在虚拟仿真、模型实验和实船试验方面取得了显著进展。在船舶集群协同控制研究方面,传统的方法主要有领导跟随法、虚拟结构法、基于行为法和人工势场法等。图论法是近几年发展起来的新技术,主要包括协同目标跟踪法、协同轨迹跟踪法和协同路径跟踪法。这些方法在面向大规模密集船舶航行的无中心集群化智能控制方面都不适用,这方面的研究仅仅处于探索阶段。

2.3　现有工作大多面向集群整体的避碰场景,针对受限空间同时考虑集群整体、船舶个体在集群位置以及个体与相邻个体之间位置关系下的避碰场景仍需进一步研究

目前的船舶智能避碰技术可以分为静态障碍物避碰和动态障碍物避碰,要求在尽可能短的时间内能够自主避开静态或动态障碍物,其智能避碰系统应有数据处理、环境判断、避碰决策和避碰控制四个部分。对于集群整体的避碰研究较多,重点是从保持原有队形避碰和重构队形避碰两个角度开展。在方法上有多目标区间规划方法、基于船舶运动学的航行路线规避法、基于行为的动态危险规避法等。目前在空间受限环境下,需要考虑船舶个体在集群中的位置、个体与相邻个体之间位置关系,以及群体整体运动状态下的智能避碰技术研究,相关研究资料和报道十分稀少。

3　科学问题研究进展

3.1　针对船舶动态自组网络与通信安全控制方面

现有研究成果主要是针对无人机船舶自组网的通信协议、拓扑控制及安全问题等方面。鉴于智能船舶的通信系统拥有高带宽、低延时、低费用等要求,无人船舶高速移动,无人船自组网网络拓扑高动态变化,会造成链路连接中断等情况,因此对于通信协议的优化多是为改善网络吞吐量、拥塞程度、端到端时延等某一特定性能指标进行路由算法或者介质访问控制(Medium Access Control,MAC)协议的优化。一方面,AIS信道窄且传输效率低,无法支撑船舶点对点通信,船舶在远距离通信传输数据时只能借助卫星通信,但这又存在价格高昂、卫星频带有限的问题。国际海事组织提出了新一代海上通信系统——甚高频数据交换系统(VHF Data Exchange System,VDES),能够满足船船和船岸之间所有数据交换服务的需要。另一方面,虽然水上通信系统有了一定的进展,但是针对船舶点对点通信的路由算法研究依旧匮乏。同时,目前网络移动模型以及路由协议的研究主要针对航空以及道路领域,缺少针对水路环境中船舶模型的路由研究,而移动模型对路由协议性能影响很大。因此,船舶网络移动模型的研究对船舶路由协议的设计与实现显得十分必要。同时,无人船舶无线组网和通信安全问题也尤为重要,如何避免网络攻击、信息泄露,以及攻击情况下的应急预案等都是需要进一步研究的问题。因此,随着水上任务的多样化发展,任务环境复杂多变,船舶本身需具备可针对航行具体环境进行实时感知决策的能力,网络需要智能自主地完成通信资源的分配,在拓扑动态变化的情况下维持稳定可靠的通信链路。针对特定通信需求,形成去中心化、智能化与自适应性的可靠自组网成为当前研究重点。

3.2　针对船舶集群智能控制研究方面

按照研究视角领域不同,船舶集群智能控制研究成果主要集中在以下方面。针对船舶集群调度,研究方法主要包括:①人工智能法,例如针对传统的舰船交通数据并行调度方法效率低的情况,提出基于人工智能算法的船舶交通数据并行调度方法;②生物集群法,例如在调度优化中引入蚁群算法,通过自动设置临时改变船舶工作的优先级来提高港口工作效率,并设置算法的搜索顺序,完成船舶交通多航道调度优化的研究。针对船舶集群智能编队,现有的方法主要有:①领导-跟随编队法,例如采用径向基函数神经网络和自适应鲁棒控制技术,应用在环境干扰下带有输入饱和的欠驱动船舶的领导-跟随编队控制方法;②人工势场法,在领航跟随法的基础上引入势函数,结合图形拓扑来约束跟随船舶的间距,提高队形的稳固性,弥补单一领航跟随法的不足;③虚拟结构法,例如运用虚拟结构法,构造碰撞函数,研究船队避障策略。在船舶路径规划方面,研究一般采用人工势场法、人工智能方法等。虽然人工势场法能够使船舶按照规划的路径航行,但传统人工势场法存在目标不可达、易陷入局部最小值等问题;智能算法虽然有易于实现、收敛速度快等优势,但存在局部最优和收敛精度低等问题。这些方法在面向大规模密集船舶航行的无中心集群化智能控制方面都不适用,这方面的研究仅仅处于探索阶段。哈尔滨工程大学团队将分布式自适应学习的思路应用于大规模集群智能控制优化中,该思路也可以用于水路集群群体控制。

3.3　针对船舶智能避碰控制方面

该方面问题主要从静态障碍物避碰和动态障碍物避碰开展研究。一方面,有研究将避碰经验、避碰规则等进行融合,结合案例推理(Case Based Reasoning,CBR)和规则推理(Rule Based Reasoning,RBR)建立了基于实际避碰操作的避碰辅助决策系统,但神经网络易出现过拟合的缺陷且难以量化处理。另外,有学者通过模糊控制算法将难以量化处理的船舶复杂环境信息引入作为网络输入量,增加船舶碰撞危险度模型的拟真性。此外,智能算法[如蚁群算法(Ant Colony Optimization,ACO)]也被应用于本船与来船的动态会遇环境避碰决策研究。如何在全局控制的社会力学、外环控制场论力学和内环控制的水动力学之间建立起能够支撑船舶集群快速通过运输航道并实现避碰的控制模型,是现有研究亟待突破的技术瓶颈。

综上所述,现有借鉴生物集群原理,结合船舶动力学和运动学在受限空间下对大规模船舶组成的集群(成百上千个)进行智能运动控制和协同优化的研究刚刚起步,尚缺乏全面系统的基础理论支撑。为此,需要探索生物集群(如鱼群)的内在隐秩序原理和恒新性特征,并将其转化为计算机能够逼真模拟和重现的模型,然后与船舶动力学、运动学进行有机融合,建立水路交通去中心化的密集船舶集群化智能控制新理论模型,对提高空间受限的航道运输效率和港口吞吐量具有重要意义。

主要参考文献

［1］ Peng Z,Wang J,Wang D. Distributed containment maneuvering of multiple marine vessels via neurodynamics-based output feedback［J］. IEEE Transactions on Industrial Electronics, 2017,64(5):3831-3839.

［2］ Tsou M C,Hsueh C K. The study of ship collision avoidance route planning by ant colony algorithm［J］. Journal of Marine Science and Technology,2010,18(5):16.

［3］ Ghommam J,Mnif F. Coordinated path-following control for a group of underactuated surface vessels［J］. IEEE Transactions on Industrial Electronics,2009,56(10):3951-3963.

［4］ 徐明,李旭如,刘朝斌,等. 基于双重代理密钥的船舶自组网门限签名方案［J］. 通信学报,2018,39(7):166-175.

［5］ Behal A,Dawson D M,Dixon W E,et al. Tracking and regulation control of an underactuated surface vessel with nonintegrable dynamics［J］. IEEE Transactions on Automatic Control, 2002,47(3):495-500.

［6］ Zhang Q,Lapierre L,Xiang X. Distributed control of coordinated path tracking for networked nonholonomic mobile vehicles［J］. IEEE Transactions on Industrial Informatics, 2012,9(1):472-484.

［7］ 郭晨,汪洋,孙富春,等. 欠驱动水面船舶运动控制研究综述［J］. 控制与决策,2009(03):1-21.

［8］ Ren J,McIsaac K A,Patel R V,et al. A potential field model using generalized sigmoid functions［J］. IEEE Transactions on Systems,Man,and Cybernetics,Part B(Cybernetics), 2007,37(2):477-484.

［9］ 谢玉龙,王直. 基于改进遗传算法的船舶路径规划［J］. 计算机技术与发展,2019,29(05):152-156.

［10］ Wang T,Cao J,Hussain A. Adaptive traffic signal control for large-scale scenario with cooperative group-based multi-agent reinforcement learning［J］. Transportation Research Part C:Emerging Technologies,2021,125:103046.

撰稿人:王桐(哈尔滨工程大学)

e-航海战略下的船舶智能交通服务理论与关键技术

The theory and key technology of vessels intelligent transportation service based on the strategy of e-navigation

1　科学问题概述

e-航海战略下的船舶智能交通服务是指通过人工智能、机器学习、大数据技术以及独特的算法技术对船舶、港口、船公司等不同对象之间多源异构的海事大数据进行实时处理与高效交换，按需实现对各种海上运输情况的智能值守与判断、自动决策与优化等标准化、智能化的船舶交通服务，包括为非《国际海上人命安全公约》（International Convention for Safety of Life at Sea，SOLAS）船舶提供智能化的附加服务。推动 e-航海战略下的船舶交通智能服务，目前国内外面临以下突出问题：

1.1　e-航海战略下的船舶智能交通服务体系设计

随着无人驾驶技术的不断发展成熟，无人驾驶船舶将逐步进入海洋，一段时期内海上将迎来传统的有人驾驶船舶和无人驾驶船舶共存期，这种混合的交通情境将给船舶交通服务带来巨大的挑战。然而当前 e-航海战略缺少针对船舶智能交通服务的顶层设计，服务内容无法满足传统的有人驾驶船舶和无人驾驶船舶混合航行条件下所面临的船舶智能交通组织、智能引航、船舶自主航行等新需求。因此，设计满足船舶交通组织优化、智能引航、船舶自主航行等新的智能化需求的船舶智能交通服务体系，是首先要解决的科学问题。

1.2　e-航海战略下的船舶智能交通组织理论模型

当前，船舶智能交通服务内容难以提供准确高效的智能化服务，如船舶交通组织优化、智能引航等，尤其是在未来有人驾驶船舶与无人驾驶船舶共存场景下，更需要为其提供准确、高效、智能的交通服务。因此，研究基于单向、双向、复式和限制性等不同类型港口以及大洋、近岸、狭水道等水域场景的船舶交通组织问题，同时考虑锚地、泊位等有限资源的优化利用，建立一整套适合于全水域的船舶交通组织优化模型体系至关重要，可实现大洋、近岸、港口及狭水道等全水域航行船舶的智能交通组织优化调度。

1.3　符合 e-航海架构的船舶智能交通海事服务集构建

随着 e-航海战略的持续深入推进，将海事服务集与船舶智能交通组织问题结合起来，构建标准统一、结构高效、服务智能的船舶交通海事服务集,提供准确全面的交通服务信息是未来水路交通智能化服务的关键内容。根据 IMO 提出的海事服务集框架确定可行的船舶智能交通组织海事服务集结构、分类及其对应的服务范围及状态;分析复杂交通过程的特征及所需服务的实时动、静态信息之间的关联性,将通用的功能描述和复杂的实际需求转化成直观量化的服务集信息,建立 e-航海框架下的船舶智能交通海事服务集。

2   科学问题背景

随着数字科技的迅猛发展和不断完善,卫星导航系统、船舶自动识别系统等诸多现代技术在航海领域得到了广泛应用。2005 年 12 月 19 日,美国、英国、荷兰等七国联名向 IMO 海上安全委员会第 81 次会议递交提案,提出制定 e-航海发展战略,以集成和协调各种海上通信导航系统,支持各种岸基服务,实现接口标准化、互相兼容、用户友好的系统。2006 年在上海举办的第十六届国际航标协会(The International Association of Marine Aids to Navigation and Lighthouse Authorities,IALA)大会正式将 e-航海提上日程,IMO 也确定其定义为"通过电子方式,在船上和岸上收集、综合、交换、显示和分析海事信息,以增强船舶泊位到泊位的全程航行能力,增强相应的海上服务、安全和保安能力以及海洋环境保护的能力",国际航海界普遍认为 e-航海不是硬件设备,而是信息的集成,是一种更安全、高效的航海保障措施。

随着 e-航海战略执行计划的深入开展,e-航海框架下的船舶智能交通服务成为本领域研究的热点。由于海上运输船舶的数量急剧增长以及船舶自主航行技术的不断发展,海上船舶交通环境更加复杂多变,使得船舶智能交通服务需求更加迫切。船舶智能交通服务是指利用大数据技术对标准化的船舶交通服务数据进行治理与挖掘,利用人工智能技术、机器学习、独特的算法技术等主动、实时、高效地按需为船舶提供智能化的交通服务。此外,"新基建"战略的提出也将加快船舶智能交通服务架构体系的建设。2020 年 3 月,中共中央政治局常务委员会召开会议,提出加快 5G 网络、数据中心等七大领域新型基础设施建设进度。交通运输部于 2020 年 8 月发布《交通运输新型基础设施建设指导意见》,指出到 2035 年,交通运输领域"新基建"取得显著成效,海事系统以"智慧海事"建设为引领,加快港口智能调度、港区自动驾驶等综合应用,持续推动自动驾驶、智能航运、智慧交通等研发应用,打造"陆海空天"一体化海上交通运输安全保障体系,海上船舶交通服务的智能化发展程度更加深入。e-航海战略下的船舶智能交通服务研究在国际上具有前瞻性,研究 e-航海框架下的船舶智能交通服务,对实现船舶航行安全具有积极作用,对提升我国在国际海事事务中的话语权具有重要意义。

3   科学问题研究进展

目前,在 IMO、IALA、国际海道测量组织(International Hydrographic Organization,IHO)

等的大力推进下,e-航海战略制定了诸如 S-100、航海服务集、岸基通用系统架构等一系列标准草案。世界航海国家立足标准草案,积极探索,建立了一系列的试点示范工程。

欧盟在 e-航海框架下开展了多个试点工程,主要有 MONALISA(Motorways & Electronic Navigation by Intelligence at Sea)工程、EfficienSea(Efficient, Safe and Sustainable Traffic at Sea)工程和 ACCSEAS(Accessibility for Shipping)工程。MONALISA 是一项综合海事工程,于 2010 年 9 月启动,主要包括动态积极航线计划、船员证书自动认证系统、航线和航区的测绘数据质量保证和全球海事信息共享四项措施。MONALISA2.0 工程于 2013 年 9 月启动,该工程重点利用"海事云"技术和信息通信技术实现更加安全、高效、环保的海上交通管理系统,该系统的组成主要包括海事管理部门、岸上和港口的基础营运设施,并由此构成了一个高效营运的海事链。ACCSEAS 工程于 2012 年启动,旨在确保欧盟北海水域内的航行安全。该工程坚持统一海事数据标准,以用户需求为导向,主要提供航线交换和推荐航线、多源定位、VTS 间数据交换、船舶操作协同工具等服务,保证海事各参与方的安全和效率。该工程的测试成果也成功展示了 e-航海在欧盟北海水域的优势和巨大潜力。

我国作为 IMO 的 A 类理事国、IALA 的重要成员,十分重视航海保障的建设,积极开展 e-航海的研究和工程建设。2014 年 4 月,中国 e-航海战略与技术研讨会在厦门举行,主要交流讨论 e-航海战略研究进展、关键技术、实施计划及相关技术创新等议题。2016 年交通运输部海事局推进 e-航海在各海区试点,洋山港、长江口、天津港、珠江口等水域的 e-航海工程项目逐步得到开展,在保障船舶航行安全、提高助航服务质量、保护海上环境等方面发挥了重要作用。以上工程对 e-航海进行了积极探索,在统一数据标准,完善船舶交通服务、导助航服务、气象服务等方面做出了积极贡献,推动了 e-航海战略的全面实施。

近年来,随着人工智能、机器学习等技术的快速发展以及无人驾驶船舶技术的不断成熟,e-航海正从数字化向智能化发展。在 e-航海智能化发展的理论研究方面,Zhang 等为满足船舶交通日益繁忙的海事服务迫切需求,提供主动、实时、高效的标准化和智能化的船舶交通海事服务,基于 e-航海框架构建了港口区域船舶智能交通海事服务集,分别从服务需求和结构、标准数据模型、数据生命周期、服务方案和服务模型方面进行了系统研究。杨雪峰以海上水文气象预报信息为依据,以船舶和货物能承受的风浪环境为约束条件,设计了基于蚁群算法的船舶自主气象航线设计方法,使船舶在航行过程中能够根据预报实时优化航线。张安民设计了一种联合非结构网格海洋环流与生态模型(Finite-Volume Coastal Ocean Model,FVCOM)潮汐数值模式以及余水位信息的动态水深模型,提出并实现了一种满足潮汐预报精度要求和 IHO S-44 水深精度要求的高精度动态水深服务方法。在工程实践方面,欧盟海上交通管理(Sea Traffic Management,STM)验证项目于 2015 年开始,STM 帮助渡轮、其他船舶上的引航员和船舶交通服务中心实现航线信息交换、航线优化并帮助改善狭窄通道的海上交通,使其变得更加顺畅。STM 的航线交换服务功能实现了港口间实时调整调度,使港口灵活地应对船舶到港延迟。但是,STM 目前还没有能够为自主航行船舶服务的设施设备。当前,e-航海战略缺少满足船舶交通组织优化、智能引航、船舶自主航行等新智能化需求的体系架构与顶层设计,但在船舶智能交通服务内容方面,通过研究人员的积极尝试,在模型与算法上已经有了一定积累,可为船舶交通组织优化、智能引航、自主航行船舶感知与决策等服务的研究提供理论依据。

船舶智能交通服务是对 e-航海概念建设实施的积极尝试,积极将海上交通服务由传统的人工经验判断方式向人工智能辅助方式转变,力求提升海上交通安全与效率,实现港口交通资源、船舶航行计划、VTS 相关信息等资源的数据共享,引领类似于航班、列车动态调度的船舶时刻表模式,促进整个航运经济转型发展,在提高港口通航效率、促进港口降本增效、提升港口综合竞争力和服务航运经济发展方面产生巨大的经济效益、社会效益及其他拉动效益,更是对经济供给侧改革的有效尝试,能够更好更有效地发挥技术改革的创新作用,同时响应了"创新、协调、绿色、开放、共享"的新发展理念。

主要参考文献

[1] MSC. Report of the Maritime Safety Committee on its ninety-ninth session[R]. London: IMO,2018.

[2] 王程博,张新宇,李俊杰. 基于 e-航海的无人驾驶船舶技术[J]. 集美大学学报(自然科学版),2018,23(05):354-359.

[3] 李瑞杰,张新宇,黄文伟,等. E-Navigation 下的海事服务集[J]. 水运管理,2017,39(05):22-24,34.

[4] 张安民,杜佳芸,王蕊,等. e-航海架构的高精度动态水深服务实现[J]. 测绘科学,2018,43(07):149-155.

[5] 严新平,柳晨光. 智能航运系统的发展现状与趋势[J]. 智能系统学报,2016,11(06):807-817.

[6] 黄海龙. 我国 E 航海战略实施思考[J]. 中国船检,2019(10):84-89.

[7] Zhang X,Li J,Zhu S,et al. Vessel intelligent transportation maritime service portfolios in port areas under e-navigation framework[J]. Journal of Marine Science and Technology,2020,25(4):1296-1307.

[8] Adam W,Jacek P,Wiesław P,et al. e-Navigating in highly-constrained waters:a case study of the Vistula Lagoon[J]. The Journal of Navigation,2021,74(3):505-514.

[9] Park D,Park S. Syntactic-level integration and display of multiple domains' S-100-based

data for e-navigation[J]. Cluster Computing，2017，20（1）：721-730.

撰稿人：张新宇（大连海事大学）

大数据条件下多场景船舶安全领域发现机理

Discovery mechanism of ship safety domain under various navigational scenarios based on big data

1　科学问题概述

水路运输在五大交通运输方式中占据重要地位，更是国际贸易运输的主力军，以大运量、低成本等特点著称。但同时，水路运输船货总价值极高，一旦发生事故，损失不可估量。为了保证船舶在海上的安全航行，驾驶人员既不愿意进入他船附近某一区域，也不希望他船靠近本船一定区域，这一区域统称为船舶安全领域（以下简称船舶领域或领域）。

船舶领域客观存在，对船舶在水域的安全航行至关重要，但是对该领域的形状、大小、动静态特征、关联要素等一直存在不同的学术见解。以形状为例，出现过圆形、长方形、椭圆形、偏心椭圆、扇形组合体、多参数控制下的不规则体等。早期对领域属性的研究多集中于小样本下的模拟和统计分析，得出的领域缺乏数据支撑。随着水路交通传感和通信技术的发展，可以获得大量的船舶 AIS 数据、雷达数据、图像和视频数据等，基于大数据和多数据融合技术的船舶领域挖掘和发现机理研究成为新的科学问题。以数据挖掘为特征的船舶领域计算通常需要对海量数据进行处理，即对每一艘船每隔一段时间统计一次周围其他船舶位置侵占情况，所以运算的复杂度相对于源数据更高，传统程序算法无法在短时间内处理海量数据，必须引入新的大数据处理技术。同时采取多类型数据融合，将会大大提升船舶领域计算的精准度，提高其分辨率。多类型数据的引入会进一步提升计算复杂度，需要提出一种使用大数据和多类型数据挖掘并发现船舶领域的新机制。

早期的船舶领域一般认为与船舶长度参数相关，不考虑各种场景下的差异性。但船舶处于不同场景中时以及在不同场景之间转换过程中，领域将会逐渐发生变化，比如进出港场景、交通流密度较大的繁忙水域场景等。然而，在这些航行水域中，领域明显存在差异，所以多场景下的船舶安全领域动态演化机理值得进一步研究。在进入某一特定场景以及离开某一特定场景的过程中，一艘在航船的领域会发生动态变化，研究这一动态演化机理可以为驾驶人员提供在特定场景下的风险认知依据。另外场景不仅与船舶所处水域有关，还可以根据不同属性水域中与他船会遇方式不同进行细化，例如船舶在对遇、交叉、追越态势下的领域细化，在航船与锚泊船间、在航船与靠泊船间的各自领域细化等都需要进一步系统性计算。

此外,船舶领域的本质是反映船舶遭受的潜在风险大小,而船舶的风险一般包括外部环境风险和内在船货属性风险。可见,船舶领域与外部环境风险和内在船货属性风险都应具有内在联系。因此,从微观的角度研究领域与环境和船货要素的内在关系,构建船舶领域参数关系模型,有利于反演领域的微观属性。船舶航行过程中每一时刻的风流浪涌、能见度、昼夜交替、季节交替等外部环境因素都会对船舶安全领域的形状和大小产生一定的影响,例如恶劣天气下船舶领域有可能扩大。此外船舶的航行速度、船舶所承载的货物种类、船舶吃水、船型等自身因素同样会对船舶领域产生影响。以上述特征为参数,建立多参数条件下的领域关系模型,有利于进一步探索领域的微观属性。

2 科学问题背景

船舶驾驶员多使用包括视觉瞭望在内的一切手段避让他船,保持与他船的安全距离。这种潜意识中的安全距离客观存在,并在20世纪60年代被学者以船舶领域的科学问题提及并一直发展至今。领域相关理论和算法也为有人驾驶船舶在船舶避碰、船舶操纵等领域的发展提供了理论支持,影响了多部海事规则的修订。随着航运业的快速发展,水路交通运输愈加繁忙,海上船舶密度增大,船舶专业化、大型化发展的趋势愈发明显,基于笼统船型得出的领域已经不能适应日渐分工和细化的航运需求,特别是船舶领域作为船舶避碰等领域的理论支撑,已经经历了几十年的发展,众多船舶领域模型需不断细化。当前交通行业正在进行信息化升级,可以抓住契机通过引入大数据处理手段进行海量数据分析,通过数据的支持,发现新的特定船舶领域模型,或优化和改进已经被提出的船舶领域模型,分析不同条件下的船舶领域模型适用度等。此外,随着人工智能技术在运输船舶上的快速推广和应用,无人智能船舶正快速走向实用化。《智能船舶规范》以及《智能船舶发展行动计划(2019—2021年)》均将具备自主航行避碰技术的智能航行系统视为智能船舶发展需突破的关键技术之一。船舶领域理论作为重要的预警和避碰理论,在未来的自主航行船舶上也具有重要的应用场景。

2.1 大数据条件下船舶领域的快速计算统计及自适应领域模型等问题有待解决

已有船舶领域求取与分析的文献皆采用小面积特定水域与少量特定船舶为目标做数据采样,进而研究并提出该水域特定船型、船长的船舶领域。还未有文献提出基于大范围非特定水域、水域内所有船舶,使用大数据处理技术进行大范围处理并自动获得船舶领域形状和大小的理论。而海量数据处理、多场景处理、自适应非特定领域模型结合理论是能将船舶领域应用于自主航行船的支持理论。因此,有必要解决大数据条件下船舶领域的快速计算统计及自适应领域模型等问题。

2.2　传统 AIS 数据与视频融合求取船舶领域的机制有待探索

自 20 世纪 60 年代 Goodwin 使用雷达研究航行船舶间距离以来,雷达数据就被作为测量和统计船舶领域的重要数据来源。雷达测距测方位数据准确,可以精确测量某一目标船周围的船舶领域,但是只能针对某一采集雷达数据的船,无法广泛统计大量船舶。随后 AIS 数据被引入用于研究船舶领域,AIS 设备安装广泛,数据容易获取,使用更加方便。但 AIS 数据在不同水域不同时间播发频率不同,需要插值才能求取船舶领域,而插值过程中船位、艏向等数据可能插值不准确。图像识别技术近年来发展迅速,在船舶识别方面有所应用,图像数据恰好可以弥补低速、锚泊等场景时插值不准确带来的领域误差。因此需要验证 AIS 数据与图像数据融合在船舶领域发现机制中的理论可能性。

2.3　复杂环境与船舶参数多因素耦合建模与量化问题有待解决

船舶会航行于不同水域、海况、通航密度下,这些环境因素会影响船舶领域的形状和大小,同时船舶自身的船速、承运的货物属性亦会给船舶领域模型带来影响。实际航行时,航行条件会是多种环境因素和自身参数叠加的结果,而在传统研究中只是单独讨论某一种因素对船舶领域的影响。具体方法是将符合某一种研究因素的所有船舶事先筛选出来,进行研究并求出船舶领域。如果这个过程中选择样本过少,最终得出的结论就会受除这一研究因素外其他因素的影响。通过大数据方法就可以同时考虑多种参数因素,为同一艘船某一航段打上多个标签,进而通过对海量的数据分析,获得带有同一组标签的大量样本,挖掘和学习受复杂环境和多船舶参数影响的船舶领域。

3　科学问题研究进展

传统船舶领域由日本学者藤井弥平于 20 世纪 60 年代初提出,70 年代初欧洲学者相继开始研究。在此后 50 余年,比较有代表性的国外船舶领域模型有藤井模型、Goodwin 模型等经典船舶领域模型,它们是考虑了部分通航条件的具有泛用性的单一模型。

3.1　多数据融合和大数据条件下船舶领域挖掘

使用大数据处理手段对船舶领域进行计算与分析的文献较少。可以借鉴大数据处理手段对 AIS 数据的挖掘与分析方法对大数据条件下的船舶领域进行挖掘与分析。Kontopoulos提出了一种用于提取海上交通模式的分布式框架,采用 Apache Spark 框架实现分布式处理,拥有高处理速度和高可扩展性。在多数据融合求取船舶领域方面,还未有文献做相应研究,但有文献显示船舶的轮廓等图像数据已经可以被识别,如 Shu 提出了一种基于深度学习的船舶图像模糊边缘特征分割方法。

3.2 多场景下船舶安全领域动态演化机理

Zhou 提出了一种基于神经网络和小波分析的动态模糊船舶领域，考虑了本船与周围船舶间的会遇情况。Chai 在考虑动态船舶领域的条件下估算了长江口船舶的碰撞频率，考虑了船舶类型、一天中的时间、船舶间相对速度等因素。Andrew 通过随机森林算法利用机器学习方法对大型船舶通航数据进行挖掘，提出了一种可感知的船舶领域模型。Liu 在受限水域场景下提出了一种动态船舶领域模型，该模型考虑了可航行水道条件、船舶行为、船舶类型和尺寸以及操作员技能。

3.3 构建外部环境、内部本船多参数影响下的船舶领域模型

Fujii 等首次提出船舶领域概念，并通过船舶相对位置的二维频率分布确定船舶领域的椭圆模型(藤井模型)，考虑了船速、通航密度、潮流等因素。Goodwin 结合周围船舶密度分布考虑船舶避让规则建立了三扇区领域模型(Goodwin 模型)，考虑了船舶尺度、操纵性能、通航密度、海域类型等因素。此后，不少文献在此基础上提出了改进 Goodwin 模型，以及聚焦于藤井模型和 Goodwin 模型的融合模型。王宁等以统一解析框架为基础，运用智能技术提出了四元动态船舶领域模型等。

综上所述，船舶安全领域发展呈现以下几大趋势：第一，随着信息技术和数据处理技术的发展，正由小样本下的模拟和统计向大数据和多数据融合算法方向转变；第二，随着不同航行场景下的风险差异性对安全影响程度不同，正由传统静态领域向多场景下的动态领域演化；第三，随着船舶功能细化引起的外部和内部环境风险的变化，正由单一参数向多参数影响下的船舶领域转变，从微观层探索领域本质，反演风险机理。

主要参考文献

[1] Fujii Y, Tanaka K. Traffic capacity[J]. The Journal of Navigation, 1971:24, 543-552.

[2] Goodwin E M. A statistical study of ship domains[J]. The Journal of Navigation, 1975, 28: 329-341.

[3] Kontopoulos I, Varlamis I, Tserpes K. A distributed framework for extracting maritime traffic patterns[J]. International Journal of Geographical Information Science, 2021, 35 (4):767-792.

[4] Shu J, Chen Z Y, Xu C. Feature segmentation for blurred edge of ship image based on depth learning[J]. Journal of Coastal Research, 2018, 83:781-785.

[5] Zhou D, Zheng Z Y. Dynamic fuzzy ship domain considering the factors of own ship and other ships[J]. The Journal of Navigation, 2018, 72(2):467-482.

[6] Chai T,Weng J X,Li G R. Estimation of vessel collision frequency in the Yangtze River estuary considering dynamic ship domains[J]. Journal of Marine Science and Technology, 2020,25(3):964-977.

[7] Rawson A,Brito M. Developing contextually aware ship domains using machine learning [J]. The Journal of Navigation,2021,74(3):515-532.

[8] Liu J X,Zhou F,Li Z Z,et al. Dynamic ship domain models for capacity analysis of restricted water channels[J]. The Journal of Navigation,2016,69(3):481-503.

[9] Wang N. An intelligent spatial collision risk based on the quaternion ship domain[J]. The Journal of Navigation,2010,63(4):733-749.

[10] Hansen M G,Jensen T K,Lehn-Schiøler,et al. Empirical ship domain based on AIS data [J]. The Journal of Navigation,2013,66:931-940.

撰稿人：胡勤友（上海海事大学）　王琪（上海海事大学）　秦庭荣（上海海事大学）

水路战略通道脆弱性分析及失效演化仿真

Vulnerability analysis and failure evolution simulation of waterway strategic channel

1　科学问题概述

以图理论为基础的复杂网络在学术界得到了快速发展,广泛用于分析互联网、社交网络、疾病流行甚至蛋白质医学方面。2021年诺贝尔物理学奖颁给了研究复杂系统的科学家,鼓励整个科学界探索世界的网络本源。航运亦如此,航运网络的特征符合复杂系统科学,将港口作为节点、航线作为路径,分析航运网络中的拓扑关系、港口群和网络社区等关联关系,利用度、聚类系数等关键指标对演化过程进行研究,对于充分认识国家与国家、国家与地区之间的全球能源流动,尤其是对于进出口贸易态势的研究具有实际意义。整个学界亟待研发基于复杂系统理论的战略通道评估的新方法和新技术,进而保障海上交通系统运行的安全性和稳定性。为突破上述技术瓶颈,一系列科学问题需要攻关。

1.1　如何实现大量、多源、细粒度的多源航运数据用于构建网络

受到数据难以获取的影响,目前主要采用AIS数据,以及部分港口货运船舶进出港的抽样数据。这些数据不涵盖港口的中转停留信息和航线所涉及的航行次数及货运量,且未覆盖全球所有贸易港口,无法完整反映出全球海洋运输网络的格局。目前的航运分析

中很多数据的时效性、时空粒度均较粗,缺乏系统的、全域的数据对结果进行验证,直接影响数据的可靠性。因此,需要采用新的数据源融合来构建多态的海洋运输网络,从而更加全面地反映出全球海洋运输格局。同时结合遥感图像等成像数据、文本和企业信息等开源数据,实现对过去网络中"盲节点"的补充。

1.2　如何基于船舶的多维尺度实现对航运网络健壮性的研究

全球海洋运输网络由多种类型船舶作业网络组成,每种类型的船舶均采用不同的运输模式,而当前研究集中在集装箱运输网络,并没有反映出海洋运输网络的多态性。此外,针对不同类型船舶的海洋运输网络结构,对主要港口和关键航道健壮性的差异性缺乏相应的探究。多态的航运网络中的港口和航道发生随机故障或遭受蓄意攻击时,没有对航运网络维持其正常运转的能力和抗干扰能力进行衡量研究。因此需要开展多类别、细粒度的网络健壮性分析研究,对不同类型船舶的网络特性进行细粒度的挖掘,探索航道和港口节点失效时网络的变化情况,这对保障我国海运关键港口节点的正常运行具有重要意义。

1.3　如何基于港口细粒度影响因素实现系统有效评价

港口是一个复杂的综合体,涉及的影响因素众多,各因素之间存在着潜移默化的关联关系。随着港口的动态发展,其会与自身内部、周边外围环境、社会环境之间发生具有时变特征的物理关联,而当前对港口竞争力的研究仅仅关注了港口的静态指标特征,并没有考虑港口当前的运营状态,缺乏从基础设施适应性角度对港口和网络流量未来发展趋势进行分析,也就无法很好地反映出港口在航运系统中的实时竞争力。因此需要充分挖掘港口内部航运微观行为和泊位、锚地停靠适应性等规律,分析不同类型船舶在锚地和泊位的停靠时间和利用率、航道通航情况和作业效率等,同时从数据驱动角度构建基于深度学习理论的时序预测模型,完成对港口规律发展趋势的分析。

从大网络的视角来看,港口和航道作为航运网络中的重要节点,也受到多种内部和外部因素的影响,如生态环境、水文气象、地缘政治和船舶污染及排放等因素,这些因素直接或间接影响着港口和航道。当前研究主要集中在一种因素对港口和航道的影响,没有体系化地对多种要素之间的关系进行研究,缺乏对港口和航道主要影响因素的宏观关联关系分析和影响程度的评估。此外,没有微观地分析邻近港口之间的发展差异。因此需要以沿海和港口周边的航道为中心,利用社区探测技术发掘航道周边主要港口构建的小世界网络,结合船舶类型、港口资料、适应性分析结果等数据,对社区内邻近港口进行差异化分析,找出邻近港口的互补性和替代性,为我国实施有效对外合作提供建议。

2　科学问题背景

我国是世界主要的"商品加工厂",截至 2020 年底,全国港口拥有生产用码头泊位 22142 个,其中万吨级及以上泊位 2592 个,比上年增加 72 个,万吨级及以上泊位占比由 2014 年的 6.7% 提升至 2020 年的 11.0%,呈现出快速发展的趋势。另一组数据显示,自 2013 年开始,我国沿海建设投资额却呈下降趋势,新增各类泊位速度整体也呈逐年下降趋势。围绕增强对航运公司的吸引力而展开的港口间竞争变得更为激烈,传统枢纽港口不仅面临新兴转运中心的竞争,还面临其他门户港口的竞争。尤其是 2020 年以来,全球经济不景气导致外贸压力持续扩大,特别是受到贸易摩擦和新冠疫情的双重影响,全球供应链运转不畅,国际贸易需求减少。分析海洋运输网络结构和港口竞争演化趋势,对于了解全球海洋运输格局、保障海洋运输安全、科学投资港口基础设施建设等具有重要意义。

全球海洋运输网络的拓扑结构会受到航道改变等因素的影响而发生一定程度的改变。例如,巴拿马运河扩建会导致大型船舶通过运河的能力进一步增强,从而导致海洋运输量显著增长。北极航线通航后加强了港口间的联系,同样会导致东北亚与西北欧的贸易量进一步增加,且增强了海运网络的层次性。"一带一路"倡议会促使我国与海上丝绸之路沿岸各国的贸易量进一步增加,从而使贸易结构发生变化,并影响到海洋运输网络的结构。苏伊士运河堵塞事件导致原油价格一度出现波动,引发市场对供应链中断的担忧,在疫情的影响下,给全球航运市场"伤口上撒盐"。因此,迫切需要突破基于复杂系统的航运网络评估的技术瓶颈。

2.1　数据来源单一,缺乏大量、多源、细粒度的航运数据可利用研究

目前在行业中主要采用 AIS 数据,以及部分港口货运船舶进出港的抽样数据。这些数据难以完全涵盖港口的特有属性,如新开航的港口无法使用 AIS 历史数据去反演港口要素状态。因此可采用的数据应该扩展到包括遥感等成像数据、港口资料和企业信息等文本数据上,利用数据源融合来构建多态的海洋运输网络,从而更加全面地反映出全球海洋运输格局。

2.2　航运网络健壮性研究深度不足

(1)缺乏港口细粒度影响因素的评价研究。当前对港口竞争力的研究仅仅关注了港口的静态指标特征,并没有考虑港口当前的运营状态,从微观的角度没有对节点的变化实现时变检测,从而无法很好地反映出港口的实时竞争力。同时,当前港口竞争力的评价模型都是对港口的宏观反映,没有通过优势度的评价对港口竞争力影响因素进行细粒度分析,也未从港口基础设施适应性角度分析港口未来的发展趋势。

(2)缺乏航道周边港口之间的竞争和合作关系研究。缺乏对港口和航道主要影响因素的宏观关联关系分析和影响程度的评估。此外，没有微观地分析邻近港口之间的发展差异。对于港口群和所属社区无法进行有效划分，因此需要基于复杂网络理论，对相似港口进行有效挖掘，实现对贸易社区的有效分类。

综上所述，亟须进行深入的多源数据融合作用下的航运网络健壮性和抗毁性理论研究，实现对该问题的清晰认知和本质安全保障。利用复杂系统原理，对港口节点特性、网络特性和所构成的网络的抗毁性进行有效分析，对于保障我国贸易安全具有重要指导意义，科学价值突出。

3 科学问题研究进展

3.1 针对航运复杂网络结构特性研究

复杂网络具有自组织、自相似、吸引子、小世界、无标度等特征。大量学者已经证实航运网络符合复杂网络特征，利用复杂网络理论将海洋运输系统抽象成由港口和航线构成的网络这一研究方式已被不少学者所采用。网络的结构与几何性质对港口与航线的规划和管理具有重要的影响。有学者主要基于度分布、网络集聚系数、可达性等，分析网络的整体结构特点。从地理聚焦的角度出发，包括聚焦东南亚、欧洲的航运网络特性，挖掘不同地域航运网络变化的特点。但从网络的分析方法上看，目前采用的方法基本上都是基于历史数据的运输网络构建，而关于动态网络的研究即添加时间因子的网络边变化和节点的网络嵌入研究、网络中航路的失效及新航路演化等课题，在目前研究中深度相对较浅。

3.2 针对关键节点攻击和抗干扰能力研究

学者们主要从航道安全的视角分析了马六甲海峡、苏伊士运河及巴拿马运河等主航道受到攻击时对全球海运网络的影响。研究的对象包括航运依赖度、关键航道中断后的运输时间和网络效率。学者们采用的方法为随机攻击和蓄意攻击，即判断节点失效后整个度的连接状况。但目前对于网络攻击，仿真过程较为简单，并未考虑当节点失效后新的网络边的生成，缺乏链路预测环节。因此需要从"毁灭-恢复"的角度重新评估重要节点失效后的网络变化，对新生成的链路进行有效预测，从国家属性、管理公司、航路特性的多维角度进行抗攻击研究。

3.3 针对网络演化与社区关系的研究

分析海洋运输网络中港口和航道的时空演化特征，能为了解海洋运输的发展趋势、进行相对应的部署、制定港口投资策略等提供科学的支撑。学者们利用复杂网络的基本理论与研究方法分析全球海洋运输网络的结构和港口演化及其演化动力,宏观了解各个地区之间的海运联系。研究发现,海洋运输网络长期存在小世界网络和无标度网络特征,度值较大的港口数量呈现出不断增长趋势,网络的整体规模呈现出增大的趋势,但海洋网络不会随着时间的推移而致密化,其有效直径保持不变。因此,需要充分描述港口社区分布状况,基于不同种类船舶的航运特点采用不同的社区划分方式,建立有效的社区划分模型。

综上所述,全球资源地理空间上分布不均匀的特性导致绝大部分国家需要通过海上运输才能建立起彼此的贸易关系。随着全球经济一体化的高速发展,海洋运输发挥着运量大、经济性好、适合长距离运输等优势,成为全球贸易最主要的运输方式。我国作为一个海运大国,正朝着建设海洋强国的目标不断努力。共建"21世纪海上丝绸之路"的倡议旨在以新的形式使亚洲、欧洲和非洲各国联系更加紧密,互利合作迈向新的历史高度。海上以重点港口为节点,共同建设通畅、安全、高效的运输大通道。针对全球海洋运输涉及的研究主题,大量专家学者开展了长期且卓有成效的研究,其研究成果对港口规划、航线优化等方面起到了一定的促进作用。但是受研究数据时空粒度和完整性约束,研究内容侧重于分析海洋运输网络结构,未能深入研究关键航道和港口对整个航运网络的影响评估、大规模港口的竞争力评估、港口群的内外部关系等内容,缺乏更精细全面的海洋运输格局与港口竞争力演化分析。本课题旨在通过复杂网络理论,结合多源大数据分析技术在全球航运网络和港口战略定位状态监测与分析的融合应用,明确部分关键航道和主要港口的关键节点作用和重要性,为促进航道和港口投资布局方案优化、航线保障、航线优化等战略的制定提供理论支撑,为对外贸易决策提供技术支持,为国家海洋运输体系建设及建设海洋强国提供科技支撑。

主要参考文献

[1] 韩梦瑶,熊焦,刘卫东.中国跨境能源贸易及隐含能源流动对比——以"一带一路"能源合作为例[J].自然资源学报,2020,35(11):108-120.

[2] 杨宇,于宏源,鲁刚,等.世界能源百年变局与国家能源安全[J].自然资源学报,2020,35(11):2803-2820.

[3] Steinberger J K,Roberts J T. Pathways of human development and carbon emissions embodied in trade[J]. Nature Climate Change,2012,2:81-85.

[4] Wang P,Hu Q Y,Xu Y J,et al. Evaluation methods of port dominance:A critical review [J]. Ocean and Coastal Management,2021,215:105954.

[5] 徐冠华,葛全胜,宫鹏,等.全球变化和人类可持续发展:挑战与对策[J].科学通报,2013,58(21):2100-2106.

[6] 方志祥,余红楚,黄守倩.海洋运输网络研究进展与趋势探讨[J].地球信息科学学报, 2018,20(5):554-563.

[7] Peng P,Cheng S,Chen J,et al. A fine-grained perspective on the robustness of global cargo ship transportation networks[J]. Journal of Geographical Sciences,2018,28(7):881-889.

[8] Peng P,Yang Y,Cheng S,et al. Hub-and-spoke structure:Characterizing the global crude oil transport network with mass vessel trajectories[J]. Energy,2019,168:966-974.

[9] Mou N X,Ren H N,Zheng Y H,et al. Traffic inequality and relations in Maritime Silk Road:A network flow analysis[J]. ISPRS Int. J. Geo-Inf. ,2021,10(1):40.

撰稿人:梅强(集美大学)　王鹏(中国科学院计算技术研究所)

实航数据驱动下基于在线操纵性预报的海洋无人运载器智能自主控制方法研究

Research on intelligent autonomous control method of unmanned marine vehicle based on online maneuverability forecast driven by real navigation data

1　科学问题概述

海洋不但蕴藏着大量宝贵的资源,也见证了无数的战争。在科技飞速发展的 21 世纪,随着陆地资源的日益匮乏,逐步开发海洋资源是必然趋势。随着人工智能技术的发展,海洋无人运载器技术突飞猛进。海洋无人运载器具有成本低、功能多、机动性高等优点,能够在检测海底预埋设施、水雷侦察以及跟踪打击等海洋作业中发挥巨大的优势。为了在未来海洋开发中处于有利地位,大力发展海洋无人运载器,提高海洋无人运载器的智能水平非常有必要。

智能自主控制算法设计及控制系统开发是海洋无人运载器研制的关键科学问题之一,目前最常见的控制算法有不基于模型的比例积分微分(Proportion Integration Differentiation,PID)控制算法等,以及基于模型的非线性反步法等。两类方法的优势和劣势非常明显,传统的不基于模型的控制算法在海洋无人运载器领域的工程应用较为广泛,但是不能充分体现海洋无人运载器的自身操控特性;基于模型的控制算法虽然能够很好地体现海洋无人运载器自身的操控特性,但是由于相关操纵性能参数获取复杂且无法与海洋环境等外界干扰融合处理,目前还不够实用,在工程领域应用较少。

如何充分融合基于模型控制算法的优越的操控特性和不基于模型控制算法的稳定可靠特性,设计出一种能够兼顾二者优势的混合模式算法,是目前亟须解决的科学问题。

2　科学问题背景

智能控制系统是海洋无人运载器研制的最核心的部分之一。目前实际研制的海洋无人运载器多数仍采用工程中最为常见的不基于模型的控制算法,如 PID、模糊控制等。这一类方法鲁棒稳定性较好,可以根据实际状态的偏差来设计对应的控制算法,属于被动控制模式。但是这一类方法属于通用性方法,不能有效体现出不同海洋无人运载器的差异性。为了更好地进行个性化的控制算法设计,采用现代控制理论中的非线性反步法等,可以有效体现被控对象的操纵控制特性,基于该方法设计开发的控制系统理论上可以实现更为精准的控制性能。但是海洋无人运载器的操纵性能参数获取较为复杂,且不能充分融合复杂海洋环境的干扰,这也导致了现代控制理论中基于模型的先进控制方法在实际海洋无人运载器领域的应用较少,相关算法目前仍局限于理论研究过程中。

3　科学问题研究进展

目前针对海洋无人运载器的操纵性能预报研究较多。荷兰 Delft 科技大学的研究人员曾用六自由度数学模型来描述滑行艇型海洋无人运载器的动态特性,该模型是以船-桨-舵为原型建立的六自由度操纵性数学模型。瑞典皇家理工学院利用船模试验对 V 形船体在静水中高速航行时的水动力及动压力进行研究,Yoshiho 等分析了动升力对滑行艇横摇的影响。大阪府立大学的池田良穗、片山徹等人利用 64 系列船模进行了大量试验,包括平面运动机构试验,研究了滑行艇周期性操纵运动引起的大幅纵摇和升沉不稳定现象,还研究了喷水推进器与船体的相互影响。我国的董文才等建立了考虑动升力影响的纵向垂直面内的运动数学模型。

对于已建造好的实船,通过实船试验加系统辨识的方法可以较准确地建立其数学模型。从 20 世纪七八十年代开始,有不少传统的系统辨识方法运用于船舶操纵模型的建立,比如模型参考方法、扩展 Kalman 滤波方法、极大似然估计法、模型参考自适应法、递归最小二乘法、回归预报误差法、最小二乘法及其改进算法。近二十年来,随着人工智能技术的出现和发展,船舶/海上无人平台操纵运动建模与辨识出现了一些新方法和新途径。Rhee K. P. 和 Lee S. Y. 等应用遗传算法结合约束模试验和自航模试验辨识了 Abkowitz 模型、MMG 模型中的水动力导数;Haddara M. R. 和 Wang Y. 应用神经网络结合仿真试验分别辨识了水下运载器、水面船舶操纵运动数学模型中的水动力导数;上海交通大学罗伟林、邹早建应用基于支持向量机的方法结合仿真试验和自航模试验辨识了 Abkowitz 模型中的水动力导数以及操纵响应模型中的操纵性 K、T 指数。

目前针对海洋无人运载器的操纵性辨识建模与预报多数仍处于理论研究、仿真试验与自航模试验阶段。利用海上无人运载器的实航数据,建立基于在线操纵性预报的海洋无人运载器智能自主控制方法等方面的技术,仅从现有调研文献来看,相关研究成果较少,相关方法和理论还值得进一步深入研究,亟待攻克的技术难点主要体现在以下两个方面:

3.1　复杂海洋环境下的海洋无人运载器操纵性能预报

海洋无人运载器的操纵性参数获取主要有四种方法:数据库或经验公式方法、约束模试验方法、理论和数值计算方法以及自航模或实船试验加系统辨识方法。数据库或经验公式方法、约束模试验方法、理论和数值计算方法均不能很好地处理风浪流等复杂海洋环境干扰下的操纵性能预报问题。由于海洋环境的复杂性,通常无法直接估计和分析干扰影响,因而如何基于实际航行数据,通过在线参数辨识方法,获取复杂海洋环境干扰下的无人运载器的操纵性参数,并进行操纵性能在线实时预报,是当下亟须攻克的一大难题。

3.2　实航数据驱动下基于在线操纵性预报的海洋无人运载器智能自主控制方法

如何实现从实航数据驱动到在线参数辨识获取融合风浪流等复杂海洋环境干扰的水动力性能参数,进一步将在线操纵性能预报结果融合到海洋无人运载器的控制系统中,设计一种既可以兼顾工程实用性又可以体现运载器自身特性的智能自主控制方法,是当下亟须攻克的另一大难题。

主要参考文献

[1] Liao Y L,Du T P,Jiang Q Q. Model-free adaptive control method with variable forgetting factor for unmanned surface vehicle control [J]. Applied Ocean Research, 2019, 93:101945.

[2] Liu Y C,Song R,Bucknall R,et al. Intelligent multi-task allocation and planning for multiple unmanned surface vehicles (USVs) using self-organising maps and fast marching method [J]. Information Sciences,2019,496:180-197.

[3] 刘义,邹早建,郭海鹏. 基于两种螺旋桨建模方法的全附体船模斜拖试验数值模拟 [J]. 上海交通大学学报,2019,53(04):41-48.

[4] Vafamand N,Arefi M M,Khayatian A. Nonlinear system identification based on Takagi-Sugeno fuzzy modeling and unscented Kalman filter [J]. ISA Transactions, 2018, 74: 134-143.

[5] Christian R S. Modeling,identification,and control of an unmanned surface vehicle [J]. Journal of Field Robotics,2013,30(3):371-398.

[6] Peeters G,Boonen R,Vanierschot M,et al. Asymmetric steering hydrodynamics identifica-

tion of a differential drive unmanned surface vessel[J]. IFAC Papers Online,2018,51（29）:207-212.

[7] Joohyun W,Jongyoung P,Chanwoo Y,et al. Dynamic model identification of unmanned surface vehicles using deep learning network[J]. Applied Ocean Research,2018,78:123-133.

[8] Toshio I. Real-time estimation of the ship manoeuvrable range in wind[J]. Ocean Engineering,2019,190:106396.

[9] Wang Z H,Zou Z J,Soares C G. Identification of ship maneuvering motion based on nu-support vector machine[J]. Ocean Engineering,2019,186:270-281.

[10] 谢朔,初秀民,柳晨光,等. 基于改进 LSSVM 的船舶操纵运动模型在线参数辨识方法[J]. 中国造船,2018,59（2）:178-189.

撰稿人:董早鹏(武汉理工大学)

CHAPTER THREE

第3章
水路交通安全与环境

安全是水路交通运输发展永恒的主题,也是航运业发展的本质要求和基本前提。水路交通安全与环境学科的核心目标是保持与船舶航行相关的各类要素处于正常状态,使其不遭受危险、威胁、事故和意外损坏,探索水路交通系统运行与自然环境和生态之间的关系。保障船舶航行安全,降低对外部环境的影响是新时期航运业发展的关键目标。水路交通安全与环境的研究紧扣海上战略通道等重点水域交通流演化机理、事故致因机理、韧性提升技术,以及节能减排、污染物回收等关键技术,从航运系统角度提升安全性和清洁性。

围绕水路交通安全与环境问题,近年来的研究工作既受到前沿学术思想和新兴技术的推动,也受到国家经济发展战略需求的牵引,目前逐步形成了以下几个主要科研热点:

海上战略新通道的通航安全。以海上丝绸之路、北极航道为代表的海上战略通道的安全对我国航运业的发展起到至关重要的作用。这些新通道普遍面临航行环境未知因素多、船舶行为特征及其相互干扰复杂、水文气象条件多变的特点,传统的安全分析方法面临多种新的挑战,有必要系统研究水路运输系统的宏观交通流和微观船舶行为特征、航行安全性与经济性分析、交通风险时空演化规律、船-冰耦合作用机理及其航行可靠性评价、复杂环境下航道通航能力评估、编队航行安全距离计算方法和控制、多因素影响下海上新通道航线优化等关键问题。

全新的安全分析与风险防控。水路运输系统韧性以系统本身的性能为出发点提升安全性,是一种全新的风险主动防控思路。已有研究在水路运输系统韧性评估与优化研究中往往只单纯从某一层面韧性的角度出发,忽视了不同维度、层级系统之间的交互作用,以及多系统因素交织耦合导致的脆弱性问题。因此需要系统研究水路运输系统综合韧性评估与提升相关理论和技术,包括水路运输系统韧性度量标准构建、综合韧性度量评估方法、多层次复杂韧性优化方法等。

船舶污染物排放与防治。船舶污染物排放对港口城市和内河区域空气质量、生态环境和居民健康的影响十分严重。船舶污染物排放量受到很多因素的影响,如运输结构问题、不同运输方式的单位运输能耗、排放控制标准问题、政策导向、新技术的使用等。污染物排放存在于交通运输的整个过程中,其影响区域范围的界定、污染物排放扩散和监测关键技术等面临挑战。需要通过先进物联网技术和基础设施建设,实现主管部门之间的定期沟通、数据共享、应急联动,共同应对船舶污染物治理和应对问题。

未来水路交通安全的研究需要进一步考虑如何适应新型水域交通系统安全性的特征,借鉴风险建模相关理论研究成果,构建极地水域、高海况水域航行风险模型。在水路交通环境相关研究中,需要从技术革新、系统协同、法律规范等角度提升效率、降低能耗、减少排放。

撰稿人:蒋仲廉(武汉理工大学)　张金奋(武汉理工大学)　万程鹏(武汉理工大学)

内河航运系统运营风险预警和应急资源调配方法

The methods for operational risk forecasting and emergency resource allocation in inland river shipping system

1　科学问题概述

内河航运安全是推动内河航运高质量发展的重要保障,而内河航运系统作为一个动态的复杂系统,面临着船员操作不当、船舶结构和机械故障、通航环境复杂以及恶劣天气等一系列挑战,对系统的安全造成严重威胁。内河船舶事故虽难以从根本上消除,但科学的风险预警以及高效的应急保障,对于防范和化解内河航运系统风险具有重要意义。为提高内河船舶航行风险管控和应急保障能力,一系列关键科学问题有待研究。

1.1　如何检测和预警复杂水域的在航船舶危险事件

内河复杂水域航道涉及连续桥区、受限水域、浅滩航段、坝区航段等通航环境复杂、气象水文多变的水域,如长江入海口、三峡库区、中游岳阳段观音洲水道等,这些水域因事故及险情多发,是海事监管的重点。为防控复杂水域的在航船舶危险事件,需全面挖掘影响在航船舶航行安全的影响因素,构建具有复杂水域在航船舶航行特点的风险预警体系结构,研发内河水上交通风险预警系统,实现风险动态信息数据的连续预测和技术处理。

1.2 如何解析内河航运系统风险演化机制

针对内河航运中人、船舶、环境的复杂耦合现象,从船舶航行风险产生到船舶事故突发的整个过程难以用单一的指标参数变化进行描述。不同水域的航道、水流条件,不同时间的船舶流量、天气变化,不同船舶的结构特性、货物特性等一系列动态风险源,以及它们之间的相互作用关系,对内河航运系统安全状态的影响各异。我国内河航运系统风险主要有船舶触礁风险、碰撞风险、爆炸风险、搁浅风险、触碰风险、自沉风险,需充分挖掘系统中各类影响因素并解析它们的内在作用关系,探索其风险演化机制。

1.3 如何突破内河应急资源的跨域机动性技术

内河交通由于存在流量大、运输通道窄等特征,其突发事件通常具有较大影响,是影响航道甚至整个运输网络正常通行的重要因素。这就要求内河船舶事故应急救援必须及时有效,而科学地配置和调度应急资源是保证内河船舶突发事件有效救援的重要手段。基于内河航道的地理条件和内河两岸的陆路运输资源,针对不同种类的内河船舶事故和不同的搜救主体,如何系统实现应急资源的空间优化配置和实时优化派遣,是当前工程应用的难点。

1.4 如何提升内河应急救援装备多场景适应性能

水上应急救援装备包括救生衣、救援船艇、水面漂浮救生绳、围油栏等,根据事故类型和地理位置,救援船艇的种类和大小也有区别。内河船舶事故应急救援具有其特殊性,受地理环境和气候条件的影响,水域环境复杂多变,船舶事故种类也繁多,这就要求应急救援装备拥有较好的场景适应能力,才能应对复杂多变的救援场景。需充分考虑特殊救援环境,提升内河应急救援装备的多场景适应性能力,进一步完善救援设备,从而保障内河应急救援的有效实施。

2 科学问题背景

我国主要内河航线有长江、珠江、淮河、黄河、黑龙江、松花江和京杭运河。加快内河水运发展,不仅有利于构建现代综合运输体系,调整优化沿江产业布局,而且有利于促进节能减排和保护生态环境,促进流域经济协调发展,对实现经济社会可持续发展具有重要意义和极大推动作用。

以长江、珠江、京杭运河等航运水系为主体的内河水运网对我国经济发展发挥着重要作用,2020 年长江干线货物吞吐量突破 30 亿 t,长江经济带沿线亿吨级内河港口达到 14 个。随着内河航运的不断发展,以连续桥区、受限航道等为代表的复杂水域和以渡船、危险品船为代表的重点船舶航行风险管控与应急保障要求日益提高。因此,迫切需要突破围绕内河船舶事故检测和应急救援装备的一系列技术瓶颈。

2.1　内河复杂水域风险事件的预警问题有待解决

现阶段,针对我国内河复杂水域的船舶航行风险理论研究较少,主要集中在三峡坝区。而在实践中,内河的复杂水域较多,例如长江下游的三沙(福姜沙、通州沙和白茆沙)地域,长江中游的荆江河段,均需要针对各复杂水域的特征构建相应的预警体系,从而为预防内河复杂水域的船舶事故提供理论支撑和技术支持。

2.2　对内河航运系统的风险演化机制认识不足

一方面,现有研究对内河航运系统风险的动态转化过程解析不足;另一方面,在掌握内河航运系统风险演化规律的基础上对其协同控制方法的探索有限。对风险演化机制的充分认识,是有效管控内河航运系统风险事件的基础。掌握内河航运系统的风险演化规律,有利于识别内河船舶事故的防控重点,进而提出对应的风险防控方法。

2.3　应急资源的调配需充分结合内河救援场景的特征

内河水域的情况与海上不同,其救援作业面积受限制,海上大型装备无法进入内河水域,为救援增加了难度。但内河部分水域两岸道路运输资源较为完善,因此需要强化区域、行业的协同联动机制,充分考虑救援水域的特征,优化内河应急资源的空间布局和调配,提升内河水域的应急救援能力。

2.4　应急救援装备的多场景适应性能需进一步完善

在内河运输日益发展的社会背景下,内河航运系统的安全保障工作也一直是社会关注的焦点。因此,需破解内河水上救援工作的突出问题,充分考虑内河水上救援的不同场景,在升级应急救援装备硬件的同时推动新技术在水上搜救工作中的应用。

综上所述,亟须进行深入的内河航运系统风险演化机制和预警理论研究,迫切需要突破内河应急资源的跨域机动性和应急救援装备的多场景适应性技术瓶颈,实现对内河航运系统船舶危险事件的事前风险防范和事后救援保障,进而有效保障内河水运通航安全。

3　科学问题研究进展

3.1　针对复杂水域在航船舶危险事件检测与早期预警

目前主要呈现出以下研究趋势:事故发生前的风险预测已逐渐取代事故发生后的安全评价,成为水上交通安全研究的重点,研究对象不再局限于事故或风险本身,而是更多从分析风险影响因素的角度预测整个航运系统的安全状态。国内外水上交通安全预警方面的研究和实践日趋成熟，在船舶航行安全、通航环境安全、港口安全风险预警方面都取得了有价值的研究成果，部分航运机构已有预警信息系统投入实践应用。在船舶航行安全风险预警理论方面，侧重于预警指标体系、预警模型的构建，并对预警系统的结构、运行模式、信息流程、预警决策模式进行探讨。在船舶航行安全风险预警管理应用层面，已有学者构建了风险预警管理信息系统，为水上交通系统的风险控制提供了保障。水上交通风险领域的研究虽较为成熟，但当前内河复杂水域在航船舶航行风险领域的相关研究有以下几点不足：①与发达国家相比，我国内河水上交通安全领域目前尚缺乏风险预警技术较为系统的应用研究，且针对船舶航行风险的动态预警研究成果较少。②相比于海上交通风险预警，内河船舶航行安全的相关研究在质和量上均存在一定差距，缺乏具有针对性的实证研究，特别是对于内河复杂水域通航风险预警的相关研究基本处于空白状态。③在内河复杂水域在航船舶危险事件检测实践应用方面，部分还停留在传统的经验管理模式，风险预警和决策支持均缺乏完善的理论和技术体系支撑。因此，当前亟须开展内河航运系统风险演化机制和预警理论研究。

3.2 针对内河航运系统风险演化机制

现有的内河航运系统风险演化机制研究较少，而与风险演化相关的研究较多，且其成果主要依托于现有的相关理论。这些研究通常以某个复杂系统为研究对象，提取风险影响要素，基于风险演化理论，探索风险演化规律，这是当前风险演化领域较为成熟的研究范式。这些风险影响要素及其相互作用关系虽能在一定程度上揭示系统的风险演化机制，但很难全面解析系统风险的动态转移过程。近些年来，随着科技的发展，采用定量化与多学科交叉方法来研究风险演化已成为一种趋势。但当前针对内河航运系统的风险演化研究尚未形成体系，现有研究主要集中在长江航道的入海口和三峡库区，而其他内河水域如连续桥区、浅滩区等，尚未引起广泛关注。因此，迫切需要对内河航运系统风险演化机制进行解析，以采取相应的措施来切实保障内河航道的安全畅通。内河航运系统的船舶设备以及航道条件与海运系统相比存在一定差距，且航道条件复杂多变，如何在动态通航环境下对不同内河航道的不同种类风险演化机制进行解析，是当前亟待解决的科学问题。

3.3 针对内河应急资源的跨域机动性技术

现有研究主要集中在应急救援设施选址、应急资源配置以及应急资源调度上。应急设施选址和应急资源配置是事故发生前所做的战略性部署决策，体现预先性和主动性；应急资源调度则是针对突发事件所做的战术性决策，体现实时性和被动性。现有研究尚存在以下不足：①既有的应急设施优化选址侧重于内河运输网络的整体优化，未考虑应急救援设施废除和新建的成本，对基于现有应急设施条件下的内河应急救援网络优化研究不足，无法完全满足现实工程实践的需要。②内河应急资源的配置问题长期以来被视为选址问题的子问题，往往应急资源依赖经验进行配置，容易导致资源配置不均衡和救援滞后。特别是考虑到二次事故，虽然发生概率相对较小，但是事故危害大，影响范围广，容易发生严重的航道交通拥堵，造成更大的财产损失及人员伤亡。③针对大范围内河航道且常有一般及以上等级事故发生的状况，应急资源通常是稀缺的，而且现有的研究在救援路径时间计算时通常只考虑救援距离和救援船舶的平均速度，对航道拥堵状态没有充分考虑，如何在运输网络层面进行稀缺资源调度且最大程度提高调度稳定性有待研究。建立快速、高效、完备的内河应急救援系统是有效缓解内河航道交通拥堵、减少生命和财产损失的有效途径，其功能覆盖监控、响应、决策和实施，贯穿于救援活动的全过程，依赖于救援软硬件设施、管理模式和技术支撑全方位的保障。船舶事故发生后，运营管理单位如何系统性地提高应急响应速度、缩短救援时间，这是内河应急救援需要解决的主要问题，而这个问题需要系统性的解决方案，需要从应急设施选址、应急资源配置、应急资源调度等全过程综合考虑。

3.4　针对内河应急救援装备多场景适应性能提升技术

现阶段的相关研究成果主要集中在救援装备的硬件升级和新技术在内河应急救援中的应用。现在主流的近海海域救援船舶通常具有操纵性能优越、设备配备齐全、抗风浪能力和通信能力强等特点，具有很强的水上搜救、消防与环境救助等能力。内河航运系统的应急救援场景相对海运系统来说更加复杂，主要受到航道宽度、水深条件、交通拥堵等因素的影响。因此，针对内河的应急救援船舶，除需具备以上近海海域救援船舶的基本装备外，还需充分考虑内河航道的特性，能够依据事故类型（火灾、爆炸、沉没等）以及现场的风向、风速、水深、航道宽度、船舶流量等现实情况对落水人员的具体位置进行分析，找到遇险人员的漂移范围，确定搜救范围，让有限的搜救资源得到充分的利用。另外，需借鉴发达国家的经验，借助现有先进技术辅助搜救系统来提升内河应急救援效率。因此，如何合理地将新技术、新工艺、新材料应用在内河救援装备上，从而提升内河应急救援装备的多场景适应性能，是当前亟须突破的工程难点。

综上所述，现有针对内河船舶事故发生前的预警和发生后的救援保障研究尚缺乏全面系统的基础理论支撑。围绕内河船舶事故和应急救援装备的一系列关键性科学难题制约了内河航运的高质量发展，亟须逐一攻克。

主要参考文献

［1］　Im A，Hw B. Automatic Hazard Identification Information System（AHIIS）for decision support in inland waterway navigation［J］. Procedia Computer Science,2019,159：2313-2323.

［2］ Zhang S,Jing Z,Li W,et al. Navigation risk assessment method based on flow conditions：A case study of the river reach between the Three Gorges Dam and the Gezhouba Dam［J］. Ocean Engineering,2019,175(MAR. 1):71-79.

［3］ 戴厚兴,吴兆麟. 能见度不良天气下海上交通安全风险预警系统［J］. 交通运输工程学报,2018,18(05):195-206.

［4］ 覃盼,冯志涛,张杰,等. 三峡坝区船舶通航安全风险演化研究［J］. 中国安全科学学报,2018,28(12):136-143.

［5］ Cai M,Zhang J,Zhang D,et al. Collision risk analysis on ferry ships in Jiangsu Section of the Yangtze River based on AIS data［J］. Reliability Engineering & System Safety,2021,215(2):107901.

［6］ Zhang L,Lu J,Yang Z. Optimal scheduling of emergency resources for major maritime oil spills considering time-varying demand and transportation networks［J］. European Journal of Operational Research,2021,293(2):529-546.

［7］ 计明军,宋婷婷,宋佳,等. 线状需求下的长江航道危险品应急中心选址优化［J］. 运筹与管理,2016,25(05):68-74.

［8］ Jie X,Ep A,Grad E,et al. A comprehensive statistical investigation framework for characteristics and causes analysis of ship accidents：A case study in the fluctuating backwater area of Three Gorges Reservoir region［J］. Ocean Engineering,2021,229:108981.

［9］ 林婉妮,王诺,高忠印,等. 边远海域救援船舶与直升机联合搜救优化［J］. 交通运输工程学报,2021,21(02):187-199.

［10］ Rk A,Bs A,Um B. A more reasonable model for submarines rescues seat strength analysis ［J］. Ocean Engineering,2021,237:109580.

撰稿人：计明军(大连海事大学)　汪洋(武汉理工大学)

船员操作行为建模与人因分析

Seafarer operation behavior modelling and maritime human factors analysis

1　科学问题概述

人为因素是影响船舶航行安全的一个重要因素。1912 年"泰坦尼克"号事故主要致因是船员盲目自信、忽视冰山警告等;1987 年"自由企业先驱"号事故的直接致因是船员未关闭船首门、船员脱岗失职等;2014 年"世越"号倾覆事故主要是由于船长更改航线、下达错误应急指令等。如何深刻理解船舶驾驶员失误的致因机理,减少人为失误造成重大水上交通事故一直是研究的热点问题之一。随着生理设备在交通安全工程领域应用技术的逐渐成熟,结合信号处理算法和机器学习理论探究人员的心理生理状态已经成为新兴课题,其中主要的科学问题包括船员人为失误致因机理、船员生理特征的表述、生理心理状态与人为失误之间的内在关联关系挖掘、人为失误致因分析等。

海事人为因素的个人因素通常包括以下几个方面:精神工作负荷、情绪、注意力、压力和疲劳。船员情绪受船上狭窄的工作空间、有限的信息来源以及森严的等级等影响,会呈现出一些变化和潜在风险。而船舶驾驶员的值班、决策表现不可避免受情绪影响,呈现一定差异,并伴随着演化成错误或失误的可能,因此从船员的微观行为角度出发,深入探究船员操作行为特征,分析水上交通事故人为因素,是需要系统研究的关键科学问题。结合远洋船舶航行环境构建场景量化分析船舶驾驶员情绪、工作负荷,借鉴心理学、驾驶行为学的先进研究方法和实验手段,开展船员操作行为建模、远洋船舶驾驶员情绪和工作负荷定量分析及人因失误关联性研究,具有非常重要的理论意义和实用价值。

2　科学问题背景

大量的水上交通事故研究表明,人为因素被普遍认为是导致 80% 的水上交通事故的直接或间接原因,研究海事事故人为因素有助于理解船舶、人、环境之间的关系,以及探索船舶驾驶员情绪和工作负荷对远洋船舶航行安全的影响机理。人为因素研究通过海事事故的调查与分析在不断地推进和深化。1994 年,IMO 制定了国际安全规则(International Safety Management,ISM code),并纳入了《国际海上人命安全公约》(SOLAS),对船员提出了安全管理要求;2012 年生效的《船员培训、考试和发证公约》(International Convention on Standards of Training,Certification and Watchkeeping,STCW)修正案将驾驶和轮机设备管理纳入公约强制实施的 A 部分内容;人因分析与分类系统(Human Factors Analysis and Classification System,HFACS)成为英国海上事故调查部门(Marine Accident Investigation Branch,MAIB)和加拿大运输安全局(Transportation Safety Board,TSB)分析海事碰撞事故中人员与组织因素的主要工具。2004 年英国 MAIB 在船舶驾驶舱安全研究报告中指出,在碰撞事故中 19% 的值班驾驶员完全没有意识到对方船舶,甚至在碰撞后才注意;夜晚无法合格进行瞭望任务的船舶中至少 3/5 仅有一个瞭望员;船员适任性比疲劳因素更容易导致船舶碰撞事故;73% 的船员不能正确使用雷达设备。人为因素导致的错误中包含30% 甲板部驾驶员失误、15% 普通甲板船员失误、8% 引航员失误、2% 轮机员失误、7% 岸基人员失误。由此可见,海事事故人为因素与各部门船员操作、行为之间有紧密联系,特别是对船舶驾驶员的影响较大,对船员操作行为的建模和人因分析对提升驾驶表现、降低事故发生概率具有重要的意义。

3 科学问题研究进展

早期海事事故人为因素研究主要以定性研究为主,提出了一系列基础性概念,例如人为因素(Human Factors)、人为失误(Human Errors)、人员与组织因素(Human and Organizational Factors,HOFs)等。主要的研究方法包括基于层析分析法建立影响航行安全的层次结构,结合各层次判断矩阵、计算权重对影响因素进行排序,为海事安全管理工作提供了参考。典型的模型包括基于瑞士奶酪模型的 HFACS 系统,把人为失误归结为四个层面:不安全的行为、不安全行为的预处理、不安全的监督、组织影响因素;建立了 HFACS-Coll 模型,对人为失误的发生进行多层次分析;提出五个层面的人为失误,分别是外界因素、组织影响、不安全领导、不安全行为诱因、不安全行为。在 HFACS 模型框架下,可以进一步把人为因素分为以下几个方面:疲劳、压力、健康问题、环境意识、团队合作、决策与认知需求、通信、语言与文化多样性等。这方面的研究以定性分析为主,对事故致因有初步的描述,但是人为因素的定义和分类多样化,无统一模式,而其研究内容不仅围绕人体生理、心理数据,还结合了外界环境、组织原因、船舶自身条件等多角度进行考虑。

传统人为因素研究一般基于海事事故调查数据开展风险建模研究,也有基于事故报告分析事故演化机理开展研究,这种研究方法获取信息方式便捷,可以获得一定的事故统计资源,但是数据总量较小,事故报告包含的信息深度有限,难以标准量化某些人为因素。基于主观因素限制的调查方式无法体现人员心理、生理变化因子。因此,需寻求更多的实验方法与数据支撑研究的可靠性,例如人员的工作压力可通过高阶谱特性方法识别,使用支持向量机的径向基函数为核函数作为分类器,对两种压力状态的识别准确率达到79.2%,并进一步使用斯特鲁颜色单词测试引发压力,压力的诱导机制基本明确,压力识别准确率有待提高。压力分类方法主要有人工神经网络、线性判别分析和 K-邻近算法,对于两种压力状态的最好的分类器是 K-邻近算法,准确率可以达到72%。例如,Calibo 等使用脑电图(Electroencephalogram,EEG)设备监测人体压力,其中 θ、α 和 β 能量带可以反映罗吉斯回归特性,同时作为 K-邻近算法分类器的输入。

随着海上水文气象信息的完备性逐渐提升和模拟驾驶行为的可视化应用,结合复杂场景、极端天气的模拟构建,利用现代化科学技术手段对人员心理数据、行为数据进行监测与采集,是研究海事安全人为因素的趋势。脑功能成像技术,如脑电、功能性近红外光谱,是临床、神经科学等领域的研究技术手段,也被应用于道路交通、航空领域人为因素的认知负荷研究,它为海事人为因素研究提供了一种科学有效的实验工具和观测指标,也在船舶驾驶员人因失误研究方面具有重要应用前景。对人员心理数据观测指标的研究已在公路、航空等领域有所涉及，但在海事领域目前仍处于前期探索研究阶段，对于主观个人因素的量化、危险行为识别的复杂机理还没有阐述清楚。利用船舶驾驶员值班时的心理生理相关数据，结合船舶驾驶模拟器模拟远洋船舶驾驶环境，挖掘其与认知决策行为的相关关系，是重要研究方向之一，对船员培训体系科学优化、船舶航行过程风险决策具有指导意义。

利用生理和心理学知识研究船员人为失误的研究方法包括采用 90 项症状清单（Symptom Check List 90, SCL-90）、社会支持评定量表（Social Support Rating Scale, SSRS）、驾驶员情绪状态量表（Driver Profile of Mood States, DPOMS）。船上等级制度森严，远航有较大的流动性和危险性，船舶工作环境艰辛，工作压力大，人际交往局限，信息闭塞，社会支持匮乏、生活单调、寂寞，生物钟节奏经常被破坏，这些均是影响船舶驾驶员情绪的因素，从而影响其工作能力、工作效率。这方面比较有开创性的研究包括 Fan 等利用船舶驾驶模拟器开展的船舶驾驶员情绪研究，主要分为三个步骤：①基于海员适任考试的情景题库设计场景事件；②通过情绪激励数据库诱导船舶驾驶员产生积极和消极情绪，完成情绪的标定；③采用小波分析方法提取 EEG 数据特征，识别船舶驾驶员值班过程中的情绪类型，平均准确率达到 77.55%。Fan 等进一步将功能性近红外光谱技术（functional Near-Infrared Spectroscopy, fNIRS）和量表数据相结合，量化了船舶驾驶员的工作负荷情况，研究船舶驾驶员在值班期间的心理工作负荷变化，有助于解释经验丰富的船员任务表现较好的原因，并有利于设计实验进一步研究有经验船员的脑部功能连接线活动的变化，以及理解其工作负荷并了解有经验海员的工作量阈值。

影响人因失误风险的船员心理状态除了工作负荷和情绪之外，还包括船舶驾驶员的注意力、压力和疲劳等。研究注意力的方法有视觉特征监测、面部表情识别这类直接观测方法，以及通信监测、信息传递频率等间接观测方法。另外，有研究发现疲劳问题多发生于平静航行环境中航次开始时第一周内，并通过工作时间、睡眠问题、航次长短（越长越不易疲劳）、工作压力、船舶类型等指标预测疲劳。

另一方面，为了更好地适应现代船舶的复杂化，海事部门越来越迫切地需要提高相关安全技术水平，提升船员与人为因素相关的核心能力，尽可能降低产生人为失误的可能性，从而避免引发灾难性后果。海事部门的培训主要侧重于确保海员达到国际海事组织 STCW A 部分强制规定的最低能力要求，除非是涉及高风险动态精确操作船舶（如油轮、拖船）的船员。同时，海事培训方法侧重于硬技能的培养，如对设备操作和法规的理解，这并不能使驾驶员在紧急情况下做好充分准备。目前，远洋船舶驾驶员培训缺乏对不良事件的沉浸式模拟，缺乏对团队培训以及关键软技能（如沟通、危机管理）的关注，而这些技能正是使得船员在事故发生期间有效做出反应的技能。综合国内外相关研究进展，对船

员人为失误的研究逐步从宏观发展到微观,从定性发展到定量,主要研究方向归纳如下:

（1）借助新的技术手段,研究并制定新的船员培训计划及方案,以船员生理和心理状态为指标,从微观层面研究海事人因失误具有重要价值。

（2）研究船员驾驶行为与物理环境、组织环境、身体心理状况等因素的关联关系,探究行为输出的复杂机理,以提出不安全行为的干预措施,对提升驾驶安全效能具有重要意义。

（3）从微观行为的角度出发,构建船员行为及其关联模型,深入探究行为特征与人为失误产生机理,是需要系统研究的关键科学问题。

<h2 style="text-align:center">主要参考文献</h2>

[1] 杨晨光,陈鹏,聂维忠,等.国际船员心理健康及影响因素调查［J］.中国国境卫生检疫杂志,2016,39（2）:132-135.

[2] 沈振,方正平.船舶安全中人为因素的定量评价［J］.浙江国际海运职业技术学院学报,2010,6（2）:11-13.

[3] Chauvin C,Lardjane S,Morel G,et al. Human and organisational factors in maritime accidents:Analysis of collisions at sea using the HFACS［J］. Accident Analysis & Prevention,2013,59（5）:26-37.

[4] Hetherington C,Flin R,Mearns K. Safety in shipping:The human element［J］. Journal of Safety Research,2006,37（4）:401-411.

[5] Calibo T K,Blanco J A,Firebaugh S L. Cognitive stress recognition［C］// Proceedings of the Conference Record-IEEE Instrumentation and Measurement Technology Conference,F, 2013.

[6] 朱国锋,何存道.中国海员心理健康状况及其影响因素研究［J］.中国航海,2002(3): 59-63.

[7] Fan S,Fairclough S,Blanco-Davis E,et al. The role of the prefrontal cortex & functional connectivity in watchkeeping and collision avoidance during maritime operations:An fNIRS study［J］. Brain and Behavior,2021,11:e01910.

[8] Fan S,Blanco-Davis E,Yang Z,et al. Incorporation of human factors into maritime accident analysis using a data-driven Bayesian Network［J］. Reliability Engineering & System Safety,2020,203:107070.

[9] Fan S,Zhang J,Blanco-Davis E,et al. Effects of seafarers' emotion on human performance using bridge simulation［J］. Ocean Engineering,2018,170:111-119.

[10] 孙瑞山,马广福.基于熵权和 DEMATEL 的管制员疲劳风险因素分析［J］.交通信息

与安全,2016,34（4）:44-49.

撰稿人:张金奋(武汉理工大学)

复杂航段船舶航行安全控制

Ship navigation safety control within complex waterways

1　科学问题概述

世界航运经济发展迅猛,船舶总量急剧增加。由于船舶类型多种多样,船舶密度显著增加,水上船舶作业方式存在差异,部分航段内船舶通航环境越发复杂,为船舶通航环境带来了更大的挑战,进一步增加了船舶在此类复杂航段航行时的风险。2016 年 1 月 15日,大型集装箱船"达飞卡洛斯"（CMA CGM DON CARLOS)轮在厦门出港时偏离航道,驶向浅水区搁浅,造成船舶船体受损,庆幸该事故未造成人员伤亡与溢油等严重后果,后经事故调查发现该轮船长私自改动计划航线导致船舶搁浅。此类事故证明,开展复杂航段船舶航行安全控制研究将有助于减少船舶事故发生,进一步提高水域船舶航行安全。

目前,针对复杂航段船舶航行安全开展的相关研究主要围绕船舶航行风险感知、航行风险评价和航行风险控制决策与安全保障三个层面。船舶航行风险感知主要从船载/岸基传感设备的角度全面监测船舶航行期间的风险要素集;船舶航行风险评估则是使用多种定性或定量方法对特定水域宏观风险开展量化计算分析,并识别重点风险因素;船舶航行风险控制决策与安全保障则是依据风险评估结果开展应急预案制定、事中实时风险响应与控制以及事后应急处置。复杂航段船舶航行安全控制要求船舶驾引人员和/或岸上监管人员能够第一时间获得船舶任意时刻所处航行安全态势的关键信息,并能快速将风险信息与对应的安全控制手段反馈至当事船舶,从而强有力地保证船舶的航行安全。

然而,在现有研究中,对复杂航段船舶航行依然缺少系统性的风险要素辨识与风险致因机理研究,传统风险控制方法很大程度依赖个人主观经验,对数据采集和风险量化方法提出了很高的要求。复杂航段水域船舶航行风险受船舶、环境等多方面因素影响显著,且因素间存在紧密关联,具有明显的时空动态差异,现有研究中存在的模型的时空动态性及可扩展性不足、风险评估结果不确定性较高等问题已成为制约复杂航段船舶航行安全科学管理的关键瓶颈。

2　科学问题背景

复杂航段船舶航行安全控制是一个复杂的系统工程,其中,船舶碰撞与搁浅触礁危险智能预警及船舶智能避碰避险决策支持是复杂航段船舶航行安全控制的关键技术。早期该领域研究大多依靠主观经验,在考虑《国际海上避碰规则》与《地方规则》(以下统称《规则》)的基础上,参考驾驶人员或者监管人员在不同区域的避碰避险通常做法,使用专家知识开展风险的评估、控制与决策。然而,船舶通航风险评估是一个复杂且跨学科的概念,包含了数据采集及处理、风险因素表征与量化、风险控制技术与方法等多方面影响,需充分利用人工智能、电子信息化、数学建模、数理统计、航海技术等交叉学科的先进理论与技术,构建满足现代智能航海技术要求的综合智能监控与决策支持系统。随着该领域研究的进一步深入,用于开展通航风险评价的方法也更加丰富,如机器学习、轨迹数据挖掘等技术的应用也为复杂航段船舶航行安全控制提供了有力的支撑。通过对复杂水域船舶智能避碰、避险决策的机理分析,研究船舶智能监控、船舶碰撞与搁浅触礁危险识别、船舶碰撞与搁浅触礁危险智能预警等问题,对实现复杂航段船舶航行应急预案与安全保障措施的制定、风险在线识别与预警、决策支持等均具有重要的理论价值与现实意义。

3 科学问题研究进展

国内外复杂水域船舶航行安全控制主要围绕船舶领域、航行风险识别、避碰避险、智能航路规划展开。刘茹茹等在最近会遇距离(Distance to Closest Point of Approach,DCPA)和最短会遇时间(Time to Closest Point of Approach,TCPA)的基础上,加入船舶安全距离圈和最晚施舵时间等主观因素;Yu 等在 DCPA 和 TCPA 的基础上引入相对距离的风险指标,应用 Dempster-Shafer (D-S)证据理论,采用联合基本概率赋值法成功地对碰撞风险进行了评估;Wang 等采用碰撞参数动态计算模型实时计算动态 DCPA 和 TCPA;Zhao 等引入相对方位的风险指标,利用证据推理理论评估遇到障碍物时的碰撞风险;Goerlandt 等提出了改进的碰撞危险度(Collision Risk Index,CRI)度量方法,在 5 种不同的会遇场景中使用了 16 个指标,风险指标及其权重可根据驾驶员的偏好通过模糊理论进行调整;Zhang 和 Meng 采用基于历史 AIS 数据的概率船舶领域来评估碰撞风险;Szlapczynski 从船舶领域的角度出发,提出碰撞风险参数,即侵犯域的程度和侵犯域的时间,但是基于两种参数的报警系统中的精确阈值尚未确定;Wang 提出了四元数船舶领域,利用模糊集理论,融入不确定性和模糊信息,同时引入纵向风险和横向风险的概念,对遇到的船舶进行空间碰撞风险评估,但没有提到如何确定阈值;Liu 提出了基于模糊四元数船舶领域的碰撞危险度模糊评价模型;Xu 在船舶碰撞几何原理的基础上,利用模糊规则和模糊综合评价方法,提出一种船舶复合碰撞危险度的计算方法;Yu 在考虑船舶动态与静态航行风险的基础上,采用贝叶斯机器学习方法构建用于评价复杂航段船舶航行风险的网络模型,并选取典型水域开展了案例分析讨论;Huang 全面总结了船舶避碰避险的方法以及尚未解决的问题。同时考虑船舶操纵特性、船舶所处复杂环境(考虑动静态物标)、航行规则、水文气象等综合因素的船舶航行风险识别以及带有船舶操纵建议的综合航行安全控制系统是今后的发展趋势。

通过对国内外研究成果的全面梳理,确定了复杂水域船舶航行控制即船舶航行安全预警与避碰避险辅助决策的本质可总结为多约束条件下的非线性优化问题求解。这里,多约束主要是指船舶可航行空间、复杂水域船舶安全领域、航行规则等的限制,而非线性主要考虑的是船舶的非线性与欠驱动特性以及船舶运动态势的相对不确定性。研究的重点是船舶在需要避碰或者避险时对航行路线的智能全局搜索过程。现有复杂航段船舶航行安全控制实际装备以及研究中存在的问题具体归纳为:

(1)水上复杂环境下船舶多源信息采集与异构数据融合问题。船舶航行态势感知技术、设备存在显著差异,不同信息源数据的采集与融合是目前制约船舶航行安全控制的一个技术难点。

(2)由于不同因素相互作用机理复杂,多环境因素影响下船舶在复杂水域航行风险评价如何量化表征及预测问题。

(3)现有船舶碰撞风险量化模型缺乏考虑船舶运动及决策行为反馈的优化问题,如何建立精准的船舶会遇预测和运动预测模型,更加全面地对船舶间的会遇特征进行挖掘与分析,实现风险精确控制是目前研究的重点方向之一。

(4)船舶避碰避险研究如何挖掘不同船舶操纵性、确切的船舶会遇态势、可航行水域内的空间限制等因素影响下驾引人员的避让行为差异,并采用合理的定性分析与决策优化模型来提高风险评估结果的可靠性和合理性,是未来研究的重点方向之一。

主要参考文献

[1] 刘茹茹,胡勤友.一种主观的船舶碰撞危险度评价模型[J].上海海事大学学报,2012, 33(1):41-44.

[2] Yu Q,Teixeira A P,Liu K,et al. Framework and application of multi-criteria ship collision risk assessment [J]. Ocean Engineering,2022,250:111006.

[3] Wang X,Liu Z. The ship maneuverability-based collision avoidance dynamic support system in close-quarters situation[J]. Ocean Engineering,2017,146:486-497.

[4] Zhao Y,Li W,Shi P. A real-time collision avoidance learning system for Unmanned Surface Vessels[J]. Neurocomputing,2016,182:255-266.

[5] Zhang L,Meng Q. Probabilistic ship domain with applications to ship collision risk assessment[J]. Ocean Engineering,2019,186:106-130.

[6] Szlapczynski R,Szlapczynska J. An analysis of domain-based ship collision risk parameters [J]. Ocean Engineering,2016,126:47-56.

［7］刘冬冬,史国友,李伟峰,等.基于最短避碰距离和碰撞危险度的避碰决策支持［J］.上海海事大学学报,2018,39(1):13-18.

［8］胥文,胡江强,尹建川,等.基于模糊理论的船舶复合碰撞危险度计算［J］.舰船科学技术,2017,39(7):78-84.

［9］Qing Y,Teixeira A P,Liu K,et al. An integrated dynamic ship risk model based on Bayesian Networks and Evidential Reasoning［J］. Reliability Engineering and System Safety,2021,216:107993.

［10］Huang Y,Chen L,Chen P,et al. Ship collision avoidance methods:State-of-the-art［J］. Safety Science,2020,121:451-473.

撰稿人:陈国权(集美大学) 余庆(集美大学)

基于不确定性度量的船舶碰撞风险建模

Modeling of ship collision risk based on uncertainty measurement

1 科学问题概述

风险是综合概念,不但要考虑事故发生的概率,而且要考虑事故后果的严重度,尤其是事故率低但后果极其严重的重大事故。船舶碰撞风险,从时间先后来分类,可以分为碰撞事故发生的可能性风险和碰撞事故如果发生将导致的可能性损失。前者可以运用在紧迫局面的避碰行动中;后者可以运用在已知碰撞即将发生,采取措施来降低碰撞损失。从空间上分类,船舶碰撞风险可以分为宏观角度和微观角度。宏观角度的碰撞风险评估主要关注区域的整体风险,如航道的碰撞概率。微观碰撞风险评估通常考虑局部水域若干会遇船舶之间的碰撞风险。为突破上述技术瓶颈,一系列关键科学问题有待研究。

1.1 如何构建不确定性度量的船舶碰撞风险模型

假设本船为让路船的情况。避碰过程中的不确定性包括他船避碰行动不确定性、他船避碰时机不确定性、他船为失控船舶时的船舶行为不确定性、环境因素不确定性、本船对他船行为意图理解不确定性等。船舶碰撞不确定风险建模的理论有气体分子运动理论、信息熵理论、排队论、概率论、模糊论等。船舶碰撞不确定风险建模的方法有问卷调查法、AIS 数据统计法等。如何构建不确定性度量的船舶碰撞风险模型是首先需要解决的关键科学难题。

1.2　如何建立非线性、耦合性和时变性耦合的碰撞风险不确定性度量理论

不确定度量是指由于系统的复杂性,研究对象系统的各要素之间边界不清晰,使研究对象系统中的抽象概念不能给出确切的描述,采用不确定性度量工具,给出评定标准,量化信息的不确定性。船舶碰撞风险的不确定性主要来自航行动态信息不精确、船舶会遇态势不明确、船舶航行意图多变等。基于不确定性度量的船舶碰撞风险建模机制,是采用合适的不确定性数学工具,总结碰撞危险度、碰撞后果、航道碰撞概率、船舶碰撞风险等的规律,进行建模解析。

1.3　如何验证船舶碰撞风险建模不确定度量结果的准确性

不确定度意味着对结果可信性、有效性的怀疑程度或不肯定程度,是定量说明风险建模性能的一个参数。由于建模不完善和人们的认识不足,不能完全认知或掌握船舶碰撞风险的规律,所得的度量值每次不是同一值,还需验证度量结果是否接近真值。

2　科学问题背景

我国的水上交通安全形势依然较为严峻,碰撞、搁浅、溢油等事故往往造成严重的人员伤亡、经济损失和环境污染。采用科学的理论和方法,对特定水域或特定船舶的通航风险或安全水平进行评价,并采取有效的措施有效应对可能存在的威胁,将水上交通事故发生的可能性降到最低,对于船舶所有者、运营者、船员等利益相关方来说都是需要重点关注的问题之一。针对船舶的操纵特点,或者某些水域的交通流特点,利用现有的各类定量和定性数据,对潜在的碰撞风险及其影响进行分析,对于相关人员采取有效的风险管理措施来减少或避免碰撞事故的发生具有重要的意义。因此,迫切需要突破以下技术瓶颈:

2.1　基于实验数据统计方法有待解决

建立碰撞风险理论计算与仿真分析所需的模型,其优势是能够利用大数据科学体量大、多样式、实用性等优点。以 AIS 数据为例,AIS 数据在产生、传输和接收过程中不可避免地会出现异常,数据错误或缺失使很多原始 AIS 数据无法反映真实的船舶动态规律。传统的大数据统计方法利用 AIS 对目标船的运动轨迹进行拟合时,容易发生"过拟合"或"欠拟合"现象,增大了统计的噪声误差和均匀假设误差,导致统计数据的精度降低,影响了数据处理的效率。

2.2　基于人工智能的机制认识不足

人工智能算法应用到碰撞风险评价,例如采用基于人工神经网络的危险等级计算

对船舶未来航行趋势是否存在碰撞危险进行预判,其优势是对船舶驾驶员的主观风险感受规律进行抽象化表达,然后把这些规律和机理搞清楚,找到碰撞风险识别建模的关键因素、路径渠道、方式方法、可控变量,增强运用人工智能进行碰撞风险识别建模的针对性和实效性。例如,采用基于人工神经网络的危险等级计算,对船舶3min后位置是否存在碰撞危险进行报告。其优势是利用人工智能,遵循一定的客观规律对思维认知的影响和干预,把这些规律和机理搞清楚,找到碰撞风险识别建模的关键因素、路径渠道、方式方法、可控变量,从而增强运用人工智能进行碰撞风险识别建模的针对性和实效性。

2.3 针对复杂水域环境仍需进一步研究基于碰撞危险度和危险等级等的解析表达

碰撞危险度是一种主观的,能够反映出与其他船舶碰撞危险程度的数值。通常情况下,碰撞危险度是一个类似代价的值(数值越大危险越大)。确定碰撞危险度的方法,通常包括DCPA、TCPA、船舶间相对距离、相对方位和船速比的函数。这种方法的优势是可以把多个参数统合成一个参数。

综上所述,在动态复杂水域环境中,船舶碰撞风险建模将更加复杂而不确定,为感知、决策和控制带来挑战,亟须进行深入的理论研究,实现对该问题的清晰认知和本质安全保障,这样能够有效改善海上交通安全,具有重要指导意义,科学价值突出。

3 科学问题研究进展

(1)在不确定性方面,藤井弥平采用气体分子运动理论,按照几何关系计算出潜在碰撞概率。原洁利用排队论,建立了碰撞概率计算模型。Goodwin和Kemp从事故统计出发,计算航道搁浅概率。Taylor根据避碰行动的概率密度分布函数,得到了避碰行动的不确定性。锅岛正昭利用了操纵量和操纵的不确定性。郑中义采用信息熵评价了随两船距离等不同所采取的避碰行动的不确定性。

(2)宏观碰撞风险评价的主要思路是以历史碰撞事故相关数据、交通流数据以及水文气象数据等为基础,并采用专家问卷调查等方式获取定性知识,对一个较大范围水域的通航安全形势进行整体评价。这方面的研究在早期主要有事故统计方法,利用数据挖掘的思想分析碰撞事故的发生时间、地点和事故原因等基本规律。还可以根据历史事故数据来预测未来交通事故的发展趋势,常用的预测方法主要包括灰色理论、Markov理论、支持向量机等,这些方法的应用有助于人们对交通安全形势有一个整体的把握。微观的主要有船舶领域模型、最近碰撞距离(Minimum Distance To Collision,MDTC)模型、船舶碰撞风险算子(Vessel Collision Risk Operator,VCRO)模型等。由于船舶碰撞事故受多种因素的影响,而且大量的碰撞事故是由人为的失误直接或间接导致的,因此仅从历史数据分析很难实现对碰撞风险的精确评价。这种情况下往往就需要依赖相关领域专家的主观知识与历史数据相结合,以提升评价的准确性。基于这一考虑,一些评价方法如故障树、事件树、贝叶斯网络、置信规则库等相继被应用到碰撞风险评价。最为常用的是贝叶斯网络技术,2006 年日本海事安全部门向国际海事组织提交了一份利用贝叶斯网络对碰撞事故发生概率进行预测和评价的技术文件。置信规则库理论则是以证据理论作为理论基础,是一种可以将定量和定性数据有效融合的方法,在碰撞风险评价中的应用也逐渐引起了研究者的关注。

(3)微观碰撞风险评价则主要从单个或者多船会遇局面下的碰撞事故角度展开研究,其中最典型的是船舶领域理论,主要思想是通过为本船设定一个有一定尺寸的区域来量化本船与周围船舶的碰撞风险。该方法自提出以来,在不同水域的碰撞风险评价中都有广泛的应用。刘敬贤等提出一种船舶行为的概念,用于模拟船舶进出港航道的交通流。该模型主要用于计算航道通过能力,而通过能力与碰撞风险之间存在着密切的联系,因此该模型可以作为碰撞风险评价的一个有益补充。陈伟炯等对于船舶碰撞的责任划分进行研究,提出一种碰撞责任计算机辅助分析模型,该方法属于一种事后风险评价。Wang 等提出一种船舶避让行动效果时空证据融合评价方法,并考虑了船舶的操纵性能,对两船会遇下的碰撞风险进行定量评价。

(4)在实验统计方面,Pietrzykowski 结合模糊船舶领域,研究船舶间距与船员感知的安全程度之间的关系,发现船舶间距和领域边界与安全等级呈指数关系,用以统计水域可能发生碰撞的危险会遇船舶。马杰等为准确快速辨识交汇水域的船舶会遇态势,提出联合支持向量机-贝叶斯滤波的辨识会遇态势模型和算法,选取长江口南槽交汇水域的 AIS 数据进行会遇过程分析、特征提取和模型训练。文元桥等构建船舶领域统计模型,以最近船舶的相对位置分布为样本,运用统计学的方法进行样本估计,利用荆州渡船区域的 AIS 数据对模型进行验证,通过对比分析横穿航道的横驶船与航道内直航船以及不同尺度的上行船舶和下行船舶的船舶领域特征,得到不同类型船舶的领域特征差异。

后续的研究包括:①船舶行为意图不确定下的风险如何评价;②航行风险突变如何识别;③人工智能算法在碰撞风险评价中的应用。

主要参考文献

[1] Aydin M, Akyuz E, Turan O, et al. Validation of risk analysis for ship collision in narrow waters by using fuzzy Bayesian networks approach [J]. Ocean Engineering, 2021, 231:108973.

[2] Silveira P, Teixeira A P, Figueira J R, et al. A multicriteria outranking approach for ship collision risk assessment[J]. Reliability Engineering & System Safety,2021,214:107789.

［3］ Zhao L, Fu X. A novel index for real-time ship collision risk assessment based on velocity obstacle considering dimension data from AIS［J］. Ocean Engineering, 2021, 240: 109913.

［4］ Zheng K, Chen Y, Jiang Y, et al. A SVM based ship collision risk assessment algorithm ［J］. Ocean Engineering, 2020, 202: 107062.

［5］ Cai M, Zhang J, Zhang D, et al. Collision risk analysis on ferry ships in Jiangsu Section of the Yangtze River based on AIS data［J］. Reliability Engineering & System Safety, 2021, 215: 107901.

［6］ Xin X, Liu K, Yang Z, et al. A probabilistic risk approach for the collision detection of multi-ships under spatiotemporal movement uncertainty［J］. Reliability Engineering & System Safety, 2021, 215: 107772

［7］ Abebe M, Noh Y, Seo C, et al. Developing a ship collision risk index estimation model based on Dempster-Shafer theory［J］. Applied Ocean Research, 2021, 113: 102735.

［8］ Liu Z, Wu Z, Zheng Z. A molecular dynamics approach for modeling the geographical distribution of ship collision risk［J］. Ocean Engineering, 2020, 217: 107991.

［9］ Zhang W, Feng X, Goerlandt F, et al. Towards a convolutional neural network model for classifying regional ship collision risk levels for waterway risk analysis［J］. Reliability Engineering & System Safety, 2020, 204: 107127.

［10］ Huang Y, Van Gelder P H A J M. Collision risk measure for triggering evasive actions of maritime autonomous surface ships［J］. Safety Science, 2020, 127: 104708.

撰稿人：薛涵(集美大学) 张金奋(武汉理工大学)

复杂水域船舶交通流态势挖掘与分析

Situation mining and analysis of ship traffic flow in complex waters

1 科学问题概述

船舶行为模式识别是保障航行环境安全的重要手段,而现有船舶行为模式识别局限于较小范围,且挖掘出的行为模式较少考虑多种行为之间的关联性所隐含的深层次语义信息,对一些复杂的船舶行为难以有效感知。为提高海上监管人员态势感知能力,震慑海上违法犯罪行为,维护海上航行安全,需要研究适于大范围、长周期轨迹数据挖掘的态势分析理论和方法。为突破上述技术瓶颈,一系列关键科学问题有待研究。

1.1　如何构建船舶复杂行为模式识别基础理论模型

该理论模型基于船舶轨迹数据辨析船舶行为特性,将船舶在不同航行状况下的行为特性进行组合得到基础行为模式,从微观和宏观两个层面进行呈现。在此基础上,结合船舶基础行为模式、事件流和复杂事件处理框架等技术,通过关联关系将船舶基础行为模式组合成更为复杂的行为模式,并运用数学表达和可视化方式展现船舶复杂行为,为实现船舶复杂行为模式挖掘和识别模型提供理论基础。

1.2　如何建立结合频繁模式挖掘的船舶复杂行为模式挖掘框架

在船舶复杂行为模式识别基础理论模型基础上,从微观与宏观两个层面分别挖掘船舶基础行为模式,微观层面包括驻留、跳跃和偏离等个体行为,宏观层面包括聚集、起点-目的地和折返等群体行为。根据船舶基础行为模式发生的时序关系,将基础行为模式组合成复杂行为模式。利用频繁模式挖掘算法对船舶复杂行为进行分析,并基于此构建分类或聚类模型,挖掘隐藏语义的复杂船舶行为。

通过上述研究能够实现船舶长时空跨度的行为特征挖掘与分析,提升复杂水域环境下船舶交通流态势分析能力,获取对海上监管人员有指导或参考意义的语义信息,为维护船舶海上航行安全提供新的思路。

2　科学问题背景

近年来港口及航线所承载的压力越来越大,船舶数量逐渐逼近港口及航线的最大容量,船舶航行条件更加复杂。在此情况下,船舶设备故障、人为操作失误或者船员违法行为会导致安全事故发生,造成重大经济损失,故对船舶行为模式进行挖掘显得尤为重要。船舶行为模式检测能够挖掘船舶行为,是保障海上航行安全的一种重要方法,也是海上态势感知的关键技术之一。目前,大数据、云计算和物联网等技术已运用于船舶安全领域,硬件设施和科学技术发展使态势感知中的数据采集、传输、存储和分析成为可能。船舶行为挖掘能够从船舶轨迹数据中提取基础行为特征,挖掘船舶在不同时间段内所做行为,以提高海上监管人员的态势感知能力。

船舶在长时间航行过程中存在锚泊、行驶等多种行为模式,模式之间存在时空关联性。基于事件流技术可以对一段时间内的船舶行为进行描述。事件流技术原理是将原子事件以流的形式组合在一起,原子事件即为船舶在短时间内存在的某种行为模式,例如船舶驻留(锚泊)行为。事件间的关联关系是将原子事件串联起来的纽带,将多个原子事件组合起来形成复杂事件。使用此方法能够描述船舶长时间航行过程中存在的一系列行为模式,例如船舶先锚泊于某海域,随后行驶到另一港口水域进行驻留。船舶复杂行为模式挖掘模型应能够挖掘长时间内船舶存在的行为特征。频繁模式挖掘算法应能够识别出多船频繁存在的行为模式,进而发现其行为共性。船舶行为模式挖掘框架组合船舶复杂行为模式挖掘模型和频繁模式挖掘算法,以发现船舶航行过程中更深层次的信息。

研究并挖掘船舶复杂行为模式具有实际应用价值:一方面,识别船舶行为模式能够准确描述船舶整个行为过程,提高监管人员对船舶行为的感知能力,提升水上情景意识;另一方面,船舶行为模式挖掘能够对捕获的违法船舶进行全面分析,追本溯源发现其整个违法犯罪的航行轨迹和过程,有效震慑和打击海上违规违法行为。

3 科学问题研究进展

针对行为模式识别,现有行为模式挖掘算法主要包括:

(1)基于聚类的模式识别,通过增量式算法改进基于密度的聚类算法(Density-Based Spatial Clustering of Applications with Noise,DBSCAN),在分类基础上使用相关算法进一步挖掘船舶微观行为特征,可以得到不同的船舶行为模式;基于融合距离的 DBSCAN 算法可以挖掘出几种船舶行为模式;基于 T 分布随机近邻嵌入(T-Distributed Stochastic Neighbor Embedding,T-SNE)和光谱聚类算法可以对 AIS 子轨迹进行聚类,分析出船舶行为过程模式,光谱聚类结果更符合船舶行为过程的实际分布;基于属性、类型、位置、速度和航向特征的多维轨迹聚类算法可以用来挖掘规则行为;在 DBSCAN 算法基础之上对参数确定方面进行改进可以提高以数据量大和分布复杂性为特征的船舶轨迹数据的聚类性能,此聚类算法在海上交通模式识别方面表现出有效性能;基于高斯混合模型对船舶相关轨迹线段进行聚类具有更高的分类精度。

(2)基于分类的模式识别,通过增量式算法改进 DBSCAN,可以高效地对船舶行为模式进行分类,在分类基础上使用相关算法进一步挖掘船舶微观行为特征,可以得到不同的船舶行为模式。

(3)基于异常值分析的模式识别,通过扩展交通路线提取与异常检测(Traffic Route Extraction and Anomaly Detection,TREAD)算法并应用于对于轨迹的提取可以有效地检测出船舶轨迹异常。

(4)基于频繁模式挖掘的模式识别,通过垂直投影距离的网格划分方法和模糊网格序列(Vague Grid Sequence,VGS)的轨迹频繁模式挖掘算法可以对室内轨迹进行频繁模式挖掘。

综上所述,现有船舶行为模式研究绝大多数都是针对港口或某段内河水域,这类水域特征为船舶交通流量大,研究范围较小,船舶行为模式较为单一。仅小部分学者研究大范围水域船舶航行路线。大多数研究船舶行为识别时主要集中在一定的海域范围内、短周期的挖掘并识别船舶行为,复杂交通流背景噪声下,难以发现长周期大跨度的行为模式。

大多数学者在进行轨迹挖掘研究时主要聚焦各种单一挖掘模型算法,利用聚类、分类、异常值分析或频繁模式去挖掘船舶在航行过程中存在的行为模式。但单一挖掘模型算法存在不足,如挖掘到的船舶行为模式不全面以及不够精确,不能够清楚地展现出船舶的行为模式。未来针对船舶复杂行为识别的研究将聚焦但不限于以下几个方面:基于信息融合的基础船舶语义模型构建、基于语义信息的船舶复杂行为挖掘、船舶群体行为的挖掘等。

主要参考文献

［1］ Gao M,Shi G Y. Ship-handling behavior pattern recognition using AIS sub-trajectory clustering analysis based on the T-SNE and spectral clustering algorithms［J］. Ocean Engineering,2020,205:106919.

［2］ Zhao L B,Shi G Y. A trajectory clustering method based on Douglas-Peucker compression and density for marine traffic mode recognition［J］. Ocean Engineering,2019,172:456-467.

［3］ Murray B,Perera L P. Ship behavior prediction via trajectory extraction-based clustering for maritime situation awareness［J］. Journal of Ocean Engineering and Science,2022,7(1):1-13.

［4］ Zhou Y,Daamen W,Vellinga T,et al. Ship classification based on ship behavior clustering from AIS data［J］. Ocean Engineering,2019,175:176-187.

［5］ 朱姣,刘敬贤,陈笑,等. 基于轨迹的内河船舶行为模式挖掘［J］. 交通信息与安全,2017,35(03):107-116,132.

［6］ Wang F,Lei Y F,Liu Z G,et al. Fast and parameter-light rare behavior detection in maritime trajectories［J］. Information Processing & Management,2020,57(5):102268.

［7］ Rong H,Teixeira A P,Soares C G. Ship trajectory uncertainty prediction based on a Gaussian Process model［J］. Ocean Engineering,2019,182:499-511.

［8］ Karatas G B,Karagoz P,Ayran O. Trajectory mode extraction and anomaly detection for maritime vessels［J］. Internet of Things,2021,16:100436.

［9］ Chen Y,Yuan P,Qiu M,et al. An indoor trajectory frequent mode mining algorithm based on vague grid sequence［J］. Expert Systems with Applications,2019,118:614-624.

［10］ Shou Z Y,Di X. Similarity analysis of frequent sequential activity pattern mining［J］. Transportation Research Part C:Emerging Technologies,2018,96:122-143.

撰稿人:索永峰(集美大学)　纪宇翔(集美大学)

水上交通风险因素耦合及事故影响机理分析

Influence mechanism analysis of the accidents in waterway transport considering the coupling of multi-risk factors

1　科学问题概述

水上交通日益繁忙,船舶航行面临碰撞、搁浅、火灾/爆炸等事故风险,易引发人员伤亡、船舶灭失、航道拥堵等严重后果。水路运输系统是由船舶、货物、船员、航道、港口、船公司、海事主管机关等要素组成的复杂系统,水上交通事故受环境、船舶、人为和组织等多方面因素的耦合影响。开展多因素耦合作用下的水上交通事故影响机理研究,有助于从源头上提出水上交通事故风险防控措施,保障水路运输系统安全。

针对"水上交通风险因素耦合及事故影响机理分析"这一科学问题,需要重点突破三个科学难题。

1.1　如何辨识水上交通风险中环境、船舶和人为/组织因素的耦合机制

船舶航行需要面对快速变化的自然环境、复杂通航环境、船舶危险行为、船员驾驶行为、船公司和海事管理机构的约束。这些因素也存在一些内联系。例如,船舶行为的产生受通航环境和船员驾驶行为影响。水上交通风险是环境、船舶、人为和组织等方面因素耦合作用的结果。因此,水上交通事故防控首先需要弄清水上交通风险因素之间的耦合机制。如何在场景变迁条件下识别水上交通风险中环境、船舶和人为/组织因素的耦合机制是首先需要解决的关键科学难题。

1.2　如何研究风险因素耦合的水上交通事故形成机理

水上交通事故是由环境、船舶、人为和组织中某个/多个因素处于正常状态连锁/累积效应升级的结果。水上交通事故复杂多变,不同类型事故的形成机理存在较大差异。例如,碰撞、搁浅、触碰等事故的发生受复杂通航环境制约和船员驾驶行为影响,火灾/爆炸事故的发生等受船舶机械可靠性、船员不安全行为(携带危险品)等影响。如何针对各种水上交通事故特性,探索风险因素耦合下各种水上交通事故的形成机理是水上交通事故影响机理研究需要解决的核心科学难题。

1.3　如何表征水上交通事故的动态演变过程

水上交通事故在时间和空间两个维度上都存在动态演变。水上复杂多变的自然/通

航环境、船员应急操作和船公司/海事管理部应急救援使得水上交通事故处于动态变化过程。如何对水上交通事故的动态演变过程进行数学表征,对水上交通事故风险防控具有重要意义,也对水上交通事故建模和仿真技术提出了更高的要求,是水上交通事故影响机理研究需要解决的重要科学难题。

2 科学问题背景

水上交通事故很可能造成严重的人员伤亡。例如,1912年"泰坦尼克"号沉船事故导致约1500人丧生,成为和平时期死伤人数最为惨重的一次海难;1914年爱尔兰"女王"号倾覆事故造成船上乘客和船员共计1024人遇难;2014年"岁月"号沉船事故造成296人死亡、142人受伤;2015年"东方之星"轮倾覆事故导致442名乘客遇难。

交通的可持续发展对水上交通事故可能引发的船舶溢油、危险化学品泄漏等环境污染控制提出了更高的要求。例如,1989年"埃克森·瓦尔迪兹"号因触礁导致船体受损,将41640m³的原油泄漏到太平洋;2002年"威望"号沉船事件,泄漏的燃油形成一条宽5km、长37km的黑色油污带,对当地旅游、渔业造成了直接的打击,给当地生态环境造成了巨大、长久的灾难;2018年"桑吉"轮和"水晶"轮碰撞导致溢油和火灾事故,尽管海面残存油量较低且未发现大面积溢油,但其挥发和燃烧产生的有害气体会对沿海城市的大气环境造成污染。

水上交通通航环境复杂,船舶交通流量大,船舶大型化,水上交通事故造成的航道拥堵风险日益严峻。例如,2008年"圣通818"机驳船在长江监利窑监水道发生搁浅事故,横在长江航道中长达36h,引发上下水域400余条船舶滞留;2021年3月在苏伊士运河南部航段发生的"长赐"号超大型集装箱船搁浅事故,导致苏伊士运河双向瘫痪,超400艘船舶在运河内拥堵滞留,给全球贸易带来长期影响和巨大损失。

从以上三个方面可以看出,水上交通事故可能造成人员伤亡、环境污染以及航道拥堵等事故后果中的一种或多种,各个事故从初始事件到结束事件的演变过程也呈现出复杂性和多样性。以海因里希为代表的事故致因理论主要是一种描述人的因素-不安全行为/状态-事故-伤害的因果连锁型事故模型,针对兼具复合型和多层次型的水上交通事故,难以进行很好的表征。为此,迫切需要突破水上交通风险因素耦合及事故影响机理分析瓶颈,从根源上解决船舶拥堵、环境污染等水上交通事故带来的后果,提高水上交通通航效率和通航安全性。

3 科学问题研究进展

水上交通事故数据和船舶航行动态数据的不断完善,促进了水上交通安全研究的发展,国内外研究逐步从单一使用专家判断等主观数据转变为采用水上交通事故统计数据、船舶 AIS 数据和水上交通事故调查报告等客观数据进行风险分析,并逐步从分析通航环境、船舶等因素对船舶航行风险的影响拓展为从系统层面研究水上交通事故情景-安全约束-不安全控制之间的映射关系,并探索复杂因素耦合作用下的水上交通事故影响机理。

3.1 水上交通事故环境-船舶-人员-组织的风险耦合机制

船舶通航过程中受到环境、船舶、人员和组织等多方面风险因素的影响,水上交通事故是多个因素综合作用的结果。"风险耦合"是指系统在活动过程中某风险因素的变化影响其他风险因素,进而产生彼此间联动作用的反应。水上交通安全风险耦合指的是水上交通运输过程中各种风险之间的依赖和影响关系,即水上交通事故不仅受环境、船舶、人为和组织单方面因素影响,还受风险因素间的耦合风险干扰。针对人员-船舶-环境-管理/组织耦合风险分析发现,现有研究多从单因素耦合风险,即单个风险因素内部的风险因子之间的耦合,扩展至人员-船舶、人员-环境、人员-管理/组织、船舶-环境、船舶-管理和环境-管理/组织等多因素风险耦合分析,但鲜有从人员-船舶-管理/组织、人员-船舶-环境-管理/组织等多因素风险耦合视角出发。具体来说,现有的针对单因素耦合研究主要是在因素识别基础上,利用 HFACS、贝叶斯网络模型、故障树分析等风险模型,对单个风险因素内部的风险因子进行耦合。这些研究通常能够体现风险因子之间的相互作用,对于客观因素与非客观因素之间的作用关系没有进行更细致的挖掘。而多因素耦合风险分析多集中在人员-船舶、人员-环境、人员-组织/管理等人为因素与其他因素耦合的研究,主要通过借助 N-K 模型、云模型和系统动力学方法描述因素间的复杂关系,计算不同风险耦合类型的风险值。因此,基于识别出的风险因素探索各因素间的相关性,进而构建一种既包含单因素耦合又包含多因素耦合的环境-船舶-人为-组织耦合风险模型,已成为该研究领域内的重点。

3.2 基于风险因素耦合的水上交通事故形成机理

针对水上交通事故形成机理的研究主要是在风险因素识别及因素间耦合关系的基础上,结合故障模式与影响分析、故障树分析、贝叶斯网络、证据推理、蒙特卡洛仿真等方法,对水上交通事故发生概率、事故后果严重度进行预测。具体来说,船舶通航过程中受到人员-船舶-环境-管理/组织等方面因素的耦合作用,涉及碰撞、搁浅、沉没、火灾/爆炸等事故情景。其中,船舶碰撞是最常见的船舶事故类型,船舶碰撞研究主要分为风险评估和避碰决策两方面。在碰撞风险分析方面,有大量基于事件树、贝叶斯网络、模糊规则库的研究,实现对船舶碰撞风险的定性或定量评估。同时,随着水上交通事故数据的不断完善和数据挖掘技术的发展,AIS 数据和水上交通事故调查报告等客观数据逐渐取代专家意见,成为风险评估研究中的主要数据来源。在船舶避碰决策研究中,研究人员开发了大量基于启发式路径算法或确定性路径算法的船舶避碰模型,能够快速地为船员提供避碰路线参考。单一使用传统风险分析模型已经无法满足当前的研究,未来机器学习方法将被应用到海事大数据研究与分析中,建立完整可用、标准统一的数据库则是大数据驱动研究的重要前提。

3.3 水上交通事故的动态演变过程

当前,由于系统的复杂性以及各因素之间的耦合性,简单的线性事故模型很难描绘动态事故演变过程,因此专家们提出了基于系统思维的事故模型和安全性分析与控制方法,对于刻画系统风险的动态性和系统各因素间的关系具有较强的解释性,常见的有系统论事故过程致因模型(System-Theoretic Accident Modeling and Processes,STAMP)、功能共振分析方法(Functional Resonance Analysis Method,FRAM)、事故地图(Accident Map,Acci-Map)等方法。针对人员-船舶-环境-管理/组织系统运行风险动态演化机制,现有的分析方法主要包括:①基于事故模型的系统理论方法,例如 STAMP、FRAM、AcciMap。其中,基于 STAMP 框架的分析方法有基于系统理论的因果分析(Causal Analysis based on System Theory,CAST)方法以及系统理论过程分析(System-Theoretic Process Analysis,STPA)方法等,STPA 方法被广泛应用于水面自主船舶风险分析,复杂适应性理论(Complex Adaptive System,CAS)分析方法也可用于更全面地解释海事事故,提供风险控制措施。②基于碰撞轨迹仿真计算碰撞概率,提供早期风险预警。③机器学习,基于数据挖掘的船舶碰撞辨识算法。④贝叶斯网络模型,通过贝叶斯模型量化人员和船舶、环境等对船舶航行风险的影响等。其中事故模型方法可以从系统的角度全面分析事故演化过程,但是缺少定量的计算;基于碰撞概率的算法能感知环境和行为的不确定性,但模型的精度有限;机器学习是基于数据驱动的风险评估算法,对数据完备性要求较高;贝叶斯网络模型能够考虑人员-船舶-环境-管理/组织对船舶风险的影响,但概率标定精准度不高。总体来说,当前已经有很多方法可以充分描述船员行为、船舶状态、环境特征、管理要素等对船舶航行风险状态的影响,并给出影响事故的重要因素,其中基于系统理论的事故分析方法可以全面反映船舶航行时各要素的内在耦合规律,有利于解析系统运行风险动态演化机制。但是部分模型方法仍缺少合适的定量计算方法。由此可知,面向人员-船舶-环境-管理/组织的复杂动态系统,从影响事故发生的各因素相互耦合机理分析入手,可以揭示导致重大事故发生的致因机理,但如何寻求合理的定量计算以描述系统的不确定性,挖掘统一的系统运行风险动态演化机制,建立量化的风险评估方法,是现有研究亟待突破的技术瓶颈。

主要参考文献

[1] Fu S,Goerlandt F,Xi Y. Arctic shipping risk management:A bibliometric analysis and a

systematic review of risk influencing factors of navigational accidents [J]. Safety Science, 2021,139:105254.

[2] Luo M,Shin S. Half-century research developments in maritime accidents:Future directions [J]. Accident Analysis & Prevention,2019,123:448-460.

[3] 吴兵,严新平,汪洋,等.水上交通事故人因可靠性定量评价方法[J].交通运输系统工程与信息,2016,16(04):24-30.

[4] Shi X,Zhuang H,Xu D. Structured survey of human factor-related maritime accident research [J]. Ocean Engineering,2021,237:109561.

[5] Wang Y,Zio E,Wei X,et al. A resilience perspective on water transport systems:The case of Eastern Star [J]. International journal of disaster risk reduction,2019,33:343-354.

[6] Hulme A,Stanton N A,Walker G H,et al. What do applications of systems thinking accident analysis methods tell us about accident causation? A systematic review of applications between 1990 and 2018 [J]. Safety Science,2019,117:164-183.

[7] 魏晓阳,汪洋,严新平,等.事故建模方法研究进展[J].中国安全科学学报,2016(03):46-52.

[8] Lee J,Chung H. A new methodology for accident analysis with human and system interaction based on FRAM:Case studies in maritime domain [J]. Safety Science,2018,109:57-66.

[9] Ceylan B,Akyuz E,Arslan O. Systems-Theoretic Accident Model and Processes (STAMP) approach to analyse socio-technical systems of ship allision in narrow waters [J]. Ocean Engineering,2021,239:109804.

[10] Wang L,Yang Z. Bayesian network modelling and analysis of accident severity in waterborne transportation:A case study in China [J]. Reliability Engineering & System Safety, 2018,180:277-289.

撰稿人：付姗姗(上海海事大学)

水路运输系统韧性表征与综合评估

Characterization and comprehensive evaluation of waterway transportation system resilience

1 科学问题概述

水路运输具有运力大、效率高、成本低等优点,同时占用陆地面积少,是很多国家重要的运输方式之一。水路运输作为重要的基础性产业,一直受到国家的高度重视。近年来,"一带一路"倡议及建设海洋强国等战略的实施,大力促进了我国水路运输系统的发展。为研究水路运输系统面对各种外界扰动(无论是诸如恶劣天气、航道拥堵之类的频繁日常扰动,还是自然灾害、战争、突发公共卫生事件等罕见扰动)时系统性能的变化情况,"韧性"的概念在世界各国水路交通运输系统的相关研究中备受关注,而水路运输系统韧性的建模及优化理论是制约其发展的主要瓶颈。为突破以上瓶颈,一系列关键科学问题有待研究。

1.1　水路运输系统韧性的内涵及外延

综合而言,韧性主要体现在运输系统应对突发状况和抵御灾害时的保护和应急响应能力,是面对灾害时能保障系统安全并维持系统正常功能的重要手段。一个设计良好的韧性水上交通系统应能够吸收干扰并维持其功能,以应对可能存在的各种外界扰动。因此,如何准确定义兼顾水路运输系统特征及行业发展需求的韧性概念,厘清其内涵及外延,剖析水路运输系统韧性研究范式,是保障水路运输系统可持续性发展亟须解决的关键科学问题之一。

1.2　水路运输系统韧性表征及度量方法

韧性具有多方面的属性,其涵盖的四个主要维度包括技术、组织、社会和经济。因此,使用单一维度的评价指标无法全方位描述和量化水路运输系统韧性特征。此外,当前交通运输系统中常用的描述韧性特征的术语较多,且缺乏统一的定义。水路运输系统韧性表征及度量需要针对水路运输主要典型场景,从脆弱性(vulnerability)、适应性(adaptability)、鲁棒性(robustness)、冗余性(redundancy)、可靠性(reliability)和恢复能力(recoverability)等诸多韧性特征中,构建合适的韧性评价体系,从系统的角度对水路运输韧性进行表征,实现对水路运输系统韧性的量化。

1.3　水路运输系统的韧性评估及优化方法

在水路运输系统中,不同的组成元素(如港口、航道、船舶等)扮演的角色及其所处的地位各不相同,针对不同元素及其组合的优化策略,对系统韧性性能的提升效果亦有所不同。因此,如何针对水路运输系统特性,实现不同扰动阶段对系统韧性的动态评估及优化,是又一个需要解决的关键科学问题。

2　科学问题背景

当前,社会发展很大程度上依赖于一些关键基础设施系统,这些系统通过相互协作,为日常生活的正常运转提供基本服务和保障。在过去的几十年里,这些系统变得越来越复杂和相互依赖,意外和灾难的发生使得它们容易受到破坏、难以恢复,从而造成巨大的经济损失甚至人员伤亡。水路运输系统涉及面广、环节多,是一个复杂的运输系统。航运公司、船舶代理公司以及海关、港口管理部门等多方参与其中,如果配合不当,将会影响整个运输系统功能的发挥。任何环节的失误将导致连锁反应,从而影响整条运输链上中下游的各方参与者,甚至导致生产、运输的受阻和中断,而日益复杂的国际环境更加增加了水路运输的不确定性和脆弱性。水路运输系统韧性表征与综合评估目前还存在以下瓶颈:

2.1 不确定环境下的系统韧性表征及多尺度度量问题

通常而言,系统能有效减少偏离设计绩效水平的幅度和持续时间,这被认为是韧性最重要的体现之一。然而不同的灾害场景下,对系统性能的侧重点及其表征方式会有所区别。因此,需要开展包括水路运输系统韧性的构成要素、结构、功能及技术特征,水路运输系统韧性的基本属性、主体要素分类及时空协同机制,水路运输系统韧性的逻辑功能架构和物理架构构建方法等方面的研究工作,实现从宏观、中观、微观等不同角度对系统韧性的多尺度度量。

2.2 面向多阶段扰动的系统韧性动态评估及优化问题

传统风险评价方法仅针对系统中的某个组成部分进行分析,无法客观反映出整个系统的安全水平。此外,传统风险评价方法无法揭示水路运输系统对外部风险(扰动)的抵抗能力及其局部遭到冲击后的恢复能力。因此,需要开展水路运输系统的韧性评估及优化方法研究,实现对不同阶段水路运输系统的综合评估及性能优化。

综上所述,研究水路运输系统韧性表征与综合评估,解析水路运输系统韧性机制,对构建安全、高效的水路运输网络具有重要意义。上述研究的开展是保证水路运输系统功能稳定,从而可靠且可持续性发展的重要前提。

3 科学问题研究进展

(1)我国交通运输行业经过长期的发展,形成了铁路、地铁、公路、水路、航空等不同的运输网络。不同运输网络之间已经发生了衔接、交织和整合,使整个运输网络功能化、系统化和空间化。不同类型的运输系统,其韧性的属性和受影响后可能出现的表现有所不同。例如在铁路和地铁网中,韧性被定义为经历潜在的破坏性事件,并在该事件发生后的合理时间内恢复到正常操作状态的能力。铁路和地铁系统具有三种韧性属性,即强化、冗余和韧性。对于航空网络,韧性被认为是网络抵抗破坏性事件影响的能力。航空系统同样也具有韧性网络拓扑结构的四个固有属性,即脆弱性、可靠性、灵活性和鲁棒性。此外,航空系统还具有自适应容量这一特性。而水路运输网络中的韧性通常研究的是破坏性事件(如极端天气、港口罢工、突发公共事件等)如何改变系统运输功能,以及系统如何随着时间的推移从困境状态恢复到正常状态。针对货物运输,韧性可以理解为系统吸收中断影响并以不受限制的方式继续移动的交通能力,通常是根据货运系统的若干维度,即物理基础设施、用户和组织的行为与特性进行定义的,这些行为和特性对系统韧性有很大的影响。货运系统韧性具有六个属性,即冗余、组件的自主性、协作、效率、适应性和相互依存性。这六种韧性属性被视为关键属性,它使得货运系统具有吸收冲击和维持足够货运流量的能力。

(2)交通系统韧性表征及度量的相关指标主要可分为三类:拓扑指标、基于属性的指标和基于性能的指标。拓扑指标通常是基于网络的拓扑性质构造出来的指标,如介数性、中心性或最短路径长度等。例如在基于可靠通道的韧性度量标准中,将交通网络韧性定义为所有节点韧性的加权和,而节点韧性则通过可靠链路的加权平均数进行计算。因此,韧性最大的交通网络应该具有几乎均匀的节点度。在此基础上,有学者对该概念进行拓展,提出了一种基于韧性的绩效指标来研究桥梁的风险缓解和灾后恢复能。在韧性交通系统的研究中,一般认为韧性包含四个维度的属性,即鲁棒性(robustness)、冗余性(redundancy)、谋略性(resourcefulness)和快速性(rapidity),这些属性分别对应了韧性测量的不同阶段。基于属性的指标通常关注其中的一个或几个属性,并根据特定阶段的性能来度量交通系统的韧性。其中,大部分学者更关注恢复阶段对系统韧性的影响,其评估系统韧性常用的指标包括恢复速度(表示系统恢复到平衡状态所需的时间)和恢复效率(表示恢复所需的资源)。尽管鲁棒性和冗余性也是韧性的重要属性,但就偏离状态和平衡状态而言,恢复能力对系统的评估效果优于其他属性,所以它常常被认为是评估交通系统在灾害中表现的最佳指标。基于性能的指标通常是根据系统在整个受灾期间的表现来衡量系统的韧性。当前,三个使用最广泛的基于性能的指标为:①交通系统质量随时间变化的退化评估指标;②交通系统功能恢复与损失的时间依赖比;③特定恢复成本下灾后交通网络需求满足情况的预期比例。

(3)交通系统的韧性度量及评估方法大致可以分为优化模型、拓扑模型、仿真模型、概率论模型、模糊逻辑模型和数据驱动模型。其中优化模型主要用于解决交通分配问题和优化缓解/准备/响应/恢复资源的效用问题。与优化模型不同,拓扑方法通常有明确的表达式,有的依赖于最短路径的计算,有的则依赖于节点度分布。仿真方法较少被用于交通系统韧性评估。一些学者对交通系统进行事故仿真模拟,以检验拓扑特征的变化。但其涉及的仿真模拟并不是用来直接评估系统韧性的,而是用来提供输入设置。贝叶斯网络模型作为一种概率论模型,在可靠性工程中有着广泛的应用。其可以利用有效的数据集,研究韧性不同特征之间的随机关系和敏感性。例如，可以通过贝叶斯网络模型将内河港口物流系统的韧性作为吸收、适应和恢复能力的函数进行量化。数据驱动方法通常无法探究系统的内在机制，而是直接选择一些能够反映不同场景下系统性能变化的统计数据来评估系统的韧性能。此外，该方法在将数据用作性能指标之前，通常需要先通过统计方法对数据进行预处理。

(4)韧性优化通常根据灾害事件的周期划分为四个阶段，即减轻、防备、响应和恢复。当前，大多数学者只针对某一个阶段进行研究并提供相应的策略。其中，缓解策略旨在改造水路运输网络中的脆弱环节，以提高其抵御外界破坏的能力。但是，在某些情况下，由于灾害无法避免或者改造成本过高，灾前阶段的资源准备将更有利于灾后响应或恢复。响应策略和恢复策略的区别在于前者通常提供一些临时的措施来适应需求变化，例如在内河交通运输系统中，通过公路、铁路等其他运输方式分流来缓解枯水期航道拥堵的风险，或现场进行秩序维护，加强对船舶密集区的实时监管。这些行动的主要目的是减轻灾害的影响以及避免级联失效。随后，将停止响应并由恢复策略取而代之，以使水路运输系统恢复到初始状态。

综上所述，水路运输系统韧性表征与综合评估研究围绕上述几个方面开展了一些研究工作，为水路运输系统的安全管理提供了新的方向和思路。考虑到水路交通绿色化、数字化、智能化的发展需求，面向未来新一代航运系统的韧性表征及综合评估基础理论及应用，仍需要开展相关研究工作。

主要参考文献

[1] Chan R, Schofer J L. Measuring transportation system resilience: Response of rail transit to weather disruptions [J]. Natural Hazards Review, 2016, 17(1): 05015004.

[2] Ta C, Goodchild A V, Pitera K. Structuring a definition of resilience for the freight transportation system[J]. Transportation Research Record, 2009, 2097: 19-25.

[3] Faturechi R, Miller-Hooks E. Measuring the performance of transportation infrastructure systems in disasters: A comprehensive review[J]. Journal of Infrastructure Systems, 2015, 21(1): 04014025.

[4] Wan C, Yang Z, Zhang D, et al. Resilience in transportation systems: a systematic review and future directions[J]. Transport Reviews, 2018, 38(4): 479-498.

[5] Ip W H, Wang D. Resilience and friability of transportation networks: Evaluation, analysis and optimization[J]. IEEE Systems Journal, 2011, 5(2): 189-198.

[6] Zhang W, Wang N. Resilience-based risk mitigation for road networks[J]. Structural Safety, 2016, 62, 57-65.

[7] Twumasi-Boakye R,Sobanjo J O. Resilience of regional transportation networks subjected to hazard-induced bridge damages[J]. Journal of Transportation Engineering Part A:Systems, 2018,144(10):04018062.

[8] Liao T Y,Hu T Y,Ko Y N. A resilience optimization model for transportation networks under disasters[J]. Natural Hazards,2018,93(1):469-489.

[9] Chen L,Miller-Hooks E. Resilience:An indicator of recovery capability in intermodal freight transport[J]. Transportation Science,2012,46(1):109-123.

[10] Hosseini S,Barker K. Modeling infrastructure resilience using Bayesian networks:A case study of inland waterway ports [J]. Computers & Industrial Engineering, 2016, 93: 252-266.

撰稿人:张笛(武汉理工大学)　万程鹏(武汉理工大学)

通航环境与船舶能效耦合作用机理

Coupling mechanism of navigable environment and ship energy efficiency

1　科学问题概述

船舶能效是衡量船舶能源利用率以及温室气体排放程度的重要指数,也是目前绿色船舶的评价指标。但在实际船舶营运过程中,船舶能效受通航环境约束。当船舶在水面航行时,风、浪、流等通航环境要素会对船舶运行状态产生影响,能够引起船舶的附加阻力,如风阻、波浪增阻等,从而使得船舶的总阻力增加,进而影响船舶的航行和能效水平。IMO 对某型船的研究表明,船舶推进力中有 1/3 左右用于克服由兴波、水流和风速等环境因素引起的增阻力。因此,研究通航环境与船舶能效关系,对提升船舶能效、减少废气排放量具有重要意义。为突破上述技术瓶颈,一系列关键科学问题有待研究。

1.1　考虑通航环境情况的能耗模型优化

在能效管理方面,根据船舶能效营运指数计算公式可以看出,单位海里的燃油消耗越小代表船舶能效水平越好,因此,通过降低营运指数公式中单位海里的燃油消耗可以实现节能减排,有效提高船舶能效。同时对于船舶主机而言,在决定其能效状态好坏的多个因素中,油耗是最为重要的一项。在之前的能耗模型研究中,主机能耗大多依靠经验公式进行计算,没有考虑不同通航环境对主机能耗模型的影响,结果误差较大。为了提高船舶能效,有必要考虑通航环境对能耗模型进行优化。

1.2 考虑通航环境情况的船舶航速优化

船舶在静水中航行时，单位时间的油耗量大约与航速的 3 次方成正比，这意味着降低航速可有效提高船舶能效、减少排放，带来很好的经济效益和环境效益。然而，如何确定船舶的最佳航速是一项复杂的决策，涉及许多外界因素影响。依据船舶航线中不同区域的通航环境，在保证航期的前提下，让船舶在不同海域以不同的航速航行，使得船舶最终在整个航次中获得良好的环境效益(排放最小)或者经济效益(盈利最大)。

1.3 考虑通航环境情况的船舶失速估算

船舶失速的起因不外乎两个方面：一方面是阻力增加，另一方面是推进效率下降。环境因素中以风和浪的影响最为突出，风和浪的作用所引起的附加阻力使船舶的航行阻力较之静水时阻力大大增加，导致船舶航行的能耗增加，降低船舶能效。因此，为了预报实船的失速，应考虑波浪和风的阻力增值、自航要素和主机特征。波浪中所有影响失速的上述因素是相当复杂的，而且它们的性质也不易完全弄清楚，精确预报船舶失速存在困难。

2 科学问题背景

在节能减排的大环境下，IMO 与我国海事管理部门都出台了相关政策法规，引导航运业实施船舶能效管理。在市场需求中，船舶燃油费用占到了总营运成本的 50% ，燃油支出是航运企业的最大营运成本。船舶动力系统普遍存在效率低、排放水平高的问题，随着信息、传感、通信、人工智能等赋能技术的不断发展与应用，船舶营运过程中提高船舶能效乃当务之急。

目前节能减排和提高船舶能效的方法主要是利用新能源的技术手段和航运优化的营运手段，后者由于在应用过程中的初期投资更低而受到船东的欢迎。在更受青睐的营运手段中，考虑通航环境与船舶能效的耦合作用机理不得不提上台面，如风浪中的船舶主机油耗预测、船舶在大风浪中的失速估算等。因此，迫切需要突破通航环境与船舶能效的耦合作用机理技术瓶颈。

2.1 船舶失速的短波增阻估算

在船舶失速中，波浪增阻数值计算是一个难点。其中，短波成分可能会对大中型船舶在典型海况中的失速产生较大影响。虽然目前关于船舶在短波中的增阻是国际上研究的热点，但国内短波增阻的模型试验和理论研究却比较少。

2.2　通航环境的智能识别方法

在基于通航环境对航速进行分段优化的研究中,将航线智能分为通航环境近似的航段是实现有效航速优化的关键,然而目前尚缺少对通航环境智能识别方法的研究。

2.3　复杂环境多因素船舶能效智能化管理技术

利用相关技术手段加强船舶航行过程中的操作管理,包括基于传感器的能效参数监测、能效水平的智能评估以及基于模型分析的能效管理策略制定等。

综上所述,亟须深入研究通航环境与船舶能效耦合作用下船舶失速的短波估算,借鉴国外先进经验,建立完善的船舶失速估算系统。在现有智能算法的基础上深入研究船舶通航环境的智能化识别,实现有效航速优化。信息、人工智能等赋能技术的发展,推动着船舶能效管理技术的实船应用,在传统管理技术的基础上应用智能算法和技术,为船舶管理和操作人员提供辅助决策。

3　科学问题研究进展

3.1　针对考虑通航环境情况的能耗模型优化

目前,国内外学者在船舶燃油能耗方面开展了深入研究,通过拟合油耗、排放与航速的关系,建立巡航工况下的航速优化模型,对拖船的最佳油耗和排放对应的航速进行分析。根据船舶在航行中的受力分析以及传统能耗模型表达式建立船舶主机油耗模型的一般表达式,将能耗模型中的不确定量(如摩擦阻力系数、推力减额系数、伴流系数、附体阻力系数)作为油耗模型的待定系数进行求解。通过船舶采集的大量实船数据并利用智能算法——粒子群算法,对四个特定识别参数进行迭代优化。算法以主机油耗的计算值与实际值的平均相对误差为目标函数,能耗模型优化结果提高了5%。基于量化的船舶航行的各种环境及操作因素,运用神经网络对船舶能耗模型的构建和航速等运行参数的实测运行数据进行优化分析,并运用黑箱模型验证了新建油耗模型的准确性和实用性,对能耗模型的改进具有一定的借鉴意义。根据船舶主机油耗模型的建模思路、模型架构和传统建模原理,对现存的油耗模型研究方法进行梳理,并且将理论上常用的通过经验公式方法建立油耗模型和现在普遍使用的基于实测数据建立主机油耗模型两种方式进行对比分析,由此给出未来船舶主机油耗模型的发展方向和建议。根据船舶航行中的航段划分,基于实船所测数据建立一种不规则风浪影响的最小油耗航速定量计算模型,利用功率修正的船舶失速并利用非线性数学模型进行最小油耗优化,对比分析发现此种方法可以减少1%的油耗。因此,基于通航环境对船舶的能耗模型进行优化,已成为该领域的研究重点。

3.2　针对考虑通航环境情况的船舶航速优化

现有研究通过统计数据发现,目标船超大型油轮航速在从13.8kn降低到12.7kn时,其油耗降低了近10%,并结合船舶运输的经济性给出了航速优化的建议。通过仅降低船舶航速分析船舶温室气体的排放,发现当船舶航速降低50%时,其废气排放量可以极大地减少。通过最优调度模型,分析油耗、航速、时间以及水道距离之间的关系,得到水道距离比时间对最优航速的影响更大的结论。以船舶营运成本最低为目标函数,计算船舶在不同航段的最佳航速,并分析了燃油价格、时间成本以及碳税的变化对航速优化的影响。以补给船为研究对象,探讨通过优化航速,调整时间表、船队规模来实现节能减排。对班轮航运网络中的集装箱船进行了油耗和航速的关系分析,并利用非线性规划模型优化航速,实现节能。以航次日均盈利额最大化为目标构建不定期船最佳航速优化模型,并用实例分析得出最佳航速优化计算公式及曲线图。将船舶航速的优化抽象为对目标函数求极值的数学问题,通过建立数学模型,分析讨论不同边界条件对模型求解的影响,揭示船舶航速的优化原理。以内河某集装箱船为研究对象,考虑水流对航速的影响,构建主机转速与油耗及对应的船舶能效营运指数(Energy Efficiency Operation Index,EEOI)模型,对船舶航行进行优化,为内河船舶的节能减排提供决策参考。在实际的生产营运中,最优航速并不是一成不变的,最优航速的选取是根据不同的约束条件进行的,以满足船舶油耗、废气排放量或经济性等需求。

3.3　针对考虑通航环境情况的船舶失速估算

在船舶能效设计指数(Energy Efficiency Design Index,EEDI)中引出船舶失速系数。影响船舶失速系数主要包括三方面的要素:波浪增阻、风阻力增加和螺旋桨效率的变化,其中波浪增阻的影响最大,且理论预报也相对困难。①随着计算机技术的发展,基于CFD和风洞试验原理的数值风洞计算能较准确地计算出船舶受风情况,并可直接获得各处压力、速度分布和流线图等。CFD数值计算在进行数值建模的同时,需要丰富的网格划分经验和大量的计算时间,且最后计算结果仍需要试验值的验证。所以,在大量工程性应用方面仍存在不足。②波浪增阻的预测主要包括回归公式、数值模拟和模型试验。波浪增阻数值模拟方法主要分为三类,即切片法、面元法和全粘流CFD方法。用这些方法计算船舶在长波中的波浪增阻,其结果通常比较好,而短波增阻的预报是波浪增阻数值计算的一个难点。利用模型试验的船舶失速系数计算得到短波增阻对大中型船舶的失速系数可产生3%左右的影响,而对航速的影响可达0.4kn左右。③螺旋桨在风浪中的推进效率,根据 ISO 15016:2015 *Ships and marine technology—Guidelines for the assessment of speed and power performance by analysis of speed trial data* 中阻力增量对载荷因素的修正方法来计算，即根据船舶在风浪中的阻力增值，推算船舶在静水中的螺旋桨负荷增加，再根据静水自航和敞水试验结果推算船舶在风浪中的推进效率。

综上所述，我国在船舶失速的试验和理论研究方面都相对滞后，相关数据和数值模拟的积累较少，同时区分船舶通航环境的智能算法略显匮乏，这些关键问题制约了船舶能效在营运手段上的提高，有必要逐一攻克，实现船舶能效的智能化技术管理，响应我国船舶智能化发展战略，对实现航运企业降本增效、提升航运国际市场竞争力具有重要意义。

主要参考文献

[1] 孙星,严新平,尹奇志,等.考虑通航环境要素的内河船舶主机营运能效模型[J].武汉理工大学学报(交通科学与工程版),2015,39(2):264-267.

[2] 范爱龙,王拯,孙星,等.基于不同场景的船舶航速优化模型与影响因素研究[J].中国造船,2021,62(1):162-171.

[3] 陈京普,邹康,魏锦芳,等.短波增阻对船舶失速系数的影响分析[J].中国造船,2011,1:47-52.

[4] 魏应三,王永生.船舶航速优化原理研究[J].中国造船,2008,49(S1):75-82.

[5] GHG-WG2/2/15. Progress Report on the work relating to f_w coefficient in the energy efficiency design index (EEDI) [C]// International meeting of the greenhouse gas working group,2009.

[6] 张勇.能耗模型改进的船舶能效评估方法研究[D].大连:大连海事大学,2020.

[7] 王壮,李嘉源,黄连忠,等.基于改进 K 近邻算法的船舶通航环境智能识别[J].上海海事大学学报,2020,42(3):36-41.

[8] 杨天宇.多环境因素影响下的船舶主机能效变化与航速优化研究[D].武汉:武汉理工大学,2020.

[9] 陈前昆,严新平,尹奇志,等.基于 EEOI 的内河船舶航速优化研究[J].交通信息与安全,2014,32(4):87-91.

撰稿人:袁裕鹏(武汉理工大学)　蒋仲廉(武汉理工大学)

排放控制区船舶污染监测

Monitoring ship pollution in emission control area

1 科学问题概述

近年来,水上运输业呈现蓬勃发展的态势,与此同时,船舶大气污染物排放量也逐年增加。为减少船舶大气污染物排放量,国际海事组织和多国政府建立了船舶排放控制区,并分阶段制定和执行了船舶排放硫氧化物和氮氧化物控制政策和措施。同时,需要通过有效的船舶大气污染物排放监测方法,来保障船舶排放控制政策的有效实施。传统的船舶排放监测多是通过检查船舶燃油记录簿或是直接检验船用燃料油含硫量(Fuel Sulfur Content,FSC),这种方法无法实现高效、智能化、流程化地对排放控制区内船舶排放进行监测。因此,亟待提出一套针对船舶排放控制区内航行船舶排放的大气污染物遥测新理论、新方法和新技术,为保障船舶排放控制政策的实施提供理论方法和技术支持。为突破该技术瓶颈,一系列关键科学问题有待研究。

1.1 如何研究船舶排放的大气污染物在大气环境中的作用机理

船舶大气污染物排放过程及其在大气环境中的扩散过程中,涉及影响因素众多且交叉作用明显,如航行船舶自身属性、水文气象条件、岸基地形条件、土地利用等。同时,船舶作为非道路移动源,排放具有复杂的时空特征,涉及污染物排放强度、污染物浓度分布、扩散距离等多个参量,这些参量在不同地形、水文和气象条件下表现出显著差异。因此,研究船舶大气污染物排放过程及其与大气环境的作用机理是亟须解决的关键科学问题之一,可为解决船舶排放监测其他关键问题提供理论支持。

1.2 如何建立多维度船舶大气污染物排放监测理论方法

影响船舶大气污染物排放监测的因素包括船舶排放源本身、监测设备特异性、大气环境扰动性三个方面。其中,船舶排放源是动态变化的,且动态变化的大气环境扰动使得船舶大气污染物排放扩散分布复杂多变,各类大气污染物监测设备的监测性能和适用条件具有显著的差异性。因此,需要借鉴已有的污染气体遥测技术,提出多维度船舶大气污染物排放监测理论方法。

1.3 如何在多因素耦合作用下进行船舶大气污染物监测站点选址和优化

科学布设监测站点是获取船舶大气污染物浓度监测数据的重要基础。因此,需要综合考虑区域水文环境、气象环境、船舶活动、排放特征以及传感器监测性能等多种因素,建立排放控制区内船舶大气污染物排放监测站点选址模型,以提出区域船舶大气污染物排放监测站点布设方案。

1.4　如何在多船排放场景下基于离散监测数据对目标船舶排放源扩散过程进行逆向解析

船舶排放控制区内船舶交通流密度大,在航行过程中的船舶活动轨迹复杂,且不同船舶之间排放差异较大,给船舶溯源带来了巨大挑战。同时,各类监测设备的监测原理和监测方式不同,导致多源监测数据间的可信度或精度存在差异,且存在数据表述一致性的问题。因此,如何在多船排放背景浓度下,基于多源离散监测数据和扩散模型反向溯源,需要对目标船舶源的排放位置、排放时间和排放量等信息进行精准识别和快速解算。

2　科学问题背景

我国航运业温室气体减排面临前所未有的压力,必须对船舶污染来源及特征进行深入分析,明确污染原因,结合先进的管理方法和现代技术手段,缓解船舶污染问题。船舶作为非道路约束的移动排放源,排放位置不确定,排放大气污染物的动态扩散规律易受水文气象环境条件的影响,这都极大程度地增加了船舶大气污染物排放监测难度。此外,船舶排放源具有多样性,船舶的动力单元组成复杂,不同船型的动力参数差异性大且在不同活动状态下的排放规律差异显著。因此,针对工业源和机动车排放源的大气污染物排放监测方法并不能完全适用于船舶排放源监测,监测设备的精确度、可靠性、适用性以及监测方法的确定等方面均面临全新挑战。因此,需要开展船舶大气污染物排放监测技术研究,以提高船舶排放监测监管能力。

目前,中国船舶排放控制区内的核心港口都已开展船舶排放监管工作,但检查手段相对匮乏,多采用单点单船燃油检测法进行船舶燃油硫含量检测与排放追踪,其主要流程为"登船抽取油样-送专业机构检测-识别燃油硫含量超标船舶",这种检查方法耗时长、成本高且效率低。与欧美国家主管部门的船舶排放检查手段相比,目前我国船舶大气污染物排放监测技术落后,监测装备设施缺乏,无法保证监管的效果和效率,既不能满足主管机关日常履职的内在需要,也无法适应和践行生态文明的外部要求。

综上所述,为满足港口船舶排放监管与控制实际发展需求,从船舶动态排放及扩散机理特征研究出发,结合现代传感技术,探究各类型遥测方法对于船舶大气污染物排放监测的可行性,提出船舶大气污染物排放监测站点布设方法和违规排放船舶辨识方法,提高船舶排放监管效率和监测精度,降低监测成本,以丰富和拓展港口船舶排放监测监管的理论基础和实际应用,推动航运业绿色可持续发展。

3 科学问题研究进展

3.1 船舶大气污染物扩散模拟方法

目前,针对船舶排放扩散模拟的需求主要分为两类:一是掌握船舶大气污染物排放动态扩散规律,实现有效的船舶大气污染物排放动态监测;二是评估和模拟船舶排放对空气质量、气候和人类健康的影响。面向不同的需求,当前研究采取的方法也有所区别:前者主要基于一定条件假设下,利用高斯扩散模型进行物理特征的扩散模拟研究;后者则是考虑真实大气条件下,在大、中尺度上利用空气质量模式模拟船舶排放参与大气化学反应的过程,目前主流的空气质量模式有 CMAQ(Community Multiscale Air Quality)、CAMX(Comprehensive Air Quality Model Extensions)、WRF-Chem(Weather Research and Forecasting Model Couple with Chemistry)等。上述方法多集中于对沿海港口船舶的研究,大多基于环境条件开阔、平缓变化的假设,鲜有学者将内河复杂环境作为研究场景进行研究。对于内河船舶而言,其不仅易受长江复杂气象、地形等环境因素影响,也存在船舶密度大、扩散区域小等外部因素的作用。同时,相比较沿海港口城市(中尺度)而言,内河港口及航道属于小尺度研究,现有港口船舶扩散模型在内河无法适用。

3.2 船舶大气污染物排放监测方法

船舶大气污染物排放监测技术的研究多集中于欧美发达国家,船舶大气污染物排放监测方法主要分为嗅探法和光学遥感法,嗅探法分为岸基固定嗅探式监测系统、船载移动嗅探监测系统和便携式嗅探监测系统,光学遥感法主要分为激光雷达法、差分吸收光谱法和紫外相机法三种。在大多数情况下,嗅探法通常和光学遥感法相结合,用来监测大气中的微量气体浓度。随着船舶排放控制区监管需求日益明显,近年来,欧洲一些国家(如瑞典、荷兰、芬兰、比利时、德国)将嗅探式气体分析仪安装在岸基、桥梁等固定平台上,实现船舶烟羽的定点监测,或将其装载于船舶、无人机、直升机等移动平台上,实现船舶烟羽的移动监测。同类型的船舶大气污染物排放监测设备适用于不同场景、不同气体的监测,且监测量程、精度具有显著的差异。目前缺乏统一的监测设备选取方法和评估模型,且多直接将陆上监测设备应用于水上船舶监测,监测结果易受温度、压力及湿度等外界环境因素的影响,这在一定程度上限制了其应用。

3.3 船舶大气污染物排放溯源方法

气体排放源溯源反算方法分为基于概率统计理论方法和基于优化理论方法。在上述三种溯源方法中,人工智能优化溯源方法在计算速度、准确性方面具有明显的优势。目前,该方法多是针对固定工业源和线性道路排放源的研究,鲜有对于船舶排放源的研究,需要利用多源传感器监测数据,利用智能优化算法,实现复杂航行水域的船舶大气污染物排放溯源。

主要参考文献

[1] Mellqvist R J, Conde V, Beecken J, et al. Certification of an aircraft and airborne surveillance of fuel sulfur content in ships at the SECA border[R]. Technical Report, 2017a.

[2] Mellqvist R J, Conde V, Beecken J, et al. Fixed remote surveillance of fuel sulfur content in ships from fixed sites in the Göteborg ship channel and Öresund bridge[R]. Technical Report, 2017b.

[3] 王蕾, 徐永锋, 胡萌赋. 船舶尾气监测在海事排放控制区监管中的应用[J]. 中国海事, 2019(12):59-60.

[4] Beecken J, Mellqvist J, Salo K, et al. Emission factors of SO_2, NO_x and particles from ships in Neva Bay from ground-based and helicopter-borne measurements and AIS-based modeling [J]. Atmospheric Chemistry and Physics, 2015, 15(9):5229-5241.

[5] Ariana M, Pitana T, Artana K B, et al. Gaussian plume and puff model to estimate ship emission dispersion by combining automatic identification system (AIS) and geographic information system (GIS)[J]. Journal of Maritime Researches, 2013, 3(1):1-13.

[6] 肖笑, 李成, 叶潇, 等. 内河船舶大气污染物排放特征实测研究[J]. 环境科学学报, 2019, 39(1):13-24.

[7] Mellqvist J, Beecken J, Conde V, et al. Final report to Dansih EPA:Surveillance of sulfur emissions from ships in Danish Waters[R]. Chalmers University of Technology, 2017b.

撰稿人:黄亮(武汉理工大学)　文元桥(武汉理工大学)　彭鑫(武汉理工大学)

危化品船舶污染物扩散机理与控制

Diffusion mechanism and pollutants control of hazardous chemicals ships

1　科学问题概述

船舶污染事故是指船舶及其有关作业活动发生油类、油性混合物和其他有毒有害物质泄漏造成的海洋环境污染事故。危化品船舶事故往往造成泄漏污染,其中污染物的监测技术、扩散机理、控制方法与模型是当前危化品船舶事故防治领域的重要科学问题。为突破上述技术瓶颈，一系列关键科学问题有待研究。

1.1 如何构建精确可靠的污染物监测方法和体系

在化学事故中，监测空气中有害物质的浓度至关重要。气体监测的目的是评估有毒和火灾/爆炸危险，绘制应疏散未受保护人员的区域，并判断响应人员的适当身体保护水平。在某些情况下，读数值可直接用于设计风险区域。目前，常用的监测方法包括微量气体监测、易燃性风险监测、缺氧空气监测、水体监测等。构建精确可靠的污染物监测方法和体系是首先需要解决的关键科学难题。

1.2 如何认知危化品船舶污染物扩散机理

根据危化品泄漏入水后的不同表现形式，其扩散机理研究可分为：汽化后空气中扩散机理研究、水面漂浮物扩散机理研究、溶于水体扩散机理研究和沉降至水底的扩散机理研究。因此，有必要从不同扩散模式出发构建危化品船舶污染物扩散理论，探索污染物要素间的复杂耦合作用关系，揭示污染物要素耦合的形成及迁移转化规律，挖掘多要素耦合作用下危化品船舶事故污染物状态演化机理，进而保障危化品船舶航行安全。

1.3 如何建立危化品船舶事故污染物控制模型

针对危化品船舶事故污染物控制这一复杂耦合对象，从危化品船舶污染物监测到污染物控制、处置的整个过程难以用单一时空距离模型描述。因此，在复杂污染物迁移扩散、应急处置系统中，需要挖掘污染物动态演化机理，充分考虑不同组别危险化学品污染物的属性，进一步揭示危化品船舶污染物控制与处置的内在机制，探明系统环境风险演变规律，进而保证危化品船舶系统运行安全。

2 科学问题背景

污染物监测技术与方法、污染物扩散机理、污染物控制与处置技术三要素及其相互作用，构成了以污染物处置为中心的危化品船舶污染物控制系统。对污染物迁移扩散机理的认知是实现污染物控制的重要理论基础与前提，其内涵包括污染物扩散建模、不同类型污染物要素间作用机理及迁移转化规律。

目前，危化品船舶安全运行领域的研究包括以内河危化品船舶为对象的污染物监测技术与方法、污染物扩散机理、污染物控制与处置技术等。上述研究对于多类型污染物迁移扩散及转化机理研究不足，在危化品污染物控制与处置中面临诸多挑战，对于绿色、安全、高效的内河航运发展产生影响。因此，迫切需要突破危化品船舶事故污染物监测技术-扩散机理-控制处置等关键技术瓶颈。

2.1　危化品船舶事故污染物精准监测技术瓶颈有待突破

例如,如何耦合分析危化品船舶事故污染物与通航环境要素之间的耦合响应关系,如何攻克复杂动力作用过程带来的多类型污染物监测技术方案设置难题,如何量化构成要素复杂的环境动态风险体系与要素,从而为研究危化品船舶事故污染物迁移扩散机理研究提供数据支撑。

2.2　危化品船舶事故污染物迁移转化机理认知不足

一方面,现有理论难以充分解释危化品船舶污染物的产生机理;另一方面,对危化品污染物与通航环境要素之间的交互机制研究有限。同时,各类污染物在物理化学环境下易产生迁移转化,发展为复杂度更高的迁移扩散模式。因此,有必要揭示复杂动力作用下危化品污染物迁移扩散机理模型,建立完善的通航环境-危化品污染物迁移扩散耦合动力学理论体系。

2.3　危化品船舶事故污染物控制与处置方法体系不完善,针对不同类型污染物的控制与处置仍需开展个性化研究

在复杂动力作用下,船舶污染物-通航环境-人因等的交互与系统演变将更加复杂而不确定,为危化品船舶事故污染物的及时决策、有效控制与处置带来挑战。

综上所述,亟须进行深入的危化品船舶污染物-通航环境-人因等多要素耦合作用下的危化品船舶运行安全建模与演变理论研究,实现对该问题的清晰认知和本质安全保障。充分解析复杂动力作用下的危化品船舶事故污染物迁移扩散特性,构建多要素耦合的船舶污染物动力学理论,进一步揭示航行环境风险动态演化机制,对于有效改善危化品船舶航行安全,深度优化水路交通系统本质安全具有重要指导意义,科学价值突出。

3　科学问题研究进展

3.1　针对危化品船舶事故污染物监测技术

现有研究成果主要聚焦于不同类型污染物的监测技术与方法体系构建等。气体监测的目的是评估有毒和火灾/爆炸危险,绘制应疏散未受保护人员的区域,并判断响应人员的适当身体保护水平。在某些情况下,读数值可直接用于设计风险区域。①微量气体监测。发生化学事故时痕量气体监测的主要目标是发现有毒气体污染区域的危险位置,并评估对未受保护人员来说合理安全的外部限制。此类仪器必须能够检测极低浓度的有害气体(10^{-6}级)。②易燃性风险监测。使用仪器评估易燃性/爆炸性风险的人员应充分理

解爆炸下限[Lower Explosive(Flammable)Limits,LEL/LFL]和爆炸上限[Upper Explosive(Flammable)Limits,UEL/UFL]的含义。易燃性(或爆炸性)风险监测的目的是评估可燃气体污染区域的外部极限,在该区域内,点火是合理安全的。这种类型的监测不应与痕量气体监测相混淆。③缺氧空气监测。缺氧意味着空间中没有足够的氧气来安全呼吸。正常的新鲜空气含有20.8%的氧气,而在缺氧的大气中则不到19.5%。氧气含量低于10%会迅速导致失去知觉,而低于8%的氧气含量会迅速导致死亡。缺氧空气监测的目的是评估缺氧区域的外部限制,在该区域对未受保护的人员来说是相当安全的(氧气浓度高于19.5%)。未经批准的自给式呼吸器(Self-Contained Breathing Apparatus,SCBA),不得进入任何氧气含量低于19.5%的空气。④水体监测。监测化学品泄漏在水体中的扩散通常是通过在不同位置使用手持设备采集水样并分析样品中的实际化学品来进行的。⑤监测表面溢出。溢油通常相当黏稠并形成相对较厚(>1mm)的层,这会改变水面的物理特性并使其能够通过遥感技术进行监测。但是,在某些情况下,即使是非常薄(<0.1mm)的油膜也可以被某些仪器记录下来,因此也可以记录漂浮的化学物质,通常在表面形成薄膜。这种薄膜会抑制海面的毛细波,从而降低由侧视机载雷达(Side-Looking Airborne Radar,SLAR)等引起的反向散射的强度。因此,光滑表面的光滑区域将在SLAR图像中显示为相对较暗的区域。浮油也可能会改变表面的紫外线反射率,并且可以被紫外线扫描仪看到。它还可以改变表面的辐射温度,并由红外仪器(如红外扫描仪和前视红外仪)记录红外成像仪或菲力尔(FLIR)。⑥海底沉没物质监测。事故后沉到底部的化学品泄漏或多或少会散布在底部区域,海床上散落的泄漏物可能难以监测,重要的是绘制泄漏地图以指导响应者。底部的化学品总是微溶于水,尽管溶解度有时非常低。必须检查溶解度并监测相邻水域中的浓度,以评估对环境、渔业、娱乐、淡水摄入等造成的风险。⑦杂项监测方法。在某些情况下,可能需要与专业人士合作进行各种采样和监测,以评估化学污染物对环境的有害干扰或影响的程度,例如监测海洋生物和底部沉积物中的化学物质浓度。在极少数情况下,可能需要监测非常不寻常的物质,如放射性或传染性物质、化学或生物战剂等,必须聘请高度专业化的人员从事此类工作。

3.2 针对危化品船舶事故污染物扩散机理

现有研究主要从危化品泄漏入水后的不同表现形式开展。具体来说:①混合层模型是由美国能源部的Lawrence Livermore国家实验室开发的一种用于重气释放源的大气扩散模型,能够对地面水池蒸发、地面以上的水平射流、一组地面以上的射流和瞬时体积源这四种不同的释放源进行模拟。②采用有害大气区域(Area Location of Hazardous Atmospheres,ALOHA)定位模型,结合事故现场获取的相关信息和自身的综合化学物性参数库,来预测发生化学事故后有害气云在大气中的扩散情况。③高斯模型是运用数学统计的方法,分析扩散气体的浓度分布。高斯烟羽模型(plume model)和烟团模型(puff model)未考虑重力对气体自身的影响,所以只适用于轻质气体或与空气密度接近的气体的扩散。虽然高斯模型存在很多的缺点,但目前美国环境保护协会(Environmental Protection Agency, EPA)还是以高斯模型为基础制定了很多标准,在很多地方都有应用。④采用盒子模型预报气体云团的总体特征,不考虑其在空间上的细节,只对半径、高度和气云温度进行预报。由于重气效应结束后的行为模式表现为被动扩散,所以该类模型还包括被动气体扩散的模型,并对其进行修正。

3.3　针对危化品船舶污染物控制与处置关键科学问题

危化品根据其性质以及在水域内泄漏时的行为,可以分成四类:蒸发性物质、海面漂浮性物质、海中悬浮性物质、沉降性物质等。①漂浮物应急处置。化学品溢漏后漂浮扩散,不断形成与空气的接触界面,其蒸气压决定某些物质将快速挥发并在空气中高度积聚,为了评估其火灾、爆炸和健康风险,监测其在空气中的浓度非常重要。物质特性与特定气体环境的结合会导致特殊的表现形式,所以不能依赖这种评估来代替监测。漂浮液体的应急处置方法包括:泡沫覆盖减少挥发;使用吸附材料或其他处理剂;围油栏围控;回收设备(如撇油机)回收等。以上各方法也可组合使用。②水中悬浮物应急处置。危险化学品的泄漏可用很多反应药剂进行处理,目的是减缓或"中和"其对人类和环境的有害影响。化学试剂包括中和试剂、氧化剂、减缓试剂、凝聚剂、吸附剂、合成试剂、离子交换剂等。③沉淀物应急处置。水底沉积物可以使用不同的挖掘(疏浚)技术和不同类型的挖掘(疏浚)设备回收,但不是所有的挖掘(疏浚)设备都适合从海底回收化学品。三种主要疏浚设备为:机械设备、液压设备和压缩空气型设备,其中压缩空气型疏浚设备已在很多事故中成功使用。④饮用水源的保护。一旦检测到污染,启用后备水源地,要对后备水源地的水量水质状况进行跟踪监测。通知相关单位,及时关闭水道内取水口。然后在取水口处投加粉末活性炭,改造自来水厂的砂滤池为炭砂滤池,形成由粉末活性炭和粒状活性炭构成的多重安全屏障。

综上所述,现有危化品船舶污染物扩散机理的研究尚缺乏全面系统的基础理论支撑。不同类型污染物要素之间耦合关系不清晰,危化品船舶污染物控制与处置动力学建模困难,同时复杂动力作用下污染物迁移转化机制不明确,环境风险产生机理难解析,上述关键问题有必要逐一攻克,最终实现危化品船舶航运本质安全。以上理论研究从污染物监测技术与方法、污染物扩散机理、污染物控制与处置技术方面深入解析污染物特征,可为安全、高效水运发展提供深厚基础,对深入认知航运与环境响应机理具有重要意义。

主要参考文献

[1] 张建文,安宇,魏利军.化学危险品事故应急响应大气扩散模型评述[J].中国安全科

学学报,2007(06):12-17,179.

[2] U. S. Environmental Protection Agency, National Oceanic and Atmospheric Administration. ALOHA: Area locations of hazardous atmospheres—User's manual[M], 2006.

[3] 王伟娜. 基于 GIS 的毒气泄漏扩散模拟研究[D]. 天津:南开大学,2007.

[4] Scory S. Oil Spill Modeling[R]. Lecture given at the University of Liege, Intensive course on modeling and management of marine System,1984.

[5] 马海涛. 镇江长江感潮段危险化学品泄漏模型及应急反应的研究[D]. 镇江:江苏大学,2006.

[6] 陈协明. 沉降型化学品海上泄漏事故应急决策支持系统的研究[D]. 大连:大连海事大学,2004.

[7] 中华人民共和国长江海事局. 长江危险货物运输应急处置手册[M]. 武汉:武汉理工大学出版社,2013.

撰稿人:吕植勇(武汉理工大学)　刘俊雯(武汉理工大学)

智能船舶的信息空间安全

The cyber space security of intelligent ships

1　科学问题概述

"工业4.0"自提出以来,已得到全球产业和科技界的认可,各行业也竞相定义自己版本的技术路线图。在航海技术领域,"海事4.0""航运4.0"等概念也相继推出,而其中智能船舶正在成为本领域技术变革的集中体现。

从智能航行的角度而言,智能船舶系统将改变船舶孤身航行的传统运行模式,让船舶航行获得实时的岸基支持,岸基操控中心(Shore Control Center, SCC)成为智能船舶系统的一个重要元素。SCC 能在一定程度上远程承担船舶驾驶任务,意味着传统船舶中随船船员的职能将部分转移到 SCC。在此架构下,海事监管、船-船协同也将发生深刻变化。例如,海事监管的对象不能仅限于水面上的船舶,还需要包括船舶背后的岸基操控中心。智能船舶系统的这种新型架构促使船舶、SCC 等元素都依靠数字通信手段进行信息交换,因而这些单元也成为"网络信息使能(Cyber Enabled, CE)"的实体,而它们之间的身份标识、编址、协议、社群关系则共同构成了智能船舶系统的网络信息空间(Cyber Space, CS)。

智能船舶的信息空间安全主要包括以下问题:

1.1　信息空间中实体的身份管理

传统的海事管理中,各类实体之间的身份主要依靠 VHF 话音或者 AIS 播报,其中 VHF 话音通常采用模拟通信,而 AIS 则是用 VHF 广播数字身份信号。在这种惯例下,通信的参与方均不怀疑其他实体的身份。然而在智能船舶系统中,语音通话将不复存在,每个通信实体都需要有唯一标识自己身份的代码来建立数字通信。在新的方式下,系统内每个实体的身份标识如何颁发、认证、注销将是首先要解决的问题。

1.2　实体间数据交换的私密性

现有以 AIS 为代表的船-船、船-岸间的数据交互为明文通信。而在智能船舶系统中,各个实体间的数据包含敏感的数据,如航线计划、操纵指令等。这些数据倘若以明文被传输,可能被恶意用户窃听并加以利用。对这些数据交互进行加密保护是一种有效的措施,而在船舶之间较强的移动性和机会性的条件下,如何进行加密的密钥管理,将是一个有挑战性的问题。

1.3　实体间数据交换的完整性

数据交换的完整性指数据在传输的过程中,其内容及其作者信息身份不被窜改。目前在智能网联汽车领域,针对数据完整性的攻击方法较多,如地理位置欺骗、虚假信息注入、重放攻击等。而这些方法平行地用到智能船舶系统是完全可以被恶意用户想到的。采用公钥基础设施(Public Key Infrastructure,PKI)并使用消息摘要、数字签名等技术是应对此类攻击的常规方法。为此,在智能船舶系统中建立稳定可用的 PKI 系统,维护健全的信任体系变得非常迫切。

1.4　实体间数据交换的可溯性

数据的可溯性是指实体之间交换的数据来源可以被记录和追溯,其中包括发送和经由的消息是"不可抵赖"的。它实际上是对安全审计机制的需求,在智能船舶航行期间发生与信息真实性相关的安全事件/事故时,能够支持事后的追查和认责。为了做到这一点,除了要在各个通信方之间建立信息的及时鉴真规程外,还需要让系统中各个成员有信息记账机制,并能够追踪信息交互过程中的线索和依赖性,还原事件场景。

1.5　多实体间数字交换的业务连续性

智能船舶系统中由于 SCC 的存在,各个实体间的通信将远比传统的船-船、船-岸通信复杂。现有的船-船、船-岸通信是扁平化的,即在一次通信中,双方以点对点或广播的方式即完成信息的发送或接收。在智能船舶系统中,很多情况下船-船、船-岸之间的通信要延伸至SCC,从而需要在通信会话中包含多个中继的连接。会话劫持是一种常见的针对自主运载工具的攻击形式,智能船舶系统同样需要建立有效的防范机制来弥补此方面的脆弱性。

2　科学问题背景

在人工智能技术大潮的推动下,交通系统作为一种典型的信息-物理系统(Cyber-Physical System,CPS),也正在朝智能化和数字化方向快速迈进。在道路交通和地面运载工具领域,围绕智能车辆、车路协同、高级驾驶辅助乃至无人驾驶的技术研发近年来已成为学术界和工业界的热点工作,相关的研究成果已经从厂商的愿景逐步走向现实。而在水上交通领域,与道路交通领域平行的研究工作也在近乎对等地开展,以智能航行为代表的下一代水上交通技术蓝图正在业界徐徐展现。

船舶智能航行是指借助传感器系统、通信网络和人工智能等技术,在船端和岸端之间建立一体化的数据交换和计算环境,在一定技术程度上使船舶成为人工智能体而具备感知、认知、决策和控制能力,从而逐步降低船舶的航行、维护等常规机能对随船船员人为操作的依赖,促进船舶运行的经济性、安全性和生态环境的友好性。

智能船舶研究初期,研究者的关注点在于探索将机器智能应用于船舶航行及其可行的实现方式。例如,如何尽可能让船舶有足够“自主”能力担负航线规划、交通冲突化解与避碰、动力系统健康维护等任务。大量研发测试实践表明,如果船舶仅是一个水上的孤立智能体,上述任务并不可能完成。只有在船-岸间、船-船间以及船舶内部建立高速稳定的通信链路,才能将状态感知、模式识别、数据分析和决策控制等计算活动连接起来,共同支撑系统的整体智能。也就是说,组件间的网络互联是智能船舶系统赖以可靠工作的重要基础条件之一。

随着智能船舶研究的持续升温,研究工作关心的问题逐渐超越了“如何让机器智能做得更好”,并开始触及“如何保障机器智能做得更好”。针对智能船舶所依赖的网络环境,其中的信息空间安全成为一个新出现的热点。智能船舶作为一类具有较高移动性的智能体,它们和岸基监管单元、驾控单元之间将形成一个网络信息空间。在这个信息空间中,上述物理空间的实体将投射成为信息空间的一个或多个身份符号,并借助通信协议以及它们自身拥有的判断和决策能力成为独立的行为主体。

信息空间中主体的行为与物理空间中主体的行为有较大差异。信息空间中没有传统的“距离”和“位置”概念,因而其中的主体并不存在“位置”意义上的移动性。因此,智能船舶在传统物理空间内涉及安全的行为或事件,如船舶碰撞、搁浅、火灾等,在信息空间中并没有与之对应的情形。信息空间主体的行为主要表现在主体之间的"交往",也就是基于某种既有协议的数据交换,这种数据交换可以是点对点(Peer to Peer)的,也可以是多点之间的。

尽管智能船舶系统中各类主体在信息空间和物理空间中的行为表现出截然不同的形态,但实质上两者都是其主体行为与意识反映。信息空间的行为通常是物理空间行为的延伸,并且服务于物理空间行为。例如,两艘自主船舶在一片水域会遇,彼此交换自己的位置或航行意图,它们需要在信息空间中发生一系列交互,从而为船舶的航行或避碰决策提供依据。在此类情形中,信息空间中两个主体直接为一个具体的航行事件发生点对点交往。

信息空间的安全问题首先在互联网领域受到重视,例如人们熟知的网络泄密、计算机病毒、黑客攻击等,互联网信息空间的此类安全事件一般不会导致物理上的破坏。然而,对于载运工具形成的信息物理系统,其信息空间的安全一旦瓦解,恶意行为对系统功能的滥用将会迅速转化为现实世界中的灾难。福布斯网站曾报道,行驶中的特斯拉汽车被一架携带 Wi-Fi 的无人机跟踪和控制并打开车门。虽然这起事件只是"黑客"的一次炫耀性测试,但它表明在智能运载工具数量不断增多、相应信息物理系统不断扩张的趋势下,信息空间中的敌对行为可能以交通事故的形式展现并带来极具破坏性的后果。

就原理而言,智能网联车辆在信息空间所面临的风险和挑战很大程度上也适用于智能船舶,但由于智能船舶系统在技术架构与智能网联车辆仍有较大差别,它们各自在信息空间中需要应对的安全威胁也呈现不同的特征。

首先,智能船舶的航行较多地依靠岸基的控制和决策,而智能网联车的决策主要由车辆自身及时计算完成。这意味着智能船舶需要对来自岸基的操控信息进行更加严格的鉴别。

其次,智能船舶的跨域移动性远高于智能网联车,因此智能船舶更易于与"域外身份"的船舶相遇并发生信息交互。绝大多数智能网联车在移动范围内,其在管理机构集中注册的身份通常可以互认;而对于智能船舶而言,它们航行途中遇到的其他船舶,其注册身份往往难以被识别。这意味着智能船舶之间的身份认证需要有较健全的数字保障。

最后,智能网联车系统中,一个很重要的基础设施是路侧单元(Roadside Units),但在智能船舶系统中缺乏这一要素,取而代之的是距离船舶较远的 SCC。这意味着船-船之间的数据交换不能借助周边的静态数据锚点来完成,而只能建立动态自组网来进行,因此通信网络可信性的保障难度比智能网联车系统更大。

3 科学问题研究进展

3.1 智能船舶系统安全的整体分析

面对正在快速发展的智能船舶系统,研究人员开始着手为自主船舶的安全需求和安全模型构建体系化的框架,而通信安全的需求则是其中一个重要的部分。Wróbel、Chaal 等人采用系统理论过程分析方法来分析智能船舶的宏观安全模型,Höyhtyä 等人从船舶无线数据链路角度分析了自主船舶应该具备的通信安全能力。Bolbot 等人在网络空间预先危险性分析(Preliminary Hazard Analysis,PHA)方法基础上,提出按照四个步骤来识别智能船舶的网络空间风险。DNV-GL 发布的研究报告中系统描述了智能船舶控制系统组件的安全需求。在工业标准方面,IEC 61162-460 *Maritime navigation and radiocommunication equipment and systems—Digital interfaces—Part 460: Multiple talkers and multiple listeners—Ethernet interconnection—Safety and security* 描述了常规船舶的海上导航和无线电通信设备的安全需求,而 IEC 62443 *Security of Industrial Automation and Control Systems* 则描述了一般工业系统的安全要求。

3.2 IMO 对维护海事信息空间安全的政策支持

2017 年 6 月,IMO 安全委员会通过了 428(98)号决议《安全管理系统中的海事信息风险管理》,决议支持的国际安全管理(International Safety Management,ISM)规则要求船东和管理人员评估网络风险,并自 2021 年 1 月起在安全管理系统的所有功能中实施相关措施。该决议提供了有关海上网络风险管理的高级建议,以保护航运免受当前和新出现的网络威胁,并包括支持有效网络风险管理的功能要素。上述建议可以纳入现有的风险管理流程,并补充 IMO 已经建立的安全和安保管理实践。作为技术上的配套,《海事网络风险管理指南》(MSC-FAL.1/Circ.3)也同步由 IMO 发布。

3.3 智能船舶系统的信息安全数据库

近年来,国际上一些海事大国的政府机构和大学陆续制定了船舶信息安全的标准规范,并开始建设船舶网络安全的数据库。英国交通部发布的《实施守则:船舶信息安全》中较完整地介绍了船舶信息安全的原理、常见的信息安全事件和合理的应对方案,并从操作实务的角度说明了如何开展船舶信息安全评估和建设管理信息安全案例库。基于美国信息安全与基础设施安全署的工业控制系统漏洞库,Strathclyde 大学海事安全研究中心根据现有的网络攻击案件报告,提取了船舶系统通用漏洞的列表,包括各种系统的潜在入口点、攻击类型和针对的系统组件。

3.4　区块链技术在智能船舶信息空间安全中的应用

智能船舶系统中各类实体之间具有较高的相对移动性和动态交互性,这实际构成了一个去中心化的机会网络,也使得区块链成为一个用于解决信息空间安全问题的强有力的工具。智能船舶系统中实体间信任关系的构建和维护,是信息空间安全的一个基础性条件。利用区块链的分布式记账功能,研究者提出了实体之间动态评估信任解决方案。在这个区块链的共识层,系统中各个充当"见证人"的节点通常都是智能船舶系统中信誉较高的实体,拥有生产区块的权利和将其附加到公共的信任记录账本上。区块链将智能船舶系统中各个实体的信誉或信任关系以资产的形式来管理,为信息空间安全提供了一种结构稳定的治理方式。

综上所述,随着智能船舶系统的研究不断走向深入,智能船舶信息空间安全问题的重要性将愈加突出。应该看到,道路交通中有关智能网联车信息安全的研究已取得大量有价值的成果,而智能船舶领域的相关研究尚处于起步阶段。造成这种差距的主要原因在于智能网联车辆的发展阶段确实领先于智能船舶,而当智能车辆的数量达到一定规模时,其信息空间安全的紧迫性就很自然地呈现在研究者面前。有理由相信,智能船舶信息安全的研究也将进入一个快速发展时期,而智能车辆信息安全的相关方法和成果也会带来启发性的思路,最终两者会融汇发展,为下一代智能交通系统构筑更完善的信息底座。

主要参考文献

[1] Bolbot V,Theotokatos G,Boulougouris E,et al. A novel cyber-risk assessment method for ship systems[J]. Safety Science,2020,131:104908.

[2] Kavallieratos G,Diamantopoulou V,Katsikas S. Shipping 4.0:Security requirements for the Cyber-Enabled Ship[J]. IEEE Transactions on Industrial Informatics,2020,16(10):6617-6625.

[3] Wang Y,Chen P,Wu B,et al. A trustable architecture over blockchain to facilitate maritime administration for MASS systems[J]. Reliability Engineering & System Safety,2022,219:108246.

[4] Tam K,Jones K. Cyber-risk assessment for autonomous ships[C]// International Conference on Cyber Security and Protection of Digital Services (Cyber Security),2018,Glasgow,U.K.

[5] Hyhty M,Huusko J,Kiviranta M,et al. Connectivity for autonomous ships:Architecture,use cases,and research challenges[C]// International Conference on Information and Communication Technology Convergence (ICTC),Jeju Island,Korea,2017.

[6] DNV-GL. Cyber security resilience management for ships and mobile offshore units in operation[R]. Norway:DNV-GL,2016.

[7] Kiruthika S,Aashin A,Gopinath K. Securing connected & autonomous vehicls:Challenges posed by adversarial machine learning and the way forward[J]. Journal of Physics:Conference Series,2021,22 (2):998-1026.

[8] Aslam S,Michaelides M,Herodotou H. Internet of ships:A survey on architectures,emerging applications,and challenges[J]. IEEE Internet of Things Journal,2020,7(10):9714-9727.

[9] Gheciu A,Wohlforth W,Percy S. Maritime security in the Oxford Handbook of International Security[M]. Oxford,U. K. :Oxford Univ. Press,2018.

[10] Enoch S,Lee J,Kim D. Novel security models,metrics and security assessment for maritime vessel networks[J]. Computer Networks,2021,189(6):107934.

撰稿人:汪洋(武汉理工大学) 陈德山(武汉理工大学)

智能船舶多传感器融合与态势感知

Multi-sensor fusion and situation awareness for intelligent ships

1 科学问题概述

保障船舶航行安全是水路交通运输高质量发展的重要前提。由于通航环境的复杂性和船舶会遇场景的多样性,船舶航行的安全性和可靠性依赖于船载多类型传感器对船舶航行态势的精准与实时感知。可见光/红外双目摄像机、导航雷达、激光雷达、AIS 等传感器已被广泛应用于船舶航行态势感知和智能避碰辅助决策等。不同类型的传感器有着各自的优点和缺点,可在不同时间、气象条件、航行场景、感知范围、更新频率、检测粒度等方面发挥各自的优势。然而,单一的传感器信息难以在复杂通航环境下准确地感知航行态势和预警航行风险。因此多传感器数据融合已成为制约当前船舶智能航行的关键瓶颈。为突破上述技术瓶颈,一系列关键科学问题有待研究。

1.1 如何在复杂航行场景下构建多传感器数据集

船舶智能航行中各类智能计算模型的构建、训练、测试与优化依旧缺乏特定的数据集。如何创建具有规模性和多样性的大型标准多场景多模态数据集,研究知识和学习协同驱动的风格迁移模型,对于模拟生成高逼真度多场景视觉数据具有重要意义;如何采用随机建模技术同步模拟在设备不稳定和杂波源扰动等情形下的雷达和 AIS 文本数据,是构建多场景多模态数据集的重要补充;如何构建多场景多模态数据集是提高目标检测与跟踪模型、数据融合模型稳定性和泛化能力的重要基础保证。

1.2　如何在低能耗高稳定要求下实现船舶目标实时检测与跟踪

水面纹理的复杂多变性、船舶计算资源的有限性、水面视觉目标的多类型和多尺度等影响因素制约了船舶目标实时检测与跟踪的发展。研究具有多尺度特征提取能力的轻量级目标检测模型,以实现全天时全天候船舶目标实时检测是亟须解决的关键科学问题之一。如何结合船舶的运动和外观特征研究抗遮挡的多船舶高精度实时跟踪方法是提取视觉跟踪轨迹的核心基础。

1.3　如何在多传感器信息中挖掘特征信息以实现信息融合

多传感器获取的视觉信息、雷达和 AIS 报文等数据具有丰富的语义特征信息。然而,多传感器的数据存在时域不同步、空域不同维和结构不一致的问题,难以直接对多传感器信息进行融合匹配。如何将多传感器的特征信息进行精准匹配融合是研发船舶航行态势感知增强系统的关键技术。

2　科学问题背景

水路运输是我国加快构建现代综合交通运输体系的重要组成部分,对促进国民经济和社会发展起着至关重要的作用。作为水路运输最主要的载运工具,船舶是国家综合立体交通网的重要构成要素,其智能化技术已成为全球船舶制造与航运领域研究的前沿热点,也是我国建设海洋强国、交通强国与航运"新基建"等战略的具体实践。国务院先后印发的《中国制造 2025》和《新一代人工智能发展规划》均明确将船舶智能化列为我国亟待突破的关键技术领域。2018 年 12 月,《智能船舶发展行动计划(2019—2021 年)》明确指出,经过三年努力使我国智能船舶发展与世界先进水平保持同步。2021 年 2 月,工信部编制的《智能船舶标准体系建设指南》指出智能航行系统是智能船舶标准体系建设的重点领域。

受限于激光雷达较小的覆盖范围与较高的成本,针对复杂通航环境下的船舶智能辅助航行需求,以视觉传感器为核心、导航雷达与 AIS 等多传感器融合驱动的船舶航行态势感知增强系统已引起学术界和工业界的广泛关注。瑞士-瑞典 ABB 集团和日本古野电气株式会社等企业基于多传感器融合的增强现实(Augmented Reality, AR)技术可提高驾驶员的视觉和情景感知能力,综合显示目标的视觉信息(如可见光/红外视频图像)、动态信息(如位置、航速和航向)与静态信息(如船名、船长和船宽),减小驾驶员在恶劣天气或繁忙水域的操控压力。当前,船舶航行态势感知增强系统研发过程中仍存在两个难以解决的问题：针对多变的气象条件、复杂的通航环境和受限的传感设备，如何实时稳定地检测和跟踪船舶目标是态势感知增强的基本前提；针对具有时域不同步、空域不同维和结构不一致等显著特点的多传感器数据，如何准确地融合船舶跨域多模态数据是态势感知增强的核心技术。不可靠的计算结果将制约船舶在复杂通航环境下的航行态势感知和风险预警能力，因此，复杂航行通航环境下的水面船舶目标检测与跟踪、跨域多模态数据融合等问题已成为制约当前船舶智能航行的关键瓶颈。

3 科学问题研究进展

我国智能船舶历经多年的发展，取得了丰硕的成果。在智能船舶的发展过程中，通过技术突破、示范应用、工程化实施等手段，智能船舶发展的思路逐渐清晰。基于多传感器数据融合的船舶航行态势感知增强技术是智能船舶研究的重点问题，其中，复杂航行场景下多模态感知数据集构建、视觉目标检测与跟踪、跨域多模态数据融合已成为迫切而真实的需求。

3.1 多模态感知数据集构建

船舶智能航行中各类智能计算模型的构建、训练、测试与优化依赖于可准确表征真实航行场景的多模态感知数据集。目前的视觉、雷达和 AIS 等数据集均难以满足研究适用于复杂航行场景的船载智能计算模型的要求。因此，创建具有规模性和多样性的大型标准多场景多模态数据集是研究各类智能计算模型的重要前提。针对不同的任务需求，目前已有视觉、雷达和 AIS 等多模态数据集被应用于各特定研究领域。其中，可见光成像技术符合人眼视觉特性，对形状、颜色和纹理等较为显著的目标特征更为敏感，但易受水面反光和不良天气的影响，会显著降低船舶目标检测与跟踪的精度和鲁棒性。红外视频图像常存在对比度低和分辨细节能力差等缺点，为提高目标检测与跟踪的精度和可靠性，实际应用中还需红外成像超分辨率等预处理过程。导航雷达和 AIS 是船舶导助航领域应用最为广泛的传感设备，在航行环境智能感知和智能辅助避碰等问题中发挥着重要作用。现有数据集聚焦于特定场景下的信息智能感知与态势识别问题，并不能满足本项目船舶航行态势感知增强系统对多场景测试数据的需求。然而，视觉、雷达和 AIS 等多模态数据在辅助智能避碰与航行态势感知等领域发挥着重要作用。大量视觉数据集的开源共享直接促进了船舶目标检测、识别与跟踪研究的快速发展，但其有限的规模性和多样性依然无法满足船舶智能航行中各类智能计算模型的训练要求。同时，当前缺乏在不同航行场景下同步采集的多模态数据，难以满足未来对船舶智能航行中各类人工智能模型的测试需求。

3.2 视觉目标检测与跟踪

近年来，随着成像设备性能的提升，船端通常通过安装可见光和红外热成像等设备来完成全天候船舶航行态势感知。随着机器学习的发展,基于深度学习的目标检测与跟踪方法已能够在一定程度代替人工执行观察任务,并针对不同的任务需求和环境特点被应用于智能交通领域的各类场景中。以 YOLO 系列为代表的一阶段通用目标检测算法能够在检测精度与速度间达成较好的平衡,但针对海事场景的泛化能力不足。为使模型更适应海事应用场景,国内外学者尝试针对通用目标检测算法进行改进。改进后,基于深度学习的目标检测网络在性能上超越了传统海上目标检测算法,且比通用检测算法更符合海事场景的应用需求。基于深度学习的多目标跟踪主流算法包含基于检测的跟踪算法以及联合检测与跟踪算法两类。联合检测算法通常由目标检测与数据关联两个子模块组成,因其具有灵活且简洁的架构、较为丰富的数据集等,能够在不同应用场景获得优良的跟踪性能。跟踪算法将目标检测与数据关联相统一,具有执行效率高的特点,但由于相关跟踪数据集匮乏等缺点,难以在真实场景中取得理想的跟踪效果。因此,在未来亟须研发轻量化的船舶目标检测与跟踪网络,以更好适应真实海事场景中的应用需求。

3.3 跨或多模态数据融合

随着传感器技术的发展,针对船舶辅助航行的多传感器监测技术已获得广泛关注,一艘船舶上可同时部署雷达、视频和 AIS 等多种传感器以辅助航行。使用雷达时,该船不仅可以探测船只,还可以探测浮标等其他物体。但使用雷达可能受到遮挡等因素的影响,且只能获取目标的方位和大小,不能得知其详细信息。虽然 AIS 数据中包含丰富且精度较高的船舶目标信息,但 AIS 可能因各种原因被关闭,且会受到发送周期长、数据不可靠等问题的影响。视频设备虽然能够最直观地将船舶附近水域的通航环境呈现给驾驶人员,但其监测距离有限,且通过图像形式传输的数据内容有限,无法得知船舶的详细信息。各种传感器的局限性表明,通过单一的传感器进行监测无法同时获取精确、直观、全面的实时通航环境信息。所以需要将多种传感器采集的数据进行融合,从而提高船舶导航系统的准确性与可靠性,确保船舶安全航行。目前船舶端多源数据融合主要可分为三类:AIS与雷达数据融合、雷达与视频数据融合、AIS 与视频数据融合。虽然 AIS 数据的融合能够有效提高图像数据的表达能力,但是 AIS 与视频数据的融合受到 AIS 数据可靠性低、更新周期长等特性的影响,精确度低于其他融合算法。如果能够通过雷达数据对 AIS 数据进行增强,使其不再受信息传递特性的限制,将极大提升融合结果的精确度。因此,尽管船载多传感器能够在不同时间、天气条件、航行场景、感知范围、更新频率、检测粒度等方面发挥各自的优势,但是,如何使常用多模态异构数据融合技术在利用多传感器时达到更好的优势互补的效果仍然是需要解决的关键问题。

主要参考文献

[1] Yim J,Kim D,Park D. Modeling perceived collision risk in vessel encounter situations[J].

Ocean Engineering,2018,166:64-75.

[2] Liu R W,Guo Y,Nie J,et al. Intelligent edge-enabled efficient multi-source data fusion for autonomous surface vehicles in maritime Internet of Things[J]. IEEE Transactions on Green Communications and Networking,2022,6(3):1574-1587.

[3] 聂鑫,刘文,吴巍. 复杂场景下基于增强 YOLOv3 的船舶目标检测[J]. 计算机应用, 2020,40(9):2561-2570.

[4] Thombre S,Zhao Z,Ramm-Schmidt H,et al. Sensors and AI techniques for situational awareness in autonomous ships:A review[J]. IEEE Transactions on Intelligent Transportation Systems,2022,23(1):64-83.

[5] Kim K,Kim J,Kim J. Robust data association for multi-object detection in maritime environments using camera and radar measurements[J]. IEEE Robotics and Automation Letters, 2021,6(3):5865-5872.

[6] Wu M,Lv Z. The information fusion based on AIS and video data[C]//International Conference on Computer Science and Network Technology,2016:336-339.

[7] Huang Z,Hu Q,Mei Q,et al. Identity recognition on waterways:A novel ship information tracking method based on multimodal data[J]. Journal of Navigation, 2021, 74 (6): 1336-1352.

[8] Lu Y,Ma H,Smart E,et al. Fusion of camera-based vessel detection and AIS for maritime surveillance[C]//International Conference on Automation and Computing,2021:1-6.

[9] 甘兴旺,魏汉迪,肖龙飞,等. 基于视觉的船舶环境感知数据融合算法研究[J]. 中国造船,2021,62(2):201-209.

撰稿人:刘文(武汉理工大学)　刘敬贤(武汉理工大学)

多尺度多层级水路交通网络耦合机理与安全效能提升

Coupling mechanism of multi-scale and multi-level maritime shipping network detecting for safety and performance improvement

1　科学问题概述

海上运输系统在建设、实施和运营中是不断发展变化的,与相关国家乃至全球的海上运输贸易相辅相成。水路交通网络作为海上运输系统的重要表征方式,具有空间多尺度、货物多层级、船舶多类型、信息多样化、管理水平参差不齐等特征。基于水路交通网络在空间、货物、船舶、信息、管理等多维空间的耦合机理的理解与建模,通过网络动态特性表征、演变规律挖掘、影响机制剖析等,建立水路交通网络知识图谱表征模型、远洋航线规划与船期优化方法、突发事件下的网络结构重组与应急诱导机制等,对重大事件(如军事冲突、苏伊士运河搁浅、欧美大罢工、政权更迭、经济制裁、国际经济协定、新冠疫情等)背景下的科学应对与战略部署具有重要的参考价值。关键科学问题包括:

1.1　水路交通网络的"空间-货物-船舶-信息-管理"多维耦合机理

基于水路运输、信息科学、交通地理、空间科学等基础理论,从空间、货物、船舶、信息、管理等多个维度分析多尺度多层级水路交通网络的关联模式、同质性、异质性等,挖掘水路交通网络的"空间-货物-船舶-信息-管理"多维耦合机理。

1.2　多层级多尺度水路交通网络知识图谱表征模型

基于水路运输、复杂网络、计算机与人工智能、地理信息科学等基础理论,结合水路交通网络的"空间-货物-船舶-信息-管理"多维耦合机理,建立多层级多尺度水路交通网络知识图谱表征模型。

1.3　基于水路运输网络的远洋航线规划与船期优化方法

基于水路运输、复杂网络、运筹学等基础理论,建立基于水路运输网络表征的远洋航线规划与船期优化方法,提升水路运输网络的效能。

1.4　突发事件下的网络结构重组模型与应急诱导机制

基于运筹学、管理学、安全与应急等基础理论,建立突发事件下的网络结构重组模型与应急诱导机制,提升水路运输网络的安全性。

2　科学问题背景

水路运输作为国际贸易连接的主要系统,能够通过水路运输网络进行抽象化表达,故而水路运输供需结构、服务时空模式、贸易连接时空变化等都蕴含在水路运输网络中。水路运输网络的运输模式设计和优化、结构特征发现与建模、网络演化机制推理等相关研究能够支撑海运服务的最佳配置、整合协调以及港口合理规划布局等,是当前科学和行业领域关注的热点和难点。

传统的复杂网络理论和图论方法在水路运输网络时空动态的理解、表达与建模、分析与总结、趋势预测方面存在一定困难,无法满足长周期广覆盖的海运网络随时间、空间的变化分析需求,无法解析水路交通网络在空间、货物、船舶、信息、管理等多维空间的耦合机理。因此,需要进一步研究多尺度多层级水路交通网络的多维耦合本质特征,建立知识图谱表征模型,实现网络动态均衡下的远洋航线规划与船期优化,应对突发事件下的应急诱导。

3 科学问题研究进展

目前基于水路交通网络的研究主要从水路运输网络运输模式设计和优化、水路运输网络结构特征、水路运输网络演化机制三个方面开展。

3.1 水路运输网络运输模式设计和优化

水路运输网络运输模式设计和优化包括航线连接港口的设置和排序、航线结构设计和优化、不同航线间的船舶调度和船队规划、新增航线开辟与设置对水路运输网络运输模式的影响评估等多方面。航线结构模式包括直达式、轴辐式(Hub-and-Spoke)、混合式等。直达式是传统的海运航线结构模式,以多点挂靠(Multi-port of Call)或点对点(Point to Point)模式主要服务于散货和油轮的运输,包括供需结构驱动的往复式航线、钟摆式航线和环状航线等。轴辐式是海运干支线结合的航线模式,通常主干港口服务于远距离大宗货物的国际贸易间的运输,而支线港口支撑着主干港口与内陆港口的贸易连接,如以班轮运输(Liner shipping strategies)为主的集装箱运输。混合式主要是指支线配合支持干线的"混合轴辐式"航运结构,基本特征为干线联营、支线独立,不同干线运输资源共享和协同运营管理,不同支线作为其服务的干线连接内河运输的主要桥梁,是不可或缺的。

水路运输网络设计优化相关研究的目标在于优化航线港口配置、最佳化海运服务安排、提升航运服务品质、评估新增航线的必要性、确定新增航线安排的可行性等,需考虑船舶大小,港口规模、运输经济成本、转运成本、航行频率、货物类型、运输模式、航行时间限制、港口作业时空可达性等诸多因素。目前已提出的模型主要包括:库存和运输双重成本最小化的多目标优化模型,统一混合规划及其提升改进模型,最小化水路运输网络运营成本模型,基于概率分布的自由线性部署模型,非线性混合整数优化模型,基于集装箱货流、船队管理和港口选择的单一货物类型水路运输网络优化模型等。相应的模型求解方法和途径包括各种各样的启发式算法,如基于改进拉格朗日方程的加速求解算法、以遗传算法为基础的多阶段求解方法等。目前相关研究主要是基于恒定运输需求和完全网络图形等假设开展,对水路运输系统的复杂多变的运输需求、错综复杂的多类型运输模式、内部港口细粒度的地理空间分异特征考虑不足。

3.2 水路运输网络结构特征

水路运输网络结构多样化静态特征与多层级动态特性并存。静态特征指网络节点-

边连接结构呈现出的集群性和异质性、鲁棒性和稳健性等。水路运输网络结构特征受运输服务模式、供应链变化、腹地可达性、航运公司运营模式、航线调整、货品价格波动等的影响,呈现出随时间空间不断变化的动态特性。

水路运输网络结构的静态特征包括网络规模、连接关键性、节点重要性、节点邻近或聚集程度、节点间最短路径长度、特征路径长度、节点分散特性等,主要的评价指标包括船舶数量(Number of ships)、网络节点数(Number of nodes)、网络边数(Number of edges)、网络连通性(Network connectivity)、总行程数(Total journeys)、节点度(Node degree)、聚类系数(Clustering coefficient)、平均最短路径(Mean shortest path lengths)、节点平均行程数(Mean journeys per node)、接近中心性(Closeness centrality)、介数中心性(Betweeness centrality)、直达中心性(Straightness centrality)、洛伦兹曲线及基尼系数等。

水路运输网络动态的研究通常是针对网络结构时空变化和层级特性发现、枢纽中心港口转移、连接时空变化和网络复杂性评价等方面开展,并进一步分析其可能的影响因素,当前研究方法包括统计分析、模型构建和实证研究等。水路运输网络拓扑结构时空变化和多层级特性发现不仅是从复杂网络理论和基于图论的微积分方法等分析港口、连接、子网空间、全局网络的层级特性,而且需考虑承运的不同类型货物的耦合、多家货运公司联合运营管理、港口群运营战略联盟等作用下的水路运输网络的多层级动态。网络内部枢纽中心港口的转移分析通常从复杂网络节点介数、直达、接近中心性度量方法出发,分析港口地位变化、中心港口转移的时空演变过程等。动态连接性评价包括针对集装箱班轮运输的兼顾最小运输时间和最大运输能力、基于重力模型和双向连接指数的连通性评价模型,以及针对多层级网络的考虑国际贸易、航运服务水平、水路运输配置的贸易连接框架等。针对网络复杂性评价方面,包括基于重力模型的多层级(集装箱、散货、油轮)水路运输网络复杂性分析以及融合节点流的港口竞争力和网络极化特征的西亚海运走廊水路运输网络复杂特征分析。

水路运输网络结构动态的影响分析包括从网络内部结构改变(如节点中断、节点聚合等)、水路运输系统构成、服务配置变化等视角出发研究其造成的可能结果或后果。水路运输网络内部节点-连接变化会对网络拓扑结构产生一定的影响,可以通过节点度、节点中心性、网络聚类系数、网络模块度、平均最短路径长度、特征路径长度等评价指标分析其影响程度。水路运输系统构成和服务配置需考虑运输服务模式、供应链性能、腹地可达性、不同服务模式动态互补关系、海运运营成本等,可以通过优化模型、组合优化模型、优先级规则制定、贸易分配原则等模型或规则,同时结合确定式或启发式的求解方式等研究不同因素的影响程度。

3.3 水路运输网络演化机制

(1)水路运输网络结构演化

水路运输网络演化是水路运输系统的时空演变过程,不仅是为了与世界海运贸易的发展相适应,也是为了均衡和全方位应对不同因素的影响与制约。水路运输网络演化过程受到内部因素(如港口新增、繁荣、衰落,航道扩建,航道通航管制,航运公司并购、重组,航线挂靠调整等)和外部因素[如灾害事件(地震、飓风、海啸、危险品泄漏、船舶碰撞、海洋生态灾害等)、地缘政策、经济协定、经济制裁、货品价格波动、原油价格波动、政权更迭、武装冲突等]的共同影响和双重制约。

目前相关研究以班轮运输网络演化过程为主,其演变过程主要分为四阶段:第一阶段以区域导向的点对点运输为主,该直达运输模式使得各区域与海外市场的互联互通性较差,且政府较高程度的干预不利于运输行业的市场化、国际化发展;第二阶段轴辐式网络出现,枢纽港口增强了区域性水路运输网络与海外国际市场的联通性,同时政府干预的减少有助于满足日渐增长的运输服务需求,并与水路运输市场的动态相适应;第三阶段为轴辐式网络发展阶段,干线逐渐增多,支线网络功能更加完善增强;第四阶段轴辐式网络中部分支线网发展成干线网,非支线网演变成支线网,二级中心逐步增多。当前研究主要关注水路运输网络从第三阶段向第四阶段的演化过程,包括基于港口空间扩张模式的过程模拟、考虑区域特性和腹地可达性的海运系统演变规律探索,以及基于生命周期理论和政策-环境-结构框架的海运演化匹配管理模型等。

(2)水路运输网络交通流演变

水路运输网络中节点和连接承载的交通流随时间和空间而不断变化。不仅随着水路运输网络结构的演变而改变,同时交通流也为水路运输网络主体交互、不同功能的实现提供了支撑。当前水路运输交通流演变研究包括交通流演变特征、规律、模式分析,相关影响因素识别和交通流趋势预测等。

在交通流演变规律模式发现方面,包括由图论和复杂网络理论方法演变出随机游走模型,并结合水路运输网络的拓扑结构分析交通流的变化特征以及模式规律等;基于网络连接性、同配同质性、OD矩阵流等的全球海运交通流多样差异化演化研究;以及引入复杂网络主导性、中心性和脆弱性分析,区域性不均衡演化的全球尺度下水路运输网络交通流演变评价方法等。

在交通流演变相关影响因素分析方面,Wilmsmeie 等提出了基于转运港口变化和货流时空演变过程的系统性演化分析框架,以加勒比海域和拉丁美洲为例,识别出经济增长、科技发展、港口功能差异、运输服务模式、港口系统变化等影响因素。经济增长会导致货运结构改变和货物吞吐量增加等;科技发展使得船舶大小发生变化,自动化程度提升,物流管理系统完善,信息通信系统畅通等;运输服务模式的转变包括直达服务-转运策略-干支线联营等战略的提升;港口系统变化包括通道、混合、转运等差异化港口功能定位,新增港口、支线港口重定位、内部港口多样发展、港口竞争均衡、港口体制改革、私有运营商入侵应对等港口运营管理方针和港口衰落应对策略等。

在交通流趋势预测方面,Tavasszy 等提出了集装箱货流趋势预测及不确定性分析的综合框架,基于不同国家的贸易信息和班轮运输服务数据,考虑所有研究港口的集装箱运输进入、流出、转运、腹地交通流等信息,预测集装箱水路运输的需求变化趋势,有助于制定相关政策以应对可能的影响。

船舶在港口内或港口间的交互形成了水路运输网络,传统的复杂网络理论和方法在水路运输网络时空建模、表达与分析方面存在一定困难,无法满足长周期广覆盖的水路运输网络随时间、空间变化的分析需求。需要从水路运输网络点、线、网络等要素的时空变化出发,面向水路运输网络的散货、集装箱、油轮等多层级特征和港口、国家、区域、全球等尺度特性,提出适用于水路运输网络多要素、多层级、多尺度特性的时空变化特性评价模型,建立基于水路运输网络时空动态的关联推理演变模型。进一步研究重大事件对水路运输网络结构动态和交通流演变的影响,突破传统基于统计数据的水路运输网络分析在实时性和空间尺度上的局限,为港口设施布设、交通制度制定、海上运输系统运营提供理论支撑,为预测国际油价波动等重大事件对水路运输网络的影响提供关键基础。

主要参考文献

[1] Ducruet C, Notteboom T. The worldwide maritime network of container shipping: spatial structure and regional dynamics [J]. Global Networks,2012,12(3),395-423.

[2] Ducruet C, Rozenblat C, Zaidi F. Ports in multi-level maritime networks: evidence from the Atlantic (1996—2006) [J]. Journal of Transport Geography,2010,18(4):508-518.

[3] Fang Z, Yu H, Lu F, et al. Maritime network dynamics before and after international events [J]. Journal of Geographical Sciences,2018,28(7):937-956.

[4] Wilmsmeier G, Monios J, Pérez-Salas G. Port system evolution—The case of Latin America and the Caribbean [J]. Journal of Transport Geography,2014,39:208-221.

[5] Tavasszy L, Minderhoud M, Perrin J F, et al. A strategic network choice model for global container flows: specification, estimation and application [J]. Journal of Transport Geography,2011,19(6):1163-1172.

[6] Yu H, Fang Z, Lu F, et al. Impact of oil price fluctuations on tanker maritime network structure and traffic flow changes[J]. Applied Energy,2019,237:390-403.

撰稿人:余红楚(武汉理工大学)　刘敬贤(武汉理工大学)

复杂海况下的船舶数值气象导航方法

Numerical ship routing method in complex ocean environment

1 科学问题概述

随着智能航运系统的快速发展与国际社会对海洋环境保护意识的提高,能够为水上交通运输提供高可靠安全保障的船舶数值气象导航相关研究极为重要。然而,目前国际船舶气象航行服务所提供的开阔海域气象水文信息具有较大的精度不确定性,无法帮助船舶及时有效避免高风险海域,致使深远海水域海难事故频发。在该背景下,如何提高船舶远洋航行所需气象水文信息与近海航行所需船舶航行状态的计算精确度,有效避免深远海水域大风浪引起的高风险海域,实现沿岸近海繁忙水域船岸协同相关人员对航行状态精准把握,助力新一代智能航运系统安全、平稳、高效的运行,是本选题的核心问题。为突破上述技术瓶颈,一系列关键科学问题有待研究。

1.1 复杂海洋系统中水文气象要素的相互作用机理

复杂海洋系统中气象海洋环境要素的相互作用机理研究涉及的内容众多且相互影响作用明显,如数值预报的不确定性优化方向与优化方法、复杂海洋系统精细化耦合模型构建方法等。同时,基于气象海洋要素相互作用机理研究的风、浪、流、潮汐等复杂海况的精准预报是复杂海况的量化分级工作的必要条件。因此,需要通过构建复杂海洋系统的精细化耦合模型,明确复杂海洋系统中气象海洋环境要素的相互作用机理,实现复杂海况的精细化预报。

1.2 "船舶航行状态-动态环境外力"交互作用

"船舶航行状态-动态环境外力"交互作用是船舶安全航行高质量实现的重要保障。通过对"船舶航行状态-动态环境外力"交互作用进行核心问题剖析,如船舶航行状态观测数据的精准提取、"船舶航行状态-动态环境外力"交互作用的水动力模型构建等问题,阐明"船舶航行状态-动态环境外力"交互作用,为船舶安全航行提供必要的理论支持。

1.3 "船舶航行状态-动态环境外力"交互作用下的船舶安全绿色航行方法

不同海洋环境对船舶航行产生效果各异的影响,而环境因素中以风和浪的影响最为突出,风和浪的作用所引起的附加阻力使船舶的航行阻力较之静水时大大增加,同时也会导致船舶的大幅度摇荡,极易引起货物掉落及船舶倾覆等重大海难事故。因此,为了高效精准地提出"船舶航行状态-动态环境外力"交互作用下的船舶安全航行方法,需要对不同海洋环境进行精准预报并对"船舶航行状态-动态环境外力"交互作用下的船舶响应进行数值建模,而后融合船舶操纵等航海学基础理论,提出"船舶航行状态-动态环境外力"交互作用下的安全绿色数值气象导航方法。

2　科学问题背景

我国聚集绿色智能船舶技术研发,取得了一定的进展,但仍处在信息平台搭建和岸基遥控水平,在走向深远海的重大基础研究和关键技术攻关方面相对薄弱,其中的主要难点正是真实大气海洋环境中高精度气象水文信息的及时获取与相应大气海洋环境影响下船舶航行状态的准确把握。因此,能够为船舶航行安全、自主航行船舶岸基遥控、海事应急救援、海事安全监管、海洋环境保护等多方面水上交通运输行为提供高可靠安全保障的复杂海况下的船舶安全航行方法基础理论与技术研究至关重要。

作为智能航运系统的核心技术,船舶数值气象导航相关研究是当前国际社会关注的热点问题。一方面,船舶航行气象要素相关研究多直接使用各气象机构提供的低时空分辨率、高不确定性预报数据,无法满足船舶实际航行所需气象水文信息的精确度。另一方面,船舶航行状态相关理论及算法主要使用水槽实验进行结果验证,此类研究方法难以较好适用于复杂非线性真实海况,无法实时准确把握船舶航行状态。因此,作为智能航运发展亟须突破的关键技术,融合气象水文信息高精度数值模拟与船舶航行状态高精度计算的船舶数值气象导航相关理论研究具有重要的科学意义与实用价值。

3　科学问题研究进展

近年来,得益于超级计算机与大容量存储设备的发展,多个发达国家发布了基于全球范围大气海洋模式数值计算的再分析及预报数据,这些数据被直接用于船舶航行安全相关研究。但受限于数据较高的精度不确定性,目前此类数据无法完全满足船舶航行的安全需求,导致海上事故频发。

恶劣的大气海洋环境给开阔海域船舶航行带来的安全隐患清晰可见,基于不确定性分析与误差优化的气象水文信息高精度计算以及真实大气海洋环境中船舶航行状态的高精度计算则是相关海域船舶航行安全保障关键所在,对明确船舶航行海域气象水文特征、探索相应气象水文信息最优计算方法以及完善船舶航行状态理论与算法具有重要科学意义。

与此同时,基于船舶操纵及耐波耦合模型的"波浪中的船舶操纵"相关研究主要是运用水槽实验验证模型精度,真实复杂非线性大气海洋环境中相关研究较少,相关理论与算法无法满足船舶驾驶及海事监管人员对实际海况下船舶航行状态(主要包括航速、航向、船体动摇角度等)的实时精确把握,极易引发繁忙水域船舶事故。

在此背景下,如何提高船舶远洋航行所需气象水文信息与近海航行所需船舶航行状态的计算精确度,有效避免深远海水域大风浪引起的高风险,同时实现沿岸近海繁忙水域船岸协同相关人员对航行状态的精准把握,助力新一代智能航运系统安全、平稳、高效运行,服务建设交通强国以及"走向深远海"等战略是本研究的需求背景以及研究价值。

目前国内在新一代船舶数值气象导航系统研发方面与相关国家或地区之间依然存在较大的差距,主要表现为发展历程较短、技术力量薄弱、业务量较少等方面。同时,在信息化大背景下,相关单位逐步开展多样化的平台建设与产品研发,取得了一定的成果。在"一带一路"倡议指导下,我国沿海一些气象部门与高校成立了一些气象公司(哈船海智、优尼迈特等),基本具备航路规划和气象服务能力,然而由于起步较晚,整体业务体量规模较小。中央气象台于2017年重新开展气象导航业务,初步具备现代化导航业务能力,正在发展规模化业务和商业船舶服务,开发了多个服务应用业务平台,取得了一定的商业效果,但是在高精度水文气象信息与船舶航行状态信息的计算基础理论与技术研究方面有待提升。

主要参考文献

[1] Dee D P,Uppala S M,Simmons A,et al. The ERA interim reanalysis:Configuration and performance of the data assimilation system[J]. Quarterly Journal of the Royal Meteorological Society,2011,137(656):553-597.

[2] 张增海,等.船舶海洋气象导航的业务概况与发展现状[J].海洋气象学报,2020,40(03):11-16.

[3] Gershanik V. Weather routing optimisation—Challenges and rewards[J]. Journal of Marine Engineering & Technology,2011,10(3):29-40.

[4] 刘振,白春江,刘大刚,等.中国沿海水文气象信息的综合应用[J].世界海运,2014,37(08):43-46.

[5] Lee J H,Kim Y. Study on steady flow approximation in turning simulation of ship in waves[J]. Ocean Engineering,2020,195:106645.

[6] Lin Y H,Fang M C,Yeung R W. The optimization of ship weather-routing algorithm based on the composite influence of multi-dynamic elements[J]. Applied Ocean Research,2013,43:184-194.

撰稿人:陈辰(武汉理工大学)　刘敬贤(武汉理工大学)　张进峰(武汉理工大学)

第4章
水路交通运营与服务

水路交通运营与服务作为水路交通与运载工程学科的重要分支,对国民经济、对外贸易和经济社会的发展起到了重要的支撑作用,是缓解运输压力、促进区域化经济可持续发展的必要保障。水路交通运营与服务的研究主题和考虑因素与面临的航运问题特征和社会价值导向息息相关。因此,该领域的发展一直紧随社会需求,以解决实际问题为发展的驱动力,为学科发展指引方向,为社会经济发展提供理论和方法。

水路运输借助其体量大、成本低的优势成为国际贸易中的主要运输方式。随着经济全球化以及全球运输风险的不断增长,水路运输服务的需求也逐渐增加。我国水路交通运营与服务领域研究范畴主要以海上和内河交通工程为基础。水路交通的运营研究主要包括水路运输组织模式、船舶运营组织、港口运营组织、航道及枢纽运营等。水路交通的服务研究主要包括水路运输市场监测监管与调控、港口及集疏运系统服务、水路运输风险管控、水路旅客运输服务、绿色航运服务、港航物流服务等。目前,我国水路交通的运营与服务仍面临基础性、前瞻性研究储备不足,面向全生命周期、数字化、物联化、智能化、绿色化的核心技术自主掌握不足等问题。建设交通强国、海洋强国等战略的实施对水路交通领域的运营与服务提出了更高要求。

在绿色智慧水路交通运营与服务方面,以解决水路交通领域的运营与服务问题为核心,致力于促进水路交通运营与服务的绿色智能化,推进水路交通的信息化进程,改善运营管理,优化资源配置,提高水路交通的运输效益和服务水平,提升水路交通运营与服务的质量,适应社会发展方向,建立一个自然与社会环境友善和谐、污染程度小、能源消耗适度的,能实现智能化的水路交通运输、数字化的行业管理和高效便捷的水路交通运营与运输服务功能的水路交通体系。

在水路运输模式与科学决策方面,以实现水路交通决策的科学化、改善水运交通服务水平、提高水路交通运输系统运行效率为战略取向,关注水路交通规律、水路交通运输系统的综合评价、水路交通供需关系和交通可持续发展、水路交通体系效用最大化的管理方法以及政策的制定,涉及物流运输模式、站点装卸模式、经营合作模式等,主要研究方向包括水路运输模式与决策技术、集疏运系统优化技术、多式联运技术、现代物流管理技术等。

在水路交通运输系统要素运营、服务及管控方面,主要关注船舶运营与服务、港口运营与服务、航道及枢纽运营与管控的科学问题。船舶运营与服务是通过对船舶运营方式的优化,在提升船舶运营效率和服务水平的同时保证船舶运营成本最小化;港口运营与服务主要围绕煤炭、集装箱、进出口铁矿石、粮食、陆岛滚装等;航道及枢纽运营与管控主要涉及航道与枢纽规划、建设、养护和运行四个阶段,关注水路交通设施体系布局规划与设计、枢纽多种运输方式衔接技术与方案设计、区域运输网脆性及疏导、数字化航道规划与设计、船闸智慧调度等方面。

撰稿人:计明军(大连海事大学)　涂敏(武汉理工大学)

洲际空箱调运"带路"协同调度

Trans-continental empty container repositioning with the Belt and Road (B&R) coordination

1　科学问题概述

1.1　集装箱的双重属性与空箱调运

集装箱具有载运工具与运输货物的双重属性,其在重箱状态体现的是载运工具属性,而在空箱状态体现的是运输货物自身的属性,这一双重属性在整个集装箱寿命周期内是周期性交替显现的。

空箱调运则源于集装箱供需的不平衡属性。区域间的产业结构等差异带来了各自相对比较优势,进而产生了区域间的内外贸不平衡。产业分工带来的进出口货源地空间位置的错落、租箱与还箱时间的差异、进出口箱量的不平衡、进出口箱型的不平衡等,也同样导致空箱调运需求的产生。此外,集装箱运输方式之间的协同以及同一运输方式内的运输组织与调度也都对空箱调运产生影响。

1.2　洲际空箱调运与"一带一路"

集装箱重箱与空箱之间相互转化的过程包括:空箱经过装箱成为重箱的过程,即空箱→重箱,以及重箱经过拆箱成为空箱的过程,即重箱→空箱。集装箱空箱调运源于上述重箱与空箱之间相互转化过程之中的时空差异。当区域间贸易平衡时,作为派生需求的集装箱运输流程顺畅;而当区域间贸易不平衡时,空箱的供与需就会失衡,随之导致空箱调运的客观需求。

空箱调运涉及各种运输方式。中欧间贸易不平衡导致的空箱调运难题,不仅仅体现在海上运输,也同样显现在洲际铁路运输,即中欧集装箱班列上。随着"一带一路"倡议的推进,"一带"与"一路"之间的"带路"协同在空箱调运领域愈发凸显。

1.3 洲际空箱调运"带路"协同调度的机理性科学问题

集装箱在重箱状态下呈现的是载运工具属性,该属性决定了空箱调运与存储协同首先是运输方式之间的协同。其次,其在空箱状态下的运输货物自身的属性,客观上需要在运输与仓储之间的多周期之间的动态协同。再次,空箱调运与存储协同问题同时涉及运输与仓储两个环节:在仓储环节,空箱也占据完全相同的空间资源并需要支出基本相同的存储费用;而在运输环节,空箱的运输成本及时间与重箱基本相同,但与重箱运输不同的是空箱运输没有收益,这就决定了空箱调运必然是与重箱运输一并考虑。此外,集装箱与生俱来的共享属性也为不同主体之间的协同奠定了客观基础。

因此,洲际空箱调运"带路"协同调度可以归结为海陆协同的航运库存路径问题(Maritime Inventory Routing Problem with Sea-Land Coordination)。其机理性科学问题包括:①考虑多周期的空箱调运与库存控制之间的调储协同;②考虑成本、在途时间以及碳排放的运输方式之间的联运协同;③考虑重箱运输的刚性需求与空箱调运柔性需求的即期收益与远期收益之间的刚柔协同;④考虑机会损失的空箱调运与空箱租赁之间的调租协同;⑤基于航次共享、舱位共享以及空箱共享的多利益主体之间的博弈协同;⑥基于空箱供给空间分布、空箱需求空间分布以及重空箱相互转换时间分布的供需之间的时空协同。因此,洲际空箱调运"带路"协同调度是个复杂的系统工程,其本质是系统优化。

2 科学问题背景

2.1 中欧海上班轮运输的空箱调运问题

中欧间贸易由于双方的产业结构、相对的比较优势互补性极强,一直以来都是中方的出口远大于进口,导致中欧间的洲际集装箱运输的空箱供需失衡。中方沿海港口均是缺箱港,而欧洲港口普遍是余箱港,导致空箱调运一直是中欧航线的老大难问题。随着"21世纪海上丝绸之路"建设的深入开展,中欧之间的贸易流随之产生了相应的变化,东行与西行集装箱重箱运量差值的绝对量不断攀升,尤其是新冠疫情以来,这种差距不降反升,中欧间的洲际空箱调运问题已然成为一个必须正视的突出问题。

2.2　中欧集装箱班列的空箱调运问题

中欧间贸易不平衡导致的空箱调运难题,不仅仅表现在海上运输,也同样显现在洲际铁路运输,即中欧集装箱班列上。随着丝绸之路经济带建设的深入,"蓉新欧""义新欧"等数十条中欧班列满载重箱从全国各地启程运往欧洲,中欧贸易的不平衡性导致回程货源不足,进而使得中欧班列上集装箱"重去空回"乃至"有去无回",成为制约中欧班列发展的一大瓶颈,由此给集装箱洲际空箱调运的组织与管理带来了巨大的现实挑战。

3　科学问题研究进展

基于前述分析可知,洲际空箱调运"带路"协同调度问题是一种特殊的航运库存路径问题,既涉及空箱运输路径规划,又同时涉及空箱的库存控制策略。由此,针对洲际空箱调运"带路"协同调度方面的研究主要有三类路径,分别是基于库存控制视角、基于运输路径视角以及基于航运库存路径视角。

3.1　基于库存控制视角的洲际空箱调运

基于库存控制视角的研究着眼于集装箱货物的自身属性。空箱存储是调运过程中的一个环节,将其作为一种特殊的库存货物来对待。主要包括空箱库存控制策略的选择、空箱库存阈值的确定等,包括单决策周期的静态情形以及多决策周期的动态情形,研究热点呈现出由单周期静态决策向多周期动态决策发展的趋势。基于库存视角的研究存在两个方面的瓶颈:一是海港与内陆无水港之间的库存协同,二是库存控制策略之间的协同。

3.2　基于运输路径视角的洲际空箱调运

基于运输路径视角的研究着眼于集装箱的载运工具属性。早期的空箱调运研究大多以单独的海运或陆运子系统为研究对象,或研究单一运输方式,与集装箱运输客观上要求的门到门的运输服务需求不相适应。当前研究热点呈现出由单一运输方式向多式联运协调调运空箱的发展趋势,即考虑海域与陆域的协同以及运输方式之间的协调。基于运输视角的研究存在两个方面的瓶颈:一是空箱供给量与需求量的主观估算,二是多周期问题的单周期化处理。

3.3　基于航运库存路径视角的洲际空箱调运

基于航运库存路径问题(Maritime Inventory Routing Problem,MIRP)视角的研究着眼于同时考虑集装箱的载运工具与货物自身的双重属性。关于航运库存路径问题的早期研究大多是针对大宗货物、散杂货、油品、液化天然气等不定期船的运输问题,集装箱的运输模式与上述不定期船舶运输模式完全不同,均采用班轮运输模式。当前的研究热点呈现出由不定期船舶运输向班轮运输、由单周期静态决策向多周期动态决策发展的趋势。基于运输与库存联合优化的研究存在两个方面的瓶颈:一是海域与陆域的分割以及运输方式之间协调缺失,二是集装箱班轮运输特点刻画与特征提炼缺位。

基于上述对洲际空箱调运"带路"协同调度本质的剖析,解决该问题的技术路线图包括(但不限于)以下几个方面:空箱共享机制与共享模式设计、重空箱转换的大数据分析、航运库存路径问题动态优化建模、航运库存路径问题动态优化算法开发,以及针对折叠箱与交换箱等特种箱的深入探讨等,通过这一系统化的综合解决方案,可以实现洲际空箱调运的供需平衡。

主要参考文献

[1] Francesco M D,Crainic T G,Zuddas P. The effect of multi-scenario policies on empty container repositioning[J]. Transportation Research Part E:Logistics and Transportation Review,2009,45(5):758-770.

[2] Hemmati A,Hvattum L M,Christiansen M,et al. An iterative two-phase hybrid matheuristic for a multi-product short sea inventory-routing problem[J]. European Journal of Operational Research,2016,252(3):775-788.

[3] Hjortnaes T,Wiegmans B,Negenborn R,et al. Minimizing cost of empty container repositioning in port hinterlands,while taking repair operations into account[J]. Journal of Transport Geography,2017,58:209-219.

[4] Poo M C P,Yip T L. An optimization model for container inventory management[J]. Annals of Operations Research,2019,273:433-453.

[5] Sarmadi K,Amiri-Aref M,Dong J X. Integrated strategic and operational planning of dry port container networks in a stochastic environment[J]. Transportation Research Part B:Methodological,2020,139:132-164.

[6] Song D P,Dong J X. Cargo routing and empty container repositioning in multiple shipping service routes[J]. Transportation Research Part B:Methodological,2012,46(10):1556-1575.

[7] Xie Y,Liang X,Ma L,et al. Empty Container Management and Coordination in Intermodal Transport[J]. European Journal of Operational Research,2017,257:223-232.

[8] Yu M,Fransoo J C,Lee C Y. Detention decisions for empty containers in the hinterland transportation system[J]. Transportation Research Part B:Methodological,2018,110:

188-208.

[9] 靳志宏,邢磊,蔡佳芯,等.集装箱空箱调运问题研究综述[J].大连海事大学学报, 2021,47（1）:52-60.

撰稿人:靳志宏(大连海事大学)　徐世达(大连海事大学)

集装箱船舶与码头协调配载方法

Coordinated stowage method between containerships and container terminals

1　科学问题概述

集装箱船舶装卸作业主要取决于集装箱船舶配载计划和堆场堆存计划,而船舶装卸作业是在船舶靠泊之后、离泊之前完成,因此集装箱码头船舶靠泊、卸箱、装箱、离泊过程紧密联系、相互影响。集装箱码头往往有多船同时进行装卸作业,岸桥与场桥调度和集装箱船舶装卸作业计划相互制约,船舶装卸作业过程伴随着集装箱在船舶与码头间的空间位移。

考虑到自动化集装箱码头是集装箱运输的重要节点,而集装箱船舶配载是集装箱运输的一个关键环节,针对传统码头作业分阶段、分环节决策,难以优化统筹众多资源等现实问题。因此,重点分析自动化集装箱码头多船生产计划与机械调度双层交互关系,研究自动化集装箱码头多船协调配载问题,这不仅是自动化集装箱码头生产资源全局优化的科学需要,也是加快建设交通强国的战略需求。

由于自动化集装箱码头采用箱区与岸线垂直摆放的布局工艺、岸桥-自动导引小车-场桥的作业模式、进口箱和出口箱混堆的堆存方式以及一体化指泊方式,需要深入分析影响自动化集装箱码头与船舶协调配载问题复杂性的因素。因此,复杂因素影响下的一系列关键科学问题有待深入研究。

1.1　面向多船同时配载的多岸桥与多场桥协调调度技术

考虑到自动化集装箱码头的作业特点,多船同时配载伴随着多岸桥与多场桥协调调度过程。在任意时刻,自动化集装箱码头各个船舶的作业状态一般各不相同,并且随着时间的推移,自动化集装箱码头船舶、堆场、集装箱的状态以及岸桥与场桥调度计划动态变化。一旦某船的装卸作业计划发生改变,岸桥和场桥调度计划也需重新制定。

1.2　多岸桥并行作业时船舶配载图与堆场堆存计划协调优化决策模型

充分考虑出口装船作业线开线量,在一条作业线装船的出口集装箱集中堆存在一个箱区内,不同作业线装船的集装箱分散在多个箱区内,便于多场桥分别提取对应岸桥的集装箱,避免岸桥的等待,提高岸桥作业效率。随着作业的进行,不断有船舶完成装卸作业离泊,岸桥不断被释放和重新分配以最大化岸桥利用率。因此,服务于一艘船舶的岸桥与场桥数量动态变化。多岸桥并行作业线的数量发生改变,船舶配载图与堆场堆存位置的决策结果也相应改变。

1.3　考虑船舶靠泊时间与外集卡送/提箱时间不确定的船舶与码头协调配载方法

船舶靠泊时间影响船舶装卸作业计划与岸桥调度方案,堆场中即将配载的集装箱应根据船舶靠泊的先后顺序从上至下堆存,即可避免装船时堆场倒箱。而外集卡送/提箱时间又进一步影响集装箱在堆场的堆存计划和场桥调度方案,外集卡送箱时间早于船舶靠泊时间,才能使装船作业有序高效进行。外集卡先提的集装箱位于后提的集装箱之上,即可避免外集卡提箱时造成堆场倒箱。船舶靠泊时间与外集卡送/提箱时间的不确定性增加了优化决策难度。

2　科学问题背景

1993 年世界首个自动化集装箱码头(简称自动化码头)建成并成功运营,掀起了自动化码头建设的热潮。自动化码头因在作业成本、效率和安全等方面具有明显优势而受到世界各国的重视。在外部利好政策及技术刺激、内部变革需求双向驱动下,我国自动化码头项目在"十三五"期间逐步形成规模。从 2016 年以来,厦门远海、青岛港、上海洋山港、唐山港京唐港区相继建成自动化码头,深圳和广州等地正在筹建或改造自动化码头。近年来,自动化码头硬件技术日趋成熟,但是码头多船舶装卸作业干扰、堆存作业效率不高等问题没有解决,同装同卸作业模式难以应用,影响了自动化码头的运营效率。本课题将剖析自动化码头的作业特点,聚焦关键作业环节,优化生产作业计划,为"十四五"提升我国自动化码头生产效率提供发展思路。

集装箱船舶配载是分配集装箱到船舶箱位的作业过程,其作为集装箱运输的一个关键环节,对自动化集装箱码头的运营生产效率有重大影响。不合理的配载计划将会造成船舶和堆场倒箱,增加码头作业成本,影响码头生产效率。一般来说,在满足船舶运输(船舶流体力学原理)和码头作业要求的基本前提下,预先制定配载计划,确定集装箱在船舶箱位合理的排列方式,形成船舶配载图,以保证船舶的安全运营和码头的高效运转;基于船舶配载图,进一步确定堆场取箱顺序和装船顺序,最小化岸桥和场桥移动距离,提高作业效率。

随着集装箱码头的自动化发展,自动化码头多船舶配载计划与堆场计划协调优化方法的研究显得尤为迫切。由于自动化码头堆场采用不区分船舶的堆存方式,同一船舶的集装箱可能分散在堆场的各个区域,不同船舶的集装箱可能混堆在同一堆场区域,因此多船舶配载计划和堆存计划存在交叉影响。计划期内,不断有船舶到港进行装卸作业,堆场空间布局动态变化。此外,船舶到达时间具有不确定性,使得船舶靠泊时间和靠泊位置发生动态变化。码头的时空动态变化特征给多船舶配载计划与堆场计划的协同提出了更高要求,若继续对码头作业采用分阶段、分环节的优化方式,可能会造成堆场计划安排不合理、船舶与堆场衔接不充分等问题。因此,在自动化码头快速发展阶段,需要重点关注生产计划模块的智能化水平,研究多船舶配载计划与堆场计划协调优化方法,进一步制定多船舶装卸作业和堆场存取作业计划,提高船舶、泊位、堆场等资源利用率。此研究能够为自动化码头的多船舶智能配载和生产组织优化等提供新思路,对提高集装箱供应链中自动化码头和航运企业的经济与社会效益都具有实际意义。

3　科学问题研究进展

配载是集装箱码头作业系统中的重要一环,配载质量除了受船舶配载计划的影响,同时与码头岸桥和场桥调度方案、堆场计划密切相关。目前,国内外学者就集装箱船舶配载优化和集装箱码头堆场作业与机械调度优化展开了深入研究。

3.1　针对集装箱船舶配载优化研究

20世纪90年代,简化的船舶配载问题的复杂性得到验证,证明船舶配载问题是多项式复杂程度的非确定性(Non-deterministic Polynomial,NP)问题。此后,进一步考虑了货流不确定性对配载问题的影响,但是没有从理论角度论证该问题的复杂性。本团队研究了基于配载图的卸船作业优化算法的时间复杂性。总体来看,现有研究缺乏从理论上分析多约束条件下集装箱码头多船协调配载问题的复杂性,以及求解算法的时间复杂性。学者们更多关注的是集装箱船舶配载模型的建立,以及配载方法的开发与配载计划的优化。对于船舶管理人员来说,配载计划制定的目标主要集中在优化船舶箱位分配和船舶在港时间等船舶运营方面,忽略了集装箱码头多岸桥并行作业与场桥协调调度对船舶配载计划的影响,可能会造成码头机械作业效率与船舶运营效率的目标冲突。现有海侧船舶配载计划优化方法的研究已初具规模,但是局限于船舶运营层面,缺乏机械调度和堆场计划对配载计划影响的深入研究,且船舶配载优化方法方面的研究进度没有跟上自动化集装箱码头的发展。

3.2　针对集装箱码头堆场作业与机械调度优化研究

集装箱码头堆场作业与岸桥和场桥调度优化的研究成果较多,通常是以码头作业效率为目标开展研究,近年来有学者开始关注船舶配载计划与堆场作业计划的相互制约关系。针对基于配载计划的码头集装箱翻倒问题,聚焦船舶贝位的装船作业过程,以及进口箱卸船顺序与堆场堆存位置协调优化方法。但是现有研究是在船舶配载图已知的前提下制定堆场的作业计划或堆存计划,是分阶段式的决策过程,没有考虑两者的交互影响关系。目前岸侧的研究没有实现码头作业效率与船舶运营效率的协调优化,得出的堆场计划与机械调度的结果可能会导致集装箱装船顺序不合理,增加堆场的倒箱量,或者造成船舶倒箱,拉长船舶在港装卸时间,降低船舶运营效率。

综上所述,集装箱船舶配载优化和集装箱码头堆场作业与机械调度优化两个方面的问题均受到了国内外学者的关注,目前也已取得丰富的研究成果。但是,现有研究分阶段决策配载计划和堆场计划,较少关注岸桥和场桥动态调度与配载计划、堆场计划的交互影响关系。配载计划的优化在提高船舶航行安全性能以及节约资源方面具有巨大的潜力,而人工制定配载计划的效率极低,因而吸引了不少学者以及技术人员着手研究优化算法。但是现有的模型与算法聚焦于解决船舶配载计划、堆场计划、机械调度单一方面的问题,对基于岸桥与场桥动态调度的集装箱码头多船协调配载问题的全局优化方法的研究不足。目前对自动化码头机械调度优化的研究相对较多,但是忽略了自动化集装箱码头作业特点对船舶配载的影响,因此基于岸桥与场桥动态调度的自动化码头多船协调配载问题值得深入分析,同时亟须挖掘与扩充用于支撑其决策的模型库与算法库。

主要参考文献

[1] 王帆,黄锦佳,刘作仪.港口管理与运营:新兴研究热点及其进展[J].管理科学学报,2017,20(5):111-125.

[2] Aslidis A. Minimizing of overstowage in containership operations[J]. Operations Research,1993,90:457-471.

[3] Avriel M,Penn M,Shpirer N. Container ship stowage problem:complexity and connection to the coloring of circle graphs[J]. Discrete Applied Mathematics,2000,103(1):271-279.

[4] Christensen J,Erera A,Pacino D. A rolling horizon heuristic for the stochastic cargo mix problem[J]. Transportation Research Part E:Logistics and Transportation Review,2019,123:200-220.

[5] Zhu H,Ji M,Guo W. Two-stage search algorithm for the inbound container unloading and stacking problem[J]. Applied Mathematical Modelling,2020,77:1000-1024.

[6] Ji M,Guo W,Zhu H,et al. Optimization of loading sequence and rehandling strategy for multi-quay crane operations in container terminals[J]. Transportation Research Part E:Logistics and Transportation Review,2015,80:1-19.

[7] Zhu H,Ji M,Guo W,et al. Mathematical formulation and heuristic algorithm for the block relocation and loading problem[J]. Naval Research Logistics (NRL),2019,66(4):

333-351.

[8] Jovanovic R,Tanaka S,Nishi T,et al. A GRASP approach for solving the blocks relocation problem with stowage plan[J]. Flexible Services and Manufacturing Journal,2019,31(3): 702-729.

[9] Tanaka S,Voss S. An exact algorithm for the block relocation problem with a stowage plan [J]. European Journal of Operational Research,2019,279(3):767-781.

撰稿人：祝慧灵(大连海事大学)   计明军(大连海事大学)

移动互联下的狭窄水域短期船舶交通流预测

Vessel traffic forecast in narrow channles in mobile internet context

1 科学问题概述

短期船舶交通流是水上交通管理与控制、码头水域和陆域作业调度管理的核心基础，移动互联下环境(AIS大数据、船联网等)为准确预测狭窄水域(如进出港航道、内河航道等)的船舶交通流提供了建设的物理基础，应用深度学习等人工智能技术高精度地预测狭窄水域的短期船舶交通流是港航运输运营与服务领域的关键科学问题。

2 科学问题背景

随着移动互联的普及，可以通过AIS数据监控到近海海岸以及内陆水域内的有移动的船舶，在现实世界中船联网已经先于车联网成为事实，船舶交通流的管控者、码头生产作业者和船公司的管理人员已经实现了在线对船舶的实时监控。如果进一步准确地知道未来一段时间船舶所在位置和不同空间位置上的船舶分布，上述相关人员就可以更高效地管理和利用船舶，更能为船舶提供好的服务，且在提升各自资源利用率的同时改善船舶交通的安全性。因此，需要采用人工智能算法处理AIS大数据，预测不同时间窗内的短期船舶交流指标。

3 科学问题研究进展

有关道路短期交通流预测的研究比较多，其方法是基于传统的和先进的预测方法(如线性回归、人工神经元网络、支持向量机、K-紧邻等)，通过大量训练获得预测的工具。但是，由于车辆网没有完全形成，加之车辆在城市道路上的路径选择灵活，基本上目前在道路交通方面短期交通流预测还无法实现。在AIS没有普及前，船舶交通流的预测更加粗放,基本上是基于历史数据的回归分析。在 AIS 普及后,提取船舶轨迹、预测船到达某地点的时间等研究有了很大的进展。但是,针对某一航道断面或某一区域预测短期船舶交通流或船舶交通密度的方法尚未得到充分的研究,很多核心的科学难题尚未解决。

主要参考文献

[1] Zhang L,Meng Q,Fang Fwa T. Big AIS data based spatial-temporal analyses of ship traffic in Singapore port waters[J]. Transportation Research Part E:Logistics and Transportation Review,2019,129:287-304.

[2] 张矢宇,杨宇昊,陈尘,等.基于回归-卡尔曼滤波组合模型的航道整治区域船舶交通流时空预测[J].大连海事大学学报,2021,47(01):37-44.

[3] 索永峰,陈文科,杨神化,等.基于深度神经网络的船舶交通流预测[J].集美大学学报(自然科学版),2020,25(06):430-436.

[4] Cheng T,Haworth J,Wang J. Spatio-temporal autocorrelation of road network data[J]. Journal of Geographical Systems,2012,14(4):389-413.

[5] Zhang L,Wang H,Meng Q. Big data-based estimation for ship safety distance distribution in port waters[J]. Transportation Research Record,2015,2479(1):16-24.

[6] 李振福,段伟,李肇坤,等.基于"21 世纪海上丝绸之路" AIS 数据的船舶交通流预测[J].广东工业大学学报,2020,37(06):1-8.

[7] Shi Q,Abdel-Aty M. Big Data applications in real-time traffic operation and safety monitoring and improvement on urban expressways[J]. Transportation Research Part C:Emerging Technologies,2015:380-394.

[8] 刘敬贤,张涛,刘文.船舶交通流组合预测方法研究[J].中国航海,2009,32(03):80-84.

[9] Yang Y,Yeh G O. Spatiotemporal traffic-flow dependency and short-term traffic forecasting [J]. Environment and Planning B:Planning and Design,2008,35(5):762-771.

撰稿人:杨忠振(宁波大学)

干扰环境下自动化集装箱码头 AGV 调度与路径规划

Automated container terminal AGV scheduling and path planning in noisy environments

1　科学问题概述

船舶装卸作业主要涉及岸桥(Quay Crane,QC)、AGV、场桥(Yard Crane,YC)三类设

备。自动化集装箱码头的作业过程如下:船舶靠港后 QC 作业卸船箱时,AGV 在 QC 下接收卸船箱,然后行驶经过 QC 下通行车道、水平运输缓冲区通行车道、高速车道,到达指定箱区的海侧交互区或到达悬臂箱区作业车道的指定贝位;反之,QC 作业装船箱时,AGV 从进口箱所在箱区的海侧交互区或悬臂箱区内作业车道的指定贝位取箱后,行驶经过上述车道将集装箱送到指定的 QC 下。若在实际生产过程中发生自然环境影响 AGV 的定位与校准导致部分路径中节点无法识别,或地面磁钉等定位装置损坏导致运输网络部分路段不可通行,则可能会延长 AGV 运输时间,而 AGV 的到达时间直接影响 QC 和 YC 的作业时间,可见自动化集装箱码头水平运输作业是整个装卸作业过程的关键环节,能否科学合理及时地制定干扰环境下 AGV 调度计划方案和运输路径规划方案直接影响着码头的装卸作业效率。科学合理地制定 AGV 调度和运输路径方案,必须解决如下关键问题:

1.1 AGV 调度系统与 QC、YC 调度系统各要素间的耦合机理

AGV 在 QC 作业区和 YC 所服务箱区交接集装箱时与不同类型 QC、YC 间的作业耦合过程不同,应梳理 AGV 调度系统、QC 调度系统及 YC 调度系统各要素间的信息耦合关系,分析不同 AGV 和 QC、YC 的运行状态,研究 AGV 运输过程中 QC、YC、AGV 调度系统间的信息和数据的关联性,构建 AGV 与 QC、YC 间的时空耦合关联模型。

1.2 AGV、QC、YC 故障分类和各类故障干扰下的 AGV 实时调度优化方法

AGV 和 QC、YC 的运行失常、感知失准、死机等故障问题导致 AGV 实际运行状态偏离计划,应利用故障发生前后 AGV 的运行时间和速度历史数据训练特征向量,结合 AGV、QC 和 YC 运行过程中的实时信息识别故障类型,设计不同的控制策略,以提高设备发生故障后 AGV 调度和路径规划系统的调整、恢复速度。

1.3 运输环境干扰分类和各类运输环境干扰下的 AGV 实时路径规划方法

作业过程中恶劣天气(风、雪、雨、雾等)导致的设备无法定位与校准,地面磁钉或其他定位装置损坏引发的部分路段不能通行,未按给定时间节点出发的 AGV 在路网中与其他 AGV 发生冲突,运行中的 AGV 因避让等待其他 AGV 引起的拥堵等一系列干扰因素影响 AGV 运输路网的连通性。应深入探索运输路网连通性与 AGV 路径规划的内在关系,及时识别 AGV 运输环境中的干扰因素,并制定干扰恢复策略和应急方案,实时调整 AGV 运输路径。

2 科学问题背景

自动化集装箱码头的建设和高效运营对水上交通运输行业发展和交通强国建设有重

要意义。2019 年 5 月,交通运输部会同国家发改委等七部门联合发布《智能航运发展指导意见》,指出发展智能航运的主要任务之一是提高港口、航道、船闸等基础设施与智能船舶自主航行、靠离码头、自动化装卸货的配套衔接水平。2021 年 2 月,中共中央、国务院印发《国家综合立体交通网规划纲要》,提出到 2035 年我国交通基础设施质量、智能化与绿色化水平居世界前列的目标。

目前自动化集装箱码头建造技术已经逐渐成熟和完善,但在其运营过程中,经常出现QC、YC、AGV 等设备故障,AGV 行驶路径中节点无法识别,地面定位装置的损坏使部分路段不可通行,以及多 AGV 行驶中出现冲突和拥堵等,使得原有作业计划被扰乱,船舶在港作业时间被延迟,甚至会导致整个码头生产系统的瘫痪。

因此,剖析 AGV 调度系统与 QC、YC 调度系统间各要素的关联性,揭示各系统间耦合机理,对干扰环境下自动化集装箱码头 AGV 调度与路径规划问题展开研究,提出解决该问题的系统方法,包括新策略、新模型和新求解技术等,深化和拓展自动化码头 AGV 调度和路径规划理论研究,对提升集装箱码头的智能化管理和干扰管理水平,推动集装箱码头智慧化和绿色低碳化发展具有重要的理论与现实意义。

3　科学问题研究进展

为减少干扰环境下 AGV 运输时间的不确定性对 QC、YC 的影响,针对 AGV 与 QC、YC间交接集装箱过程中存在"作业耦合"的问题,一些学者从改造装卸设备和优化码头装卸工艺的角度研究了装卸设备间的耦合关系,如在海侧交互区设置缓冲支架,降低 AGV 与YC 的作业耦合等。但受稀缺的土地及资金的限制,改造装卸设备和优化码头装卸工艺往往非常困难,因此更多学者基于现有的装卸设备和装卸工艺,以最小化船舶装卸完工时间、最大化设备利用率等为目标,从 AGV 与 QC、YC 间联合调度优化的角度降低作业耦合度。尽管现有成果能为本课题研究提供有益参考,但仍存在以下不足:

3.1　未深入挖掘 AGV 调度系统与 QC、YC 调度系统各要素间的耦合关系

现有关于 AGV、QC、YC 调度系统优化的研究均建立在已知或假设的环境中,且涉及的设备类型单一、数量规模较少、作业过程简单,未深入研究 QC、YC 作业过程对 AGV 作业过程的影响,故无法有效识别 AGV、QC 和 YC 作业过程中的异常信息。

3.2　针对 AGV 调度优化的研究中未考虑 AGV、QC、YC 的故障识别和实时响应

现有关于 AGV 调度的研究中,大多假设 AGV、QC 和 YC 正常运行,或假设 AGV 故障发生时间和类型等信息已知。但 AGV 和 QC、YC 的运行失常、感知失准、死机等不同故障类型对应着不同的 AGV 运行特征,只有针对不同故障类型制定不同干扰恢复策略,才能

有效降低设备故障对 AGV 调度和路径规划系统稳定性的影响。

3.3　针对干扰环境下 AGV 实时路径规划方面的研究还有很大提升空间

现有关于 AGV 路径规划的研究侧重于求解无冲突和拥堵情况下的 AGV 最短路径，未考虑其对路网连通性的影响。只有及时识别 AGV 运输环境中的干扰因素，并制定干扰恢复策略和应急方案，实时调整 AGV 运输路径，才能增强 AGV 路径规划系统的抗干扰能力。

3.4　求解自动化集装箱码头 AGV 调度和路径规划问题的技术和方法的研究有待进一步深化

在计算机只能处理少量数据的时期，关于优化问题的研究多是基于一定的假设条件构建数学模型，通过设定一些条件利用最优化理论将其转化为线性模型求全局最优解。之后侧重于构造符合模型中约束条件的可行解集，设计或改进遗传、模拟退火和禁忌搜索等启发式算法，在可行解集内寻求最优解。近年来，随着人工智能的逐步发展，部分专家学者开始研究大数据分析技术和机器学习算法在各个领域的应用。只有深化上述技术方法在码头运营规划问题中的应用，构建更贴近自动化集装箱码头生产实际的 AGV 调度和路径规划模型，才能及时解决现实生产中出现的问题。

综上所述，未来研究自动化集装箱码头 AGV 调度与路径规划时，应将实际运营环境中存在的多种干扰因素考虑在内，需要解决的问题如下：

(1)厘清 AGV 在 QC 作业区和 YC 所服务箱区处交接集装箱时与不同类型 QC、YC 间的作业耦合过程，识别 AGV 调度系统、QC 调度系统及 YC 调度系统内 AGV 与 QC、YC 间的作业耦合关系。

(2)辨识 AGV 与 QC、YC 故障和 AGV 运输环境变化等干扰因素导致的不同类型设备运行数据的变化规律，制定 AGV、QC 和 YC 作业过程中的异常信息识别标准。

(3)基于故障发生前后 AGV 的运行时间和速度历史数据训练特征向量，设计机器学习算法，识别故障类型。

(4)基于 AGV 运行时间和速度历史数据训练机器学习模型预测不同干扰环境下的 AGV 作业时间(空载时间和重载时间等)，构建干扰环境下的 AGV 实时调度优化模型库和算法库。

(5)构建 AGV 实时运输网络拓扑结构，并考虑 AGV 冲突、拥堵和路网失效等运输环境干扰因素，构建 AGV 路径规划模型库和算法库。

(6)制定干扰恢复策略，并利用机器学习算法评价不同策略的效能，基于最优干扰恢复策略构建干扰恢复策略库。

（7）基于大数据技术、通信技术、图形图像识别技术、仿真技术，构建物理集装箱码头、虚拟集装箱码头和 AGV 调度系统协同工作的数字孪生模型。

主要参考文献

［1］ Wang Z，Zeng Q. A branch-and-bound approach for AGV dispatching and routing problems in automated container terminals［J］. Computers & Industrial Engineering，2022，166:107968.

［2］ Hu H，Yang X，Xiao S，et al. Anti-conflict AGV path planning in automated container ter-minals based on multi-agent reinforcement learning［J］. International Journal of Production Research，2021，61(1):65-80.

［3］ Zając J，Małopolski W. Structural on-line control policy for collision and deadlock resolu-tion in multi-AGV systems［J］. Journal of Manufacturing Systems，2021，60:80-92.

［4］ 范厚明，郭振峰，岳丽君，等. 考虑能耗节约的集装箱码头双小车岸桥与 AGV 联合配置及调度优化［J］. 自动化学报，2021，47(10):2412-2426.

［5］ Chen X，He S，Zhang Y，et al. Yard crane and AGV scheduling in automated container ter-minal:A multi-robot task allocation framework［J］. Transportation Research Part C:Emer-ging Technologies，2020，114:241-271.

［6］ 郑松，吴晓林，王飞跃，等. 平行系统方法在自动化集装箱码头中的应用研究［J］. 自动化学报，2019，45(03):490-504.

撰稿人:范厚明(大连海事大学)　马梦知(大连海事大学)　岳丽君(大连海事大学)

自动化码头资源冲突辨识与协同调度优化方法

Conflict identification and collaborative scheduling of automatic container terminal resource

1　科学问题概述

受益于物联网、人工智能、云计算、5G 等新一轮革命性的科技创新与应用，传统集装箱码头向自动化码头转变已成为时代的潮流。改变集装箱码头各作业系统的孤岛式管理与决策、设备资源调度冲突的现状，实现集装箱码头资源协同调度，提高码头作业效率和绿色化水平成为时代的必然要求。集装箱码头全自动化的发展模式将为研究水路运输生产提供海量的数据，基于大数据技术研究资源冲突辨识及其度量理论与方法，并在此基础上进一步研究资源协同理论与方法,对于实现以上目标具有重要的理论意义和重大的应用价值。

典型的自动化集装箱码头作业系统主要涵盖码头前沿子系统、水平运输子系统、后方堆存子系统,设备资源包括装卸岸桥、自动导引车、无人集卡和跨运车、自动化轨道式起重机(Automated Rail Mounted Gantry Crane,ARMG)等。通过自动化码头各子系统资源的有机协作,可以提高码头的作业效率,降低企业的运营成本。同样重要的是,通过实现资源的高效配置与协作,可以提升水路运输整体效率,减少能源消耗与空气污染,具有广阔的商业前景和应用价值。

现实来看,自动化码头的建设和运营还处于探索阶段,未成为普遍的主流生产模式,总体可归因为以下三个瓶颈问题:①自动化码头资源协作系统性不足。自动化集装箱码头的运作管理系统仍是多部门、多阶段式的决策和管理,对资源筹划的全局性思维和系统性支持较弱。②受人的因素影响较多,适应性较低。现有的自动化码头系统无法有效应对港口集装箱岸桥、AGV、ARMG 和集卡等多资源调度过程中环境复杂性和任务复杂性的特点,若出现突发任务或调度过程受到外界因素阻碍,将会导致原有的计划全部打乱,对环境和任务变化的适应性较差。③自动化码头系统不能及时自主地做出决策,需要耗费大量的经济成本和时间成本。现在的自动化码头调度系统自治化、智能化程度均较低,需要大量的人工操作干预与判断,这不但难以实现码头资源系统性的最佳配置,而且会产生巨大的经济成本和时间成本。为突破上述技术瓶颈,一系列关键科学问题有待研究。

1.1　如何准确度量自动化码头资源要素的关联性并进行冲突辨识

如何从自动化集装箱码头的运营管理大数据中挖掘码头各资源要素之间的关联关系(包括促进和制约),分析制约码头效能发挥的瓶颈因素,是合理评价自动化码头运作效能的关键问题。可以引入大数据分析和机器学习技术,提出数据驱动下的自动化码头冲突辨识方法与优化方向。

1.2　如何构建自动化码头多种资源协同化运作的协同优化模型

传统的集装箱码头资源优化往往只考虑 1 ~ 2 种资源要素,将综合考虑多种资源因素(包括环境要素),构建集成化的集装箱自动化码头智能协同调度系统优化模型,并设计相应的群智能优化算法。引入多智能体技术,采用面向主体的建模技术,在模型实现时考虑实现多主体的交互式运作,建立集成化的协同调度优化模型。

基于多智能体(Multi-Agent)的建模方法,具有主动性、层次性、动态性、可操作性等优点,成为研究复杂系统的有效手段,智能体(Agent)的智能和适应性是复杂系统 Multi-

Agent建模仿真方法的本质特征。基于 Agent 的系统以及 Multi-Agent 系统被认为是求解复杂分布式问题具有普适性的高层指导思想,但是 Multi-Agent 与集装箱码头领域相结合的研究却较少,特别是应用于自动化码头自适应调度领域的研究就更少。

1.3 如何设计自动化码头多种资源自适应决策支持系统

对于港口集装箱物流系统优化仿真方面的研究,以往主要集中在针对集装箱码头局部物流系统进行建模和仿真,采用 Agent 技术对集装箱码头进行整体建模和仿真分析的比较少见。拟引入 Anylogic 计算机模拟建模技术,开发基于代理的自动化码头智能调度优化决策支持系统,设计、开发自动化码头多种资源自适应决策支持系统,对前文的逻辑模型和数学解析模型的结果进行仿真模拟验证。

2 科学问题背景

2016 年,交通运输部印发《交通运输信息化"十三五"发展规划》,提出要实现港口服务全流程自动化、智能化,提高港口物流效率和智能化程度。2017 年,交通运输部印发《关于开展智慧港口示范工程的通知》,指出应大力推进智慧港口和绿色港口体系建设。自动化码头因其安全性能高、人力成本低、作业效率高和环境友好等优点,已成为未来港口转型升级的重要方向。

自动化集装箱码头是一个复杂系统,多种设备资源间衔接紧密,存在着大量制约和冲突的现象,整体运作效率还有待提升,设备资源能力尚未得到充分发挥。对于集装箱岸桥、AGV 和 ARMG 的调度基本还是按照装卸任务先后顺序的原则进行操作,没有制定一个协同化的操作规则,尚未形成一个统一的整体。调度过程受人为主观因素影响,往往凭经验进行判断,调度时不能充分考虑到作业的全局性。尤其在集装箱码头业务繁忙的时候,经常出现 AGV 等待时间过长、ARMG 无效作业多等不合理现象,影响码头前沿船舶的装卸效率和水平运输的作业效率,不但增加码头的运营成本,而且降低码头后方客户的满意度。

3 科学问题研究进展

自动化集装箱码头的设备资源冲突辨识研究主要针对设备之间存在的冲突干扰问题,通过建立数学模型提出解决方案。作为复杂的离散事件动态系统,集装箱码头设备资源之间的相互干扰造成作业效率和效果存在大量不确定性,不确定性的传播最终导致各设备资源的配置效能无法达到设计的理论值,最终影响整个港口的运作效率。准确辨识自动化码头资源要素之间的冲突,构建多资源协同控制优化模型并设计高效的求解算法意义重大。

众多学者在数字化环境下的运行影响因素、设备调度优化与控制和资源协同优化等方面的研究为该问题的解决奠定了良好的基础,但以下三点关键性基础理论问题尚待深入探索研究,才能进一步推动自动化码头向自主式智能调度优化控制发展。

3.1　自动化码头设备资源间存在的冲突辨识

现有的自动化码头大数据分析集中于码头运营优化研究,用大数据解析评价指标及评价体系的内在关联性,为自动化码头运营优化提供策略依据。对于在大数据条件下如何准确识别自动化码头设备资源间存在的冲突问题罕有学者研究。

3.2　多资源调度协同优化算法

大多数研究以传统人工操作的集装箱码头为对象,对于自动化码头资源要素的调度优化相对较少。当前国内外对于港口集装箱设备资源调度优化的研究也主要集中在泊位、岸桥、场桥、集卡或 AGV 要素的优化调度,且大多数集中在对 1～2 个单独要素的探讨。自动化码头对于各种设备资源要素的匹配性、协同性和自适应性的要求更高,针对自动化码头的三种或更多资源协同性问题研究甚少。在求解算法设计方面,多数采用遗传算法、粒子群算法、模拟退火算法等传统智能优化算法,算法的求解效率难以保证。如何对各资源要素之间的约束进行松弛,并设计一个可并行计算的高效率算法是多资源调度协同优化的基础,也是亟须解决的关键问题。

3.3　自动化集装箱码头仿真系统

由于自动化集装箱码头的建设在最近十年才开始兴起,所以大多数的文献研究还是集中在传统的集装箱码头领域,较少对自动化集装箱码头多个设施或设备的优化进行整体性研究。在集装箱码头仿真研究上,大部分仿真还是以纯离散事件仿真建模为主,对结合 Agent 仿真建模的实践相对较少,虽然已经有越来越多学者开始将 Agent 技术应用在集装箱码头作业协作问题研究上,但主要还是集中于框架模型的研究或者是单个 Agent 的独立研究,对于多 Agent 多资源交互模型的研究较少。

综上所述,未来自动化码头资源协同调度领域的研究重点包括以下几个方面:

(1)在资源要素冲突辨识的研究中,围绕集装箱码头的运营管理会产生海量的数据,如何从中挖掘码头各资源要素之间的关联关系(包括促进和制约),分析制约码头效能发挥的瓶颈因素,是合理评价自动化码头运作效能的关键问题。

(2)在资源协同调度优化模型研究中,将综合考虑多种资源因素(包括环境要素),构建集成化的集装箱自动化码头智能协同调度系统优化模型,并设计相应的群智能优化算法。同时,在模型实现时考虑实现多主体的交互式运作,建立集成优化的协同运作模型。

（3）在资源集成化协同调度系统研究中，构建一种具有灵活动作自治能力的多 Agent 集装箱岸桥、AGV 和 ARMG 协同调度系统，使自动化码头的物流调度有更好的全局性和自适应性。

研究自动化集装箱码头多设备协同优化调度问题，通过引入数据挖掘、机器学习、多 Agent 建模和计算机仿真等技术，研究自动化集装箱港口物流智能协同调度系统冲突辨识、协同机理、系统优化模型、智能优化算法设计、仿真试验器设计等相关问题，可以为港航企业开发智能化集装箱物流协同调度系统提供理论支持，为港口企业升级和改造工程技术应用提供理论基础。

主要参考文献

[1] Ehleiter A, Jaehn F. Scheduling crossover cranes at container terminals during seaside peak times[J]. Journal of Heuristics, 2018, 24(6): 899-932.

[2] Lu H, Wang S. A study on multi-ASC scheduling method of automated container terminals based on graph theory[J]. Computers & Industrial Engineering, 2019, 5(129): 404-416.

[3] Li J, Xu B, Postolache O, et al. Impact analysis of travel time uncertainty on AGV catch-up conflict and the associated dynamic adjustment[J]. Mathematical Problems in Engineering, 2018(5): 4037695.

[4] Boysen N, Briskorn D, Meisel F, et al. A generalized classification scheme for crane scheduling with interference[J]. European Journal of Operational Research, 2017, 258(1): 343-357.

[5] Ri C, Tae Sung K, Taekwang K, et al. Crane scheduling for opportunistic remarshaling of containers in an automated stacking yard[J]. Flexible Services and Manufacturing Journal, 2015, 27(2-3): 331-349.

[6] Heilig L, Lalla-Ruiz E, Voss S, et al. Multi-objective inter-terminal truck routing[J]. Transportion Research Part E: Logistics and Transportation Review, 2017, 10(106): 178-202.

[7] Zheng F, Man X, Chu F, et al. Two yard crane scheduling with dynamic processing time and interference[J]. IEEE Transactions on Intelligent Transportation Systems, 2018, 19(12): 3775-3784.

[8] Debjit Roy, René de Koster. Stochastic modeling of unloading and loading operations at a container terminal using automated lifting vehicles[J]. European Journal of Operational

Research,2018,266(3):895-910.

[9] Chen S K,Wang H,Meng Q. Autonomous truck scheduling for container transshipment between two seaport terminals considering platooning and speed optimization[J]. Transportation Research Part B:Methodological,2021,154:289-315.

[10] Liu B L,Li Z C,Sheng D,et al. Integrated planning of berth allocation and vessel sequencing in a seaport with one-way navigation channel[J]. Transportation Research Part B:Methodological,2020,143:23-47.

撰稿人：初良勇(集美大学)

集装箱接驳甩挂运输资源一体化调度

Integration of container drayage resource scheduling with separation mode

1 科学问题概述

集装箱接驳是指在多式联运终端堆场、托运人、收货人之间,集装箱卡车针对空、重集装箱所进行运输活动的总称。作为整个集装箱多式联运环节中运输距离最短的接驳运输,却在总运输成本中占据了较大的比重。服务于集装箱接驳体系的甩挂运输,通过实现装卸过程与运输过程的分离最大限度地降低了牵引车的等待时间,并提高牵引车利用率、减少燃油消耗,充分发挥甩挂运输组织的优势,提升集装箱运输网络的运作效率。为促进综合交通一体化运输网络建设,亟须针对甩挂运输网络中涵盖的牵引车、挂车、集装箱等多样化资源进行匹配分析与一体化调度,进而提高集装箱运输网络的运作效率和物流系统的稳定性。为突破上述技术瓶颈,一系列关键科学问题有待研究。

1.1 如何构建资源一体化调度模式下车辆运行作业模式

集装箱接驳甩挂运输过程中,牵引车的运输任务按照接驳服务类型划分,又可以细分为进口集装箱任务和出口集装箱任务。进一步,每个运输任务又可以拆分为空箱和重箱两种不同状态属性的送、取两个相互关联的牵引车运输任务。因此在同一个决策周期内,同一个集装箱同时具有空箱和重箱两种不同状态属性,并且在客户点处完成"空重状态转换"和运输任务类型的转变。这种特殊的状态转换产生的最直观的影响是运输任务产生时间和起讫点位置的双重不确定性,需全面剖析牵引车的运行作业模式。如何构建资源一体化调度模式下车辆运行作业模式是首先需要解决的关键科学问题。

1.2　如何建立运输流量不均衡条件下运力配置的供需平衡机制

当进出口集装箱流量均衡时,空箱在集装箱运输网络中流转顺畅,甩挂运输可以充分发挥其组织模式的特点实现"重去重回"。但当进出口集装箱流量不均衡时,运输任务所属类型的同质化往往导致甩挂车辆半程空驶率居高不下。与此同时,进口重箱经过掏箱作业后所产生的空箱可作为系统内的运输资源,却没有得到充分利用,空箱在不同决策周期返回堆场后重新发出往往会产生高额无经济效益的车辆迂回运输成本,同时也会造成港口和附近区域内的拥堵问题。因此,有必要从运力配置的视角探索集装箱甩挂运输系统中牵引车、挂车、集装箱三类运输资源的合理保有量,进而保障一体化运输网络系统的稳定运行。

1.3　如何对车、挂、箱资源进行一体化作业调度以实现同步决策优化

集装箱接驳甩挂运输作业调度优化背后的机理性科学问题,从工程的表象上来看是经典车辆路径问题(Vehicle Routing Problem,VRP)的拓展问题,然而在此显性问题的背后,是由仓储、调度、运输等多方面构成的复杂系统建模与仿真问题。牵引车、挂车、集装箱的资源配置、分布以及集装箱的"空重状态转换"特性都对作业调度产生了不同的限制约束,这与传统 VRP 存在明显的差异。因此,该视角下的科学问题源于其特殊车辆调度模式和集装箱状态转换带来的沿用性影响,以及一体化作业调度过程中牵引车的"多机同步作业"特征。

2　科学问题背景

集装箱接驳运输作为货物长距离运输后为客户提供"门到门"服务的关键环节,尽管从运输距离来看只占据总行程的 20% 左右,但在运输成本方面却占据了总成本的 40%。此外,由于多数港口的集装箱货物流向都是非对称的,那么在整个集装箱运输网络中无直接经济收益的空箱调运问题是必然存在的,并且随着国际贸易集装箱运量的不断扩张已然成为一个必须得到关注的重点问题。据统计,海运集装箱中空箱调运比率约为总箱位的 20%,这个比率在陆上空箱调运作业中则为两倍甚至更高。因此,集装箱接驳运输作业的成本控制以及组织管理是亟须解决的难点问题。

上述集装箱接驳运输过程中的货物装卸效率低和集装箱周转率低的难题,除了货物流向的非对称性导致运输流不平衡,也同时受限于客户点的装卸设施、装卸能力等因素。甩挂车辆通过动力部分和载货部分的自由分离和结合实现甩挂运输,可以获得更高的车辆使用效率。但与此同时,相对于传统车辆调度而言,甩挂运输调度问题的数学模型建立更加困难。由牵引车、半挂车、集装箱组成了"单独牵引车""牵引车+半挂车""牵引车+半挂车+空集装箱""牵引车+半挂车+重集装箱"等多样化车辆状态,在调度过程中不

仅涉及车辆动力部分的配置与调度,还涉及车辆载货部分的调度。Smilowitz 在针对接驳运输系统的理论研究中指出,接驳运输系统的效率随系统内车辆运输任务数量的增长而提升。这是由于空箱运输作为一类终点不确定的柔性任务,有更大的机会匹配到出口集装箱第一阶段的送空箱任务,可以在避免牵引车迂回运输的同时降低车辆半程空驶率。上述问题的提出都给集装箱接驳甩挂运输车辆的组织与管理带来了巨大的机遇与挑战。

3　科学问题研究进展

集装箱接驳甩挂运输主要具有如下几类问题和发展趋势,分别是基于运作模式设计视角、基于运力配置优化视角、基于作业调度优化视角。

3.1　基于运作模式设计视角

基于运作模式设计视角的核心在于“运输流分配”问题。对于货源稳定、货运量大、装卸货地点比较固定的整批货物,采用“一线两点,两端甩挂”的模式;而在客户一端装卸能力受限,港区或物流中心装卸条件便捷的情况下也可采用客户端甩挂、港区不甩挂的“一线两点,一端甩挂”的运作模式;对于零担货物和快件货物而言,可根据运输线路的类型选择“一线多点,沿途甩挂”“循环甩挂”及“网络甩挂”等形式。以往研究受限于《道路甩挂运输车辆技术条件》(GB/T 35782—2017),集装箱接驳甩挂作业仅允许使用牵引车与一辆半挂车的组合形式,而随着交通运输部针对汽车列车试点工作的展开以及相关行业标准的提出,“一牵多挂”组合形式的甩挂车辆在运作模式的设计与应用将会变得更加多样化与复杂化。

3.2　基于运力配置优化视角

基于运力配置优化视角的研究大多着眼于货源需求预测与网络可靠性方面,构建时空网络模型并通过启发式算法求得运力配置方案。通过时空网络模型进行运输需求预测时,需要统一配置集装箱、挂车和集装箱三类运输资源,结合挂车和集装箱的共享属性进行深入探讨。此外,随着近年来可折叠集装箱(Foldable Container)、交换箱(Swap Body)、组合集装箱(Combinable Container)等特殊集装箱的出现与发展,其特殊的结构特点在进行甩挂运输作业流程方面产生了较大的差异,进而影响运输资源的运力配置。

3.3　基于作业调度优化视角

集装箱接驳运输作业调度的最显著特征在于牵引车队同步调度的“多机同步作业”属性,在进行调度决策时需要同时考虑牵引车、挂车和集装箱之间的调度约束。近年来的研究主要集中在数学模型的构建以及启发式算法设计方面。相对于传统的车辆路径问题

（Vehicle Routing Problem，VRP）和取送货车辆路径问题（Pickup and Delivery Problem，PDP），运输资源之间调度约束更加严格，在可行解存在性检验方面已经属于多项式 NP 难题，且编码表示复杂、算法构建难度大。此外。当考虑集装箱在单个决策周期完成空重状态转换时，整个运输网络的复杂度大幅提升，给系统内作业调度的优化组织带来了巨大的挑战。

主要参考文献

［1］Chao I M. A tabu search method for the truck and trailer routing problem［J］. Computers & Operations Research，2002，29（1）：33-51.

［2］Villegas J G，Prins C，Prodhon C，et al. A metaheuristic for the truck and trailer routing problem［J］. European Journal of Operational Research，2013，230（2）：231-244.

［3］Smilowitz K. Multi-resource routing with flexible tasks：an application in drayage operations ［J］. IIE Transactions，2006，38（7）：577-590.

［4］Julia Funke，Herbert Kopfer，et al. A model for a multi-size inland container transportation problem［J］. Transportation Research Part E：Logistics and Transportation Review，2016，89：70-85.

［5］Xue Z，Zhang C，Lin W H，et al. A tabu search heuristic for the local container drayage problem under a new operation mode［J］. Transportation Research Part E：Logistics and Transportation Review，2014，62：136-150.

［6］Tan K C，Chew Y H，Lee L H. A hybrid multi-objective evolutionary algorithm for solving truck and trailer vehicle routing problems［J］. European Journal of Operational Research，2006，172（3）：855-885.

［7］Scheuerer S. A tabu search heuristic for the truck and trailer routing problem［J］. Computers & Operations Research，2006，33（4）：894-909.

［8］He W，Jin Z，Huang Y，et al. The inland container transportation problem with separation mode considering carbon dioxide emissions［J］. Sustainability，2021，13（3）：1573.

撰稿人：徐世达（大连海事大学）　靳志宏（大连海事大学）　徐奇（桂林电子科技大学）

基于演化和行为视角的我国航运碳交易定价机制研究

Research on China's shipping carbon trading pricing mechanism based on evolution and behavior perspectives

1　科学问题概述

以我国航运业碳交易体系建设为研究对象，基于演化视角，考虑航运企业减排策略的选择行为,研究我国航运碳交易定价机制优化问题。该问题属于交通运输管理、环境污染与治理以及运筹管理等多学科领域的交叉研究,对于深化低碳物流与供应链理论、推动多学科的融合具有较强的学术价值。同时通过对航运碳交易定价机制的前瞻性研究,探索符合我国国情的新兴航运碳交易市场体系,对于政府部门精准制定航运碳减排政策也具有较强的应用价值。研究内容如下:

1.1 碳交易背景下考虑不同配额分配机制的航运企业减排决策

在碳交易政策背景下,航运企业和货主的环保意识逐渐增强,航运企业加大低碳创新技术应用,货主也逐渐接受偏高的运输费用。考虑三种情形:无碳交易机制及碳交易机制下无偿配额分配和有偿配额分配,研究单一航运企业和单一货主组成的二级海运供应链中定价策略和制造商减排策略,比较不同情形下最优决策、各成员利润、总碳排量以及社会福利,为政府制定碳交易政策及航运企业策略选择提供理论参考。

1.2 碳交易背景下航运企业减排行为的两方演化博弈分析

在碳交易政策背景下,建立政府与航运企业之间的演化博弈模型,并分析动态碳交易价格和静态碳交易价格政策对航运企业减排决策的影响以及碳交易市场的动态发展趋势。

1.3 碳交易背景下航运企业减排行为的三方演化博弈分析

在碳交易政策背景下,建立货主、航运企业和政府之间的三方演化博弈模型,并分析动态碳交易价格和静态碳交易价格政策对航运企业减排决策的影响以及碳交易市场的动态发展趋势。

1.4 碳交易背景下碳配额定价机制研究

运用双重差分模型评估阶梯碳配额定价政策的减排效果。将配额消费数据集根据不同的航线类型划分不同区间分组进行敏感性检验,再分船舶类型和排放时段进行异质性分析,并基于平衡面板和伪造检验对实验结果的稳健性进行讨论。探究阶梯碳配额定价政策对航运碳减排效果的影响。

2 科学问题背景

气候变化是人类面临的最具挑战性的环境问题。虽然国际上采取了气候公约,要求各国从陆上能源排放角度考虑碳减排策略来应对一系列气候变化问题,但在航运领域却停滞不前。航运业是国际化和开放性的行业,航运业碳排放将成为碳排放增长较快的一个领域。现有的航运业减排方式大部分从技术角度出发,如采取渐进式措施(包括改进船体设计、螺旋桨优化和余热回收)、使用清洁燃料、改变船舶动力系统等。从技术角度出发的局限性导致航运碳减排的焦点转向碳交易市场建设和管理领域。因此,积极发展航运碳交易,在中国标准下制定符合国情的航运碳交易定价机制成为有效降低碳排放的又一个重要途径。

在国际航运业具有权威影响力的国际海事组织设定了航运业温室气体减排目标,并提出将在中、长期内实施航运业碳排放交易机制。正因为如此,作为致力于推动温室气体减排的欧盟,在2019年12月宣布了《欧洲绿色新政》,提议将欧盟排放交易系统(EU-ETS)扩展到航运领域。我国政府也积极响应国际航运业碳减排工作。2020年11月23日,由中国船东协会、中国船舶工业行业协会、波罗的海国际航运公会(BIMCO)联合举办的"国际航运与欧盟碳排放交易体系研讨会"在北京成功召开。我国作为全球第一的船舶制造、航运和港口大国,在国际航运碳减排交易标准未推出前,必须争取掌握航运碳交易机制的主动权。基于演化视角,优化航运碳交易定价机制成为中国航运市场亟待解决的重要问题。

3 科学问题研究进展

第一,碳配额分配方式的确定。初始碳配额分配方式具有多样化(如祖父法、基准法等),且不同行业的配额分配方式并不完全一致。拟在碳交易背景下,考虑不同配额分配方式对航运企业运营决策的影响。因此,确定适合航运企业的配额分配方式显得尤为重要。

第二,政府决策的目标函数的确定。航运企业的最优运营决策不一定综合考虑环境绩效和利润绩效,需要依靠政府部门辅助实现最优绩效,引入政府对航运企业采取的不同配额分配方式。如何根据政府的社会福利最优化目标和航运企业运营利润最优化需求构建政府决策的目标函数,是一个需要解决的关键问题。

第三,动态碳交易价格在演化博弈模型中表示方式的确定。本团队在前期研究中发现,静态碳交易价格的演化模型无法获得Lyapunov稳定。因此,确定合适的动态碳交易价格数学表达式,从而使模型得到Lyapunov稳定是亟待解决的又一项关键问题。

第四,货主的港口选择行为无疑会影响航运企业减排策略和政府碳交易体系的建立。如何建立模型来分析货主、航运企业以及政府之间的减排行为互动机制也是需要解决的问题。

第五,评估阶梯碳配额定价政策的减排效果。定价机制参考了电力行业的阶梯定价政策,对于阶梯碳配额定价政策的减排效果有待评估,如何选择合适的模型证明该定价机制在航运业具有一定的减排效果是研究的难点问题。

主要参考文献

［1］ Jiang L,Kronbak J,Christensen L P. The costs and benefits of sulphur reduction measures: Sulphur scrubbers versus marine gas oil ［J］. Transportation Research Part D: Transport and Environment,2014,28(2):19-27.

［2］ Panasiuk I,Turkina L. The evaluation of investments efficiency of SO$_x$ scrubber installation ［J］. Transportation Research Part D:Transport and Environment,2015,40:87-96.

［3］ Lindstad H E,Rehn C F,Eskeland G S. Sulphur abatement globally in maritime shipping ［J］. Transportation Research Part D:Transport and Environment,2017,57:303-313.

［4］ Abadie L M,Goicoechea N,Galarraga I. Adapting the shipping sector to stricter emissions regulations:Fuel switching or installing a scrubber? ［J］. Transportation Research Part D: Transport and Environment,2017,57:237-250.

［5］ Hu H,Yuan J,Nian V. Development of a multi-objective decision-making method to evaluate correlated decarbonization measures under uncertainty—The example of international shipping ［J］. Transport Policy,2019,82:148-157.

［6］ Corbett J J,Wang H F,Winebrake J J. The effectiveness and costs of speed reductions on emissions from international shipping ［J］. Transportation Research Part D:Transport and Environment,2009,14(8):593-598.

［7］ Cariou P. Is slow steaming a sustainable means of reducing CO$_2$ emissions from container shipping? ［J］. Transportation Research Part D:Transport and Environment,2011,16(3): 260-264.

［8］ Kontovas C A. The green ship routing and scheduling problem (GSRSP):A conceptual approach ［J］. Transportation Research Part D: Transport and Environment, 2014, 31: 61-69.

［9］ Adland R,Fonnes G,Jia H Y,et al. The impact of regional environmental regulations on empirical vessel speeds ［J］. Transportation Research Part D:Transport and Environment, 2017,53:37-49.

［10］ Cariou P,Cheaitou A,Larbi R,et al. Liner shipping network design with emission control areas:A genetic algorithm-based approach ［J］. Transportation Research Part D:Transport and Environment,2018,63:604-621.

撰稿人:张素庸(上海海事大学)

面向远海的船舶海上应急维修保障体系构建与优化

Construction and optimization of marine emergency repair and support system for ships on a remote ocean

1　科学问题概述

探索舰船远海航行遇到突发事件时的应急维修保障方法,是维护水路交通运营安全与繁荣的基础。随着我国"一带一路"倡议和建设交通强国、海洋强国等战略的深入推进,商船贸易日益频繁且越来越走向远海,舰队护航、海外救援等多样化任务也趋于常态。船舶在大洋中航行时,气象海况等自然条件复杂多变,设备众多、系统复杂、损耗严重的船舶出现故障在所难免,如不能得到及时有效的救助与保障,必然给国家带来巨大损失。如何在远海复杂多变的条件下,针对远离维修基地的舰船,科学组织其维修保障工作,构建船舶海上应急维修保障系统,强化针对远洋航行舰船重大设备及航行事故的有效维修保障力量,确保在各种远海环境下我国商贸船舶安全航行、护航舰船顺利执行任务,是水路交通运营与服务面临的重要挑战。

与沿海水域相比,面向远海海域的船舶应急维修保障研究涉及的自然、政治环境更为复杂,面对的维修保障任务种类更加多样,现有维修船、浮船坞等设备存在维修能力有限、机动性与时效性较差等问题。这些特殊问题决定了开展面向远海的船舶海上应急维修保障是一项复杂的系统工程。因此,需要在现有远海现场维修设备的基础上,设计针对远海不确定因素的维修保障资源统筹优化方法,研究海域内风、浪、流等自然环境对维修工作的干扰,遇险事故对维修设备的多重需求以及救助时限要求,建立健全维修保障措施,增加保障的灵活性,提供较大的机动空间,并减少船舶维修保障对港口设施的依赖。

2　科学问题背景

海上运输是我国对外贸易的主要方式,更是能源等战略物资运输的主要手段,然而海上战略要道局势动荡,如索马里海域、马六甲海峡及其周边地区海盗活动频发,保障舰船安全稳定的运行是维护我国海洋权益、促进经济发展的重要内容。在海上活动频繁且加剧的背景下,船舶、舰艇、海洋平台等远海装备的安全性问题愈加突出。船舶远海航行不仅受风浪的侵蚀还受海冰撞击等威胁,面临着一定程度的故障风险,而现有设备尚不能够对发生严重故障的远海装备实现现场应急维修保障。随着《交通强国建设纲要》的印发与贯彻落实,加强大型深远海多功能救助船等新型特种装备的研发得到了更多的重视。《中华人民共和国国民经济和社会发展第十四个五年规划和2035年远景目标纲要》明确指出研制深海运维保障和装备试验船。新技术的发展为舰船维修保障向远海发展提供了可行性，表明我国舰船维修保障工作具有向远海海域拓展的需求和趋势。世界上海运发达国家已经开始重视远海维修保障力量的建设，如美国海军提出未来远海维修保障力量应同时具备大装载量和远续航力特点。由此来看，建立面向远海的船舶海上应急维修保障能力不仅是我国远洋运输业面临的重大课题，也是世界上各海洋强国亟待解决的重要问题。在维护我国海洋安全方面，军舰、潜艇在战斗过程中若遭受打击会导致其丧失作战能力，需要退出战场开展维修。然而此类装备往往技术复杂，具有较高的维修要求，若将其运至岸基的修船厂维修，除远海装备本身受损存在安全问题外，还会受复杂多变的海洋环境影响，运输途中也面临较大的安全风险，且在时间消耗上也存在较大损失。此外，远海航行的舰船发生故障的时间、地点具有不可预见性，世界各地修船厂的维修能力、技术水平差异较大，选择就近的修船厂可能难以满足维修需求，而且对于潜艇等涉及军事机密的远海装备存在泄密风险。因此，研究面向远海的船舶海上应急维修保障体系构建与优化问题，对节约受损远海装备停机下线时间、降低其泄密风险、维护国家安全意义重大。

3 科学问题研究进展

现有维修船、浮船坞等设备存在维修能力有限、机动性不足或时效性较差等问题。面向远海的船舶海上应急维修保障问题从工程表象上看，是一个将岸基修船厂的维修工作移至远海的问题，然而在此显性问题的背后，是一个综合船舶设计、设备维修、运营服务等多学科的问题。有必要基于集成创新理念，集成维修船、浮船坞、半潜船、大型起重船等设备的先进技术，解决面向远海的船舶海上应急维修保障问题。

长期以来有许多关于远海装备维修保障方法的尝试。有些方法能够在一定程度上实现远海现场应急维修保障，主要包括：①在已有的船上配备修理方舱。该方法能够有效提高修理方舱的机动性，扩大适用范围。我国南海舰队在南海海域举行的综合演练中，将舰船装备机动修理方舱从陆地搬到新型登陆舰，担负战舰的海上抢修任务，实现了装备修理保障模式的新突破。存在的问题是维修能力或救助能力较为有限。②改装维修船。目前各国在役保障支持舰队中，有一些维修船是由战舰、海洋工程船改装而来的。这种改装需要备选船型满足多项技术要求，如工作车间及辅助作业车间空间大小、维修人员住舱数量及住舱条件、动态定位系统、动力系统、航速、船用重型吊具等，对船型限定较为严格，技术难度较高。③浮动船坞。我国海军东海舰队实地演习结果表明浮动船坞可为舰艇提供海上故障检测、修理、试验等全方位保障，使装备维修得以从岸基拓展到海上。然而，浮动船坞航行速度较慢，不适宜远航。④修船厂与半潜船配合使用。修船厂的坞修是远海装备大规模维修的传统方式，需要半潜船将发生故障的远海装备运至岸基的修船厂，然后在修船厂对其开展维修工作。这种方式的问题是时效性较差。以上诸多尝试证明了维修保障工作向远海海域拓展的趋势,虽然这些方法在维修规模、便捷性或机动性等方面存在不足,未能很好地解决船舶海上应急维修保障问题,但为该问题的深入研究提供了具有参考价值的方案。

有关船舶海上应急维修保障问题的研究,国内外相关的理论和实践经验较少,多数研究集中于沿海遇险人员救助问题,以救助基地和海上救助值班点为依托,形成覆盖沿海水域的海空立体救捞网络。对于海上遇险装备,若轻度受损,可采用装备自身携带的设施现场维修,使其恢复功能和技术状态;若受损严重,将海上装备拖航回岸基仍是最常用的行动手段,然而该方法并不适用于远海。面向远海的船舶海上应急维修保障理论研究存在任务复杂、装备续航力不足及其运行方式特殊等制约因素,缺乏系统设计。必须充分利用相关科技领域最新进展,基于集成创新研究解决其中的关键问题。以系统思维构建面向远海的船舶海上应急维修保障体系,针对如何有效实现远海装备的维修工作由岸基向远海拓展,减少和降低远海装备上岸维修的时间、费用和风险,进而提高其生产作业效率还需开展研究。

综上所述,未来在研究面向远海的船舶海上应急维修保障体系构建与优化问题时,应综合考虑远海遇险船舶救助过程中存在的多种不确定因素,其需要解决的问题如下:

(1)远海大型应急维修保障平台的集成创新方案设计与船型论证。船舶海上维修保障受作业能力、空间、补给、海洋环境等多种不利因素的影响,如何基于集成创新理念,设计出既能克服远海各种不利因素又能实现船舶海上现场维修的新方案,并对其开展船型论证,是需要解决的核心问题之一。

(2)考虑远海突发事故维修需求的专用作业设备优化配置方法。远海大型应急维修保障平台空间、载重有限,而远海突发事故对维修保障能力的需求存在不确定性,如何充分利用有限的空间,在保证维修保障功能满足需求的前提下,合理配置专用作业设备,是需要解决的核心问题之一。

(3)应对远海突发事故的海上应急维修保障体系构建与优化。高效的运营是远海大型应急维修保障平台有效应对远海突发事故的关键,如何构建海上应急维修保障体系,设计远海大型应急维修保障平台的部署策略,优化其调度方案,是需要攻克的一个关键问题。

主要参考文献

[1] 黄金娥,徐东.美英海军舰船远海维修保障体系特点[J].国防科技,2018,39(04):104-109.

[2] 石志军,陈信在,徐展.美国海军舰船装备维修保障模式研究[J].中国设备工程,

2019,11:81-82.

[3] 赵瑞嘉,谢新连,田聪.半潜维修船下潜工况多功能浮力舱配置优化[J].华中科技大学学报(自然科学版),2018,46(08):128-132.

[4] Zhao J L,Yang L Q. A bi-objective model for vessel emergency maintenance under a condition based maintenance strategy[J]. Simulation,2018,94(7):609-624.

[5] Jenkins P R,Lunday B J,Robbins M J. Robust,multi-objective optimization for the military medical evacuation location-allocation problem[J]. Omega,2020,97:102088.

[6] Xie X L,Zhao R J,Zhu Y Q. Conceptual design and parametric optimization of self propelled semi-submersible repair ships:A novel equipment providing maintenance and repair support at sea[J]. Journal of Marine Science and Technology,2021,26:243-256.

[7] Zhao R J,Xie X L,Li X Y,et al. Game-theoretical models of competition analysis and pricing strategy for two modes for repairing damaged marine structures at sea[J]. Transportation Research Part E:Logistics and Transportation Review,2020,142:102052.

[8] Zhao R J,Xie X L,Yu W Z. Repair equipment allocation problem for a support-and-repair ship on a deep sea:A hybrid multi-criteria decision making and optimization approach[J]. Expert Systems with Applications,2020,160:113658.

撰稿人：赵瑞嘉(大连海事大学)

可燃冰"装-运-管-卸"一体化基础理论与方法

Integrated "loading-transportation-monitoring-discharging" basic theory and methods

1 科学问题概述

可燃冰是在深海的高压低温条件下,大量水分子经由氢键范德华力紧密结合建立的固态类冰状结晶物质。在矿物能源枯竭的背景下,可燃冰具有高效、储量大等特性,并且据数据统计,若可燃冰能进行商业开采,仅储量的15%就能满足世界200年的能量消耗。天然气水合物分布于深海或陆域永久冻土中,其燃烧后仅生成少量的二氧化碳和水,污染远小于煤、石油等,且储量巨大,因此被国际公认为石油等的接替能源。

目前可燃冰开采技术逐渐走向成熟。2007年,我国在南海北部成功采样;2009年在青藏高原发现可燃冰;2017年,"蓝鲸一号"宣布我国在南海的可燃冰试采工作圆满成功。"十二五"以来,国家颁布了《天然气发展"十二五"规划》,明确提出要"加大天然气水合物资源勘查与评价力度,适时开展试开采工作",将可燃冰的勘探、开采列入国家未来发展规划。尽管如此,我国可燃冰的开发和利用仍然受到经济、技术和社会等因素的影响。其中,储运技术是关键技术之一。围绕可燃冰的运输问题,当前迫切需要研究可燃冰"装-运-管-卸-储"一体化基础理论与方法。关键科学问题主要包括:

1.1　可燃冰运输方式经济性评估方法

利用气体水合物进行天然气储运是很有价值的技术。可燃冰可采用散装或集装箱等方式进行海上运输,结合可燃冰集疏运网络,分析多式联运场景下的经济型,构建可燃冰运输经济性评估方法是可燃冰运输的基础科学问题。

1.2　可燃冰运输系统韧性机理及脆弱性评估

韧性具有多维属性,主要包含技术、组织、社会和经济。单一维度无法全方位描述和量化可燃冰运输系统的韧性特征。应从脆弱性、适应性、鲁棒性、冗余性、可靠性和恢复能力等方面对可燃冰运输系统进行韧性表征、量化并进行脆弱性评估。可燃冰运输系统韧性问题是可燃冰运输的关键科学问题。

1.3　可燃冰储运过程气体监测与管控技术

构建可燃冰运输过程中的货物监测方法和体系,监测的主要目的是评估货物状态和可能产生的相关风险,由此确定不同等级风险区域。监测指标包括温度、压力、气体浓度、氧气浓度等。在监测的基础上,开发船上运输的货物管控方法和技术,实现可燃冰船运过程的安全监测和有效管控是可燃冰运输的关键技术。

2　科学问题背景

可燃冰具有资源丰富、能量密度高、纯度高、污染小等优点,资源利用潜力巨大。全球面临的资源短缺和环境污染问题日益严重,能源安全和环境保护问题越来越受到人们的重视。我国作为世界能源消费大国,面临的资源短缺与环境污染压力不断增大,应尽快优化能源结构,发展各种清洁能源。这样的形势促进了可燃冰的开发与利用,其开发与利用可以改善我国的能源结构,实现从传统能源向新能源的转变。

可燃冰开采技术日趋成熟。可燃冰开采方法主要分为降压法、注热法、置换法、化学抑制剂注入法等。降压法是通过抽取地下水或气等手段使水合物储层压力降低,当水合物压力降至平衡压力以下时会自发地发生分解,从而实现水合物的开采。注热法是通过某种方式提高水合物储层温度,使其高于水合物存在的平衡温度而使水合物分解。置换法是利用了 CO_2 比甲烷更容易形成水合物流体的特点将甲烷置换出来。化学抑制剂注入法通过向水合物矿藏中注入化学试剂,破坏连接水合物分子间的氢键,同时改变水合物存在的相平衡条件,促进水合物分解。我国南海可燃冰试采成功,使我们看到了可燃冰商业化开采与利用的前景。

虽然当今可燃冰开采成本较高,尚不具备商业化开采的条件,但是随着科技的发展,相信可燃冰的商业化开采必将实现。可燃冰运输问题成为制约行业发展的关键环节,为此迫切需要研究可燃冰"装-运-管-卸"一体化基础理论与方法问题。

3　科学问题研究进展

自从发现可燃冰以来,其可观的天然储量和优越的储气性能得到了很多科学家的重视。

3.1　可燃冰开采基础理论问题研究

在开采基础理论研究方面,从验证岩芯内天然气水合物分布状态,发现水合物分解速度受分解压差和分解过程中的驱动力影响规律等,到水合物储层降压分解数值模拟等基础理论研究,逐步转向可燃冰开采的工程技术研究。

3.2　可燃冰制备与储运问题研究

在可燃冰安全储运方面,2002 年我国开始将天然气水合物的研究列为国家重点研究开发计划,进行资源勘查、开采和运输及实用技术的研究,取得了显著的成效。国内多家研究机构在天然气水合物方面开展了不同方向的研究,如水合物传质传热性能及稳定性研究、形成与分解热动力学边界条件模拟、天然气储运过程中天然气水合物形成机理及抑制机制、天然气水合物制备过程强化的直接接触传热、天然气水合物成核过程的分子动力学模拟、水合物储运过程评估与分析方法等。

因此,可燃冰海上运输"装-运-管-卸"一体化基础理论与方法是亟待解决的关键研究问题。

主要参考文献

[1] 凌君谊,杨再明,高海波. 可燃冰的开发现状与前景[J]. 绿色科技,2021,23(16):168-174.

[2] 汤晓勇,陈俊文,郭艳林,等. 可燃冰开发及试采技术发展现状综述[J]. 天然气与石油,2020,38(1):7-15.

[3] 马小飞,黄海华,李兰芳. 南海地区天然气水合物(可燃冰)开采及储运方案探讨[J]. 广东造船,2021,40(5):17-20.

［4］付玉辉,洪源.我国可燃冰商业化开采的现状和问题研究［J］.船舶标准化与质量,2018(4):52-55.

［5］任辉,周锋,宁树正,等.我国人工可燃冰开发利用状况与战略研究［J］.中国煤炭地质,2019,31(1):1-7.

［6］Yousif M H,Sloan E D. Experimental investigation of hydrate formation and dissociation in consolidated porous media［J］.SPE Reservoir Engineering,1991,6(4):452-458.

［7］Yousif M H,Abass H H,Selim M S,et al. Experimental and theoretical investigation of methane-gas-hydrate dissociation in porous media［J］. SPE Reservoir Engineering,1991,6(1):69-76.

［8］周小玲,赵源,吴玉国.天然气水合物降压开采数值研究［J］.当代化工,2018,47(12):2669-2671.

［9］Bin-Bin Ge,Xi-Yue Li,Dong-Liang Zhong,et al. Investigation of natural gas storage and transportation by gas hydrate formation in the presence of bio-surfactant sulfonated lignin［J］. Energy,2022,244(A):122665.

［10］Wenfeng Hao,Jinqu Wang,Shuanshi Fan,et al. Evaluation and analysis method for natural gas hydrate storage and transportation processes［J］.Energy Conversion and Management,2008,49(10):2546-2553.

撰稿人:席永涛(上海海事大学)　张春昌(上海海事大学)
　　　　李世博(上海海事大学)　郭宇(上海海事大学)

CHAPTER FIVE

第5章
水路运载工具智能控制与节能

    作为水路交通与运载工程学科发展的重要支撑,水路运载工具智能控制与节能的研究紧扣水路运载工具的安全、智能、高效、节能等国家重大需求,在自主航行、运动规划、编队控制、人机共融等控制领域开展先进的理论与方法研究,并开展可替代燃料、新能源、能效管理、绿色动力、性能优化等技术研究,实现水路运载工具的智能控制和绿色节能。

    水路运载工具的控制研究起始于20世纪30年代,Davidson和Schiff首次从运动稳定性理论出发建立船舶操纵运动方程,提出了船舶航向稳定性和回转性的控制概念。随后水路运载工具控制理论方法得到了长足发展,按研究内容可划分为操纵运动模型、控制策略、自主航行、运动规划、编队航行、人机共融等多个领域。水动力的计算和分析是船舶运动建模的基础,经历了理论计算、模型试验和数值模拟三个阶段。船舶控制策略主要经历了鲁棒控制策略和智能控制算法两大阶段。近年来,随着大数据、人工智能、物联网、深度学习等技术的发展,自主航行逐渐成为当下航运和海事学科的主流研究发展方向。运动规划是实现船舶自主航行的关键,船舶编队航行在节能、增效方面相比单一船舶具有比较优势,随着智能、绿色航运的发展,远洋、极地、内河渠化航道等水域的船舶编队航行逐渐成为可能。人机共融形态将成为未来航运系统发展的常态,如何协调人工智能与人类智慧,充分发挥人与机器的差异性和互补性,避免人机不协调导致的冲突,实现智能船舶的安全航行,是首要问题之一。

    为了减少温室气体和污染物的排放、提高水路运载工具能效,国内外机构和研究人员在水路运载工具可替代燃料、新能源技术、船舶能效管理、电力传动系统、绿色动力等领域开展了一系列研究工作。可替代燃料主要是利用低硫油、液化天然气、液化石油气、甲醇、氨和氢能等绿色低排放能源代替船用重油、柴油等化石燃料,从而达到节能减排的目的。新能源技术主要是在新型技术基础上开发利用可再生能源,包括太阳能、生物质能、风能、地热能、波浪能、洋流能和潮汐能以及海洋表面与深层之间的热循环等。水路运载工具能效提升优化措施主要包括航速优化、纵倾优化、航线优化等,都需要解决不同航行环境、海况、不同主机工况下的能耗。发展新型电力传动系统,使整体综合特性最优,可实现水路运载工具的节能减排。美国海军研究院将碳化硅技术列为重点研发方向并设立长期资助项目,但在民用领域,第三代半导体在船舶电力推进应用领域仍属空白。

水路运载工具控制与节能作为现代绿色智能航运的核心和基础,其理论的重大发展与突破无疑是实现水路运载工具技术革新与产业形态变革的前提。面向水路运载工具安全、智能、高效、节能的发展要求,水路运载工具控制与节能研究逐渐呈现出向自主航行与编队控制、远程驾驶与人机共融、智能航行测试与虚拟仿真、新能源技术与绿色航运等方向发展的趋势。

撰稿人:王志东(江苏科技大学)

船舶动力系统的摩擦能量损耗与能效控制耦合作用机理及控制

Coupling mechanism and control of friction energy loss and energy efficiency control of marine power system

1　科学问题概述

航运业是国民经济的基础性产业,作为载运工具的船舶在我国水路运输、海洋开发和海权捍卫中具有重要作用。船舶动力装置是船舶的"心脏",由于船舶处于离岸、流动作业,航行持续时间长,环境变化频繁甚至恶劣,因此船舶动力装置的运行条件苛刻,并具有强烈的时变性,一直是相关研究的重点。

船舶在正常航行过程中,船舶主机、船舶轴系等船舶动力系统部件的摩擦磨损导致的能量损失占船用燃料所提供能量的20%以上。与此同时,船舶动力系统部件的摩擦磨损状态和能耗状态与船舶的航行环境息息相关,苛刻的通航环境往往会造成摩擦磨损的加剧,造成大量能量的损失。探索摩擦磨损导致的能量损耗问题与能效控制耦合作用及机理,短期内有望实现能效的显著提升。

但是苛刻的航行环境难以准确模拟,很难抓住关键因素构建模型,船舶动力系统摩擦部件结构复杂,加之能耗变化往往难以动态监测,因此亟须解决复杂航行环境多因素耦合模拟与量化问题,实现航行环境与船舶动力系统部件摩擦磨损的映射关系的表征,通过船舶能耗动态监测揭示船舶动力系统部件摩擦磨损导致的能耗变化规律,从而系统性地建立基于摩擦学的船舶动力系统部件能效提升理论与方法。

2　科学问题背景

船舶在正常航行过程中,船舶主机、船舶轴系等船舶动力系统的摩擦损失,以及克服船体表面的空气阻力和船体与界面之间的摩擦阻力等造成的损失等,导致用于驱动船舶正常运行的能量只占船用燃料所提供能量的 21.5%。在国际航运市场节能减排的要求下,通过船舶动力系统部件减摩等研究提升船舶能效,是当前的研究热点之一。

目前船舶动力系统部件摩擦学主要关注摩擦部件本身的可靠性,通过减摩降噪来实现船舶动力系统安全运行。与此同时,船舶动力系统部件摩擦磨损引起的能量损失也会因为减摩而降低。但是船舶动力系统部件摩擦磨损与能耗之间不是简单的线性关系,同时船舶航行环境异常苛刻,复杂工况下船舶动力系统部件的摩擦磨损变得更为复杂,这使得揭示其对能耗的变化规律变得异常困难,从而难以系统性地提升船舶动力系统的能效。因此,迫切需要突破船舶动力系统摩擦学与能效控制耦合作用机理的瓶颈。

2.1　复杂航行环境多因素耦合模拟与量化问题有待解决

多因素耦合下的航行环境刻画,对于探寻航行环境与船舶动力系统部件摩擦磨损的映射关系至关重要。重点包括如何确定关键环境因素,如何构建多因素耦合的定量关系以及数学模型,如何通过实验手段建立环境模拟。

2.2　船舶能耗动态监测需要进一步研究

船舶能耗监测通常通过监测燃油消耗量、轴功率等方式,实现少数参数定量动态监测,但是这些方式对于能耗影响因素却难以有效识别,不能用于研究摩擦磨损引起的能耗变化监测。如何有效实现原位测试,包括机理、传感器设计以及测试方法,对于开展摩擦磨损等因素引起的能耗变化研究至关重要。

2.3　系统性的船舶动力系统能效提升方法亟待构建

船舶动力系统的关键摩擦副是船舶的主要能耗部分,其能耗状态也与船舶的航行环境息息相关,充分、合理地利用船舶营运节能手段,可以有效提高营运能效。当下的能耗控制和船舶动力系统部件摩擦磨损控制是相互独立的部分,但是两者之间的内在耦合关系又为协同控制提供了可能,如何系统性地进行能效提升目前仍有许多方面存在空白。

3　科学问题研究进展

在航行环境对船舶动力系统部件摩擦磨损的影响规律、船舶动力系统部件摩擦磨损导致的能耗变化规律以及基于摩擦学的船舶动力系统能效提升理论与方法等方面,国内外均缺乏系统的研究。

目前大部分研究仍集中在关键摩擦部件的摩擦磨损控制上,包括缸套-活塞环、艉轴承等,重点在于改善其润滑性能。润滑性能好则摩擦部件之间的摩擦力小,磨损也较小,同时摩擦功耗也相应减小;当摩擦副之间的润滑性能较差时,摩擦副之间的摩擦力会变得很大,同时润滑不良也会导致船舶动力系统部件运行状态不稳定,增大摩擦功耗。目前对缸套-活塞环摩擦副的研究主要有以下几个方面:①摩擦副的选择,进行多种组合的摩擦副匹配研究,找到最优的选配方案;②基于润滑理论,研究缸套-活塞环之间的润滑状态,提升摩擦副的润滑性能;③对缸套内表面或者活塞环外表面进行表面工艺的处理;④对摩擦磨损模型进行研究,发现其磨损特性,为实际使用提供指导;⑤新型生物润滑剂的开发以及极压抗磨剂的研制。对于艉轴承,主要利用生物仿生技术研究生物体不同结构层次(微观、细观、宏观)的形态以获得灵感,进而对材料、结构、系统进行仿生模拟来提高工程结构效率,同时铁梨木自润滑液的分泌和微胶囊材料结构的发展为新型自润滑艉轴承的结构设计提供了思路。

与此同时,极端环境下的船舶动力系统部件摩擦学变化成为关注重点。深海环境的压力、温度、光照、溶解氧、pH值、含盐量、海水流速以及深海微生物等因素与表层海水环境不同。深海的超高压、腐蚀以及低温等苛刻环境对运行其中的航行器的摩擦、磨损、润滑和密封等性能有非常大的影响。目前国内外学者针对深海作业的水下航行器的耐压性、密封性和润滑性能开展了一定研究。全球气候变暖导致极地海域冰层逐渐消失,极地航运逐渐成为重要方向,针对极地低温环境下船舶甲板机械及其关键摩擦副的摩擦特性(冷脆性、低温摩擦材料等),极地低温环境的液压传动系统的润滑油特性,船体线形设计以及船体界面的极地低温适应性等问题取得了一定的研究成果。

在航行环境模拟方面,船舶航行在海洋环境中,海洋环境的风、浪、流等外激载荷是随机多变的,尤其是极端情况,实验室的测试条件不可能复原实际的海洋航行环境,开展实船运行研究是最真实可靠的试验方法,但其实施耗资巨大,且具有很大的危险性和破坏性,实际上很难达到预期的试验目标。模型试验方法由于实施容易、安全性好等优点,成为研究的重要方法。目前,国际通用模型试验主要有小尺度船模水池试验和大尺度船模实海试验两种,船模的真实程度直接影响研究结果。

在船舶动力系统监测方面,热力参数分析法、磨粒分析法和振动分析法等发展迅速,为船舶动力系统监控提供了有效手段,但是在监测摩擦磨损方面各有不足。近年来有学者提出通过能量流评价,在综合轴功率、热力参数等基础上进行能耗监测的思路。

虽然目前船舶动力系统部件摩擦磨损控制和监测方面取得了一系列成果,但船舶动力系统部件的摩擦能量损耗与能效控制耦合作用及机理的研究尚缺乏全面系统的基础理论支撑。需要围绕航行环境、船舶动力系统部件摩擦磨损以及船舶能效之间的内在关系，逐渐攻克以下难点：

3.1 获取航行环境对船舶动力系统部件摩擦磨损的影响规律

船舶长期处于离岸、流动作业，航行持续时间长，环境变化频繁甚至恶劣，复杂的航行环境会对船舶动力系统部件的运转产生影响，从而影响关键摩擦部件的摩擦磨损，掌握两者之间的映射关系对于最终实现摩擦磨损控制具有重要作用。但由于苛刻的航行环境难以准确模拟，很难抓住关键因素构建模型，因此亟须获取其对船舶动力系统部件摩擦磨损的影响机制。

3.2 揭示船舶动力系统部件摩擦磨损导致的能耗变化规律

中国船级社公布的研究数据表明，三大主力船型船舶能量有效利用百分比约为32%，存在较大节能空间。为了实现船舶动力系统部件摩擦磨损的系统性控制，显著提高船舶能效，揭示船舶动力系统部件摩擦磨损导致的能耗变化规律成为核心问题，而船舶动力系统摩擦部件结构复杂，加之能耗变化往往难以动态监测，从而造成了解决该科学问题的技术瓶颈。

3.3 建立基于摩擦学的船舶动力系统能效提升理论与方法

降低摩擦部件摩擦磨损是提高船舶能效的有效手段，而摩擦学性能与环境特性、运行状态紧密耦合，苛刻的航行环境对船舶动力系统部件摩擦磨损控制提出了更高要求。以摩擦学为线索，从耦合角度系统分析船舶节能具有更大价值。如何从摩擦学入手，在综合润滑、能效控制、航速优化等途径的基础上，形成系统性的船舶动力系统部件能效提升理论与方法，是重要的科学问题。

主要参考文献

[1] 袁成清,白秀琴,郭智威,等.基于摩擦学的船舶动力系统能效提升研究[J].船海工程,2016,45(01):91-98,102.

[2] Rao X, Sheng C X, Guo Z W, et al. Effects of textured cylinder liner piston ring on performances of diesel engine under hot engine tests [J]. Renewable and Sustainable Energy Reviews,2021,146:111193.

[3] 严新平,袁成清,白秀琴,等. 船舶摩擦学的发展展望[J]. 自然杂志,2015,37(03):157-164.

[4] Dong C L, Yang Y Y, Yuan C Q, et al. Effects of anisotropy of lignum vitae wood on its tri-

bological performances［J］. Composites Part B：Engineering,2022,228:109426.

［5］ 宫文峰,陈辉,Wang Dan-wei. 基于改进 LSTM-SVM 的多传感器船舶旋转机械快速故障诊断方法［J］. 船舶力学,2021,25(09):1239-1250.

［6］ Perera L P,Mo B. Emission control based energy efficiency measures in ship operations ［J］. Applied Ocean Research,2016,60:29-46.

［7］ Meng Y G,Xu J,Jin Z M,et al. A review of recent advances in tribology［J］. Friction, 2020,8:221-300.

［8］ Ferreira R,Martins J,Carvalho O,et al. Tribological solutions for engine piston ring surfaces:an overview on the materials and manufacturing［J］. Materials Manufacturing Processes,2020,35:498-520.

撰稿人：袁成清(武汉理工大学)　徐久军(大连海事大学)
卢熙群(哈尔滨工程大学)　张彦(武汉理工大学)

船舶多异性能源动力融合设计与协同控制

Integrated design and coordinated control of heterogeneous energy and power source for ships

1 科学问题概述

船舶电力推进系统与日用电网融合构成综合能源系统,有利于能量综合利用管理,可挖掘潜力大,在满足低碳、兼容新型能源接入等方面具有较好前景。综合能源系统的能源发生装置除了采用柴油机等常规发电机组外,还能够采用燃料电池、储能电池、可再生能源发电装置等作为主动力或辅助动力,以多异性混合动力系统智能化协同工作的形式发挥各类动力源的不同特点,有望实现低碳/零碳船舶实用化发展。从当前技术研究与发展来看,单一新能源技术在功率密度、能量密度或适用场景等方面都存在一定的短板,因此为了推进相关技术在水路运载平台的广泛应用,亟须解决新能源技术与常规动力能源技术融合的综合性能匹配以及不同新能源的协同控制问题,在此基础上通过系统融合设计和智能化协同控制,促进船舶低碳/零碳技术真正实用化、可持续发展。针对船舶的应用特点,需要突破的关键科学问题包括:

1.1 如何构建高能量/高功率密度型能源动力与新型能源动力构型设计与匹配方法

为了满足船舶动力系统功率密度、续航能力等多方面综合性能的要求,具有低碳/零碳属性的新型能源动力需要与常规高能量/高功率密度型的动力深度融合设计,通过动力能源发生、分配与应用全过程匹配,提高系统整体集成化水平,实现协调、可控、高效地联合运行。尤其值得关注的是,轻质液体燃料的应用是同时满足船舶动力系统"低碳"和高能量密度需求的重要途径,燃料发动机、燃料电池等技术的发展为该技术路径提供较好的发展前景。轻质液体燃料应用技术与高功率密度储能电池、可再生能源发电等新型能源的接入方式、组网运行模式、变工况运行性能等差异较大,亟须发展异性能源动力系统构型设计方法,掌握异性能源的调控特性,解决混合系统的能量流、功率流匹配优化问题。

1.2　如何发展多时间尺度不确定性条件下的多异性能源混合动力系统协同控制理论

可再生能源、储能电池、燃料电池等新能源技术的应用需要处理环境条件变化、多负载功率需求变化以及强耦合系统中局部突发故障带来的多重不确定因素,同时多异性动力能源装置调控的特征时间尺度覆盖从毫秒到数十分钟,常规的机电系统控制技术难以满足这类系统安全、高效的控制要求,因此需要重点解决多时间尺度不确定性条件下的协同控制理论问题。尤其值得关注的是,甲醇燃料、氢燃料和氨燃料等新型燃料应用中需要考虑燃料储存、供应和预处理等过程,其在动力能源系统中的协同调控特性和可能存在的不确定性,是影响系统安全、灵活运行的重要因素。

2　科学问题背景

水路运载系统的低碳/零碳目标对船舶技术发展提出了迫切需求,但是船舶能源系统具有孤立运行时间长、动力推进功率需求变化范围大、能源系统集成程度要求高等特点,这导致目前单一的新能源技术难以满足上述多方面综合性能要求,因此发展多异性能源动力系统,通过多能源技术的协同与融合设计,最大程度发挥清洁能源技术的效能优势,是现实可行的技术发展方向。

从目前可以预见的技术发展水平来看,可再生能源发电装置、储能电池的能量密度与常规柴油发电机组的能量密度仍存在数量级的差距,大幅提升动力技术整体能量密度的需求尤为迫切。燃料电池技术可以实现更加清洁高效、长续航的发电性能,目前应用以氢燃料为主。由于储氢体积能量密度与传统燃料存在较大差距,要达到同等续航水平,储氢装置的体积会远大于传统燃料,挤占船舶货仓空间,进一步增加船舶的运营成本。随着技术的进步,通过燃料重整或者直接液体燃料电池发电技术,有望实现液体燃料(LNG、甲醇、氨燃料等)的高效清洁利用,并且能够与双燃料内燃机技术、低 NO_x 排放技术协同应用,共用燃料储存与供应系统。

目前太阳能、风能、波浪能等可再生能源技术,以及锂电池、燃料电池等高效电能源技术在船舶平台的示范应用主要以单一功能验证为主,并且主要是作为辅助动力、备用电源,集成化设计不足,还难以充分满足船舶动力更大功率等级、更复杂运行模式的要求,制约其更广泛推广应用到整个水路运载系统。有必要从系统集成设计创新角度突破绿色新能源技术综合性能瓶颈,推动其大规模应用于混合动力能源系统,其中涉及的关键问题包括:

2.1　混合动力系统亟须解决兼顾高效清洁、高能量密度、宽工况灵活调节的低碳/零碳能源动力系统构型设计及匹配问题

船舶动力系统使用场景具有一定的复杂性和多变特性,其不仅要求具有能源高效利用、低污染排放,还要求具备多模式宽工况功率输出的能力。能源动力系统能量密度影响平台总体空间利用率和载重能力,同时对船舶续航能力起到决定性影响,这些因素综合起来对低碳/零碳动力的设计提出了更高的要求。

2.2　新能源技术接入混合能源动力系统需要解决运行调控中面临的多时间尺度、不确定性条件下的安全稳定控制问题

可再生能源技术应用受到环境条件影响,在船舶运动过程中具有较强的不可预测性,带来的功率波动需要通过储能单元等进行平抑,突增突减负载也需要不同能源发生装置协同分配调控。燃料电池、内燃机等涉及流动、传热、电化学等过程的差异较大,导致调控过程响应时间尺度跨度大,这些都给混合能源系统的安全稳定运行带来了挑战。

3　科学问题研究进展

3.1　针对高能量/高功率密度型能源动力与新型能源动力构型设计与匹配

近年来 LNG、甲醇燃料的示范应用验证了其在内燃机和燃料电池两个技术领域均具有可行性,有望实现燃料共用。此外氨燃料用于燃料电池技术原理上亦具有可行性,且氨溶液作为还原剂广泛用于船舶选择性催化还原(Selective Catalytic Reduction,SCR)系统,通过合适的燃料预处理过程也可能实现二者供应系统的集成。甲醇、氨等轻质液体同时作为燃料电池和常规内燃机的燃料,在技术、成本上都具有可行性,且能够有效控制 CO_2 等温室气体排放。但是目前还没有燃料电池与船舶常规动力装置共用轻质液体燃料的先例,如何在保证安全的同时规划好燃料供给线路,如何使燃料电池与内燃机相互配合以保证最佳效率,如何与港口协调建立一套安全高效的燃料供应体系,还需要进一步研究,是目前亟待突破的技术瓶颈。当前,国内外学者对高能量/高功率密度型能源与新型动力能源的构型与匹配进行了研究。已有优化方法多以概率性模型或确定性模型对元件进行建模,从研究重点上看,船舶新型能源动力系统的容量优化配置研究主要集中在优化目标、约束条件、目标函数和优化算法上。优化目标已经从过去的仅考虑成本的单目标优化发

展为现在的综合考虑经济指标、排放指标和能效指标等因素的多目标优化。在对新型能源动力系统各元件建模后，多能源动力系统容量优化配置寻优的关键是根据具体的优化目标制定目标函数并确定约束条件。一般来说，约束条件包括各动力源容量大小约束、蓄电池充放电约束、供能可靠性约束、安全性约束和运行平衡约束等多种约束条件。容量配置的优化算法可分为传统优化算法和智能优化算法。传统优化算法(如牛顿迭代法和解析法)一般针对结构化问题进行求解，有较明确的问题及条件描述，算法本身简单且易于操作。在单目标优化问题上，传统优化算法寻优精度和速度都有良好的性能。但是，船舶新型能源动力系统容量优化配置是一个多约束条件下的非线性整数规划问题。因此，对于多目标优化或存在多极值优化问题，通常选用智能优化算法。此外，软件也常被用来优化关键设备容量的配置。在新型能源动力系统中，根据优化算法与调度策略，结合管理、预测方法，采用应用软件对系统进行优化仿真设计，目前已开发出诸如 RETScreen、HOMER等软件。这些软件界面友好，可以适用于全球任何地区的新型能源系统设计与优化，但是软件的专业性较强，并且对于其中所采用的数学模型、优化算法和调度策略并没有详细说明，要想得到较为理想的仿真优化结果较为困难，并且给出的仿真优化结果缺乏说服力。

3.2　针对多时间尺度不确定性条件下的多异性能源混合动力系统协同控制

针对多时间尺度不确定性条件下的多异性能源混合动力系统协同控制，现有的控制方法主要包括：①不确定性条件下的安全稳定控制问题。目前的新能源技术在应用过程中会出现多个能量源协同工作的情况，可再生能源、储能电池、燃料电池等新能源技术在实际应用过程中需要处理环境条件变化、多负载功率需求变化以及强耦合系统中局部突发故障带来的多重不确定因素，为整个能源系统的持续稳定供电造成了极大的困难。针对多能源能量管理系统开展的研究以基于规则、基于优化和基于学习算法为主。②多时间尺度下的控制方法。多时间尺度的产生原因是新能源技术在接入混合能源系统时，出现的燃料电池、内燃机等涉及流动、传热、电化学等过程的差异较大，导致调控过程响应时间尺度跨度大，给混合能源系统的安全稳定运行带来挑战。多能源的长时间尺度协同调控，通过优化系统中各可控设备的出力，使得功率协同互补匹配，从而高效、经济、优质、环保地满足系统内各类负荷的用能需求。目前研究集中在多时间尺度调度机制，旨在减小可再生能源预测误差给系统安全运行和电能质量带来的不利影响，方法包括运行优化调度模型调度方案、模型预测控制方法、基于事件触发机制的通信策略、时间尺度协调的区域控制偏差超前控制方法、多时间尺度滚动优化方法等。和传统的逐级细分时间尺度的方法有所不同，模型预测控制在细分时间尺度时采用了滚动优化的方法，并且考虑到实际的系统对优化控制过程的反馈校正，能很好地处理不可控分布式发电的波动性和随机性，基于模型预测控制的多时间尺度协调调度方法来实现消纳间歇性分布式发电的效果。通过对多能源系统构建多时间尺度调度策略,在时间尺度下根据不同时间阶段的可再生能源预测信息制定调度计划,可以有效应对风能和其他可再生能源预测的不确定性,减少能源波动带来的影响,提高系统消纳可再生能源的能力。

主要参考文献

[1] YuanY,Wang J,Yan X,et al. A review of multi-energy hybrid power system for ships[J]. Renewable and Sustainable Energy Reviews,2020,132:110081.

[2] Hu W,Shang Q,Bian X,et al. Energy management strategy of hybrid energy storage system based on fuzzy control for ships[J]. International Journal of Low-Carbon Technologies, 2022,17:169-175.

[3] Gao D J,Jiang H Y,Shi W F,et al. Adaptive equivalent consumption minimization strategy for hybrid electric ship[J]. Energy Science & Engineering,2022,10(3):840-852.

[4] 严新平,徐立,袁成清. 船舶清洁能源技术[M]. 北京:国防工业出版社,2015.

[5] 王凯,卢博闻,李宇奇,等. 船舶多清洁能源混合动力系统优化设计方法[J]. 船舶工程,2020,42(2):8-15.

[6] Zhao Z H. Improved fuzzy logic control-based energy management strategy for hybrid power system of FC/PV/battery/SC on tourist ship[J]. International Journal of hydrogen energy, 2022,47(16):9719-9734.

[7] 瞿小豪,袁裕鹏,范爱龙. 动力电池系统在运输船舶上的应用现状与展望[J]. 船舶工程,2019,41(10):98-104.

[8] Gaber M,El-Banna S H,El-Dabah M,et al. Intelligent energy management system for an all-electric ship based on adaptive neuro-fuzzy inference system[J]. Energy Reports,2021, 7:7989-7998.

撰稿人:翁方龙(中船701研究所)　袁裕鹏(武汉理工大学)

复杂水域内的船舶自主航行技术

Autonomous navigation technology of ships in complex waters

1　科学问题概述

船舶自主航行是当下和今后航运与海事学科的主流研究发展方向,现阶段对于船舶自主航行的研究尚未形成统一的理论技术体系。自主航行船舶系统主要由先进的环境感知系统、自主式航行导航系统、自主式机舱监控系统、岸基支持中心等子系统组成。当自主航行船舶行驶在港口、海湾和沿岸等交通和地理环境复杂的水域中时，海域内存在大量的航行船舶，通航环境和交通态势复杂，对船舶自主航行技术提出了很高的要求。为促进自主航行技术的发展，需要研发一套态势感知-数据认知-智能控制与评估的新理论、新方法和新技术，进而保障船舶航行的安全和高效。为突破船舶自主航行技术瓶颈，一系列关键科学问题有待研究。

1.1 如何构建航行态势感知计算模型，包括感知传感器、感知模型与算法、感知数据融合等

态势感知计算是船舶自主航行的基础，实现对船舶航行环境的获取、理解、显示、预测，提升船舶安全威胁的发现识别、理解分析、响应处置能力。船舶的态势感知不仅要感知自身数据(位置、航速、航向等动态数据和静态数据)，更要感知航行环境信息(风、浪、流等水文气象信息)。船舶自主航行感知系统应至少包括三个部分：感知传感器、感知模型与算法、感知数据融合。在船舶自主感知的基础上，岸基支持系统的智能服务可以大大提高船舶自主感知能力，实现船岸协同。复杂海洋环境中面临如下挑战：海洋水文气象环境(雾、雨、雪、浪、流等)、海杂波等影响大，弱小目标难探测、难识别；相较于路上环境，感知所需距离更远，并需更具前瞻性；动态复杂会遇场景难理解，场景语义难感知，行为决策难；多模态数据融合参考基准、模型算法难设计。

1.2 如何构建基于认知计算技术的数据分析方法，包括海事事故机理分析、船舶行为特征挖掘与预测等

基于认知计算的航行数据分析可以挖掘船舶自主航行特征，提高船舶自主航行的决策能力，是船舶自主航行技术的重要组成部分。认知计算技术包括大数据、知识图谱、数字孪生等技术，是一种自我学习系统，可以像人类大脑那样通过数据挖掘、图像识别以及自然语言处理来进行学习，从而为各类决策行为提供更多决策建议。在进行海事事故机理分析、船舶行为特征挖掘与预测时，主要挑战在于首先需要利用认知计算方法表示与建模船舶航行相关领域知识(船舶行为语义、避让规则、船舶动力特性、船舶操纵特性、水上交通环境特性、水文气象、海损分类与衡量等)。

1.3 如何构建智能航行控制模型与自主航行评估方法，包括避碰决策、船舶运动控制、自动靠离泊等

智能航行控制系统是船舶自主航行的重要组成部分，其智能化水平反映了自主航行智能化水平的高低。其中，核心避碰问题是以满足避碰要求的新航向和新航速的最优值的选择为核心，以船舶碰撞几何模型和船舶运动控制数学模型为基础，进而实现对目标障

碍的避碰。因此,如何构建智能航行控制模型与算法是实现船舶自主航行的关键问题之一。再者,研究自主航行评估方法,如自动靠离泊评估,是实现船舶自主航行的一个关键技术,也是提高船舶安全的一个重要手段。复杂海洋环境,浪流涌干扰大,智能控制模型和评估需要同时考虑流固耦合作用机理、海洋环境要素物理模型、模型计算实时性、模型可用性和调参便捷性、能效优化、航行行为预测模型、避碰模型等。当前面临如下挑战:如何基于深度学习模型进行行为预测和能耗优化。

2　科学问题背景

全球范围内每年交通事故的统计报告表明,大量交通事故是由人为因素引起的,自动理解和感知驾驶人所面临的交通环境可有效降低由人为引起的交通事故率。交通环境感知是智能交通系统构建的基础,如高精地图构建等,在无人驾驶领域发挥着重要作用。在水上交通领域,确保运输系统中船舶航行更安全、海洋更清洁是研究的主题。大量交通事故分析表明,人为因素也是造成水上交通事故的主要原因。为了克服人为因素所导致的水上交通事故,当下海事和海工界开始研究船舶自主航行及其配套岸基系统。

2.1　新型智能化船舶多传感器数据感知与融合仍需进一步研究

目前,新型智能化船舶和岸基系统携带的感知传感器主要包括航海雷达、视频传感器、激光雷达(Light Detection and Ranging,LiDAR)、红外摄像机、声呐、AIS 和风速风向仪等设备。这些传感器具有不同的信息采集特征和能力。因此,如何实现高效、高精度感知,以及如何将不同传感器采集到的感知数据进行融合处理,实现对航行环境的全方位感知,是实现船舶自主航行的一个重要研究课题。目前学者们对 AIS、雷达、气象、电子海图显示与信息系统(Electronic Chart Display and Information System,ECDIS)的数据感知与融合所做研究较多,基于深度学习的多模态实景数据感知与融合研究相对较少,尤其是如何克服复杂海洋环境的影响以及异构异基准数据的融合研究较少。

2.2　基于认知计算的船舶自主航行数据分析还缺少研究

随着知识图谱、数字孪生等技术的发展,如何更高效地挖掘船舶自主航行数据、事故数据成为一项前沿研究问题。借助认知计算的辅助功能、理解能力、决策能力、洞察与发现能力,交互可视化分析船舶自主航行数据、事故数据,将更多的重点放在推理与决策上,进行可视知识发现,获取有价值的信息,将是船舶自主航行领域数据分析的重要方法。

2.3　基于预测的船舶智能航行控制模型与自主航行评估仍有待进一步研究

船舶自主航行需要实时感知通航环境,自主完成危险规避,同时也需要完成自主路径规划。因此,船舶自主航行需要将动态避让控制与导航路径规划相结合,综合考虑航行行为预测、能耗优化等,建立基于预测的船舶智能航行控制模型与算法。如何实现碰撞危险度的预测判断和避碰措施的选择是船舶自主航行的难点之一。面对智能船舶功能核定、技术研发需求,迫切需要建立测试与验证体系,以此来推动智能船舶技术的发展。传统的评估主要依靠评估员的经验,评估的工作量很大,评估结果有一定的主观性和随意性;评估模型的研究可以针对自主船舶靠离泊的实际操作给出智能评估结果,评估结果会更加客观、公正,同时大幅度减少评估员的工作量。

综上所述,大数据、云计算、物联网、深度学习等技术在交通领域的成熟应用促进了船舶自主航行的发展。进行深入的船舶自主航行关键技术研究,充分挖掘船舶自主航行的难题和关键问题,突破多传感器数据感知与融合、船舶自主航行数据分析、船舶智能航行控制与自主航行评估等技术瓶颈,对于船舶自主航行的发展具有重要意义。

3 科学问题研究进展

3.1 针对船舶航行态势感知中多传感器数据感知与融合问题

在空间定位融合研究方面,目前主要有三类方法:①统计与估计方法,包括概率推理、卡尔曼滤波、Bayes 准则等。通常采用近邻域法、中心聚类法、序贯关联算法等进行航迹关联,对目标航迹关联正确率情况进行关联概率分析。这类算法的优点是算法结构比较简单、容易实现。②认知模型方法,主要包含模糊逻辑、基于知识的系统及专家系统等。研究者将 AIS、GPS 及雷达目标航迹的相似度进行分析,并由此进行航迹关联判断。该方法的优点是可靠性高,在多目标密集环境下,仍能够可靠地进行航迹关联的判断,但仍需要研究自适应算法,提高数据融合的准确率。③神经网络法、模式识别类方法,通常采用神经网络模型或卡尔曼等滤波方法进行感知数据融合。在场景构建融合方面,国内外学者研究了多模态感知数据相融合的关键问题,包括投影方式的统一、坐标系统一和物标编码的融合等问题,研究了空间相似对象的匹配算法,并探讨了融合结果的不确定性问题,如多分辨率的测深数据与地形模型的融合算法、电子海图与水下地形和遥感影像的融合方法、实景三维模型融合匹配到三维电子海图显示与信息系统的方法等。近年也出现了基于深度学习的方法,在感知方面出现了大量基于视频的船舶目标识别研究;在数据融合方面提出了 MatchNet 端到端的深度网络体系结构,分别从图像和点云中共同学习二维和三维关键点的描述符,直接从图像和 Lidar 点云中匹配并建立对应关系。但是,目前感知数据融合研究较多关注解决 AIS、雷达数据、电子海图数据的融合,在多模态感知数据融合处理方面还不够成熟,针对新型智能化船舶感知数据的感知与融合研究仍需进一步加强,如 Lidar 点云、视频数据、三维模型等。

3.2　针对基于认知计算的船舶自主航行数据分析问题

近年来,以知识图谱、数字孪生和深度学习为代表的认知计算技术受到越来越多专家学者的关注,并取得了较好的效果。在船舶领域,认知计算技术在船舶碰撞事故分析、航运智能化、海洋航行环境气象预测等方面得到了应用。基于数字孪生的基本理论,提出了数字化舰船的总体框架,探索了基于数字孪生的舰船作业任务全流程全要素辅助决策等问题。针对水路运输问题,提出了以数字孪生为核心的"云上港航"解决方案,其基本框架包括港口节点、岸基传感器、数字孪生工具、数字孪生模型、人工智能服务和定制化应用,能够为船舶产业链用户和航运企业提供精细化服务。针对船舶航迹多维度特点及其预测精度和实时性要求,将深度学习的方法应用到航迹预测中,以 AIS 系统中的经度、纬度、航向、航速、时间间隔等作为循环神经网络长短期记忆(Recurrent Neural Network-Long Short-Term Memory,RNN-LSTM)模型的训练数据特征,利用实船数据对模型进行训练,实现对未来船舶航行轨迹的预测,预测精度比传统方法高。然而,目前仍然缺少以可视交互的认知计算方法探索和挖掘船舶自主航行行为数据的相关研究。

3.3　针对基于预测的船舶智能航行控制模型问题

目前船舶自主航行避让涉及的障碍物包括静态障碍物(礁石、浅滩、水面上的浮标等)和动态障碍物(船舶等)。针对静态障碍物,目前多采用全局优化避让模型,在已知全局通航环境的条件下,计算可以规避障碍物且运动控制路径最短的避让决策,如蚁群算法、A*算法、粒子群算法、模拟退火算法等;针对动态障碍物,目前多采用局部优化避让模型,在已知局部通航环境的条件下,计算可以实时规避障碍物且一定范围内运动控制路径最短的避让决策,如舶避碰几何模型、避碰专家知识库、深度学习等方法。船舶自主航行智能控制模型通常采用局部优化避让模型,但目前自主航行船舶避让方法缺少基于预测的决策模型。目前决策模型缺少对障碍物运动趋势的研究,并且缺少基于预测的船舶避让危险度计算模型,因此避让决策难以适用于多动态障碍物的宽广水域,也不符合船舶避碰的"远、大、宽、清"的规避原则。再者,目前避让模型所采用的运动控制模型非线性和不确定性高,仍需进一步研究更精确的船舶运动控制模型,以适应复杂的水面通航状况。针对自主航行评估问题,国内外针对自主船舶靠离泊的评估较少,故参考船舶相关评估。船舶靠离泊研究中,以模糊综合评价模型、基于统计回归方法的评价模型等传统评估方法为主,以云理论、人工神经网络为代表的智能评估方法相对较少。

综上所述,现有船舶自主航行关键技术仍需要进一步挖掘和研究。多模态传感器的精确感知和数据融合仍需要进一步借鉴和吸收计算机视觉、模式识别等领域的新理论和新方法,尽快实施船舶自主航行数据认知计算的研究,并加强基于预测的船舶智能航行控制和自主航行评估研究,攻克制约船舶自主航行快速发展的关键问题。

主要参考文献

[1] 严新平.智能船舶的研究现状与发展趋势[J].交通与港航,2016(1):25-28.

[2] 严新平,柳晨光.智能航运系统的发展现状与趋势[J].智能系统学报,2016,11(06):807-817.

[3] 付振楷.智能无人船舶避碰系统研究[D].天津:天津理工大学,2020.

[4] 李永杰,张瑞,魏慕恒,等.船舶自主航行关键技术研究现状与展望[J].中国舰船研究,2021,16(1):32-44.

[5] 张笛,赵银祥,崔一帆,等.智能船舶的研究现状可视化分析与发展趋势[J].交通信息与安全,2021,39(01):7-16,34.

[6] 王晨曦.雷达与AIS数据融合算法研究[D].哈尔滨:哈尔滨工程大学,2017.

[7] Liu T,Zhao D,Pan M. An approach to 3D model fusion in GIS systems and its application in a future ECDIS[J]. Computers & Geosciences,2016,89:12-20.

[8] Guo M,Guo C,Zhang C,et al. Fusion of ship perceptual information for electronic navigational chart and radar images based on deep learning[J]. The Journal of Navigation,2020,73(1):192-211.

[9] Feng M,Hu S,Ang M H,et al. 2D3D-MatchNet:learning to match keypoints across 2D image and 3D point cloud[C]//2019 International Conference on Robotics and Automation (ICRA),IEEE,2019:4790-4796.

[10] Tang C,Chen M,Zhao J,et al. A novel ship trajectory clustering method for finding ship overall and local features of ship trajectories[J]. Ocean Engineering, 2021, 241 (1):110108.

撰稿人:刘涛(上海海事大学)　李永正(江苏科技大学)　陈立家(武汉理工大学)

无人船航线规划与跟踪控制方法

Route planning and tracking control method for unmanned ship

1 科学问题概述

随着计算机技术、通信技术和传感器技术的发展,无人船逐渐成为水上交通领域的研究热点。长期以来,实现自主航行的主要思路是先利用路径规划方法计算出起点到终点的连通路径,再通过轨迹跟踪方法控制船舶按照该路径航行。由于路径规划过程中没有充分考虑无人船运动学约束,当航行环境复杂时,部分轨迹可能无法被船舶跟踪。为实现无人船自主航行,需综合考虑无人船的运动学和动力学约束(Kinodynamic Constraints)、岸线、航行警告区域、礁石、浅滩等复杂约束条件,自动规划出一条安全、可跟踪航迹,甚至直接给出船舶控制指令序列。为突破上述技术瓶颈,一系列关键科学问题有待研究。

1.1　船舶运动参数快速辨识及其变化规律研究

船舶运动参数对船舶操纵性能有重要影响,目前在理论上已经能根据船体运动的边界条件求解船舶运动参数,但是这些方法的求解过程十分复杂和费时,获得的结果与实航情况有很大差别。此外,船舶运动参数受载重状况、气象、海况等多方面因素的影响,在航行过程中是动态变化的。因此,如何利用先进的传感器技术、数据处理技术快速识别船舶运动参数,揭示船舶运动参数随航程、海况、气象条件的变化规律,是实现无人船运动规划的基础。

1.2　如何构建不同航行任务下无人船运动规划的目标准则

船舶控制量(舵和螺旋桨)个数为2,自由度(6自由度)个数为6,控制量个数小于自由度个数,其本身为一个非完整约束的系统。同时,构型空间(Configuration Space)的维数较高,一般采用随机采样的方法进行运动规划,但这很难保证规划结果最优(航程最短、燃油消耗最少、航行时间最短)。为了使规划结果趋近于最优,可适当增加采样次数,但这又将导致算法耗时增加。规划结果最优与规划算法耗时是一对矛盾,规划结果更优往往意味着实时性更差。不同航行任务对规划结果优劣性与算法实时性的需求不同,无人船运动规划是一个多目标规划问题。因此,有必要归纳无人船典型的航行任务,探寻不同航行任务下的船舶运动规划的目标准则。

1.3　如何建立动力学约束条件下的多目标无人船运动规划模型

船舶运动参数是动态变化的,且影响因素众多,运动规划模型需综合考虑航行水域的海况、气象、船舶载重状态、水上交通等多方面约束。这些约束随时间变化,其时变特性存在较大不确定性,难以进行精确建模。此外,在一个典型航行任务中,其规划目标可能也会随规划过程进行而发生改变。由于约束条件与规划目标二者均具有不确定性,构建动力学约束条件下的多目标无人船运动规划模型存在一定难度。

2　科学问题背景

运动规划是在路线规划和轨迹规划的基础上发展起来的。其中,路线规划是研究的基础阶段,它很少考虑规划结果的可执行性,而是将重点放在规划空间上,以研究对象的规划空间情况(可航水域和不可航水域)作为约束条件进行路线搜索,实现从起点到终点的一条最优路线。轨迹规划开始逐渐考虑规划结果的可执行性,除了规划空间,还将研究对象的某一部分动力学特性作为约束条件来改进路线规划的结果,实现从起点到终点的一条最优轨迹。运动规划需完全考虑规划结果的可执行性,以无人船的运动学和动力学模型为基础,将运动控制和路线规划进行结合,获取从起点到终点的可执行轨迹,甚至直接给出研究对象的控制指令序列。目前,无人船运动规划面临的困难主要包含两个方面:

(1)船舶运动参数辨识困难,规划过程中对船舶的动力学约束条件考虑不足。由于船舶运动参数的影响因素众多,船上现有的传感器无法实现对船舶运动参数的准确辨识。例如,船舶的装载状态、风、流、浪、油水消耗等因素均会对船舶的运动参数产生影响,船舶运动参数随这些因素变化的规律复杂。

(2)构型空间维数较高,运动规划算法的实时性较难满足,规划结果很难保证最优。

因此,亟须进行船舶运动参数辨识方法及其变化规律研究,构建船舶运动参数快速计算模型,同时研究面向高维构型空间的快速运动规划算法。

3 科学问题研究进展

3.1 在航线规划方面

近年来,在航线规划方面取得了较大进展,且部分研究成果已应用于生产实践。目前,常见的无人船航线规划的方法主要有三种。一是以历史航线为基础,通过建立推荐航线库,结合季风、洋流、台风等气象因素进行航线规划。如杨毅等以 GIS 平台为基础,建立了珠江口水域的推荐航线库,选用最优航线算法,采用面向服务的方式,将推荐航线及相关助航信息服务推送到用户端。在获取船舶历史航线方面,除了利用 GIS 平台,AIS 也是一种较常用的技术手段。胡勤友等提出了一种基于海量 AIS 数据的船舶习惯航线规划方法,将航行水域网格化,选取目标船舶,统计其航迹所占的网格并计数,形成单船的航迹网格图,依据前船习惯航线设置网格的适航度,利用适航度改进 A* 算法的估值函数,可规划两点间安全航线。尽管都是以 AIS 数据作为基础,但航线规划具体方法却千差万别。马升麾等提出利用数据清洗、聚类分析等方法对船舶 AIS 历史偏转点数据进行提取和聚类,得到用于航线设计的转向点,并应用 Dijkstra 最短路径算法生成航线。这类航线规划方法的共同特点是需要以大量的历史数据作为支撑,主要适用于远洋航线的自动设计,对于没有船舶航行过的水域或船舶较少的水域,利用该类航线规划方法通常无法获取理想的航线。

二是建立船舶航行区域内障碍物的数学模型,利用传统的智能算法和图论知识进行航线规划。这类算法的主要思路是以航行区域内岸线、障碍物等空间关系为约束条件,以最短航线为目标函数,然后利用智能算法寻找一条从出发点到目的点的船舶航线。因此,一般而言,对航行区域进行数学建模是这类航线规划方法必不可少的步骤。完成障碍物建模之后,这类方法通常会采用传统的智能算法进行航线的求解。由于需要提前对航行环境进行数学建模,所以这类方法通常需要大量的前期工作,实时性不高。当航行水域出现新增障碍物时需重新建模,较难满足无人船的航行需求。

三是基于随机采样的航线规划,其主要思想是通过在规划空间中生成随机采样点来判断规划空间中的可航行区域,然后将相邻的航路点组成随机路图,并在此图中搜索到一条连接起点和终点的航线。常见的算法有随机路图算法(Probabilistic Roadmap Method,PRM)和快速搜索随机树(Rapid-exploring Random Tree,RRT)法。基于随机采样的航线规划方法不需要对规划空间进行建模,搜索速度快,而且在搜索的过程中可以考虑无人船的运动学约束和动力学约束,从而能够有效解决复杂环境下的运动规划问题。该算法近年来在机器人运动规划领域得到了广泛的研究和应用。但是其本身也存在一些缺陷:①全局的均匀随机采样策略导致算法无谓地耗费较大代价,使得收敛速度慢;②度量函数(最近邻算法)在解决复杂约束的规划问题时可能是制约算法有效性的一个瓶颈;③算法的随机性会导致生成的路径不平滑,无法被非完整性约束无人船直接执行。

3.2　在轨迹规划方面

由于航线规划没有考虑无人船的运动学和动力学约束,其给出的航线通常是不平滑的,存在航向突然发生改变的情况,这对无人船而言是不可执行的。为满足航向的连续性,并实现路线平滑,Dubins 路径规划算法被用于进行航迹规划。其主要思想是在已知起始点、终点、航向以及最小曲率半径的情况下,两点之间的航迹可以由"圆弧-直线-圆弧""圆弧-圆弧-圆弧"或者"圆弧-圆弧-直线"三段构成,直线为两圆弧的切线。根据圆弧方向向左或向右,杜哲等人将上述 Dubins 曲线归纳为 6 种基本路径。基于这 6 种基本路径,针对不同的约束条件和规划要求,在满足研究对象具体的起始点和终止点方向以及最小曲率半径的条件下,可以规划出相对真实的轨迹。然而,Dubins 路径算法并没有真正做到曲率的连续,因为实际上直线的曲率是 0,而圆弧是有一定曲率的。所以研究对象从直线段进入到圆弧段时,曲率就会从 0 直接跳变到某一数值,这显然是不合理的。另外,船舶在转向或旋回运动时,其轨迹并不是圆弧。为了弥补该方法的缺陷,很多学者使用了其他特殊性质的曲线来代替圆弧,如样条曲线、Clothoid 曲线和费马螺线等。

3.3　在运动规划方面

在机器人领域,运动规划需要以研究对象的运动学和动力学数学模型为基础,考虑研究对象的运动学和动力学约束。较为常见的运动规划方法是先利用路线规划算法,从起始状态到目标状态寻找一条路线,然后以研究对象的运动学和动力学模型为基础,设计相应的控制器来驱动机器人按照该路径运动,最终到达终点。该方法的本质是机器人的运动控制,具体的控制方法有比例-积分-微分(Proportion-Integral-Differential,PID)控制、自适应控制、滑模控制等。由于无人船是一个非完整约束的系统,并不是所有的路线都可以通过控制无人船实现轨迹跟踪,因此其在无人船运动规划的可用性较低。

另一种运动规划方法是根据研究对象的动力学模型对路线规划方法进行改进,然后用合适的曲线进行平滑。如徐娜等提出了一种改进的 RRT 算法,将移动机器人的非完整约束条件与 RRT 相结合来解决其运动规划问题;杜明博等提出了一种基于最大曲率约束的剪枝函数,对生成的结合智能车运动约束的随机树进行优化,并用三次 B 样条差值曲线做平滑处理。

上述两种方法本质上与轨迹规划类似,都是以路线规划为基础,用研究对象的动力学模型来设计控制器或结合优化曲线对该理想路径进行还原和逼近,最后达到规划目标。因此,从结果上看,这是一种"间接"性的运动规划方法,其在路线规划过程中并没有完全考虑研究对象的运动学和动力学约束。近几年国外一些学者对运动规划问题提出了一种新的解决思路,将研究对象的所有运动约束包含在规划空间当中,将其作为规划空间中的一个约束条件,然后通过图搜索方法选择并连接这些状态,最终得到可执行路径,将运动规划问题变成图搜索问题。

主要参考文献

[1] 杜哲.基于轨迹单元的水面无人艇运动规划研究[D].武汉:武汉理工大学,2018.

[2] Wu M,Zhang A,Gao M,et al. Ship motion planning for MASS based on a multi-objective optimization HA* algorithm in complex navigation conditions[J]. Journal of Marine Science and Engineering,2021,9(10):1126.

[3] Han S,Wang L,Wang Y,et al. An efficient motion planning based on grid map:Predicted Trajectory Approach with global path guiding[J]. Ocean Engineering,2021,238:109696.

[4] Gu S,Zhou C,Wen Y,et al. Motion planning for an unmanned surface vehicle with wind and current effects[J]. Journal of Marine Science and Engineering,2022,10(3):420.

[5] Zhang H,Zhang J F,Shi T,et al. A dynamic Rapid-exploring Random Tree algorithm for collision avoidance for multi-ship encounter situations under COLREGs[J]. Trends in Maritime Technology and Engineering,2022,2:161-170.

[6] Garrett C R,Chitnis R,Holladay R,et al. Integrated task and motion planning[J]. Annual Review of Control,Robotics,and Autonomous Systems,2021,4:265-293.

[7] Hinostroza M A, Xu H, Guedes Soares C. Motion planning, guidance, and control system for autonomous surface vessel[J]. Journal of Offshore Mechanics and Arctic Engineering, 2021, 143(4):041202.

[8] 杨毅. E-Navigation 框架下船舶智能航线服务系统设计研究[J]. 中国海事,2015(8): 52-54.

[9] 向哲,施朝健,胡勤友,等. 一种利用海量 AIS 数据规划安全航线的方法[J]. 中国安全生产科学技术,2016,12(10):160-164.

[10] 马升麾. 基于 AIS 数据的航线生成 [D]. 大连:大连海事大学,2017.

撰稿人:杨雪锋(重庆交通大学)

智能船舶远程驾驶中的人机共融问题

Human-robot cooperation for remote-control Maritime Autonomous Surface Ships(MASS)

1　科学问题概述

人工智能、信息与通信等技术的快速发展,在全球范围内掀起了智能化浪潮,同样也促进了航运现代化、智能化技术的快速发展。机器将不再是一类仅能增强驾驶员感知、决策或控制能力的辅助工具,更是有潜力成为一类具备一定智慧的智能体。然而,从当前人工智能技术的发展来看,智能系统尚无法完全取代人类驾驶员。因此,在人工智能技术走向"成熟"前,发展"有人在环"的远程驾驶模式成为当前智能船舶发展的重要方向。

船舶远程驾驶是指一类由驾驶员远程参与船舶航行任务的驾驶模式。在该模式下,受控船舶与驾驶员构成一个船岸协同的人机混合智能系统。为促进新型驾驶模式的实现与平稳运行,亟须提出船岸协同下人机混合智能航行的理论、方法和技术,保障智能船舶在各工况下安全平稳地航行。为突破上述技术瓶颈,一系列关键科学问题有待研究。

1.1　船舶智能航行中的人机混合智能理论

在理想情况下,人机混合智能系统能充分发挥人与智能系统的各自优势,在人类对主观世界的理解与判断基础上,利用智能系统强大的计算能力、信息感知能力与远距离通信能力,能够使船舶航行任务的感知与决策更加高效与安全,任务执行也更加可靠。然而,如何在船舶智能航行中充分发挥人与机器的差异性和互补性,避免人机不协调导致的冲突,在实现超越人或机器智能极限的同时,保障混合智能系统的航行安全,是需要解决的关键科学难题之一。

1.2　船舶远程驾驶中的人机远程协同技术

在远程驾驶模式下,驾驶员远离受控船舶,无法通过视觉、听觉和触觉直接对船舶状态与航行环境实现感知,也无法直接对船舶实施控制。驾驶员必须依赖与船端机器的远程交互实现感知与控制,且远程交互易受网络延时、网络丢包等事件的干扰与影响。因此,针对船岸通信网络特点,设计短延时、长延时和通信中断等条件下自适应的人机远程协同策略,提出人机感知与控制不同步条件远程驾驶辅助的新范式,实现远程驾驶中的人机智能融合,是需要解决的另一个关键科学难题。

1.3　人机混合智能系统的容错机制

在远程驾驶模式中,不同类型的智能体(人与机器)在不同时间与空间(在船即时控制/在岸延时控制)相互协作,有潜力发挥人与机器、船端系统与岸端系统各自在感知、决策和控制等方面的特点与优势,但也存在船-岸协同、人-机协同失效的极端情况。如何在非常规工况下准确识别危及船舶航行安全的异常事件,提出控制权船-岸交接、人-机交接的分析范式与判断条件,构建高可靠性、鲁棒性与容错性的船岸协同与人机协同机制,也是需要解决的关键科学难题。

2　科学问题背景

近年来,为响应建设交通强国的战略决策,交通运输部联合多部委陆续推出了《智能航运发展指导意见》等多份文件,旨在推动我国智能船的快速发展,并提出在2025年突破一批智能船舶关键技术。在国际上,多国积极开展智能船舶试验,希望在新一代智能船舶的研发中取得突破性进展。由此可见,智能船舶的研发已经成为全球航运科技角逐的焦点,推进智能船舶相关研究的步伐,对提升我国船舶制造业的国际竞争力、加快航运业新旧动能转换具有重要的现实意义和战略价值。

(1)智能航行是智能船舶的基本功能,也是当前技术研究的热点。从当前智能航行技术的发展来看,实现船舶完全自主航行尚不具备条件,但船舶系统的智能化成为必然的发展趋势。由于机器智能程度的提升,船舶上传统的人机关系必将发生改变,即机器由指令执行工具转变为"工作伙伴"。在新关系下,利用驾驶员与机器智能在感知、认知、决策与控制等方面的差异性,形成人机混合智能,有潜力提升船舶航行安全与效率,但同时也引入了人机不协调的潜在风险(如人机控制冲突等)。因此,探索船舶航行任务中驾驶员与智能系统的工作机制,提出发挥人机混合智能优势、抑制人机不协调风险的人机混合智能理论具有重要的科学价值。

（2）我国注册船员数量居世界第一，是船员大国，但船员市场后继乏力的问题逐渐显现。一方面船员工作条件艰苦且职业风险较高，对新生代吸引力持续下降；另一方面，随着我国逐渐步入老龄化社会，远洋船员、沿海船员和内河船员等职业从业年龄偏大。改善船员工作环境，提升船员工作的幸福感与获得感逐渐受到各界的关注。在人工智能、信息通信技术等新兴技术与航运业深度融合的背景下，发展"岸基驾驶为主，船端值守为辅"的新型船舶运输模式，改善船员工作环境，降低船员的职业风险，成为破解我国船员短缺与老龄化问题的关键。因此，研究船舶远程驾驶中人机远程协同中的科学难题具有重要的现实意义。

（3）船舶远程驾驶不仅要通过船岸信息融合与人机智能互补实现船舶安全高效地航行，更要在异常工况下仍能实现对受控船舶的有效控制，并尽快恢复远程驾驶功能，即具有更好的鲁棒性和富有韧性。在船舶远程驾驶系统中，系统的物理空间、信息空间与认知空间高度耦合，在任一空间出现的异常事件（如传感器失效、船岸信息不同步、人机决策冲突、驾驶员误操作等），都将借由系统多元空间的复杂关系快速传递，从而影响全船的航行安全与信息安全。因此，有必要针对船舶远程驾驶系统的特点，研究异常事件影响下船舶远程驾驶人机混合智能系统的容错机制，提升远程驾驶系统的鲁棒性与韧性，最终推动"岸基驾驶为主，船端值守为辅"的新型运输模式的实现。

3　科学问题研究进展

3.1　船舶智能航行是智能船舶研发中的难点和重点

国内外研究人员对智能航行的研究重点集中在两个方向。一是以有人船舶为主要研究对象，通过增强船员的态势感知能力，辅助船员及时采取必要行动，提升船舶的智能性。这类方法能够一定程度上支持船舶的安全航行，但无法实现船舶独立的自主航行，更无法避免船员人为失误对船舶航行安全的影响，难以在未来各类智能船舶上推广。二是以无人驾驶船舶为主要研究对象，通过提升控制系统的自主性，直接实现船舶自主航行，如自主避碰、自主靠离泊等。各国研究团队开展了诸多智能航行的仿真实验与示范，取得了一定的进展。2019年，日本邮船宣布完成了全球首次智能船舶的海上试验，完成了国际海事组织《自主驾驶船舶试验暂行指南》的各项试验项目。同年，我国自主研发的首艘具备自主航行功能的"筋斗云0号"货船首航仪式在珠海东澳岛举行。然而，当前的智能航行技术离完全自主航行的现实需求还有较大差距，对航行规则和良好船艺的理解、对环境及运动模型不确定性的处理等依旧是现有自主航行技术面临的巨大挑战。

3.2　远程驾驶是未来智能船舶运行的重要运输模式

在远程驾驶研究方面，自2017年起，各国科研团队围绕船舶远程驾驶开展了各类实船实验,探索了各类远程驾驶系统的架构。2017 年 9 月,瓦锡兰公司通过卫星链路进行了跨洋远程(8000km)遥控测试,受控船舶实现了 4h 的连续远程控制测试;2018 年,罗尔斯·罗伊斯公司在 Falco 号轮渡船上实现了全球首次载客渡轮的远程驾驶;2019 年,武汉理工大学团队在荷兰实现了跨大陆的 7m 模型船舶远程遥控实验;2020 年,日本 NYK 集团、韩国三星重工等企业开展了多次拖轮的实船远程驾驶实验。此外,远程驾驶船舶关键技术的研究也在同步进行。Rødseth 等为 MUNIN 项目设计了面向远洋船舶无人航行的系统架构、船端系统与岸端系统内部的信息流、船岸系统间通信网络等内容;Peter Slaets 等以一艘模型船为研究对象,设计了全新的远程遥控器与控制系统,并在内河航道中实现了模型船舶的远程遥控;Wang 等提出了一个基于云的无人驾驶航行器任务控制框架,并利用云技术实现可拓展的监控、远程控制、数据的获取和共享等功能。综上,近年来船舶远程驾驶实验主要在开阔水域进行测试验证,针对运输船舶、狭水道或繁忙水域的远程驾驶测试数量较少。通信质量和效率是远程驾驶关注的关键问题,也是各类测试的重点之一。大部分研究仅围绕单一项目的需求,提出了一种或一类远程控制船舶的工作模式与架构,未对船舶远程驾驶的模式、系统架构、远程驾驶辅助范式进行全面和深入的研究。

3.3 智能船舶安全分析与系统设计是智能船舶研究的另一大难点

传统风险评价工具依赖系统运行的数据与事故报告,通过事故报告与运行数据对系统进行风险辨识与风险评价,最终提出风险控制措施。然而,智能船舶尚未普及和应用,运行数据与事故数据匮乏,导致传统的风险评价方法难以有效地评估智能船舶风险。为此,研究人员提出基于专家经验、实验船舶测试数据等信息源,运用贝叶斯网络等方法对船舶的航行风险进行评估。针对智能船舶的信息安全,研究人员穷举船舶受黑客主动攻击的典型场景,通过对专家经验的量化,实现对内河智能船舶信息安全的评价、脆弱模块的识别并提出改进方案。然而,现有智能船舶安全性分析停留在对系统模块的风险因子的识别与分析,缺少对异常事件下远程驾驶系统鲁棒性与韧性提升的研究,特别是对船岸信息不同步、人机冲突、驾驶员误操作等初始事件影响机理与应对机制研究还不够深入。

综上所述,"岸基驾驶为主,船端值守为辅"的远程驾驶模式是智能船舶发展的重要阶段,在该阶段岸端驾驶员与船端智能机器共享船舶控制权。为了实现该新型驾驶模式,并维持人机混合的远程驾驶系统安全、平稳地运行,需要加深船舶智能航行过程中驾驶员与机器在感知、决策与控制方面的特性的研究,充分考虑船岸通信的随机性、船端系统与岸端系统的特点与优势,构建人机远程驾驶辅助新范式,设计高可靠性、容错性与鲁棒性的船岸人机交互方法与机制,最终提出普适性强、安全性高、可靠性强的智能船舶远程人机共融理论与技术。

主要参考文献

[1] 郎舒妍,曾晓光,张民. 智能船舶工程科技发展战略研究 [J]. 中国工程科学,2019,21 (6):27-32.

[2] 郑南宁. 人工智能新时代 [J]. 智能科学与技术学报,2019,1(1):1-3.

[3] Huang Y,Chen L,Chen P,et al. Ship collision avoidance methods:State-of-the-art [J]. Safety Science,2020,121:451-473.

[4] 吴超仲,吴浩然,吕能超. 人机共驾智能汽车的控制权切换与安全性综述 [J]. 交通运输工程学报,2018,18(6):131-141.

[5] 胡云峰,曲婷,刘俊,等. 智能汽车人机协同控制的研究现状与展望 [J]. 自动化学报, 2019,45(7):1261-1280.

[6] 严利鑫,吴超仲,贺宜,等. 人机共驾智能车驾驶模式决策属性析取研究[J]. 中国公路学报,2018,31(1):120-127.

[7] 王远渊,刘佳仑,马枫,等. 智能船舶远程驾驶控制技术研究现状与趋势[J]. 中国舰船研究,2021,16(01):18-31.

[8] Chen H,Wen Y,Zhu M,et al. A function-oriented electronic and electrical architecture of remote control ship on inland river:Design,verification,and evaluation[J]. IEEE Transactions on Transportation Electrification,2022,9(1):1641-1652.

[9] Peeters G,Kotzé M,Afzal M R,et al. An unmanned inland cargo vessel:Design,build,and experiments [J]. Ocean Engineering,2020,201:107056.

撰稿人:黄亚敏(武汉理工大学)　文元桥(武汉理工大学)

船舶可替代燃料及新能源技术

Alternative fuels and new energy technologies for vessels

1　科学问题概述

人类跨入21世纪,面临公众安全、生态环保、可持续发展三大问题,而现代社会机动车尾气排放、工业企业污染物超标以及船舶污染物排放等都会对环境造成直接影响。其中船舶污染控制也从防止油类污染、有毒液体物质污染等常规污染转向了绿色低碳环保要求。随着科技的发展和产业变革,国际能源格局也在不断进行调整。在电子信息和人工智能技术的推动下,能源技术创新取得新的进展,使用可替代燃料和应用新能源技术成为船舶绿色发展的主要方向之一。新能源的加入会很大程度上降低船舶航行过程中温室气体以及有害气体的排放，提高船舶能源利用率，而且顺应了绿色船舶的发展趋势和要求。新能源技术的融入改造了传统船舶，但也存在许多关键科学问题有待研究，主要有以下几个方面：

1.1 如何提高间歇性可再生能源在船舶能源系统中的消纳比例

风、光这类间歇性可再生能源的融入会对船舶的行驶质量带来很大影响。风、光等能源受自然条件影响，存在较大的波动性且难以储存，将这类间歇性可再生能源与传统船舶相结合的问题尤其值得关心。使用这类新能源作为动力系统以及在船舶运行过程中对新能源的使用和控制尤为重要。因此，将间歇性可再生能源与传统能源、储能系统等相结合，通过对复杂能源系统的建模与优化，提高可再生能源的消纳比例，是船舶新能源技术投入使用的关键科学难题之一。

1.2 如何促进船舶电动化及扩大电动船舶应用场景

随着船舶用电的不断增加以及未来船舶新能源技术的发展，对船舶供电系统以及岸电电网的质量要求越来越高，同时对动力电池、超级电容以及燃料电池的性能要求都将提高。此外，电池成本较高、寿命短、电动船舶续航里程较短等也是亟须解决的问题。因此，在寻求电池技术不断突破的同时，对船舶综合电力系统进行优化建模分析，提升船舶动力系统的性能，优化船舶电力系统的布局，提高船舶综合效率，是船舶电动化及扩大电动船舶应用场景的主要难点之一。

1.3 如何科学规划布局新能源船舶岸基设备

新能源船舶大规模使用离不开岸基设备的布局，无论是充气站还是充电桩乃至海上充电站，都需开展详细的设计研究，如存气量、存电量以及多远距离设置一个岸基设备，这些需通过模型的建立来模拟实际情况，考虑不同情况下不同动力系统船舶对岸基设备的需求量。因此，新能源船舶岸基设备的布局优化是船舶新能源技术投入使用的技术难点之一。

2 科学问题背景

船舶使用可替代燃料主要是利用低硫油、LNG、LPG、甲醇和氢能等绿色低排放燃料代替船用重油、柴油等化石燃料，从而达到节能减排的目的。而新能源一般是指在新技术基础上加以开发利用的可再生能源，包括太阳能、生物质能、风能、地热能、波浪能、洋流能、潮汐能和海洋表面与深层之间的热循环等，以及氢能、沼气、酒精、甲醇等。目前太阳能、风能、氢能、甲醇等可再生能源都已经在航运业开始使用。此外,已经被广泛利用的煤炭、石油、天然气等能源,通常被称为常规能源。由于常规能源的有限性以及日益突出的环境污染问题,以环保和可再生为特质的新能源越来越受到各国广泛的重视。随着新能源的开发利用以及新能源技术的发展和提升,船舶新能源技术也将得到广泛应用。新能源动力船舶相比传统船舶具有节能、污染物排放少等特点,也是未来船舶动力系统发展的主流能源技术之一。新能源船舶的应用,也带来一系列亟须解决的研究难点。

(1)在船舶这一特殊载体上,目前单一使用某种新能源存在着很大的局限性和不可靠性,无法真正实现新能源成为船舶动力及船舶负荷主要能量来源这一目标。而各类能源有着各自的特点,因此在船舶新能源技术发展策略中,不仅需要采用新能源来代替传统能源,还需要提高船舶新能源技术,多种能源有效组合、综合利用,创新船舶新能源技术发展,填补新能源船舶发展方面的空缺,从而提高船舶航行的经济性、可靠性和安全性以及减少温室气体和污染物排放。

(2)随着国际环保要求日趋严格,船东履约要求逐步严苛,对低排放、清洁能源船舶提出了新的发展需求。相较于传统的船舶动力系统,电力推进式船舶具有零排放、技术附加值高、易于集成化和标准化、运营成本低、安全可靠性高等特点,生态优势和综合效益明显。但电动船舶也存在续航较短、电池寿命较短等问题。这些问题严重阻碍了电动船舶的发展应用。因此,如何提升电动船舶动力系统总体性能,扩大电动船舶应用场景需要进行深入分析。

(3)船舶岸基设备是新能源船舶发展的重要保障。目前岸基设备建设在先、新能源船舶发展在后的现象较为普遍,岸基设备规划布局方案未充分考虑靠港新能源船舶使用岸基设备的可能性和便利性,因此存在岸基设备规划不合理、使用率低等问题。新能源船舶的发展离不开岸基设备的支撑,需对岸基设备的规划布局进行科学的分析。

综上所述,亟须进行新能源船舶综合能源系统的深入研究,优化复杂能源系统的构成,提高可再生能源的消纳比例;优化电动船舶动力系统的设计与控制,提升电动船舶的续航里程;结合新能源船舶特性,合理规划布局岸基设备,提高岸基设备的使用效率。

3　科学问题研究进展

3.1　针对船舶新能源技术

国内外已有较多的研究,其中,太阳能、风能、动力电池、燃料电池、LNG 等在现阶段受到较为广泛的研究和关注。①太阳能:资源丰富,既可免费使用,又无须运输,对环境无污染,但由于太阳能能量密度太小、相关技术不够成熟,太阳能电池主要应用于小型客船、游船或者为船员舱和住舱提供生活用电,起辅助作用。②风能:具有天然的环境优势,且在国内外已取得良好的效果,但是由于风力资源具有不稳定性,且难以储存,其大规模应用还有一定的局限性。③动力电池:电池动力船舶能源主要来自岸电,作为船舶新一代能源推进系统,电池动力系统的能量转化效率高达68%,远高于柴油机机械推进31%的效率和柴电推进28%的效率。船舶电池动力由于不排放NO_x、SO_x、$PM_{2.5}$等有害气体及CO_2等温室气体,符合日益规范化的环保要求而受到瞩目。④燃料电池:是将燃料(如氢、天然气、丙烷和甲醇等)中的化学能转换为电能的发电装置,其中特别是以氢燃料电池最受关注。与动力电池船舶相比,氢燃料电池船舶具备加氢时间比充电时间短、易用性出色、能量密度比电力大等优点,其高能源效率和零排放的优点被普遍认为具有广阔的发展前景。⑤LNG作为一种清洁能源,可以减少NO_x和CO_2的排放,消除SO_x和微小颗粒等的排放。运营成本方面,功效相同的情况下使用LNG清洁能源比使用柴油约节约20%的费用。

虽然有不少针对船舶新能源技术的研究,但是从系统的角度分析船舶能源系统接入可再生能源系统,并对结合后的复杂能源系统进行建模分析的研究还很缺乏。针对综合能源系统进行建模分析,能明确系统内部不同子系统之间的耦合关系。对系统进一步进行优化,可了解新能源船舶的最优系统组合方式,提高整体系统的效率,为新能源船舶的设计建造提供理论指导。

3.2 针对电动船舶

首先从动力源的角度看,可将电动船舶初步划分为纯电动船舶、混合动力电动船舶以及燃料电池电动船舶三种。其中,纯电动船舶主要包括锂电池＋超级电容电动船舶、铅酸电池电动船舶、镍氢电池电动船舶等;混合动力电动船舶主要包括柴电混合电动船舶,太阳能、电能混合电动船舶以及风能、电能混合电动船舶等;燃料电池电动船舶主要包括氢燃料电池电动船舶、甲醇燃料电池电动船舶以及锌燃料电池电动船舶等。此外为了减少船用燃油的废弃物排放、提高船舶能效、降低船舶能耗,可将可再生能源混合使用,如将电池能量储存系统(Battery Energy Storage System,BESS)与间歇性可再生能源系统集成在一起,电池能量储存系统可以在向电网分配电力时帮助提高系统可靠性,除了促进可再生能源技术的部署,电池能量储存系统还可以帮助平衡集中式和分布式发电,补充需求响应和灵活用电,并补充电网发展,稳定船舶电力需求。其次从船型分布来看,目前全球电动船舶以航线较为固定的车客渡船、客船为主,柴电混合动力的海工船也具备一定规模。随着动力电池技术的不断发展,未来在货船、小型邮轮等船型上还将得到进一步推广和应用,电动船舶正处于"特定水域-近海水域-全球水域"的发展阶段。此外,目前我国电动船舶应用领域主要为长江、珠江等内河货船,沿江沿海的城市渡船、观光船以及港口拖船等。在重点船型方面,通过政府政策的引导、市场先期投入以及企业与科研院所联合攻关等方式,我国已建成世界首艘 2000 吨级新能源纯电动散货船("河豚号")、全国首艘柴电混合动力科考船"浙渔科 2"以及国内首艘氢燃料电池试验船"天翔一号"。

到目前为止,国内交付的大型纯电池动力船舶相对较少,主要原因是大型船舶动力容量较大、成本较高、续航里程有待提高等。需要针对这些问题进行系统分析,在技术上不断寻求突破的基础上,通过模型的建立进一步优化船舶动力系统,提高船舶经济和环境效益,进而推动船舶电动化的转型与升级,扩大电动船舶的应用场景。

3.3　针对新能源船舶岸基设备

该方面研究主要集中在充气站、充电桩及海上充电桩部分。①充气站:为促进船舶可替代燃料的发展,在原有岸基设备的基础上需添加新能源船舶所需的岸基设备,如充气站的增加有效促进了新能源船舶的使用。②充电桩:电动船舶目前已经得到了较快的发展,但在具体的运营过程中,充电桩不足、充电距离太远等问题都成为电动船舶产业发展的制约因素。最近已提出一些解决方案,如用无线充电方式取代有线充电使水上充电更便捷,选用分时分组充电从而减小大功率充电对电网的影响等。③海上充电桩:在充电站较少的情况下,为确保电动船能得到有效的能量供给,在不添加多余备用电池的情况下,考虑利用水上有利的生态资源、清洁能源等,建立海上充电桩。

对于岸基设备的基本研究虽然有效促进了新能源船舶的发展,但是由于新能源船舶的岸基设备大多是在原有港口岸基设备基础上进行增加或改造,岸基设备的规划布局受到原有布局的限制,从而大大降低了新能源船舶对岸基设备使用的便利性。针对这一情况,可通过模型的构建,进一步对实际情况进行模拟和分析,考虑不同港口不同新能源船舶对岸基设备的需求和使用,对岸基设备的布局进行优化。

综上所述,现有对船舶可替代燃料及新能源技术的研究依旧存在很多实际问题需要解决。间歇性可再生能源在船舶能源系统中的消纳比例不高,船舶电动化转型技术有待进一步突破,电动船舶的应用场景需推广和扩大,新能源船舶岸基设备的布局有待调整优化。这些关键问题制约了船舶可替代燃料的发展以及新能源技术的进步,有必要逐一解决,从而最终实现新能源船舶的发展。此外,以上理论为新能源船舶尤其是电动船舶的发展奠定了深厚的基础,对新能源的使用及新能源技术的提高有着很大的借鉴意义,同时也对船舶运输业的发展有着深远的影响。

主要参考文献

[1]　IMO. Fourth IMO Greenhouse Gas Study 2020[R]. London, UK: International Maritime Organization, 2020.

[2]　Nian V, Liu Y, Zhong S. Life cycle cost-benefit analysis of offshore wind energy under the

climatic conditions in Southeast Asia—Setting the bottom-line for deployment[J]. Applied Energy,2019,233-234:1003-1014.

[3] Bonou A,Laurent A,Olsen S I. Life cycle assessment of onshore and offshore wind energy—from theory to application[J]. Applied Energy,2016,180:327-337.

[4] Wang Y,Sun T. Life cycle assessment of CO_2 emissions from wind power plants:Methodology and case studies[J]. Renewable Energy,2012,43:30-36.

[5] Yuan J,Wang H,Ng S H,et al. Ship Emission Mitigation Strategies Choice Under Uncertainty[J]. Energies,2020,13(9):2213.

[6] Perčić M,Ančić I,Vladimir N. Life-cycle cost assessments of different power system configurations to reduce the carbon footprint in the Croatian short-sea shipping sector [J]. Renewable and Sustainable Energy Reviews,2020,131:110028.

[7] Nian V,Jindal G,Li H. A feasibility study on integrating large-scale battery energy storage systems with combined cycle power generation—Setting the bottom line[J]. Energy,2019, 185:396-408.

[8] Perčić M,Vladimir N,Fan A. Life-cycle cost assessment of alternative marine fuels to reduce the carbon footprint in short-sea shipping:A case study of Croatia[J]. Applied Energy,2020,279:115848.

[9] Yuan J,Nian V,He J,et al. Cost-effectiveness analysis of energy efficiency measures for maritime shipping using a metamodel based approach with different data sources [J]. Energy,2019,189:116205.

[10] Yang J,Chang Y,Zhang L,et al. The life-cycle energy and environmental emissions of a typical offshore wind farm in China [J]. Journal of Cleaner Production, 2018, 180: 316-324.

撰稿人:胡鸿韬(上海海事大学)　元军(上海海事大学)

船舶能效与航行环境的耦合机理及协同优化

Coupling mechanism and collaborative optimization of ship energy efficiency and navigation environment

1　科学问题概述

船舶运输是全球贸易和世界经济发展的重要支撑。然而,船舶排出的温室气体导致的环境污染问题也不容忽视。为提高船舶能源效率及减少温室气体排放,国际海事组织及各国、各地区研究机构开展了能源效率相关研究项目,我国政府也出台了相应政策。当前,船舶能效管理中存在节能设备改造难、复杂航行环境对能效的影响机理不明确以及多能效优化方式协同节能集成性差等挑战,造成船舶难以最大程度发挥其节能减排的潜能。因此,为有效提高船舶能效智能管理水平,亟须研究"多因素航行环境-船舶能效-智能管理"体系的新理论、新方法和新技术。为突破上述技术瓶颈,需要开展一系列关键科学问题研究。

1.1　多因素航行环境信息感知、融合及自动处理体系

船舶在航行过程中,航行水域的气象环境(风级、浪高、流速)、水文条件(水温、水深)等因素将会影响船舶能效。航行环境信息感知有助于对船舶能效的认知,进而实现对能效智能管理的决策。然而,多因素航行环境信息来源不同,将导致数据结构、频率及量级大小不同等问题,难以直接被应用于能效模型。因此,为有效、持续性向船舶能效智能管理提供可用准确的基础数据,如何架构多因素航行环境信息感知、融合以及自动处理体系是首先需要解决的关键科学难题。

1.2　多因素航行环境与能效动态响应机理

航行环境、船舶和能效是一个复杂的动态响应系统,随着航行环境和船舶航行状态不断动态变化,能效也将相应发生变化。目前,关于航行环境-船舶-能效之间动态响应的研究工作较少,能效响应机理尚不清晰,制约了船舶能效的提升。因此,为全面、深度地实现船舶能效智能化管理,揭示多因素通航环境和船舶航行状态与能效的复杂耦合作用关系及动态响应机理,是需要解决的关键科学难题之一。

1.3　多能效决策方式协同优化集成机制

从航行环境的信息感知,到能效动态响应机理的认知,进而实现能效智能管理的决策,最终达到船舶节能减排效果。目前多种能效决策方式(气象导航、航速优化、纵倾优化等)缺乏深入协同,集成程度不高,致使船舶节能减排潜能难以发挥最大效益。因此,在船舶能效智能管理方面,需辨识不同能效决策方式的特性,探明其优缺点,从而优化多能效决策方式协同机制,提高其集成程度。

2　科学问题背景

船舶智能能效管理是智能船舶的重要组成部分,是实现绿色航运的重要举措。对"多因素航行环境-船舶能效-智能管理"体系的感知、认知和决策是智能船舶和绿色航运的重

要理论基础,其内涵包括多因素航行环境感知与融合、船舶能效动态响应机理认知和多能效决策方式协同优化集成机制。

当前船舶智能能效管理体系的研究内容主要集中在船舶能效建模和单一能效优化方式研究,在多因素航行环境基础数据感知与融合、多要素与能效动态耦合响应机理认知、多能效决策方式协同优化集成机制等方面的研究仍然存在不足。因此,亟须突破"多因素航行环境-船舶能效-智能管理"体系中的关键技术瓶颈。

2.1 不完备、不确定性复杂航行环境下多源信息数据融合的数学理论、融合技术有待突破

研究不完备、不确定性复杂环境下船舶能效多源异构数据的多元表示,统一其描述的多样性;分析不确定性复杂航行环境下多源数据的重要性、相关性以及一致性;集成应用模糊多值逻辑推理、证据理论、粗糙集模型等理论方法,系统研究不完备、不确定性复杂航行环境下多源数据融合的数学理论和方法。

2.2 对能效动态响应机制认识不足

船舶能效受诸多要素影响,包括主机温度、螺旋桨推进效率、海水温度、盐度、水深等,这些因素与能效的影响关系尚不清晰明确。现有的能效模型难以刻画船舶能效的产生机理,揭示能效演变规律,致使其建立的模型不能广泛应用。因此,有必要确定作用于船舶能效的主次要因素,揭示多因素与能效的耦合作用机理,形成完善、准确的能效动态响应机制。

2.3 能效全局优化理论基础不足

船舶能效节能优化是业内重要的技术瓶颈,具有典型的非线性、多约束性以及复杂的空、时变特性,给船舶能效决策方式协同、优化求解带来挑战。针对现有研究在能效全局最优性方面的不足,通过研究数学理论与人工智能相结合的方法,从时间、空间和决策策略三个维度协同优化,从而提升船舶能效水平。

综上所述,亟须突破复杂航行环境下多源信息数据融合的数学理论、融合技术,为智能能效管理提供基础数据保障;深入研究多因素航行环境与能效动态响应机理以及演变规律,发展与完善能效动态响应数学模型理论;揭示多要素交互作用下多决策方式全局最优能效的涌现机理,建立多能效决策方式协同优化理论体系,形成一套完善的、高度集成化的能效智能管理机制,为船舶能效的精细化管理和智能化水平提高提供基础理论保障和技术支撑。

3　科学问题研究进展

3.1　针对复杂航行环境下的多源信息数据感知与融合

现有的船舶能效数据来源主要为船载午时报告数据与传感器数据。午时报告数据由船舶驾驶员人工手动填写,一般一天一次,航行环境信息(如风、浪、流等)为一天内的平均值。该信息源存在维度单一、粒度粗糙、准确度较低以及时空受限等问题。在船上安装传感器设备,如 AIS、GPS、油耗仪、功率仪等,这些设备采集船舶的航行信息、通航环境信息、油耗信息等。然而由于设备故障、传输信号、人为因素等其他原因,采集到的数据含有较多噪声数据、错误数据等,此外有些传感器的精度易受到船舶的摇动影响。已有能效数据只是单纯地将气象环境数据与航行时间进行匹配,而对于其他因素与能效的数据融合较少,制约了能效数据的完整性和可解性。未来将以多源、异构复杂航行场景感知数据融合为研究切入点,拓展数据融合理论,构建能效数据"感知-融合"体系,为船舶能效智能管理建立研究平台与数据基础。

3.2　针对多要素航行环境与能效动态响应机理

现有的船舶能效建模主要有三种理论方法:一是基于传统公式法,二是基于仿真或者水池试验法,三是基于数据驱动法。基于经验公式推导的油耗基本思路为:对影响船舶能效的各个因素进行分析,通过计算船舶在各个因素影响下的船舶阻力,从能量守恒的角度出发,利用功率-阻力-航速之间的关系,推导出不同因素与能效的映射关系。基于仿真模型的油耗基本思路为:根据船舶、主机、螺旋桨三者之间的关系,分析不同因素与能效的影响,从而构建不同因素下的船舶能效模型,最终通过 CFD 方法,采用 Matlab/Simulink 等仿真软件求解。基于数据驱动的船舶能效研究主要是基于实船采集的传感器数据、午时报告数据、AIS 数据等,对不同源数据进行融合,建立能效数据集,应用特征工程挖掘出影响能效的相关因素,使用机器学习算法(如人工神经网络、支持向量机、随机森林等算法)建立因素与能效的回归模型。基于经验公式的方法需要事先知道船舶参数、主机参数、螺旋桨参数等一系列参数,这些参数一般为船舶交付时的试验值,随着船舶航行时间的变化而变化,因此该模型的准确度较低。基于 CFD 方法能够相对准确地计算船舶阻力,但由于其仿真条件与实际情况有一定的差距,且计算耗时较长,将其作为阻力预估工具时需要大量的前期准备工作,实用性较差。前两种方法主要应用于静水船舶航行状态,不适用于复杂航行环境因素对船舶能效的影响研究;第三种方法拓展了航行环境因素对能效的影响,但多因素航行环境对能效的动态响应机理尚未能得到系统和深入研究。因此,亟须开展多因素航行环境的不确定性分析,确定航行环境风、浪、流等多因素与能效的非线性回归响应关系,研究环境诸要素对船舶能效的动态响应机理,建立能效与多因素航行环境的动态响应关系模型,为船舶能效提升研究提供理论基础。

3.3 船舶能效决策方式协同优化有待进一步深入研究

从船舶操纵角度出发,船舶能效提升决策方式主要有三种:一是气象导航,在保障船舶安全航行的前提条件下,结合气象条件,以总能耗最小为目标,寻求最优航线,一般航速固定;二是航速优化,结合实时预测的气象环境,以安全、总航行时间限制等约束条件和总能耗最小为目标,全局寻求最优航速,一般航线固定;三是纵倾优化,也称吃水差优化,通过优化货物配装或压载水位置,达到提升船舶能效的目的。采用气象导航能节油6%,航速优化一般能节油10%左右,纵倾优化能节油2%～4%。目前的能效优化研究主要集中于单一的优化措施,然而船舶实际航行过程中燃油消耗同时受纵倾、航速、航行环境的影响,单一的能效优化措施已不能完全满足船舶能效水平提升的需要。因此,为最大限度提升船舶能效水平,需综合考虑影响能效的各个因素,对船舶能效决策方式协同优化进行深入研究。

综上所述,现有研究存在能效多源数据感知难、能效数据融合基础理论方法缺乏、多因素航行环境与能效动态响应机理认知欠缺、多能效决策方式协同优化集成机制不明确等问题,制约了船舶能效智能管理的快速发展,需要开展深入的研究工作,为实现绿色航运提供有力的理论和技术支撑。

主要参考文献

[1] Altosol M,Campora U,Martelli M. Performance decay analysis of a marine gas turbine propulsion system[J]. Journal of Ship Research,2014,58:117-129.

[2] Meng Q,Du Y,Wang Y. Shipping log data based container ship fuel efficiency modeling [J]. Transportation Research Part B:Methodological,2016,83:207-229.

[3] Górski W,Abramowicz-Gerigk T,Burciu Z. The influence of ship operational parameters on fuel consumption[J]. Scientific Journals of the Maritime University of Szczecin Zesz,2013, 36 (108):49-54.

[4] 张立,杨俏林,周传明,等. 标准船模的 CFD 多维度仿真与拖曳水池试验对比[J]. 船海工程,2020,49 (1):48-51.

[5] Yan R,Wang S,Psaraftis H. Data analytics for fuel consumption management in maritime transportation:Status and perspectives[J]. Transportation Research Part E:Logistics and Transportation Review,2021,155 (10):102489.

[6] Gkerekos C,Lazakis I. A novel data-driven heuristic framework for vessel weather routing

[J]. Ocean Engineering,2020,197（1）:106887.

[7] Zhou T,Hu Q,Hu Z,et al. Theory and application of vessel speed dynamic control considering safety and environmental factors[J]. Journal of Advanced Transportation, 2022. DOI:10.1109/ICC 45855.2022.9839232.

[8] Hu Z,Zhou T,Zhen R,et al. A two-step strategy for fuel consumption prediction and optimization of ocean-going ships[J]. Ocean Engineering,2022,249:110904.

[9] Bouman E,Lindstad E,Rialland A,et al. State-of-the-art technologies,measures,and potential for reducing GHG emissions from shipping—A review[J]. Transportation Research Part D:Transport and Environment,2017,52:408-421.

撰稿人:胡勤友(上海海事大学)　周田瑞(上海海事大学)

船舶新型电力传动系统理论与性能优化

Basic theory and performance optimization of new marine electric propulsion system

1　科学问题概述

随着船舶节能减排要求的日益增加,新能源等节能技术得到了大力发展,船舶电气设备也面临更新换代的重大关口。在该背景下,对于具有定制型特点的船舶制造业来说,如何应用第三代半导体电气传动技术,尤其是规避在各种船型重复性地大量投入系统级的设计优化资源,研究基于第三代半导体器件的电气传动系统的基础理论和性能优化变得格外重要,这也是能否在第三代半导体电力电子技术升级换代过程中实现船舶电力传动领域的自主化,实现对欧美强国快速超越的关键因素。因此亟须解决以下关键科学问题:

1.1　船舶第三代半导体电力传动耦合系统模型

对于船舶第三代半导体电力传动系统,建立准确的元器件模型,包括宽禁带器件、变频器、新型推进器以及附属设备模型,是研究耦合系统的基础和关键。通过系统电压、电流、温度、湿度、频率、电机转速、空间、允许重量等多重输入变量,以及损耗、温升、输出谐波、电磁兼容、成本等多输出特性参数,建立准确的元器件和系统的多输入输出交叉耦合模型,并针对关键指标进行重要性分析,从而简化模型,保证耦合系统模型的准确性、计算的可接性和结论的可信性。

1.2　船舶第三代半导体电力传动技术的系统应用损失函数

建立损失函数是第三代半导体电力传动系统的核心目标,也是关键点。损失函数涉及电力传动各方面与整船的关联性,包括但不限于电力传动系统的体积、重量、损耗、机动特性及所造成的振动噪声等。基于系统多变量模型建立损失函数模型,需要合理的需求分析和权重判别,最终经过不同加权形成相应的损失函数。对于不同船型,需有针对性地进行权重配置,并综合实际使用情况,对损失函数模型进行局部差异化和综合化定制,保证损失函数的适配性和通用性。

1.3　船舶第三代半导体电力传动系统性能优化算法与验证

稳定可靠的船舶第三代半导体电力传动系统性能优化算法是实现船舶第三代半导体电力传动系统设计与控制的关键,而建立第三代半导体电力传动系统性能优化算法需要基于电力传动系统耦合机理,通过理论计算、实验室模型和实船验证的多重考核。通过理论计算、实验室模型和实船验证的对比分析,可以发现其不一致的产生机理,得到计算参数、模型公式和理论计算的修正,从而提出完备的船舶第三代半导体电力传动系统耦合理论与性能优化算法,这样才能保证第三代半导体在船舶应用领域的顺利推广。

以上科学问题围绕电力传动系统与整船的相关性和耦合关系,重点形成电力传动系统的优化方向,尤其是功率半导体器件的升级导致电力传动系统升级后,有助于快速找到针对船舶应用甚至针对不同船型应用中电力传动系统的优化方向,确保新技术对船舶实际应用综合性能的提升能够最大化。

2　科学问题背景

目前,我国船舶电气传动装备对于欧美强国的装备依赖度较高。以实现国家任务的科考船为例,从 2002 到 2021 年我国总计 48 条科考船,其中采用电力推进的有 14 条,包括雪龙 2 号、东方红 3 号、向阳红 20 号等国家重量级船舶都采用了 ABB、西门子等进口设备,即便是国产供应商,也是集成 ABB 和西门子的核心变频电控设备,其国外依赖程度高达 92.8%。因此,中国船舶电气传动装备的国产化问题亟待解决,而船用新型电力传动系统理论与优化分析是解决船舶电气传动装备通过第三代半导体(SiC)技术快速超越进口设备的重要基础。

2.1　基于第三代半导体电力传动系统的能量损耗评估方法有待研究

第三代半导体电力传动系统的损耗主要通过实验方法和公式计算评估,目前尚无准确通用的损失函数来评估电力传动系统的能量损耗。丰田中央研发实验室研制出使用第三代半导体(SiC)的车用功率控制单元(Power Control Unit,PCU),通过最严格的 JC08 燃油模式的测试得到配备 SiC 功率半导体芯片 PCU 的混合动力汽车可降低油耗 5% 以上。SiC 性能测试包括用于导通损耗评估的静态测试和用于开关损耗评估的动态测试(双脉冲测试)。有双脉冲实验测试结果表明 SiC 功率器件的损耗是绝缘栅双极型晶体管 (Insulated Gate Bipolar Transistor,IGBT)器件的 1/3。由于利用传统测量开关损耗的公式计算 SiC 功率器件损耗存在不准确之处,目前也有研究学者利用模拟仿真和实验相结合的方式修正计算公式。

2.2　第三代半导体器件在电动汽车上的技术积累不能直接用于船舶

由于第三代半导体的器件特性与传统电力电子器件有着显著差异,简单用第三代半导体器件代替原有器件并不能发挥第三代半导体的技术代差优势,同时需要围绕器件特点进行一系列的系统及周边部件的设计和优化。因此第三代半导体电力电子技术的研究和应用集中在电动汽车等大规模批量领域,其重要工作在于针对第三代器件的特性(开关损耗小、额定节温高)来进行应用对象的电气传动系统工作点确定,以达到电力传动系统乃至整车的综合特性最优。以上研究较难应用于船舶等其他领域,主要原因是电动汽车应用的重要特点在于大规模批量应用,可以针对某一应用投入大量研究力量实现系统优化并规模化生产,而船舶应用的特点在于定制化,不同船型(公务船、客船、货船、作业船)的船型尺度、功率等级和性能要求都有明显不同,因此很难实现以点到面的复制。

综上所述,为了在船舶等定制型应用第三代半导体电气传动技术,尤其是规避在各个船型重复性地大量投入系统级的设计优化资源,研究并理解基于第三代半导体器件的电气传动系统的耦合机理和性能优化就变得格外重要,理解并掌握第三代半导体器件与传动系统的耦合机理,并建立完整的系统优化理论和方法,才能在定制型应用中快速优化系统参数,才能在大量定制型应用中成功应用该技术。

3　科学问题研究进展

(1)第三代半导体采用如碳化硅、氮化镓等宽禁带材料,相比现有常规的硅材料拥有更高的能级带隙和电子迁移率,相比现有技术其损耗下降约 40%,体积下降约 30%,重量减轻约 40%,各项指标都有着颠覆性的提高。其主要技术原理为基于电力电子变压器 (Power Electronic Transformer,PET),即用电力电子变换器和高频变压器取代传统工频变压器,以实现高低压变换及电能控制,在功率密度显著提高的同时,还具备无功补偿、频率变换、输出相数变换和自动限流等优点。然而,由于输电网高压侧电压等级往往高达数千至数万伏特,目前 PET 主要通过 Si 功率器件串联或者 H 桥电路拓扑串联等方式满足耐压需求,结构复杂且控制难度较高。若能用高压 SiC 功率器件替换现有的 Si 器件,PET 拓扑有望大大简化,由此可带来可靠性的提升以及控制实施难度的降低,PET 的应用和发展将获得极大的推力。

(2)国际上从 2005 年开始了相关技术的研究,目前具备器件批量供货能力的厂家主要包括美国 Cree、Microsemi，日本 Roham，德国 Infineon 和意大利的 ST Microelectronics 等公司，我国在 2015 年后将第三代半导体电力电子器件技术列入"十三五"国家重点研发计划中的"战略性先进电子材料"重点专项，正在开展碳化硅衬底、结构设计与外延、封装和模块等全产业链器件设计制造的研究。第三代半导体在 2019 年真正开始大规模应用，主要应用在新能源汽车领域。特斯拉在中国生产的 Model 3 系列全电动汽车，其中所有电气传动系统皆采用第三代半导体技术，量产已超过 100 万台。上汽集团、比亚迪、北汽集团等主流整车厂也在进行相应开发并且快速将第三代半导体技术应用在新车型中。电动汽车的批量应用带动了第三代半导体技术的产业链发展，以碳化硅为代表的第三代功率半导体成本持续下降，再加上性能上具有明显优势，第三代半导体技术取代传统技术已经进入快车道。由于 SiC 器件的广泛使用，特别是其在新能源汽车领域里的大量使用，SiC 将迎来井喷式的发展，同时 SiC 功率器件未来市场将主要依托于车规级金属氧化物半导体场效应晶体管(Metal Oxide Semiconductor Field Effect Transistor，MOSFET)的批量使用，系统成本将逐步逼近 Si 功率器件。到目前为止，SiC 功率器件的研究主要集中在美国军方研究院主导的研究课题，其主要研究点为 SiC 器件在中压直流电网、电站以及直流固态开关方面。

基于美国国防部要求，美国国防高级研究计划局(Defense Advanced Research Projects Agency，DARPA)制定了 SiC 高功率电气设备计划，将 SiC 半导体制成的器件和组合模块组成固态变电站，以满足新型航空母舰 CVN21 的配电系统的需要。航空母舰电力系统要求的 2.7MVA 固态变电站系统，与模拟式低频传统变压器相比，采用新型数字式 SiC 基固态变电站后，转换电源的工作频率可从 60Hz 提高到 20kHz，单台重量从 6t 降低到 1.7t，体积从 10m^3 减小到 2.7m^3，输出方式由固定单项输出改善为多抽头输出，使其电能质量、可恢复性、重量、体积、模块以及与 CVN21 电力系统的兼容性最佳化。

综上所述，尽管基于 Si 材料的 IGBT 元器件的变频器系统在船舶市场已经有了较为广泛的应用，但是对于船舶市场，SiC 器件目前没有实际应用。美国海军研究院将碳化硅技术列为重点研发方向并设立长期资助项目(编号 Division 331)，对 SiC 进行了一些理论研究，其研究内容仅局限于中压系统，应用领域仅局限于军舰。在民用领域，第三代半导体在船舶电力推进应用领域仍属空白。在船舶第三代半导体电力传动耦合系统模型研究方面，基本查不到相关的文献，但针对第三代半导体器件的开关过程建模方面有少量的研究。如有学者针对第三代半导体器件寄生电容和跨导的非线性表达以及采用数学迭代法求解高阶矩阵方程的方式，建立了较为精确的高阶数学模型，可以高度模拟器件的真实开关过程。而在电力传动技术的系统应用损失函数和性能优化算法与验证方面基本找不到相关的研究文献，因此有必要针对民用领域船舶电气推进系统特点及其耦合性分析开展深入的系统性研究。

主要参考文献

[1] Tolstoy G,Peftitsis D,Rabkowski J,et al. A discretized proportional base driver for silicon carbide bipolar junction transistors[J]. IEEE Transactions on Power Electronics,2014, 29 (5):2408-2417.

[2] Parreiras T,Machado A,Amaral F,et al. Forward dual-active-bridge solid state transformer for a SiC-based cascaded multilevel converter cell in solar applications[J]. IEEE Applied Power Electronics Conference and Exposition (APEC),2017:2989-2996.

[3] Zhang L,Yuan X,Wu X,et al. Performance evaluation of high-power SiC MOSFET modules in comparison to Si IGBT modules[J]. IEEE Transactions on Power Electronics,2019,34 (2):1181-1196.

[4] Zhang X,Yao C,Li C,et al. A wide bandgap device-based isolated quasi-switched-capacitor DC/DC converter[J]. IEEE Transactions on Power Electronics,2014,29(5):2500-2510.

[5] Loncarski J,Monopoli V G,Leuzzi R et al. Operation analysis and comparison of Multilevel Si IGBT and 2-level SiC MOSFET inverter-based high-speed drives with long power cable [J]. 2019 International Conference on Clean Electrical Power (ICCEP),2019:503-509.

[6] Zhao J H, Alexandrov P, Fursin L, et al. High performance 1500V 4H-SiC junction barrier Schottky diodes[J]. Electronics Letters,2002,38(22):1389-1390.

[7] Zhang H,Tolbert L M,Ozpineci B. Impact of SiC devices on hybrid electric and plug-in hybrid electric vehicles[J]. IEEE Transactions on Industry Applications,2011, 47(2) :912-921.

[8] Liu J,Wong K,Kierstead P. Increase efficiency and lower system cost with 100kHz 10kW silicon carbide (SiC) interleaved boost circuit design[C] // PCIM Europe Conference Proceedings,2013:124-129.

[9] Takatsuka Y,Hara H,Yamada K,et al. A wide speed range high efficiency EV drive system using winding changeover technique and SiC devices[C]//2014 International Power Electronics Conference (IPEC-Hiroshima 2014-ECCE ASIA),Hiroshima,Japan,2014:1898-1903.

[10] Emori K,Niida J,Okubo A,et al. SiC inverter for electric vehicles with improved trade-off between reduced switching losses and increased radiation noise[C]//2019 IEEE Energy Conversion Congress and Exposition (ECCE),Baltimore,MD,USA,2019:4058-4062.

撰稿人:袁裕鹏(武汉理工大学)　乌云翔(无锡赛思亿电气科技有限公司)

童亮(武汉理工大学)

船舶绿色动力系统的氢能存储关键技术

Key technologies of hydrogen energy storage in marine green power system

1 科学问题概述

氢能作为清洁的二次能源,具有易燃易爆、密度极低的特点,船舶能源将由传统的化石燃料向低碳富氢的能源转变,所以安全高效的氢气存储显得尤为重要。当前,我国也在积极推动发展纯电力、燃料电池等绿色动力船舶,但氢气的存储和使用成为制约绿色船舶发展的重要问题。氢化镁(MgH_2)具有安全、价格低、良好的循环可逆性以及储氢量高(7.6wt%)等优势,是一种非常具有应用潜力的储氢材料。尽管如此,氢化镁稳定的热力学性能以及迟缓的动力学特性仍然困扰着广大研究人员。虽然氢化镁由于较高的析氢温度而不利于在其他动力机构上的工程化应用,但对于船舶动力系统而言却具有较好的适应性。船舶上有大量的废弃余热,如果在船舶上设计出稳定合理的热管理系统并运用纳米级镁基复合储氢材料,将会使氢化镁在船舶动力系统上的高效、大规模应用变得非常现实和可靠。为突破上述技术瓶颈,一系列关键科学问题有待研究。

1.1 如何提高镁基储氢材料的动力学性能

动力学缓慢是制约储氢材料应用的主要原因。其中,由于影响氢化镁吸放氢动力学性能的因素太多且作用机制复杂,导致氢化镁在较长的时间下才能完成吸放氢,这极大降低了氢化镁的实用性。实际上,在储氢材料吸放氢过程中,存在着一个"速率限制性步骤",它在阻碍着氢化镁的快速反应。因此,如何找到并有效改善这个制约条件,是构建绿色船舶体系亟待解决的关键科学难题之一。

1.2 如何降低镁基储氢材料的热力学稳定性

大量研究结果揭示,尺寸纳米化的储氢材料具有新的性能,能有效改善储氢材料的热力学问题。曾有研究报告指出,当储氢材料的尺寸下降到 20nm 以下时,材料的放氢温度会显著降低,吸放氢性能也会显著提高,甚至可逆性也得到改善。但是,当前制备纳米级镁基储氢材料的手段依然不够成熟,材料较小的粒径尺寸带来了众多稳定性问题,无法做到通过简易手段大量制备。因此,如何进一步可控地降低镁基储氢材料的热力学稳定性也是解决科学难题中至关重要的一环。

1.3 如何构建出适用于绿色船舶的储能热管理系统

在未来的绿色船舶上,采用体积、循环寿命和能量密度等性能均优于传统蓄电池的氢能燃料电池作为储能动力装置是非常具有应用前景的。相比于传统的柴油机船舶,燃料电池船舶具有节能减排、降噪减振、舱室有效空间大、动态响应能力强等优点,特别适用于小型科考船舶和客船游轮。目前,在新能源船舶热管理系统方面的研究甚少,主要集中在燃料电池和储能装置热管理系统开发。因此,如何在船舶上构建出一套有效的热管理系统来满足氢化镁作为燃料电池供氢源这一需求是非常迫切的。

2　科学问题背景

2021 年 1 月,我国第一艘燃料电池游艇"蠡湖"号完成试航,这标志着我国燃料电池在船舶动力上的实船应用迈出了关键一步。燃料电池与传统船舶动力装置不同,它是一种可以直接将化学能转化为电能的装置,属于 21 世纪继水力发电、热能发电和原子能发电之后的第四种发电技术。早期的燃料电池发展主要集中在军事空间等专业应用及千瓦级以上分散式发电,随着技术的进步,其用途更加广泛,既可应用于军事、空间、发电厂领域,也可应用于船舶、机动车、移动设备和居民家庭等。近年来,我国船舶产业不断发展进步,传统船舶动力装置如柴油机、燃气轮机等都存在能效转换率低、环境污染重、燃料单一等缺陷,而燃料电池具有噪声小、可靠性高、操作方便、易于建设等优点,受到人们的青睐。世界各国始终致力于寻找既有较高能源利用效率又不污染环境的能源利用方式,燃料电池正是比较理想的选择。20 世纪 80 年代以后,德国海军潜艇开始装配由西门子(Siemens)公司提供的质子交换膜燃料电池,并于 1990 年由 HDW 公司改造了 209 级 1200 型潜艇,研制了世界上第一艘装备氢氧燃料电池的 212A 型不依赖空气动力装置(Air Independent Propulsion,AIP)潜艇。2019 年 11 月,挪威乌斯坦(Ulstein)集团推出第一艘以氢能为动力的海上安装船——乌斯坦 SX190。英国圣汐(Sunseeker)游艇公司在 2020 年 6 月开始研制氢动力高速豪华游艇——"维京氢"号。可以发现无论是国内或是国外,氢能绿色船舶的研发都在如火如荼地进行。

在民用船舶领域,燃料电池目前尚不具备大规模应用的条件,主要是受其成本、安全、寿命等多种因素影响,特别是氢能存储方面的问题,一直制约着氢能船舶的发展。传统的氢能存储主要分为四种方式,即高压气态储氢、低温液态储氢、有机物液体储氢和固态储氢。

2.1　高压气态储氢

目前使用最广泛的就是气态储氢,其成本较低且技术成熟,是利用高温高压将氢气压缩成高密度气态形式存储。但是,气态储氢安全性和储氢密度太低的缺陷限制了其进一步的发展,以平时常用的 15MPa、40L 的氢气瓶为例,它的质量储氢密度仅为 0.5wt%,完全达不到目前所要求的 5.5wt% 最低需求,并且在遇到冲击等突发状况时对钢瓶的耐压性也提出了挑战。因此，气态储氢在目前的应用并不理想，可以推测未来的应用会相对减少。

2.2 低温液态储氢

液态储氢在体积储氢密度和氢气纯度上的确比气态储氢更好，它是将氢气在 −252℃ 左右进行液化制备，体积密度是气态时的 845 倍。但是，由于其成本太高且易挥发，不适宜在交通运输工具中大规模使用。此前的一份研究报告指出，制备液氢所消耗的能量大约是液氢释放能量的一半，极大降低了能源的利用效率。此外，若保温层发生泄漏或者破裂会造成氢气的快速沸腾损失，因此其商业化应用前景不如其他储氢技术。

2.3 有机液体储氢

有机液体储氢是基于不饱和液体有机物在催化作用下进行加氢反应生成稳定化合物，当需要氢气时再进行脱氢反应。该种储氢方式成本较低，在常温常压下即可完成，安全性较高。但是脱氢时容易发生副反应，产生杂质气体，氢气纯度不高。该技术尚有较多的技术难题，但未来的应用前景较好。

2.4 固态储氢

固态储氢主要是利用固体对氢气的物理吸附和化学反应等手段，将氢气存储在固体材料中，并且不需要压力和冷冻。主要可以区分为四种，分别是物理吸附(纳米碳管、沸石等)、合金氢化物($LaNi_5$ 等)、配位氢化物(铝氢化物、硼氢化物、氮氢化物等)、轻金属化物(LiH、AlH_3、MgH_2 等)，其中发展潜力最大的是 Mg 基储氢材料。在 Mg 基储氢材料中，特别是 MgH_2，因其成本低、资源丰富、无毒无害、储氢容量大(7.6wt%)和良好的可逆性，成为现今最具有前途的储氢材料之一。

3 科学问题研究进展

在氢能存储关键技术中，最重要的一环就是金属储氢装置——MgH_2。虽然 MgH_2 相对于其他储氢方式拥有众多的性能优点，但是目前依然有不少问题亟待解决，如果无法克服目前的困难，MgH_2 在交通运载工具特别是氢能船舶上的大规模应用将无法取得实质性突破。而 Mg 基储氢材料要实现广泛应用，则必须很好地解决由氢在 Mg 表面难解离、难脱附所导致的吸、释氢速率缓慢的动力学问题和由其本身结构稳定性偏高所导致的释氢温度偏高的热力学问题。首先，MgH_2 的高热力学稳定性(焓值 76kJ/mol，熵值 130kJ/mol)导致其在 623K 左右才能实现吸放氢，很难满足实际应用所需；其次，MgH_2 之间化学键比较稳定(Mg—H 键和 H—H 键)，减缓了其动力学性能(脱氢活化能 $E_a = 160kJ/mol$)。

3.1　针对 MgH_2 的动力学性能

目前的研究重点依然集中在催化剂上,其中,纳米结构过渡金属基催化剂被认为可以大幅降低 MgH_2 的放氢温度并显著降低吸放氢化学能垒。据悉,上海交通大学氢科学中心邹建新教授团队使用了钼复合材料来改善氢化镁(MgH_2)的储氢性能,即双金属基氧化物 $NiMoO_4$ 和 $CoMoO_4$ 显著降低氢化镁的放氢温度并加快其吸放氢动力学。研究表明:①$NiMoO_4$ 和 $CoMoO_4$ 可以不同程度上促进 MgH_2 的放氢行为,其中 $NiMoO_4$ 优于 $CoMoO_4$。②以 $MgH_2 + NiMoO_4$ 体系为研究主体,在后续吸放氢过程中 Ni 演化为 Mg_2Ni/Mg_2NiH_4,而 Mo^{6+} 在第一次放氢过程中转化为零价钼并在后续吸放氢过程中稳定存在。③零价钼的双重作用,一是弱化 Mg—H 键,促进 MgH_2 放氢;二是促进"Mg_2Ni/Mg_2NiH_4"相互转化的"氢泵"效应。M. Sherif El-Eskandarany 的研究团队采用冷轧技术,将 MgH_2/10wt% Mg-Ti_2Ni 纳米复合粉末冷轧成薄带材,表现为直径 10nm 的 MgH_2 球形颗粒在玻璃状 Ti_2Ni 基体中分布均匀。结果表明,经过 25h 低温研磨得到的纳米复合粉末表观活化能为 87.3kJ/mol,可以在 225℃、400s 内吸放氢 5.7wt%。该研究团队还开发了 $ZrNi_5/Nb_2O_5$、$Zr_{70}Ni_{20}Pd_{10}$ 合金催化剂,不仅具有较快的吸放氢性能($Zr_{70}Ni_{20}Pd_{10}$ 可以在 200℃、3.8min 内释放 6wt% H_2),而且在几百次循环中保持较好的储氢容量。虽然金属催化剂可以在一定程度上缓解氢化镁的动力学问题,但是催化剂的存在会以牺牲复合材料的储氢容量为代价,这并不符合设计的初衷。对于绿色船舶来说,具有高储能密度的可靠动力系统是氢能船舶实现运用环节中不可或缺的一部分。因此,协调催化剂特别是合金催化剂中金属的组分,并找到反应中的速率限制节点,成为当前研究的重中之重。现阶段,通过优于机械球磨法的湿化学球磨法和水热反应等化学手段,已经制备出了颗粒分布均匀细小的 Fe 基二维纳米片、Ni 基二维纳米片和 Mo 基二维纳米棒,同时也制备出了一批合金催化剂,例如 FeCo 和 NiCo 等,脱氢效果相比纯 MgH_2 有了一个质的飞跃。其中,Ni 基二维纳米片可以实现在 175℃ 左右的脱氢,在 300℃ 下 3min 内即达到 6.7wt% 的脱氢效果,并且吸脱氢的活化能分别下降到了 28.03kJ/mol 和 71kJ/mol。Mo 基纳米催化剂使得 MgH_2 的脱氢温度下降了 140℃ 左右,在 300℃ 下 10min 内可脱氢 6wt%,并且在多次测试中并没有发现 MgH_2 储氢量的明显衰退。FeCo 等合金也表现出相当出色的性能,脱氢温度也都在 180℃ 以下,但是在循环性能方面有所欠缺,因此,后期研究中打算通过将催化剂负载在一些碳材料(如石墨烯片、纳米碳管等)具备优异化学稳定性的材料上进一步抑制 MgH_2 的性能衰退。

3.2　针对 MgH_2 的热力学性能

释氢温度偏高的热力学问题仍是 Mg 基储氢材料走向实际应用所面临的难题。尽管添加催化剂可以降低 MgH_2 吸放氢反应的能垒、改善 MgH_2 的动力学性能,但不会改善其热力学性能。现阶段改善 MgH_2 热力学性能的方法并不多,目前的主流思想是减小 MgH_2 颗粒尺寸,不仅可以缩短氢的扩散路径,提升 MgH_2 的吸放氢动力学,还可以提供更多的晶界以及额外的表/界面自由能。理论计算显示,当 MgH_2 的颗粒尺寸降低到 4nm 以下时,其热力学性能会发生改变。要实现 MgH_2 在交通运输载体上的实用化,必须同时对 MgH_2 的热力学性能进行调控。因此,MgH_2 的纳米化势在必行。南开大学陈军教授团队利用第一性原理研究了尺寸对 MgH_2 纳米线热力学稳定性的影响,发现当 MgH_2 尺寸分别为 0.68nm、0.85nm 和 1.24nm 时对应的焓值分别为 $-20.64kJ/mol$、$34.54kJ/mol$ 和 $61.86kJ/mol$。其中,MgH_2 尺寸在 0.85nm 时,其解氢温度为 264.25K。Peng Bo 等报道了镁(Mg)/镁氢(Mg-H)纳米线的量子化学研究,详细分析了 MgH_2 和 Mg 的单分子、纳米线和块体之间不同的热力学性质和电子结构。通过在 Mg 纳米线表面加载 H 原子形成的 Mg-H 纳米线,其储氢能力与体积化学计量的 MgH_2 相同(7.6wt%),但解吸焓低于 37.55kJ/mol。研究结果表明,直径接近 1nm 的 Mg/Mg-H 纳米线是有前途的储氢材料。遗憾的是,现有的制备方法难以批量制备粒径分布均匀的超小 MgH_2 颗粒,因为纳米 MgH_2 的循环稳定差,多次循环后颗粒会团聚长大。纳米限域是一种可控制备 MgH_2 纳米颗粒的方法,即利用一些诸如石墨烯等拥有高孔隙率且疏松多孔的稳定化学材料,将 MgH_2 负载在上面来一定程度上限制颗粒高温下的团聚和生长。Xuan Zhou 等采用乙炔等离子体金属反应制备了 40nm 左右的超细 Mg 纳米粒子,Mg 纳米颗粒外面有一层碳包覆,具有良好的循环稳定性。循环试验表明,30 次循环后储氢能力几乎没有损失。但负载材料的惰性和有限的负载效率会导致整个体系的有效储氢量大幅度降低,失去实际应用的价值。因此,迫切需要设计一种全新且能够可控制备的纳米级 MgH_2 颗粒,为 MgH_2 在绿色船舶上的工程化运用打下坚实的基础。

3.3 针对船舶热管理系统的设计和研究

国内外目前对新能源船舶余热回收的研究较少,但是对"船舶金属氢化物储氢-氢燃料电池集成供电系统"的研究比较多。例如伯明翰大学的储氢材料研究小组将 5 个 Ti-V-Mn-Fe 合金钢瓶储氢的 5kW 氢燃料电池混合动力系统运用到了船舶上,改善了动力效果。相比高压气态储氢和液化储氢,采用储氢材料固态储氢能很好地解决传统储氢技术储氢密度低和安全性差的问题。维京游轮公司宣布在挪威建造以氢燃料电池作为动力装置的邮轮,根据设计,该邮轮长达 230m,以液氢为燃料,使用船上的氢燃料电池作为动力驱动邮轮以及供给邮轮其他用电。遗憾的是,上述研究对储氢-热管理系统方面的分析很少。基于以上研究基础,可以考虑将船舶的高温环境和 MgH_2 的反应温度条件相结合,特别是将船舶上的燃料电池组系统、海水淡化装置以及船用空调系统的余热利用起来,以此满足 MgH_2 吸放氢所需要的高温环境,建成高能效的船用氢燃料存储应用一体化系统,加速氢能在船舶上的推广应用。考虑到储氢材料吸放氢气过程的约束条件和对热环境的要求,在氢和镁的反应过程中 MgH_2 易热分解生成氢氧化镁,附着在未反应的 Mg 块上,阻止反应的进一步进行。因此,要想进一步保证 MgH_2 的储氢密度,经济高效地实现氢气的利用,就必须保证反应过程处在一定的温度范围内。对于船舶的蒸馏式海水淡化系统和船舶空调系统而言,它们都是船上必不可少的一部分。船舶每天都要消耗相当数量的淡水以满足船员、旅客和动力装置的需要;同时在一些寒冷或者炽热条件下,空调系统基本需要保持24h无间歇运转,它们拥有大量的加热器和换热设备,这就使得对这些系统的余热利用成为可能。当前,随着纳米科技的迅猛发展,MgH_2 的反应温度已经可以下降到170℃以下,因此,对于回收余热的温度要求并没有太苛刻。同时,在船舶上还有许多大型设备需要冷却水进行冷却,如果可以对这些方面进行余热回收并将其用于 MgH_2 的吸放氢,那么 MgH_2 在船舶上的工程化运用将变得非常有希望。项目组现阶段已经开始尝试研发 MgH_2/海水淡化装置/燃料电池热管理系统,其结构包括电池组、热泵系统、换热器、海水淡化装置和淡水柜。该体系可实现梯级热管理,循环效果好,还可同时将电池组产生的热量收集用于船舶航行及船员生活,拥有较好的余热回收效果。

综上所述,设计并构筑一个合理的储能热管理系统对于 MgH_2 储氢的可靠、高效运行尤为重要。但是,目前在这一方面的研究并不是很多,缺乏统一、完整的系统描述,非常需要研发一种燃料电池-氢化镁-船舶热管理系统的统一方法,为该体系在船舶上的工程化应用提供理论指导。

主要参考文献

[1] 刘美佳. 基于碳纳米管改性镁基储氢材料的吸放氢动力学与热力学性能研究[D]. 杭州:浙江大学,2019.

[2] 赵云松,张迈,郭媛媛,等. 纳米结构镁的制备及其储氢性的研究进展(英文)[J]. 稀有金属材料与工程,2021,50(06):1999-2007.

[3] 瞿小豪,袁裕鹏,范爱龙. 动力电池系统在运输船舶上的应用现状与展望[J]. 船舶工程,2019,41(10):98-104.

[4] 吕国录,张军,刘志萌. 船舶行业的余热利用技术[J]. 船舶工程,2017,39(S1):270-274.

[5] Zhang J Q,Hou Q H,Guo X T,et al. Achieve high-efficiency hydrogen storage of MgH_2 catalyzed by nanosheets $CoMoO_4$ and rGO[J]. Journal of Alloys and Compounds,2022,911:165153.

[6] 范红梅,李强伟,朱刚贤. 燃料电池发动机热管理系统控制优化[J]. 机械设计与制造,

2021(11):257-261.

[7] Zhang J Q, Hou Q H, Chang J Q, et al. Improvement of hydrogen storage performance of MgH$_2$ by MnMoO$_4$ rod composite catalyst [J]. Solid State Sciences, 2021, 121 (29):106750.

[8] Hou Q H, Yang X L, Zhang J Q. Review on hydrogen storage performance of MgH$_2$: Development and trends[J]. ChemistrySelect 2021,6(7):1589.

[9] Abe J O, Popoola A, Ajenifuja E, et al. Hydrogen energy, economy and storage: Review and recommendation [J]. International Journal of Hydrogen Energy, 2019, 44 (29): 15072-15086.

[10] Yu X B, Tang Z W, Sun D L, et al. Recent advances and remaining challenges of nano-structured materials for hydrogen storage applications[J]. Progress in Materials Science, 2017,88:1-48.

撰稿人:杨兴林(江苏科技大学) 顾丛汇(江苏科技大学)

复杂工况下多电混合推进船舶能效优化研究

Research on energy efficiency optimization of multi electric hybrid propulsion ship under complex operating conditions

1 科学问题概述

在进行复杂工况下的多电混合动力系统参数匹配时,由于多电混合动力系统的参数匹配优化与能量管理控制策略设计是高度耦合的,为了寻求最优匹配参数,应将多电混合动力系统的参数匹配与能量管理策略进行联合协同优化。因此,多电混合动力系统的参数匹配优化成为一个非线性、非凸、高维变量耦合、多目标、含有各种等式/不等式约束、含诸多不确定因素的、复杂的动态多目标优化问题。基于传统加权的解析法在解决该类非凸多目标优化问题时性能欠佳,传统智能优化算法在求解该类多目标优化问题时存在收敛性和多样性较差、寻优效率偏低、难以获取全局最优解等缺陷。如何提出新的算法或改进已有算法,使其能同时对多电混合动力系统参数和能量管理控制策略进行联合优化并得到全局最优解,且优化计算时间不会过长,是目前进行参数匹配联合优化的难点。

对多电混合动力系统进行能量管理,采用基于优化的能量管理控制策略虽然能够达到理想的能效优化效果,然而复合储能中的功率型储能装置和能量型储能装置都显示了高度非线性的电流-电压特性,如何针对这样的非线性控制系统制定快速、有效和易于实施的能量管理控制策略是难点。尤其是复杂多变的工况具有高度的不确定性,精确的负荷预测很难实现,如何在控制策略中应对这种不确定性,使得多电混合动力系统能够自适应进行能效动态优化控制也是难点。

2　科学问题背景

常规全电力驱动船舶的能效优化主要是基于负载侧功率需求的变化,通过对电源侧多台发电机组进行功率组合优化配置来实现。这种配置方法对于负载侧功率需求波动较平缓的船舶(如大型豪华邮轮)具有较好的能效动态优化效果,但存在动态响应速度慢、功率调节特性差等缺陷。对于全电力驱动工程船(如我国目前正在大力推广应用的全电力驱动挖泥船)而言,由于其工程作业时的工况复杂多变,引起负载侧功率需求频繁剧烈波动,传统功率组合优化配置方法的动态响应速度显然无法满足这样的应用需求,因此此类全电力驱动工程船不能采用传统的功率组合优化配置方法进行能效动态优化调节。目前常规全电力驱动工程船为了应对极限工况引起的负载侧瞬时高功率需求,大多是通过采用加大发电机组容量配置的方法来解决的。但在实际应用中,这种极限工况的占比往往较小,导致此类全电力驱动船舶所配置的发电机组长期处于“低能效”运行状态,从而使得此类全电力驱动船舶普遍存在能效性较差的问题。此外,复杂多变工况引起的负载侧功率频繁剧烈波动还会造成发电机组因燃油燃烧不充分导致大量“冒黑烟”而产生严重的环境污染问题。频繁的负载功率剧烈波动还会严重影响船舶发电机组的使用寿命、船舶电网的电能质量等。

随着电力电子技术与储能技术的快速发展,针对常规全电力驱动船舶在复杂工况应用条件下存在的上述问题,国内外学者提出了将复合储能系统引入常规全电力驱动船舶中,与原有发电机组构成多电混合动力系统的优化方案。复合储能系统是将能量型储能装置(锂电池等)与功率型储能装置(超级电容等)按照一定的容量配比组合而成。该系统充分发挥两种储能装置各自的优点,取长补短,具备优良的能量快速双向交互功能。将复合储能系统引入常规全电力驱动船舶中,充分发挥复合储能系统“削峰填谷”的能量调节功能来平抑复杂多变工况引起的负载侧功率需求波动,这样就可以在满足负载侧功率需求的前提下大幅度降低原有发电机组的容量配置,使得经过优化配置后的发电机组能长期处在“最佳能效工作点”附近运行,从而有效提升全电力驱动船舶的能量效率。对于由复合储能与发电机组混合而成的多电混合动力系统而言,电源种类的增多使得能源系统结构和供能机制都发生了较复杂的变化,与传统由单一发电机组供能的系统相比,虽然其在节能与环保等性能方面具有明显优势,但在稳定、可靠、经济等性能方面却也存在某些不足。因此,如何科学合理地利用复合储能进行全电力驱动船舶复杂工况能效优化亟待深入研究。

3　科学问题研究进展

基于复合储能的全电力驱动船舶复杂工况能效优化，根据能效优化所处的应用场景不同，可分为两大类，即设计规划层面的能效优化与应用操作层面的能效优化。

3.1　设计规划层面的能效优化方法

设计规划层面的能效优化侧重于对由复合储能与传统发电机组构成的多电混合动力系统进行参数匹配的优化设计，属于最优设计问题。参数匹配优化设计是根据船舶的载荷特性及能效优化多维性能评价模型对多电混合动力系统的构型及容量配置进行优化设计。合理地进行参数匹配优化设计可以在保证船舶动力性的基础上有效降低装机功率及设备成本，是提高船舶能源效率和改善燃油经济性等性能指标的关键。针对多电混合动力系统的参数匹配优化方法，目前国内外学者开展了大量研究工作。

在多电混合动力系统参数匹配优化过程中，由于各个能量源承担的功率是由能量管理策略确定的，因此，多电混合动力系统的参数匹配优化与能量管理策略设计是高度耦合的。然而，目前通常的多电混合动力系统参数匹配优化方法是首先设计固定的能量管理策略，然后在该策略控制下验证不同参数匹配的效果，从而确定多电混合动力系统参数，这种优化方法显然只能获得次优解。

3.2　应用操作层面的能效优化方法

应用操作层面的能效优化侧重于对由复合储能与发电机组构成的多电混合动力系统进行能量管理控制方法的优化，属于最优控制问题。能量管理控制方法优化的目的是期望在不降低船舶性能的前提下，合理分配发电机的功率输出，控制电能的储存与释放，实现船舶电力系统稳定、可靠、高效工作，从而提高多电混合动力系统的能量效率、经济性，减少污染排放。目前，针对多电混合动力系统能量管理控制方法的研究大致可分为基于规则的控制方法和基于优化的控制方法。

基于规则的控制方法因控制逻辑简单可靠、易于实现而获得了大量应用，但依赖于工程经验设计的控制规则并不能保证船舶在复杂多变工况下的性能最优。而基于优化的控制方法虽然更适用于复杂多变工况下船舶多电混合动力系统能量分配的应用需求，但需要解决在线计算复杂度高、全局最优无法保证等问题。

主要参考文献

［1］ Yao C,Chen M,Hong Y Y. Novel adaptive multi-clustering algorithm-based optimal ESS sizing in ship power system considering uncertainty［J］. IEEE Transactions on Power Systems,2018,33(1):307-316.

［2］ 潘海邦,薛圻蒙,高迪驹,等.串联式混合动力内河船舶参数匹配及控制策略研究［J］. 船舶工程,2018,40(03):59-65.

［3］ 马川,张勤进,刘彦呈.一种新型船舶风光互补发电系统的配置方法［J］.舰船科学技术,2019,41(01):107-110.

［4］ Hou J,Sun J,Hofmann H. Adaptive model predictive control with propulsion load estimation and prediction for all-electric ship energy management［J］. Energy,2018,150:877-889.

［5］ Hou J,Sun J,Hofmann H. Control development and performance evaluation for battery/flywheel hybrid energy storage solutions to mitigate load fluctuations in all-electric ship propulsion systems［J］. Applied Energy,2018,212:919-930.

［6］ Song Z,Hofmann H,Li J. Optimization for a hybrid energy storage system in electric vehicles using dynamic programing approach［J］. Applied Energy,2015,139:151-162.

［7］ Tang R,Li X,Lai J. A novel optimal energy-management strategy for a maritime hybrid energy system based on large-scale global optimization［J］. Applied Energy,2018,228:254-264.

［8］ Bassam A M,Phillips A B,Turnock S R. Development of a multi-scheme energy management strategy for a hybrid fuel cell driven passenger ship［J］. International Journal of Hydrogen Energy,2017,42(1):623-635.

［9］ 兰熙,沈爱弟,高迪驹.混合动力船舶能量管理系统的最优控制［J］.电源技术,2016,40(9):1859-1862.

撰稿人:管聪(武汉理工大学)

CHAPTER SIX

第6章
水路运载工具可靠性与运维

　　水路运载工具可靠性与运维科学问题是指水路运载工具在运行、使用、维护、修理中的可靠性科学问题,包含水路运载工具结构物、推进装置、动力和电力设备等在运行、使用、维护、修理中的风险预测、可靠性建模、可靠性正向分析、状态监测与故障诊断、故障再现和健康管理等科学技术问题,重点支持绿色航运、节能增效、全球全天候航行新要求下与可靠性紧密关联的综合性和交叉性科学问题,实现运载工具的绿色、节能、智能与可靠性协调发展。可靠性是水路运载工具设计、运维全寿命周期内最基本的要求,是运载工具运行的前提,始终受到高度关注。

　　航运朝着全球全天候航行、节能增效、绿色航运等方向发展,进一步促进了可靠性与运维技术发展,加快了传感技术、信通技术、人工智能技术与运载工具的融合,健康管理和智能运维成为提高可靠性的重要手段。为了节能增效,运载工具轻量化技术和减摩减阻技术发展迅速,新材料研发和使用得到重视,新的减摩减阻设计方法发展很快。为了减排降碳,新型燃料和新能源装置尤其是以电能为纽带的动力形式得到迅速发展。这些新技术新装置带来的可靠性问题也在同步研究,构成了运载工具可靠性研究的新内容。按照运载工具可靠性能满足全球全天候安全航行、节能增效、绿色航运 3 个方面的新要求,梳理了当前水路运载工具可靠性与运维研究的 9 个关注点。安全航行关注结构安全可靠、极端条件下的可靠性、危化品船舶的可靠性;节能增效关注轻量化中新材料的可靠性、航行器减阻、轴承减摩等难题;绿色航运关注新型燃料带来的可靠性问题、孤岛电网的可靠性、电能存储与充放可靠性问题。

　　针对极端条件下航行和可靠性作业的危险预测和防控机制,现有研究主要采用回归分析法、灰色预测法、人工神经网络法、综合安全评估法及模糊综合评价法等进行危险预测分析;针对危化品船舶可靠性设计理论与运维技术的研究,现有船舶运维方式主要有事后维修和计划维修;在船舶新型复合材料结构轻量化与可靠性融合设计方面,当前主要利用不同结构组合实现船舶轻量化设计,充分利用复合材料结构减重、隔音降噪、隐身防护等优势;在航行器减阻与可靠性融合设计及运行理论研究方面,目前已有的水下减阻技术包括超空泡、沟槽表面、柔性壁面、超疏水表面、微气泡、高分子添加剂等,减阻与防污问题已成为多年来阻碍船舶航行效率提高的瓶颈技术问题;针对低工况水润滑轴承磨损机制与优化运行方法,目前国内外学者围绕水润滑轴承润滑、磨损和摩擦振动产生机理、轴承性能监测及寿命预测、材料和结构优化方面开展了大量研究;针对清洁燃料燃烧热流作用下关键运动副摩擦磨损与润滑机理研究,目前主要集中在内燃机关键摩擦副的磨损机理、内燃机关键摩擦副的润滑作用、内燃机关键摩擦副的磨损控制及内燃机关键摩擦副的运行状态监测、诊断及智能维护方面;针对氢/氨燃料储存、输配、控制中物性与化学性能的可靠性分析与适配技术,系统性说明燃料储存、燃料准备和原动机之间相互依赖关系的研究目前尚处于起步阶段;针对船舶孤岛复合能源及装置可靠匹配与运行协调控制理论研究,借助成熟可靠的孤岛微电网的能量管理系统,最大限度减少了孤岛微电网中多台柴油发电机组的并车故障,以及电网中大负载冲击对柴油发电机组运行稳定性的影响。

　　运载工具可靠性与运维发展方向呈现出在更安全、更节能、更绿色的要求下,不断将传统的力学、电学科技与信息技术、智能技术、材料技术、新能源技术相融合,焕发出新的生机。

　　撰稿人:李玩幽(哈尔滨工程大学)　杜敬涛(哈尔滨工程大学)

船舶可靠性监测正反问题与协同管理控制技术

The forward & inverse problem of ship reliability monitoring and coordinated management and control technology

1　科学问题概述

　　船舶可靠性是船舶安全营运的基础,而船体结构和船舶动力装置的可靠性与可维修性是船舶可靠性的核心。传统的维修和故障维护模式难以保障船舶设备功能的连续性,而定期维护模式可能导致船舶设备运营初期的过度维护和后期的欠维护。为了有效提升船舶可靠性,亟须研究船舶可靠性监测正反问题与健康管理的新理论和新方法,进而建立船舶营运和健康管理若干关键技术。为了解决上述问题,以下关键科学问题有待研究。

1.1　海量稀疏异构监测数据融合和故障信息挖掘理论与方法

　　船舶营运监测数据对故障诊断及健康管理的意义已基本形成共识,但是如何利用监测数据的潜在信息实现故障分析及运行态势评估尚处于研究阶段。关键问题是如何从有限监测点长期获取的海量监测数据中识别结构失效和异常数据,解决如何利用监测数据修正实际结构模型响应的正问题,并在此基础上提取结构关键状态特征,捕捉船舶异常行为,在数据融合中降低决策层输入维度。为了解决上述问题,必须深入研究以海量、病态、异构监测数据为对象,以知识处理为核心,信号分析与船舶行为特征知识处理相融合的感知系统智能化数据分析基础理论,建立船舶可靠性监测数据融合和信息挖掘方法。

1.2 非周期性非平稳性结构载荷反演与状态演化理论

作用在船舶上的载荷是结构可靠性评估的基础,载荷反演是从有限监测信息获得全船结构状态的前提条件。基于频域的传统载荷反演方法适用于周期性或平稳随机振动的载荷,而船舶实际营运过程中所遭受的载荷呈现出非周期性非平稳性特征,特别是进港航道、内河等水面交通密集复杂边界限制水域的非线性非平稳特征更为显著,主要体现为浅水波浪载荷作用的复杂性以及碰撞搁浅载荷的随机性。因此,为了探寻全船结构状态与有限数量监测点之间的关系,建立结构时域非平稳载荷反向识别(反问题)理论,为船体结构可靠性智能监测和健康管理提供方法支撑,必须深入研究基于船舶结构可靠性监测的载荷反演与状态演化的关键科学问题。

1.3 基于监测数据的船舶动力装置全寿命周期健康状态更新机制

船舶动力装置微小故障特征信号常淹没于强背景噪声信号中,如何提高强背景噪声下微弱周期性信号的辨识准确性,或者通过设计合适的辅助信号激发微小故障特征信号在监测数据中的表现来解决微小故障检测,是研究微小故障早期诊断的重要课题。基于数据驱动的剩余使用寿命(Remaining Useful Life,RUL)预测是保证动力装置可维修性的有效手段。长周期监测数据的获取及其处理方法目前尚未成熟,基于加速实验的样本数据对RUL预测是否有效还有待于进一步的理论证明或实验验证。寻找一个能够表征不同工况状态下性能的多维度动态指标参数,结合合理的役龄回退因子等参量,建立系统健康状态的滚动更新机制,是构建船舶动力装置全寿命周期健康管理系统化方法的核心问题。

1.4 端-边-云数据驱动的船舶健康状态运维机制

故障维修模式和定期维护模式是传统船舶运维的主要方式,基于前者的方式不但不能预防故障发展而且影响营运功能的连续性,后者可能导致过度维护或欠维护。同时,要建立科学的船舶运维理论方法,如何结合船舶状态全局发展变化趋势,基于监测数据和状态推演理论,利用大数据分析,建立基于端-边-云数据驱动机制的船舶运维理论,是目前亟须解决的关键科学问题之一。

2　科学问题背景

船舶的营运安全性、功能性和经济性依赖于其自身的可靠性和运维策略。在传统的技术路线中,船舶的可靠性评估和运维策略基于可靠性和运维理论,无论是船体结构还是船舶动力装置,对实船营运过程中的工况环境和状态信息考虑非常有限,因此其可靠性评估并不准确,其运维方案也不够科学。随着智能船舶和智能航运技术的不断发展,基于实船状态监测和智能技术的可靠性评估和运维已成为最有潜力的技术手段,也是未来世界船舶工业领域竞争的焦点。国际海事组织、国际标准化组织(International Organization for Standardization,ISO)等国际组织将智能航运列为重要议题,世界主要造船国家大力推进智能船舶研制与应用。我国船舶工业和航运业在智能船舶领域进行了有益探索,基本与国际先进水平保持同步。但总体而言,基于实船状态监测和智能技术的可靠性和运维理论方法在全球范围内仍处于探索和发展的初级阶段。

为了全面充分利用智能监测技术,有效提高船舶可靠性,提升船舶的安全性、功能性和经济性,进而在全球航行智能化发展的行业趋势下追赶和超越欧美日韩等传统船舶工业发达国家和地区,亟须建立新一代智能船舶可靠性和运维理论方法。因此,必须攻克基于监测数据的可靠性和运维技术的若干关键问题。

2.1　如何从监测数据中捕捉船舶运行的关键状态特征向量

反映船舶状态特征的数据是数据驱动可靠性评估和智能运维策略的基础。船舶状态监测数据具有海量、多元、异构、病态等典型特征,给数据处理和分析、数据挖掘带来了很大的挑战,以致目前对监测数据的利用十分有限。因此,如何从监测数据中捕捉船舶状态关键状态特征向量是实现"大数据"和"智能"红利的第一个必须解决关键问题。例如,如何有效结合船舶行为特性对具有上述特征的监测数据进行清理、融合、特征提取等。

2.2　如何从有限的船舶监测信息中获得全局状态

虽然目前船舶监测数据量已极为庞大,但是也只能反映船舶和设备上监测点的状态,不能反映全船的实际状态。另一方面,如何基于监测数据建立动态的船体和动力装置设备状态推演方法,并为建立基于数据驱动的运维模型提供有效数据支撑,目前没有较好的理论方法。

2.3　船舶动力装置故障微小特征信号捕捉以及有效退化提取问题

早期微小故障诊断可以在设备功能发生明显劣化前采取主动维修策略来降低设备运

行的安全风险,核心部件剩余使用寿命预测是动力装置全生命周期健康管理的另一重要课题,但在长周期的监测数据获取及海量监测数据中有效退化信息的提取等方面面临技术瓶颈。动力装置监测数据会随着船舶运行状态的变化在较大范围内波动,潜在状态信息总体上呈现规律性的分时段特性,基于多维数据信息的全生命周期动态评价指标参数能够有效提高信息的利用率,但是在处理非平稳间歇过程监测数据过程中,如何处理数据维度与性能指标参数合理性之间的平衡问题需要深入探讨。

2.4 如何充分利用监测数据制定船舶运维策略

现有船舶运维方案主要为故障维修式和定期维护式,其驾控、运行和维护策略没有建立在船舶实际状态的基础上。一方面,由于没有获取故障演化过程信息的技术手段,从而也不能建立最科学的维护策略。另一方面,即使监测数据和所挖掘的信息提供了船舶状态信息,但是目前缺乏基于这些信息的运维模型。基于端-边-云的技术是目前最有潜力的发展方向,但目前没有相关理论模型。

3 科学问题研究进展

3.1 海量稀疏异构监测数据融合和故障信息挖掘理论与方法

结构健康监测技术经历了多个发展阶段,其中以传感器技术和动态测试技术为手段,以信号处理和建模为基础的方法在工程中得到了广泛的应用。近年来,为了满足大型复杂结构的健康诊断要求,结构健康监测技术进入了以知识处理为核心,数据处理、信号处理与知识处理相融合的智能发展阶段。例如,基于模态滤波产生残差方法用于传感器校验,用于传感器故障诊断的主成分分析自联想神经网络,以及运用智能算法的数据融合。

基于系统动力响应测试特征的变化,可以用来确定结构是否出现损伤,但大多数文献都忽略了环境和运营因素对基础结构的重要影响。长期研究表明,环境和运营因素可以显著改变结构的动力响应特性,是结构健康监测必须解决的问题之一。例如,温度变化几乎影响所有材料属性(如弹性模量、屈服应力和质量密度等),能使一些标称条件失真,但与之相比,运营条件变化所产生的响应特性变化要显著得多。

现有研究主要针对特定环境和运营参数的监测数据展开分析。虽然一些研究人员已经开始模拟不同环境和运营变化源下的影响,但这些研究主要针对桥梁和轨道等简单一维结构。例如,运用自联想神经网络方法通过损伤分级的方法解决环境及运营变量对损伤识别的影响,或运用监测数据库建立神经网络模型来提高在模态频率和环境参数相关性方面的泛化能力。但对于船体结构等复杂系统的监测数据处理和特征提取方法,鲜有相关研究。

3.2　非周期性非平稳性结构载荷反演与状态演化理论

船舶结构载荷反演主要分为局部载荷和全船性载荷。对于局部载荷,动载荷识别和反演是船体结构载荷反演的难点。虽然动载荷识别频域法在工程中得到了广泛的应用,但在船舶载荷识别领域的应用还很有限。时域内动态载荷识别的核心思想是借助动载荷与结构响应的关系,直接得出动载荷的时域识别结果。根据频域中模态坐标变换的动态载荷识别的时域理论存在结构模态阻尼误差,一定程度上影响了载荷识别结果的精度。利用动载荷引起的加速度响应,将其加权求和最终得到载荷响应时间历程的方法,其精度会受到加权系数和监测位置的影响。将复杂动态载荷逆问题转化成广义正交域上算子的逆运算方法识别精度良好,但当载荷作用时间长以及广义正交多项式项数增多时,会极大增加计算量。对于反问题,系统矩阵的病态和测量噪声的影响会导致结果出现较大的误差。基于特定载荷作用位置用最小二乘伪逆方法进行求解并不适用于一般的复杂结构。为了克服反问题中病态性的限制,需要在最小误差和最小噪声扰动之间寻找最优解。但对于船舶而言,运行环境复杂,系统矩阵的病态和测量噪声问题依然是当前研究的重点。

全船性载荷反演方法主要有两种。一种是基于船舶结构模态叠加方法,其主要思路是将弯矩的模态进行分解,根据不同剖面的监测数据计算各阶弯矩的系数,然后通过叠加对应弯矩反向计算快速获得全船弯矩分布。该方法对垂向弯矩适用性较好,但对水平弯矩和弯扭组合工况精度有限。另一种是基于系统辨识理论,利用时间序列自回归积分滑动平均(Auto-Regressive Integrated Moving Average, ARIMA)模型等,根据船舶的应力传感器信号,辨识船舶应力频率响应函数,进而反演波浪参数,并在此基础上结合船舶几何特征和惯量参数计算全船型载荷。此外,神经网络相关算法近年来得到了飞速发展,使得非线性系统辨识快速运算变为可能,相关方法在船舶运动控制等领域得到了广泛运用。但在波浪载荷反演领域,基于类似智能方法的研究还较少。

3.3　基于监测数据的船舶动力装置全寿命周期健康状态更新机制

船舶动力装置大部分故障的出现、发展及形成是有据可查、有源可溯的,这种判断构成了基于运行数据驱动的故障预测和健康管理研究的理论基石。在多种故障相互耦合时,表现出来的数据特征更加难以捕捉和识别。提高强背景噪声下的微弱周期性信号的辨识精度是微小故障特征信号特征提取的一种研究思路,另外一种研究思路是通过增强微小故障特性信号的表现使其更容易从背景噪声的掩盖中被识别提取,可以通过设计合适的辅助信号激发故障在系统中的表现来解决微小故障检测问题。

剩余使用寿命预测是健康管理研究的重要内容之一,较为广泛采用的 RUL 预测方法包括机理模型法、数据驱动法以及两者结合的方法等。机理模型法能够更精确地给出系统退化过程,但实际工业设备机理建模非常困难。数据驱动法利用设备运行的观测数据即可对退化过程建模,目前已经成为 RUL 研究的主流方法。

通过运行监测数据识别系统的运行态势,并引入适当的状态评价方法对其进行评价是实现健康评估的主要途径。基于单一类别信号的评估指标对设备性能变化的解释往往存在较大的片面性和随机性,以 D-S 证据理论、主元分析法、最小二乘法等为主的动力系统健康评估方法研究仍处于探索阶段,基于连续多维监测数据的动态健康评估指标参数构建及评估策略有助于提高设备的可维护性。

3.4 端-边-云数据驱动的船舶健康状态运维机制

该方向的研究非常有限,由于缺乏可用监测数据和状态演化理论,基于数据驱动的运维模型还处于初始探索阶段。

这方面的研究主要有两个趋势:一是基于大量、可靠的监测数据,建立船舶数值孪生模型,结合船舶在营运过程中的行为特征,在此基础上实施营运和维护策略;二是结合云计算技术、大数据分析和信息技术,进行船舶总体性能及状态的实时监测、分析和评估,进而建立船舶的智能化运维系统。目前这两个方向都缺乏完备的理论模型及故障演化和预警等相关理论与方法。

主要参考文献

[1] Bao Y Q , Chen Z C , Wei S Y , et al. The state of the art of data science and engineering in structural health monitoring[J]. Engineering, 2019, 5(1), 234-242.

[2] Huston S P. Structural health monitoring of a high speed naval vessel using ambient vibrations[D]. Atlanta: Georgia Institute of Technology, 2010.

[3] Wambacq J, Maes K, Rezayat A, et al. Localization of dynamic forces on structures with an interior point method using group sparsity[J]. Mechanical Systems & Signal Processing, 2018, 115: 593-606.

[4] Liu Y H, Mikko S, Pentti K. Research of ice-induced load on a ship hull based on an inverse method[J]. Journal of Ship Mechanics, 2016, 20(12): 1604-1618.

[5] Chen S, Billings S A. Representations of non-linear systems: The NARMAX model[J]. International Journal of Control, 2008, 49(3): 1013-1032.

[6] Abdelghani M, Friswell M I. Sensor validation for structural systems with multiplicative sensor faults[J]. Mechanical Systems and Signal Processing, 2017, 21(1), 270-279.

[7] Kandemir C, Celik M. A human reliability assessment of marine auxiliary machinery

maintenance operations under ship PMS and maintenance 4. 0 concepts［J］. Cognition Technology & Work,2020,22(3):473-487.

［8］ Ikhyun Y,Park J,Oh J. A study on the concept of a ship predictive maintenance model reflection ship operation characteristics［J］. Journal of the Korean Society of Marine Environment & Safety,2021,27(1):53-59.

［9］ Grieves M,Vickers J. Digital twin:mitigating unpredictable,undesirable emergent behavior in complex systems［M］∥Kahlen F-J,Flumerfelt S,Alves A. Transdisciplinary Perspectives on Complex Systems. Berlin,Germany:Springer-Verlag,2017:85-113.

［10］ Cao M,Guo C. Key technologies of big data and its development in intelligent ship［C］∥ ICRAI. Proceedings of the 3rd International Conference on Robotics and Artificial Intelligence, 2017:61-65.

撰稿人:周学谦(哈尔滨工程大学) 贾宝柱(广东海洋大学)

船舶新型复合材料结构轻量化与可靠性融合设计理论

Integrated design theory of lightweight and reliability for new composite ship structure

1 科学问题概述

轻质复合材料主要分为树脂基、陶瓷基、金属基三类复合材料。与传统的钢质材料相比,先进纤维增强复合材料具有高比模量、高比强度、耐高温、抗腐蚀、高阻尼、低噪声以及高度的可设计性等优异性能,受到了各行业的广泛关注。将先进复合材料应用于新型船舶轻量化设计,能大幅降低整船重量,提高船舶航速,减小能耗,从而增加结构有效搭载载荷,提高船舶续航能力等综合性能。随着全球绿色航运的发展以及节能减排的实际需求,对新型复合材料轻量化船舶提出了更高的要求。然而,面对复杂的海洋环境,船舶在长周期运营过程中需应对各种不确定的复杂极端载荷,如何确保船舶“减重提效”后的安全性和可靠性,是新型复合材料船舶必须突破的一大难题。为促使轻量化船舶实现安全性、可靠性、经济性的实质提升,亟须突破新型复合材料船舶结构轻量化与可靠性融合设计理论,从而使船舶在满足规范要求、结构性能要求和使用性能的前提下,保障其从设计、建造、服役运营直至回收拆解的全寿命周期内的经济性、安全性和可靠性。此外,随着船舶设计与制造水平的提高,对船舶振动噪声舒适性与疲劳可靠性提出了更高的要求。因此,在开展复合材料船舶结构轻量化设计和可靠性研究过程中,全面探究船舶结构振动噪声特性及控制方法具有重要的工程背景和实际意义。为此,一系列关键科学问题有待研究。

1.1　如何构建全寿命周期的船舶新型复合材料结构轻量化多目标协同设计理论

针对船舶新型复合材料结构全寿命周期轻量化设计需求,开展复合材料结构轻量化、力学承载、振动噪声多目标协同优化设计研究,突破结构多尺度精细化建模、多参数多目标优化设计等关键技术,揭示结构基体材料、拓扑构型、结构形状尺寸等参数对结构重量、刚度、强度、失效模式、固有振动特性和减振降噪性能的影响规律,提出兼具轻质、优异比刚度/强度和减振降噪功能的船舶结构轻量化协同优化设计综合方案,为构建全寿命周期的船舶新型复合材料结构轻量化多目标协同设计理论及其工程应用等提供理论和技术支撑。

1.2　如何研究新型复合材料轻量化结构的特殊力学行为表征

鉴于船舶服役环境的复杂性以及复合材料的特殊性,复合材料船体结构本身及其与金属船体结构之间的连接形式、耦合关系和力学行为表征(涉及极限强度、冲击强度等)较为复杂,需要对新型复合材料轻量化结构的可靠性、力学耦合方法和复杂工况下的强度评估方法等开展深入研究,进而解决新型复合材料轻量化船舶设计研究过程中存在的极限强度、混合结构宏观/细观力学行为表征以及复合材料-金属结构之间的耦合机理和力学响应等各种科学问题,从而为新型复合材料轻量化船舶的设计优化及其在船舶领域的推广应用等提供理论依据。

1.3　如何探求复合材料船舶结构轻量化与可靠性的融合设计方法

结构轻量化以满足结构性能要求为前提,追求最小重量,以期获得兼顾经济与安全的结构形式。结构可靠性旨在提高结构性能,降低失效的可能性,对于安全性要求高、寿命长和造价昂贵的工程结构尤为重要。如何寻求结构轻量化与可靠性之间的平衡点,是新型复合材料船舶设计与建造领域亟须解决的重要问题。复合材料相对于金属材料而言,材料性能的分散性大,各向异性的力学性能又带来了结构对载荷条件的高敏感性,因此在船体结构轻量化设计的过程中必须兼顾可靠性。对于新型复合材料船体结构,如何有效权衡轻量化、经济性、安全性、可靠性、船舶规范、行业要求等复杂乃至相互冲突的多重要素,实现传统轻量化技术与可靠性理论的创新融合,提出有效的适用于新型复合材料结构的轻量化与可靠性融合设计方法,突破船体薄弱环节、大尺度结构的轻量化、可靠性设计难题,对轻量化复合材料船舶的可靠、安全运营具有重要现实意义。

2　科学问题背景

鉴于绿色船舶的发展趋势以及应对新船能效设计指数的指标需求,提高船舶能效是中国航运业的必行之举,其中轻量化技术是提高船舶能效的重要措施,而采用新型复合材料结构(由两种或多种不同性质材料制成的具有新的理化性能的结构,如复合材料层合结构、夹芯结构等)又是实现船舶轻量化的重要手段。然而,考虑到船舶运营环境的多变性、船体结构的复杂性以及复合材料的特殊属性,相同载况下复合材料船舶具有比传统金属船舶更加复杂的结构响应特性、力学行为和失效机理。新型复合材料(或多材料混合)船舶作为一个复杂的结构系统,如何在满足规范要求、材料/结构性能约束的前提下,有效应对各种复杂、极端载况环境,合理减重,可靠安全运营,亟须突破船舶新型复合材料结构轻量化与可靠性融合设计的相关技术瓶颈。

2.1　全寿命周期的船舶新型复合材料结构轻量化协同设计理论尚未形成体系

轻质复合材料应用于船舶轻量化设计能大幅降低整船重量,提高船舶航速,减小能耗,从而增加结构有效搭载载荷,提高其续航能力等综合性能。随着船舶工业技术的快速发展,对实现船舶结构的可靠性、安全性和舒适性提出了更迫切的需求。目前针对船舶结构轻量化设计的研究中,一般仅考虑结构刚度或强度等应力特征和极限载荷等静力学问题,对结构的振动噪声特性考虑较少,不能很好地反映船舶的结构振动噪声特性。另外,当前船舶复合材料结构的设计建造成本偏高,考虑结构从设计、制造到服役和维护等全寿命周期的成本分析论证尚不充分,亟须开展全寿命周期的船舶新型复合材料结构轻量化多目标协同设计理论各方面的系统研究。

2.2　新型复合材料船舶强度问题仍需进一步深化研究

一直以来,船舶在不同载荷下的极限强度问题受到了广泛关注和深入研究,传统极限强度研究体系较为成熟,但其更适用于带有小型上层建筑的金属船舶,在评估带有大尺度上层建筑船舶的强度问题时存在不足。因此,如何有效解决带有大型复合材料上层建筑船舶的极限强度问题成为限制船舶减重乃至先进复合材料在船舶领域推广应用的主要难题之一。研究发现复合材料结构对冲击较为敏感,虽然冲击过后视觉上可能不见明显损伤,但其内部或已产生大量基体开裂和分层损伤,甚至伴有纤维断裂,造成复合材料结构力学性能大幅下降。受检测设备和技术限制,船体结构内部损伤容易被人们忽略,极大降低了复合材料船舶运营期间的安全性。考虑到复合材料上层建筑结构的复杂性和各向异性材料本身的特殊性,其与金属主船体间的连接问题,冲击后的剩余强度问题以及宏观、细观响应行为更加复杂,新型复合材料船舶需要优先保证极端载荷下的可靠性和安全性。

为此,亟须寻求科学高效的极限强度研究方法、冲击强度评估方法,以预测分析新型复合材料船舶在不同工况下的力学行为表征和最大承载能力,这是新型复合材料船舶设计之初乃至整个服役、运维周期内都要考虑的重要问题。

2.3 复合材料船舶结构轻量化与可靠性的融合设计方法有待突破

传统的结构轻量化以满足结构性能要求为前提,实现质量最小的目标,多是通过优化设计来减少材料消耗、降低成本,进而提高经济性能。然而,新型复合材料船体结构的组成和力学行为更加复杂,存在复合材料性质、结构尺寸以及外界环境等多尺度、多方面的不确定因素,对于传统的优化设计方法的适用性需要反复考证,方可满足新型船舶减重后的安全性和可靠性设计需求。为此,亟须综合新型复合材料船舶结构的力学行为特征、船型设计、相关规范要求、轻量化设计技术、优化设计方法、可靠性研究理论以及船舶运营全寿期周期内各种不确定性因素等,突破轻量化与可靠性融合设计的技术瓶颈。

综上所述,亟须进行全寿命周期的船舶新型复合材料结构轻量化协同设计理论、极限强度以及轻量化与可靠性融合设计方法的深入研究,这对于改善新型复合材料轻量化船舶的综合性能,提高国际市场竞争力,推动船舶行业绿色可持续发展,促进新型复合材料船舶设计与建造行业进步,实现船舶行业节能、环保、可持续发展等具有十分重要的意义。

3 科学问题研究进展

3.1 针对船舶新型复合材料结构轻量化多目标协同设计

传统研究主要集中在如何减少钢材的使用,减少原料消耗,从而降低造船成本和能耗等工作上,相关研究已取得了大量丰富的研究成果。然而在船舶结构轻量化设计的过程中兼顾结构可靠性、安全性和舒适性等多功能一体化设计方面,尚处于初步探索阶段。尤其是如何从设计、制造到服役和维护等全寿命周期内的船舶新型复合材料结构在真实服役工况下的多尺度精细化力学模型构筑,突破结构兼具轻质、优异比刚度/强度和减振降噪功能的多参数多目标优化设计瓶颈,建立起结构基体材料、拓扑构型、结构形状尺寸等参数与结构重量、刚度、强度、振动噪声传递特性之间的关系,从而提出船舶结构强度、振动噪声和轻量化的协同优化设计综合方案,是当前开展新型复合材料船舶结构轻量化多目标协同设计面临的主要挑战,亟须开展全面、系统、深入的研究。

3.2 针对新型复合材料轻量化结构的特殊力学行为表征

传统研究主要针对金属材料船体结构,对于带有大型复合材料上层建筑的船舶极限强度、复合材料上层建筑的力学表征、复合材料上层建筑搭配金属主船体的轻量化设计模式等问题的研究也在逐步深入。对于复合材料结构的冲击特性主要以力学试验和数值模拟为主,以往学者多侧重于复合材料损伤行为模拟或失效准则改进,在航空、航天等领域的研究较为成熟。随着复合材料船舶的发展,亟须从船舶实际应用的角度对冲击强度、冲击剩余强度等关键问题展开系统研究。就结构轻量化与可靠性的融合设计而言,适用于新型复合材料结构的极限强度、冲击强度的科学评估方法尚需进一步研究。尤其是新型复合材料船舶设计研究过程中存在的极限承载能力、冲击后剩余强度、宏观/细观力学行为表征以及复合材料-金属结构之间的耦合机理和力学响应等各种科学问题有待深入研究。

3.3　针对结构轻量化与可靠性的融合设计

传统船体结构的轻量化设计与可靠性设计相对独立,有各自侧重的研究体系、理论方法,二者的有机融合程度尚需加强。国外船级社已经制定了基于可靠性的船舶设计准则,我国目前的船艇设计规范仍以安全系数理念为主,可靠性优化多针对简单复合材料层合板,可靠性分析以近似计算方法为主,系统性研究船体结构可靠度的理论与分析方法尚需深入探索与发展。随着轻量化设计理念与可靠性研究的大量开展,融合轻量化与可靠性的设计方法会日渐成熟。轻量化与可靠性的有机融合亟须针对船体结构的实际需求构建轻量化设计理念、优化设计理论、可靠度分析方法的综合体系,提炼梳理结构尺寸、材料性能、载荷工况以及运营周期等大量不确定因素,兼顾经济性与安全性,获得可靠的轻量化设计方案,从而为实现船舶新型复合材料结构的轻量化与可靠性设计提供理论依据。

综上所述,现有针对船舶新型复合材料结构轻量化与可靠性融合设计的研究尚缺乏全面系统的基础理论支撑。在新型复合材料结构轻量化多目标协同设计理论、特殊力学行为表征以及轻量化技术与可靠性理论的有机融合等层面尚需逐一突破、深入发展,这对改善新型复合材料轻量化船舶的综合性能,推动船舶、材料等交叉学科发展,促进先进复合材料在船舶领域的应用,实现船舶行业节能、环保、可持续发展等具有十分重要的科学价值和工程意义。

<h2 style="text-align:center">主要参考文献</h2>

[1] Shen W,Yan R J,Luo B L,et al. Ultimate strength analysis of composite typical joints for ship structures[J]. Composite Structures,2017,171(1):32-42.

[2] Morshedsolouk F,Khedmati M R. Ultimate strength of composite ships' hull girders in the presence of composite superstructures [J]. Thin-Walled Structures, 2016, 102 (01): 122-138.

[3] Li S,Yang J S,Schmidt R,et al. Compression and hysteresis responses of multilayer gradient composite lattice sandwich panels[J]. Marine Structures,2021,75:102845.

[4] Konstantions G. Hull construction with composite materials for ships over 100m in length [D]. Cambridge:Massachusetts Institute of Technology,2002.

[5] Golub V P,Krizhanovskii V I,Pogrebnyak A D,et al. Fatigue strength of metallic and com-

posite materials under repeated tension-compression [J]. International Applied Mechanics, 2006,42(1):40-50.

[6] 朱子旭,朱锡,李永清,等.复合材料夹芯结构研究现状及其在船舶工程的应用[J].舰船科学技术,2018,40(2):1-7.

[7] 汪璇,裴轶群,周方宇,等.船舶复合材料应用现状及发展趋势[J].造船技术,2021,49(04):74-80.

[8] 杨娜娜,姚熊亮.复合材料力学与船舶工程应用[M].北京:科学出版社,2018.

[9] 中国船级社.纤维增强塑料船建造规范[S],2015.

撰稿人:杜敬涛(哈尔滨工程大学) 李晓文(集美大学)

海洋航行器减阻与可靠性融合设计及运行理论

Fusion design and operation theory of drag reduction and reliability of marine vehicles

1 科学问题概述

海洋航行器减阻研究可以有效提高航行器机动性,降低能耗,减少环境污染等严峻问题。通过对海洋污损生物与航行器界面行为机理的深入研究,环保型的仿生减阻设计及可靠性评价方案的确立,以及减阻全生命周期运维方案的研究,揭示海洋污损生物增阻机制,建立高效的、长效的、可靠的航行器减阻设计与运维机制,为海洋航行器的发展提供重要指导,其关键科学问题主要包括:

1.1 如何研究航行器界面海洋污损生物的黏附机理和阻力效应

海洋污损生物贴附表面导致的阻力增加不像物理增阻一样,它涉及微生物层面。首先海洋污损生物的形成过程需要经历多个阶段,其次污损生物是通过"混凝土"式附着在航行器表面的,并不是单纯附着。界面处不仅仅只是污损生物分泌的黏液,还伴随有很多其他生物膜,因此对于污损生物与航行器基体界面结合机理的全方面研究是设计减阻方案的首要任务。针对海洋污损生物增阻机理的全方位研究,是海洋航行器减阻依据与响应性设计的关键。

1.2 如何探索海洋生物诱导的腐蚀失效机制与航行器可靠性之间的相关性

我国每年为材料腐蚀付出的经济代价约为国内生产总值(Gross Domestic Product, GDP)的 5%,在海洋环境中服役的基础设施和重要工业设施的腐蚀问题更为严重。海水中的氯离子等卤素离子能阻碍和破坏金属的钝化;海浪、飞溅、流速增加,都会促进氧的阴极去极化反应,加速金属的腐蚀;海水腐蚀的电阻性阻滞很小,异种金属的接触能造成显著的腐蚀效应。此外,生物污损会导致船体材料表面局部环境的物化性质发生改变,在没有征兆的情况下发生局部腐蚀或者穿孔腐蚀等事故,对航行器的安全造成巨大影响。腐蚀已经成为影响船舶、近海工程、远洋设施服役安全、寿命、可靠性的最重要因素。因此,明确航行器的腐蚀失效机制,对于保障航行器服役安全与可靠性,减少重大灾害性事故的发生,延长航行器的使用寿命具有重大意义。

1.3　如何建立海洋航行器环保型防污减阻设计及相应的可靠性评价体系

海洋生态系统相对于陆地来说更加脆弱,单一尺度的防污涂层的设计已不能满足需要,建立多尺度环保型防污减阻涂层(宏观、微观结构有效结合的仿生与低表面能减阻协同涂层)可以最大限度地减少对海洋环境的污染。可靠性评价就是对防污减阻涂层相关性能(涂层的厚度、与基材结合力、海水磨损、硬度、海水腐蚀、涂层的减薄速率、涂层表面成分变化、表面形貌变化、仿生防污剂的释放速率、防污效果等)进行系统的规范,从而完善可靠性评价体系。针对海洋航行器减阻方案的全生命周期及运维方案研究,是实现海洋航行器减阻长效性、稳定性及可靠性的关键。

2　科学问题背景

航行器减阻对于提高其航程与航速、降低油耗具有重要意义。海洋航行器的航行阻力可显著降低其运动速度、灵活性,增加能源消耗与碳化物、氮化物、硫化物等气体排放,给航行器的运维与气候环境保护带来巨大挑战。海洋航行器的航行阻力主要包括兴波阻力、压差阻力、摩擦阻力,其中摩擦阻力占总阻力的70% ~80%。即使在高速航行中,摩擦阻力也可占40%左右,而航行器底部海洋生物污损导致的航行摩擦阻力约占总摩擦阻力的60%。因此,开展航行器航行减阻可靠性设计及全生命周期控制研究,对实现航行器的高机动航行、节能降耗及绿色航行具有重要的价值与意义。

目前,已经利用流体力学、热力学、材料学、物理、化学以及摩擦学和制造科学等多学科原理及技术来深入研究航行器减阻问题。但目前为止,航行器减阻研究主要是针对湍流边界层进行的,仍然没有形成有效降低流固界面摩擦力并抑制外流场强烈湍流产生的关键技术。其原因一方面在于航行器运行过程中进入湍流状态后,低速带条频繁与剧烈地向外层猝发,形成脉动和漩涡,导致摩擦阻力随之剧增,成为阻碍船舶运动的最大阻力;另一方面,海洋污损生物的附着和腐蚀产物都将导致航行器表面改变,几乎所有的减阻技术在实际应用中很快失效。因此,实现现有海洋航行器减阻设计中关于外形结构设计、防污涂层、仿生结构减阻等方面的有机结合,将有效实现减阻。针对此,相关关键科学问题有待研究。

2.1　海洋生物污损对航行器阻力和可靠性运营的影响有待解决

海洋生物污损易于依靠"混凝土"式黏附于海洋航行器的底部,造成多重恶劣影响:海洋生物污损可严重增加航行器的重量;海洋生物附着可改变航行器底部外形;海洋生物污损腐蚀使得船体表面凹凸不平,增加船体表面的粗糙度,破坏仿生减阻结构构成,降低减阻效率。以上多重影响可导致航行器航行阻力的剧烈增加,航行机动性降低,海洋航行器燃油燃耗增加及污染性气体排放增加等。严重的生物污损会导致其航行阻力增加86%以上,燃料消耗增加40%以上。因此,解决海洋污损生物导致的航行器增阻问题已成为航行器减阻研究的热点。对航行器中冷却设施而言,污损生物的附着会造成管道的阻塞、换热效率降低,同时污损生物的附着可以造成航行器中声呐、鱼群探测器和水听器等声学设备失灵,影响声学仪器的正常使用。生物污损对航行器的不利影响可能造成灾难性事故的发生,危及生命和财产安全,严重影响了航行器的安全、可靠运营。

2.2　海洋生物腐蚀对航行器可靠性的影响认识不足

海面风浪对金属构件产生的往复冲击以及海水、海洋污损生物及其代谢产物等对金属材料的腐蚀,使得海洋环境已成为极为苛刻的腐蚀环境。生物污损会导致船体材料表面局部环境的物化性质发生改变,从而引发局部腐蚀或者穿孔腐蚀。局部腐蚀破坏常在没有征兆的情况下发生,造成重大灾害性事故。产生的腐蚀产物附着于航行器表面,增加其表面粗糙度,增加其航行阻力。无论是海面舰船,还是水下潜艇,所遭受的腐蚀问题都十分突出,已经成为影响航行器服役安全、寿命、可靠性的最重要因素。因此,大力发展航行器防腐防污材料和技术,确保航行器减阻效能的高效发挥,对于保障航行器的运营安全与可靠性,提高航行器的综合性能及其竞争力具有重要的意义。

2.3　防污涂层与仿生结构减阻的有效结合及可靠性评价仍需进一步研究

现有海洋生物污损增阻的研究表明海域环境复杂性、污损生物的多样性等均会产生巨大的影响。其中,海洋污损生物的多样性使其在航行器表面的黏附机理具有复杂性,但现有黏附界面机理尚不完善。在解决航行器海洋生物污损增阻设计中,减阻剂的使用会对一定范围内的水分子的流变性能产生影响,但减阻剂使用工况单一,无法满足层流工况要求。涂层减阻法是目前最广谱、经济、高效的方法,采用树脂包裹防污剂的方式将防污剂渗透释放是涂层减阻法最普遍的防污形式。但随着社会环保力度的增大,仿生、低表面能等无污染的涂层减阻法得到了巨大的发展。但是此类表面的水下防污减阻研究仍存在问题,即如何在海水冲击和海洋恶劣的刮擦环境下长期保持稳定。探究航行器涂层界面在流体压力作用和动态冲击力作用下的稳定性、对污损生物贴附及航行阻力的影响,是开展航行器减阻设计及可靠性评价的基础。

综上所述,在海洋航行器仿生结构设计的基础上,开展海洋污损生物与航行器界面行为机理、仿生涂层减阻设计与可靠性评价,以及减阻系统的运维,都是亟待解决的问题。

3　科学问题研究进展

3.1　针对海洋生物污损增阻机理的全方位研究,是海洋航行器减阻依据与响应性设计的关键

现有的海洋生物污损增阻机理大多是研究成型污损生物与航行器的界面结合,但污损生物在成型之前会经历三个阶段,分别是初期阶段、发展阶段、稳定阶段。通过研究初期阶段以及发展阶段微生物或小型污损生物对航行器增阻的机理,可以更好地解决海洋生物污损引起的增阻现象,同时也可为环保型防污减阻涂层的设计提供更多思路。若在初期阶段就能抑制或消灭污损生物的贴附,那么就可以高效地实现防污减阻。

3.2　针对海洋生物腐蚀失效模式对航行器可靠性的全方位研究,实现防污防腐一体化体系的建立,是保障航行器可靠运营的关键

现有的防腐涂料的类型主要包括有机硅树脂涂料、环氧类涂料、聚氨酯类防腐涂料等,其防护性能单一。由于海洋环境的复杂性,单一功能防护涂料已经远远不能满足现代航行器防护涂料工业发展的巨大需求,航行器防护涂料功能多样化势在必行。因此,在涂料配方设计时,要同时兼顾多方面因素,不仅要考虑其防腐性能,还要考虑其防污性能,实现其防污耐蚀一体化设计。此外,在涂料配方设计时,特别是防污涂料设计方面,需要限用或淘汰对环境有害的防污剂。高固体化、无溶剂化(包括粉末涂料化)或弱溶剂化、水性化、无重金属化、高性能化、多功能化、低表面处理化、省资源化以及智能化等是防污防腐涂料的发展趋势。

3.3　针对海洋航行器环保型防污减阻设计及相应的可靠性评价研究,是实现海洋航行器高效减阻、揭示减阻运行理论的关键

就现有的防污减阻涂层而言,主要集中在含防污剂的防污涂层。这种设计一方面因为涂层的装载能力限制了涂层防污的时效;另一方面大量防污剂的排放也会影响涂层的机械性能,且对海洋环境的稳定和安全是否存在危险尚没有全面的论证,造成了资源的浪费。将仿生防污与减阻结合在一起,在源头实现污损生物的不附着,大大降低海洋航行器的摩擦阻力;分析天然防污减阻生物表面微结构和成分,提取其防污减阻特征参数,根据特征参数构筑仿生表面,是获得仿生防污减阻结构表面简单易行的方法。形貌与尺寸复杂的微结构带来更持久减阻效果的同时也增加了生产成本和工艺步骤,使其难以大规模

制备成型。因此,开发经济、简单的加工方法获得特殊的微观结构,以达到稳定持久的减阻效果仍需要进一步的实验研究。同时建立可靠性评价体系,将涂层的性能(涂层的厚度、与基材结合力、海水磨损、硬度、海水腐蚀、涂层的减薄速率、涂层表面成分变化、表面形貌变化、仿生防污剂的释放速率、防污效果等)与减阻性能相统一,以高效构建大型减阻涂层。针对海洋航行器减阻方案的全生命周期及运维方案研究,可以采用仿真(软件与实验室模拟环境)技术使减阻系统加速失效,采用相应的可靠性评价技术,揭示减阻系统全生命周期规律,可以进一步优化环保型防污减阻的设计。

综上所述,针对海洋生物污损导致的增阻机理及生物吸附诱导的腐蚀机理进行全方位研究,建立相关理论基础,为后续环保型防污减阻设计及相应的可靠性评价研究提供理论支撑。同时,采用仿真(软件与实验室模拟环境)技术使减阻系统加速失效,采用相应的可靠性评价技术,揭示减阻系统全生命周期规律,并针对减阻系统不同生命周期,建立相应的运维策略。

主要参考文献

[1] 王璐,郑智颖,刘平安,等.减阻剂溶液注入对回转体通气空化的影响[J].哈尔滨工程大学学报,2020,41(08):1099-1105.

[2] 张春来,王潇,吴银涛,等.超疏水表面水下减阻技术研究进展[J].功能材料与器件学报,2021,27(05):445-455.

[3] 严新平,白秀琴,袁成清.试论海洋摩擦学的内涵、研究范畴及其研究进展[J].机械工程学报,2013,49(19):95-103.

[4] He X Y,Tian F,Chang J F,et al. Haloperoxidase mimicry by CeO_2-x nanorods of different aspect ratios for antibacterial performance [J]. ACS Sustainable Chemistry & Engineering,2020,8(17):6744-6752.

[5] He X Y,Cao P,Tian F,et al. Autoclaving-induced in-situ grown hierarchical structures for construction of superhydrophobic surfaces:A new route to fabricate antifouling coatings [J]. Surface and Coatings Technology,2019,357:180-188.

[6] Amini S,Kolle S,Petrone L,et al. Preventing mussel adhesion using lubricant-infused materials [J]. Science,2017,357(6352):668-673.

[7] Chen H,Zhang P,Zhang L,et al. Continuous directional water transport on the peristome surface of Nepenthes alata[J]. Nature,2016,532(7579):85-89.

[8] 楼彤,白秀琴,袁成清,等.船舶表面微结构防污技术研究进展[J].表面技术,2019,48(01):102-113.

[9] 王雄,白秀琴,袁成清.基于仿生的非光滑表面防污减阻技术发展现状分析[J].船舶

工程,2015,37(6):1-5,79.

[10] 付宜风,白秀琴,袁成清.基于仿生的船体防污减阻协同作用及其进展[J].舰船科学技术,2014,36(9):7-12.

撰稿人:袁成清(武汉理工大学)　欧阳武(武汉理工大学)　李文戈(上海海事大学)

危化品船舶可靠性运维技术

Reliable operation and maintenance technology of dangerous chemical ship

1　科学问题概述

危化品船舶可靠性运维是航运保障科学的重大课题。现有危化品船舶运输作为航运的一个特殊而高危的细分领域,其在不确定性可靠性设计、货物装卸、换货洗舱、运维等方面的风险演化较其他大多数货品的水路运输更为复杂,而其发生事故后果的严重性也是其他大多数货品的水路运输所无法比拟的。为促进危化品水路运输运载工具逐步实现本质安全,亟待深入研究危化品船舶可靠性设计与运维安全性的新理论、新方法和新技术,保障不确定性时域、水域高风险约束下的危化品船舶的运维安全。为突破上述科学技术瓶颈,一系列关键科学问题有待研究。

1.1　如何研究不确定化学约束下的危化品船可靠性设计理论

在危化品-船舶-水路系统中,危化品的化学约束具有不确定性、时变性和危险性等特点,直接影响船舶的可靠性和安全性。因此,为探究水路运输危化品化学约束下船舶结构、货舱维护系统的可靠性设计理论,需全面挖掘危化品的化学约束的不确定性、时变性和危险性等因素,并结合不确定性工程设计理论,建立化学约束与危化品船舶可靠性设计之间的关系。这是研究危化品船舶可靠性设计理论的一个关键科学难题。

1.2　如何研究人员-危化品-船舶-航行环境-管理多要素耦合系统动态风险管控理论

针对人员-危化品-船舶-航行环境-管理这一复杂闭环系统多要素耦合对象,从危化品水运风险产生到事故突发的整个风险转化过程难以用单一参数描述。因此,需挖掘系统运行风险动态演化机制,充分考虑系统在复杂环境场下的多源、多维风险产生过程,辨识危化品、船舶、水路环境、人员操作和日常管理耦合作用下的航运安全态势,进一步揭示系统内各个要素与安全风险的内在致因机理,探明系统风险演变规律及控制关键要素,进而保证系统在运行过程中的本质安全。此外,针对危化品船舶在运维过程中的故障及事故应急处置,需研究该复杂多要素耦合系统事故后果控制的关键要素及有效措施。因此,复杂系统多要素耦合动态风险管控是研究危化品船舶安全运行与风险管理理论的一个关键科学难题。

1.3　如何研发危化品船舶安全运维与风险管控综合智能集成技术

危化品船舶具有货物装卸、积载、隔离、载运、环境维护等多作业过程,各作业过程的运维管理需在复杂环境下对多源、多要素进行风险管控,因此首先需要针对危化品多源、多要素、多物理状态在复杂运维耦合场中的状态参数进行有效感知;其次,剖析各个作业过程间关键感知要素的耦合关系,实施系统多源融合综合智能感知是快速、有效决策的关键;此外,研发针对复杂危化品在水运过程中的关键安全与运维装备是风险管控的有效措施。因此,有必要从整体出发,系统地提出危化品船舶运维过程中多源融合智能集成风险管控技术体系,利用现代感知技术及人工智能技术研发与集成多要素、多源融合智能感知装备,研发与集成危化品船舶安全与运维关键装备,构建危化品船舶运维安全综合智能集成系统平台,这是研究危化品船舶运维安全的关键技术难题。

2　科学问题背景

危化品船舶的可靠性设计原理和运维安全技术研究包括船舶结构可靠性优化设计、船舶货舱建造工艺、系统运维安全保障技术等,目前这些研究主要聚焦于船舶材料和结构本身,对于运载的危化品的化学约束机理研究不足,导致可靠性设计和运维技术开发面临诸多挑战,如非理想天气状况导致的危化品化学约束的时变、多作业工况的系统协调、实时全周期的安全风险演变等,造成了现阶段危化品船舶可靠性设计理论难以适应不确定、时变和危险的危化品货物运输,易陷入运维技术决策困难、风险辨识滞后等困境。因此,迫切需要突破基于危化品化学约束下的船舶可靠性设计理论与运维安全管理技术瓶颈。

2.1　危化品的化学约束因素耦合建模和量化问题有待解决

例如,如何耦合分析化学约束与船舶可靠性设计两种异源异构的货-船因素,如何攻克危化品的化学约束的不确定性、时变性和危险性等带来的建模难题,如何量化构成要素,从而为研究危化品船舶可靠性设计理论提供支撑。

2.2　对人员-危化品-船舶-环境-管理系统多源、多要素耦合下系统风险动态演化机制以及风险管控关键要素认识不足

现有的风险演化机制大多数针对单一对象在某一时段的变化规律开展研究,缺少对非结构动态系统环境的危化品风险演化机制和实时全周期的风险评估技术研究,给危化品船舶运维安全风险辨识、评估和管控带来挑战。

2.3　危化品船舶运维安全与风险管控综合智能集成技术欠缺

一方面,危化品船舶作业运维技术与危化品的化学约束属性有关,约束属性不清时,很难有更安全、更高效、更智能的运维技术发展;另一方面,对智能化的运维技术研究及优化设计方法探索研究成果有限。因此,有必要揭示化学约束因素与运维技术之间的作用机理,利用现代传感技术、人工智能技术等,系统性地感知危化品多源物理状态,剖析各个作业过程间控制要素的耦合关系,研发与集成危化品船舶运维安全保障关键装备,构建完善的危化品船舶运维智能风险管控技术体系。

综上所述,亟须基于危化品化学约束的危化品船可靠性设计与运维技术的研究,实现对危化品船舶运维安全的清晰认知和本质安全保障。充分解析危化品化学约束的不确定性、时变性和危险性等属性,建立危化品船舶可靠性设计理论、多要素耦合系统动态风险管控理论。基于人员-危化品-船舶-环境-管理系统风险动态演化机制的深度剖析,利用现代传感技术、人工智能技术,系统性探究危化品船舶各作业过程间控制要素的耦合关系,建立完善的危化品船舶运维智能风险管控技术体系,这对于深度优化危化品水路运载工具与系统本质安全具有重要指导意义,科学价值突出。

3　科学问题研究进展

3.1　针对船舶可靠性优化设计的研究

可靠性是指结构系统在规定的使用条件与环境下,在给定的使用寿命期间,能有效承受载荷和耐受环境影响并保持正常工作的概率。通过结构可靠性研究,可以提升结构性能,降低维修风险,这对于高可靠、长寿命和昂贵的结构制造而言具有重要意义。在船舶海洋结构物设计中,由于结构尺寸、材料性能和环境等包含有大量不确定的因素,而可靠性优化设计可以同时保证结构的经济性和安全性,是极具优势的优化设计方法,因而被广泛应用。解决可靠性优化设计问题最直接的方法是搭建两层优化设计模型,外层执行设计变量的优化,内层执行结构的可靠性分析。针对这一高度非线性耦合问题,通过计算极限状态函数的可靠性指标,得到结构的近似最小功能点,进而创建单循环优化算法;使用单循环优化算法将不确定的可靠性优化设计问题转换为确定性的单层次优化问题,提高了计算效率。由于可靠性优化设计考虑了设计变量的随机特性,使得迭代次数增多,所以选择合理的代理模型代替复杂的有限元模型进行计算,可以减少可靠性优化设计所耗费的时间成本。危化品船舶的设计变量除考虑船舶自身结构应力的需要外,还要结合危化品的化学属性约束,但化学约束具有不确定性、时变性和危险性,这致使还没有研究者能较好地处理船舶结构可靠性与危化品化学属性之间非线性映射问题。

3.2 针对危化品船舶运行安全风险动态演化与控制机制的研究

国际海事组织倡议的综合安全评价方法(Formal Safety Assessment,FSA)被较广泛地应用于客船、高速客船、散货船等船种,但在安全风险动态演化机制研究过程中,如何处理不确定性信息仍然是该方法应用的一大难题。充分考虑散装液体化学品船在船舶和船员文件完备性、船舶布置合理性、船上设备完好性、人员和船舶的安全保障性和环境友好性方面的特点,通过对综合安全评价方法多层次的改进,将事件树分析法、海事风险矩阵分析法、熵值法等应用于模型的改进中,进而提出危化品船安全风险评价模型,但这样模型复杂且参数标定困难。基于数据驱动的危化品船舶运行安全风险动态评估方法,为解决安全风险评价与安全影响因素不对称数据分布问题提供了一种较好的解决方案,对数据完备性要求较高,而不确定的危化品化学约束条件一直是危化品船舶安全风险评价的难点。如何挖掘统一的系统运行风险动态演化机制,建立危化品船舶系统实时全周期风险量化评估理论以及风险关键要素的管控机制是现有研究亟待解决的技术瓶颈。

3.3 针对船舶智能运维安全技术体系的研究

运维主要指的是技术行业运营维护者根据其业务需求对信息、网络以及服务进行规划,通过对网络的监控、事件预警、业务调度、排障升级等方式,使其服务状况保持长期、稳定、可用的状态。智能运维这一概念最初是由 Gartner 提出,它的目标是将人工智能科技融入运维系统中,以互联网、云计算以及机器学习等智能化技术作为运维管理的基础,从多种数据源中收集海量数据信息(包括业务数据、系统信息、网络信息日志等)进行实时或远程离线分析,通过其主动性、人性化和动态的可视化特点,增强传统运维的能力。智能运维能快捷地对海量数据进行分析和处理,并且能够得到有效的运维判断和决策,执行自动化脚本来实现系统的全局智能化运维,其能有效地对大规模系统进行运维管理。智能运维技术是以大量的数据为前提的,但目前智能船舶处于起步并快速发展阶段,对数据进行采集和监测维护还未得到广泛推广,且欠缺应用智能算法来剖析船舶作业过程间控制要素的耦合关系的实际应用与理论研究。而对于危化品船的智能运维安全技术体系而言,综合考虑危化品的化学特殊属性,同时结合货物装卸、积载、隔离、载运、环境维护等作业过程,目前尚无系统性的智能运维安全保障系统的研究。

综上所述,针对现有危化品船舶可靠性设计理论和运维技术的研究尚缺乏全面系统的基础理论支撑。亟须充分解析危化品化学约束的不确定性、时变性和危险性等属性,建立危化品船舶可靠性设计理论以及运维过程中多要素耦合系统动态风险管理理论,系统剖析危化品船在运维过程中的多进程、多模量控制要素的耦合关系,利用现代传感技术、人工智能技术,建立完善的智能运维安全技术体系,实现危化品船舶在营运过程中的本质安全与高效风险管理,提升运输效能,具有重要的社会意义、学术价值以及经济效益。

主要参考文献

[1] 龙周,陈松坤,王德禹.基于SMOTE算法的船舶结构可靠性优化设计[J].上海交通大学学报,2019,53(01):26-34.

[2] 胡新明,王德禹.基于迭代均值组合近似模型和序贯优化与可靠性评估法的船舶结构优化设计[J].上海交通大学学报,2017,51(02):150-156.

[3] 宋吉卫,李平书.7 800 DWT化学品船设计[J].船舶与海洋工程,2015(2):8-12,16.

[4] 徐卫东,刘佳,陈宇航.主流船型船用配套设备智能集成远程运维新模式研究[J].航海,2021,(05):24-29.

[5] 陈林博,何支军,颜挺进,等.智能运维发展史及核心技术研究[EB/OL](2021-10-29).https://www.sohu.com/a/322100594_411876.

[6] Perera L P, Mo B. Data analysis on marine engine operating regions in relation to ship navigation[J]. Ocean Engineering,2016,128:163-172.

[7] Mohammadi M, Al-Fuqaha A. Enabling cognitive smart cities using big data and machine learning:approaches and challenges[J]. IEEE Communications Magazine,2018,56(2):94-101.

[8] 俞斌.不确定条件下散装液体化学品船安全评价方法及应用研究[D].上海:上海海事大学,2011.

[9] 刘常青.数据驱动的不确定性工程设计理论与应用研究[D].武汉:国防科学技术大学,2015.

[10] Akyuz E. A marine accident analysing model to evaluate potential operational causes in cargo ships[J]. Safety Science,2017,92:17-25.

撰稿人:吴宛青(大连海事大学)　张彬(大连海事大学)

低工况水润滑轴承磨损机制与优化运行方法

Wear mechanism and optimal running method of water lubricated bearings under low working conditions

1　科学问题概述

目前国际上舰船推进系统艉轴承一般使用水润滑轴承。水润滑艉轴承要求具有以下基本特性:①较好的自润滑或干摩擦性能,确保润滑不良时不易损坏;②良好的减阻耐磨性能,减小摩擦功耗、提高寿命;③良好的弹性,能有效减振和抵抗冲击;④良好的异物相容性,能应对水中杂质的不利影响;⑤良好的耐腐蚀性。水润滑轴承具有成本低、使用方便、结构简单等优点,然而由于水的黏度很低,常温下比常规润滑油小一个数量级以上,水润滑轴承的流体动压承载能力远远小于油润滑轴承。水润滑艉轴承在低速重载工况时往往处于干摩擦、边界润滑或混合润滑状态,轴颈与轴承发生直接碰磨接触,不但会产生严重的低工况噪音,而且接触摩擦发热会加速轴承损坏;目前艉轴承材料一般使用橡胶材料和聚合物复合材料,复合材料轴承是未来的发展趋势。但是目前的复合材料艉轴承(如赛龙公司艉轴承)时有启动与低速工况下噪音大、磨损严重等问题。关于低速重载下水润滑艉轴承的摩擦磨损与振动噪声机理尚不十分清晰,有如下若干关键科学问题有待进一步深入研究。

1.1 水润滑轴承启停阶段热流固耦合瞬态流体动力润滑机理

舰艇水润滑艉轴承启停过程轴承与轴颈表面之间润滑水膜未完全建立,固体表面之间发生直接接触,是轴承最容易发生摩擦磨损的关键阶段,此时粗糙峰之间的固体接触压力和液体动压力相互耦合,极易产生固体直接接触摩擦进而诱发磨损。为此,针对真实工程表面的多级粗糙特性,有必要建立轴承启停过程热流固耦合瞬态润滑模型,揭示低速重载工况下水膜破裂力学机理,并进一步开发水润滑艉轴承启停过程专用分析软件。

1.2 低速工况下水润滑艉轴承减磨机理

水润滑轴承低速工况下发生固体表面粗糙峰微观接触,不但会使轴承摩擦系数显著增大,而且由于微观接触部位产生的"闪温"会加剧轴承材料老化并产生严重磨损,亟须研究轴承材料温度老化问题,揭示低速工况下轴承材料的温度老化与磨损机理,探索轴承摩擦、闪温、老化、磨损之间的复杂耦合作用关系,挖掘多要素耦合作用下轴承从微观到宏观的摩擦磨损状态演化规律,进而为新型轴承材料与结构设计奠定理论基础。

1.3 低速工况下水润滑轴承振动噪声产生机理

水润滑轴承在低转速运行时处于混合润滑状态,其摩擦力相较于正常运行时高出一个数量级。较大摩擦力作用在艉轴与轴承上,使得其诱发的振动噪声不可忽略。同时,振动响应反作用于轴承,改变轴承润滑状态。因此,在低转速工况下,水膜、振动、噪声存在复杂耦合作用,需要充分考虑各要素相互影响规律,探究轴承振动噪声产生与演化机理,并探究抑制方法,为水润滑轴承减振降噪提供理论依据。

2　科学问题背景

水润滑轴承技术从 20 世纪 70 年代发展至今,已广泛应用于船舶、水轮机、水处理机械、水泵、水闸等设备中。相较于油润滑轴承,水润滑轴承具有成本低、使用方便、结构简单、无污染以及摩擦功耗低等优点。然而水润滑轴承的最小水膜厚度远远小于常规油润滑轴承,在低速重载时往往处于干摩擦、边界润滑或混合润滑状态,其工作环境恶劣,通常会导致以下几个问题。

2.1　低转速工况下水润滑轴承润滑性能差

在低速重载工况下,水润滑轴承油膜厚度较小,其承载性能较差,导致水润滑轴承摩擦系数较大,同时伴随出现接触力过大、局部"闪温"等问题,这些状况可以通过提升润滑性能预测能力,合理设计相关运行、材料与结构参数予以避免。

2.2　低转速工况下水润滑轴承易磨损、寿命低

水的黏度相对于油较小,虽然可降低摩擦系数,但也会导致承载能力大大降低,特别是在轴启停、受到冲击等情况下,润滑水膜不足以将轴颈与轴承完全分隔开,微凸体承载力所占总承载力比重增大。在该工况条件下长时间运转,会使得水润滑轴承的磨损加剧、寿命降低。

2.3　低转速工况下水润滑轴承存在摩擦振动和噪声

随着摩擦磨损的加剧,艉轴承表面与轴接触处会发生黏-滑现象。由于微凸体接触力较大且分布不均匀,摩擦所导致的轴颈及轴承振动不可忽略且不易预测,其宽频振动进而会导致声振耦合,会给舰艇的隐蔽性带来一系列严重后果。

低速工况下轴承的摩擦与磨损直接决定了轴承的寿命与可靠性,而低速工况下轴承的振动噪声直接影响了轴承的可靠性和舰船隐蔽性,如果不理清轴承在低速工况下的摩擦磨损和振动噪声机理,就无法设计出高性能、长寿命、高可靠性的水润滑轴承。亟须研究探索低速重载工况下水润滑轴承的摩擦磨损和振动噪声机理,建立相关的理论分析模型、专用分析软件,对低速工况水润滑艉轴承磨损机制与优化运行方法进行深入研究,实现对该问题的清晰认知,对于研发世界一流水平的舰艇推进系统水润滑艉轴承具有重要指导意义,该项研究的科学价值突出、国家需求重大。

3　科学问题研究进展

自 20 世纪开始美国海军就开始委托科研机构和企业对高性能水润滑轴承材料进行

研制,主要是特质改性的丁腈橡胶。以 B. F. Goodrich 和 Duramax Marine 公司为首的一些公司,利用新技术生产出更加均匀密实的丁腈橡胶,进一步改善橡胶轴承表面的粗糙度。Duramax 公司还研制了以丁腈橡胶和 UHMWPE 为主要成分的橡-塑复合材料,尤其适用于重载及泥沙含量较高的环境,但针对艉轴承的润滑磨损特性和振动噪声机理的研究从未停止。

3.1 水润滑艉轴承润滑特性预测方法研究

19 世纪末 Petroff 在对轴承的实验研究中,发现黏度与摩擦损失密切相关,而轴承的摩擦损失主要来源于流体黏度产生的黏性剪切效应。同年,Tower 在对轴承实验中发现轴承内的压力不是恒定的,油膜在一定区域产生高压,即流体动压现象。基于 Tower 的实验发现,Reynolds 在一系列假设条件的基础上,将黏性流体的运动方程和连续方程进行联立,推导出了 Navier-Stokes 方程的特殊形式,即著名的 Reynolds 方程。方程描述了流体动压现象的产生机理,油膜压力与油膜厚度间的内在关系,求解方程得到的油膜压力分布与Tower 的实验结果吻合良好。Reynolds 方程奠定了流体润滑理论基础。后续大量学者们在不断的研究中,从理论和实践上证明了 Reynolds 方程的正确性。

昆士兰科技大学对于轴承水膜压力进行了研究。通过使用一阶扰动方法对 Reynolds 方程进行求解,并得到了控制方程进而确定刚度和阻尼系数。昆士兰科技大学开发了水润滑滑动轴承摩擦磨损性能实验台用于确定水膜的压力分布和水槽的最佳尺寸和数量。通常假设压力沿沟槽呈线性分布。对水润滑轴承进行研究时,将空载区内的压力选取定为大气压力。实际上,此区域的膜压力是可能出现负值的。阿德莱德大学使用 CFD 建立了一个单一槽和三槽的水润滑轴承的间隙容积模型来研究流体流动现象。研究结果表明需要考虑水空化作用对润滑模型及刚度、阻尼系数求解影响。昆士兰大学利用 CFD 软件分析了不同偏心率、沟槽数量、沟槽方位对水润滑轴承的润滑特性和承载能力的影响。二维仿真分析结果表明最大压力和承载能力与理论值相近,沟槽的存在降低了压力分布和承载能力。哥但斯克工业大学在实际运行条件下对水润滑艉轴承的润滑性能进行了试验测试。

3.2 水润滑轴承磨损机制探究

目前很多国内高校对水润滑橡胶轴承润滑机理进行了较为详细的阐述,研究包括:推导了考虑了惯性力并适用于第二层流区的圆柱坐标系的 Reynolds 方程,假设在较小的形变范围内,橡胶可作为线性弹性体处理;建立了水润滑橡胶轴承的弹流润滑数学模型,并借助于有限元软件进行 MARC + 弹流润滑分析,与试验结果对比,得出水润滑橡胶轴承可能处于混合润滑状态;通过试验发现水润滑橡胶轴承在运转时有较小的摩擦系数,并分析了转速、载荷、间隙等因素对摩擦系数影响,从试验曲线中得出水润滑橡胶轴承运行时,橡胶的弹性变形产生了弹流润滑;在忽略橡胶弹性变形和凹槽的影响的情况下,推导了水润滑轴承润滑方程,并给出了轴承扰动刚度和阻尼的计算表达式;建立考虑固体颗粒的滑动轴承的无限长线接触几何模型,推导出含固体颗粒的 Reynolds 方程,考虑温度、固体颗粒以及表面粗糙度对轴承润滑的影响,通过数值方法分析不同颗粒位置、不同颗粒尺寸以及轴承表面粗糙度对压力和膜厚的影响,并与不含固体颗粒的热弹流解进行对比;计入水的空化效应,对水润滑径向轴承进行热弹流润滑分析和湍流状态的动力润滑分析,分析了水润滑径向轴承的润滑性能。国内的一些科研机构运用计算流体力学方法,通过数值仿真,系统地研究了水润滑轴承的间隙内流场分布特征、流体压力与沟槽结构、轴套变形等之间的相互关系;在大量试验的基础上,探讨了典型水润滑轴承材料的抗气蚀性能及其在淡水、海水环境下的滑动摩擦性能变化规律,为水润滑轴承的结构设计、科学选材与合理应用提供理论依据和试验数据。此外还有高校基于流体动力润滑的理论,通过建立艉轴混合润滑模型,利用位移叠加法,计算了螺旋桨重力、润滑油膜力及微凸体接触力共同支撑对艉轴挠曲的影响,同时也分析了艉轴挠曲对油膜力、微凸体接触力分布及摩擦系数的影响;基于质量守恒的空穴算法,推导了油膜破裂及形成处的边界条件,同时引入微凸体接触模型,建立了同时满足空穴区、全膜润滑区及边界润滑区的统一混合润滑模型。

3.3　考虑艉轴承摩擦力的轴系振动噪声特性研究

在仿真方面,Krauter 利用低自由度模型首次建立了一个包含艉轴、橡胶轴承和艉轴承支架的线性三自由度分析模型,初步地分析了系统参数摩擦系统的稳定性和水润滑橡胶轴承的"颤振"和"尖叫"响应发生的原因。之后 Ibrahim 对"黏滑""颤振"现象进行了进一步解释,指出影响摩擦诱导振动的激励力依赖于滑动表面摩擦材料、几何形状、表面粗糙度、温度、相对滑动速度和接触压力。Simpson 之后建立了双自由度的非线性分析模型,研究发现系统摩擦力随时间变化的非线性响应导致的系统不稳定是产生磨损与振鸣噪声的主要原因。在之前的数值模拟研究中,往往简化了摩擦副模型,忽略了摩擦磨损及艉轴振动的耦合问题。

在试验方面,Bhushan 通过玻璃与橡胶材料的摩擦试验,发现橡胶表面的黏-滑摩擦运动是导致磨损与振鸣噪声的主要原因,初步地解释了"颤振"和"尖叫"这两种不同的动态响应。之后,Drummond 研究发现摩擦副的相对滑动速度会显著影响摩擦力的大小和频率,直观展示了摩擦副在不同相对滑动速度下发生"黏滑"现象时的摩擦力在时域和频域上的变化。随着技术的进步,Tuononen 通过数字图像相关计算方法,结合摩擦力对橡胶"黏滑"现象进行了机理分析。之前的试验研究一方面由于技术和设备的限制,没有全面地对水润滑艉轴承的摩擦振动机制进行解释,另一方面也没有系统地开展摩擦磨损与振动的耦合研究。

Bhushan 研究了工况、橡胶板条材料参数和结构参数对水润滑轴承摩擦振动和噪声的影响,发现较大硬度的橡胶不易产生噪声。Daugherty 研究了七种不同版型轴承的摩擦学特性,得知在相同的工况下,橡胶板条的厚度和整体的形状对轴承的摩擦学性能影响相对较大。Orndorff 基于单个板条研究发现橡胶板条的厚度对摩擦学性能的影响最显著,并给出了最优的厚度范围。Lahmar 则认为,从数值角度来看,橡胶板条的厚度与径向弹性压缩量成正比,而与橡胶板条的弹性模量成反比。由此可见,对水润滑轴承摩擦学特性影响较大,造成其低速摩擦磨损和振鸣噪声的因素较为复杂,还有很大的研究空间。

综上所述,对于水润滑轴承的摩擦磨损及振动机理的研究,很多学者已经进行了大量的研究,但较之于国外,国内起步较晚且理论尚不成熟。针对舰船推进系统水润滑艉轴承低速工况,其作为最为复杂和严重影响轴承综合性能与使用寿命不可回避的特殊工况,目前国内外尚未形成系统的研究,针对该工况条件下的摩擦磨损与振动噪声机理也尚未充分明晰。而这些关键问题制约了高性能水润滑轴承的研发,有必要逐一攻克,使我国在舰艇艉轴承在摩擦磨损控制与振动噪声抑制上实现技术突破。

主要参考文献

[1] Litwin W. Influence of local bush wear on water lubricated sliding bearing load carrying capacity[J]. Tribology International,2016,103:352-358.

[2] Li P,Zhu Y,et al. Experimental investigation on the film pressure measurement in micro-gap water-lubricated hybrid journal bearing [J]. Tribology International, 2017, 60: 814-823.

[3] Cui S H,Gu L,Wang L Q,et al. Numerical analysis on the dynamic contact behavior of hydrodynamic journal bearings during start-up [J]. Tribology International, 2018, 121: 260-268.

[4] Han H S,Lee K H. Experimental verification of the mechanism on stick-slip nonlinear friction induced vibration and its evaluation method in water-lubricated stern tube bearing[J]. Ocean Engineering,2019,182:147-161.

[5] 王家序,倪小康,韩彦峰,等.微沟槽形貌对水润滑轴承混合润滑特性影响的研究[J]. 湖南大学学报(自然科学版),2018,45(10):64-71.

[6] 史永峰,李明,刘刚,等.水润滑橡胶轴承支承转子系统动力学特性研究[J].船舶力学,2017,21(05):584-594.

[7] 周新聪,杨超振,黄健,等.沙水润滑下纳米改性 NBR 材料的摩擦学性能[J].摩擦学学报,2021,41(04):564-571.

[8] 宁昶雄,严新平,欧阳武.轮缘推进器水润滑橡胶弹支可倾瓦推力轴承均载特性[J].
交通运输工程学报,2021,21(02):138-149.

[9] 张豪,谭祖胜,袁成清.船舶水润滑尾轴承结构设计研究进展[J].润滑与密封,2020,
45(8):120-129.

[10] 廖明义,辛波,金美花,等.水润滑橡胶轴承的摩擦性能[J].大连海事大学学报,
2013,39(3):55-58.

撰稿人:卢熙群(哈尔滨工程大学)　欧阳武(武汉理工大学)
　　　董从林(武汉理工大学)　郭智威(武汉理工大学)

清洁燃料(LNG、氢/氨、低硫油)燃烧热、流作用下的结构件摩擦与润滑机理

Friction and lubrication mechanisms of moving components under the action of heat and flow of burning clean fuels (LNG,hydrogen/ammonia,low sulfur oil)

1 科学问题概述

随着世界经济的发展,航运业规模不断壮大,占有国际货运运输比重逾80%。船舶柴油机所排放废气中的 NO_x、SO_x 等污染物以及温室气体对环境的不利影响愈发凸显,绿色航运理念渐成为共识,排放法规要求也日益严苛,越来越多的船舶内燃机开始使用液化天然气(LNG)、氢/氨及低硫油等清洁燃料。清洁燃料燃烧的热/流作用与重油及普通柴油不同,例如燃烧产生的压力、热和工质流不但导致摩擦副温度升高、载荷幅度及动态特性增强,还可能引入新的腐蚀性介质和残留颗粒,缸内流动规律及燃烧产物可能破坏气缸表面润滑油膜。这将影响到运动副的摩擦学行为。现有对船舶柴油机摩擦、磨损及拉缸的影响规律及作用机制的认识,无法满足清洁燃料燃烧作用下船舶内燃机机械效率、磨损寿命和可靠性的需求,这给运维管理带来了新挑战。因此,需要从解决清洁燃料燃烧环境下关键运动副的摩擦磨损与润滑机理等科学问题入手,探索新的磨损控制方法,形成新的运维技术,为提高系统可靠性和运行效率提供技术保障。其中具体涉及以下几个关键科学问题。

1.1 清洁燃料燃烧环境下内燃机关键运动副表界面润滑机制

LNG/重油双燃料内燃机实船试验表明,在高负荷下,燃用 LNG 比燃用柴油的拉缸倾向大,这说明 LNG 燃烧时气缸套与活塞环之间的润滑机制发生了变化;氨具有强腐蚀作

用,会改变进、排气阀及燃烧室摩擦副的润滑机制;而低硫油引入的催化剂颗粒混入润滑油膜,一方面改变了润滑油的润滑行为,同时也影响了摩擦副的系统构成。另外,高爆压和高动载特性削弱了润滑油膜的成膜能力。良好的润滑是摩擦副正常服役的前提,因此为了解决运动副在使用清洁燃料时出现的新问题,首先需要明晰清洁燃料燃烧产生的力、热和工质流对内燃机关键运动副润滑行为的影响机制。

1.2 清洁燃料燃烧环境下内燃机关键运动副摩擦磨损机理

目前船用柴油机关键摩擦副的耐磨减摩能力冗余度低,使用清洁燃料后,高温和高爆压将可能使磨损机理发生转型;低硫油精炼残留的催化剂会参与磨粒磨损和高温腐蚀作用;未燃烧充分的氨燃料的腐蚀行为及与磨损的力-化联合机制尚不清楚;同时,摩擦副表面润滑机制的变化,进一步恶化了燃烧室摩擦副的服役工况;此外,上述因素与摩擦副及润滑油的系统性耦合机制更加复杂。因此,需要研究清楚清洁燃料燃烧环境下内燃机关键运动副摩擦磨损机理,为清洁燃料内燃机关键运动副的高效运维提供理论依据。

1.3 清洁燃料燃烧环境下内燃机关键运动副磨损控制方法

在清洁燃料燃烧环境下,以往采取的摩擦磨损控制方法面临新的挑战。例如氨燃料内燃机,运动副维护不仅要考虑摩擦润滑问题,更要重视氨燃料带来的腐蚀问题;低硫燃料的使用不但要考虑高温动载带来的摩擦学问题,更要考虑残留催化颗粒、磨粒带来的新的磨损问题。因此,迫切需要建立耦合润滑、耐磨减摩和防腐一体化的磨损控制方法,来应对清洁燃料燃烧带来的摩擦学新问题。

1.4 清洁燃料燃烧环境下内燃机关键运动副摩擦学性能评价方法

内燃机关键运动副的摩擦学特性本就具有系统性,不仅取决于运动副材料及涂层成分、微观结构、表面形貌等固有特性,而且与工况条件等外界因素密切相关。如上所述,清洁燃料的使用,使上述系统特性更加复杂,原有的摩擦副性能评价方法难以完全覆盖清洁燃料燃烧带来的新问题,迫切需要研究实验室模拟试验与实机运行之间的映射关系,建立新的模拟环境和模拟测试方法,为缩短新型摩擦副零部件开发周期、形成清洁燃料船舶内燃机关键摩擦副正向设计能力提供支持。

1.5 清洁燃料燃烧环境下内燃机关键运动副全息特征表征方法

内燃机运动副的一种严重可靠性问题是摩擦状态转化导致摩擦副快速失效,获得其过程信息,从而建立预测和干预方法十分重要。在摩擦状态转化过程中,摩擦副表/界面会不断输出各种特征信息,需要建立信息采集、处理、分析、表征方法,构建摩擦过程中微观结构与宏观性能之间的关联关系,从而实现运动副运维过程的实时监测,及时调整清洁燃料内燃机运行的工况参数和维保计划,预防运动副发生失效故障。

2　科学问题背景

清洁燃料替代传统重油及普通柴油是实现航运业减碳、降低大气污染物的重要途径之一。其中,低硫油是减少硫化物排放的必要手段,LNG、氢/氨是备受关注的替代性燃料,但其替代过程中的问题尚在不断暴露的过程之中。例如使用清洁燃料会产生高热流、高爆压、强动载等工况条件,同时也随工质引入了腐蚀性介质和催化剂颗粒,这涉及清洁燃料燃烧热/流作用下关键运动副摩擦磨损与润滑的理论基础,其内涵涉及摩擦副的润滑和摩擦磨损机理、摩擦磨损控制及其模拟试验方法,以及运动副磨损状态演变过程的全息特征表征方法。因此,为了保证清洁燃料运用时发动机安全可靠工作,需要突破以下瓶颈性问题。

2.1　采用清洁燃料后,发动机关键运动副摩擦磨损与润滑模型有待重新认识

例如氨环境下高温腐蚀磨损机理还没有深入研究,催化剂颗粒进入燃烧室后的行为和对摩擦副的作用机制还不清楚,特别是与高温高负荷强动载工况的耦合作用机制还需要阐明。还有,如何分析清洁燃料内燃机磨损特性的复杂性和随机性,如何描述环境-工况因素与摩擦学性能的定量关联关系,如何量化气缸套及活塞环几何尺寸及表面微观结构对润滑状态的影响等等,都需要一一解决,从而为研究清洁燃料内燃机关键运动副运维安全提供理论支撑。

2.2　清洁燃料燃烧热/流作用下关键运动副的快速磨损研究方法不足

例如,以往的研究往往缺乏系统的模拟性,材料级别的研究偏多,对工况条件及工质成分影响偏少;对试样级别的试验研究偏多,对零部件级别的研究不足;费用高周期长的发动机台架研究偏多,模拟性好的快速试验方法研究较少。迫切需要开展能够模拟清洁燃料燃烧对工况条件影响的快速模拟试验方法研究。

2.3　清洁燃料燃烧热/流作用下关键运动副摩擦演化过程研究不足

首先,磨损特性本身很难定量描述,对摩擦演化过程的合理控制还缺乏理论支持;其次,运动副摩擦过程的监测、表征和控制具有很强的系统依赖性,单一信息特征难以描述摩擦过程;最后,关键运动副摩擦性能评价如果不能从实机环境和工况出发,很难为摩擦演化研究提供测试技术支持。上述摩擦学中的难点问题再叠加清洁燃料燃烧环境,给运动副摩擦演化过程研究带来了诸多挑战。

综上所述,亟须深入开展清洁燃料燃烧热/流作用下内燃机关键运动副的摩擦与润滑机理研究,明晰清洁燃料燃烧环境和工况因素对磨损特性和润滑机制的影响,实现运动副的运行特征表征与状态辨识,并进一步完善摩擦演化过程的控制技术,为实现性能预测与智能维护提供科学指导,促进船舶清洁燃料动力系统设计与运维、监测与诊断技术的发展。

3　科学问题研究进展

3.1　针对清洁燃料燃烧环境下内燃机关键运动副的润滑机制及燃料流对润滑膜的影响机制

现有研究主要是针对单一运动副采用流体润滑、混合润滑、边界润滑等模型,结合运动副几何结构和表面形貌特征以及动力学特性,分析运动副的润滑油膜分布,以及边界膜的润滑机制。清洁燃料多以气态形式进入燃烧室,其热、材料、力及其与润滑油的系统性耦合作用如何影响内燃机运动副表/界面的润滑机制还缺乏研究。而润滑油在长期使用过程中,其清净性、分散性、抗氧化性、抗硝化性、抗磨性、总酸值(Total Acid Number, TAN)和总碱值(Total Base Number, TBN)、灰分等因素也处于动态变化之中,这些因素的变化如何与清洁燃料燃烧输入因素耦合来影响润滑的机制还不清楚。

3.2　针对清洁燃料燃烧环境下内燃机关键运动副摩擦磨损机理

现有的研究工作主要基于黏着磨损、疲劳磨损、磨粒磨损等理论,针对磨合磨损、正常磨损和异常磨损等几种典型状态,分析摩擦副材料、表面处理、润滑剂、微观形貌、结构形状、运行工况等因素对摩擦副磨损机理的影响。针对燃用柴油、重油的船用柴油机,重点研究其低温腐蚀磨损,以及腐蚀和磨损之间的交互作用;还研究了腐蚀磨损、磨粒磨损、黏着磨损等多种磨损形式的耦合问题。但是对清洁燃料环境下关键运动副磨损机理的研究才刚刚起步。

3.3　针对清洁燃料燃烧环境下内燃机关键运动副磨损控制方法

现有研究在缸套-活塞环磨损机理和润滑机制研究的基础上,在提升活塞环-气缸套的减摩、耐磨性能方面做了大量工作,主要集中于新材料、新工艺的运用,例如采用新型耐磨合金铸铁缸套、气缸套表面氮化、活塞环表面制备陶瓷/金刚石复合镀铬涂层、物理气相沉积(Physical Vapor Deposition, PVD)镀层、表面微织构技术等;在高性能润滑油方面,主要集中在新型抗磨添加剂的研究,通过提高摩擦副润滑性能达到磨损控制的目的。目前,上述研究主要针对使用柴油、重油作为船用发动机燃料时燃烧室运动副磨损控制方法,而清洁燃料内燃机在燃烧热、工质流作用下如何构建磨损控制方法还需要加强研究。

3.4　针对清洁燃料燃烧环境下内燃机关键运动副摩擦学性能评价方法

国外已经有比较系统的活塞环-气缸套摩擦磨损试验方法,用以指导新产品的快速开发。例如德国 OPTMIOL 公司的 SRV 型摩擦磨损试验机,美国 CETR 公司的 UMT 型摩擦磨损试验机,美国福特汽车公司的曲柄连杆机构驱动的往复式模拟试验机等。同时,国外十分重视模拟性磨损试验,经常采用零部件试验台来快速获得大量的结果。例如,专用的活塞销零部件磨损试验台、浮动缸套摩擦试验台等。同时更注重发动机台架的合理运用,以全面考核零部件的性能。对于船用低速机,国外研制了用于评价活塞环-气缸套摩擦学性能的磨损试验机,但这些资料公开较少。国内研究机构也对活塞环-气缸套摩擦磨损性能评价开展了很多的研究工作,但是缺乏清洁燃料内燃机关键运动副的摩擦性能评价方法。需要进一步优化试验方法、提高模拟试验技术水平,既要模拟真实的清洁燃料燃烧环境,又要将实验室模拟试验与实机台架测试相联系;既要将试样材料试验与零部件试验相结合,又需要把实验室性能评价与实机环境下的真实评价结合起来。

3.5　针对清洁燃料燃烧环境下内燃机关键运动副全息特征表征方法

现有研究主要集中在实船油液全息特征监测、振-声特征监测、压力温度等性能参数监测等方面,基于获取的关键摩擦副多维度特征参数,利用大数据技术、人工智能技术等构建关键摩擦副的运行状态监测、诊断及智能维护体系,成为船舶安全性、可靠性的重要保障手段。需要在船舶主机活塞环-气缸套磨损控制策略以及故障诊断、维修策略制定的基础上,建立全息特征表征方法,获取全息特征参数,建立更加完善的内燃机关键摩擦副状态管理体系,自动生成维护计划和策略,提高维护效率并降低维护成本。

综上所述,现有针对清洁燃料燃烧热/流作用下的关键运动副摩擦与润滑机理研究尚缺乏全面系统的基础理论和技术体系支撑,清洁燃料燃烧环境下工况因素耦合作用的磨损特性还不清晰,考虑燃烧环境因素的摩擦与润滑模型建立还存在难点,同时清洁燃料内燃机摩擦演化过程的表征、控制与评价还存在很多不足,这些关键问题制约了清洁燃料内燃机的安全运维,有必要逐一攻克,最终实现清洁燃料内燃机可靠、高效、智能运行。同时,以上理论研究能为清洁燃料内燃机关键运动副设计提供理论基础,对于研发高可靠、高性能、低成本关键运动副具有重要意义。

主要参考文献

[1]　郑洁,柳存根,林忠钦.绿色船舶低碳发展趋势与应对策略[J].中国工程科学,2020,22(6),94-102.

［2］International Maritime Organization（IMO）. Reduction of GHG emissions from ships［R］. Third IMO GHG Study 2014-Final Report. London：International Maritime Organization,2014.

［3］Rao X,Sheng C X,Guo Z W,et al. Effects of textured cylinder liner piston ring on performances of diesel engine under hot engine tests［J］. Renewable and Sustainable Energy Reviews,2021,146：111193.

［4］江仁埔,郭智威,饶响,等. 表面织构对缸套-活塞环摩擦学性能的影响［J］. 内燃机学报,2018,36(5)：471-479.

［5］吕延军,康建雄,张永芳,等. 内燃机活塞-缸套系统减摩抗磨研究进展［J］. 交通运输过程学报,2020；20：22-34.

［6］Delprete C,Razavykia A. Piston ring-liner lubrication and tribological performance evaluation：A review［J］. Proceedings of the Institution of Mechanical Engineers Part J：Journal of Engineering Tribology,2018,232(2)：193-209.

［7］Valera-Medina A,Xiao H,Owen-Jones M,et al. Ammonia for power［J］. Progress in Energy and Combustion Science,2018,69：63-102.

［8］Wong V W,Tung S C. Overview of automotive engine friction and reduction trends-effects of surface,material,and lubricant-additive technologies［J］. Friction,2016,4：1-28.

［9］Guo Z W,Yuan C Q,Bai X Q,et al. Experimental study on wear performance and oil film characteristics of surface textured cylinder liner in marine diesel engine［J］. Chinese Journal of Mechanical Engineering,2018,31：52.

［10］王增全,徐久军. 柴油机活塞环-气缸套摩擦学［M］. 北京：科学出版社,2021.

撰稿人：徐久军(大连海事大学)　盛晨兴(武汉理工大学)
　　　　郭智威(武汉理工大学)　史修江(哈尔滨工程大学)
　　　　卢熙群(哈尔滨工程大学)

混合电力船舶源-网-荷交互运行机理与暂态失稳问题

Interactive operation mechanism and transient instability of hybrid electric ship source network

1 科学问题概述

随着电力电子变流技术、电力推进技术、混合动力、储能等技术的飞速发展,风力、光伏、锂动力、燃料电池、超级电容等新型绿色能源形式在游艇、渡轮、工程及各类特种船舶电力系统中得到越来越多的应用,光/储、光/柴/储、燃料电池/储能、锂电/超级电容等不同类型混合电力船舶发展迅速,船舶电力网的容量也不断增大,其拓扑结构和运行方式日趋复杂。

　　一方面,多类型电源的加入使得电网由传统单一电能分配变为多能源协同工作,不同能源在发电特性、运行方式及能控性方面存在较大差异,尤其是储能系统能量的双向流动特性,使得电网源-荷在潮流分布、互联耦合及暂态稳定等方面与传统船舶电网有明显差异;另一方面,混合电力船舶中整流发电机组、驱动电机、新型绿色能源、交流负载等均通过电力电子变换器接入母线,电力电子变换器的大规模接入使得船舶电力系统的电力电子化趋势明显。与传统电力系统相比,电力电子化电力系统的特点是系统拓扑随着电力电子器件的开关作用而发生变化,整个系统是时变非自治的,同时存在多时间尺度控制的相互作用,此外不同电力电子变换器还存在结构和控制方式的差异,这些特点均给系统的稳定性分析带来了困难。

　　电力电子化的船舶电力系统本质上是一个集机电暂态、电磁暂态、开关暂态、多模态切换等多个时间尺度为一体的复杂非线性系统,再加上多类型能源发电的间歇性和时滞性、储能的双向流动性、船舶电网本身存在的弱电网特性,使得混合电力船舶源-网-荷间的交互机理研究变得十分困难。无论是源侧电力电子变换器自身的强非线性、整流发电机组的强惯性、燃料电池发电的时滞性、清洁能源的功率波动、多源间的并联耦合,还是荷侧电力电子装置的级联、高比例负荷的波动与投切、恒功率负载的负阻抗特性,亦或是船舶工况改变造成的电网运行模态切换、功率潮流突变,都会造成整个船舶电力系统的不稳定,这对于船舶整体的可靠性设计和智能运行都是极为不利的。为了促进船舶电力系统的安全和智能化,亟待研发一套源-网-荷一体化分析与稳定控制的新理论、新方法和新技术,进而保障复杂工况下混合电力船舶运行的可靠性和安全性。为突破上述技术瓶颈,一系列关键科学问题有待研究。

1.1　如何构建多尺度动力学行为下的船舶电力系统源-网-荷一体化模型

　　混合电力船舶源-网-荷系统由多个高度非线性的子系统构成,是一个集能源动态、机电暂态、电磁暂态、开关暂态、多模态切换等多个时间尺度动力学为一体的复杂系统。在研究系统运行特性时,既需要考虑大时间尺度下的能源动态和机电暂态过程,比如燃料电池运行过程的时滞性、发电机的机械特性等;也要考虑小时间尺度的设备控制过程,比如电网运行模态切换非线性、电力变换设备的弱惯性等;还要考虑微小时间尺度的电磁和开关暂态过程,尤其是电力电子变换装置自身的时变拓扑特性、弱抗干扰性和弱阻尼特性等。再加上通信故障、设备失效、极端工况等不可控突发事件也会造成系统动力学特性的快速变化。为了进行系统稳定性分析、各种动态特性定量研究及其优化控制,亟待深入研究复杂工况下多尺度动力学行为间的交互机理和分析方法。因此，如何对混合电力船舶源-网-荷系统的多尺度动力学行为进行表征并综合建模，是首先需要解决的关键科学难题之一。

1.2　如何研究船舶源-网-荷特性耦合下的系统暂态失稳机理

船舶综合电力系统中发电机组、间歇电源、储能、驱动电机等设备多数都通过电力电子变换器接入母线的，这使得系统的电力电子化趋势明显。同时由于电源的多样性及驱动系统的高载荷比使得系统运行存在多种模态。无论电力电子变换器自身的强非线性、发电机组的强惯性、多源间的并联耦合，还是电力电子装置的级联、高比例负荷的波动与投切，亦或是船舶工况变化造成的电网运行模态切换，都会造成系统振荡。比如船舶直流综合电力系统中，分布式能源和推进负荷的波动及投切会引发直流母线的低频振荡；多变换器并联的相互作用极易造成系统的高频振荡；源-荷变换器级联会造成欠阻尼振荡等。目前针对混合电力船舶源-网-荷系统稳定的本质仍缺乏全面认识，亟待深入研究系统的欠阻尼振荡、模态谐振、高频振荡、发电机电磁惯性、源-荷非线性、多模态切换稳定性等机理。因此有必要从整体出发探索源-网-荷之间的特性耦合关系，研究系统的暂态失稳机理，为系统稳定控制提供支撑，进而保障系统的安全可靠运行。

1.3　如何实现复杂多变工况下船舶综合电力系统源-网-荷协调稳定控制

不同种类的电源、电力电子变换器及互联子系统均伴随着不同的动力学特性，使得船舶电力系统的拓扑结构、能源动态、功率潮流、控制惯性及暂态特性都发生了根本性改变；再加上船舶工况复杂多变导致的推进电机能量回馈、高比例负荷频繁投切、突发性网络故障，以及船舶运行的经济性、可靠性、碳排放等约束，船舶电力系统源网荷间的控制模式十分复杂。为实现复杂多变工况下船舶电能的可靠供给，必须构建相应的稳定控制体系，充分考虑系统中多源多维的失稳产生过程，探索系统稳定性能评价指标，进一步保障船舶电力系统运营过程中的可靠性。

2　科学问题背景

随着新型能源以及电力电子变换技术的发展，船舶综合电力推进系统的规模、复杂程度逐渐增加，电力电子变换装置的时变拓扑特性、强非线性、弱抗干扰性以及强交互性使得能源系统与推进系统的非线性级联耦合特性不可忽略。

目前针对船舶综合电力系统暂态失稳机理的研究，主要聚焦能源侧或推进侧单一层面，对于复杂多变工况下源-网-荷间特性耦合机理的研究不足。源-网-荷间的强耦合、弱惯性、高载荷比等特征，使得系统暂态稳定性研究变得十分困难，仅从能源侧或推进侧角度研究整个船舶综合电力系统的暂态失稳机理已不能够满足现代船舶智能可靠运行的需求。因此,迫切需要突破复杂多变工况下船舶源-网-荷一体化稳定控制的技术瓶颈。

2.1　复杂多变工况下电力电子化系统耦合建模问题有待解决

例如,如何攻克能源动态及推进负荷的随机性、动态性和交互性等带来的建模难题;如何耦合分析多物理量、多时间尺度下变换器自身的电磁现象、运行过程及其串并联过程中的互作用机理;如何开展多电力电子装置与系统多尺度的定量统一分析;如何量化网络中断、通信延时、设备故障、模式切换、外界扰动等随机性事件对一体化模型的影响等。

2.2　对暂态失稳的机制缺乏系统性分析

目前的研究对于船舶综合电力系统暂态失稳的本质仍缺乏全面认识:一方面,现有的研究多数仅从能源侧或推进侧展开,或将源荷简化,利用电网等效模型进行分析,充分考虑源-网-荷间的特性耦合关系的研究还鲜有涉及;另一方面,系统的欠阻尼振荡、模态谐振、高频振荡、发电机电磁惯性、源-荷非线性、多模态切换稳定性等机理问题还未得到广泛重视。因此,有必要揭示源-网-荷间交互耦合在系统暂态失稳过程中的影响和作用机制,建立完善的船舶综合电力系统稳定性分析理论体系。

2.3　现有的稳定控制方法多数面向设备层面,针对复杂多变工况下系统的稳定控制仍需进一步研究

船舶多源化、电力电子化、大型化以及智能化使得综合电力系统本质上变成了一个集多时间尺度动力学为一体的复杂切换系统,其系统层面的稳定控制问题变得更加复杂。

综上所述,亟须进行深入的源-网-荷复杂特性耦合作用下船舶综合电力系统暂态失稳机理的分析和研究,实现对该问题的清晰、全面认知。充分解析源-网-荷不同层面动力学行为特性和交互耦合机理,构建多尺度动力学行为下的源-网-荷一体化模型,进而详细探讨集成系统的暂态失稳机理,在此基础上形成一套稳定控制体系,这对于船舶动力系统的可靠运行及船舶智能航行有着重要的理论和实践价值。

3　科学问题研究进展

(1)针对复杂多变工况下船舶电力系统源-网-荷间的运行交互机理,现有研究的主要成果多集中在长时间尺度源-荷能量间的调度优化、电力电子设备自身的暂态和稳定控制、多变流器间的并联耦合控制等方面。这些研究多数仅从源、网、荷单一层面,甚至设备层面展开,分析过程中往往忽略或弱化其他层面的互联耦合行为对系统整体性能的影响。比如,在船舶电力系统全局稳定性研究中,往往会忽略电力电子设备的开关特性、电磁暂态及控制特性,仅构建源-荷子系统的阻抗模型;在研究多源互补稳定控制问题时,往往仅

将推进负载看作简单的恒功率负荷,而未考虑全频域、全负载范围的驱动系统准确模型以及螺旋桨负载特性。然而,随着混合电力船舶应用范围不断扩大,相应船舶的吨位不断增加,为提高系统的容量、安全性和冗余度,电网中往往会配备多套同类型或不同类型的能源系统,再加上不断增大的推进功率加剧了系统的弱电网特性,使得源-网-荷各个层面的动力学行为对整个系统的影响变得不可忽略。因此,全方位探讨源-网-荷多尺度动力学行为,揭示其互联耦合特性对整体系统的影响,进而构建一体化模型,为进一步分析暂态失稳机理及系统稳定控制奠定模型基础,已成为该研究领域内的重点。

(2)目前针对电力电子化电力系统暂态失稳机理及稳定控制方法的研究相对较多,尤其在陆地微电网、多电飞机等领域,同时现有研究并未从整体层面综合考虑系统的稳定性,多数研究往往集中在电力电子设备自身不稳定、多变流器并联均功不稳定、多模态切换不稳定以及源-荷级联不稳定等局部方面。在混合电力船舶领域,稳定性方面的研究则相对较少,现有研究也主要关注同步发电机-整流系统或是多变换器级联系统,而对多整流系统并联、储能系统及新能源发电系统并入的情况则是鲜有涉及;另一方面,电力电子变换装置大规模取代传统基于同步/异步发电机的电磁变换设备,使得船舶电网变成了典型的多时间尺度非线性混杂系统,而对于该类系统稳定性方面的研究目前还处于起步阶段,相关理论体系还未建立,需做进一步深入研究。

综上所述,随着各类分布式能源、储能系统的接入及大量柔性电力电子设备的应用,整个船舶电力系统的源-网-荷动力学特性均发生了改变,复杂工况下各层面暂态特性相互耦合,与传统电力系统相比,其综合建模和稳定控制问题的研究更加复杂。然而现有研究尚缺乏全面系统的基础理论和技术支撑,源-网-荷动力学交互机理不清晰,一体化建模困难,暂态失稳机理不明确,复杂多变工况下难以实现全局稳定控制,这些关键问题制约了混合电力船舶的快速发展,有必要进行深入研究,以上问题的研究将为混合电力船舶综合电力系统的优化设计、稳定性分析和智能运行提供理论支撑和新的研究思路,同时有助于提升船舶供电的安全性、可靠性,为船舶动力系统的智能化和绿色化提供坚实驱动力。

主要参考文献

[1] Yuan Y,Wang J,Yan X,et al. A review of multi-energy hybrid power system for ships[J]. Renewable and Sustainable Energy Reviews,2020,132:110081.

[2] Balsamo F,Falco P D,Mottola F,et al. Power flow approach for modeling shipboard power system in presence of energy storage and energy management systems[J]. IEEE Transactions on Energy Conversion,2020,35(4):1944-1953.

[3] 付立军,刘鲁锋,王刚,等.我国舰船中压直流综合电力系统研究进展[J].中国舰船研究,2016,11(1):72-79.

[4] 刘胜,程垠钟.基于小信号模型的船舶中压直流发电系统稳定性分析[J].中国电机工程学报,2015,35(8):1930-1939.

[5] 庄绪州,张勤进,刘彦呈.船舶全电力推进系统恒功率负载有源阻尼控制策略[J].电工技术学报,2020,35(S1):27-32.

[6] Cupelli M, Ponci F, Sulligoi G, et al. Power flow control and network stability in an all-electric ship[J]. Proceedings of the IEEE,2015,103(12):2355-2380.

[7] 朱蜀,刘开培,秦亮,等.电力电子化电力系统暂态稳定性分析综述[J].中国电机工程学报,2017,37(14):3948-3962.

[8] 纪锋,付立军,叶志浩,等.舰船综合电力系统中压直流发电机组并联运行试验研究[J].海军工程大学学报,2017,29(02):11-16.

[9] 朱乔木,党杰,陈金富.基于深度置信神经网络的电力系统暂态稳定评估方法[J].中国电机工程学报,2018,38(3):735-744.

[10] 刘汉宇,王伟.电力电子化趋势下的舰船电力系统面临的主要问题[J].船舶,2019,30(02):93-99.

撰稿人:刘彦呈(大连海事大学) 袁金良(宁波大学)

船舶孤岛复合能源及装置可靠匹配与运行协调控制理论

Theory of reliable matching and operating control for marine complex energy and equipment

1 科学问题概述

船舶电力系统是由电力供应装置、变配电装置、电网和负载四部分构成的有机整体,是船舶机电系统的重要组成部分,保障着全船设备的用电安全。但与陆上电力系统相比,船舶电力系统容量较小,大功率负载设备的启停切换对电网的负荷冲击大,导致该类电力系统对负载设备的切换比较敏感,因此该类电力系统也称为孤岛系统,船舶或岛礁电力系统均属于孤岛电力系统。

随着国家对环保的重视程度的提高,对船舶动力、电力系统的节能减排也提出了更高的要求,复合能源技术是目前解决船舶动力、电力需求和减排要求的重要途径之一。而复合能源作为一种新兴的船舶能源动力形式,设计、匹配和运行尚无标准可依,而系统中涉及到的能源种类多、原动机复杂、负载多变,各个系统之间耦合强烈,因此系统间匹配的可靠性和运行中的协同控制性是复合能源及装置的关键指标,为促进复合能源动力在船舶动力领域的推广应用,亟待研究一套船舶孤岛复合能源及装置可靠匹配与运行协调控制新理论,进而保障复合能源系统运行过程中的可靠性和安全性。为突破上述技术瓶颈,一系列关键科学问题有待研究。

1.1 如何刻画船舶孤岛系统中能源-动力-负载中能量流传递及其波动行为

动力系统的使命是完成能源到动能的高效、平稳、安全转化,动态能量是制约发动机效率、安全和振动噪声特性的主要因素。能量由复合能源及装置产生,通过热、流或结构复杂的途径传递,而控制系统的目标是使能量按照规定方向流动。因此能量流是一个极其复杂的多参数、多目标、多执行器调控问题,即复杂约束下的动力系统动态能量产生、分配、传输与消耗过程的准确描述与刻画,多形式能量耦合与演化规律分析,动态能量的定量求解与精确控制。因此,为满足船舶动力系统高效率、高可靠、高智能的复合能源及装置需求,精确刻画船舶孤岛系统中能源-动力-负载中能量流传递及其波动行为是关键科学问题之一。

1.2 如何建立孤岛微电网环境下多要素耦合的系统动力学及异质能源多工况多模式协同匹配理论

能源、动力、负载相互耦合形成了一个复杂、广义的动力学系统,系统安全受能源、动力、负载三要素交互影响。现有研究鲜有剖析能源-动力-负载广义动力学系统建模方法及要素间耦合关系,系统间的动力学耦合机理不清,发生耦合振荡的情况时有发生;同时复合能源及装置中包含多种能源与动力形式,多模式协同匹配也是影响其效率和稳定可靠运行的关键因素之一。因此,有必要从整体出发提出系统动力学理论,探索孤岛微电网中复杂耦合作用关系,挖掘孤岛微电网环境下多要素耦合的系统动力学机理及异质能源多工况多模式协同匹配理论,进而保障能源-动力-负载系统稳定可靠运行。

1.3 如何建立复合能源动力系统闭环中热-电跨尺度运行协调控制理论

船舶孤岛电网容量较小,因此在复合能源及装置运行过程中的负载不确定性和模式切换对系统的稳定性影响较大。电网中涉及原动机、发电机、电动机、电池等多种产能、储能、耗能设备,目前研究多集中于电网中的电力输配,鲜有研究多种设备间的运行协调控制,尤其是在负载变化、工况切换下的瞬态运行控制。因此,构建复合能源动力系统闭环中多模式切换预测分析方法,形成热-电跨尺度运行协调控制理论,对复合能源及装置瞬态工况下的安全运行具有重要意义。

2 科学问题背景

能源、动力、负载三要素及其相互作用,构成了以能量流为中心的能源-动力-负载闭环系统,即船舶孤岛电力系统中的基本单元。以目前国内主要采用的油电混合动力系统为例,现有的油电混合系统,多为柴油机与电力推进两套系统切换,并没有做到油电能量并车,难以实现高效减排与节能,并且负荷变化和切换对孤岛电网、电池电容、柴油发电机组会造成巨大危害,这也制约了复合能源及装置的可靠运行和大面积推广应用。因此,迫切需要突破能源-动力-负载复杂耦合因素下的船舶复合能源及装置可靠匹配与协同运行中的技术瓶颈。

2.1　复合能源及装置中的多因素耦合建模与动态能量的定量预测问题有待解决

船舶复合能源中的能源种类多、原动机复杂、负载多变,动态能量在系统中的流动路径复杂多变,影响因素众多。目前船舶动力装置中的热力学、动力学、电力输配等均是单独研究,无法预测系统中的多因素耦合作用,导致动力装置设计不能主动规避多因素之间的耦合问题,引发系统耦合振荡故障发生,其中动态能量在系统中的传递会导致传动部件疲劳、电网失稳等一系列问题,并缺乏准确定量的分析方法及解决措施。因此,开展复合能源及装置中的多因素耦合建模与动态能量的定量预测是新能源船舶行业的急迫需求,解决该技术瓶颈可为提高船舶复合能源动力装置可靠性提供有力支撑。

2.2　往复类原动机增强了船舶微电网系统中的耦合作用

柴油发电机组工作可靠、热效率高、故障率低、持久耐用,仍是目前孤岛微电网中的主要电力供应源之一。柴油机属于往复机械,扭振剧烈且伴有缸内间断爆发作用,并且随着柴油机功率密度提高,轴系扭矩负荷增加,与控制系统耦合作用更加紧密,增加了微电网的调控难度。如何攻克往复原动机在复合能源系统中的精确控制,形成负荷扰动条件下的运行协同控制方法,从机理上明晰孤岛电力系统中往复类原动机的可靠性匹配与控制机制,是提高复合能源动力系统运行稳定性的关键之一。

2.3　船舶孤岛电网容量小,给系统的调配和协调控制增加了难度

对于孤岛电力系统,尤其是对于船舶这种离岸孤岛电力系统,其容量较小,对于系统的波动和冲击更加敏感。大功率负载设备的启停切换、工作模式切换等对电网的负荷冲击大,进而会形成对原动机的冲击扭矩,同时电网冲击负荷还可能激起并网工作机组、储能设备之间的功率振荡,破坏系统工作的稳定性。因此,为提高孤岛电力系统的可靠性,减少因负载启停或模式切换导致的系统耦合振荡故障,保障孤岛电力系统各装置的平稳运行,攻克突变/切换工况下的复合能源与动力装置的运行协调控制理论尤为重要。

综上所述,亟须进行深入的能源-动力-负载耦合作用下的船舶孤岛电网系统耦合动力学建模、能量流波动及流动演化理论研究,实现对该问题内在科学问题的清晰认识,形成能够

指导新能源复合动力系统的设计、匹配与运行的理论方法，能够有效改善系统运行的稳定性，提高运行可靠性，对于新能源复合动力在船舶领域的推广应用具有重要的指导意义和科学价值。

3　科学问题研究进展

船舶复合能源与装置作为一种船舶动力的新技术，但目前复合能源在船舶上的应用尚无标准设计可依；并且船舶孤岛电力系统的容量小，大功率负载装备的启停切换对电网的负荷冲击大，进而会对电网中关联设备的运行产生影响，甚至激起的功率振荡会导致机组的长时间不稳定运行，严重影响用电品质和设备安全。目前针对这一领域研究进展如下所示。

3.1　在电网中柴油发电机组运行管理方面

由于柴油发电机组在工作时，其工作效率和运行可靠性容易受到负荷的影响，如过低的负荷会导致柴油发电机组工作效率急剧下降，另外负荷的短时大幅波动会导致柴油发电机组发生耦合振荡，从而导致机组的可靠性降低。因此，国外对孤岛微电网，尤其是柴油发电机组的能量管理十分重视，且发展较为成熟。特别自福岛核电站因地震海啸引起的灾难后，各国对柴油发电机组的安全性和可靠性更加重视。欧美等西方发达国家以及日本形成了系统的大负载波动下柴油发电机组的安全评估准则，在柴油发电机组设计阶段对机组的抗冲击特性、大负载波动下的稳定性控制进行评估校核，以保证列装的柴油发电机组具备高可靠性和安全性。

3.2　在船舶系统孤岛电网管理方面

20 世纪 90 年代初，英国开始研究船舰电力系统，并把能量管理系统应用在 Type-45 "勇敢"级驱逐舰综合电力系统中；2011 年美国在驱逐舰 DDG-1000 上配备高度智能化的能量管理系统，并在试验上取得成功。在民用方面，康土伯公司早期研发了具有高效性、独立性等优点的 K-Chief 型电站管理系统；西门子公司研发了 PMA300 型能量管理系统，其主要功能是对电站的功率进行分配调节。国外借助成熟可靠的孤岛微电网的能量管理系统，最大限度地减少了孤岛微电网中多台机组的并车故障，以及电网中大负载冲击对运行稳定性的影响。

然而，相比于国外，国内在电网-设备振荡方面的研究多集中于汽轮发电机组，分析汽轮发电机组轴系在短路故障下的扭振机理，给出各种短路故障的概率模型；另外通过计算获得两相短路故障下汽轮发电机组各轴径处的机械扭矩，评估轴系的疲劳寿命。而在孤岛微电网的能量管理方面发展起步较晚，因此孤岛微电网中的并车故障问题，以及电网中大负载冲击对机组运行稳定性问题不容忽视，且迫切需要开展相关研究。

综上所述,我国在城市大电网下的振荡问题研究较多,但目前在孤岛电力系统冲击负荷对电网影响等研究方面起步较晚,尤其对于复合能源与装置这种新型动力形式,没有形成微电网中冲击负荷工况下的多能、多机、多负载的分析方法,其耦合机制不清晰,导致船舶孤岛系统中能源-动力-负载中能量流传递及其波动行为、孤岛微电网环境下多要素耦合的系统动力学及异质能源多工况多模式协同匹配理论、复合能源动力系统闭环中热-电跨尺度运行协调控制方法难以攻克,这些关键问题制约了新能源船舶动力的发展,有必要逐一攻克,最终实现船舶孤岛复合能源及装置的可靠稳定运行和推广应用。

主要参考文献

[1] Zhang G, Furusho J. Speed control of two-inertia system by PI/PID control[J]. IEEE Transactions on Industrial Electronics,2000,47(3):603-609.

[2] Sugiura K,Hori Y. Vibration suppression in 2-and 3-mass system based on the feedback of imperfect derivative of the estimated torsional torque[J]. IEEE Transactions on Industrial Electronics,1996,43(1):56-64.

[3] Pettersson W,Nielsen L. Diesel engine speed control with handling of driveline resonances [J]. Control Engineering Practice,2003,11:319-328.

[4] Guo Y,Li W,Yu S,et al. Diesel engine torsional vibration control coupling with speed control system[J]. Mechanical Systems and Signal Processing,2017,94:1-13.

[5] 陈武晖,毕天妹,杨奇逊,等.机电耦合对轴系扭振动态特性的影响[J].中国电机工程学报,2010,30(4):49-55.

[6] 杨军.风力发电机行星齿轮传动系统变载荷激励动力学特性研究[D].重庆:重庆大学,2012.

[7] 王瑞琳.风力发电机与电网之间扭振相互作用的研究[D].上海:上海交通大学,2012.

[8] Boukhezzar B,Siguerdidjane H,Hand M M. Nonlinear control of variable-speed wind turbines for generator torque limiting and power optimization[J]. Journal of Solar Energy Engineering,2006,128:516-530.

[9] Zhang H,Wang J,Chen G,et al. A new hybrid control scheme for an integrated helicopter and engine system[J]. Chinese Journal of Aeronautics,2012,25:533-545.

[10] 杨琳.新能源电力系统的次同步振荡与阻尼控制特性研究[D].北京:华北电力大学,2015.

撰稿人:郭宜斌(哈尔滨工程大学)　翁方龙(中船701所)
　　　　孔德峰(广东海洋大学)

氢/氨燃料储存、输配、控制中物性与化学性能的可靠性分析与适配技术

Reliability analysis and adaptive technology of the physical and chemical properties of hydrogen/ammonia fuels during storage, transportation, and control

1 科学问题概述

用零碳排放的氢/氨燃料取代传统化石燃料具有重大意义,而现有氢/氨燃料在高效节能制备、安全储存、快速输配及可靠控制等方面均存在巨大挑战。为促进氢/氨燃料的规模化应用,亟须对氢/氨燃料在储存、输配、控制中物性与化学性能的可靠性进行分析和评价,并发展相应的适配技术。这其中涉及一系列关键科学问题。

1.1 如何构建氢/氨燃料的绿色制取及规模转存体系

工业上氢/氨燃料的制备分别采用化石燃料重整和哈伯法,均是高耗能以及高碳密集的过程。利用可再生清洁能源(如光伏、风电等)驱动,通过新型绿色方式制备氢/氨燃料,实现从"灰氢"到"蓝氢"、从"棕氨"到"绿氨"的转变,是氢/氨燃料规模化应用的重要前提。目前光、电催化制氢/氨效率较低,需要进一步阐明光电制氢/氨的过程机理及影响因素、探索常温常压下电催化制氢/氨的新机制以及复杂工况下的电极过程动力学特性,研究大电流、不同电解质(尤其是酸性)体系下催化剂的演化机制及活性演变过程,开发高效制氢/氨催化剂及批量制备技术;此外,还需要进一步研究氢和氧、氨和氮、氢混合气的传质和分离过程,发展氢/氨气体泄漏快速检测方法。因此,如何构建氢/氨燃料的绿色制取及规模转存体系是首先需要解决的关键科学难题之一。

1.2 如何构建氢/氨燃料的安全储运体系

氢的液化温度为 −253℃,运输条件严苛,且输氢管道易发生氢脆(由于金属中氢引起的材料力学性能下降、塑性下降、开裂或损伤的现象)。与氢相比,氨在常压下约 −33℃ 或在 1MPa 压力左右即可成为液态,在储运方面难度更低。但液氨本身具有强烈的腐蚀性,易腐蚀金属管材及部分塑料;同时液氨储罐工作压力受环境温度影响,而输运过程压力的剧烈变化容易引发超载爆炸风险。因此,有必要对储运过程中液氢/液氨的物性与化学性能进行分析;研究管材和焊缝中渗氢/氨扩散机理及其对纯氢/氨和掺氢/氨输送的相容性,以及管道中氢/氨的传质输运机理,发展多级减压和调压适配技术;研究输运工况下氢/氨性能退化行为规律。此外,围绕氢/氨燃料生产、存储、运输、使用、处理等全生命周

期,开发氢/氨气体在线无损检测技术、储氢/氨容器管材的安全健康诊断方法;揭示氢/氨燃料管道的安全事故特征和演化规律、建立氢/氨储运的安全风险分析与评测方法;模拟特殊状况下,如高速碰撞等情景下储罐的破坏和失效机制,完善失效应急管理技术,进而保障氢/氨燃料在储存、输配过程的安全性。

1.3　如何构建氢/氨燃料的能量转化控制体系

氢燃料具有点火能小、点火浓度宽、极易点燃等特性,容易快速形成易爆环境。其在气体混合控制中,喷射后势能低、凝聚性低,其高活性增加燃烧回火风险。相比之下,氨的着火温度高(651℃),火焰传播速度慢,且燃烧的持续稳定性欠佳,同时在燃烧时会产生二氧化氮和少量的一氧化二氮。此外,使用氢/氨燃料的内燃机都面临氢/氨腐蚀及气体泄漏等风险。因此,有必要研究氢/氨燃料及其混合燃料的燃烧特性,控制氢/氨燃料燃烧行为,并建立氢/氨燃料泄漏快速识别监测、风险预警、评价及处理机制;研究典型场景氢/氨泄漏扩散模型与应急技术。此外,针对氢/氨燃料电池,进一步探明各关键组分,如催化剂、膜材料、扩散层等对燃料电池反应电堆效率和寿命的影响,研究高输出功率和高运行可靠性的电池结构和制造方法;揭示工况条件下体系的热、电、应力等分布规律及气体扩散、反应行为,提升抗中毒能力以及转化效率和功率密度,构建氢/氨燃料的能量转化控制体系。

2　科学问题背景

氢/氨燃料的规模应用涉及生产、存储、运输、使用等多个体系,且每个单一体系均面临多个关键挑战。围绕氢/氨燃料全生命周期,对其物性与化学性质的可靠性进行分析与评价,并建立相应的适配技术,具有重要意义。

2.1　氢氨燃料的绿色制备问题

目前氢/氨燃料的绿色制取主要采取光电催化方式,通过水裂解制氢需要克服两个半反应,即析氢和析氧的过电位。其中后者涉及四电子转移,因此反应动力学缓慢。此外,目前绝大多数非贵金属催化剂无法在质子交换膜(Proton Exchange Membrane, PEM)电解水系统稳定工作。而对于光、电制氨,反应涉及 $N \equiv N$ 键活化和 $N-H$ 键的形成,同时还面临析氢反应的竞争。综上,现有绿色方法总体效率偏低,选择性差,亟须探明具体反应机制,理性设计开发高性能催化剂,调整优化电解槽结构和系统集成,开发氢/氨气体快速识别监测方法,构建氢/氨燃料的绿色制取及规模转存体系。

2.2 液氢/液氨燃料的储运过程安全性问题

液氢/液氨燃料在生产、储运、加注和使用全链条过程中既需满足耐高压、高密封及爆燃安全等性能要求，同时也要防止管材腐蚀。现有研究对氢/氨燃料在这些过程中的物性和化学性能的可靠性以及对在储运工况下氢/氨燃料在管材内部的扩散、输运性质的探索有限，同时欠缺对不同典型场景(如加注站、灌装厂、车载储罐等)储氢/氨容器的燃烧与爆炸的行为分析。因此有必要阐明氢/氨燃料的输运动力学、热力学特性，研究腐蚀的演化机制，建立储运容器及管件的安全健康诊断方法及失效风险演化模型，开发高稳定性、防腐蚀涂层及高燃、爆防护涂层，研究事故现场应急决策技术方案，进而构建氢/氨燃料的安全储运体系。

2.3 氢/氨燃烧控制问题

氢/氨内燃机或燃料电池内部涉及多个组分以及多种表/界面反应过程，为实现使用寿命和输出功率的提升，必须深入了解体系涉及的化学反应机理及开发相应组件的关键材料。如现有燃料电池的研究主要以贵金属催化剂为主，对催化剂颗粒的团聚、迁移和流失等研究不够深入，对支撑电极结构对燃料电池的抗氧化还原、冷热循环等影响考察有限。此外，燃料电池内部的热、电、应力等分布复杂，还未研究形成统一规律，这些因素都限制了燃料电池的输出性能。因此，有必要从氢/氨燃料的扩散、传质、燃烧特性，体系催化剂的工作机理、抗毒性机制等方面展开具体研究，提升电堆或内燃机运行效率和使用寿命，构建安全、可控的氢/氨燃料的能量转化控制体系。

综上，亟须从氢/氨燃料生产-储存-输配-使用全生命周期多方面展开研究，深入了解光电制氢/氨的催化反应机制、开发低成本高效催化剂；充分探明氢/氨燃料在储存、输配过程的传质、扩散动力学和热力学特性；阐明氢/氨燃料及混合燃料的燃烧特性，发展全链条适配技术，保障氢/氨燃料的安全性和可靠性，并进一步提升氢/氨燃料动力的使用寿命和能量密度。

3 科学问题研究进展

3.1 针对氢/氨燃料的绿色制备问题

现有方法主要包括：①光伏/风电等波动性能源制氢/氨，这些系统在复杂工况下的动/静态响应特性及其对制氢/氨性能的影响尚不明确，且面临动态适应性及运行可靠性等问题，整体效率较低，需要进一步研究可再生能源动态特性的制氢/氨系统建模及工艺流程优化与调控方法；②利用水电解制备氢，体系仍然依赖于贵金属催化剂，成本高，且大电流密度下稳定性较差，利用电催化氮或硝酸根还原制氨，体系的选择性较低且大电流密度下的稳定性较差;③利用反向燃料电池在温和的反应条件下将电解水产氢与氮氢反应合并制氨,在室温和常压下,反应的效率较低,通常在1%到15%之间。需要进一步探索氮氢反应制氨的新机制,研发常温常压高效合成氨的催化新材料和副反应的抑制新方法,阐明 N≡N 键活化和 N-H 键形成的催化机理;开发高性能电催化制氨的催化剂及其批量制备技术。综上,现有的光、电催化制氢/氨存在诸多挑战,主要为关键材料制备规模小、单位成本高等,缺乏低成本、高效率高稳定的催化剂以及反应体系结构及集成需要进一步优化等。

3.2　针对液氢和液氨的储运过程安全性问题

现有的共性方法主要有:①转化为中间介质运输,如将氢转化为氨或将氨转化为氨水等,这个方法相比液氢/液氨储运有一定优势,但劣势也很明显,氢/氨燃料的转化和逆转化过程都有一定的损耗,转换效率也有待提高;②采用固体储氢或储氨材料,这种方式运输方便,但目前仍然缺乏高密度储氢/氨材料,对其吸脱附热力学、动力学调控困难,难以实现快速可控的吸脱附,且材料的可逆性与稳定性受环境影响,不能满足严苛的氢/氨移出、分离和收集条件;③在储氢/氨管道应用抗腐蚀涂层/涂料,该方法的适配性较好,但对涂层的在不同输运环境下的稳定性及使用寿命要求较高。相比利用中间介质和采用储氨材料,抗腐蚀涂层不需要对氢/氨燃料进一步转化处理且不涉及储存容器改制,具有巨大的应用潜力,但往往要求涂层同时具备隔热、绝缘、耐腐蚀及低氢/氨扩散性和溶解度等多项要求。因此,如何从液氢/氨腐蚀机理分析入手,研究管材和焊缝中渗氢/氨扩散机理;开发多功能保护涂层,研究功能涂层组分、比例对其隔热、电导及耐腐蚀性能等的影响,建立功能涂层的构效机制;阐明涂层在抗液氢/液氨腐蚀的防护机制,是实现氢/氨燃料安全储存、输配及保障氨燃料在此过程中的物性及化学性能稳定性的亟待解决的技术瓶颈。

3.3　针对氢/氨燃烧控制问题

现有方法主要有采用混合气(如和甲醇混合等)燃烧来调控燃烧进程,如采用氨-氢混合燃烧方式来解决氨燃烧缓慢和持续性问题,但其一方面需要从氨中分离出氢气,过程较难控制;另一方面其还面临预混不均匀易导致燃烧温度不均匀从而产生局部热点,增加氮氧化物排放的问题。为解决有害物排放问题,现有研究通常采用燃料电池来替代内燃机,但燃料电池的输出受限于诸多因素,无法应对剧烈的功率变化需求。此外,燃料电池的关键部件仍然存在诸多挑战,如其使用的催化剂一般为贵金属,成本较高,同时耐久性也较差。在动电位作为下会发生催化剂颗粒的团聚、迁移和流失等问题,这些都是制约燃料电池发展的关键因素。因此,有必要通过研究氢/氨燃料的燃烧特性,分析氢/氨的气体扩散性质及其相应的燃料电池的电极过程动力学,进一步提高内燃机或燃料电池的工作效率。

综上所述,现有氢/氨燃料从高效低碳制备、安全储存和输配、燃烧控制上均存在巨大挑战,其中涉及了光、电催化制氢/氨过程中的机制研究、高效催化剂开发、氢/氨的分离纯化;管道输运过程中液氢/液氨传输路径、渗氢/渗氨扩散机理及液氢/液氨腐蚀的防护手段;氢/氨燃料燃烧过程的燃烧特性不明确、燃料电池效率低等诸多复杂难题。这些关键问题制约了氢/氨作为无碳排放动力燃料的发展,有必要逐一攻克,最终实现安全、可靠的氢/氨燃料制备、输配、控制体系,促进相关产业链发展,建立"氢经济""氨经济"大循环。

主要参考文献

[1] Schlögl R. Catalytic synthesis of ammonia——A never-ending story[J]. Angewandte Chemie International Edition,2003,42(18):2004-2008.

[2] 邵志刚,衣宝廉. 氢能与燃料电池发展现状及展望[J]. 中国科学院院刊,2019,34(4):469-477.

[3] 俞洪梅,衣宝廉. 电解制氢与氢储能[J]. 中国科学工程,2018,20(3):58-65.

[4] Chen J,Crooks R,Seefeldt L,et al. Beyond fossil fuel-driven nitrogen transformations[J]. Science,2018,360(6391):873.

[5] 刘化章. 合成氨工业:过去、现在和未来——合成氨工业创立 100 周年回顾、启迪和挑战[J]. 化工进展,2013,32(9):1995-2005.

[6] Giddey S,Badwal S,Munnings C,et al. Ammonia as a renewable energy transportation media[J]. ACS Sustainable Chemical Engineering,2017,5(11):10231-10239.

[7] Jiao F,Xu B. Electrochemical ammonia synthesis and ammonia fuel cells[J]. Advanced Materials,2019,31(31):1805713.

[8] Gupta R B. Hydrogen fuel:production,transport,and storage[M]. Boca Raton,Florida,USA:CRC Press,2008.

[9] 陈达南,李军,黄宏宇,等. 氨燃烧及反应机理研究进展[J]. 化学通报,2020,83(6):508-515.

[10] Abe J O,Popoola A P I,Ajenifuja E,et al. Hydrogen energy,economy and storage:review and recommendation[J]. International Journal of Hydrogen Energy,2019,44(29):15072-15086.

撰稿人:梁汉锋(厦门大学)　崔磊(中国动力研究院)

　　　　袁裕鹏(武汉理工大学)　童亮(武汉理工大学)

极端条件下航行和可靠作业的危险预测和防控机制

Hazard prediction and prevention mechanisms for navigation and reliable operations under extreme conditions

1 科学问题概述

船舶安全航行和可靠作业的危险预测和防控是海上运输的重要保证,一直是国际海事组织(IMO)、国际拖曳水池会议(International Towing Tank Conference,ITTC)等重点研究和关注的问题。随着船舶航行和作业向深远海域拓展及船舶吨位的不断增大,海上运输业的快速发展,各种高性能船型以及多体船等新船型的不断增多,海上风机、海洋养殖业等的迅速发展,以及无人船、智能船舶的快速发展和应用,将带来新的海上船舶航行和可靠作业安全与风险防控等关键科学问题和新的挑战。通过对这些问题的快速解决和其带来的技术突破,可为船舶和作业人员提供安全保障,也可为我国建设海洋强国提供重要支撑。

1.1 极端条件下船舶安全航行问题

海洋大部分时间都会产生波浪,不同海域中,海浪的周期、浪级、浪向等概率不同。深远海的海况尤其复杂,一般伴随有内波、聚焦波、大尺度风-浪-流耦合等极端海况。这些有极端海况的海域会给船舶带来巨大安全风险,船舶会遭遇大幅摇摆运动、骑浪横甩、瘫船、过度加速等,甚至会造成船体受损、倾覆、货物掉落、人员伤亡等危险。本问题涉及上述波浪的发生机理与预报、高航速和高海况带来的强非线性问题、高性能船舶和多体船高航速带来的船体受力和航行特性、船舶大幅运动与共振、无人船和智能船舶的操纵和避碰、多相流之间的相互作用等关键科学问题。

1.2 极端条件下船舶可靠作业问题

虽然海洋环境研究和海洋气候研究可以预报一些极端海况的发生,部分航行船舶也可通过气候的预报来避免极端海况下的航行,但是一些特殊用途的船舶仍有在极端海况下作业的需求,例如海上救援船、海上运维船、海上补给船、海上医院船、全天候航行船等,这些船舶需要在极端海况下快速到达指定地点并进行安全作业。本问题涉及船舶和作业平台之间的运动耦合、船舶或船上作业平台减摇、多个船体之间水动力干扰、海浪与静止船舶之间的相互干扰和作用、人员安全登乘和作业等关键科学问题。

1.3 船舶安全航行和可靠作业的危险预测问题

船舶在航行过程中会遭遇极其复杂海域、过往船只和冰山等,极端条件对船舶的作用往往具有突发性、小概率、难以预测的特点。本问题涉及波浪载荷、流载荷、风载荷预测,船舶的运动突变,推进器和舵可能出水,船舶推进器失效,舵失效和船舶运动不可控等关键科学问题。

1.4 船舶危险防控机制问题

防控和规避船舶航行和作业风险是保证船舶安全航行的重要措施。本问题涉及对船舶骑浪/横甩、横摇倾覆、纯稳性丧失、高海况中快速回转等进行有效的、高精度的模拟,也需要精准地预报高海况下甲板上浪、砰击等影响安全航行的受力和运动等。通过数值模拟和试验技术探讨船舶航行失稳机理,进行航线、航向、航速等航行策略预测和能力预判,并在此基础上进行实际海况航行中危险现象的预判,通过合理的控制策略来完成危险航行状态的规避研究。

2 科学问题背景

随着人类活动范围的不断扩大以及船舶智能化和无人化的不断发展,人类对海洋的探索和开发利用逐渐增加。随着船舶活动范围和作业条件的复杂化和多样化,提高船舶的航行安全性和避免海上事故的发生,仍然是船舶发展和设计的重要任务之一,也是核心问题。在这样的背景下,研究船舶在各类极端条件下航行的安全性,实现对船舶可靠作业的危险预测,形成船舶航行作业的危险防控机制,是实现复杂作业条件下船舶航行和作业安全的重要手段和途径。如何实现现实环境中的极端航行条件建模以及建立用于船舶安全性研究的航行作业安全条件,通过数值模型或航行数据实现对船舶作业危险性的高精度预测,在此基础上给出相应的危险防控机制,是亟待解决的关键瓶颈问题和技术难题。

2.1 船舶航行极端条件的参数模型有待建立

对复杂海洋环境及环境载荷的理论建模、数值仿真以及试验平台搭建都是重要的研究内容。随着人类对海洋环境的不断探索和资源开发的推进,船舶所要面对的航行条件也日趋复杂化,极端条件的类型也不断增加,这也对船舶设计和安全性研究带来了新的挑战。目前关于船舶航行安全的研究工作主要针对单一波浪条件下的航行安全开展,不能真实还原船舶在极端条件下的航行作业,这也很大程度上限制了船舶航行安全的研究工作。因此,针对船舶航行的极端条件,开展参数化的研究工作,对极端海洋条件进行量化和参数化处理,实现极端海洋条件建模,是船舶航行安全研究过程中亟须解决的问题。

2.2　极端条件下船舶可靠作业的安全性尚不明确

船舶航行安全的评估和航行安全性能的判定一直是船舶设计者和科研工作者的关注重点之一,国际海事组织也不断推出船舶航行安全相关的评估标准和手段,五大失稳模式及稳性衡准等也为船舶的航行安全评估提供了一定的评判标准和手段。但是,随着船舶航行区域的不断扩大,所遭遇的风浪流及气象条件不断复杂化,如何在多样化的海洋极端条件下形成一套船舶安全航行和可靠作业的评估手段,对船舶的生产设计、新船型的开发及船舶航行安全的进一步提高是至关重要的。因此,目前亟须研究给出科学的船舶可靠作业安全性评估方法,建立针对复杂极端海况的作业安全评估手段,实现以现有理论和技术条件为基础的船舶航行安全评估。

2.3　船舶安全航行和可靠作业危险预测的精度有待提高

目前针对船舶安全航行和可靠作业危险的主要处理手段仍然是进行船舶航行条件和作业环境的限制,如大范围限制船舶出海作业的航速或风浪条件,这会大幅降低船舶的经济效益。其主要原因之一就是现有技术手段对船舶安全航行和可靠作业危险预测的精度仍然有待提高。船舶安全航行和可靠作业危险预测既需要针对船舶航行状态及危险状况的精确预测,也需要船舶具备较高的环境感知和识别能力,对软硬件都具备较高的要求。因此,需要对现有技术手段进行合理选择和改进,结合船舶航行参数、环境载荷数据及船舶航行预测手段,实现船舶安全航行和可靠作业危险预测,突破预测时间和精度的技术瓶颈。

2.4　船舶危险防控机制尚不明确

船舶危险防控机制是船舶航行安全研究的重点之一,如何在已有预判和风险分析基础上,针对船舶现有航行运动状态、遭遇环境载荷及船舶自身特点,形成极端作业条件下的船舶危险防控机制,仍然有待深入的研究。随着现有船舶环境监测及态势感知能力的不断提升,以及船舶航行预测技术手段的不断提高,船舶已经具备进行危险防控的基础条件。为此,亟须对现有先进态势感知技术手段和航行预测技术进行结合和开发,通过对船舶极端条件作业的有效和高精度模拟,以及相应的船舶危险发生机理和航行策略预测研究,建立合理的控制策略来完成危险航行状态的规避。

可见,目前亟须进行包括船舶航行极端条件建模、极端海况下船舶可靠作业安全性、船舶安全航行和可靠作业危险预测、船舶危险防控机制在内的极端条件下航行和可靠作业的危险预测和防控机制的深入研究。这对于提高船舶航行安全、增大船舶的作业区域及海况条件范围、提高船舶的经济效益有着重要的作用,同时也有助于推动船舶无人化、智能化的发展,促进新船型的设计和开发,促进我国迈向造船强国。

3 科学问题研究进展

现阶段船舶安全航行问题已有一定的研究,但是针对极端条件下的安全航行和可靠作业的预测和防控等还有很多需要研究的问题。

3.1 针对极端条件下船舶航行安全问题

近年来极端海洋环境研究引起了学者们的重视,对强非线性高海况预报的研究已经取得了一定的进展,聚焦波、孤立波、内波等极端海况的预报、发生条件、现象捕捉等还有待深入研究。极端海况对船舶的作用多留在简单几何体或者零速和极低速的航行船舶受力和运动预报阶段,极端海况下高速航行船舶快速回转和避碰、船舶大幅强非线性运动和受力预报以及相关机理还有待深入研究。

3.2 针对极端条件下船舶可靠作业问题

目前对极端海况下的船舶作业问题研究很少,主要集中在船舶在静水或低海况中的稳定作业。船舶快速搜救、海上风机高海况和近距离作业运维、复杂海况船舶补给、高性能新船型的海上运维作业平台、海上养殖船等极端条件下可靠作业涉及波浪爬升及破碎、波浪对船舶砰击上浪、船舶大幅非线性运动等问题,极限海洋环境与船舶之间的相互作用精确预报尚有很大的研究空白。

3.3 针对船舶安全航行和可靠作业的危险预测问题

极限环境载荷的出现往往具有特殊性和不可预测性。IMO已经推荐了船舶第二代完整稳性的评估准则和直接评估方法等,主要是船舶波浪中航行的失稳问题评估,包括船舶骑浪/横甩失稳甚至倾覆、参数共振工况下的船舶大幅度横摇失稳甚至倾覆、瘫船状态下的倾覆风险评估等,但是多体船发生上述失稳运动的条件、运动特点和相关机制等有待深入研究。船舶在波浪中的操纵性问题仍是船舶水动力性能研究的难点问题,无人船和智能船舶在危险工况的预测和应急反应等有待深入研究。结合数值仿真技术,对特殊环境载荷、极限海况、特殊波浪条件等海洋环境进行仿真,通过参数选取实现波浪生成的随机性,进行极限海况下船舶航行仿真;通过在船体上布置传感器,对航行船舶的结构受力、运动参数、海域环境等进行实时监控。结合理论预报和实船测试建立极限海况下船舶危险感控数据库,支撑进行船舶安全航行和可靠作业的危险预测研究。

3.4 针对船舶危险防控机制问题

在船舶安全航行和可靠作业的危险预测研究的基础上,通过在船体上加装防控设备和设施,以及船舶航行控制等进行危险防控。例如,在船体上加装减摇设备、安装制动控制设备,改变船舶在航行过程中的受力和运动,规避危险。将人工智能技术引入船舶危险防控,弥补传统方式通过驾驶人员自身判断进行应急操纵的不足。将船舶及环境信息监测、危险状况预判和船舶推进系统控制以及人工智能技术等相结合,研究和构建危险海上环境、船舶运动参数、遭遇波浪参数和船舶运动控制间的内在联系,通过风险感控、危险预判、航行安全控制等进行实时的信息预判和指导,对极端海况下影响船舶航行的环境参数进行深度挖掘和分析,通过人工智能技术等进行快速避碰、风险规避等。

综上所述,从极端海况下船舶航行安全和极端海况下船舶可靠作业中所涉及的极端条件环境载荷、船舶大幅非线性运动等机理性问题入手开展研究工作,并在此基础上完善真实海洋环境建模、极端海况下船舶航行仿真等技术手段,建立船舶安全航行和可靠作业的危险预测手段,形成船舶危险防控机制,对于提高船舶航行安全性、扩大作业条件范围及提高经济效益有着重要意义。

主要参考文献

[1] Li Y B, Li A, Gong J Y, et al. Numerical investigation on added resistance and motions of a high-speed trimaran equipped with T-foil and stern flap in regular head and oblique waves for varying wave steepness[J]. Journal of the Brazilian Society of Mechanical Sciences and Engineering, 2021, 43(10): 451.

[2] Gong J Y, Yan S Q, Ma Q W, et al. Numerical simulation of fixed and moving cylinders in focusing wave by a hybrid method[J]. International Journal of Offshore and Polar Engineering, 2021, 31(1): 102-111.

[3] Jiang F, Li Y B, Gong J Y. Study on the manoeuvre characteristics of a trimaran under different layouts by water-jet self-propulsion model test[J]. Applied Ocean Research, 2021, 108(2): 102550.

[4] 姜帆, 李云波, 龚家烨. 六自由度三体船操纵运动自航模拟[J]. 哈尔滨工程大学学报, 2021, 42(08): 8.

[5] Dai K, Li Y. Experimental and numerical investigation on maneuvering performance of small waterplane area twin hull[J]. Brodogradnja, 2021, 72(2): 93-114.

[6] 李昂, 李云波. 三体船波浪增阻与纵向运动数值模拟及试验研究[J]. 哈尔滨工程大学学报, 2021, 42(1): 34-41.

[7] Li A, Li Y. Influence of wave amplitude on seakeeping performance of a high-speed trimaran with T-foil in head seas[C] // The 30th International Ocean and Polar Engineering Conference, 2020.

［8］ Makris C V, Androulidakis Y, Karambas T, et al. Integrated modelling of sea-state forecasts for safe navigation and operational management in ports: Application in the Mediterranean Sea［J］. Applied Mathematical Modelling, 2020, 89(2): 1206-1234.

［9］ Tran N, Prodan I, Grtli E I, et al. Safe navigation in a coastal environment of multiple surface vehicles under uncertainties: A combined use of potential field constructions and NMPC［J］. Ocean Engineering, 2020, 216(23): 107706.

［10］ Dong M, Bym B, Jc A. Application of surf-riding and broaching mode based on IMO second-generation intact stability criteria for previous ships［J］. International Journal of Naval Architecture and Ocean Engineering, 2021, 13: 545-553.

撰稿人：金永兴(上海海事大学) 李云波(上海海事大学)

龚家烨(上海海事大学)

第7章
港口系统与装备

港口是交通运输的重要枢纽,是有效实施"一带一路"倡议和建设交通强国的重要保障。作为支撑水路交通与运载工程学科发展的核心基础,港口系统与智能装备的研究紧扣复杂港口系统的离散性全时全域全流程动态随机特性及其本质安全的智能管控要求,揭示港口系统"人-机-物-港-航"多时空高维度内在耦合机理,从生产作业、用能供能、过程管控、环保、信息及其智能运用等角度建立港口复杂系统多网融合模型,设计协同管控策略,提升港口系统与智能装备的性能。

港口是具有水陆联运设备设施以供船舶安全进出和停泊的运输枢纽,提供货物装卸堆存等物流服务。根据港口吞吐货物种类的不同,当前港口装卸的货物以集装箱、大宗散货、件杂货、危化品为主,这些种类不同的货物对港口系统及其设备设施提出了不同的要求。得益于信息技术的巨大进步,自动化远控设备、新型智能码头操作系统(Intelligent Terminal Operating System,ITOS)、新能源装备等得到大量应用,设备的控制精度、节能和国产化率等有较大提升。近二十年来,由于我国港口特别是自动化码头的迅猛发展,港口系统从水平装卸系统、垂直装卸系统、集疏运系统、能源体系、安全体系及绿色体系等方面,利用博弈论、机器学习、系统优化、复杂网络、信息论与控制论等多学科交叉技术,逐步建立港口系统多层次多角度的全时全域全流程研究体系。在港口智能装备的研究方面,多数自动化码头的运营仍需要操作人员在后台实施远程操控,港口装备无法进行真正的自主决策,港口装备群之间的异构协同运动并未真正实现。因此,港口智能装备目前从多能源自治、装备本质安全、多设备管控等方面,利用数字孪生、多智能体、协同控制、人工智能等多学科交叉技术,逐步建立港口智能装备本质安全管控研究体系。

港口系统与装备呈现智能化、绿色化、高效化、耦合化、多维化的发展趋势,多种生产作业要素、多种作业环节、港内港外交通系统在港口生产运营时域空域高度耦合,存在时序任务难调、潮汐作业难控、设备用能负荷易变、系统韧性不足等特性。在新形势下,需要聚焦智能绿色港口系统及其装备的多时空高维度耦合机理与协同调控途径,揭示港口系统人-机-物关系演变及其系统全时全域全流程动态,综合考虑港口系统的新型装卸模式、多模式运输、多能源自洽、多设备调度、系统装备本质安全、系统韧性作业等差异化特点,构建港口系统人-机-物耦合模型及其解耦方法,识别港口系统的时空演变规律、动态驱动机制、韧性调控机理、协同管控策略,提出港口系统与智能装备的系统统筹优化调控的理论体系。其中,重点研究的领域包括:港口自动化装卸运输过程中高效、安全、绿色、优质作业的优化方法;绿色智慧港口多源信息融合新理论、新方法和新技术;集装箱码头空间资源时空优化及韧性作业;港口污染治理与能源消耗的新理论、新方法和新技术;港口物流装备全役健康智能监测与预警决策机制;基于数字孪生和平行系统的港口机械装备智能安全制造和运营管理。

综合而言,当代港口的智能化、绿色化、低碳零碳的发展需求,使得港口系统与智能装备焕发新的活力,亟待广大科研人员与学术团队的积极参与,共同探索新形势下的港口系统与智能装备的科学内涵及其未来发展,加快建设交通强国。

撰稿人:张煜(武汉理工大学) 曹菁菁(武汉理工大学)

大型散货卸船装备连续输送机理及其优化方法

Continuous conveying methodology and optimization method of large discharging equipment used for bulk solids ships

1 科学问题概述

"一带一路"倡议旨在推进加快沿线国家的物流循环,既解决了沿线国家发展问题,也有助于解决我国经济发展与资源短缺的矛盾,特别是对煤炭、矿石等大宗散货的运输需求。据波罗的海国际航运公会(Baltic and International Maritime Council,BIMCO)最新数据显示,2020年全球干散货航运业的总运输量为54.9亿t,以运距(吨英里)计算,中国的进口占市场份额已经接近50%,在干散货航运市场占主导地位。随着干散货港口吞吐量的提高,传统的螺旋、链斗、抓斗等卸船技术逐渐显现出对散货料种适用性较差、卸船效率低下、作业能耗高、粉尘污染严重等问题。为了满足散货船舶大型化、卸船高效化、作业绿色化的发展需求,促进港口散货物流系统的全面提升,亟须从连续输送机理入手对以下关键科学问题进行研究。

1.1 散粒体团聚流动行为特性及其连续输送机理

散货是由大量离散的颗粒组成的集合,散粒体介于固体和流体之间,颗粒之间的相互接触作用决定了其既能像固体一样具有一定的抗压和剪切强度,又能像液体一样流动。散货流动的不均匀性和动力学的不可逆性,常导致卸船取料时出现不连续、效率低下、能耗过高和损耗严重等问题。尤其在受到天气和运输环节的影响,装卸湿度不一的黏性散货、块度大小不一的散矿时,卸船装备极易发生堵塞,使得设备运转能力低下,甚至导致过载损坏、停运或恶性事故。因此,有必要充分研究散粒体的流动特性,揭示卸船装备取料、运料的影响因素,重点探讨含湿散货的团聚行为及其对装备的作用规律,进而提出连续、高效、防堵的输送机理及方法。

1.2 散货与装备耦合交互下的系统能耗演化模型

散货卸船系统中的散货特性各异、环境因素多变、作业工况复杂,给散货输送的减摩减阻降耗带来了较大的挑战。例如,煤和铁矿石流动特性的不同,晴雨天气的变化,散货船舶结构、形状、落差的差异等,均会导致散货与散货之间、散货与装备之间、装备与装备之间运动和作用力的变化,影响卸船装备的运行阻力、取物效率和能耗。因此,亟须在研究连续输送机理基础上进一步探究散货、设备、零部件之间耦合交互机制,揭示摩擦磨损及阻力的产生机理,阐明能耗在不同条件下的演变规律,建立全面的散货卸船料流阻力和作业能耗的理论计算模型。

1.3 散货粉尘的迁移规律与抑制方法

在港口开放空间下,散货卸船过程中极易产生粉尘,导致环境的污染。粉尘的产生与扩散是局部微环境气流与细微颗粒高度耦合作用的结果,气流与颗粒流相互影响,形成复杂的气固两相流,难以从单方面进行描述。因此,有必要从两相流理论出发,深入分析气体与颗粒体两相交互的内在机理,揭示粉尘颗粒在复杂空间环境中的迁移规律,建立高精度的数值模拟方法,指导现场粉尘的防治与环境管理。

1.4 大型散货卸船装备优化设计理论与控制方法

港口散货卸船装备主要包括间歇式的抓斗卸船机和连续式的链斗卸船机、螺旋卸船机和气力卸船机等,其工作原理、取料效率、作业能耗和对环境影响各不相同。由于卸船机具有多样性、复杂性和局限性等特点,其系统的设计与控制需充分考虑应用场景和技术要求。通过不断地扩大装备规格来达到提高卸船运量的目的,往往导致卸船系统成本过高、效率低下、能耗超标、维护不易等问题。同时,卸船装备的大型化也为结构的轻量化设计、防风抗风、健康监测、可靠性评估和自动化控制带来新的困难。因此,基于散货输送的工作机理和特点结合卸船作业过程中装备、散货及环境之间的动态交互作用关系,综合考虑工况、风载和故障传播等因素,建立大型散货卸船装备的优化设计及控制方法,实现卸船装备的轻量化、智能化及高效化。

2 科学问题背景

在长期的研究过程中,针对散货卸船现场条件差异,学者们开发了不同类型的卸船装备。其中,抓斗卸船机每次抓取量为50t左右,间歇性作业,污染较大;链斗式卸船机的卸船效率为600~3000t/h,主要适用于重散货,但装备自重较大;螺旋卸船机的卸船效率为500~2000t/h,自重轻,但能耗高,且关键构件磨损较为严重;气力卸船机的卸船效率最大可达到400t/h,清舱效果好,但能耗巨大,且不适用于易碎物料。我国目前已成为卸船机最大生产国和使用者,卸船效率也超过了4000t/h,但传统装备已无法满足现代港口散货卸船高效率、低能耗、低污染的要求。因此,需要攻克大型港口散货高效绿色卸船装备的技术瓶颈及科学问题。

2.1 散货特性对散货颗粒运动学和动力学行为的影响规律研究相对不足

卸船过程中散货对装备的作用不仅涉及固体、离散体和气体流体等多相介质,还存在冲击、摩擦、颗粒破碎和黏着等多种作用形式。散货流动性与颗粒尺寸、形状、密度、孔隙率、湿度和温度等参数直接相关。例如,散货输送过程中由于大颗粒的破碎和小粒径粉体的增加,使得散货内部吸附力和黏性提高,从而引起流动性的降低;与此同时,散货颗粒之间的磨损将导致其形状的圆滑和滚动系数提高,反而有利于散货流动。散货流动性决定着散货颗粒的运动速度、作用力和流动形式等运动学和动力学行为,与散货卸船装备的设计密切相关。因此,如何从颗粒尺度出发揭示散货颗粒之间力链分布,扩展到宏观尺度下散货强度分析,如何构建散货特性对散货动力学的影响机制及动态关联,如何明晰散货流动性的变化规律,是提高卸船装备取料和输送效率的关键。

2.2 散货与装备动力学交互行为的研究不够深入

与港口集装箱物流不同,散货卸船涉及颗粒与颗粒、颗粒与装备之间的相对运动,其能耗不仅包括机械机构的驱动,还包括散货颗粒内部摩擦以及与装备相互作用的消耗。具体而言,散货在流动过程中,由于颗粒相对运动造成相互之间的挤压、摩擦和切削等,会造成散货内部的能量消耗。已有研究证实,某些工况下该部分能耗急剧上升,成为主要能耗形式,如在皮带机输送系统中,占比可超过23%。同样地,散货颗粒与装备接触表面之间也存在滑动、滚动和冲击等各种形式的作用,导致系统的动能和势能转化为热能而消散。而散货卸船大运量、高落差、长时间的作业环境也使得颗粒之间、颗粒与装备之间作用关系复杂多变,能量消耗也动态变化。因此,有必要充分辨识散货卸船阻力的主要构成和产生机理,深入研究散货与装备的动态作用机制,明晰环境、工况等因素的影响规律,建立散货输送阻力与能耗的高精度计算模型。

2.3　散货含尘气体的时空演化规律有待发展

目前,散货港口广泛采用的抑尘方法包括喷雾抑尘、喷水抑尘和通风抑尘等。相比于其他方法,无动力结构抑尘具有成本低、无二次污染和节约能耗的优点,是未来重点的发展方向。无动力结构抑尘主要是通过设计密封结构,增加气流阻力,减小诱导气流量及诱导气流速度,从而抑制粉尘的扩散;或是通过优化几何结构,调整散货流动状态和速度,降低粉尘的产生;或是添加旁路结构,促进气流循环,削减含尘气流动能,促进粉尘沉降。但是由于装备壁面、粉尘颗粒和空气之间的复杂耦合关系,粉尘的迁移机理尚未明确,装备结构参数对含尘气流流场的影响规律的研究相对缺乏,均限制了无动力结构抑制方法的实现。

2.4　卸船装备轻量化设计与智能控制的问题有待解决

首先,散货卸船装备的金属结构重量占总重量的60%～70%。轻量化设计的第一步就是金属结构的拓扑优化,这也影响了整机的动力学行为,决定了传动系统的智能控制效果。在满足使用条件、约束条件和工作载荷的情况下,研究材料的合理分布形式,其关键在于如何确定优化的目标函数表达式与约束函数。其次,风荷载是卸船装备大型化需要重点考虑的因素,而卸船装备的大型化必将引起结构的柔性化,如何进一步研究设备作业过程中风效应、风致振动以及抗风设计方法是值得重点关注的问题。另外,卸船机通常在频繁变化的交变载荷下长期运行,散货与卸船装备存在复杂的动态交互,导致其关键部件不可避免会产生损伤和失效。传统静态可靠性分析方法无法准确描述随机过程载荷的时间相关性和部件性能退化的累积效应,如何提出关键部件时变可靠性分析、状态评估、故障诊断与预警方法,是卸船装备大型化、智能化控制过程中必须解决的问题;最后,大型散货卸船装备是刚、柔机构混合工作系统,涉及船舶与装备耦合协同,以及强波动多因素干扰环境作业,卸船装备的自动路径智能规划、恒负载卸料机构控制和船-机防碰安全等智能化控制系统也是研究的热点问题之一。

目前,散货卸船装备的设计方法主要基于传统的机械设计、工程力学和机构学等理论,多集中于装备本身,缺乏对作业对象特性及现场环境的考量,造成了装备整体尺寸过大、功能单一、效率低下等问题。因此,迫切需要深入理解散货、装备、环境三者之间的耦合交互关系,特别是对散货特性、驱动阻力与能耗、粉尘迁移与抑制机理以及设备轻量化与智能控制的研究,这些研究将对卸船装备大型化、高效化和绿色化发展有着重要意义。

3 科学问题研究进展

3.1 散粒体团聚流动行为特性及其连续输送机理

散货是卸船过程中最主要的研究对象,其力学特性、流动性以及与装备的作用机理对取料效率有着重要影响。对于散货流动性,国内外学者设计了堆积角、剪切角、单轴、三轴等试验方法进行表征,通过大量试验研究,指出散货流动性不仅与单一颗粒体性质,如颗粒尺寸、形状、密度、粒径分布等有关,还与散货的特性,包括孔隙率、松装密度和堆积密度、含水率等紧密联系。1979 年,Cundall 基于软球模型首次提出了离散单元法,随着计算机技术的普及,该方法现广泛应用于散货卸船过程中颗粒的动力学分析,以及散货与卸船装备接触作用的研究。然而,针对散货微观属性与宏观流动性行为的内在关联研究仍需加强,尤其是含水散货的流动性。尽管已有 JKR 黏性和 Luding 液桥等模型描述了水分参与下颗粒的运动学和力学规律,但含水散货与装备的相互作用机理仍不清晰。

3.2 散货与装备耦合交互下的系统能耗演化模型

针对卸船装备能耗的研究,国内外大量学者采用单质点理论、流体力学理论、基于质量守恒原理的颗粒群理论,近似阐述散货的动力学行为,以此计算系统的运行阻力和能耗。国内有部分学者以散体结构特性、本构关系、极限滑移理论为基础,利用散体力学、岩土力学等相关理论,推导散货内部应力分布的数学表达式,建立卸船装备力学分析模型。已有研究表明卸船装备的运行阻力是由散货力学特性和装备设计参数综合决定的,包括散货的颗粒度、密度、黏聚力等特性,以及装备接触面的形状、光洁度、几何尺寸等参数。除此之外,散货特性还与输送过程中气、固两相流密切相关,固相浓度、固相速度、管道内部压力、颗粒和管道的交互等方面的作用,影响着系统能耗。因此,卸船装备减阻降耗研究需将散体力学理论、接触力学理论、离散元理论和流体力学等经典理论结合起来,从微观、颗粒和宏观多尺度入手,探究散货与装备的运动行为和动力学特性,建立精确的阻力计算模型,提出更加有效的节能降耗方法。

3.3 散货粉尘的迁移规律与抑尘方法

港口散货粒径和容重差别较大,在输送过程中形成了散货、空气、粉尘、装备的复杂多相交互作用。一方面,颗粒之间相对运动、挤压和碰撞导致散货内部孔隙率变化,造成了粉尘颗粒的产生和逃逸;另一方面,散货流动引起的诱导气流与粉尘颗粒耦合,使粉尘进一步扩散;同时,装备结构对气体流场和散货流动形式也起到决定性作用。目前,粉尘相关数值模拟多采用多相流模型,主要分为双流体模型(Two-Fluid Model,TFM)和计算流体力学-离散单元法(CFD-DEM)两种方法。其中,TFM方法将颗粒作为连续相来处理,通过流体力学理论与气体进行耦合;而CFD-DEM方法则将颗粒作为离散介质,在欧拉-拉格朗日框架下对气-固耦合进行求解。但是受限于计算机算力,现有数值仿真方法只能对粉尘颗粒进行近似处理,无法精确模拟大量细微颗粒的动力学行为。因此,需要提出更加精确的散货颗粒-粉尘-空气三相流数值仿真方法,深入分析三相的动态交互过程,揭示散货输送过程中粉尘形成和迁移机理,为开发高效无动力结构抑尘方法提供理论支撑。

3.4　大型卸船装备优化设计理论与控制方法

目前散货卸船装备的轻量化设计,主要采用理论分析、离散元和有限元数值模拟等方法,通过研究装备动力学行为来优化承载结构。但大型散货卸船装备具有整体长细比与局部长细比悬殊的特征,对其承载特性的研究需从多尺度进行考量,以实现更加高效、可靠的结构拓扑优化。在风载对散货卸船装备影响研究方面,更多的是通过经验公式,增加风载系数来进行安全设计,缺乏柔性高耸机械结构迎风姿态与防风站位、阵风效应模拟等方面的研究。在卸船装备健康管理方面,目前主流监测方法是以少数测点的振动信号为基础,来进行结构损伤识别与故障诊断、预警与状态评估。但对于大型卸船装备,其本身是空间结构,仅依据有限测点振动无法真实反映整机的健康状态,需要发展多源、多物理量监测方法,通过研究其全寿命下动力学行为的映射,进行整机结构、机构的故障预警与故障控制,提出自动无人值守散货装卸系统状态监测与控制理论,实现对故障的快速响应与控制。对于散货卸船装备智能控制的研究也相对较少,在刚柔混合工作机构的智能控制、船-机耦合交互的自动卸船路径智能规划、强波动干扰环境下自适应和恒负载取料机构控制系统以及卸船装备防碰、防尘和防堵控制方法等方面的研究有待加强。以上方面的研究现状在一定程度上限制了卸船装备的大型化、智能化发展,也是优化设计及控制方法上亟须解决的关键技术问题。

主要参考文献

[1] Roessler T, Katterfeld A. DEM parameter calibration of cohesive bulk materials using a simple angle of repose test[J]. Particuology, 2019, 45: 105-115.

[2] Shi H, Lumay G, Luding S. Stretching the limits of dynamic and quasi-static flow testing on cohesive limestone powders[J]. Powder Technology, 2020, 367: 183-191.

[3] Shen J, Wheeler C, Ilic D, et al. Application of open source FEM and DEM simulations for dynamic belt deflection modelling[J]. Powder Technology, 2019, 357: 171-185.

[4] He D, Pang Y, Lodewijks G. Green operations of belt conveyors by means of speed control

[J]. Applied Energy,2017,188:330-341.

[5] 宋冠霆,宋伟刚. 带式输送机转载溜槽的抑尘设计[J]. 矿山机械,2020,48(11):29-36.

[6] 陈晓玲,张珊. 转载溜槽 CFD-DEM 模拟的参数和模型研究[J]. 煤矿机械,2021,42(8):45-48.

[7] 蔡瑞环,赵永志. 双螺旋锥形混合器叶片结构对颗粒混合的影响[J]. 浙江大学学报(工学版),2021,55(11):2067-2075.

[8] 占金青,龙良明,刘敏,等. 基于最大应力约束的柔顺机构拓扑优化设计[J]. 机械工程学报,2018,54(23):32-38.

[9] 雷亚国,贾峰,周昕,等. 基于深度学习理论的机械装备大数据健康监测方法[J]. 机械工程学报,2015,51(21):49-56.

撰稿人:袁建明(武汉理工大学)　沈嘉禾(武汉理工大学)
　　　　张氢(同济大学)　孙远韬(同济大学)

港口交通系统综合协调及全程控制研究

Research on synthetic coordination and total process control of port transportation system

1 科学问题概述

在智慧港口的多模式运输、无人驾驶、车路港协同背景下,港口交通系统综合协调与智能控制是科学技术进步所带来的新命题、新挑战、新机遇。现有港口交通系统存在车循环与箱循环难适配、港内作业与港外集疏运难衔接、不同运输模式之间难协调等现实问题,这些问题的解决有助于港口的提质增效。为促进港口交通系统的智能管控水平提升,亟待研发一套港口交通系统现场综合协调与智能控制的新理论、新方法和新技术,进而保障港口生产作业、港内交通、港外集疏运等的现场综合协调及其高效稳定运行。为突破上述技术瓶颈,一系列关键科学问题有待研究:

1.1 如何描述港口交通系统车流和作业流的车循环和箱循环特征,对车循环与箱循环的作用机理进行建模,并刻画港口生产作业环境车循环与箱循环的交互关系与综合协调机制

在集装箱港口,运输车辆、集装箱作业流、装卸设备、道路环境、港口环境等相互耦合形成了一个复杂的交通系统。在集装箱港口交通系统中,作业流、车流分别对应箱循环、

车循环,前者是港口核心业务,后者为前者提供集疏运服务,彼此相互作用且高度耦合。现有研究鲜有剖析港口交通系统箱循环与车循环的耦合特性,导致箱循环与车循环的动态适配机制及其作用机理不清楚,无法掌握港口交通系统状态的时空演化规律,不利于港口交通系统的现场综合协调及其高效运行。因此,需要挖掘港口交通系统车循环与箱循环的耦合作用关系,建立车循环与箱循环的动态适配调控机制,从时空一致性角度,揭示港口生产作业环境下的车循环与箱循环的演化规律,进而为港口交通系统的高效协同及其控制提供理论支持。

1.2 如何刻画船舶抵港不确定性、港外集疏运波动性、港口作业任务潮汐性等对港口交通系统车循环的影响,并构建港口混合道路场景下港内港外车辆自动编队及解列的控制模型

在港口交通系统中,车循环是否高效,核心是对港口外部集疏运车辆、港内作业车辆的有效组织。目前,无人驾驶、车路协同等技术,有助于提高车循环的管控水平及效能。在自动化港口,无人集卡、AGV 等的自动编队已经成为无人驾驶的热点,并得到了港口方面的高度关注。由于存在港口外部的集疏运车辆开放性道路场景,以及港口内部的集疏运车辆、内部作业车辆的混合道路场景,需要考虑集疏运波动性对车循环的影响,探寻港口内外的车路港协同下的开放性和混合道路环境下的车队自动编组控制理论,并开发车辆自动编组的智能装置;在港内,需要考虑港口任务潮汐特性和船舶抵港不确定性对车循环的影响,探寻混合道路环境下的车队动态解列与重新编队的控制理论。因此,港口交通系统如何实现车循环的高效智能,核心问题是需要考虑船舶抵港不确定性、港外集疏运波动性、港口作业任务潮汐性等特征及其影响,实现港口混合道路场景下的车队自动编队和解列。

1.3 如何刻画不同运输模式的协同作用机理及其对港口交通系统箱循环、车循环的影响,并建立面向多模式综合协调的港口交通系统高效精准接驳转运控制模型及其动态调控策略

在港口,存在公、铁、水、空轨等多种运输模式。面向港口作业的箱循环是否高效,核心是不同运输模式之间的接驳转运,实现集装箱在不同运输方式运载工具间的换载,需要利用交通系统实现不同运输模式的有机衔接,并考虑车循环和箱循环的综合协调机制及其动态适配调控策略。现有研究鲜有考虑车循环与箱循环动态适配下的接驳转运理论,更缺乏自动接驳转运场景下的高效精准方法、技术及其自动化控制装备,导致港口交通系统接驳转运控制原理不清晰。因此,需要探索港口交通系统不同运输模式衔接的技术方案及其作用机理,从系统科学角度挖掘高效精准接驳转运的控制理论,为接驳转运装备设计及其过程管控提供理论支持,这是实现港口交通系统车循环与箱循环在不同运输模式

之间有机融合的关键科学问题。

2 科学问题背景

港口是我国综合立体交通网络的重要货运枢纽。在建设交通强国战略决策的指引下,港口积极发展多模式运输,导致港口交通系统涉及公、铁、水、空轨等多种形式,既要兼顾不同交通子系统之间的有效衔接,又要考虑港口内部生产作业系统与多种形式交通系统的对接,确保港口内外衔接通畅、作业高效。目前,港口交通系统的难点在于港内作业与港外集疏运难衔接、港口箱循环与车循环难适配、不同运输模式之间难协同,缺乏港口车循环、箱循环等高效运行的控制手段,港口交通系统综合协调与智能控制的相关机理、方法、技术与装备有待突破,相关技术瓶颈如下。

2.1 对港口交通系统的箱循环与车循环的适配机制认识不足

港口交通系统具有很强的动态随机性,而港口生产作业具有潮汐波动性,两者叠加,使得车循环与箱循环之间的作用耦合关系复杂。港口多模式运输及其有效衔接问题,使箱循环与车循环的适配及其调控更加复杂,这方面的动态适配机制研究及其方法理论探索有限。因此,有必要从港口生产作业的时空一致性角度揭示车循环与箱循环的作用与影响,完善港口交通系统车循环与箱循环动态适配及综合调控的理论体系。

2.2 港口交通系统车循环高效运行的控制手段不足

港口交通系统车队自动编队驾驶与车路港协同,是当前港口关注的热点,港外集疏运车队自动编队的示范验证在开放性道路上有序进行。但是,在港口内部的混合道路环境中,存在港内车辆、港外车辆和港内自动化装卸设备,车-路-港的交互更加频繁,还需要考虑不同类型车队因不同任务所导致的自动解列与重新编队控制,并受限于港口布局、装卸工艺、作业流程等多方面因素,为车队自动编组与解列的动态控制带来挑战。

2.3 港口交通系统箱循环高效运行的控制手段不足

港口交通系统箱循环是否高效运行,核心是集装箱在不同运输方式运载工具的换载。已有研究及其技术手段与装备,局限于传统装卸技术及其设备调度方法,对港口交通系统自动接驳转运的方法理论及其控制手段的探索不足,无法满足港口当前铁水联运、空轨转运等实际换载发展的技术需求,尤其是大批量快速接驳转运场景下的作业效能提升及其控制理论缺失,导致港口交通系统的箱循环高效运行存在一定的短板。

综上所述,亟须进行深入的港口交通系统车循环与箱循环动态适配调控机制研究,揭示港口生产作业环境下车循环与箱循环的综合调控演化规律;从港口交通系统车循环高效运行角度,开展港口交通系统车辆自动编队及解列控制理论研究,突破港口开放/混合道路环境下车队自动编队与解列的控制技术;从港口交通系统箱循环高效运行角度,开展港口交通系统自动接驳转运控制理论研究,突破港口交通系统车循环与箱循环在不同运输模式之间有机融合的自动换载控制技术。以上研究对于提升港口交通系统智能管控水平具有重要指导意义,科学价值突出。

3　科学问题研究进展

3.1　针对港口交通系统车循环与箱循环的交互作用与综合协调方面

已有研究关注车循环、箱循环的生产资源个体的生产组织、资源配置、任务指派、生产调度等,主要涉及泊位分配、港作设备分配、港口设备动态调度、堆场资源分配、港口多级闸口管控等,一般结合问题特性构建整数线性规划(Integer Linear Programming,ILP)模型、混合整数线性规划(Mixed Integer Linear Programming,MILP)模型或对偶模型,并设计精确或启发式算法进行求解,但缺乏港口交通系统车循环与箱循环之间的适配调控研究。此外,部分研究将港口内部的多资源进行整合,开展集成调度研究,可以将其看作是港内作业环境下的车循环与箱循环的动态适配的决策优化,属于离线静态决策研究,涉及泊位与岸桥、岸桥与水平输送车辆、泊位与堆场、水平输送车辆与堆场等,多采用并行机或混合流水车间(Hybrid Flow-shop Scheduling,HFS)理论建模,采用启发式方法进行求解,不能满足港口动态在线调控决策的要求,更缺乏港外集疏运车循环与港内作业的协同与衔接。另一方面,港口多模式运输也对港口交通系统车循环与箱循环的交互与综合协调管控产生了极大影响,已有研究主要集中在多式联运网络优化设计和运输方式及其路径选择上,多采用图论、网络流、多目标规划、鲁棒优化、随机规划等方法进行不同运输方式及其径路选择和运量分配,但是港口内部多模式运输和港外集疏运场景下的车循环与箱循环的综合协调机理研究存在研究空白,两者耦合交互的机理和规律不清楚,港口缺乏理论指导,现实中普遍存在港内港外交通难协同、难调控的情况,造成港外交通拥堵、港内设备等车的窘境,不利于港口大流量的高效运营。

3.2　针对港口交通系统车辆自动编队及解列控制理论

现有理论发展滞后且匮乏,已有研究多集中在封闭道路环境中的重载 AGV 控制,落后于企业实践,尤其缺乏港口无人集卡编队在混合道路场景中的理论研究。在港口封闭道路环境重载 AGV 智能控制方面,例如上海港洋山四期自动化码头,根据高速重载 AGV 系统高精度控制要求,建立 AGV 动态负载非线性高耦合参数动力学模型,研发与 AGV 导航高匹配的反馈控制系统,实现大载荷变化范围下的 AGV 自适应控制。AGV 的路径轨迹规划也得到广泛关注,通过多传感器融合与卡尔曼/扩展卡尔曼滤波器轨迹预测方法实现对 AGV 的高精度定位,在环境地图栅格化的基础上对路网搜索过程中的栅格设定代价函数,通过代价值的比较实现最优路径搜索。多 AGV 调度也是港口管控的核心内容,港口实践多采用基于规则的打分赋权方法,具有快速简易的特点,便于实时在线调度;学术界主要采用精确算法、启发式方法、多智能体、强化学习等方法进行 AGV 的调度、路径规划、路径冲突等问题的解决,这些方法求解复杂且运算代价高,无法满足港口实时在线作业要求。在港口混合道路环境无人集卡智能控制方面,上海港在港外东海大桥实现了 3 辆无人集卡的自动编队运行,车队编组涉及固定间距、固定时距、可变时距等控制策略。山东日照港和武汉中远海阳逻码头开展港口内部混合道路环境有人集卡与无人集卡的交通控制研究及示范,但在港口混合道路环境中,无人集卡因前方有人集卡并车存在频繁启停情况,运行效率低下,且无人集卡在前方或侧前方有障碍物或排队情况下因转弯半径和安全距离等不够存在路径死锁的情况,针对这方面的理论研究比较匮乏。综上,在港口混合道路环境中,行业借鉴了无人车在传统道路的控制理论及技术,引入车辆运动学和动力学理论,但对于港口重载工况下的车辆控制缺乏相关理论指导,也普遍缺乏车-路-港协同的考虑,尤其是港内车队根据生产任务和车辆运动学进行自动编队及其解列的交通控制思考,导致港口混合道路环境车辆智能控制距实际落地运营仍有较大差距。

3.3 针对港口交通系统自动接驳转运控制理论

已有研究多关注港口铁水联运过程中的接驳转运,主要采用门式起重机、集装箱正面起重机、叉车等设备进行不同运输方式之间的集装箱移载,多采用图论、整数规划、混合整数规划、动态规划、双层规划等进行设备调度和火车编组排班的建模,利用分支定界、内点法、列生成、Benders 分解等精确算法或遗传、粒子群、蚁群、进化算法等启发式方法,但在港口大规模在线运营场景下存在迭代多、求解慢的缺点,难以满足港口大运量实时在线联运调度需求。此外,大连海事大学牵头的多式联运方面的国家重大研发计划,正在开展铁水自动接驳转运的研究,涉及多机群组式自动化协同作业机理、多机群组式协同作业的自动化最优控制技术、载运工具-箱-吊具多层级辨识与装入卸出和转运接驳定位等,但仅聚焦在单机设备多机构和多机设备多机构的接驳转运协同控制,缺乏港-车-接驳装备在港口多模式场景下的综合协调及控制方面的研究,港口内部交通、港外集疏运与多模式交通无法有效衔接。青岛港前湾自动化码头采用智能空轨集疏运系统,利用空轨与多设备的智能交互作业模式,系统集成融合 5G 通信以及"北斗 + 差分"、机器视觉、交叉感应环线、激光扫描、磁钉导航等多种定位技术,实现空轨系统与 AGV、智能导引车(Intelligent Guided

Vehicle,IGV)、有人集卡、无人集卡等多种集装箱运输设备的交互作业,但这方面的研究仅仅局限于智能空轨集疏运系统。没有统筹考虑该系统与码头其他作业区及其交通的关系,而这方面的理论研究尚无文献报道。综上,就现有文献查阅情况而言,针对港口交通系统综合协调与智能控制的文献极其匮乏,相关理论研究存在巨大短板。在港口新模式(堆场水平布局边装卸、堆场垂直布局端装卸、港口多模式运输组织)、新技术(港口 AGV 多车控制、港口无人集卡编队、港口混合道路车路协同、港口装卸设备远程操控)、新装备(AGV、带头无人集卡、无头无人集卡、无人跨运车)等大量实际应用的新形势下,理论研究严重滞后于实践发展,存在大量关键科学问题和技术瓶颈难题,亟须学术界予以解决。在建设交通强国和建设世界一流港口的新形势下,开展港口交通系统综合协调与智能控制理论研究,对于丰富复杂系统工程和自动控制的理论体系具有重要意义,能为港口可持续发展及其理论提供支持。

主要参考文献

[1] Lim S,Pettit S,Abouarghoub W,et al. Port sustainability and performance:A systematic literature review[J]. Transportation Research Part D,2019,72:47-64.

[2] Zarzuelo I,Soeane M,Bermúdez B. Industry 4. 0 in the port and maritime industry:A literature review[J]. Journal of Industrial Information Integration,2020.

[3] Kon W K,Rahman N,Hanafiah R,et al. The global trends of automated container terminal:a systematic literature review[J]. Maritime Business Review,2021,6(3):206-233.

[4] Archetti C,Peirano L,Speranza M. Optimization in multimodal freight transportation problems:A survey[J]. European Journal of Operational Research,2020.

[5] Xu B,Jie D,Li J,et al. Integrated scheduling optimization of U-shaped automated container terminal under loading and unloading mode[J]. Computers & Industrial Engineering,2021.

[6] Hai D,Xu J,Duan Z,et al. Effects of underground logistics system on urban freight traffic:A case study in shanghai,China[J]. Journal of Cleaner Production,2020.

[7] Nadi A,Sharma S,Snelder M,et al. Short-term prediction of outbound truck traffic from the exchange of information in logistics hubs:A case study for the port of rotterdam[J]. Transportation Research Part C,2021.

[8] Muravev D,Hu H,Rakhmangulov A,et al. Multi-agent optimization of the intermodal terminal main parameters by using any logic simulation platform:Case study on the Ningbo-Zhoushan Port[J]. International Journal of Information Management,2021.

[9] 兰培真,陈锦文,曹士连. 基于 Ant-agent 的自动化码头 AGV 控制算法[J]. 交通运输系统工程与信息,2020,20(1):190-197.

［10］郭戈,许阳光,徐涛,等.网联共享车路协同智能交通系统综述［J］.自动化学报,
2019,34(11):2375-2389.

撰稿人:邓延洁(交通运输部水运科学研究院)　张煜(武汉理工大学)

智慧低碳港口新型自动装卸系统优化理论

Optimization theory of new automatic loading and unloading system in smart low-carbon port

1　科学问题概述

　　智慧低碳港口是港口产业的新兴发展方向,也是港口发展的重要目标。自动化装卸系统是智慧港口的重要组成部分,已有较多的自动化、智能化和低碳化机械设备与相关技术被应用于港口特别是集装箱港口货物装卸,但从系统优化的视角研究智慧低碳港口自动装卸系统的理论体系尚未形成。自动装卸系统优化研究涉及交通运输工程、管理科学与工程、信息与通信工程、控制科学与工程等多学科交叉,尽管目前国内外学者就港口自动装卸系统已进行了大量研究,但港口装卸系统如何适应船舶大型化与专业化发展趋势、如何适应港口智能化和绿色化发展要求;如何有效利用码头现有资源为船舶提供在港快速周转服务,如何处理并有效利用码头装卸设备优化调度中的大量不确定信息;如何实现码头装卸系统的最优管理等深层次问题已成为自动装卸系统优化与发展的关键问题。智慧低碳港口新型自动装卸系统优化理论主要研究港口自动化装卸运输过程中如何实现合理科学地作业,以确保货物在港口能够绿色、高效、安全、优质地转换于不同运输工具之间。其核心科学问题包括:

1.1　智慧低碳港口船舶-泊位-岸桥动态调度优化及起重机装卸自动生成技术

　　该问题包括不确定环境下泊位分配及船舶-泊位-岸桥动态调度优化理论,起重机货物装载和卸载顺序优化及自动生成技术。

　　合理的泊位和岸桥集成调度是港口自动化装卸系统得以优化的重要前提条件,而船舶随机到达、延期到港、泊位偏好、优先靠泊权以及气候条件、航道阻塞、港口拥堵等各类干扰事件形成的不确定环境极易对港口泊位分配与集成调度产生干扰。需要重点针对以下问题开展研究:泊位分配计划的干扰因素辨识;干扰因素的成因、变化规律及交互影响;干扰因素对港口自动化装卸作业影响的不确定性及其标定;不确定环境下泊位分配的通用模型;考虑多因素影响的船舶-泊位-岸桥集成调度方法;场景多变环境下的船舶-泊位-

岸桥动态调度优化模型。

起重机货物装卸载顺序优化和自动生成技术是起重机实现智能化、自动化作业的重要手段和关键技术。主要包括:起重机装卸作业分析模型;起重机装卸作业环境和待装卸货物状态辨识;起重机装卸载顺序生成规则;起重机装卸载顺序优化模型;起重机装卸作业顺序自动生成方法。

1.2 低碳约束下的岸桥-自动导引运输车和集装箱-场桥的联合协同调度模型

该问题包括岸桥与自动导引运输车(AGV)联合调度模型及箱位分配与场桥协同调度模型。岸桥-AGV 的联合调度模型具体包括:构建与岸桥装卸作业计划协同、考虑 AGV 续航时间与突发故障处理、岸桥中转平台容量、堆场缓冲支架容量以及低碳约束的自动化码头 AGV 配置优化模型;低碳约束下的 AGV 小车路径优化模型与扰动问题研究。箱位分配与场桥协同调度模型具体包括:集装箱堆场布置与策划模型;多场桥联合低碳作业条件下的集装箱多维箱位分配模型。

1.3 低碳约束下的船-泊-桥-车-场系统集成调度理论与动态自动作业计划

该问题包括在前述科学问题得以研究的基础上,构建智慧低碳港口全要素完整作业链条的集成调度理论,形成不确定条件下多场景智慧低碳港口自动装卸作业计划。

2 科学问题背景

港口是国家综合交通枢纽,在国家对外贸易、物资运输、物流服务、工商业及金融业等国民经济发展方面发挥着不可或缺的作用。党中央对于智慧低碳港口建设给予了高度重视,交通运输部、国家发改委等部门出台一系列支持和引导港口产业发展的相关政策,例如中共中央、国务院印发的《交通强国建设纲要》,交通运输部等九部委联合印发的《关于建设世界一流港口的指导意见》等,明确了 2025 年、2035 年、2050 年 3 个阶段我国港口在绿色、智慧、安全等方面的发展目标,为建设交通强国、建设世界一流港口、发展智慧低碳港口提出了总体思路。2020 年 8 月,交通运输部发布《关于推进交通运输领域新型基础设施建设的指导意见》,要求推进交通基础设施数字化转型和智能化升级,加快建设智慧港口,推动港口进行数字化和智能化作业,并在港站智能调度、港口养护、港口智慧平台建设、远程设备控制、智能安全预警等方面给出引导。在国家政策的指示下,各港口所在省份纷纷出台相关政策,帮助完善不同区域港口建设布局和功能规划。

自动化码头建设是我国智慧港口发展的基础。从国家自动化码头建设和试运行来看,洋山港区四期工程早在 2017 年就建成投产;2020 年青岛港前湾港区 2 个 20 万吨级自动化集装箱泊位已投入运营;天津港实现了传统集装箱码头的全流程自动化改造并全面运营;2021年广州港南沙四期全自动化码头实船联合调试成功,成为粤港澳大湾区首个全自动码头;北部湾港海铁联运自动化集装箱码头顺利开工;深圳妈湾智慧港率先完成干散货码头的自动化改造。此外,厦门翔安港区20万吨级全自动化码头泊位建设获批;招商港口旗下深圳海星港、大连港、营口港也分别开展散杂货和集装箱码头智能化改造。

码头装卸系统连接码头各种设备设施,是码头能够实现快速、高效作业的中心环节,在智慧码头的建设中扮演着十分重要的角色。码头的主要作业设备包括岸桥、AGV、场桥、叉车等。现有研究对于自动化码头装卸系统优化理论多是从单一角度展开,同时对于低碳化和绿色化指标的考虑有所不足。在码头自动化生产过程问题中,如何优化装卸系统中的资源配置,如何实现各作业环节的无缝衔接、减少设施设备的等待和空闲时间,如何实现自动化水平搬运设备常规状态及扰动状态下的路径优化,如何实现能源节约和碳排放减少,如何实现不同设备之间的协同调度及作业计划的自动生成等核心问题值得我们深入思考并给予相应的解决方式。

综上所述,进行智慧低碳港口新型自动装卸系统优化理论的研究,形成一套完整的、系统的理论体系和理论依据,开展考虑低碳约束及不确定环境下智慧低碳港口泊位分配,起重机装载作业计划自动生成,岸桥、水平运输设备以及场桥间协同调度以及堆场箱位分配等相关研究,对于智慧低碳港口在我国的大力推广和实施具有重要科学意义和价值。

3 科学问题研究进展

现有智慧低碳港口自动装卸系统优化研究主要以集装箱港口为研究对象,相关进展如下:

3.1 针对岸边资源的配置与调度

现有研究集中于集装箱岸边资源配置,主要包括泊位分配问题和岸桥配置问题。泊位分配计划的研究主要包括集装箱港口的动态泊位指派问题和泊位分配计划的恢复性研究,通常利用相关的仿真和优化模型来求解得出最优方案。岸桥分配的研究主要集中于岸桥调度的研究,针对泊位分配与岸桥分配的集成调度模型也多有研究和应用,但基于低碳约束的不确定条件下多变场景的泊位-岸桥配置优化及智能联合调度问题还有待进一步研究。

3.2 针对场内资源调度与作业的研究

现有堆场箱位分配、场桥调度的独立研究较为丰富,通常利用整数规划和启发式算法进行优化计算。但对考虑场桥作业时的能源消耗与回收问题、集装箱堆场箱位分配与场桥调度协同优化问题,以及多场桥作业的干扰问题等还有待进一步深入研究。

3.3　针对岸桥与水平运输设备的配置与调度

现有研究主要关注集装箱 AGV 的动态配置与调度。学者们研究了 AGV 运行中的不确定环境,包括排队、拥堵、冲突等,以及不确定环境下 AGV 的动态调度优化。现有调度方案普遍会配置数量较多的 AGV,以避免岸桥延迟,但会使得 AGV 能耗增加和利用率低下。AGV 路径规划是另一个重要方向,现有 AGV 路径规划主要解决如何在保证 AGV 安全运行距离以及避免路径冲突的前提下减少行驶路程以达成降低能耗的目标。而针对岸桥-AGV 的联合调度,目前的研究集中于卸船阶段或装卸同步阶段,港口装卸作业不同阶段之间的联系通常被忽略。也有相关研究提出通过设置缓冲平台以减少岸桥和 AGV 的相互等待能耗。

3.4　针对港口整体资源集成配置和协同作业理论研究

部分学者开始探讨从港口全局的角度来研究港口装卸作业规划布局,常用的技术手段是利用解析模型从理论的角度对港口装卸和调度问题进行简化,然后通过将仿真技术与理论分析相结合的方式来实现规划结果的可视化。

主要参考文献

[1] Li C ,Lu Z ,Han X ,et al. Integrated scheduling of a container handling system with simultaneous loading and discharging operations[J]. Engineering Optimization,2016,48(3):1-18.

[2] 杨劼,高红,刘巍.离散泊位布局下的泊位岸桥动态协调调度[J].计算机工程与应用,2018,54(003):265-270.

[3] 檀财茂,黄有方,何军良,等.资源紧缺型集装箱码头多类型场桥配置问题研究[J].交通运输系统工程与信息,2016,16(01):229-236.

[4] Stahlbock R ,Voss S. Operations research at container terminals:A literature update[J]. OR Spectrum,2008,30(1):1-52.

[5] 苗明,郭晓霞,金淳.港口集装箱装卸工艺系统仿真优化研究[J].大连理工大学学报,2008,48(004):523-527.

[6] Mahpour A ,Nazifi A ,Amiri A M. Development of optimization model to reduce unloading and loading time at berth in container ports[J]. Iranian Journal of Science and Technology,Transactions of Civil Engineering,2021:1-10.

[7] 郭振峰.考虑能耗的集装箱码头出口箱作业系统优化研究[D].大连:大连海事大学,2020.

［8］ Ng W C,Mak K L. Yard crane scheduling in port container terminals［J］. Applied Mathematical Modelling,2005,29(3):263-276.

［9］ Legato P,Mazza R M. A decision support system for integrated container handling in a transshipment hub［J］. Decision Support Systems,2018,108(apr):45-56.

［10］ Huang X ,Dai X ,Luo Y ,et al. Design of container terminal handling system based on index forecast and economic evaluation［J］. Journal of Coastal Research,2019,94: 377-384.

撰稿人：涂敏（武汉理工大学）　陈宁（武汉理工大学）

绿色智慧港口系统多源信息融合理论

Multi-source information fusion theory of green intelligent port system

1　科学问题概述

建设绿色智慧港口是现代港口的发展方向。"多源"体现在到离港口的各式各样的运输工具、港口绿色智慧化包含的多个方面、数据采集方式的多种多样等方面。未来的绿色智慧港口能够将多源数据汇集一处,借助于信息融合技术对港口运行状态与发展态势进行详细刻画和综合评估,并及时发现生产瓶颈、绿色盲区及安全隐患,为港口系统运营与管控决策提供关键信息,为实现港口绿色化、智慧化创造条件。目前港口系统的运行还严重依赖于机械设备运行信息,如高清摄像头采集的现场作业视频信息、闸口获得的车辆进出信息以及风力、温度、湿度、水位等信息都停留在展示阶段或依靠人工监测使用,多源信息未得到充分利用,融合度差,难以借此实现港口系统运行决策。绿色智慧港口尚未实现,亟待研发一套面向港口物流环境的多源数据融合新理论、新方法和新技术,进而保障非线性、耦合性和时变性港口物流系统绿色智慧安全运行。为突破上述技术瓶颈,一系列关键科学问题有待研究。

1.1　港口多源传感信息设备如何布局与组网协同

从绿色智慧港口生产运营需要出发,考虑传感设备的性能指标,研究如何以最低成本和最全布局,将多源传感设备布置到港口陆域与水域的各个关键位置,并组成信息传输网络协同工作,有效减少信息传输时延。

1.2　多源信息融合数据驱动的港口关键要素识别、定位与监测

即使在未来高度自动化的无人码头,车辆、船舶、货物、机械、设施等仍然是港口运行

必不可少的关键要素,基于多源传感设备对上述不同要素采集的信息,研究其特征提取规则,实现关键要素自动识别,同时结合港口建筑信息模型(BIM)和空间地理信息系统(GIS)信息,对其进行自动定位与状态监测。

1.3　面向全系统多层次的港口多源信息融合与运行态势评估方法

基于1.1和1.2,进一步考虑气象、水文、气温等港口外部环境因素,研究更多传感设备收集的多源信息从数据级、特征级到决策级进行多层次融合,探索如何以较低成本投入,利用融合信息对港口绿色与安全运行态势进行整体评估,为港口运营管理决策提供支撑。

2　科学问题背景

近年来,全球各大港口向智慧型港口发展,秉持多源信息融合的理念,力求实现数字化转型,打造更高效、更安全、更可靠、更智能的港口系统。新加坡港提出了下一代港口战略,致力于推进数字化进程,打造基于大数据、数字孪生、人工智能(Artificial Intelligence,AI)的超现代化、高度智能的港口智能运营中心,并采用自动导引车系统、码头自动化系统、堆场自动化系统、智能船舶交通管理系统及数字化港口社区等,以提升港口运营效率、生产力和客户体验,进一步强化其全球性枢纽港和国际航运中心的地位。2021年10月17日,全球首个"智慧零碳"码头——天津港北疆港区C段智能化集装箱码头正式投产运营,该码头有的机械设备同时采用GPS、北斗导航、激光雷达、5G等技术定位,多源信息融合已在其绿色智慧港口系统中应用。

随着传感器技术、计算机技术和信息处理技术的快速发展,20世纪70年代军事领域率先产生了"数据融合"的全新概念,即把多种传感器探测的数据(信息)给予"综合加工",获得较单个传感器精确度更高的有用信息,从而得出对跟踪目标的准确识别。因此,多源信息融合是一门交叉学科,综合了控制、电子信息、计算机以及数学等多学科领域。多数学者认为,数据融合主要针对各类以数据形式表达的信息融合;当需要的信息是传感器测量数据时,数据融合就称为传感器融合;信息融合包括数据融合和传感器融合,但信息融合范围更宽泛,其融合的信息除数据外,还可延伸到图像、音符、符号、知识和情报等。目前多源信息融合尚未形成统一概念,美国三军组织实验室理事联合会(Joint Directors of Laboratories,JDL)认为:信息融合是一个数据或信息综合过程,用于估计和预测实体状态,Hall认为信息融合是组合来自多个传感器的数据和相关信息,以获得比单个独立传感器更详细更精确的推理;Wald认为信息融合是用来表示如何组合或联合来自不同传感器数据的方法和工具的通用框架,其目的是获得更高质量的信息;元晶等认为多源信息融合就是收集来自多个监测设备收集的信息,借助某种信息融合规则,对这些信息加工处理,获得对检测对象的一致性解释或刻画,进而获取新的融合结果作为人们决策或行动的参考依据。多源信息融合理论的探究一般依据数据内容的性质和特点,独立获得直观数据,综合加工处理规则,研究出最优融合算法,这一特点使得多数信息融合方法具有一定的局限性。按照本领域学者公认的理论及多源信息融合算法应用的数学依据,其算法可分为三大类:估计理论方法、不确定性推理方法、智能计算和模式识别理论方法。多源信息融合技术早期作为军事领域的一项秘密应用,目的是对各种运动的军事装备或武器(舰艇、飞机、导弹)侦查和预警、定位、跟踪及识别。近年来,多源信息融合系统在民用方面也得到了长足发展,主要应用领域为图像融合,工业智能机器人和智能交通系统。智能交通系统通过对关键基础理论模型的研究,有效地运用信息、通信、自动控制和系统集成等技术,实现了大范围内发挥作用的实时、准确、高效的交通运输管理。系统利用电荷耦合元件(Charge Coupled Device,CCD)、射频识别系统(RFID)、电磁感应等传感器进行组网协作实现车辆识别和对其运动状态的估计,对外提供道路车辆的流量、路况、违章、突发事故和调度等信息。

3 科学问题研究进展

3.1 信息融合模型的研究进展

信息融合模型包括功能模型、结构模型、过程模型和数学模型等,前三类模型密切相关,可统称为信息融合模型,而数学模型是指各种信息融合方法。至今人们已提出了多种信息融合模型,如 JDL 模型,观察、调整、决策以及行动(Observe、Orient、Decide、Act,OODA)模型,Omnibus 模型,时空可变形融合方案(Spatio-Temporal Deformable Fusion,STDF)模型等,其中应用最广泛的是 JDL 模型及其演化版本。JDL 模型最初是面向军事应用而提出的,主要包括4级:第1级"目标评估"、第2级"态势评估"、第3级"威胁评估"和第4级"过程优化"。后来研究者发现有必要增加第0级,对于这一级功能,很多学者先后进行了不同的变更和解释,如:信息源预处理、信号级优化、次目标估计、信号/特征估计、检测级融合等。为了将 JDL 模型从军事应用推广到民用领域,人们又将第3级"威胁评估"改为"影响评估"。长期以来,有关信息融合的研究工作绝大多数都局限于第1级"目标评估"。有人建议把它分解为两级,即"位置级融合"和"目标识别级融合"。随着信息融合技术研究的深入和应用领域的推广,有些问题的复杂度和难度超出了自动融合系统的能力,需要人的参与才能解决。因此,研究者们又在 JDL 修正模型的基础上增加了第5级"用户优化",即人的认知优化融合功能。

3.2 信息融合方法论的进展

多源信息融合所面临的问题多样而复杂,为此人们提出了大量的理论与方法,出现在文献中的方法分类有:基于物理模型、参数模型和认知识别模型的方法分类;基于状态模型、统计理论、知识规则和信息理论的方法分类;基于信号处理与估计理论、统计推断理论、信息论、决策论、人工智能和几何分析的方法分类;基于概率统计的传统方法和基于人工智能的现代方法分类;面向数据/信息不同特性的方法分类;面向不同融合功能级别的方法分类。信息融合方法论涵盖众多学科。目前其趋势是对现有信息融合方法的改进,提高其性能或扩大其适应面;随机集理论、支持向量机理论、本体论、博弈论、商空间粒计算理论等在信息融合领域中的应用仍需进一步深入研究。Web Service 和云计算等新型计算模式也逐渐用于信息融合领域。目前的研究工作还包括一些受生物学启发的智能融合方法。

3.3　信息融合算法的研究进展

信息融合算法是融合处理的基础和重要内容。该算法就是基于信息融合的功能,在每个融合层中通过各种数学方法加工合成所需要的多维输入数据来实现融合。数据层信息融合中大多采用加权平均值或聚类算法。用蚁群算法对预处理的数据进行降维,在此基础上运用遗传算法、网格搜索和果蝇优化算法分别对降维后的参数进行优化,实验结果表明在数据层融合上,果蝇优化算法效果最优。而在对多传感器多系统融合算法研究中,杜刚从软件应用层和分站硬件两方面考虑了多系统融合平台的设计与构成,提出了基于逻辑报警控制和多系统融合后的联合互动,可以初步避免"信息孤岛",有效解决因传感器失效、多系统人工操作等环节引起的应急响应时间增加。特征层信息融合算法包括神经网络、模糊理论和 D-S 证据理论等,其中 Turso 等设计了一种涡扇发动机信息融合系统,可在发生外部损坏时提供可靠的预测。其特征层融合是通过卡尔曼滤波所获得的发动机气路性能的变化和小波分析提取的轴承加速计信号特征的结合来识别外物损伤事件的,这种方法使信息系统相对于由其包含的各个子集所构成的系统具有更好的性能。

3.4　港口系统多源信息融合理论研究进展

相关研究主要集中于船舶监测与导航多源数据融合研究。船舶监测数据用于实时了解船舶动态状况,为船舶管理和运营决策提供重要信息,但一些基本数据可能不完整或不可用。为了恢复或预测缺失信息,更好地利用船舶监测数据,Yuan 等将统计分析、数据挖掘和神经网络方法相结合,提出了一种内河船舶多源监测数据的多任务分析与建模框架,定制和使用长短期记忆(LSTM)进行船舶轨迹修复,发动机转速建模和燃料消耗预测,还采用统计学和数据技术对数据进行提取、分类和清理,并设计了船舶航行状态识别算法。船舶导航需要精确的定位、导航和定时(Positioning, Navigation, and

Timing,PNT)数据。而来自单一来源的 PNT 数据具有不确定性和潜在风险,错误的 PNT 数据会对船舶操纵产生巨大影响,同时也可能给国家资产和国家安全造成巨大损失。为此 Wang 等提出了一种基于单频全球导航卫星系统(Global Navigation Satellite System, GNSS)和惯性导航系统(Inertial Navigation System,INS)的 PNT 数据融合算法,该算法将中值滤波和卡尔曼滤波相结合,在阻止 GNSS 获取 PNT 数据时,依靠 INS 仍然可以获取 PNT 数据,从而有效提高 PNT 数据的可用性、准确性、可靠性、连续性和鲁棒性。绿色智慧港口建设大势所趋且迫在眉睫,多源信息融合理论本身尚在发展中,且在船舶航行、船舶管理和运营决策中已有一定研究成果,且在妈湾智慧港、天津港"智慧零碳"码头、青岛自动化集装箱码头、洋山四期等已有实际应用。但绿色智慧港口系统多源信息融合理论研究成果比较缺乏,研究绿色智慧港口系统多源信息融合理论颇具科学意义和现实意义。

主要参考文献

[1] 元晶.多源信息融合技术及应用发展现状[J].工业经济论坛.2017,04(05):42-47.

[2] Blasch E P,Breton R,Valin P,et al. User information fusion decision making analysis with the C-OODA model[C]//Proceedings of 14th International Conference on Information Fusion,2011.

[3] 彭冬亮,文成林,薛安克.多传感器多源信息融合理论及应用[M].北京:科学出版社,2010.

[4] 陈科文,张祖平,龙军.多源信息融合关键问题、研究进展与新动向[J].计算机科学,2013,40(08):6-13.

[5] 徐森淼.基于高光谱不同层次信息融合的马铃薯轻微损伤检测方法[D].武汉:华中农业大学,2016.

[6] 杜刚.基于多系统数据级融合的煤矿监测监控逻辑报警分析[J].山西煤炭,2017,37(5):13-21.

[7] Yuan Z,Liu J,Liu Y,et al. A multi-task analysis and modelling paradigm using LSTM for multi-source monitoring data of inland vessels[J]. Ocean Engineering,2020,213:1-13.

[8] Wang X,Liu J,Liu Z. Ocean navigation method based on multi-system and multi-source data fusion [M]//Innovations,Algorithms,and Applications in Cognitive Informatics and Natural Intelligence. Hershey,Pennsylvania,USA:IGI Global,2020.

撰稿人:陈宁 (武汉理工大学) 董升平(武汉理工大学)

港口集疏运系统平行智能调控方法

Parallel intelligent regulation and control approach of port collection and distribution system

1　科学问题概述

港口是集水路、铁路、公路、管道于一体的综合交通运输枢纽,港口集疏运系统是影响港口通过能力的关键因素,是多模式货物运输的核心系统。当前国内港口集疏运系统由不同类型的港口作业区、社会公共交通和路网等要素构成。由于集疏运系统边界具有模糊性、延伸性、水陆混合性、城市社会融合性、多衔接复杂性,且易受社会交通与企业车辆、干支河流等因素影响,因此集疏运系统是一类复杂系统,并存在物流交通情况混杂、互相干扰,集疏运线路连接港区场站的最后一公里衔接不畅等问题。平行系统的人工系统、计算实验和平行执行(Artificial systems,Computational experiments,Parallel execution,ACP)理论研究是解决复杂、不确定系统建模与控制问题的发展趋势。基于此,为促进港口多模式系统运输高效稳定运行,亟待研发一套港口集疏运系统平行智能调控的新理论、新方法和新技术,进而保障陆路和水路等港口集疏运系统的高效性、快速性、安全性和节能性。为突破上述技术瓶颈,一系列关键科学问题有待研究。

1.1　港城协同下集疏运综合交通平行系统的基本框架

港口集疏运系统是由港口、港口经济腹地、内陆港和各种集疏运方式(公路、铁路、水路和城市道路)以及连接各点的运输路线构成的综合交通运输系统。港口集疏运系统的调控受港口经济腹地的规模及腹地所需货物的种类、货物运输方向、运输距离等多种系统要素影响。平行系统中的人工系统与集疏运实际系统各要素和结构对应程度越高,对实际系统的分析和决策会更精细、准确,所对应的管理和控制效果也越好。因此,要建立一个能够反映实际港口-城市协同系统的集疏运平行系统,迫切需要设计新型的基于 ACP 方法的港口集疏运平行系统平台框架。

1.2　复杂场景下集疏运平行系统的感知与学习方法

感知港口集疏运实际系统的场景数据是平行系统智能调控的基础,其数据通常由传感器或摄像头等采集。随着计算机视觉软硬件技术迅速发展,计算机视觉方法已经成为主流的感知与学习方法。然而,基于深度学习的方法需要大规模且多样性高的数据作为基础,且严重依赖于特定场景和人工标注。因此,为了提升平行系统的泛化能力,如何通过集疏运平行系统中人工系统的感知与学习方法真实地模拟和理解复杂的综合交通场景(包括光照、天气、车辆、道路、建筑物等)是行业普遍关注的问题。

1.3　不确定环境下集疏运平行系统的预测与控制方法

在平行系统感知与学习的基础上,准确预测港口各种交通量有利于发现如集疏运人工驾驶车流与装卸船无人智能车流混流等交通拥堵路段,借此可合理疏散港口交通流,减少港区交通对城市交通的影响,提升内陆城市贸易运输量与港口核心竞争力。在预测的基础上,平行系统可通过人工集疏运系统构建的"社会实验室",基于计算实验分析各种可能的交通行为和现象,分析各种情况的原因和提供相应的控制方案,以达到控制运营流程,调整作业计划,优化作业控制等港口降本提效目标。然而,在不确定环境下,港口集疏运复杂系统缺乏基于机器学习和深度学习的交通流量预测,缺少精准建模及缺失有效的管理和控制方法。

1.4　绿色低碳约束下集疏运平行系统的智能调控方法

发展绿色低碳集疏运系统是建设智慧绿色港口的重要内容。平行港口作为智慧绿色时代下港口工业智联网新的形态与体系结构,需要考虑在绿色低碳约束下集疏运系统的货运网络设计、多式联运作业优化、网络流量分配、运输最短路径等优化问题的智能调控方法,以提高集疏运综合交通运输网络效率、提升内陆城市贸易运输量及提升港口核心竞争力。

2　科学问题背景

港口集疏运系统具有多重复杂性、不确定性因素等特点,平行系统的 ACP 理论则基于智能体(Agent)等数据驱动算法构建的人工系统来描述复杂系统,解决复杂系统本质上不能解析建模的问题。

目前港口集疏运系统的调控研究包括以集疏运网络为对象的智能调控技术、考虑单一或少量因素的调控和优化研究等,这些研究主要聚焦系统的部分,对于港口综合交通系统多要素综合调控研究不足。而系统中面临诸多挑战,如混行交通场景等,现阶段系统对复杂场景认知和理解弱,造成了车车混行场景拥堵多等问题。因此,迫切需要突破基于平行智能调控方法的港口集疏运系统优化的技术瓶颈。

2.1　集疏运港口综合交通新型平行系统架构待完善

集疏运港口的现有系统多基于设备层、数据层和应用层,以完成港口和其相关要素之间大量数据和信息的交互和分析。在此基础上,如何建设基于大数据和人工智能的港口集疏运平行系统"超级大脑"架构？如何从顶层角度设计完善的多模式架构,以实现"虚拟数字集疏运系统"和"实际物理集疏运系统"之间的快速平行执行、相互作用、相互反馈、相互引导？

2.2　集疏运系统视觉感知和学习算法性能需提升

面向集疏运系统的机器视觉智能感知系统,将物联网、智能感知、智能学习等技术相结合,对交通多场景下的车辆环境和状态进行感知、识别与建模,提高集疏运系统的效率性和安全性。基于深度学习的视觉算法弥补了传统机器视觉算法对复杂特征模式提取不足的问题,但仍受不确定天气和环境影响,导致其识别和检测能力有限,因此,有必要建立具有高性能感知和学习能力的集疏运平台系统。

2.3　平行系统预测和控制方法的工程实现仍不足

港口集疏运体系普遍存在基础设施建设滞后,疏港公路等级较低,集疏运交通量与城市交通相互干扰等问题。尽管平行预测和控制方法在理论上是可行的,但是它的工程实现仍颇具挑战,主要原因是在现实的物理系统中,要实现平行控制的目标,就必须要有一种合适的计算机制,使得物理系统与人工系统的计算环境能够保持一致性。这种关系不应仅表现在算法模型层面的一致性上,同时也应表现在计算环境执行层面的一致性上。

2.4　考虑绿色低碳因素的平行集疏运体系仍然欠缺

现有的相关研究工作大多未考虑生态环境因素,针对绿色低碳环境的集疏运平行系统智能调控方法仍需进一步研究。在基于环境要素的集疏运平行系统中,港口集疏运网络的演变将更加复杂和不确定,为集疏运系统的感知、学习、预测和控制带来挑战。

综上所述,亟须进行深入的港口集疏运系统平行智能调控方法的理论研究,实现对该问题的清晰认知和理解。构建港城协同下集疏运综合交通平行系统的基本框架,设计复杂场景下集疏运平行系统的感知与学习方法、不确定环境下集疏运平行系统的预测与控制方法,进一步重点考虑绿色低碳约束下集疏运平行系统的智能调控方法,这样能够有效改善集疏运系统效率,对于深度促进港口集疏运系统整体性能具有重要指导意义,科学价值突出。

3　科学问题研究进展

3.1　针对港城协同下集疏运综合交通平行系统的基本框架构建问题

现有成果主要将平行系统设置为三大要素:物理设备、人类,以及管理或控制关联的知识和信息。码头内含一定数量的 AGV 小车、岸桥、门式起重机、控制器、网络器件、传感器和执行器等装备,它们构成了一类物理系统。而虚拟的管理与控制软件、装备模型、控制算法和数据中心共同组成了人工系统。社会系统由操作人员组成,人类通过人机交互界面产生需求信号,同时传入物理系统和人工系统。在平行码头中,人类介入码头信息控制系统的主要方式有三种:一是因环境变化或设备故障导致安全性或效率降低时所采取的人工干预;二是系统设备的正常维护与管理操作;三是对系统资源调度与控制算法的优化。这些研究通常考虑港口的水平运输和垂直装卸及这些过程之间的衔接,而对基于集疏运系统交通特性的基本框架关注较少。

3.2 针对复杂场景下集疏运平行系统的感知与学习方法研究

现有成果主要包括基于深度学习的计算机视觉技术和与环境不断进行交互的强化学习。但是,基于深度学习的计算机视觉技术需要基于大量的数据进行训练,且往往只能适用于某些特定的场景,要想使算法适用于新场景,要么需要更改模型的参数,要么需要扩展数据集进行重新训练。这样使得强化学习效率不高,需要与环境进行大量的交互反馈以更新模型,当面临复杂系统大数据处理时,过高的系统状态维数使算法收敛变得十分困难。因此,在计算机视觉和强化学习的基础上,结合平行系统理论和集疏运系统特性,提出改进的学习与感知方法,提升感知的泛化能力和学习能力十分有必要。

3.3 针对不确定环境下集疏运平行系统的预测与控制方法研究

现有成果主要包括人工系统预测的作业方案、优化算法对实际作业过程进行指导。针对港口集疏运网络运量分配问题已有了广泛研究,但缺少利用数据挖掘或机器学习等新兴算法对港口货物吞吐量和港口集疏运量预测的联合决策研究。Wang Fei-Yue 等人提出了平行动态控制方法。Liu Zhi-Jie 等人将平行控制方法应用到柔性弦分布式参数系统的控制上,实现了数据驱动平行控制,取得了良好的效果。沈大勇等人基于 ACP 的计算实验方法,通过对装载模型、视觉感知算法、动态装箱规划算法、路径规划算法、机械执行算法等进行计算,并对人工装卸过程中产生的数据进行解析,建立人工装卸过程。然而,人工控制方案的有效性只能通过实际作业过程效率衡量,且无法重复执行,具有较多现实条件的限制。

3.4 针对绿色低碳约束下集疏运平行系统的智能调控方法研究

目前的集疏运网络货运方案多从港口的角度出发,通过分析一个港口或是整个港口群的集疏运系统状况,找出集疏运中流量分配或是路径所存在的问题,并针对问题进行具体分析,找出解决方案,从而对港口集疏运系统存在的问题进行针对性的分析改进。然而,仍需考虑低碳视角下的环境成本等因素,结合货物到达港口的时间以及运输时间,在满足客户时间需求的同时,如何进行合理的协调分配,使货物不影响到下一步的运输或生产作业,且使成本最小化;保证在合理时间送达货物的前提下,研究基于生态效益约束的高效流量分配方案。另外,结合真实港口案例实际情况,考虑时间优化、路径优化、时空联合优化、环境影响等多重约束的,可以有效应用于港口的实际生产过程的优化模型的构建仍缺乏海量真实数据及平行智能调控方法。

综上所述,现有针对港口集疏运系统平行智能调控方法的研究尚缺乏全面系统的基础理论支撑。集疏运综合交通平行系统基本框架不明确,复杂场景下集疏运平行系统的感知与学习建模困难,同时不确定环境下集疏运平行系统的预测与控制方法机制不清晰,绿色低碳约束下集疏运平行系统的智能调控方法设计欠考虑,这些关键问题制约了集疏运系统的快速发展,有必要逐一攻克,最终加快推进港口集疏运系统建设,促进港口转型升级。

<h2 style="text-align:center">主要参考文献</h2>

[1] 潘静静,林凯迎,胡喜生,等.海港集疏运网络配流优化模型及其在福建的应用[J].中国航海,2017,40(4):6.

[2] 岳鑫,尹传忠,武中凯.洋山港集装箱集疏运网络优化研究[J].铁道运输与经济,2019,41(2):115-120.

[3] 沈大勇,王晓,刘胜.平行装卸:迈向智慧物流的智能技术[J].智能科学与技术学报,2019,1(01):34-39.

[4] 郑松,吴晓林,王飞跃,等.平行系统方法在自动化集装箱码头中的应用研究[J].自动化学报,2019,45(03):490-504.

[5] Yang L Y,Han S S,Wang X,et al. Computational experiment platforms for networks:the state of the art and prospect[J]. Acta Automatica Sinica,2019,45(9):1637-1654.

[6] Bai T X,Wang S,Shen Z,et al. Parallel robotics and parallel unmanned systems:Framework,structure,process,platform and applications[J]. Acta Automatica Sinica,2017,43(2):161-175.

[7] Meng X B,Wang R,Zhang M,et al. Parallel perception:An ACP-based approach to visual SLAM[J]. Journal of Command and Control,2018,3(4):350-358.

[8] Li L,Lin Y L,Cao D P,et al. Parallel learning—A new framework for machine learning[J]. Acta Automatica Sinica,2017,43(1):1-8.

[9] Wang F Y,Zhang J,Wei Q,et al. PDP:Parallel dynamic programming[J]. IEEE/CAA Journal of Automatica Sinica,2017,4(1):1-5.

[10] Liu Z J,Ouyang Y C,Song Y H,et al. Parallel control of distributed parameter systems:

From model based control to data driven intelligent control[J]. Journal of Command and Control,2017,3(3):177-185.

撰稿人:曹菁菁(武汉理工大学)　李文峰(武汉理工大学)

集装箱码头空间资源时空优化及韧性作业

Spatial & temporal optimization and resilience operation of container terminal's space resources allocation

1　科学问题概述

泊位、箱区、箱位、通道、道路、作业位、闸口等是集装箱码头重要的空间资源,其分配具有复杂的时空交融特征,是集装箱码头面临的重大课题。在集装箱码头生产实际中,由于船舶延误、设备故障、干扰冲突、翻倒箱等不确定性和随机性因素的复杂交互影响,空间资源分配方案很难应对各种扰动,系统韧性弱。为真正实现集装箱码头空间资源优化分配和韧性作业,促进码头作业系统的高效运营,亟待研究提出集装箱码头空间资源韧性优化分配的新理论和新方法,有效解决集装箱码头系统韧性指标体系构建、码头空间资源韧性作业控制机制及空间资源系统优化分配机制构建等难题。为突破上述理论瓶颈,一系列关键科学问题有待研究。

1.1　集装箱码头系统能力的韧性评估方法与指标体系

面向集装箱码头作业系统这一复杂耦合对象,经典"韧性三角"、韧性4R(鲁棒性、冗余度、资源可获得性、快速性)指标体系难以全面定义与评价其系统韧性的难题,有必要挖掘集装箱码头实际生产过程中的不确定性和随机性因素,探究各要素之间的相互作用及其对系统的破坏程度,构架涵盖预测、监测、抵御、吸收、恢复、重构、学习的韧性评估方法和指标体系,以指导集装箱码头空间资源的优化分配,保证系统韧性作业和稳定运行。

1.2　集装箱码头控制管理韧性机制

集装箱码头空间资源的韧性作业核心在于控制管理,通过事前预测、实时监测、动态响应、重构学习等多维度控制使得整个作业系统具有全面抵抗与吸收并恢复的韧性能力。何时控制、如何控制是最大限度提升系统韧性能力的关键。因此,有必要利用大数据及学习控制理论探究系统内部存在的隐患因素,揭示不确定性和随机事件的形成和演变规律,建立有效的控制管理机制,将"被动性"应对提升为"主动性"规避,全面提升集装箱码头的韧性能力。

1.3　空间资源系统优化分配机制

集装箱码头重要的空间资源包含泊位、箱区、箱位、通道、道路、作业位、闸口等，其分配受到资源本身和耦合环节多因素影响。现有研究多考虑一类或是部分空间资源的优化分配与调度，鲜有从系统整体角度出发进行研究。因此，有必要根据系统的韧性指标，从不确定性和随机因素的起点到其可影响的终点，充分考虑系统各环节耦合关系，深入研究空间资源系统优化分配方法，探明整体优化与局部优化的动态悖反规律，进而全面提升集装箱码头运行效率。

2　科学问题背景

集装箱码头作为集装箱运输的枢纽，是决定集装箱整个运输过程效率的重要环节。目前，集装箱码头作业系统研究包括单一资源要素为对象的智能决策技术、多个设备资源为对象的多要素耦合机理研究，这些研究往往忽略了系统内部故障及外部环境突发情况的影响。在不确定环境中得到一个既稳健又高效的运作方案是实现码头空间资源时空优化及码头作业韧性能力的重要手段。因此，迫切需要解决复杂环境下码头空间资源时空优化及韧性作业存在的技术难题。

2.1　韧性指标体系与评估方法构建问题

由于船舶延误、设备故障、干扰冲突、水文条件、翻倒箱等不确定性和随机性因素交互影响，对集装箱码头的正常运营及作业产生了极大干扰。然而，现有理论鲜有研究不确定性对生产实际的影响，现有的鲁棒性、冗余性等系统韧性指标难以确定不确定性因素和随机因素对系统的影响。因此，深入分析意外干扰以及码头自身不确定因素产生的同时，寻找有效评价指标以及提升码头对不确定干扰的抵抗能力和受干扰后快速恢复能力的研究方法显得十分必要。

2.2　复杂随机事件演变规律与控制管理问题

集装箱码头生产并非理论研究的标准环境，实际码头作业场景随时处于变化之中。例如：在生产实践中，码头需要根据船舶的预计抵港，时间、装卸箱量及船舶尺寸，进行泊位计划和分配。然而，恶劣的气象水文条件可能打乱原本的泊位计划，不仅耽误货主收货时间，也给船舶运营调度增加困难。影响码头作业的气象水文条件通常包括风、浪、能见度及降雨等。雨天、雾天等能见度较低的天气可能导致岸桥操作能力下降，作业时间延长；大风浪天气则会影响船舶稳性，导致岸桥吊具取箱难度增加。船舶装卸作业过程受到的干扰主要包括调度操作不当、岸桥和集卡等设施故障、船舶抵港时间偏差、以及码头大风浪等恶劣气象条件等。由于不确定性和随机事件的形成和演变规律复杂，很难实现事前预测和动态响应，使原资源分配计划的执行过程产生不确定性，导致执行结果与原计划产生偏离甚至计划不能实施。例如，2017年4月，上海港遭遇能见度小于200m的极端恶劣天气，导致旗下多家码头不得不暂时封闭。近百艘船舶的船期计划被延误，最长延误达一周，迫使多家班轮公司更改挂靠码头或取消挂靠计划。2018年夏季，台风"Ampil"与"Rumbia"先后在上海周边登陆，给上海港带来了严重影响。码头不得不暂停岸桥装卸货与进出口提箱作业，大面积船舶与货物滞港，造成了港区严重拥堵。2019年12月，"鑫海城1"船舶在大连港码头进行卸船作业，码头大风肆虐，给船舶靠泊和作业过程增加了难度。码头临时抽调高水平业务员、并采用两班倒的方法，经过近40小时连续作业，才完成了4924件货物的装箱任务。

2.3　多资源分配耦合建模与量化问题

集装箱码头作业系统作为一个综合作业系统，其内部各个作业环节相互关联、相互影响、相互制约。因此，作业系统内多环节、多设备、多资源的耦合建模问题亟须解决。例如，如何耦合分析岸桥作业高效性与岸线泊位资源利用率之间的协调优化，如何处理设备故障等不确定性和随机性因素影响带来的建模难题，如何量化包含众多相互作用要素的复杂动态风险及效益，从而为研究码头空间资源时空优化及韧性作业提供理论支撑。

3　科学问题研究进展

3.1　集装箱码头系统能力韧性评估方法和指标体系方面

集装箱码头生产实际过程中的不确定性和随机性因素包括船舶的到港时间不确定、船舶甩港与计划外船舶到港、码头设备故障与检修和恶劣天气影响等。在现有研究中，一是在作业计划阶段考虑不确定性因素，通过引入额外缓冲时间以吸收码头生产作业期间发生的干扰。二是研究不确定性干扰事件发生后，如何调整码头作业计划，以减小干扰事件的影响，建立码头作业系统干扰管理模型。现有研究仅对码头生产作业系统干扰因素的类型进行了分类，没有涉及各不确定性因素对系统造成的破坏程度，以及其之间的相互作用对作业系统的影响。在码头作业系统中干扰对生产作业的破坏能力缺乏量化标准以及评估体系，以至于难以全面地定义与评价集装箱码头作业系统的系统韧性。因此，需要建立集装箱码头系统能力的韧性评估方法和指标体系，探明干扰对码头作业系统破坏能力的识别机制，为系统韧性作业的主动控制提供指标体系支撑。

3.2　集装箱码头控制管理韧性机制方面

现有研究中,对于集装箱码头作业系统韧性的研究从两个方面进行,分别是韧性运行和韧性计划。韧性运行主要关注不确定事件发生时或发生后码头作业系统的应对和恢复策略;韧性计划关注不确定事件发生前码头作业系统的反应能力和应对策略。由于码头作业计划由诸多相互关联的决策过程组成,作业调整涉及船公司、码头、港口管理部门、拖车公司等多方利益,不同客户(主要是船公司)对船舶和作业延误的敏感度亦不同,生产计划调整、恢复需要考虑复杂的约束关系,与其相关的环节亦需平衡重新考虑。现有研究多数关注干扰发生时或发生后码头作业系统的应对和恢复策略,有关在不确定事件发生前码头作业系统反应准备能力和应对策略方面的研究不足。对不确定事件的反应和应对的核心是集装箱码头作业系统的控制管理能力,通过以大数据导向的知识共享、基于大数据知识的事件学习和基于知识的组织学习等,研究码头作业系统内部存在的隐患,预测不确定性和随机事件的发生和事前保障机制的需求迫切。

3.3　集装箱码头空间资源时空优化方面

集装箱码头的主要空间资源是位于码头前沿的泊位资源,以及码头堆场箱区和箱位。在泊位资源方面,现有研究在确定性条件下的泊位分配问题已经积累了丰富的模型和算法经验,综合考虑集装箱目的地、水平搬运时间、出口箱到达方式等因素,建立混合整数规划模型,求解方法有精确求解方法主要包括树搜索、分支定界和图形搜索算法等,启发式方法如蚁群算法、禁忌搜索、遗传算法等以及机器学习等。船舶在港服务除了与泊位分配有关以外,与船舶到港时间、服务于船舶的装卸设备、码头作业环境等其他因素有关,许多研究进一步将船舶静态到达扩展到了动态到达的调度作业。目标函数所考虑的成本主要分为船舶等待时间、船舶离港延误时间以及船舶泊位偏移距离等。对于不确定性定量研究仍集中在船舶到港时间这一单一干扰因素,泊位分配模型中考虑的干扰事件种类不能反映复杂多变的现实情况。在堆场资源方面,集装箱箱位分配和翻箱是影响码头装卸效率的关键。由于出口集装箱到达堆场的时间具有随机性,进口箱提箱时间未知等,致使堆场存取箱时存在翻箱,科学合理的箱位分配方案有助于减少翻箱率。解决箱位分配问题时,现有研究多以最小翻箱数为研究目标,且考虑翻箱数对堆存的影响;当同时涉及场桥和水平搬运设备时,多以最小化成本和作业时间为研究目标。目前,箱位分配研究大多数假设集装箱进场顺序和属性信息已知,现实中出口箱进场顺序具有不确定性或者不能完全获取集装箱进场顺序信息,因此,解决信息不完备情况下的箱位分配等空间资源分配问题对降低堆场翻箱数等意义重大。

综上所述,现有集装箱码头空间资源时空优化的研究不能满足集装箱码头复杂多变的现实情况。在码头作业系统中,缺乏干扰对生产作业破坏的量化标准及评估体系,难以全面定义与评价集装箱码头作业系统的韧性。如何利用新兴技术最大限度地提升集装箱码头作业系统的韧性是目前需要解决的关键技术难题。因此,深入研究集装箱码头多资源要素耦合作用下韧性作业系统建模与演变理论研究、构建时变码头系统要素耦合系统动力学理论和进一步提炼码头韧性作业系统运行风险动态演化机制,对有效提高港口资源利用效率、港口抗风险能力,进一步完善面向大型集装箱码头,特别是自动化集装箱码头生产计划和调度理论与方法方面具有较强的工程实际意义。

主要参考文献

[1] Lv X, Jin J, Hu H. Berth allocation recovery for container transshipment terminals[J]. Maritime Policy and Management,2020,47(3/4):558-574.

[2] Zhou C, Xu J, Miller-Hooks E, et al. Analytics with digital-twinning: A decision support system for maintaining a resilient port[J]. Decision Support Systems,2021,143(1):1-14.

[3] Parreño-Torres C, Alvarez-Valdes R, Ruiz R. Integer programming models for the pre-marshalling problem[J]. European Journal of Operational Research,2019,274(1):142-154.

[4] Zeng Q, Feng Y, Yang Z. Integrated optimization of pickup sequence and container rehandling based on partial truck arrival information[J]. Computers & Industrial Engineering,2019,127(1):366-382.

[5] Tanaka S, Mizuno F. An exact algorithm for the unrestricted block relocation problem[J]. Computers & Operations Research,2018,95(7):12-31.

[6] 刘涛,白光晗,陶俊勇,等.面向任务的复杂系统韧性评估方法[J].系统工程与电子技术,2021,43(4):1003-1011.

[7] 唐世轩,金建钢,卢春霞,等.考虑多种类干扰事件的集装箱码头泊位分配问题[J].大连海事大学学报,2021,47(4):30-38.

[8] 韩笑乐,许可,陆志强.集装箱码头泊位-堆场资源的鲁棒性模板决策[J].计算机集成制造系统,2020,26(3):784-794.

[9] 吴熙,唐子逸,徐青山,等.基于Q学习算法的综合能源系统韧性提升方法[J].电力自动化设备,2020,40(4):146-152.

[10] 吕彪,高自强,刘一骦.道路交通系统韧性及路段重要度评估[J].交通运输系统工程与信息,2020,20(2):114-121.

撰稿人:张艳伟(武汉理工大学)　张煜(武汉理工大学)

港口系统污染治理与能源消耗安全韧性调控

Pollution control and energy consumption safety control of port system

1　科学问题概述

目前,全球港口货物吞吐量和集装箱吞吐量排名前十位的港口中,我国港口分别占据8席和7席,港口规模稳居世界第一,同时,港口污染与能源消耗也较大。近年来,我国港口系统的节能减排已取得较大成效。安全韧性理论在城市社会经济发展中有所应用,但在港口系统方面研究和应用较少。为促进绿色港口建设,亟待研发港口污染治理与能源消耗的新理论、新方法和新技术,进而保障港口系统具备较强的安全韧性,为了突破上述技术瓶颈,一系列关键科学问题有待研究。

1.1　港口系统污染治理与能源消耗安全韧性评价指标体系构建

韧性是与"应对能力"紧密联系的一个概念,与脆性相反,它主要反映物体在遭受冲击后弹回原来状态的能力。自1973年霍林从生态系统属性的角度对韧性概念做出了系统的阐释后,围绕工程学、生态学、管理学等领域的韧性研究逐渐形成了多个学术流派。尽管被运用于不同领域,对韧性的理解也不尽相同,但都突出强调了系统在收到外界环境干扰时表现出的吸收外界冲击和扰动,恢复原来状态的能力。韧性一词在城市灾害管理与经济发展的领域有所涉及,已有"城市韧性"与"经济韧性"的提法,但在港口系统方面,鲜有相关研究。

港口系统污染包括:港口自身产生的或船舶进出港口水域带来的垃圾、生活污水、油污水和大气污染。港口系统污染治理方法包括:对港口机械设备"油改电"、使其以液化天然气(LNG)为动力,采用光能、风能、氢能等新能源,船舶进入排放控制区时采用低硫油及使用靠码头岸电。港口系统污染治理与能源消耗安全韧性界定、港口系统污染治理与能耗两个方面和港口安全韧性相互作用机理、安全韧性测度问题、港口系统安全韧性评价指标体系构建是亟须解决的关键科学难题。

1.2　港口系统污染治理与能耗的安全韧性评定

在经济快速催动下,港口系统在整个运输系统中起着越来越重要的作用,然而也因大吞吐量衍生出环境污染与能耗安全的相关问题。通常情况下,政府主管部门和港口企业注重节能减排效果,忽视港口生态环境对抗内外干扰的恢复能力,因而有必要根据"安全韧性"的要求,科学评定港口系统污染治理与能耗的安全韧性,考虑影响港口环境安全韧性的具体指标,测度各指标权重,构建港口系统污染治理与能耗安全韧性的评价模型,合理设计求解方法,为提高港口系统生态安全韧性提供有力的理论支撑。如何评定港口系统污染治理与能耗的安全韧性便成为亟须解决的关键科学问题之一。

1.3 港口系统污染治理与能耗的安全韧性调控

随着港口规模不断扩大、功能日益复杂、管理更加精细化,港口面临的各方面风险也在不断上升,除了传统的节能环保问题,还有各种新技术、新工艺、新能源等给港口系统带来的新挑战。调控港口系统污染治理与能耗安全韧性,需要提高港口系统内不同生产主体的应对风险和韧性治理的能力,协调港口各方之间的关系,以提升自身及其所在系统对于复合型风险冲击的适应能力。揭示港口系统对不同指标的安全韧性,分析降低污染、减少能耗、使用清洁能源、使用新能源等策略提高港口系统安全韧性的幅度,提出实施提高安全韧性策略的保障措施。

2 科学问题背景

我国港口在污染防治、节能减排方面已取得较大成效,如 2015 年前后集装箱码头场桥"油改电"曾明显降低了港口大气污染物排放,其他小型机械设备的改造减排作用相对较小,场桥应改造的部分都进行了"油改电"改造,小型机械设备也尽可能地使用上了清洁能源。港区大气污染物减排有一定限度,其限度与港口生态系统安全韧性有关。目前,有的城市已在实施港口碳排放交易,合理确定各港区的碳排放配额就是个科学难题,港口生产每单位产品所耗标煤限额是与港口生态系统安全韧性相关的科学难题。现今绿色港口建设要求越来越高,如何在经济利益和生态环境保护中找寻良好的平衡,实现港口的可持续发展仍是港口发展的主要问题,因此迫切需要突破港口系统污染治理与能源消耗安全韧性调控的技术瓶颈。

(1)在港口规划阶段对港口系统的污染治理和能耗问题关注相对较少,缺乏对污染治理、港口污染治理承载能力、港口节能极限和港口生产效益的综合研究。如目前要求进出港口水域船舶的垃圾、生活污水、油污水上岸处理,现有码头在当初建设时都未考虑接受船舶污染物,对此完全无安全韧性。现有的研究工作大多是针对水污染和大气污染的治理,而对于港口污染治理和绿色港口发展模式的研究,主要针对不同的污染源采取不同的针对措施,各种治理措施或者组织管理手段不能够相互联系,而且将其与生产效益结合的综合研究也较少,大多数研究主要思路还是先污染后治理,把污染防治与经济效益相对立。

(2)对港口工作人员行为对于港口系统污染的影响认识不足。人在生态环境的保护中起着关键的作用。目前由于贸易活动增加,船舶公司及港口企业对员工的准入门槛不高,员工在工作中缺乏防污意识和解决故障问题的科学技能,因此,有必要在港口系统污染防治与治理中考虑人的作用和影响。

(3)韧性理论广泛应用于城市建设中,在港口建设方面涉及较少,且港口建设中安全韧性指标的建立以及量化有一定难度。韧性理论在城市建设中主要应用于安全减灾以及防范应对一系列的突发事件,在港口建设中的应用相对涉及较少。由于韧性理论在港口系统建设中有一定的局限性,导致相应的安全韧性评价指标难以确定,进而当系统面对能耗风险挑战时,指标难以确定成为瓶颈,这给指标的量化带来了很大的难度。

(4)从当前的研究来看,各类系统的污染环境与能耗安全调控大多注重系统遭受干扰后的治理与恢复,对于预防能力与转化能力的研究较少。为此,面对新型环境友好与能耗安全的政策,如何转换环境污染与能耗安全的应对思维和工作方式,如何从韧性调控视角完善规划顶层设计工作,构建出与港口自然条件、经济体系和行政管理背景相协调的本土化综合调控体系,是当下韧性建设的一大挑战。

3　科学问题研究进展

3.1　针对港口系统污染治理与能源消耗安全韧性评价指标体系构建

港口安全韧性评估体系庞大而复杂,包括综合风险评估技术和预测预警技术等,为了便于全面、准确地构建适合我国港口安全韧性的评价指标体系,需要以一定的准则选择评价指标,结合现有的相关研究,主要按照以下几个原则选取评价指标:①可操作性原则(在选择评价指标时,应当优先考虑指标获得的可能性,因此尽可能考虑常用的统计指标,除此之外还应当使得指标在时间与空间的维度都具有连续性,尽可能消除偶然因素对评估结果的影响);②整体性原则(港口安全系统是一个包含众多要素的复杂系统,其中不同要素间的评价指标存在交叉关联性,可能会对评价结果造成影响,故在选择评价指标时,应当尽量不选存在相互关联的指标,从系统的整体性出发,选择尽可能少的指标来反映尽可能全面的港口安全韧性水平);③权威性原则(安全韧性评价是一项旨在从根本上控制、消除事故隐患,促进安全生产的有效制度,政策、法规、标准是安全评价的依据,政策性是安全评价工作的灵魂,在评价过程中也应该主动接受国家安全生产监督部门的监督检查,设计和运行应符合政策法规要求的评价体系);④针对性原则(进行港口安全韧性的评价时,首先要针对港口的实际情况和具体特征,收集有关资料进行系统全面的分析,然后对可能存在的安全隐患进行筛选,针对主要危险及重要单元进行评价,并辅以重大事故的后果和典型案例进行分析评价)。

3.2 针对港口系统污染治理与能耗的安全韧性评定

在生态环境韧性研究中,有学者从脆性、敏感性、稳定性与适应性四个方面对韧性进行表征,以构建生态系统韧性评价体系,通过客观赋权法中的熵值法对各指标进行赋权,构建环境安全韧性模型。港口系统污染治理与能耗的安全韧性评定维度是多元的,有学者采用物元分析法对评价指标进行量化,从而得出比较客观、可靠的评定结论。

现有理论反映系统韧性程度不仅与系统本身的抵抗力与恢复力有关,同时也需要关注系统将干扰因素转化为利己因素的能力,即"化害为利"的能力。参照城市系统韧性度模型,港口系统污染治理与能耗的安全韧性程度可以用扰乱因子、脆弱因子和韧力因子的函数关系式来表示,系统韧性指数可以用坚持力、调试力和转型力的函数关系式来表示。

在风险投资领域中,"经济韧性"是热门话题。有学者在城市层面探究风险投资与经济韧性之间的空间溢出效应,利用空间杜宾模型较为全面地检验了各个城市的风险投资作用于经济韧性的总效应、直接效应以及间接效应。考虑到港口环境韧性与经济韧性类似,具有明显的空间异质性,可以引入空间杜宾模型来测度污染治理措施的效果。

逼近理想解(Technique of Order Preference Similarity to the Ideal Solution, TOPSIS)法将有限个目标的评价值看成 n 维空间中的某一个点,通过各点与理想化解的相对距离来进行排序,以反映各个评价对象之间的相对性,该方法不但贴合韧性具有相对性的特点,还具有对原始数据的利用比较充分、信息损失少等优点。由此,可以通过 TOPSIS 法构建适用于港口韧性综合评估计算模型,确定影响港口污染治理效果的因素,改进治理措施。

3.3 针对港口系统污染治理与能耗的安全韧性调控

在港口污染防治方面,主要针对港口运行过程中产生的水污染、大气污染、生活垃圾污染等,采取相应的措施,例如船舶靠岸使用岸电、使用新能源作为港口机械的主要动力来源、建立完善的垃圾接收和转运流程等。对于港口的能耗安全,一些发达国家已经建立比较完善的能耗监管系统,比如美国的数据采集及监视控制系统,英国的模块化输入输出系统和德国的 TF-200 系统,它们都具备一些相同的特性:多样化、个性化、智能化等。但对于港口系统污染与能耗安全的韧性调控综合研究尚缺乏全面系统的基础理论支撑。各种治理主体之间的耦合关系不清晰,通过总体韧性调控来综合、全面治理港口比较困难。例如港口的污染治理和能耗安全都会涉及新能源的问题,但是却不能对其综合调控。如何克服"头疼医头,脚痛医脚"的单方面简单治理措施,做到港口发展和安全并举,而不是先发展后治理,不仅需要提高港口系统各个部分的自身应对风险的能力,还要综合提高港口系统的韧性,这些关键问题制约了绿色智慧港口的发展,有必要逐一攻克,最终实现港口绿色可持续发展。因此,港口系统污染治理与能源消耗安全韧性调控研究具有重要科学意义和现实意义。

主要参考文献

[1] 贺林林,贾瑞,焦钰祺,等.绿色港口建设中港区水污染研究综述[J].人民长江,2021,52(9):38-45.

[2] 周俊,杨世捷,唐瑜徽.内河船舶和港口污染防治分析及对策[J].中国水运(下半月),2021,21(3):67-68,71.

[3] 李剑峰,戴宇彤.港口低排区气态污染控制的国际经验与中国的实践[J].海洋环境科学,2021,40(1):16-23,33.

[4] Yuan Y, Li Z, Malekian R, et al. Analysis of the operational ship energy efficiency considering navigation environmental impacts [J]. Journal of Marine Engineering & Technology,2017,16(3):150-159.

[5] 彭兰.港口能耗监管能力综合评价及信息化研究[D].武汉:武汉理工大学,2015.

[6] 魏琳,耿云江.新冠疫情背景下企业韧性评价指标体系的构建[J].当代经济,2021(8):108-113.

[7] Sharma E, Das S. Measuring impact of Indian ports on environment and effectiveness of remedial measures towards environmental pollution [J]. International Journal of Environment and Waste Management,2020,25(3):356-380.

[8] Peng Y, Liu H, Li X, et al. Machine learning method for energy consumption prediction of ships in port considering green ports [J]. Journal of Cleaner Production, 2020, 264:121564.

[9] Vakili S V, Olcer A I, Ballini F. The development of a policy framework to mitigate underwater noise pollution from commercial vessels:The role of ports[J]. Marine Policy, 2020,120:104132.

[10] Marco C, Francesca B, Gianmarco S, et al. Environmental impact assessment of an urban port:Noise pollution survey in the port area of Napoli (S Italy)[J]. Journal of Environmental Accounting and Management,2018,6(2):125-133.

撰稿人:陈宁(武汉理工大学)

港口装备多能源绿色驱动及其能效提升理论

Multi-energy green drive of port equipment and its energy efficiency improvement

1 科学问题概述

传统的港口装备由机载柴油发电机组作为主动力能源,不仅能量转换效率低、能耗大,使用中不可避免产生大量混合废气,因此以新能源动力系统取代传统柴油发电机组动力系统是必然的发展趋势。为实现港口装备的多能源自洽,需要研发一套港口装备多能源绿色驱动及其能效提升的理论、方法和技术,保障港口装备在不同工况下的绿色驱动、智能运行、安全可靠。为突破上述技术瓶颈,一系列关键科学问题有待研究。

1.1 港口装备多能源绿色驱动的匹配集成机理

根据动力组成不同,目前港口装备多能源驱动可以分成"柴电机组-超级电容""锂电池-柴电机组"和"LNG 发电机组-超级电容"等三种混合动力形式。"柴电机组-超级电容"混合动力轮胎式集装箱门式起重机(RTG)技术较成熟,但由于超级电容能量密度低,节能减排效果较差。"锂电池-柴电机组"混合动力 RTG 节能减排效果突出,但锂电池成本较高。"LNG 发电机组-超级电容"混合动力 RTG 减排效果明显,但是 LNG 作为动力,在RTG 突然加速时动力不足,LNG 供气也不方便。近年来,氢和氨作为绿色动力能源在研究和应用方面取得了新突破和进展。因此,为了加速绿色能源驱动取代传统柴油机供能的进程,需要探究多种绿色能源驱动的耦合机理与集成技术,以满足港口装备的作业需求和能源自洽。如何集成匹配多种绿色能源对港口装备进行驱动是首先需要解决的科学问题之一。

1.2 港口装备能效提升体系的智能控制理论

港口装备一直以来面临着能耗效率低的问题,如何降低电动机的电能损耗,实现节电、高效运行,已经成为起重机行业普遍关注的问题。现有研究虽然有涉及绿色港口节能减排技术,如利用势能回收技术、传统电机改造等,但是能量回收效率仍然较低,电能损耗依旧较大,缺乏对能效提升的整体规划和智能控制。因此有必要从港口装备能效提升系统的整体出发,探索港口装备能效提升的智能辨识方法,揭示港口装备用能供能的耦合规律以及自适应控制理论,保障港口装备的绿色节能。

1.3 港口装备多能源绿色驱动的安全性理论

港口装备工作环境复杂多变,其供能、用能系统的物理化学特性复杂不定,在多能源绿色驱动、能效提升的过程中,各种新型驱动装置,如锂电池、氢燃料电池、永磁电机的安全性是否能够得到保证,需要探究其系统性安全理论,揭示系统风险的动态演化规律,实现港口装备的安全稳定运行。

2　科学问题背景

我国的港口装备一直以来面临着能耗大、效率低和污染严重的局面,因此迫切需要以多种绿色能源对其主要港口装备进行驱动,突破技术瓶颈,实现绿色能源供能与设备耗能高效匹配、安全运行,达到节能减排目的。

2.1　港口装备混合动力供能不稳定或不足的问题有待解决,用能供能匹配理论需要系统研究

例如,"柴电机组-超级电容""锂电池-柴电机组"和"LNG 发电机组-超级电容"等三种混合动力形式,有各自不同的优势和劣势。如何改进绿色能源驱动装置,不断适应氢、氨等新型绿色动力能源的应用,匹配港口起重设备的耗能需求,是当前起重设备绿色混合动力驱动亟须解决的关键问题。

2.2　港口装备节能减排技术体系的能效水平、智能化程度不高

现有研究虽然有一些涉及绿色港口节能减排技术,如利用势能回馈技术,用永磁电机代替传统电机以及电机变频技术等等,但是往往面临回馈能效较低的问题,因此,有必要对当前的多能源驱动和能量管理控制体系进行智能化升级,通过智能控制技术,提高整体能效。

2.3　港口装备绿色能源驱动、节能减排技术的安全性问题

现有研究大多考虑如何针对新绿色能源的应用进行改造,以达到节能减排的目的,对港口装备的安全性检验、运行过程的安全性监控研究不充分。港口起重设备属国家特种设备管理范围,安全性指标远高于通用机电设备及产品。因此必须对其安全保障问题提供切可行的方案。

综上所述,亟须进行深入的港口装备能耗需求与多种绿色混合动力驱动匹配集成机理的研究,实现对该问题的清晰认知和本质安全保障。充分了解港口节能装备多能源绿色驱动能技术原理以及其能效提升机理,构建港口装备多能源绿色驱动集成系统、能效提升的智能控制体系、装备供能用能的安全监控体系,能够有效保证港口装备绿色安全运行,对于深度促进港口装备多能源自洽具有重要指导意义,科学价值突出。

3　科学问题研究进展

我国港口集装箱堆场装卸设备的90%以上采用轮胎式集装箱门式起重机(RTG),通

过将起重机驱动系统动力来源由柴油改成电力,有效减少装卸设备的各种污染物排放。在一些外部电网供电容量受限的港口,或码头堆场 RTG 数量不多而铺设供电线路成本较高的港口,根据负载控制柴油机转速是一项有效的装备节能技术。港口流动机械和水平运输车辆通过使用天然气燃料或电力,实现燃油消耗和排放的降低,港口电动轮胎起重机一般采用柴油发动机驱动运行、外接电力驱动作业,外接电力作业时,港口轮胎起重机噪音低、无排放,运营成本不到柴油动力成本的 10% 。各种基于外接电力、锂电池组、LNG 和燃油的混合动力的港口流动机械、水平运输车辆得到了良好的推广应用。

港口起重机械通常在带载工况下,完成几十米的载荷垂直位移变化,其载荷势能变化形成相当大的再生能量,传统的处理方法是通过电机制动与机械制动转化成为热能,由制动器或电阻消耗掉。起重机势能回收与超级电容技术在港口岸边集装箱起重机、桥式抓斗起重机、门座起重机、门式起重机和港口轮胎起重机等港口装备上已经开展应用。随着变频技术发展、变频器的普及,交流调速性能大幅提高,已基本达到直流调速水平,港口装卸设备广泛使用交流变频驱动技术,实现了恒功率调速,重载低速、轻载高速,大大降低了电机的能耗损失,节能效果明显。

3.1 港口装备多能源绿色驱动的匹配集成机理

在港口装备多种绿色能源混合驱动的匹配集成方面,现有对于港口装备驱动进行节能的研究成果主要包括改善发电机组性能、采用市电代替燃油发电机组、采用混合动力技术。改善发电机组性能,通过优化发电机组控制算法,以提高发电机组效率的方式来达到降低油耗、节省成本的目的,但节能空间有限;采用市电代替柴油发电机组,利用性价比高于柴油的电能达到节能的目的,但存在投入成本高、供电线缆铺设使现场环境复杂化、起重机转场不灵活、负载势能未利用或者回收不合理等问题;采用混合动力技术,降低发动机装机容量,利用超级电容器回收负载势能并与发动机联合驱动,以能源充分利用的方式实现节能减排的目的。因此,近几年的研究主要针对混合动力技术,改进发电机组的性能,降低发动机装机容量,提高系统能量利用率。有必要分析起重机动力部件能耗特性以及关键技术,包括柴油机、超级电容、锂电池,氢/氨燃料电池以及双向直流转直流(DC/DC)变换器的工作原理及特点,为合理选配绿色能源动力系统提供理论依据。同时,通过分析多能源绿色驱动的能量利用方式,研究动力源、储电装置和电机之间的能量分配机理,提出港口装备能耗需求与多种绿色混合动力驱动相匹配的自适应能量分配控制策略。

3.2 港口装备能效提升体系的智能控制理论

在港口装备的能效提升及其智能控制技术方面,现有的港口装备多能源绿色驱动技术主要集中在势能回馈技术以及改进电机方面。一方面,有关势能回馈技术的研究较多,势能回收能有效地将势能产生的电动机再生电能高效回送给交流电网,供周边其他用电设备使用,节电效果十分明显,一般节电率可达30%。也可将这部分能量暂时储存在起重机的超级电容里,利用超级电容充放电时间短的特点,在需要的时候将能量快速释放出来。同时可根据起升负荷的大小,合理地改变柴油发动机的转速,这是一项有效的装备节能技术手段。另一方面,为提高电机能效,研究永磁驱动技术,并在港口装备进行永磁电机的应用测试和研究。

3.3　港口装备多能源绿色驱动的安全性理论

针对港口装备多能源绿色驱动的安全性问题,现有研究主要包括对于锂电池、超级电容等混合驱动的使用安全性措施进行分析,以及对于港口电机等装置的智能安全装置设计。例如,对于锂电池,对其滥用工况进行分析主要有温度控制不当(过高或过低)、过充电、过放电、过负荷等情况,同时提出提高锂电池本质安全的措施以及使用安全性的措施。对于设计智能安全检测装置,例如对于变频电机的安全监控,主要通过分析其电磁原理以及结构、绝缘、温升、漏电、过(欠)压、过载、短路、相序、三相负载平衡等方面的问题,通过可编程逻辑控制器(Programmable Logic Controller,PLC)软硬件结合,在具体工况下进行参数调整以达到远程监控的目的。由现有研究可知,虽然存在对于单个组件,或者某一动力部分的安全监控研究,但缺乏对整个设备节能减排技术应用运行的安全性监测与评估。

主要参考文献

[1] 胡东明,苏文胜,王欣仁.超级电容模块化在起重机械节能技术的应用研究[J].现代机械,2020(03):69-71.

[2] Antonio G,Javier M,Rafael L,et al. Energy sustainability in the transport sector using synthetic fuels in series hybrid trucks with RCCI dual-fuel engine [J]. Fuel, 2022, 308:122024.

[3] Kim N,Jeong J,Zheng C. Adaptive energy management strategy for plug-in hybrid electric vehicles with Pontryagin's minimum principle based on daily driving patterns [J]. International Journal of Precision Engineering and Manufacturing—Green Technology, 2019,6(3):539-548.

[4] 何平,雷勇,杜佳耘,等.基于EWT-FC方法的氢-超级电容混合储能功率分配[J/OL].电源学报:1-16[2021-08-27]. http://kns.cnki.net/kcms/detail/12.1420.TM.20210826.1552.008.html.

[5] Antonio G,Javier M,Santiago M,et al. Impact of the hybrid electric architecture on the performance and emissions of a delivery truck with a dual-fuel RCCI engine[J]. Applied

Energy,2021,301:117494.

[6] 李益琴,孙建锐.基于能量回馈的港口 RTG 节能低碳技术[J].起重运输机械,2020
(11):35-38.

[7] 夏祯捷,杨慧,戴文建,等.轮胎式集装箱起重机锂电池节能改造技术[J].港口科技,
2018,(10):22-25.

[8] Prohaska R, Konan A, Kelly K, et al. Heavy-duty vehicle port drayage drive cycle
characterization and development[J]. SAE International Journal of Commercial Vehicles,
2016,9(2):331-338.

[9] 李胜永,季禹,张悦.港口起重机变频电机智能安全监测装置设计[J].电气传动自动
化,2020,42(03):36-40.

[10] Corral-Vega P J, García-Triviño P, Fernández-Ramírez L M. Design, modelling, control
and techno-economic evaluation of a fuel cell/supercapacitors powered container crane
[J]. Energy,2019,186:115863.

撰稿人:辜勇(武汉理工大学)　董明望(武汉理工大学)

港口多能源融合系统源荷匹配协同理论

Source-load matching coordination of multi-source fusion energy system

1　科学问题概述

随着全球应对气候变化压力的持续增大,各国相继出台低碳发展战略。港口作为水陆的交界点,是连接水路运输和陆路运输的重要节点,也是用能大户和能源交互的关键场所,其能源消耗在整个交通行业中占有较大比重。随着生产发展和港口自动化、智能化进程不断推进,电能消耗日趋增大,如何保证生产的同时减少电能消耗成为港口最关注的问题。以货物吞吐量连续 12 年保持世界第一的宁波舟山港为例,2020 年共消耗电能 68378 万 kW·h,消耗汽/柴油 86068t、燃料油 98508t、天然气 18426t,仅耗电量就达到浙江省最大耗能城市宁波的 1/100,寻求行之有效的节能减排路径迫在眉睫。

为了解决港口发展和能源消耗之间的矛盾,使资源的再生速度与港口能源的使用速度之间维持平衡,可再生资源与电能回馈、储能回用等节能减排技术的研究与应用已经成为新兴课题。因此,在港口现有供能系统的基础上,研究新能源、清洁能源的规划应用、电能替代和能源交互应用等,分析能源供补、港口生产、辅助设施等与能源体系之间的关系,探索港口多能源融合用能系统架构、优化配置、源荷匹配、协同优化等基础理论与设计技

术,一系列关键科学问题有待研究。

1.1　基于时空维度多能源融合系统状态估计与预测

充分考虑多能源融合系统中不同新能源循环转换的响应特性,研究港口不同时空维度的多能源融合系统的供能状态估计方法,动态分析港口多能源融合系统并网协同供电能力;针对不同时空特性下港口用能情况,研究港口用电负荷的时空关联关系;以港口用能需求、不同负荷工作特点以及多能源系统的动态响应时间为约束,研究港口多能源融合系统分布式"源、储、荷"时空分布特性,提出分布式多能混合智能预测方法,对多能源融合系统的供能和用能状态进行估算。

1.2　多能源融合系统高维复杂约束下协同控制与优化技术

分析港口不同参与主体能源供给及需求的耦合性与互补性,研究多能源供需融合的港口综合能源系统典型能量交换场景;研究储能与多能源融合系统匹配机理,提出基于储能复用的多能源融合系统复合控制策略;研究基于交直流混联配网结构的多级分层控制架构,提出多维复杂约束条件下多源出力的协调控制策略;分析港区综合能源系统层级关系,就电网层和能源层提出自律运行基础上的分层分布式协同优化运行方法。

1.3　港口多能源融合系统"源、储、荷"匹配技术

基于不同类型港口用能负荷静动态特征和不同时空维度的港口能耗特性,针对不同类型港口自然资源禀赋的出力特性和能源化潜力,从技术可行性、经济可行性、可靠性和稳定性等方面开展多能源融合模式分析;根据多能源系统"源、储、荷"的特征,以经济、效率、安全等为指标,建立基于多目标多约束的系统匹配优化数学模型,通过求解获得多能源融合系统"源、储、荷"的最优容量匹配的方法。

2　科学问题背景

西方发达国家在港口多能源融合方面的研究主要体现在"绿色港口"方面。如美国的纽约-新泽西港早在 2004 年就开始执行港口环境管理体系;英国、澳大利亚、日本等国均有"绿色港口"方面的经验,主要体现在规划和基础设施建设方式,在港口利用清洁能源,实现港口能源的绿色化。美国长滩港和洛杉矶港参与燃料电池拖车试验,并布局加氢站和氢燃料重卡;荷兰格罗宁根海港、阿姆斯特丹港和登海尔德港三港合力,欲打造欧洲氢能港口枢纽;西班牙瓦伦西亚港推行 H2Ports 试点项目,计划打造成为欧洲首个采用氢能源港口。我国港口在能源利用和融合方面取得显著的成效,如上海港、天津港、深圳港等均开展了绿色港口方面的研究及应用。但在以清洁能源为基础的多能源融合方面的工作仍

处于空白状态,造成港口能耗高、清洁能源利用率低等一系列问题。

随着风电、光伏为代表的新能源快速发展,高比例新能源已成为港口多能源集成应用的重要场景。新能源出力的随机性、间歇性和波动性等特点,成为港口电力系统面临的重大现实问题。同时港口负荷种类繁多,特性迥异,特别是大型集装箱岸桥、港口码头货物装卸机械、港口运输业中的门座式起重机、皮带式输送机等大功率负载较多。此外,节能环保的电动力机械已逐渐取代港口原有柴油机机械设备。启动随机性大且使用频繁的大型、冲击型负载大量接入港口电网,对港口电网的供电质量及可靠性、港口新能源系统的源荷匹配提出了更高的要求。

因此,需要针对港口多能源融合系统供给及需求的不确定性和耦合性,通过基于风、光、储、氢与电的能流循环转换模型研究,提出混合时空尺度的分布式智能点预测方法和聚合源荷特性的各主体协同匹配机制,提出基于储能复用的多能源融合系统复合控制策略,实现港口多能源融合系统的源荷匹配与优化运行。针对目前港口绿能供需两侧双随机态下源荷匹配难点开展系统研究,具有较好的经济价值和生态效益。研究港口不同负荷及特征各异的能源的利用、变换与控制技术,可为港口可再生能源的绿能转化提供技术支撑,也可有效解决港区绿能的来源和环境污染问题,减少能耗成本和二氧化碳排放量;研究港口多能源融合系统与港区负荷的匹配与优化控制技术,能够实现港区多能源融合系统的源荷精确估算、电网层和能源层分层分布式协同优化运行,可为我国将来可能面临的大规模可再生能源发电并网对电网冲击等难题进行预研,研究成果可为我国水路交通领域可持续发展提供重要支撑。

3 科学问题研究进展

在港口多种自然资源的能源化利用技术研究方面,依托港口自身的风光资源禀赋来实现港口用能的清洁化已成为全球绿色港口的重要评价标准。在风资源的能源化利用方面,目前主要依据风速、湍流强度、地形地貌、风机参数等开展集中式风电场的分析与设计。由于缺乏实测的精细化风资源数据支持,在分布式风电场的能源化捕获方面,风机选型、定址及其优化研究的深度还需加强。在光资源的能源化利用方面,除了传统依据辐照强度、环境温度、光伏阵列最佳倾角等因素进行设计外,目前研究还分析了灰尘、盐密、老化、阴影遮挡效应等对光伏发电的影响,部分研究还具体分析了光伏建筑一体化的能源捕获技术、光伏在船舶汽车等交通设施上的能源利用技术等。在将风光资源利用技术应用于港口的研究中,目前主要依托港口仓库、岸桥等建筑屋顶等实现太阳能光伏发电,依托港口堆场等可建设用地实现分布式风力发电。

在港口混合储能的高效变换技术研究方面,风电、光伏等电源的间歇性将引起源荷不匹配工况,需要锂电等能量型储能为系统负荷提供供电支撑保障;风电、光伏等电源的功率波动性将导致交流电压/频率、直流电压波动,以至于产生供电电能质量甚至稳定性问题,需要超级电容等功率型储能实现快速响应和精确调节。氢燃料电池因为自身损耗小,可实现跨季节存储,同样是关键环节。氢电混合储能对新能源和负荷之间的能量流动进行缓冲和调节,才能保证港口多能源系统高效、优化、稳定运行。国内外对电力储能以及混合电力储能集成及控制方法是目前研究的热点,氢电混合储能之间集成及协调控制方面的研究主要集中在电力系统领域,并且处于起步阶段。主要开展包括风电、光伏、制氢、超级电容并网系统建模与运行控制研究;构建超级电容和储氢系统架构;研究可再生能源、负荷功率预测、蓄电池荷电状态(State of Charge,SOC)以及储氢罐健康度(State of Health,SOH)状态,利用长时间尺度模糊逻辑控制方法预测不同时段蓄电池储能系统和氢储能系统的可用容量。

在港口源储荷互联系统的安全稳定控制技术研究方面,由于港口多类型电源、多类型储能和多类型负荷混合共存、相互影响,会引发电源间耦合交互、电源与负荷交互、不同特性设备间相互作用,引发不同时间尺度和宽频范围内的谐振和稳定性问题。针对此类问题,很多国内外学者采用时域特征根分布和频域阻抗分析方法等分析单台并网换流器与电网的相互谐振问题。国内华中科技大学、南京航空航天大学等分析了并网换流器中常用的电感-电容-电感(Inductor-Capacitor-Inductor)滤波环节、通信延时环节带来的谐振问题,并采用虚拟阻尼等方式进行抑制。国外奥尔堡大学、基尔大学等采用阻抗模型进一步分析并网换流器锁相环与弱电网的交互振荡问题,并开展同类型多机并网、大型风电场并网时的谐波振荡研究。但是,针对港口特有的分布式电源、特有负载和不同的供能模式下多机交互振荡鲜有研究涉及。港口有普通阻感类负荷、能量双向的电机类负荷、岸电船舶等冲击性的电力电子接口型负荷等,自身动态行为和谐振方式多样,同时互联耦合,使得互联系统宽频谐振更加明显和难以抑制。宽范围负荷、冲击性负荷分配不均或不同供能模式下,换流器型微电源可能发生特定负载时的谐振而导致过载保护等,威胁到多能源系统的稳定运行。对此,需要针对港口特有"源、储、荷"系统的宽载荷特性、宽频特征、多尺度耦合动态进行建模分析,探查宽频谐振主导因素,提出相应的抑制策略,以确保系统安全稳定运行。

综上所述,我国未来港口系统的发展不但应该满足不同新能源和电力负荷的时空差异,还应满足高效、灵活、绿色等的发展理念。我国未来港口的用能系统将由传统单一供电模式向储能复用的多能源融合复合协同优化模式方向发展。

主要参考文献

[1] 张智华,李茂福,陈俊杰,等. 多能源集成的港口绿色照明能量管理策略[J].清远职业技术学院学报,2019,12(3):60-65.

[2] 彭云,刘华锟,李相达.面向海洋能综合利用的港口用电策略研究[J].水道港口,2019,40(4):6.

[3] 许丹.氢能源在港口应用的优势与短板分析[J].中国水运,2020(11):2.

[4] 刘佳楠,熊宁,朱文广,等.电力市场环境下风光储联合运行优化策略[J].电力科学与技术学报,2017(1):11-15.

[5] 赵宇思.风光储联合发电系统运行特性评价研究[D].北京:华北电力大学,2016.

[6] 万家豪,苏浩,冯冬涵,等.计及源荷匹配的风光互补特性分析与评价[J].电网技术,2020,44(9):8.

[7] 邢海军,洪绍云,范宏,等.面向"源-网-荷-储"的主动配电网优化重构及协调调度研究[J].电力建设,2018,39(8):6.

[8] Zou P,Chen Q,Xia Q,et al. Evaluating the contribution of energy storages to support large-scale renewable generation in joint energy and ancillary service markets[J]. IEEE Transactions on Sustainable Energy,2016,7(2):808-818.

[9] Hemmati R. Optimal design and operation of energy storage systems and generators in the network installed with wind turbines considering practical characteristics of storage units as design variable[J]. Journal of Cleaner Production,2018,185:680-693.

[10] Eldurssi A M,O'Connell R M. A fast nondominated sorting guided genetic algorithm for multi-objective power distribution system reconfiguration problem[J]. IEEE Transactions on Power Systems：A Publication of the Power Engineering Society, 2015, 30 (2): 593-601.

撰稿人:王强（武汉理工大学）　曹小华(武汉理工大学)

港口物流装备全役健康智能监测方法

Intelligent monitoring method of total service health of port logistics equipment

1　科学问题概述

我国正从港口大国迈向港口强国,目前全球现存吞吐量最大的十大港口,我国占有7席。2019年,交通运输部联合九部委提出了建设世界一流港口的战略目标,港口物流装备是实现世界一流港口的硬件基础。港口物流装备长期承受低频重载循环冲击,不少已经超期服役,加上近年来港口台风破坏事故频发,因此安全问题突出。同时,随着全自动化码头新建和改建,港口物流装备不断实现大型化、智能化、全自动无人化,装备安全在传统难题尚未解决的情况下,又出现了新难题。为促进港口物流装备逐渐实现本质安全,亟待研发港口物流装备全役智能监测方法,保障港口物流装备运行的安全性和稳定性,进而保障港口运行安全,支撑智慧港口的实现。为突破上述技术瓶颈,一系列关键科学问题有待研究。

1.1 港口物流装备关键零部件损伤模式及故障表征

不同于常见的物流装备,港口物流装备具有负载大、起制动频繁、工作环境恶劣和工况复杂等特点,其关键零部件极易产生损伤,使得设备有发生事故的潜在危险。并且随着港口设备朝着大型化、精密化和智能化等方向不断发展,故障形式种类不断增多且更加复杂,其损伤形式与故障表征往往不是一一对应的关系,故障特征也呈现出难提取、多耦合、易干扰的特点。因此,为有效监测港口物流装备关键零部件的健康状况,必须准确而全面地探寻出损伤的各种形式以及故障特性,并挖掘各损伤的破坏机理,研究出故障诊断的新理论、新方法和新技术。

1.2 复杂作业状态下装备健康信息获取及信号特征提取方法

在复杂作业状态下,装备健康信息作为能够反映设备真实运行状态的载体,其能否快速、精确、有效地获取装备健康信息直接影响设备健康状态监测结果的实时性、准确性和可靠性。然而,健康信息采集设备与物流装备之间存在的复杂工作环境与载荷多变等影响因素,使得设备健康信息与作业信息之间存在耦合性,作业状态对设备运行状态相关的健康信息的获取存在极大干扰,导致适用于常规工作状态的信号特征提取方法在复杂作业状态下所得到的信号特征难以真实反映设备运行状态。因此,需要全面挖掘不同复杂作业状态下的设备健康信息与作业信息之间的耦合特性,深入研究有效的信号特征提取方法,探寻两者信息分离途径,消除或减少作业信息的干扰,获得能够准确反映设备状态的健康信息。如何利用信号特征提取方法充分获取无复杂工作信息干扰的设备健康信息是需要解决的关键科学难题之一。

1.3 多干扰运行环境中装备健康状态智能识别及故障检测

随着港口向复杂化与集成化发展,港口装备复杂的运行模式与环境导致其健康状态的监测与故障检测更加困难,然而目前针对多干扰源下的装备状态智能识别及故障检测的研究很少。在多干扰环境下实现对故障信息的提取,需要充分考虑干扰源形式,建立去除各类噪声与确定性成分的方法,保留故障信息成分。为对装备状态进行智能识别监测,根据不同装备的运行状态与故障信号特征,构建相应状态识别指示量,建立可对装备故障特征进行精确识别的检测措施。因此,对干扰成分的去除以及故障特征的指示与识别是装备状态智能识别及故障检测的核心科学问题。

1.4　如何建立港口物流装备健康状态评价和寿命预测方法

针对日益复杂化、大型化、智能化的港口物流装备系统,传统的健康状态评价方法缺乏综合性和系统性,无法满足对众多的设备进行全寿命状态监测要求。不同于一般通用机械设备,港口装备具有多样性、复杂性、耦合性和非标准性。同时,港口设备工况条件和运行环境特殊,其载荷和机构运行方式变化频繁,并且常在强风和暴雪等恶劣的自然环境下长期作业。然而,现有的本领域和其他相关领域的研究成果和方法往往聚焦于单一对象,难以泛化用于复杂的大型港口设备。因此,充分考虑系统中设备的性能退化过程,需要对港口物流装备的全寿命周期数据进行深度挖掘,研究机械设备的性能退化和寿命预测的新理论、新方法和新技术,揭示港口设备系统的演变规律,建立港口物流装备寿命预测和健康状态评价方法是实现港口物流装备全役健康智能监测的关键环节。

2　科学问题背景

港口物流装备关键零部件损伤模式及故障表征、复杂作业状态下装备健康信息获取及信号特征提取方法、多干扰运行环境中装备健康状态智能识别及故障检测、港口物流装备寿命预测和健康状态评价方法构成了港口装备全役健康智能监测方法研究的四个方面。目前这四个方面的研究还存在着较多不足,面临诸多挑战,因此迫切需要解决以下技术瓶颈。

2.1　港口物流装备关键零部件损伤机理与检测方法有待解决

其研究包括:不同卷筒-滑轮-钢丝绳缠绕方式下钢丝绳力学模型及损伤表征研究、回转支承下的齿轮故障研究、非平稳工况下轴承故障诊断方法研究、大直径钢丝绳内部断丝或磨损量化检测、钢丝绳疲劳损伤量化检测等,以及港口装备大型回转轴承损伤模式及新型无损检测方法研究、高硬度钢质滑轮的耐磨性及其对钢丝绳使用寿命的影响。

2.2　复杂作业状态下装备健康信息获取及信号特征提取方法有待突破

复杂作业状态下健康信息与工作信息耦合特性与作业信息分离问题有待解决,例如:物流装备载荷多变工况下的健康信息与工作信息之间的耦合;起制动动态显著的物流设备中健康信息与工作信息之间的耦合;设备冲击振动等工作状态对健康信息的耦合等。复杂作业状态信息与设备健康信息耦合使得监测信号往往存在非线性和非平稳特性,且容易存在较强的背景噪声,导致早期微弱的故障特征被淹没,作业信息与设备健康状态信息分离十分困难。因此,如何利用信号特征提取实现工作信息量化、排除工作信息的干扰、提取设备运行状态相关的健康信息中早期故障微弱信号特征是亟待解决的问题。

2.3 多干扰运行环境中装备健康状态智能识别及故障检测有待探索

利用传感器采集信号时,常常会包含目标设备以外的其他噪声源,而这些干扰源极有可能对设备的状态监测与故障检测造成阻碍。对装备的智能识别,需要去除复杂噪声及非源自目标装备故障的信号。目前的去噪算法大多面向普通噪声及齿轮、电机和轴等确定性成分,针对港口环境的复杂噪声及港口装备产生的确定性成分干扰的去除仍需进一步研究。装备部件的故障特征的指示是状态监测的核心,也是对不同故障特征进行有效识别检测的关键前提,然而对港口装备的故障特征的指示仍然空缺。因此,有必要建立针对港口装备的复杂干扰去除-特征指示-状态识别与检测理论体系。

2.4 港口装备的全寿命周期性能退化和寿命预测及本质安全评价难题尚未攻克

港口装备全役监测方法研究主要涵盖设备关键零部件故障诊断、金属结构性能退化评价和寿命预测、大型设备的安全管理以及设备远程在线实时监测等多个方面。对港口设备及其运行状态的认知是智能故障诊断和状态预测的重要理论基础,其内涵包括各种设备结构和性能、不同要素间的耦合作用关系和非线性动力学机理。不同于一般通用机械设备,港口装备具有多样性、复杂性、耦合性和非标准性。同时,港口设备的工况条件和运行环境特殊,其载荷和机构运行方式变化频繁,并且常在强风和暴雪等恶劣的自然环境下长期作业。然而,现有的本领域和其他相关领域的研究成果和方法往往聚焦于单一对象,难以泛化用于复杂的大型港口设备。因此,迫切需要突破复杂环境下港口设备智能故障诊断与寿命预测的技术瓶颈,开发新型港口物流装备全役健康综合性智能监测系统。

3 科学问题研究进展

3.1 港口物流装备关键零部件损伤及故障表征研究进展

在影响港口物流装备故障诊断效果的诸多因素中,利用现代信号处理技术分离和提取故障信号以提高故障信息的可靠性,从而提高设备故障诊断的准确性是一种十分有效和便捷的手段。钢丝绳、滚动轴承、齿轮及滑轮等不同的关键零部件出现损伤时,总有特定的损伤信号形式出现。然而由于港口机械结构、运转方式及工作环境等诸多因素,使其振动信号极其复杂,所提取的振动信号中既包含了故障特征信号也同时包含了大量的背景噪声。目前,针对零部件的故障特征分析除了传统的时域统计分析、频域分析、谱自相关分析、倒频谱分析、频率细化技术、共振解调分析外,时域分析、现代谱估计、经验模态分解(Empirical Mode Decomposition,EMD)、阶比跟踪(Order Tracking,OT)、循环平稳分析(Cyclostationary Analysis,CA)等信号处理技术也成为研究热点。由于故障信号成分的复杂性,现在相关研究向着多种信号处理技术和模式识别技术相互融合的方向发展。近几年的诸多模式识别中,人工神经网络、隐马尔可夫模型、支持向量机、深度学习等方法应用十分活跃。港口设备零部件产生的大量数据,在结合了数据挖掘和人工智能模型之后能够较好地运用到故障诊断之中,显著提升识别效率和准确性。但是往往也存在以下几个问题:①大型模型训练困难;②高精度复杂模型构建困难;③定量诊断泛化问题难以解决,尤其在系统故障未耦合情况下,难以使用数学语言描述,解释性较低。因此基于数据驱动和物理模型的融合性研究较少。

3.2 复杂作业状态下装备健康信息获取及信号特征提取方法研究进展

为实现港口机械设备的智能状态监测,目前常用的对设备状态进行监测的项目与监测方法主要包括感官检查、温度监测、噪声监测、油液监测、振动监测、无损检测等。这些状态监测与诊断方法多是针对工况较为平稳或在一个较长时期内平稳的设备,通常通过测得的信号与以往正常状态信号的差异诊断设备状态,比较项目通常选择能够表征故障发生的特征,如温度异常升高,振动信号时域、频域指标异常、应力波异常等。然而,这些监测诊断方法的研究通常仅能体现常规工作状态下设备正常运行时与发生故障时的各项指标差异,忽略了不同作业状态信息的影响。当设备在载荷多变、速度动态变化明显、路面工况突变等因素影响下工作时,各项指标由于工作状态的变化容易产生与设备状态关联度小的不同程度变化,容易导致以各项指标为故障诊断依据的诊断方法对相关设备运行状态的误判。信号特征提取方法可在设备状态信息与工况信息之间发生耦合时提取与设备状态信息相关的特征,通过研究确定工作信息对健康信息的影响,消除或抑制作业信息对设备状态监测的干扰,是目前最可靠且最有效的方法之一。因此,基于设备健康信息与设备工作状态信息耦合特性,多工况、多特征维度地分析健康信息与工作信息的耦合特性,揭示复杂工作条件对设备健康信息的影响,系统地研究设备健康信息与工作信息的信号特征提取方法,构建基于信号特征提取的设备智能监测系统,实现设备状态的自动化、智能化识别是目前港口物流装备故障诊断研究领域的重点。

3.3 多干扰运行环境中装备健康状态智能识别及故障检测研究进展

针对装备状态智能识别中对干扰成分去除问题,现有的研究成果主要是对信号中噪声和确定性干扰成分的去除,且集中在旋转机械故障诊断领域,主要包括时域同步平均技术、自适应噪声消除算法、离散分离算法、频谱幅值调制等。Borghesani 等提出的倒谱预白化(Cepstrum Pre-Whitening,CPW)方法,有效地去除了振动信号中齿轮、轴和电机等产生的确定性干扰成分,实现了变转速工况下的轴承故障诊断。而目前还没有针对港口装备受到的特定干扰成分的去除算法。对装备的智能监测与识别主要通过所获取的特征信息来判断装备的运行状态,目前机器学习、深度神经网络等人工智能技术被广泛应用于各领域的状态识别与检测中,这些算法在港口装备状态识别与检测中方兴未艾。张典震等提出一种密集时间卷积网络(Densely Temporal Convolution Network,DTCN),能准确地根据健康指标的变化来反映回转支承性能的退化状态。Wang 等在机器视觉进行运输机皮带撕裂检测中,提出使用 Haar-Like 特征替代传统几何撕裂特征,并将弱分类器级联成强分类器,在应对不均匀光照时的皮带撕裂检测中取得了良好效果,但是 Haar-Like 特征只能简单表征固定方向的目标,在多干扰的环境中的误检率仍然较高。由此可知,一些在港口装备领域困扰已久的问题,随着智能算法的发展开始有了试验性的解决途径,因此可以通过加大智能算法在港口装备的识别与检测中的研究与应用,为港口的智能化发展提供安全保障。

3.4　港口物流装备健康状态评价和寿命预测方法研究进展

现有的设备全寿命周期性能评估方法主要包括:①基于力学的寿命预测方法,例如基于应力的寿命预测方法(S-N 曲线方法)、基于应变的寿命预测方法(ε-N 曲线方法)、累积疲劳损伤理论、基于断裂力学的疲劳裂纹扩展理论、基于损伤力学的寿命预测技术、基于能量的寿命预测方法;②基于概率统计的寿命预测方法,引入概率统计理论,采用概率方法考察所测参数与剩余寿命相关参数的随机性分布规律,进而得到具有一定可靠度的定量性剩余寿命;③基于信息技术的寿命预测方法,主要分为基于人工智能技术的寿命预测方法和基于设备状态监测的寿命预测方法。然而,基于力学的寿命预测方法是从失效与破坏机制的动力学特性来进行性能分析,这种评价机制对单一失效机制引起的零件或结构失效具有较好的效果,但难以应对多干扰和多种失效机制耦合的港口装备健康状态评价任务;基于概率统计的寿命预测方法能够反映机械设备寿命的一般规律和整体特性,但是需要大量的试验经验和数据积累,并且其预测结果的可靠性和可解释性较差;近年来基于信息技术的寿命预测方法受到了广泛的关注,但该技术起步较晚,理论体系尚不完备,有待进一步研究和发展。总体来说,现有状态评估理论和方法在针对特定的机械设备性能评估和寿命预测中容易实现和理解,但很难将其直接迁移应用于复杂的港口装备系统并形成一套完整的健康评价体系。近年来,发展先进的基于数据驱动的智能设备寿命预测技术是机械设备健康与管理领域的热点。因此,针对港口机械系统因结构失效和破坏形式复杂、工作环境恶劣、载荷形式多样和结构耦合性强等导致的装备全寿命周期数据采集和存储困难、特征参数提取和选择困难、监测模型实时性和泛化性差等问题,如何利用大数据技术、深度学习技术、先进数据分析技术,建立港口物流装备的全寿命周期定量化评价模型,阐明各种设备的性能退化动态演化机制,建立现代化港口物流装备全役健康智能监测完备系统是现有亟待解决的关键技术瓶颈。

综上所述，港口物流装备全役健康智能监测方法尚缺乏全面系统的基础理论、数值方法和试验研究。港口物流装备关键零部件损伤模式及故障表征技术研究起步较晚，复杂作业状态下装备健康信息获取及信号特征提取方法突破尚不成熟，多干扰运行环境中装备健康状态智能识别及故障检测方法不够完善，港口物流装备寿命预测和健康状态评价方法尚未攻克。这些关键问题制约了港口物流装备的快速发展，有必要逐一攻克，最终实现港口物流装备本质安全。同时，以无人巡检、5G为代表的新兴技术能为港口物流装备提供新的理论支撑与技术指导，对实现港口物流装备本质安全具有重要意义。

主要参考文献

[1] 薄文杰. 现代港口机械设备故障诊断及应对策略[J]. 中国设备工程, 2020(03): 174-176.

[2] 林俊才. 基于fastap算法的港口机械故障诊断方法研究[D]. 武汉: 武汉理工大学, 2018.

[3] 陈史文. 港口机械设备故障诊断及管理措施的探讨[J]. 科技创新导报, 2011(13): 53, 55.

[4] 安志家, 郑奕龙, 王鑫伟. 状态监测在港机设备维护中的应用[J]. 设备管理与维修, 2016(08): 86-89.

[5] Borghesani P, Pennacchi P, Randall R B, et al. Application of cepstrum pre-whitening for the diagnosis of bearing faults under variable speed conditions [J]. Mechanical Systems and Signal Processing, 2013, 36(2): 370-84.

[6] 张典震, 陈捷王, 杨启帆. 基于卷积自编码与密集时间卷积网络的回转支承退化趋势预测 [J]. 振动与冲击, 2021, 40(23): 9-16.

[7] Wang G X, Zhang L B, Sun H, et al. Longitudinal tear detection of conveyor belt under uneven light based on Haar-Ada Boost and cascade algorithm[J]. Measurement, 2021, 168: 108341.

[8] 雷亚国, 贾峰, 孔德同, 等. 大数据下机械智能故障诊断的机遇与挑战[J]. 机械工程学报, 2018, 54(05): 94-104.

[9] 张小丽, 陈雪峰, 李兵, 等. 机械重大装备寿命预测综述[J]. 机械工程学报, 2011, 47(11): 100-116.

[10] Khan S, Yairi T. A review on the application of deep learning in system health management[J]. Mechanical Systems and Signal Processing, 2018, 107: 241-265.

撰稿人：王贡献(武汉理工大学)　刘志平(武汉理工大学)

港口装备多模定位与装备群协同管控

Multiple mode positioning of port equipment and equipment group cooperative control

1　科学问题概述

港口装备面临着在恶劣作业环境下信号屏蔽、通信时延长、单机作业尺度跨度大、异构装备作业体混杂、作业任务随机性强等挑战。这些挑战使得自动化港口装备定位及装备群协同管控技术成为智慧港口发展的卡脖子难题。为确保自动化港口系统与装备有效运行,亟待研发港口装备精准定位及协同管控的新理论、新方法和新技术,保证在作业复杂场景下实现多尺度精准定位、装备集群化控制和资源实时匹配。为突破上述技术瓶颈,一系列关键科学问题有待研究。

1.1　跨尺度环境下港口装备多模定位融合决策机制

港口作业装备结构尺寸大、运动空间广、作业空间尺寸狭小、作业精度要求高,存在从米级到厘米级跨尺度定位问题。单一或组合定位技术受视线遮挡、电磁干扰、盐湿腐蚀环境影响,存在多路径尺寸效应,会导致因定位信息阻塞和数据丢失出现的定位精度丧失问题。卫导、惯导、激光雷达、毫米波、视觉同步定位与建图(Simultaneous Localization And Mapping,SLAM)以及多传感器等定位技术定位原理不同、数据结构异构,控制模式、接口定义也各不相同。探索跨尺度多模定位数据融合、信息资源适配策略是首先需要解决的关键技术难题。

1.2　协作场景下部件结构与装备群多体动力学耦合建模与解耦控制

港口装备单机存在行走、起升、抓取等不同机构,在重载、频繁起制动作用环境下,港口装备个体机构间存在多体耦合动力学行为,尤其在风载荷及随机动载效应作用下,亟须探索装卸装备个体部件结构多体动力学响应。在多机协作场景下,协同装备存在作业空间干涉冲突、协作路径快速解耦问题,基于最优化理论融合合作博弈概念,揭示装备个体与装备群运动态势演变规律,挖掘多要素耦合作用下港口装备精准定位及控制策略,进而保障港口作业装备安全运行。

1.3　装备群调度资源匹配及协作机制

协同控制机制是研究港口装备群协同作业的关键,包括装备作业任务分配、工作冲突检测与消除,需要建立多机协同控制系统,融入码头生产操作系统(Terminal Operating System,TOS)和设备管理调度系统(Equipment Control System,ECS),调节装备个体间的合作与冲突。因此,在装备群协同管控系统中,需充分考虑港口作业调度工艺、设备管理调度及潜在冲突,构建决策知识库及协调规划器以实时分配作业任务,并检测处理潜在冲突,确保港口装卸作业效率,提高作业安全性。

2 科学问题背景

作为支撑水路交通工程学科发展的核心基础,港口装备智能技术研究紧扣港口作业智能化、安全性、高效性和绿色环保的发展目标,亟待开发港口装备智能感知、实时定位、智能防护、协同控制、远程操控技术体系。港口装备精准定位及协同管控是其技术体系中的关键技术,其研究对象包括水平运输装备、前沿码头作业装备、堆场作业装备,覆盖前沿码头、后方堆场和进港闸口区域范围,围绕装备群的多模定位原理、信号数据传输与融合机理展开研究,涉及装备位姿信息感知、单体装备机构动力学分析及多机装备工作空间规划及态势研判,结合码头作业工艺和设备管理调度构建装备群协同管控决策模型。

港口装备定位技术涉及港口装备运行定位和作业定位,定位精度跨度从米级到厘米级三个尺度变化,主要涉及卫星导航技术、惯导定位、多传感器定位技术与SLAM技术,目前研究主要聚焦在单一定位方法。由于单一定位技术难以满足多尺度定位精度要求,且因港口作业环境复杂及作业体的异构特性,设备工作运动态势不可控及多机运行时工作空间干涉带来作业安全风险,在跟踪装备动态位姿时容易出现精度丢失、电子围栏危险区域误入智能报警现象。由于港口作业调度任务随机性,亦会带来港口装备资源分配不均、作业调度不畅的困境。因此,迫切需要突破跨尺度、异构作业体混合作业中的多模定位与协同管控技术瓶颈。

2.1 跨尺度环境下港口装备多模定位融合决策建模有待解决

大尺度产品的位姿测量方法多种多样,然而针对不同的对接任务,位姿测量及定位方法的选择缺乏相应理论依据。针对港口作业狭长区域模块间存在视野遮挡、对接区域尺寸微小等问题,缺乏相应的组合位姿测量方法。港口装备一般在复杂码头场景中混合作业,受环境障碍物、电磁干扰、盐湿腐蚀影响,多模定位检测信号容易出现因信息阻塞和数据丢失问题导致的导航与定位精度丧失。分析环境要素对定位精度的影响机理,可为多模定位融合决策建模提供理论支撑。

2.2 个体运动位姿与装备群运动态势耦合机理不明

水平运输装备、前沿码头作业装备、堆场作业装备结构具有异构特征,个体装备的结构特征、工作空间、运动状态不尽相同,要保证对各个装备进行实时精确定位,则需要构建单体装备的运动学模型,确定单体各执行机构的位姿及运动规律,揭示环境因素导致的随机性对装备运动态势的影响机理,为单体执行机构的运动精度控制提供理论支撑。协作作业可存在于同构作业装备及异构协作装备之间,对于同构协同装备,构建多体运动学模型,确定其工作空间,并对融合的工作区域冲突有限时间的速度障碍进行冲突探测。对于异构协同装备,需耦合异构个体动力学行为,构建协作路径空间集合,基于最优化理论融合合作博弈概念,实现异构港口装备优化协同控制。

2.3 针对当前码头生产操作系统和设备管理调度系统,对装备资源协同管控控制决策支持有待进一步研究

在港口作业过程中,港口生产调度与设备管理调度具有时间、空间的冲突性,为装备群协作协同管控带来挑战。

综上所述,亟须针对港口装备在跨尺度异构作业体混杂场景中进行港口装备多模定位融合决策模型研究,实现对智慧港口自动装卸工艺体系感知层构。充分解析单体装备作业空间、同构个体与异构个体耦合动力学行为,构建装备群协作机制。研究装备群体在有作业空间冲突、港口生产调度与设备管理调度时间冲突性情况下,进一步对装备资源协同管控机制进行重构,对于深度优化港口作业系统智能性和安全性具有重要指导意义,工程价值突出。

3 科学问题研究进展

3.1 跨尺度环境下港口装备多模定位融合决策机制

现有港口装备定位主要研究港口水平运输装备、堆场作业装备定位,采用的方法包括卫星导航定位系统、激光雷达 SLAM、视觉 SLAM、惯导、磁钉导航及多传感器融合定位技术,主要围绕定位引导控制精度、自动导航和定位、路径规划及智能避障进行研究。目前港口定位主要采用单一导航模式,部分采用卫导、惯导与里程计结合的多模定位技术。针对卫星天线的遮挡多径影响严重,信号质量降低问题,研究多天线融合解算技术,对卫星信号进行检测、筛选、完好性约束。基于辅助定位方式,对卫星导航定位精度进行修正。但港口装备的自主装卸工艺还包括前沿码头作业、后方堆场理货作业,涉及船舶起吊作业、集卡防吊起、漏摘锁垫预警、轮胎吊行走自动纠偏与防撞、门式起重机自动抓放箱、集卡自动引导等智能装卸关键应用场景,这些应用场景中作业定位精度通常在厘米级甚至亚厘米级。但目前研究很少从跨尺度、全作业链路对港口装备多模定位展开研究,针对港口作业狭长区域模块间存在视野遮挡、对接区域尺寸微小、电磁干扰、盐湿腐蚀等问题,应采用多种模式定位方法组合测量位姿,构建智能港口装备感知层和通信层,重点表征多模

定位检测信号信息阻塞和数据丢失导致导航与定位精度丧失的原因,可在某一定位信号阻塞情况下,能基于冗余的多模定位信息对作业数据进行实时关联和分析、对多模定位方案可自适应监测、推理和决策。

3.2 港口装备个体与装备群动力学协同作业模型构建及态势研判机理研究

国内外多家大型港口集团正在开展多项人工智能创新,包括全新第二代人工智能闸口、人工智能场桥应用和码头作业链条上涉及其他节点的人工智能子系统的开发设计。综合利用多种技术手段,尤其是人工智能技术,在泛在信息全面感知和广泛互联的基础上,对集装箱码头装卸环节各作业要素进行赋能,包括机器视觉集卡防吊起技术、基于机器视觉技术和深度学习方法的漏摘锁垫智能预警技术、基于动力学模型的轮胎吊大车行走自动纠偏和防撞技术、门式起重机辅助自动抓放箱技术和集卡自动引导技术。目前的研究主要针对单一作业环境和装备个体进行了运动监测和报警控制研究,但缺少对装备个体动力学行为的刻画、多机的协作运动规划以及装备群的协同控制的研究。装备个体与港口作业机群复杂耦合作用关系及运动态势演变规律不明确,环境因素导致的随机性对装备运动态势的影响机理需要进一步揭示。尤其对于异构协同工作装备群,需耦合异构个体间动力学行为,基于多体动力学仿真模型预测协作路径空间,融合最优化理论及博弈论,实现异构港口装备优化协同控制。

3.3 装备群调度资源匹配及协作机制

当前研究主要集中在基于船舶、堆场、任务管理、设备管理多智能体的自动化码头协同作业系统模型构建,建立集装箱码头协同作业系统软硬件智能体部署模式,研发系统接口中间件、集卡自动诱导、轨道式起重机智能作业、一体化管控多智能体协同调度技术。协同控制机制是研究港口装备群协同作业的关键,包括装备作业任务分配、工作冲突检测与消除,需要建立多机协同控制系统,融入码头生产操作系统(TOS)和设备管理调度系统(ECS),调节装备个体间的合作与冲突。因此,在装备群协同管控系统中,需充分考虑港口作业调度工艺、设备管理调度及潜在时间、空间冲突性,构建决策知识库及协调规划器以实时分配作业任务。

综上所述,现有针对跨尺度环境下港口装备多模定位融合机制的研究尚缺乏全面系统的基础理论支撑,对单体装备执行机构运动学、动力学分析缺乏系统理论研究,对协同作业的港口装备个体与装备群动力学耦合关系缺乏量化表征手段,对作业环境中产生的随机性、突发性事件对装备运动态势的影响机理不清晰,这制约了对作业装备的精准控制。装备群的协同控制策略缺失则使得装备作业任务分配、工作冲突检测与消除缺乏理论依据,限制了作业效率的提高,有必要对这些技术难点逐一攻克,最终实现港口装备群精准定位和协同管控,确保港口装备作业效率及安全性。同时,以上理论研究从装备个体-装备群,水平运输定位精度-装卸作业定位精度跨尺度范围深入解析装备群协作动力学特征,构建港口装备群协同控制策略,为智慧港口长远发展提供深厚基础,对系统地识别港口装备个体运输作业运动规律、实现港口装备协作作业安全和提高装备群生产效能具有重要意义。

主要参考文献

[1] 李倩霞,夏林元,杨波,等.北斗多模定位与传感网络集成的高精度形变监测设计及分析[J].测绘与空间地理信息,2017,40(08):10-13.

[2] 王涛.GPS/GLONASS/BDS 多模融合伪距单点定位模型精度分析[J].全球定位系统,2017,42(03):32-37.

[3] 何宗友,石晓春,彭冬林,等.北斗多模组合 RTK 实时定位性能比较与分析[J].测绘科学,2017,42(07):108-114.

[4] Chen K,Zhang X,Kiatsupaibul K. Simulation research on high precision multimode GNSS positioning algorithm[J]. Journal of Intelligent and Fuzzy Systems,2018,35(4):1-12.

[5] 朱恩涌,魏传锋,李喆.空间任务人机协同作业内涵及关键技术问题[J].航天器工程,2015,24(3):7.

[6] 李新照.基于北斗的差分技术在散货码头堆场管理中的应用 [J].港口科技,2018(8):27-30.

[7] 王明杰.基于差分 GPS 的捷联惯导系统误差标定技术研究[D].北京:北京理工大学,2016.

[8] 高小鹏.基于高精度 MEMS 惯性器件的多传感器融合定位系统的设计与研究[J].物联网技术,2021,11(7):99-103.

[9] 黄东,杨凌辉,罗文,等.基于视觉/惯导的掘进机实时位姿测量方法研究[J].激光技术,2017,41(1):19-23.

[10] 杜福洲,叶晗鸣.基于视觉的大尺度部件相对位姿实时测量方法研究[J].航空制造技术,2021, 64(6):34-30.

撰稿人:梅杰(武汉理工大学)

CHAPTER EIGHT

第8章
水路交通基础设施管养

　　作为支撑水路交通工程学科发展的核心基础,水路交通基础设施管养的研究紧扣港口、航道和通航建筑物的现代化管理与养护技术,建立水路交通基础设施管养的现代化理论体系,研究智能化与协同化管养技术,提高水路交通基础设施的服务能力与水平。近年来新一代信息化智能化技术已被越来越广泛地应用于水路交通基础设施。深度融合物联网、大数据、人工智能等前沿新技术与装备,研制高精度、自动化、智能化、可视化、可移动的水路交通基础设施智能管养的快速检测网络、仪器和装备,构建智能化和低碳化的水路交通基础设施智能监测及评估体系,实现安全评估、预警和管理的新模式,推动港口、航道和通航建筑物等水运基础设施管养的自动化、信息化、智能化以及绿色、低碳化,已成为水路交通基础设施管养的发展方向。亟须在水路交通基础设施管养的基础理论、关键核心技术、系统平台等方面开展攻关及研究,力争在以下几个方面实现突破:①水路交通基础设施全寿命期性能演化机理;②水路交通基础设施长期性能协同调控方法;③水路交通基础设施全寿命期安全控制方法;④水路交通基础设施绿色和低碳管养技术;⑤水路交通基础设施系统协同运行优化;⑥水路交通基础设施智能检测-识别-决策的一体化智能运维系统。

　　撰稿人:徐宿东(东南大学)　廖鹏(东南大学)

大型水利枢纽复杂水路交通高效运行的基础问题

Fundamental issues of efficient traffic operation in large navigation hub complex waterway

1　科学问题概述

大范围、高密度复杂枢纽水域的水上交通高效组织是我国内河干线航运高质量发展面临的重大难题,长江干线等水网地区的闸坝等大型枢纽工程建设规模和数量迅猛增长,同时船舶尺度、流量日益增大,造成内河干线水域通航资源的承载能力和船舶通航安全保障的问题日益突出,包括航道通而不畅、重要节点拥堵等问题。而要从根本上消除以上问题,亟待构建运能提升、衔接合理、安全可控、节能高效的新一代航运系统,研发一套大型通航枢纽复杂水路交通"精准-协同"高效运行的新理论、新方法和新技术,进而保障我国水路交通系统的可持续发展。目前需重点解决以下关键科学问题。

1.1　船舶行为跨域强耦合的复杂水路交通系统分析理论

大型枢纽船舶交通系统具有影响范围大、交通构成复杂等特点,是由通航船舶、闸坝设施、通航环境、调度管理等要素相互耦合形成的一个复杂系统,其船舶交通运行安全与效率受时空关联的多要素交互影响。现有研究鲜有对跨域异质船舶行为进行建模分析,复杂水路交通系统要素间耦合作用机制、跨域船舶行为内在驱动机制尚不清晰。因此,有必要从整体出发,探索要素间复杂耦合作用关系,挖掘多要素耦合作用下微观船舶交通行为演化机理。如何建模分析船舶行为跨域强耦合的复杂水路交通系统是首先需要解决的关键科学难题之一。

1.2　多要素约束下的船舶通航拥塞时空演化机理

大型枢纽水域船舶交通系统受限条件多、船舶密度大、影响因素复杂、船舶交通需求耦合效应强,使得交通管控策略在兼顾局部船舶航行风险和整体交通运行效益上更具困难性和挑战性。研究大型枢纽水域船舶交通演化特性,提出船舶交通拥塞度量方法及其动态解释理论,有助于形成实时化、精准化的枢纽水域船舶交通拥塞态势感知,进而保障长航段多梯级闸-机-坝系统联合调度和稳定运行。

1.3　基于多元主体跨域协同的枢纽水域船舶通行效能提升

未来内河干线船舶交通的自主协同航行是船舶交通智能化发展的必然趋势,在增强局部交通效能的同时,也必然将进一步增加交通组织和调度的复杂度。目前枢纽水域船舶交通监管仍然是以集中调度模式为主,无法满足多主体自组织、自协商、自主控制航行的要求。研究跨层、跨域的分布式船舶交通协同组织和管控方法,突破传统的集中决策与优化理论,解决基于枢纽水域多元主体协同的智慧海事监管体系架构、运行机制、控制方法和系统风险效率优化问题,提升枢纽水域异质船舶复杂多维度的通行效能,可为内河智慧航运的发展模式探索和标准体系建立提供理论与方法支撑。

2　科学问题背景

水路运输对我国经济发展和社会发展起着巨大支撑作用,是经济社会发展的重要基础性产业。随着建设海洋强国、交通强国及长江经济带战略和"一带一路"倡议的相继提出,水路运输高质量发展要求被进一步强化。

2.1 复杂水路交通基础理论深化研究

长江干线通航环境复杂,沿线水域自然条件差异大、船舶组成异质性强、船舶自主航行难度大、桥梁闸坝等节点水域多,其船舶交通的多样性和复杂性极其突出。当前针对内河干线航运系统的船舶交通智能化组织与调度技术的研究尚处于起步阶段,缺乏基础性、系统性、普适性的复杂水路船舶交通组织理论与方法,亟须深入研究船-闸-环-管多要素耦合作用下的复杂水路交通系统建模与演化理论,阐明复杂水路交通系统要素间耦合作用机制、跨域船舶行为内在驱动机制。

2.2 枢纽"瓶颈"限制内河航运高质量发展

长江干线航运作为综合运输体系的重要组成部分,是实现经济社会可持续发展的重要战略资源。在国内大循环为主体,国内国际双循环相互促进的新发展格局下,长江经济带无疑已成为我国经济大循环的主动脉。长江干线通航环境复杂,其中三峡枢纽工程在大大改善重庆到宜昌段通航条件的同时,也成为影响长江航运发展的"瓶颈"问题。三峡船闸(枢纽)通过能力不足,过闸(过坝)运输的供需矛盾逐步显现,船舶待闸成为常态。这不仅显著降低了通航效率,也给船舶航行带来了巨大安全隐患。亟须研究大型枢纽水域船舶交通演化特性,实现枢纽水域船舶交通拥塞态势精准感知。

2.3 智能航运发展助推枢纽水域船舶通行效能提升

作为水路运输最主要载运工具,船舶智能化已成为当前热点科技攻关内容,高技术船舶、智能驾驶船舶在《中国制造2025》《新一代人工智能发展规划》中明确被列为我国未来科技重大创新领域。智能航运所涵盖的智能交通组织与监管是船舶交通智能化发展的关键环节之一,其在降低船舶碰撞风险和提高船舶交通运行效率等方面具有广泛的应用前景。当前,随着物联网、云计算、大数据、人工智能、移动通信等技术的迅猛发展,航运智能化成为未来发展的必然趋势,智能航运研究已成为重要的研究热点领域。因此,采用新理论、新方法和新技术有助于解决大型枢纽水域复杂水路交通效能提升面临的核心基础科学问题。

综上所述,亟须深入系统开展船-闸-环-管多要素耦合作用下复杂水路交通系统运行建模与演化理论研究,提出基于多元主体跨域协同的船舶通行效能提升方法,为保障我国水路交通系统的可持续发展提供重要指导方针,科学价值突出。

3 科学问题研究进展

（1）针对船舶行为跨域强耦合的复杂水路交通系统分析理论，现有研究多以单一水路作为研究对象，鲜有考虑跨域强耦合的复杂水路交通系统。具体来说，采用船舶自动识别系统（AIS）数据来提取船舶时空轨迹进而分析船舶行为是常用的技术手段；在此基础上，构建基于矩阵和张量分解的时空船舶交通流的高维预测模型，但未考虑其他多源耦合因素对船舶交通流演化的影响；利用海量船舶轨迹挖掘船舶行为，并基于深度学习理论构建船舶航迹预测模型已得到广泛应用，是海事监管和智能船舶安全航行的重要保障，但其往往未考虑跨域异质船舶行为对航迹预测的影响；复杂水路交通系统分析的研究多将船舶抽象为独立的智能体，以船舶航行安全性为主要目标，鲜有系统考虑通航船舶、闸坝设施、通航环境、调度管理等相互耦合因素，存在交通系统分析精度差的局限，势必需要基于复杂通航环境下的船舶行为理解与建模，构建与船舶行为相适应的通航环境系统。因此，分析要素间复杂耦合作用关系，挖掘多要素耦合作用下微观船舶行为与交通态势演化机理，建立基于船舶行为跨域强耦合的复杂水路交通系统理论已成为研究重点。

（2）针对多要素约束下的船舶通航拥塞时空演化机理，重点解决船闸和坝区通过能力不足、船舶等待时间过长等问题。现有研究多采用元胞自动化和多智能体来构建船舶交通流的微观时空演化模型，进而达到精准分析通航拥塞的目的，但往往需要考虑通航环境复杂、船舶密度大和船舶交通需求耦合效应强等影响因素。具体来说，在元胞自动化模型中融合排队论思想是研究大型通航枢纽水域船舶交通流演化规律的常用方法；通过在仿真模型中嵌入需求弹性，可在船闸关闭、服务时间和利润变化情况下研究通航拥塞时空演化机理；同时，船舶积压指数指标体系、受限水域船舶积压风险测度方法已被广泛应用于船舶通航拥塞评价；在此基础上数据与知识联合驱动的模型系统已被用于船舶交通流模拟仿真和通航拥塞时空演化研究，并据此提出了推进过闸船舶标准化、大型化、优化船闸运行调度、提高船舶装载率等扩能措施；同时，复杂通航系统交通供需建模、复杂水路交通态势特征仿真和预测对于优化通航管理方案有着重要作用。因此，为保障大型通航枢纽多梯级闸-机-坝系统联合调度和稳定运行，有必要研究复杂通航环境下水域船舶交通演化特性，探究船舶交通拥塞度量方法及其动态解释理论。

（3）基于多元主体跨域协同的枢纽水域船舶通行效能提升，其核心在于船舶交通调度优化与船舶自适应编队，现有研究方法集中于分支定界、动态规划、随机搜索、模糊逻辑和多准则优化等。通过分析船舶交通流演化规律，基于枢纽水域通航环境特征和船舶行为构建船舶交通组织优化模式是常用的研究范式；同时，基于混合整数线性规划的港口船舶交通增强调度策略，可最大限度地减少船舶靠泊和离港延误以及不能成功靠泊或离港的船舶数量；结合非支配排序遗传算法和禁忌搜索的船舶交通调度多目标优化模型已被广泛应用,但数值求解存在稳定性不足和计算复杂度高等问题;采用不确定性建模以实现最小化船舶服务时间和预期恢复成本已得到广泛关注,但对多元主体跨域协同理论研究尚不深入;船舶交通编队优化是船舶通行效能提升的重要保证,基于船舶编队和航道交叉口调度组成的多船编队系统,可提高水路网络运输的安全性和效率,但依然无法满足多主智能体自组织、自协商、自主控制航行的要求。因此,突破传统的集中决策与优化理论,借助新一代人工智能技术解决基于枢纽水域多元主体协同的智慧海事监管体系架构、运行机制、控制方法和系统风险效率优化问题是现有研究亟待解决的技术瓶颈。

综上所述,针对大型通航枢纽水域开展的船舶交通组织、管控等研究比较受到关注,然而当前船舶交通管理智能化发展进程较为缓慢,真正意义上的船舶智能交通方面的研究成果较少,尤其是在枢纽水域船舶交通高效组织和调度问题方面尚未突破理论和技术瓶颈。因此,以枢纽水域船舶交通的安全、有序、高效为目标,研究具有协同式、自组织、自适应特点的复杂水路交通船舶交通系统分析理论与建模方法,有望为突破船舶交通"精准-协同"高效组织发展的瓶颈制约、创新传统船舶交通管理模式、拓展海事安全保障的学科内涵等方面提供重要的理论和技术支持。

<h2 style="text-align:center;color:#2e74b5">主要参考文献</h2>

[1] Azucena J, Alkhaleel B, Liao H, et al. Hybrid simulation to support interdependence modeling of a multimodal transportation network [J]. Simulation Modelling Practice and Theory,2021,107:102237.

[2] Cai M,Zhang J,Zhang D,et al. Collision risk analysis on ferry ships in Jiangsu Section of the Yangtze River based on AIS data [J]. Reliability Engineering & System Safety,2021, 215:107901.

[3] Rawson A,Brito M,Sabeur Z,et al. A machine learning approach for monitoring ship safety in extreme weather events [J]. Safety Science,2021,141:105336.

[4] 孔凡军,程升鹏,张明敏.大风气象条件下三峡枢纽过闸船舶通航条件[J].水运工程, 2020,2:14-17.

[5] Li S,Jia S. The seaport traffic scheduling problem:Formulations and a column-row generation algorithm[J]. Transportation Research Part B:Methodological,2019,128:158-184.

[6] Li J,Zhang X,Yang B,et al. Vessel traffic scheduling optimization for restricted channel in ports[J]. Computers & Industrial Engineering,2021,152:107014.

[7] Gan S,Wang Y,Li K,et al. Efficient online one-way traffic scheduling for restricted waterways[J]. Ocean Engineering,2021,237:109515.

[8] Kang L,Meng Q,Tan K C. Tugboat scheduling under ship arrival and tugging process time

uncertainty［J］. Transportation Research Part E：Logistics and Transportation Review，2020，144：102125.

［9］ Chen L，Huang Y，Zheng H，et al. Cooperative multi-vessel systems in urban waterway networks［J］. IEEE Transactions on Intelligent Transportation Systems，2019，21（8）：3294-3307.

撰稿人：刘敬贤(武汉理工大学) 陆永军(南京水利科学研究院)
刘奕(武汉理工大学)

复杂航道要素智能监测装备设计理论与方法

Design theory and method of intelligent monitoring equipment for complex waterway elements

1 科学问题概述

内河航道是建设交通强国、长江经济带等国家战略的关键支撑。对内河航道要素信息的高效掌控是保障水路畅通的前提。受梯级水库群调度、采砂等强人类活动干预以及河流演变和整治建筑物等因素影响，内河航道要素动态变化过程复杂且难以掌控，易引发船舶搁浅、倾覆等海损事故，从而造成重大经济损失。但国内外内河航道要素监测装备及技术受内河航道所面临的复杂环境制约而无法适用于大型天然河流的原型监测工作，其监测设备和监测技术在智能化、普适性以及重大共性关键技术上尚未取得突破，亟须开展内河航道要素监测装备及技术的研究，提升内河航道要素的智能监测能力。为突破上述理论与技术瓶颈，一系列关键科学问题有待研究。

1.1 天然河道大尺度复杂流态监测方法与技术

天然河道受河床地形及比降的剧烈变化影响极易产生大尺度的复杂流态结构，其中，超大尺度湍流结构的上扫运动往往在水面触发大尺度的泡漩结构，河岸地形对水流的挑流作用则会在水面诱发非定常性的大尺度立轴涡旋结构，这些由湍流引起的复杂流动结构在时间尺度上是瞬时的，在空间尺度上是不确定的，会给船舶通航带来严重的安全隐患，并可能导致船舶碰撞沉没。因此，亟须开发适应于天然河道大尺度复杂流态结构的监测装备与量测分析技术，以揭示天然河道复杂流态结构的时空分布特性及运动发展规律。

1.2 卵石航槽动态演变过程实时监测装备与方法

对山区河流航槽变化特性的认识近年来进展缓慢,其主要受制于原型观测技术的发展程度。开展本技术的研究,目的是研发新的卵石运动实时观测技术,进行航槽演变的动态监测,深入分析重点航槽卵石推移质运动特性,深化已有认识,进一步探析典型航槽演变的原理和变化特性。同时,根据对航槽演变过程的动态监测数据,建立航槽动态演变智能感知分析模型。对监测河段的水深、流速、输沙率等信息进行整合,实现航槽推移质泥沙冲淤分布、冲淤量的分析,为重点航槽的优化维护和整治技术方案提供支撑。

1.3 航道整治建筑物外形智能实时监测方法与技术

由于受坡陡流急、水沙动力条件急剧变化等因素的影响,航道整治建筑物受损或破坏的问题在我国航道治理和维护工程中较为突出,直接影响了航道整治效果,使得河势迅速恶化,危及过往船只安全。对航道整治建筑物外部变形情况进行实时监测,及时得知其损毁情况,并采取相应的应急措施,则可极大程度上避免此类事故发生。因此,亟须通过对比不同水下监测设备实时监测效果,结合图像处理及声波信号处理技术,开展航道整治建筑物外部变形智能实时监测技术研究,构建航道整治建筑物智能监测系统,实现对航道整治建筑物外部变形情况的实时监测。

2 科学问题背景

2.1 天然河道复杂流态结构的瞬时性和不确定性

受河道边界条件以及来流条件的影响,在陡涨水时期和高洪水期,河道表面往往会分布大量的泡漩及立轴涡结构,这些瞬态结构的时空分布及运动过程存在强烈的不确定性,传统的测量设备和方法无法满足大范围水域的瞬态结构测量。因此,迫切需要针对天然河道复杂瞬态结构的测量设备及方法开展研究,进而揭示天然河道复杂流态结构的时空分布特性及运动发展规律。

2.2 传统的推移质原型观测技术已不能满足航槽动态演变过程研究的需要

目前对于航槽动态演变规律的研究主要受到了原型观测技术的限制,传统的推移质观测技术无法有效获取航槽中卵石的实时运动特性,加上卵石运动自身的复杂性,导致卵石航槽动态演变规律无法被全面认识。因此有必要开展卵石航槽动态演变过程实时监测技术的研究,以期获得较高时空间分辨率的航槽卵石运动原型资料。

2.3 现有的航道整治建筑物水下监测技术存在不足

受制于航道水下浑浊、阴暗的复杂环境条件,获取航道整治建筑物水下外形资料是开展航道整治建筑物监测的难点和关键所在。目前较为成熟的光学监测设备,由于受水下环境影响较大,难以获得理想的监测效果。声学监测设备则不受此类条件的限制,能够较好地获取水下航道整治建筑物外形资料。但针对航道整治建筑物外形的实时监测,对于设备的实时性与精度要求较高,以往的声学监测设备如多波束测深设备、侧扫声呐设备等难以同时达到在实时性与精度方面的要求,存在一定的不足。因此,有必要开展航道整治建筑物外部变形智能实时监测技术的研究,实现对航道整治建筑物外部变形情况的实时监测。

综上所述,亟须进行深入的复杂航道要素智能监测装备设计理论与方法的研究,在监测设备、监测技术的智能化、普适性以及重大共性关键技术上取得突破,以提升内河航道要素的智能监测能力,为科学开展航道运行维护提供支撑,服务交通基础设施高质量发展和加快建设交通强国。

3 科学问题研究进展

(1)针对天然河道复杂流态结构量测设备及技术,国内外研究人员主要基于图像分析技术开展大范围水域表面流态监测研究,并在硬件仪器研发、流量测量验证、后处理算法、方案应用扩展等方面取得了较多成果。但受外部环境、观测角度、图像分辨率、设备稳定性等因素影响,观测的水域范围存在很大局限性,图像画面效果也较差,离真正实现天然河流的流场实时观测仍有一定差距。我国以长江上游为代表的山区河流部分河段存在弯、浅、险、窄的特点,在航道中大量分布着泡漩、横流等复杂碍航流态,而内河航运量和通航船舶随内陆经济的飞跃式发展日益增加,内河航道水文监测技术的不足与经济发展的矛盾愈发严峻。现有的天然河流流态监测技术尚难以同时针对各类复杂碍航流态进行识别和追踪,无法为水情预测及预警提供数据支撑,这对天然河道复杂流态的监测研究提出了更大的挑战。因此,有必要结合我国内河航道的特点,开展适用于天然河道复杂流态监测的量测设备及技术。

(2)对于卵石推移质实时监测技术,国内外现在的相关研究成果主要基于声学法,并以摄像机、检波器等为辅助手段,进行卵石运动过程的实时监测。相关研究大多只在小型河流进行了试验性测试,在大型河流中的应用效果尚未得到检验。在长江航道中,目前主要以推移质采样器作为推移质观测方式,由于航槽中卵石的剧烈运动过程具有随机性和复杂性,只能进行非连续性采样的采样器可能会错过转瞬即逝的卵石输移过程,不能满足研究的需要。由于长江水流条件复杂,推移质输移量大,相比小型河流具有更高的卵石监测难度。因此,有必要根据长江航道的特点对卵石航槽动态演变过程实时监测技术进行研究。

(3)针对水下航道整治建筑物的监测,目前主要有单波束监测(也称回声测深仪)技术、多波束监测技术、侧扫声呐监测技术、三维声呐监测技术以及高分辨率前视成像声呐监测技术，依据各技术工作原理的不同，监测效果也不尽相同。单波束监测技术与多波束监测技术具有速度快、精度高等显著优势，但由于实时性较差，数据修正要求较高，运用存在一定的局限性。侧扫声呐监测技术存在测量精度不高或水下测量设备定位不精准的问题。目前，三维声呐监测技术可实时进行水下整治建筑物的监测，并生成精确、清晰和立体的高分辨率三维图像，但造价较高、监测效率较低，在实际工程中应用较少。由于高分辨率前视声呐可进行实时高分辨率水下成像，该种声呐是目前最为适用于水下航道整治建筑物外部变形情况实时监测的声学设备，但由于其独特的成像原理与图像映射原理，获取的水下场景图像往往是二维的，无法直接从声学图像中获取目标的高程信息，存在一定的不足。因此，需要开展航道整治建筑物外部变形智能实时监测技术的研究，实现对航道整治建筑物外部变形情况的高精度实时监测。

综上所述，现有针对复杂航道要素智能监测装备设计理论与方法的研究尚无法满足我国内河航道发展的具体需求。大尺度复杂瞬态结构测量设备及技术尚不成熟，大型河流推移质监测技术体系尚不完善，这些关键问题制约了内河航运的高质量快速发展，限制了航运经济效益的提升和国家区域战略的实施。有必要深化研究，突破复杂航道要素智能监测装备设计理论与方法瓶颈，最终形成我国自主的航道要素监测设备及技术体系，为科学开展航道运行维护及管理提供理论与技术支撑。

主要参考文献

[1] 国务院. 国务院关于依托黄金水道推动长江经济带发展的指导意见[R]. 中华人民共和国国务院公报,2014:8-32.

[2] 长江航道局,重庆交通大学.2007—2016年三峡库区泥沙原型观测析报告[R].武汉：长江航道局,2016.

[3] 长江重庆航运工程勘察设计院,重庆交通大学.三峡工程试验性蓄水以来库区航道泥沙原型观测(2008—2013年度)总结分析[R].武汉:长江航道局,2014.

[4] 刘明潇,张晓华,田世民,等.推移质泥沙输移研究回顾与展望[J].水运工程,2013(05):26-34.

[5] Rickenmann D. Bed-load transport measurements with geophones and other passive acoustic methods[J]. Journal of Hydraulic Engineering,2017,143(6).

[6] 刘浩林,覃珊珊,李鹏鸽,等.基于SFS方法的侧扫声呐图像三维重构[J].舰船科学技术,2021,43(15):125-130.

[7] 库安邦,周兴华,彭聪.侧扫声呐探测技术的研究现状及发展[J].海洋测绘,2018,38(01):50-54.

［8］ Henning M L,Beresford J M. Development of an underwater megahertz frequency 3D system for viewing in turbid conditions［J］. Proceedings of the Undersea Defence Technology Conference,1993:425-429.

［9］ 李斌,金利军,洪佳,等.三维成像声呐技术在水下结构探测中的应用［J］.水资源与水工程学报,2015(3):184-188.

撰稿人:杨胜发(重庆交通大学)　张鹏(重庆交通大学)

船闸全寿命期性能演化及安全控制

Life cycle performance evolution and safety control of ship lock

1　科学问题概述

由于在运行期间受环境、荷载等多要素耦合影响,大量船闸未能达到设计使用年限而提前发生失效破坏,其长期运营安全和管养问题突出。为保障和提升船闸服役寿命及结构可靠性,开展船闸全寿命期性能演化及安全控制基础理论研究,揭示复杂环境-荷载多场耦合下船闸长期性能演化机理,构建船闸全寿命期全概率可靠性评估理论体系,提出考虑环境-材料-结构-功能协同的船闸全寿命期安全控制方法,以支撑交通强国建设并促进现代化高质量国家综合立体交通网构建。一系列关键科学问题亟待深入研究。

1.1　如何揭示复杂环境-荷载多场耦合下船闸长期性能演化机理

船闸建筑物主要包括混凝土结构与金属结构。船闸结构长期处于温度、相对湿度变化,受污染水质,灌泄水过程中高频干湿交替,侵蚀性气体(如 CO_2),阳光紫外线照射等复杂环境中。同时,船闸结构在服役过程中会承受船舶撞击力、系缆力以及其他工作荷载影响。在复杂环境与长期荷载因素的耦合作用下,导致船闸结构损伤劣化,严重影响船闸在全寿命期内的运营安全。为此,基于船闸智能监测、安全预警、功能恢复决策等方法并结合理论模型、物模试验、数值模拟等手段,研究复杂环境-荷载多场耦合下船闸全寿命期材料宏-细-微观多尺度演变规律,探究船闸结构承载力、变形及稳定性的长期演化行为,建立环境-荷载多场耦合下船闸全寿命期劣化时变模型,揭示船闸长期性能演化机理,可为船闸全寿命期安全评估理论体系奠定基础。

1.2　如何构建船闸全寿命期全概率可靠性评估理论体系

在目前结构设计中,设计基准期主要是按设计条件和荷载取值,未考虑结构在设计基准期内承载力随时间的变化,也没有成熟的考虑承载能力演化的结构可靠度分析方法。现有基于结构可靠度的研究大都针对港口海岸工程结构物在海洋氯盐环境与波浪等循环荷载耦合下其重要构件的承载力劣化问题。针对时变结构重要构件的可靠度理论已有相关的研究成果,但对于港口码头、通航建筑物船闸等整体结构的可靠度分析现仍处于研究阶段,故应在环境-荷载多场耦合下船闸全寿命期劣化时变模型的基础上,基于全寿命期全概率理论,构建船闸结构全寿命期可靠性评估理论体系。

1.3　如何提出考虑多要素协同的船闸全寿命期安全控制方法

对于船闸结构运营安全的控制方法,目前仅局限在利用传统监测、检测技术来获得影响船闸结构安全的变形、位移参数后,对结构物的安全性进行间接性研判并针对局部风险区域采用常规修补方法的被动式管控模式,尚未建立考虑多要素协同的主动式安全控制方法。为提高船闸全寿命期安全控制水平,研发针对复杂服役环境下船闸结构及构件受荷状态的在线长时序智能监测方法、安全预警机制及功能恢复决策模型,结合对新材料、新技术、新工艺、新方法的深入研究,以保障船闸全寿命期使用功能为目标,构建综合考虑环境-材料-结构-功能协同的船闸全寿命期安全控制方法,将船闸在全寿命期内安全控制过程从传统监测检测、间接研判、常规修补的被动式管控模式提升为基于智能监测、安全预警、功能恢复定量评价的主动式科学控制模式。

2　科学问题背景

船闸结构的损伤劣化是一个长期渐进且由量变到质变的物理化学变化过程,目前尚缺乏相对完整的理论体系来定量评估船闸结构在全寿命期内性能演化过程。船闸结构长期服役于温湿度变化、紫外线照射、高频干湿交替、腐蚀性介质(如 CO_2)侵蚀等复杂环境,同时受船舶系、靠泊等各类工作荷载的不利影响。在环境与荷载耦合作用下,会造成混凝土结构破损、腐蚀、渗漏、钢筋锈蚀,以及船闸金属结构中钢材锈蚀、焊缝开裂及板件破损等系列问题,最终结果导致船闸结构变形,强度降低、承载力下降,严重威胁船闸的正常使用和运营安全。因此,迫切需要深入研究复杂环境-荷载耦合下船闸结构耐久性的相关科学问题。

2.1　复杂环境与荷载作用多因素耦合下船闸长期性能演变规律与演化机理有待揭示

针对船闸结构长期处于复杂环境与交变荷载耦合的服役状态,如何高效、准确地获得影响船闸长期性能演化的环境、荷载要素,如何获得评估船闸结构与材料长期性能劣化的重要参数,如何基于已有参数明晰船闸材料及结构性能的长期演化规律并构建环境-荷载多场耦合下船闸全寿命期劣化时变模型,揭示复杂环境-荷载多场耦合下船闸长期性能演化机理,是构建船闸全寿命期可靠性评估理论体系首先需要解决的关键科学难题。

2.2　对船闸整体结构全寿命期全概率可靠性的研究存在不足

一方面,在目前的结构可靠性研究中,主要针对的是海洋氯盐环境下受各类荷载影响的港口海岸建筑物重要构件的时变可靠度,虽然已有一定的研究成果,但结构物整体的时变可靠度目前仍处于研究阶段,还没有公认实用的方法可用于实际工程结构设计或安全度评估。另一方面,对于船闸整体结构全寿命期全概率可靠性评估的研究目前未见文献发表,如何将可靠度分析方法与船闸结构在全寿命期内的安全性评估相结合,预测船闸整体结构的全寿命期可靠性是当前面临的重要挑战。为此,有必要在环境-荷载多场耦合下船闸结构劣化时变模型的基础上,建立船闸结构整体承载力的时变可靠性计算模型,构建完善的船闸全寿命周期全概率可靠性评估理论体系。

2.3　考虑多要素协同的船闸全寿命期安全控制方法有待进一步研究和完善

现有针对船闸安全度控制的手段主要为传统监测检测、间接研判、常规修补等一系列被动式的管控方式,考虑多要素协同的船闸全寿命期主动式安全控制方法还有待进一步研究和完善。为此,亟须研发复杂服役环境下针对船闸结构的智能监测方法、安全预警机制及功能恢复决策模型,结合对新材料、新技术、新工艺、新方法的深入研究,构建综合考虑环境-材料-结构-功能协同的船闸全寿命期安全控制方法,保障船闸在全寿命期内的运营安全。

综上所述,亟须深入研究并揭示复杂环境-荷载多场耦合下船闸长期性能演化机理,以此为基础研究构建船闸全寿命期全概率可靠性评估理论体系;综合考虑服役环境、新型材料、船闸结构、使用功能等多要素的协同机制,提出环境-材料-结构-功能协同的船闸全寿命期安全控制方法,这对船闸长期性能评估及安全控制具有重要指导意义,科学价值突出。

3　科学问题研究进展

(1)关于环境-荷载耦合下结构损伤劣化方面的研究,目前主要针对服役于海洋氯盐环境中且长期承受波浪等循环荷载作用的港口与海岸水工建筑物。氯离子侵蚀所引起的混凝土内钢筋锈蚀是导致港口海岸结构物材料性能劣化的最主要因素,氯离子在钢筋混凝土中的侵蚀传输行为,是海洋环境下钢筋混凝土材料性能劣化研究的核心内容。关于氯离子在混凝土中的扩散规律,已开展了大量研究工作并取得了相应成果,主要包括如何建立混凝土内氯离子的侵蚀模型,在此基础上,进一步考虑氯盐诱发的钢筋锈蚀并建立钢筋锈蚀时变模型,考虑材料与结构的关系,建立钢筋与混凝土两相材料间黏结力退化模型。基于上述引起钢筋混凝土结构构件承载力演化的主要因素,提出钢筋混凝土构件抗力时变模型。然而,船闸结构物长期所处的服役环境(温、湿度,水位,碳化,紫外等)及所承受的荷载作用(撞击力,系缆力,静、动水压力等)同海洋环境相比仍存在差别,针对上述环境-荷载耦合要素作用下船闸结构损伤劣化的相关研究成果目前仍然匮乏。为此,还需针对该问题开展深入、系统的研究工作。

(2)关于结构可靠性评估理论体系,目前与之相关的研究仍主要是针对港口海岸结构构件开展的时变可靠度分析,然而针对结构整体时变可靠性理论的评估体系仍处于研究阶段。现有针对结构可靠度的研究主要可分为四类:①时不变结构构件可靠度分析,目前已开展了大量与之相关的研究工作,建立了很多合理、可行的计算方法。②时不变结构整体(系统)可靠度分析。近年来,利用结构整体承载力极限状态方程计算结构体系可靠度的方法被提出,其能避开失效模式法寻找主要失效模式和综合失效概率计算的困难,能够考虑真实的材料本构关系,是一种高效且实用的求解结构体系可靠度的方法。然而,当前关于结构整体极限承载力方法开展的研究工作还很少,在确定结构整体极限承载力概率模型的有效方法方面,还需开展进一步的研究工作。③时变结构构件可靠度分析,虽然开展了大量研究工作,提出了各种计算方法,但总体来说还处于研究阶段,还没有公认实用的方法可用于实际工程结构设计或安全度评估。④时变结构整体(系统)可靠度分析。目前所有时变结构可靠度分析方法均是对时变结构构件的可靠度计算,关于时变结构整体(体系)可靠度计算问题更为复杂。为此,针对船闸结构,有必要在环境与荷载多场耦合下船闸结构劣化时变模型的基础上,建立考虑船闸整体结构承载力演化的时变可靠度分析方法,确定基于结构整体(系统)可靠度指标的船闸结构整体(系统)健康状态定量分级标准,建立基于船闸结构整体(系统)可靠度指标和健康状态定量分级标准的船闸结构安全度评价方法,这已成为该领域内研究的重点。

(3)关于船闸结构的安全控制方法,目前主要集中在针对船闸结构的传统监测、检测手段和采用常规修补方式。传统监测、检测的内容主要针对船闸结构位移、土压力、岩石变形、裂缝、沉降、渗流等。上述监测、检测手段虽能反映船闸结构物在短时间内的运行安全,但因受现场诸多不可控因素的影响,监测数据具有随机波动、间断跳跃等不连续性特点,且实测数据主要以变形、位移为主,无法直接用于船闸结构的安全性评估。采用定期或不定期的监测、检测方式无法动态实时跟踪和反馈船闸结构的服役状态,不利于对船闸结构的安全性实施有效控制。此外,针对船闸结构的加固维修目前仍主要是以常规的修补方式对结构物的局部安全风险区域进行修缮,该方式是否能够有效杜绝船闸整体结构在局部修补后所面临的安全风险仍尚未可知。为此,考虑到船闸结构传统监测、检测及常规修补方式存在的缺陷和不足,亟须有针对性地研发复杂环境下船闸结构智能监测、安全预警及功能恢复的相关科学问题及关键技术,通过深入研究新材料、新技术、新工艺、新方法,构建考虑多要素协同的船闸全寿命期安全控制方法,为保障船闸在全寿命期内的运营安全提供技术支撑。

　　综上所述,船闸全寿命期性能演化及安全控制尚缺乏全面系统的理论体系,复杂环境-荷载耦合下船闸长期性能演变规律及演化机理目前尚不清楚,船闸时变结构整体(体系)可靠度的计算问题复杂,结构整体的可靠性理论体系及计算方法仍不完善,以使用功能为目标并考虑多要素协同的船闸全寿命期安全控制方法依旧不成熟,以上这些关键科学问题严重制约了船闸在全寿命期内的安全性评价和控制,有必要逐一攻克解决,充分保障船闸在全寿命期内的运营安全。

主要参考文献

[1] 姚燕,王玲,王振地,等.荷载与服役环境作用下混凝土耐久性的研究和进展[J].中国工程科学,2018,37(11):855-865,879.

[2] 王胜年,黎鹏平,范志宏,等.环境和荷载共同作用下的海工混凝土结构耐久性[M].北京:科学出版社,2017.

[3] 刘沐宇,梁磊,吴浩,等.海洋桥梁工程全寿命管理维护战略探讨[J].中国工程科学,2019,21(03):25-30.

[4] 李明伟,安小刚,潘士琦,等.基于数字孪生的船闸安全智慧管理方法[J].水运工程,2021,(06):212-217.

[5] Wu L,Ju X,Liu M,et al. Influences of multiple factors on chloride diffusivity of interfacial transition zone in concrete composites [J]. Composites Part B:Engineering, 2020, 199:108236.

[6] Bhargava K,Mori Y,Ghosh A K. Time-dependent reliability of corrosion-affected RC beams Part 2:Estimation of time-dependent failure probability [J]. Nuclear Engineering and Design,2011,241(5):1385-1394.

[7] Lee Y,Song J. Risk analysis of fatigue-induced sequential failures by branch-and-bound method employing system reliability bounds[J]. Journal of Engineering Mechanics,2011, 137(12):807-821.

[8] 王元战,刘翰琪,高树奇,等.高桩码头整体安全度定量分级方法[J].工程力学,2014, 31(10):92-99.

[9] 李全旺,王草.荷载随机过程相关性对结构时变可靠度的影响[J].清华大学学报(自然科学版),2014,54(10):1316-1320.

　　撰稿人:刘明维(重庆交通大学)　吴林键(重庆交通大学)

大型通航建筑物群协同运行与安全保障

Cooperative operation and safety assurance of large-scale navigation infrastructures

1 科学问题概述

我国大型通航建筑物仍存在需求与供给不匹配、数量与效率不匹配、多节点联动性不强等突出矛盾。随着水运基础设施建设所面临的资源环境约束日益趋紧，以及交通基础设施的物联网化和智能化，亟须通过流程再造和协同优化，以船-航道-通航建筑物系统为对象，解决大型通航建筑物群的协同运行与安全保障问题，快速提升通航建筑物交通供给能力及韧性，这需要解决一系列关键科学问题。

1.1 如何配置大型通航建筑物群协同运行的交通时空资源

大型通航建筑物群协同运行是运用系统性思维，根据临近航道与通航建筑物交通状态，调节各通航建筑物放行船舶流率，调控各航段内船舶交通流，实施交通时空资源动态配置，实现大型通航建筑物群协同调度，从而减缓关键节点的船舶拥堵和安全风险。因此，需要有效共享和交互船舶信息，实时跟踪和预测船舶航行轨迹，精准辨识和预报通航建筑物交通状态，动态配置和优化交通时空资源，进一步揭示智能网联环境下基于信息流和交通流的大型通航建筑物群高效协同运行的理论方法。

1.2 如何建立大型通航建筑物群协同运行安全风险演化机制

大型通航建筑物群协同运行安全更多侧重于大型通航建筑物群协同运行的通航环境、交通组织、远程通信与控制等。因此，在复杂船-航道-通航建筑物交通系统中，需挖掘系统运行风险动态演化机制，充分考虑系统中多源多维的风险产生过程和叠加效应，辨识船-航道-通航建筑物耦合作用下通航建筑物运行安全态势，进一步揭示船-航道-通航建筑物闭环系统中各个要素与通航风险的内在致因机理，探明系统风险演变规律，进而保证船-航道-通航建筑物交通系统运行安全。

1.3 如何实现大型通航建筑物群协同运行安全智能监测与防控

针对通航建筑基础设施安全、船舶与人员安全、通航建筑物主动安全防控等问题，基于新一代网络通信与控制系统，建立复杂多变运行环境下通航建筑物群协同运行安全保障关键要素的智能监测与防控体系，实现通航建筑物健康状况智能诊断，优化大型通航建筑物群检修计划，实现通航建筑物故障快速定位与分析，建立通航建筑物应急疏散、救援机制等保障通航建筑物安全运行。

2　科学问题背景

我国现有通航建筑物(船闸与升船机)1000 余座,特别是在长江三角洲河网地区建有通航船闸 100 多座,其在区域经济高质量发展等方面发挥着重要作用。可以说,我国大型通航建筑物建养技术已经达到国际先进水平,但通航建筑物群的协同运行管理尚处于起步阶段。为解决大型通航建筑物多节点联动性不强等突出矛盾,快速提升通航建筑物交通供给能力及韧性,巨型多线船闸、梯级多线船闸、航道网多船闸节点的协同运行已成为必然趋势,我国大型通航建筑物群协同运行与安全保障亟待在基础理论和重大关键技术方面取得突破。

(1)大型通航建筑物群协同运行交通时空资源配置有待优化。目前实践中普遍存在时空资源配置不均衡、拥堵疏通效果不明显、调度方案评估不充分等难题,主要原因是对内河船舶交通流特征与规律的认识不够深入,对通航建筑物群间船舶交通流演化机理不甚清楚,大型通航建筑物群协同运行方法论相对薄弱,需要深入研究基于信息流和交通流的大型通航建筑物群高效协同运行理论与方法。

(2)大型通航建筑物群协同运行安全风险演化机制有待阐明。现有船闸运行安全风险研究大多面向单个通航建筑物。复杂船-航道-通航建筑物交通系统中通航环境、交通组织、远程通信与控制等动态复杂要素,为大型通航建筑物群协同运行决策和控制带来挑战,需要阐明这些复杂要素与通航风险的内在致因机理。

(3)现有大型通航建筑物群协同运行安全管理依赖于实践经验,通航建筑物关键要素的智能化监测预警技术的突破将有效提升航道网内众多通航建筑物健康诊断水平与检修计划编制水平。该技术可对各个通航建筑物服役状态的精准感知从而选择合适的时机安排计划性检修,降低船闸运维的安全风险。

3　科学问题研究进展

通航建筑物协同运行源于通航建筑物通过能力相对航运过闸(坝)需求不足的矛盾。其关键问题主要是合理地安排船舶通过的次序与调度的时序,需要考虑船舶到达、通过能力、延误、安全等多个相互联系与制约的目标。依托近年迅猛发展的信息技术,相关机构在提升通航建筑物通过能力和安全高效运行等方面开展了积极探索与实践,在复杂条件下船闸通过能力提升、内河交通运行状态监测与服务、多级多线船闸智能运行、梯级枢纽高效安全运行等一批共性关键技术方面取得进展,同时积极探索将基于 AIS、VTS、北斗等多源信息的船舶特征、航行动态、船舶交通流量、水文气象等进行初步集成,实现多级船闸间船舶报到、船闸运行的同步协调的船闸集中控制和统一调度等前沿技术领域开展了初步研究。在实践中,以行业管理和服务需求为导向,相关省市近年快速部署了内河船舶便捷过闸系统［水上电子不停车收费系统(Electronic Toll Collection,ETC)］、通航建筑物智能运行系统以及相关应用程序,提升了通航建筑物的信息化水平和运行效率。与当前生产实践需求快速发展相比,过闸船舶交通流状态感知技术单一,通航建筑物运行调度系统信息智能服务不完善,智能网联环境下大型通航建筑物群高效协同运行方法尚未开展系统研究,大型通航建筑物群智能监测与防控的技术瓶颈有待突破,大数据、云计算、人工智能、区块链等高新技术在大型通航建筑物群协同运行与安全保障的深度创新应用非常欠缺。

党的十九大报告提出建设交通强国,中共中央、国务院印发了《交通强国建设纲要》,要求建成人民满意、保障有力、世界前列的现代化综合交通运输体系。与此同时,"互联网＋便捷交通"正在引领交通运输大变革,智慧航道、智慧船舶和智慧航运时代正在到来,借助5G＋高精度定位＋水运基础设施的运行协同已成为前沿热点,互联网＋、大数据、云计算、人工智能、区块链等高新技术在水运基础设施运行管理领域的创新应用也被要求加快推进,特别是突破状态感知、认知推理、自主决策执行、信息交互、运行协同等关键技术,可显著提升水运基础设施运行管理信息化智能化水平。我国作为世界上当之无愧的航运大国,为大型通航建筑物群协同运行与安全保障提供了超大规模市场和天然试验场景,将有力驱动我国水运工程科技创新。

主要参考文献

［1］ Dai M D M,Schonfeld P. Metamodels for estimating waterway delays through series of queues［J］. Transportation Research Part B:Methodological,1998,32(1):1-19.

［2］ Wang S L,Schonfeld P. Scheduling interdependent waterway projects through simulation and genetic optimization［J］. Journal of Waterway,Port,Coastal and Ocean Engineering, 2005,131(3):89-97.

［3］ 齐欢,肖恒辉,张晓盼. 三峡——葛洲坝通航调度的理论研究与工程实践［M］. 北京: 科学出版社,2010.

［4］ Verstichel J,De Causmaecker P,Spieksma F,et al. The generalized lock scheduling problem: An exact approach［J］. Transportation Research Part E:Logistics and Transportation Review,2014,65:16-34.

［5］ Smith L D,Sweeney D C,Campbell J f. Simulation of alternative approaches to relieving congestion at locks in a river transportation system［J］. Journal of the Operational Research Society,2009,60(4):519-533.

［6］ Verstichel J,Berghe G B. Scheduling serial locks:a green wave for waterbound logistics ［C］∥Sustainable logistics and supply chains. Cham,Switzerland:Springer International

Publishing,2016:91-109.

[7] Ji B,Yuan X,Yuan Y. A hybrid intelligent approach for co-scheduling of cascaded locks with multiple chambers [J]. IEEE Transactions on Cybernetics,2018,49(4):1236-1248.

[8] 廖鹏,孔庄,杨春红. 内河单级多线船闸交通建模与仿真[J]. 哈尔滨工程大学学报, 2018,39(3):414-421.

撰稿人:廖鹏(东南大学)

船闸系统可靠性研究与维护策略优化

The complex system reliability research and maintenance optimization of waterway lock

1　科学问题概述

船闸作为大宗货物水路运输通道上的关键基础设施,深入地研究其寿命周期的运行可靠性和维修策略,对维持其规定性能和节约维修成本,保证航道畅通和社会生产,具有重要作用。船闸作为土木工程中最复杂的建筑物之一,是由许多子系统组成的复杂系统,现有研究是从结构、机械和电气等不同的专业领域分别进行的,采用不同的评价指标体系,很难综合考虑船闸整个系统的可靠性来统筹安排维修计划。为突破上述技术瓶颈,一系列关键科学问题有待研究。

1.1　船闸组件、子系统和系统的多层次可靠性以及相互影响机理

研究船闸寿命过程中组件、子系统的故障频率、模式、原因和影响与危害,分析子系统和系统的可靠性特征,以及组件故障与子系统和船闸系统可靠性之间影响机理,是首先需要解决的关键问题。

1.2　船闸系统可靠性与运营能力的关联关系

船闸可靠性研究主要以结构可靠度理论为基础,针对闸门、钢板桩和混凝土结构等重要组件,利用监测数据研究使用过程中的可靠性,着重于通过设计阶段的子系统(或组件)优化来提高船闸可靠性,针对施工和运行阶段的研究很少,缺乏对系统可靠性和维修策略优化方法的全面研究。因此,有必要系统分析大修间隔时间和费用、中修间隔时间和费用,以及船闸运营能力(过闸船舶数量、过闸船舶的容积吨位、过闸货物的载重吨位等)之间的相互关系,研究船闸运营能力与维修费用的影响机理。

1.3 船闸寿命过程维修模式组合机制的随机特性与决策方法

目前,我国采用以定期维修为主的预防性维修模式,结合事后维修来保障船闸系统的正常运行。船闸的定期维修,大多沿用历史经验,缺少系统可靠性分析与维修决策理论的指导,缺乏对系统可靠性和经济性的综合考虑。这造成在大修时船闸部件被"趁机"全部维修更换,或者因检修不及时而造成船闸带病运行的现象普遍存在,导致了维修量增加以及维修时间决策不准确等问题,严重影响了船闸的正常运行。因此,有必要构建船闸维修决策系统分析程序,分析船闸寿命过程中维修事件的随机性,建立合理的维修周期结构,研究船闸大修和中修等多种维修方式的组合机制与决策方法,实现以数据驱动优化维修决策。

2 科学问题背景

船闸作为大宗货物水路运输通道上的关键基础设施,若不能正常运行,会造成船舶大量滞留和货物在途延误,甚至还危及企业的生产计划。我国现有通航船闸一千余座,随着高等级航道的建设,还需修建大量船闸。在经历了大规模工程建设之后,船闸的运营维护管理必将成为研究领域和管理部门关注的热点问题。

美国陆军工程研究与发展中心(The U. S. Army Engineer Research and Development Center, USAERDC),以及德国联邦水道和航运管理局(The Federal Waterways and Shipping Administration, WSV),均开发有功能全面的船闸维护管理与评级系统,形成了以优化维修决策为目的的状态评估方法,致力于维护成本效益最大化。我国仍处于大规模的建设时期,对船闸维护管理的系统性研究还很缺乏。由于现有船闸本身信息化水平和故障可监测性有限等客观条件限制,以及建设和管理模式的差异,必须结合我国实际情况,开展船闸可靠性规律和维修管理研究,缩小与发达国家的差距,促进水运事业的健康发展。

目前,利用可靠度理论研究船闸维修决策,是从水工建筑物结构可靠度和船闸机械电气设备可靠度两个方面分别进行的。虽然都是可靠度理论在船闸维修决策中的具体应用,但因为始于不同的专业领域,其评价的物理性能指标不同。

因此,有必要深入地研究船闸寿命周期的运行可靠性和维修策略优化,分析船闸工程复杂系统属性,构建多层次的可靠性指标体系和船闸可靠性分析模型,研究组件可靠性、子系统可靠性和系统可靠性之间的影响机理,建立船闸系统可靠性与运营能力的关联关系,定量解释它们之间的影响机理,揭示其中隐含的规律,构建维修决策系统程序和寿命周期优化模型,为管理部门在多变的环境条件下制定科学的维修计划提供理论支撑,以保障航道畅通和社会生产。

3 科学问题研究进展

船闸可靠性与维护优化的过往研究重点关注基于结构可靠度理论,采用监测数据分析船闸可靠性。

3.1 基于结构可靠度理论研究闸门等组件的可靠性

对船闸闸门可靠性研究:构建闸门横梁的详细网格结构有限元模型,研究闸门在使用荷载下的整体响应;量化闸门构件的腐蚀、屈服极限和疲劳极限,建立闸门局部疲劳损坏模型,完成人字闸门疲劳可靠性评估的加载周期分析,预测闸门的加载周期次数和关键部件的剩余疲劳寿命;根据疲劳裂纹增长,评估裂缝对闸门结构状态和可靠性的影响;用疲劳损失预测人字闸门焊接件的早期疲劳失效时间。

对船闸其他组件可靠性研究:分析船闸结构可靠性和整体稳定性,预测船闸性能,根据使用环境中硫酸盐和氯化物的浓度,预测混凝土的劣化和钢筋的锈蚀,闸首空箱顶板裂缝成因与承载能力;用失效极限状态表示钢板桩的可靠度、阀门止水的抗冲磨。

3.2 基于监测数据的船闸可靠性分析

从数据来源分析,有研究认为无损评估是研究基于状态的船闸可靠性最好数据来源;通过无损检测闸门在周期性随机使用荷载作用下的疲劳裂纹增长,评估裂缝对闸门结构状态和可靠性的影响;根据检测数据,分析船闸桥的承载能力和安全储备;利用常规目视检测得到的状态指数信息,更新闸门的可靠性得分,据此进行寿命期可靠性评估;用时变可靠性指标与现场检测的状态指数进行匹配,决定钢板桩结构寿命期的维护战略。

3.3 基于寿命周期阶段的船闸可靠性分析

在结构设计阶段,基于可靠性的寿命周期性能评估越来越受到学者们的关注。优化设计的目标函数包括初始建设、维护、修理和拆除成本,以及附加的结构性能指标(如鲁棒性等),优化变量包括结构系统的几何和力学性能。为了提高船闸可靠性,针对设计阶段的研究成果主要有:启闭设备总成、机构以及液压系统的设计和运行方式,输水廊道分流口体形优化和输水系统型式比选,高边坡锚固技术研究,以及底枢摩擦副设计和可靠性分析。在施工与运行阶段,研究船闸结构底板预留施工缝、船闸结构的裂缝原因和改善措施、引航道动水冲沙规律、船闸底板下岩基的渗压力、航道扩容新建船闸的深基坑施工对紧邻已建船闸安全稳定和正常运行的影响。

综合以往文献,船闸可靠性研究:①主要以结构可靠度理论为基础,针对闸门、钢板桩和混凝土结构等重要组件,利用监测数据研究其在使用过程中的可靠性,尚未考虑船闸工程的复杂系统属性和广义可靠性;②着重于通过对设计阶段的子系统(或组件)的优化来提高船闸可靠性,针对施工和运行阶段的研究很少,缺乏对系统可靠性和维修策略优化方法的全面研究。

主要参考文献

[1] Guillermo A R,Jorge L A,DeAnna D. Numerical investigation of diagonals in miter gates: Looking for the optimum prestressing[J]. Journal of Performance of Constructed Facilities, 2017,31(1).

[2] Thuong V D,Quang A M,Pablo G M,et. al. Updating the failure probability of miter gates based on observation of water levels[C]∥Mechanical Fatigue of Metals. Cham,Switzerland:Springer Nature Switzerland AG,2019,221-228.

[3] Narazaki Y,Hoskere V,Eick B A,et al. Vision-based dense displacement and strain estimation of miter gates with the performance evaluation using physics-based graphics models [J]. Smart Structures and Systems,2019,24(SI):709-721.

[4] Vedhus H,Brian E,Billie F S,et al. Deep Bayesian neural networks for damage quantification in miter gates of navigation locks[J]. Structural Health Monitoring 2019,19(5):1-30.

[5] Eick B A,Smith,M D,Fillmore B. Feasibility of retrofitting existing miter-type lock gates with discontinuous contact blocks[J]. Journal of Structural Integrity and Maintenance, 2019,4:179-194

[6] 陈灿明、郭壮,何建新,等.闸首空箱顶板裂缝成因分析与加固方案探讨[J].水利与建筑工程学报,2018,16(5):157-161.

[7] 王新,胡亚安,严秀俊.高水头阀门顶止水抗冲磨与变形特性试验[J].工程力学, 2018,35(S):349-354.

[8] 张星星,许光祥,陈明栋,等.船闸闸墙长廊道侧支孔输水系统水力学研究综述[J].水运工程,2018(12):110-118.

[9] 江耀祖,吴英卓,蒋筱民,等.超高水头大型分散3级船闸输水系统研究[J].武汉大学学报(工学版),2019,52(1):1-6.

[10] 张公略,孙国洪,金国强,等.中高水头船闸渗压力监测及成果分析研究[J].土木工程,2018,7(1):82-90.

撰稿人:徐宿东(东南大学)　冒刘燕(东南大学)

第二篇

管道运输

INTRODUCTION

绪　　论

管道运输业是继铁路、公路、水运、航空运输之后的第五大运输业,在现代能源运输中占据主导作用。管道运输工程学科作为交通与运载工程学科的重要方向之一,其发展有利于保障能源稳定供应,同时对于完善现代综合交通运输体系、加快发展交通强国具有重要意义。

传统的管道运输常见于城市生活和工业生产的自来水输送系统、污水排放系统、煤气或天然气输送系统及工业石油输送系统等。新兴的管道运输主要指用管道来输送煤炭、矿石等固体货物的运输系统。在"双碳"目标背景下,管网仍将是现代能源传输体系的重要基础设施。2060年后,原油消费需求规模仍有2.3亿~3亿t,成品油消费需求0.5亿t,天然气消费需求保持在4500亿m^3左右,油气管道输送方式仍广泛使用。为实现碳达峰碳中和目标,CO_2捕集利用与封存(CCUS)项目将得到广泛部署,我国整体CCUS潜力将达到10亿t/年,作为大规模长距离碳运输的最经济有效方式,超临界/密相CO_2管网输运需求尤为迫切。氢能作为用能终端实现绿色低碳转型的重要载体,碳中和背景下氢气年需求量有望增至0.7亿~1.3亿t,管道输送将成为促进氢能规模化应用的重要手段。随着我国能源生产和消费进一步灵活多样,液氨、甲醇等介质将作为管网输配的重要对象,利用和拓展现有管网功能进行多种介质融合输送、发展新的多介质输送是管道行业未来发展的技术方向。

全球百年未有之大变局加速演进,管道运输正经历革命性变革,智能化、信息化与低碳化已成为其发展新趋势。为实现管道运输系统的安全、高效、环保运行,亟须系统梳理学科背后的科学问题,并转化为学科发展的内生动力。本篇总结了管道运输系统的发展历史、发展现状及未来方向等内容,并以此为基础提出了管道运输工程领域中若干重要的科学问题。

1　管道运输系统发展历史

管道运输指利用加压、计量、调节、控制等设施或设备通过管道输送气、液、固(浆)等不同相态介质的科学与技术。相较其他运输方式,管道凭借投资省、运量大、占地少、安全性高、污染小、能耗低以及可实现自动控制等优势,成为油气输送的主要手段。现代油气管道运输始于19世纪中叶,20世纪20年代末焊接技术的诞生促进了管道建设的飞速发展。1958年,我国建成第一条原油长输管道——克拉玛依油田至独山子炼厂管道。经过60余年,我国的油气管道运输工程实现了从无到有、从小到大的跨越式发展,基本形成"横跨西东,纵贯南北,覆盖全国,联通海外"的油气管网格局。截至2020年底,中国境内累计建成油气长输管道14.4万km,其中天然气管道约8.6万km,原油管道约2.9万km,成品油管道约2.9万km。《中长期油气管网规划》指出,"到2025年,全国油气管网规模比2015年翻一番,100万人口以上的城市实现成品油管道基本接入,50万人口以上的城市实现天然气管道基本接入。"

为满足全球应对环境污染、缓解气候变化、提高能源效率的迫切需求,管道运输在煤炭、矿石、混凝土等浆体,以及氢能、二氧化碳等新介质的输送领域中迎来新的发展契机。浆体、氢气管道输送技术均始于20世纪中叶。目前,全世界已建成上百条煤、铁精矿、铜精矿、磷精矿、石灰石、铝土矿等几十种浆体长距离运输管道,建成氢气管道总里程不到5000km。截至2015年,我国已有逾20条长距离、大运量、所经地区地形复杂的现代化浆体管道工程陆续建成投产,浆体管输系统的应用取得了长足的发展。现阶段的氢气输送管道总里程仅有100km,我国计划在2030年建成氢气长输管道3000km以上。

2 管道运输系统发展现状和趋势

我国管道运输虽然起步较晚,但经过几十年的发展,已在管道技术方面取得了长足进步,目前长输油气管道总里程已位居世界第三。大口径、高压力输送管道技术和高钢级管材研发应用方面达到国际领先水平,管道信息化、集中调控、完整性管理等方面与世界先进水平保持同步。但现阶段在管道覆盖面、服务范围、新型/特种管道输送技术等方面仍与世界先进水平存在差距,管道装备技术国产化水平有待提升。进入21世纪以来,随着能源和资源危机、全球生态和环境恶化、气候变暖以及各种高新技术的广泛交叉应用,全球进入第四代工业革命。为实现管道运输系统安全、高效、环保的运行,需要深入探索管道系统各单元之间、管道系统与输送介质之间、管道系统与外部环境之间的联系与相互作用规律,研究管道运输系统规划与设计、运行与控制、应急与维护、设备与设施、计量技术与装备等理论与技术,以及新型/特种管道运输系统及相关技术的发展。

(1)在管道运输系统规划与设计方面,需要支持管道运输系统分析与规划设计过程中输送特性和结构分析的理论方法及关键技术研究,涵盖管道运输系统分析、系统规划设计与管道施工等方面。重点开展管网拓扑结构设计与优化、市场竞争机制下的资源配置优化、复杂管网可靠性与韧性评价、油气管网与清洁能源网络互补与融合等关键技术背后的关键科学问题研究,以适应未来管道运输系统结构复杂化和环境多样化趋势。

(2)在管道运输系统运行与控制方面,需要支持以管道运输系统运行与控制技术为主体的创新性理论、机理和方法研究,涵盖介质特性、输送工艺、运行调度、管道控制等多方面。重点开展新型管道输送工艺、管道运行流动保障、管道状态仿真与智能诊断、控制与动态决策等理论缺乏或技术瓶颈背后的关键科学问题研究,以适应未来运输介质多样化、管道系统复杂化以及运行智能化发展需求。

(3)在管道运输系统应急与维护方面,需要支持以管道运输系统应急与维护技术为主体的创新性理论、机理和方法研究,涵盖管道损伤、管道堵塞、管道检测、管道监测、事故后果、安全评价、应急处置等多方面。重点开展管道失效机理、事故演化机理、泄漏监测技术、风险评估技术、应急修复技术等理论缺乏或技术瓶颈背后的关键科学问题研究,以保障管道运输系统的安全可靠运行。

(4)在管道运输系统设备与设施方面,需要支持管道系统配套的设备与设施所存在的理论缺乏或技术瓶颈背后的关键科学问题研究,涵盖管道增压设备、低温运输设备、混输管道和设备、管道调控设备、储存设备与设施等多方面。重点开展基于管道系统设备中流体流动及能量特性集成仿真分析、设备应力应变、振动、疲劳、时效破坏、在线自我诊断、运维、安全与风险防控等方面理论缺乏或技术瓶颈背后的关键科学问题研究,以提高管道运输设备与设施的高可靠性和使用寿命。

(5)在管道运输计量技术与装备方面,需要支持以管道运输计量技术和计量装备为主体的创新性研究,涵盖单相计量、多相计量、虚拟计量、计量装备、计量校准与管理等方向。重点开展多相、多场、多介质等严苛工况下管道运输计量所存在的理论缺乏或技术瓶颈背后的关键科学问题研究,以适应未来管输介质多样化,计量装置小型化、智能化和非接触的发展趋势。

(6)在新型/特种管道运输系统及相关技术方面,需要支持以新型材料、复合结构、特殊介质、运载工具等要素共同构成的新型/特种管道运输系统相关的创新性研究,涵盖海洋软管、超低温管道、高温管道、生物管道、气力管道、混凝土管道等方向。重点支持新型/特种管道及相关设备失效机理与设计方法研究、损伤过程与防护技术、氢气高性能输氢管道运行及控制技术、超临界、二氧化碳管道等低温双碳管道软管设计方法理论及柔性复合软管新材料开发所存在的理论缺乏或技术瓶颈背后的关键科学问题研究,以期为我国"双碳"目标的实现和管道运输工程学科的发展发挥重要作用。

3 现有科学问题梳理

在此次征集的科学问题中,共收集管道运输工程方向的 55 个科学问题,经过对管道运输工程领域发展历史、发展现状以及未来方向的分析,对科学难题进行了系统梳理。结合管道运输系统规划与设计、管道运输系统运行与控制、管道运输系统应急与维护、管道运输系统设备与设施、管道运输计量技术与装备、新型、特种管道运输系统及相关技术六大方向,对未来需要重点资助的研究方向进行了细分,对科学难题进行了整理以及合并。

第1章
管道运输系统规划与设计

管道运输系统是由众多工艺单元和设施(管道、站场、设备等)组成的专用独立运输系统工程,通过各类单元的协同工作,实现预期的流体输送工作。在发展之初,管道运输系统仅仅满足基本的流体输送任务。随着工艺、设备设施、数据采集以及控制理论和技术的不断进步,目前管道运输系统已实现了自动化和不同时空范围内的远程监控,能在可视环境下高效地完成输送任务。计算机、通信、系统工艺分析等技术的不断完善和升级,促进了过程控制与工艺分析、操作与决策、设备与诊断的深入交融,正有力推动管道运输系统步入数字化和智能化时代,着力实现管道运输系统的设计与运行优化、快速调度控制决策、智能预测和诊断、安全可靠运行、节能减排并及时管控可能出现的风险。

基于管道运输系统水力、热力和结构分析,系统分析并揭示管道运输系统各内部单元及外部环境间的相互作用和影响规律,为整个系统输送目标的实现提供理论方法体系及核心技术,是管道运输系统规划设计、调度管理、操作控制和安全运行各环节的核心问题。管道运输系统规划与设计是管道相关科学研究成果、技术发展水平、工艺设备制造、工程实践经验的集中应用和体现,涉及多个相关专业领域和过程,如何将众多复杂工艺设备和过程组合成一套高效、安全、合理的管道输送系统是目前面临的重大挑战。鉴于管道运输系统的工程应用与系统集成的技术特征,应在管道运输系统分析、规划与设计、施工三大重点领域开展科学问题研究。

在管道运输系统分析方面,主要探索管道系统各单元之间、管道系统与输送介质之间以及管道系统与外部环境之间的联系、相互作用和响应规律,形成管道系统分析理论和方法体系,开发管道系统分析、仿真、优化、诊断、决策支持等核心技术,促进管道系统向自动化和智能化发展,实现安全、高效和环保运行。在管道运输系统规划与设计方面,主要研究管道运输全路由、站库以及特殊环境下的管道工程规划设计新方法,包括单元工艺和过程的系统集成技术、站场系统设计、储库系统设计、LNG 接收终端设计、配气系统设计、调峰系统设计等新方法和技术体系,开发路径优化、结构优化、参数优化、站场布局与优化等技术,为管道运输系统的规划设计提供基础理论支撑和核心技术手段。在管道施工方面,主要研究线路工程、站库工程及配套设施施工工艺(管道敷设方法、穿越工程、跨越工程以及安全环保工程等专项)全流程中涉及的施工设施选型与优化、焊接工艺、无损检测、腐蚀控制、内检测、试压、投产等创新技术与方法,包括施工方法、顺序与控制优化、新型材料各类性能作用与影响机理、高等级钢管全自动、数字化、适应复杂地形的焊接设备与其焊接工艺及配套无损检测技术、异常工况检测优化、腐蚀机理分析与控制、调节优化、节能降耗控制优化以及安全保障机制等,为保障管道本体与工艺设备、设施安全与顺利投运提供技术支撑。

基于公平开放的天然气管网物流规划方法

Optimization methods of logistic of gas networks in the open and fair way

1　科学问题概述

天然气管网物流规划即确定管网中各管段内气体的最优流向、流量分配方案以及压气站的最优运行方案。在天然气管网公平开放的模式下,国家石油天然气管网集团有限公司(以下简称"国家管网集团")从上中下游一体化的石油公司中独立出来,为包括油气生产商、批发商等在内的第三方提供公平的代输服务。不同的经营主体面临不同的管网物流规划问题:国家管网集团需要在国家政策范围内,利用干线管网及其附属设施确定最优物流规划方案,达到能耗最低、用户满足度最大等目标;生产商和批发商需要确定最优的销售和输气能力预定一体化方案,使得销售利润最大。由于公平开放模式下天然气价格的市场化趋势使得气价、用气量和供气量的不确定性增加,在进行物流规划时需要充分考虑各种不确定性因素的影响。国家管网集团主要面临以下三类物流规划问题:

1.1　基于确定流量的管网物流规划问题

国家管网集团需基于用户提交的日指定量确定当日的管网运行方案,通常以能耗量或者能耗费用最低为优化目标。此时各进气点的进气流量和分输点的分输流量已知,国家管网集团需要确定最优的管段流向、流量分配方案以及压缩机开机方案。综合考虑管段的水力、热力特性和压气站特性,该优化问题是一个确定性的大型混合整数非线性规划问题,如果进一步考虑管网非稳态工况,优化模型规模将会成倍增长。该问题的主要难点在于如何进行模型的简化和求解以提高求解速度。

1.2　基于不确定性流量的管网物流规划问题

在国家管网集团与托运用户签订输气合同之后,除非有不可抗力的影响,国家管网集团有义务完成用户提交的各种指定量。各用户的日指定量可以表达为小于合同允许最大日输量的随机变量,因此,管网能否满足合同给定情况下的所有可能日指定量的问题为不确定性优化问题。该随机优化问题可用鲁棒优化和随机优化方法求解,基于鲁棒优化方法可得到可靠或不可靠的二元化结果,基于随机优化方法可进一步计算得到管网满足输气任务的可能性,即当前合同下的管网物流可靠度。即使不考虑管网非稳态运行特性,环形结构管网的可靠性问题为一个无法在多项式时间内求解的多项式复杂程度的非确定性问题(NPC 问题)。国家管网集团需要确定高效合理的抽样方法,将可靠性验证问题拆分为多种工况下的日指定量可行性验证问题,即本文 1.1 中所述问题,从而确定当前合同下管网的物流可靠性能否满足用户要求。

当托运用户提交的合同发生拥塞(即所有合同无法被同时满足)时,国家管网集团需要确定最优的输气能力分配方案,达到合同可靠度、用户满足度、管网收益最大等目标。此问题仍为随机优化问题,其中各用户的最大日输量为变量,实际日指定量为随机参数。可靠性验证问题可以看作该问题的特例,输气能力计算问题相比于可靠性验证问题更加复杂,目前还没有时间复杂度能够接受的有效算法能求解此问题。

1.3　基于天然气价格不确定性的动态供销及物流优化问题

天然气销售公司需要综合考虑供运储销系统规划,基于供气情况、各个市场的天然气气价、需求的波动情况,以及国家管网集团能够提供的输气和储气能力确定供销以及物流长期规划方案。通常将公司效益、销售量和用户满足度等一并纳入评价指标。一般基于垄断市场假设或完全竞争市场假设模拟天然气气价。垄断市场中基于供需关系曲线进行销售和运输方案的优化;在完全竞争市场假设下则认为天然气气价为独立的随机变量。该问题中,天然气气价既具有波动性又具有不确定性,该优化问题为动态不确定性优化问题。

2　科学问题背景

2020 年 10 月 1 日,国家管网集团接手我国主干天然气管网的经营管理标志着"X + 1 + X"体系在天然气产业的正式实施,在"X + 1 + X"体系中,第一个"X"代表天然气上游市场主体多样化和天然气气源的多样化,"1"代表天然气中游管网输送系统的唯一性,第二个"X"代表天然气下游市场配售主体多样化和终端客户多样化。《油气管网设施公平开放监管办法》是"X + 1 + X"体系下对管输服务实行政府监管的纲领性文件,主要包括公平开放基础条件、公平开放服务、信息公开、公平开放服务申请与受理、公平开放服务合同签订及履行、监管措施及法律责任等内容。《天然气管网设施运行调度与应急保供管理办法(试行)(征求意见稿)》则主要着眼于技术和运行管理角度，针对公平开放条件下天然气管网设施运行调度与应急保供操作层面的问题做了具体规定，包括管网设施公平开放服务、运行调度及应急保供的基本原则、规则、措施以及有关各方的责任、权利与义务。

国家管网集团与托运用户交易的主要组织步骤如下：国家管网集团与托运用户签订输气能力合同；托运商提前一日向国家管网集团提交日指定量；国家管网集团确定输气日的运行方案。目前国际上通用的输气能力交易模式包括"点对点"模式和"进口/出口"模式，"点对点"模式中，用户与国家管网集团在合同中签订进气点和分输点，并依据进气点和分输点之间的距离进行收费。管网公司在用户指定的进气点接收气体，并在指定的分输点交付气体，但是无须按照特定的路线进行输气。而"进口/出口"模式中，用户可以与国家管网集团单独预定某进气点或分输点的输气能力。在两种模式下，国家管网集团都有权利对不同用户的气体进行置换，以达到节能、满足更多用户需求的目的。根据《天然气管道运输价格管理办法(暂行)》，目前我国天然气干线管网应用"点对点"的输气能力交易模式，明确规定跨省天然气管道实行政府定价，并由国务院价格主管部门归口管理管输价格，文件最后划定了西北、西南、东北及中东部4个定价区域(以下简称"价区")，在同一价区内的管道采用相同的管输费率。

3　科学问题研究进展

目前国内外对公平开放模式下管网物流规划的焦点主要在于随机变量的模拟和包含随机变量的问题建模和求解。国家管网集团面临的主要物流规划问题为基于不确定性流量的物流规划问题，基于确定流量的物流规划问题可看作上述问题的子问题。销售公司面临的物流规划问题为基于不确定性气价的动态供销及优化问题。

3.1　基于确定流量的管网物流规划模型和算法

基于当前日指定量的管网物流规划问题是确定性问题，优化模型的约束条件包括气体管流方程(组)、压缩机和阀门的特性以及进气点和分输点的压力和流量约束等。优化变量包括各管段气体流向、压缩机、阀门启停状态和压缩机开机台数等离散变量，以及用于表征管段流量、压缩机转速等的连续变量。目标函数通常为能耗量或者能耗费用最低。该问题是一个大型的混合整数非线性规划问题，目前常用的求解方法包括：动态规划法、线性化方法、梯度搜索法以及模拟退火法、遗传算法、粒子群算法等启发式算法。各种算法对模型结构的适应性不尽相同，需要设计高效实用的算法。

3.2　基于不确定性流量的管网物流规划模型及算法

目前欧洲对日指定量不确定条件下的管网物流可靠性研究较多，但是由于欧洲采用的是"进口/出口"模型,其研究结果不能直接应用于我国,需要对其方法和思路进行总结并借鉴。把管网物流可靠性简化为一个二元问题,即管网在当前合同下只存在可靠或不可靠两种状态,若存在满足合同的日指定量不能被管网满足,则合同不可靠,若不存在则合同可靠。在不考虑压气站特性的情况下,各类网络模型下输气合同可靠性验证问题的计算复杂度如表1所示;进气点和分输点输气能力计算复杂度如表2所示。

输气合同可靠性验证问题的计算复杂度　　　　　　　　　　表1

弧约束	流动特性	结构	复杂度
最大输量限制	经典线性流	树状	P 问题
		带环形结构	coNPC 问题
	线性势流	树状	P 问题
		带环状结构	P 问题
	非线性势流	树状	P 问题
		带环状结构	coNP 问题

进气点和分输点输气能力计算复杂度　　　　　　　　　　表2

弧约束	流动特性	结构	复杂度
最大输量限制	经典线性流	树状	NPC 问题
		带环形结构	NP-hard 问题
	线性势流	树状	NPC 问题
		带环状结构	NPC 问题
	非线性势流	树状	NPC 问题
		带环状结构	NP-hard 问题

从表1和表2可以看出,不确定日指定量条件下物流规划问题的求解难度。在工程实际以及相关法规中并不要求输气合同完全可靠,因此,还需要对可靠性进行定量计算,同时需考虑压缩机、阀门等元件的特性。目前法国 GRTgaz 公司和德国 GmbH 公司验证管输合同的可靠性的基本思路如下:工程师根据历史数据、市场现状以及个人经验,考虑气温对用气量的影响,按照不同的温度区间提出满足供气合同下的多个可能工况,基于稳态优化模型确定这些输量组合是否为当前管网的可行解,以统计数据计算管网的供气可靠性。目前提高验证速度和可靠性计算精度的思路主要有两个:①提高生成工况的质量,使其更具有代表性;②提高单个工况的验证速度。在输气能力最优分配问题中,如果将各用户的满足度分别作为目标进行多目标优化,可以采用评价函数等方法进行求解,得到的优化结果是一个帕累托解集,但是由于问题本身的复杂性,目前还没有有效的方法能够确定最优的分配方案,只能人为提出一些输气能力分配方案并进行优选。

3.3　基于天然气价格不确定性的动态供销及物流优化模型及算法

销售公司无须考虑管网的运行问题,可将管网简化为有输气能力限制的线性网络,考虑在需求和气价波动条件且具有不确定性的情况下,有多个供气点和多个用户点时的长期最优销售和运输方案,通常以最大效益为目标,如果考虑开拓市场、天然气保供等问题,可以将销售量、用户满足度等加入目标函数。天然气销售公司在进行供运储销系统规划时,一般基于垄断市场假设或完全竞争市场假设进行优化。垄断市场中基于供需关系曲线进行销售和运输方案的优化,通常认为供需满足线性负相关关系,此时可建立确定性优化模型;在完全竞争市场假设下则认为天然气气价为随机变量,可用期望规划或机会约束规划方法将其转化为确定性模型进行求解。

4　总结与展望

公平开放模式下天然气管网的物流规划是一个十分复杂的随机优化问题,目前还没有高效的求解算法能够确定管网日指定不确定条件下的最优物流方案,甚至输气合同可靠性验证的准确性也在很大程度上依赖于工程师的个人经验。

我国在物流规划研究中应参考以上关于"进口/出口"模型的物流优化内容,并基于"点对点"模式以及具体的相关法规要求进行研究,同时应认识到,我国目前的公平开放规则还不完善,在物流规划的研究过程中应尽量发现规则中存在的问题,提出完善方法。另外相比于提高单个工况的验证速度,减少需验证的工况数目以提高可靠性计算速度的方法更为有效,因此,应建立历史工况的数据库,分析影响日指定量的各种因素,用智能算法生成高质量的可能工况。

主要参考文献

[1] 国家发展和改革委员会.油气管网设施公平开放监管办法[EB/OL].(2019-05-24) [2021/10/19].https：// www. ndrc. gov. cn/xxgk/zcfb/ghxwj/201905/t20190531_ 960966. html？code = &state = 123.

[2] 国家发展和改革委员会.天然气管道运输价格管理办法(暂行)[EB/OL].(2021-06-07)[2021/10/18].https：// www. ndrc. gov. cn/xxgk/zcfb/ghxwj/202106/t20210609_ 1282912. html？code = &state = 123.

[3] 国家发展和改革委员会.天然气管道运输定价成本监审办法(暂行)[EB/OL]. (2021-06-07)[2021/10/19].https：// www. ndrc. gov. cn/xxgk/zcfb/ghxwj/202106/ t20210609_1282912. html？code = &state = 123.

[4] 国家发展和改革委员会.天然气管网设施运行调度与应急保供管理办法(试行)(征求意见稿)[EB/OL].(2021-07-15)[2021/10/18].https：// hd. ndrc. gov. cn/yjzx/yjzx _add. jsp？SiteId = 366.

[5] 梁严,郭海涛,王发展,等.美国天然气管网设施管输容量分配探析[J].国际石油经

济,2018(07):44-52.

[6] 左丽丽,刘欢,张晓瑞,等.输气管道非稳态优化运行技术研究进展[J].科技导报,2014,32(18):73-78.

[7] LABBÉ M,PLEIN F,SCHMIDT M. Bookings in the European gas market:characterisation of feasibility and computational complexity results[J]. Optimization and Engineering,2020,21(1):305-334.

[8] LABBÉ M,PLEIN F,SCHMIDT M,et al. Deciding feasibility of a booking in the European gas market on a cycle is in P for the case of passive networks[J]. Networks,2021,78(2):128-152.

[9] FÜGENSCHUH A,GEIßLER B,GOLLMER R,et al. Mathematical optimization for challenging network planning problems in unbundled liberalized gas markets[J]. Energy Systems,2014,5(3):449-473.

[10] SCHEWE L,SCHMIDT M,THÜRAUF J. Computing technical capacities in the European entry-exit gas market is NP-hard[J]. Annals of Operations Research,2020,295:337-362.

撰稿人:左丽丽[中国石油大学(北京)]

油气管网系统的可靠性评价

Reliability evaluation of complex oil and gas pipeline systems

1　科学问题概述

油气管网是联系上游资源与下游市场的大规模系统,其系统结构与行为特性高度复杂。首先,油气管网系统由复杂拓扑结构管道网络、泵/压缩机、各类阀门、通信控制系统和其他设备,以及多元化的供需关系组成,海量的异质性单元通过市场合约、管道网络、信息系统、控制系统等相互耦合,管网系统整体呈现高度的结构复杂性;其次,油气管网系统内部的单元与子系统通过供需关系、物质传递、信息交换、工艺逻辑以慢瞬变形式相互作用,协同实现资源供应功能,系统呈现高度的动力学复杂性。因此,各个单元相互作用以及多重不确定因素叠加,使得系统层面可能出现复杂行为和难以预计的严重后果,所以油气管网的可靠性保障非常重要。

油气管网系统供应可靠性为管网系统满足下游用户油气需求的能力或履行输送合约的能力,保障油气管网实现可靠供应,不仅需要管网系统自身硬件结构的可靠运行,还需要资源供给-管网输送能力-用户需求三个层次相协调。这是油气管网可靠性区别于某些装备可靠性的一个关键特征,而系统可靠性是实现油气管网系统安全运行与可靠供应的重要理论基础。

油气管网系统供应可靠性研究的主要科学问题体现为两个层面:①油气管网结构复杂性对系统可靠性供应保障的影响。油气管网系统复杂性的本质之一,在于其庞大的宏观和微观结构。从宏观层面看,管网系统呈现复杂的拓扑结构;从微观层面看,系统中各单元、各环节通过物质传递、信息交换、供需合约等形式组合,在功能上相互依赖、相互作用。管网系统结构可靠是保障供应可靠的基础。②油气管网的动力学特性对系统可靠性供应保障能力的影响。管网系统的系统动力学特性包括:管道输送过程的非线性水力-热力特性,管道系统运行状态的反馈与调整机制,资源供给、管网运行及用户需求三者之间的相互作用特性。这种动力学复杂性导致局部扰动可能在系统层面涌现出复杂行为与难以预料的后果,是管网系统供应可靠性研究的关键难题。

油气管网的系统结构决定系统功能,但管网系统的结构可靠性并不等同于系统的供应可靠性。例如,天然气管输过程具有慢瞬变特性,气源供气方案变化的影响要经历一段时间才会作用于下游用户,这种迟滞效应会显著影响管网供应可靠性的评价。因此,需要结合油气管网系统输送工艺的特点,才能建立具有学科特色的可靠性评价新方法。

2 科学问题背景

油气管网是国家重要的基础设施和民生工程。根据 2017 年国家发展改革委、国家能源局印发的《中长期油气管网规划》,到 2025 年,我国油气管网总里程将达到 24 万 km,实现"全国 100 万人口以上城市成品油管道基本接入,50 万人口以上城市天然气管道基本接入"。2019 年,我国管道运输量 9.1 亿 t,运输周转量 5352 亿 t·km,在国家能源供应保障中占据重要份额。国家管网集团成立使得我国油气管道形成一个十万公里级别的大型网络,上游将加快推动多主体、多渠道资源供应,下游将进行充分的市场化竞争,管网则作为油气输送与供应的主要途径(即所谓"X + 1 + X"体系),油气资源多维度、多层次、多方面保供的总体形势更为复杂,亟待发展相关理论以提供支撑。

同时随着我国油气管网规模不断扩大、拓扑结构和管道服役条件不断复杂化,以及"全国一张网"体制建立和运营机制的市场化改革,油气管网运行安全和供应保障面临的挑战也很严峻。例如 2017 年 7 月和 2018 年 6 月,贵州晴隆在不到一年的时间里接连发生两次高压天然气管道燃爆事故,不仅造成重大人员伤亡,还导致长时间供气中断;2017 年 11 月至 12 月,我国华北和华中地区发生大规模气荒,对社会稳定与经济发展造成负面影响,迫使"南气"应急北调。因此油气管网系统的可靠性研究非常紧迫。

但由于油气管网系统的复杂性与不确定性,管网系统规模庞大,具有复杂的拓扑结构和众多设备,且管网处于广阔开放的外部环境,系统内外的任何局部风险都有可能造成系统整体失效。目前油气管网一般通过增加气源裕量、备用设备等方式提高系统冗余度,提升系统可靠性,保障资源供应,但是大型管网动力学特性复杂,管体和设备状态、油气供需态势等多重不确定因素叠加,导致其最优冗余度难以确定。因此管网保供工程上存在着管网系统抗风险能力和管网系统保供成本的矛盾,对其可靠性进行研究难度很大。

3　科学问题研究进展

可靠性即单元或系统在规定环境下、在规定时间范围内能够完成规定功能的能力,该理论最早于20世纪50年代开始应用于军事装备和航空航天领域,目前已普遍应用于装备制造、结构工程、电子工程等众多领域。在油气管网系统领域,即为系统满足下游用户油气需求的能力或履行输送合约的能力。

针对油气管网系统领域可靠性研究的两个层面科学问题,目前主要研究工作如下:在针对管网系统结构对保供性能的决定作用方面,主要对管网系统结构复杂性进行重点研究;在针对管网动态行为对供应可靠性的影响方面,主要基于管网系统动力学复杂性研究,来完成供气可靠性评价与优化。

3.1　管网系统结构复杂性研究

围绕油气管网系统结构特性对供应可靠性的影响,目前的研究包括针对天然气管网的宏观结构复杂性和微观复杂性两个方面。

针对天然气管网的宏观结构复杂性,现有研究主要基于复杂网络理论与网络可靠性思想,构建管网可靠性评价模型。这种基于复杂网络理论的评价方法一般以网络的完整性与连通性衡量系统完成既定任务的能力,并据此设立评价指标。针对天然气管网的微观结构复杂性的评价思路主要以系统构成方式为建模对象,采用可靠性框图、生态网络模型等方法,对管网进行自上而下的拆解,描述油气资源、管网、用户各环节间的复杂关系,构建其系统可靠性评价方法。

本研究技术路线存在的主要问题包括:①主要看重管网拓扑结构的作用,忽视了管网中各种设备对供气的保障作用;②管网的基本功能是介质传输,这种方法未计及管网传输的动力学特性(水力-热力特性)、系统反馈与调节机制等因素对管网供应可靠性的影响;③未考虑资源(供给侧)和市场(需求侧)对供应可靠性的影响。

综上,这一技术路线通过将管网系统抽象为复杂网络、逻辑框图等结构模型,降低了问题的难度,但忽视了系统功能特性和供需两侧。

3.2　管网系统动力学特性研究

围绕油气管网系统动力学特性对供应可靠性的影响,目前的研究包括两个方面:管网系统仿真,用于分析管网复杂运行工况下的输送能力;不确定环境下管网系统状态空间构建与统计学特性分析。

在管网系统仿真方面,大部分涉及管网动态行为与供应可靠性的研究着眼于系统水力特性,即通过建立管网中各单元的数学模型,将其整合为巨维微分-代数方程组形式的系统分析模型,通过数值计算,分析管网对指定工况的响应情况。另一种考虑系统动力学特性的建模方法是将管网的供需关系、管道输送能力、资源调度优化融入网络流模型与复杂网络模型,通过网络中连接的权值变化,模拟管网资源配置的动态调整,形成供应可靠性评价模型。

在管网系统状态空间构建和统计学特性分析方面,随机模拟是获得复杂系统近似状态空间、计算可靠性/失效概率最常用的方法。其核心思想是根据各种不确定因素的先验概率分布,随机生成大量数据样本,通过仿真计算将这些数据样本转化为系统的功能状态,从而进行统计分析。目前,蒙特卡罗模拟法(Monte Carlo simulation)是求解油气管网供应可靠性评价模型最常用的随机模拟算法。

管网系统动力学特性的研究存在以下难点:①管网运行场景复杂多变,系统状态空间规模庞大,对随机抽样效率要求高;②仿真模型的颗粒度与计算效率权衡难,为提高计算效率而对管网中介质输送和管网调控过程进行简化,可导致评价结果与实际情况产生显著偏差。

还有一种方法是耦合油气管网输送过程的物理-数学模型与管网拓扑结构表征模型,建立综合各种不确定因素、表征管网供应能力的模型。例如,将天然气管网的稳态水力模型转化为管网的供气失效极限状态方程,作为供气可靠性的直接评价模型。但是,在把物理模型转化为可靠性评价模型的过程中,这种方法涉及非常繁杂的数学变换,导致其受到管网规模与拓扑结构复杂程度的限制,目前仅能用于简单管网的评价。

总体上,对管网系统动力学特性的研究应该落实到管网的供气功能,使得可靠性分析结果更接近工程需求。然而,可靠性评价模型对管网动力学性质的描述越全面、越细致,可靠性评价样本空间的维度越高,样本量也就越大,无效样本也会随之增加,模型求解结果置信度也随之变差。为此,需进一步完善理论模型和求解算法,尤其需要与大数据、人工智能等高效算法深度融合。

4　总结与展望

油气管网系统可靠性与供应保障研究不仅具有重大应用价值,对于发展复杂系统理论也具有重要科学意义。目前该领域研究主要在两个层面展开:

(1)管网系统结构复杂性研究通过管网系统结构表示其功能,复杂程度较低,但没有考虑油气管道输送和管网调度控制等关键因素。

（2）管网系统动力学特性研究通过引入工艺仿真评价系统供应能力,评价结果更具针对性,但评价过程计算量大,应用难度大。

此外,对于复杂油气管网的供应保障能力评价而言,可靠性理论具有一定的局限性,主要体现为:

（1）可靠性评价方法对概率估计高度依赖,一般需要对系统不确定性因素的概率模型进行假设,而正态分布等常用概率模型会"稀释"极端风险的影响,可能误导甚至扭曲评价结果。

（2）可靠性评价结果存在"平均主义"问题。例如,可靠度、可用度、期望损失等经典指标侧重于综合描述系统的"大概率表现",弱化了小概率极端事件的影响,导致潜在隐患。

（3）可靠性等侧重概率安全的分析方法往往基于不充分的系统认知和一些不合理假设(例如独立性假设),对导致系统不可靠的系统特性与潜在后果认知不足。这一问题在面对高度复杂的油气管网时尤为突出。

因此,除了采用可靠性方法进行油气管网保供性能的可靠度等概率安全评价,还需重视挖掘导致潜在风险的系统特性,明确可靠度"四个9""五个9"以外的万分之一、十万分之一的极端风险会产生何种后果、原因是什么、如何预防与处置。鉴于此,需要在管网供应可靠性评价基础上,引入韧性思想,增加管网系统供应保障脆弱性和系统经受干扰后恢复至既定供应能力(恢复力)的评价。

主要参考文献

[1] 黄维和.大型天然气管网系统可靠性[J].石油学报,2013,34(2):401-404.

[2] 张劲军,苏怀,高鹏.天然气管网韧性保供问题及其研究展望[J].石油学报,2020,41(12):1665-1678.

[3] Su H,Zhang J,Zio E,et al. An integrated systemic method for supply reliability assessment of natural gas pipeline networks[J]. Applied Energy,2018,209:489-501.

[4] Su H,Zio E,Zhang J,et al. A systematic framework of vulnerability analysis of a natural gas pipeline network[J]. Reliability Engineering & System Safety,2018,175:79-91.

[5] Zio E. Some challenges and opportunities in reliability engineering[J]. IEEE Transactions on Reliability,2016,65(4):1769-1782.

[6] Yu W,Gong J,Song S,et al. Gas supply reliability analysis of a natural gas pipeline system considering the effects of underground gas storages [J]. Applied Energy, 2019, 252:113418.

[7] Rimkevicius S,Kaliatka A,Valincius M,et al. Development of approach for reliability

assessment of pipeline network systems[J]. Applied Energy,2012,94:22-33.

[8] Lu W,Su M,Zhang Y,et al. Assessment of energy security in China based on ecological network analysis:A perspective from the security of crude oil supply[J]. Energy Policy, 2014,74:406-413.

[9] Flouri M,Karakosta C,Kladouchou C,et al. How does a natural gas supply interruption affect the EU gas security? A Monte Carlo simulation[J]. Renewable and Sustainable Energy Reviews,2015,44:785-796.

[10] Villada J,Olaya Y. A simulation approach for analysis of short-term security of natural gas supply in Colombia[J]. Energy Policy,2013,53:11-26.

撰稿人：苏怀[中国石油大学(北京)] 张劲军[中国石油大学(北京)]

复杂天然气管网系统韧性评价与优化

Research on assessment and optimization of natural gas pipeline system resilience

1 科学问题概述

天然气的安全可靠供应对经济发展与社会稳定至关重要。天然气保供不仅仅是管网的任务，更与资源及需求紧密相关。天然气管网供气保障理论以可靠性为主要抓手，探索了供气可靠性评价模型构建与求解算法两方面关键科学问题。但是，对于大规模复杂系统，这种基于概率安全思想的评价方法存在"平均主义"的本质缺陷，容易稀释小概率、高后果极端风险，导致潜在隐患。

针对天然气管网供气保障问题，以可靠性理论为代表的概率安全分析是目前采用的主要方法。国内外开展了一系列的探索，从系统运行、水力模拟、概率统计、网络拓扑等多个视角，研究了天然气管网供气可靠性评价的相关问题。随着研究的深入，可靠性方法对于复杂系统的局限性也逐渐被认识。主要体现在几个方面：①可靠性评价结果普遍存在"平均主义"的问题。例如，可靠度、可用度、期望损失等经典指标侧重于综合描述系统的"大概率表现"，会"稀释"极端风险的影响，可能误导、甚至扭曲评价结果。②可靠性等侧重概率安全的分析方法往往基于不充分的系统认知和一些不合理假设(例如独立性假设)，对导致系统不可靠的系统特性与潜在后果认知不足。这一问题在面对系统结构和行为高度复杂的天然气管网时尤为显著。因此，在评价管网的供气保障能力时，还需重视挖掘导致潜在风险的系统特性，明确潜在的小概率极端风险会产生何种后果、如何预防与处置。这就是"韧性"要研究的主要问题。

为此,天然气管网供气韧性研究主要包括两方面的问题:①研究管网复杂拓扑结构造成的系统瓶颈,探究天然气管网系统在"自组织性"与"他组织性"作用下的极端风险,分析管网系统的供气脆弱性;②研究管网系统非稳态、大时滞动力学特性作用下,管网系统受扰动后供气能力的恢复过程,评价管网供气恢复力。

2　科学问题背景

天然气作为高效、清洁的化石能源,是能源结构优化的重要角色,在经济发展、民生保障、环境保护中具有极其重要的作用。目前我国的天然气输送管网已经初具规模,基本形成了"西气东输、北气南下、海气登陆、主干互联、全国覆盖"的格局。2018 年,我国天然气表观消费量达到 2803 亿 m^3,同比增长 17.5%,在我国一次能源中的占比已经达到 7.8%。与此同时,我国能源产业的发展与改革、管道互联互通,以及市场化运营的新形势,也给管网供气保障提出了新的、严峻的挑战。

确保天然气安全可靠供应是管网系统的根本任务。随着我国天然气管网规模不断扩大、拓扑结构和管道、设备服役条件不断复杂化,以及"全国一张网"体制建立和运营机制的市场化改革,天然气管网供应保障面临的挑战之严峻也前所未有。目前,天然气管网的调度方法主要基于确定边界条件的系统水、热力仿真与优化模型,同时通过跟踪管存气量、用户需求、末端供气压力等局部参数监测供气风险。近年来,用气量突增、压缩机失效、储气库停采、管道爆炸等已引发多起供气紧张甚至供气中断的严重事故。2017 年 11 月至 12 月,我国华北、华中地区发生大规模"气荒",对社会稳定与经济发展造成负面影响,迫使"南气"应急北调。这反映出目前采用的管网调度与风险监控方法在天然气保供方面存在短板。

这种短板体现在两个方面:一是缺少对管网缺气事故的预警方法,即未建立起天然气管网系统全局视野下的风险判别和预警机制,对管网系统的脆弱性本质缺乏认识;二是缺少缺气事故发生后的科学应急处置手段,未建立起管网系统应急调度优化方法,对管网系统的恢复力缺乏科学评估与提升工具。

3　科学问题研究进展

天然气管网系统韧性研究的核心在于基于管网系统的脆弱性分析与恢复能力分析,对韧性进行合理、定量地刻画,继而在韧性优化的基础上优化管网系统的设计和运行参数,提升管网系统的供应保障能力。

3.1　天然气管网系统供应韧性评价模型研究

该部分技术路线主要包括对天然气管网系统遭受扰动后的吸收抵御阶段研究与功能

恢复阶段研究,前者主要由天然气管网系统扰动的不确定性研究、天然气管网系统的扰动分类及后果量化研究、天然气管网系统的失效传递与耦合机理研究组成,后者主要由天然气管网系统恢复方法的分类与量化研究、天然气管网系统恢复过程的传递与耦合机理研究组成。

在天然气管网系统韧性框架搭建中,主要包括针对特定扰动事发生后的确定性扰动建模和未明确扰动事件发生前的不确定性扰动建模,上述两个建模过程分为:①指标体系建立:基于结构层面、安全层面、保供层面、恢复层面进行指标提取,继而确定各层面的指标阈值,实现对天然气管网系统有效功能及有效时间的定量评估;②韧性过程建模:基于损失过程、等待时间、恢复过程等变量,对从单个体到多个体再到管网系统整体的行为传递模式进行建模。对于建模过程中的不确定性分析,主要分为概率推断和随机仿真两个方面,研究方法以贝叶斯网络、蒙特卡洛算法、水热力仿真以及网络流方法为主。

天然气管网系统韧性评价方法研究目前存在以下难点:①结构层面、安全层面、保供层面、恢复层面在韧性评价框架中的耦合关系复杂,难以准确建模表征;②天然气管网的结构多样,其各部分结构之间关系复杂,加之管存气、储气库等调峰措施以及天然气管网中慢瞬性的存在,失效模式在个体-个体、个体-系统间的传递模式则更为复杂。

3.2 天然气管网系统供应脆弱性研究

目前,对天然气管网或天然气供应链的脆弱性分析方法的研究可分为两个方面,一是管网系统脆弱性辨识方法研究,二是管网脆弱性本质的分析。

在管网系统脆弱性辨识方面,学界与工程界主要通过对规定场景的风险分析,研究天然气管网与天然气供应链的脆弱性。例如通过历遍天然气管网所有失效工况并计算其失效后果,分析管网的供气能力是否存在脆弱性。在工程界,管网运营部门也常采用情景分析法,通过水力仿真、经济学模型等仿真方法,分析某些特殊工况下管网的供气能力,判断管网或供应链是否存在潜在的保供瓶颈。

在管网脆弱性本质的分析方面,复杂网络理论是目前用于挖掘管网系统脆弱本质的主要理论工具。复杂网络理论的核心思想是网状复杂系统的功能和行为受其拓扑结构影响,系统的某些关键节点或连接失效会导致整个系统结构发生本质变化,引发极端事件。近十年来,该理论已被广泛用于揭示电网、交通运输网络、天然气管网等大规模复杂基础设施的生长机理,查找导致系统脆弱性的瓶颈及其原因。天然气管网的设计目标是完成额定输送与供给任务,因此,需要将管道输送能力、用户需求等因素与管网的拓扑结构结合起来,协同挖掘系统的脆弱性本质。为此,研究者在复杂网络理论的基础上进行改进,将通流能力和拓扑特征相结合,提出了一系列能够快速识别网络系统关键单元的方法。

此外,也有研究指出,天然气管网的动力学特性是导致系统呈现脆弱性的重要原因。天然气保供由整个供应链协同完成,政策调整、需求波动、上游违约以及气候环境变化等因素仍有可能在"气源-管网-储存-市场"构成的复杂系统中造成一系列连锁反应,进而导致"气荒"等极端事件的发生。最新研究引入天然气供应链的动态特性,运用李雅普诺夫稳定性理论与分叉理论,分析了天然气供应系统供应过程的动态稳定性与脆弱性,结果显示,天然气供应系统属于脆弱系统,价格、环境、系统结构等因素均会导致系统的供应性能显著偏离既定目标。

尽管如此,工程界专家一般认为由于天然气管网的慢瞬变特性与管控工艺,管网水力系统对非稳态工况具有较高的可控性,不存在类似电网级联失效的临界状态,因此,不必研究管网系统的动力学特性及其衍生的安全问题。所以,在基于系统特性的天然气管网供气脆弱性分析方面,目前的研究基本是空白的。

综上,目前天然气管网的供应脆弱性研究主要关注系统结构,未来还需借鉴电网等领域的研究成果,深入挖掘管网动力学特性与系统脆弱性的本质关系。

3.3 天然气管网供应恢复力分析及优化方法研究

天然气管网供应恢复力研究重点关注两方面问题,一是天然气管网非稳态、大时滞特性对于供应能力恢复过程的影响;二是管网系统中资源供给、用户需求、管网调度的相互作用对恢复能力的影响。

针对第一个问题,目前大部分涉及管网动态行为与供气风险的研究主要着眼于系统的水、热力特性建模分析,即通过建立管网中各单元的详细数学模型,将其整合为巨维微分-代数方程组形式的系统分析模型,再通过计算机模拟,分析管网供气能力在扰动后的动态变化过程。但是,管网系统受扰动后的恢复过程不仅决定于其水、热力特性,还受到应急措施的影响。因此,仅采用水、热力模拟难以全面反映管网供应能力恢复过程的多阶段特性,这是目前存在的一个主要问题。

针对第二个问题,目前广泛采用的研究方法是:通过定义系统内部各单元的行为准则与其相互作用规则,模拟并观测复杂系统的状态演化路径,分析导致系统存在脆弱性的个体行为或相互作用规则。其中,多智能体建模仿真(Multiple Agent-based Modeling Simulation)技术是这一领域的代表性研究方法。该技术的核心是将复杂系统的参与主体抽象为智能体,事先定义智能体的行为规则与智能体间的交互作用规则,以此为基础模拟复杂系统的演化路径。随着近年来计算能力的大幅提升,多智能体建模仿真成为研究大型技术系统复杂行为不可或缺的重要技术之一,目前已应用于供应链、电网等复杂系统的脆弱性分析。但是,随着研究的深入,多智能体建模仿真也暴露出了一些问题,比如模型复杂、计算量大以及输出结果对操作参数具有很高的敏感性等。

4 总结与展望

（1）脆弱性是指系统不能抵抗外部威胁的能力缺陷。其基本思想是即使系统具有较高的可靠性，其自身也会存在本质缺陷。在大规模复杂系统中，系统的脆弱性一般难以察觉，而一旦出现问题则往往导致严重后果。

（2）复杂系统脆弱性分析包括脆弱性辨识和脆弱性本质分析两个方面。目前天然气管网的脆弱性研究尚处于初级阶段，对系统脆弱性的辨识以风险分析为主，对系统脆弱性本质的分析集中于管网系统的结构特征。未来需要借鉴相关领域的研究经验，发展基于天然气管网系统与天然气供应链动态特性与运行机制的脆弱性分析方法，为识别与预防潜在极端风险提供理论工具。

（3）意外事故与系统缺陷不可能完全避免，因此，系统功能在受到各种干扰后迅速恢复至既定水平的能力(恢复力)就显得尤为重要。

（4）天然气管网供应能力的恢复力研究应重点研究两方面问题：一是天然气管网非稳态、大时滞动力学特性对于供应能力恢复过程的影响；二是管网系统中资源供给、用户需求、管网调度的相互作用对恢复能力的影响。

主要参考文献

［1］刘涛，白光晗，陶俊勇，等.面向任务的复杂系统韧性评估方法［J］.系统工程与电子技术，2021，43（4）：1003-1011.

［2］中国共产党第十九届中央委员会.中共中央关于制定国民经济和社会发展第十四个五年规划和二〇三五年远景目标的建议［M］.北京：人民出版社，2020.

［3］张劲军，苏怀，高鹏.天然气管网韧性保供问题及其研究展望［J］.石油学报，2020，41（12）：1665-1678.

［4］汪应洛.系统工程［M］.北京：机械工业出版社，2015.

［5］Su H，Zhang J，Zio E，et al. An integrated systemic method for supply reliability assessment of natural gas pipeline networks［J］. Applied Energy，2018，209：489-501.

［6］L Carlson，G Bassett，M Buehring，et al. Resilience：Theory and Applications［M］. Argonne Natl Lab，2012.

［7］SN Emenike，G Falcone. A review on energy supply chain resilience through optimization ［J］. Renewable and Sustainable Energy Reviews，2020，134：1-12.

［8］Antonio Marino，Enrico Zio. A framework for the resilience analysis of complex natural gas pipeline networks from a cyber-physical system perspective［J］. Computers & Industrial Engineering，2021：1-25.

［9］ Molyneaux L ,Brown C ,Wagner L ,et al. Measuring resilience in energy systems:Insights from a range of disciplines[J]. Renewable and Sustainable Energy Reviews,2016:1-27.

［10］ Emenike S N ,Falcone G . A review on energy supply chain resilience through optimization[J]. Renewable and Sustainable Energy Reviews,2020:1-12.

撰稿人:苏怀[中国石油大学(北京)]

油气管网市场竞争机制与资源配置

Competition mechanism of oil and gas pipeline network market and resource allocations

1　科学问题概述

随着油气管网设施的逐步开放,主干油气管网和部分省(区、市)天然气管网高度集中经营的现象将被打破。上游拥有油气资源开发权企业、下游终端销售公司,盈利水平会迎来改善契机。同时,市场化改革带来的透明度上升,社会资本、民营资金介入油气开发领域的积极性也将增加。国家管网集团成立后,上游油气资源多主体多渠道供应、中间统一管网高效集输、下游销售市场充分竞争的"X + 1 + X"体系基本确立。油气管网运营模式逐渐从"产运销一体化"向"面向市场需求"过渡,这意味着国内油气行业市场化改革已步入深水区,研究新形势下的油气管网市场运营机制及资源配置关键技术已成为必然。当前研究面临的挑战:①国家管网集团成立后,管网基础设施剩余能力对第三方开放,为满足托运方管输能力利用时"点到点"的服务需求,国家管网集团需要细化和规范信息公开内容,包括管道上、下油气点对应剩余能力,已开放服务市场主体及能力,随着管网互联及规模的扩大,缺乏高效的油气管网输送能力模拟仿真计算方法,难以准确核算管道最大输送能力并公平分配管容;②适用于简单管道的运输价格制定技术难以反映油气运输市场的竞争性,导致实际的管输负荷率偏离设计需求;③管网密度较高、互联互通较强、路径多元的地区,托运方路径竞争激烈,单一管输费率无法鼓励托运方有效利用管容,难以实现管网平衡;④油气管网跨区域供给,托运方数量多、分布广、消费波动巨大,导致油气资源供需关系复杂多变,整体把控管网动态输送能力难度增加,难以实现统筹兼顾的资源优化配置。

因此,在管网独立环境下的油气管网经营机制制定和资源配置优化过程中,还需要面向真实油气运输市场的强竞争性、泛耦合、非线性等特征,发展能够适应供给多元化、运营市场化、系统复杂化等发展趋势的油气管网经营机制和资源配置新理论、新方法。这需要融合数据科学、人工智能、油气储运等多学科领域的思想、理论及方法,通过探索油气管网输送能力模拟仿真计算方法,研究市场化条件下的管道输送能力交易机制,并开发复杂油气供需网络管输资源优化配置方法,为建立管网独立环境下的大型复杂油气管网运营技术提供核心理论支撑。

2　科学问题背景

目前,我国油气管道总里程达到 16.5 万 km,国内管输市场关联交易长期存在,其关联紧密度、交易频率、交易比重、监管难度均较高,容易出现不公平交易的现象。管网公平开放的有效性决定了市场化的质量。打破油气管网垄断对于扶持非常规天然气发展意义重大。油气管网开放是开展油气行业市场化改革的必由之路,其作用在于促进管网上下游行业市场化,促进上下游之间自由选择,不仅有利于管输成本的监管,也有利于市场化价格机制的形成。虽然国家政策规定煤层气、页岩气放开市场定价,可以由上下游用户直接协商价格。但目前我国油气主干管网被几家企业垄断,这在一定程度上抑制了非常规天然气的市场定价机制。

信息公开是托运商利用国家管网集团管道的可能性和活跃度的重要影响因素之一,一是需要补充公开各条管道所有上、下油气点名称,对应剩余能力,已开放服务市场主体及能力;二是在现有按年、季度和月公开信息的基础上,可尝试按周、日前甚至日间更新实际上载量和下载量等数据,以满足托运方根据市场机遇实时预订服务的需求,而现阶段国家管网集团信息公开能力薄弱。当前,国家管网集团的油气管输定价遵循"准入成本 + 合理收益"原则,受管道前期可研论证不充分,工程建设造价高等因素影响,部分管道通过资产评估基准收益参数反算运价率,部分管道运价对照公路、铁路等运输方式不具竞争优势;部分管道为兼顾上下游利益导致定价过低,严重背离市场化竞争原则。同时,当前国家管网集团采用基于路径法的费率设计方法;服务成本分配方式采用的是"一部制",不区分容量费和使用费;计量方式是体积计量。相对于英国和美国的管道公司,国家管网集团采用的费率设计方法、管输服务成本分配方式和计量方式要简单得多,但是缺乏对管容充分利用的激励,无法起到削峰填谷、平衡供需的作用。此外,在管网密度较高、互联互通较强、路径多元的中东部部分区域存在路径竞争,造成管输资源分配不均。

由此可见,为了解决上述问题,提高油气管网输送能力模拟仿真计算准确性、提高管输定价机制合理性、保证管道资源优化配置是需求导向下的应有之义、必然要求。

3　科学问题研究进展

3.1　油气管网输送能力仿真

综合考虑油气管网复杂拓扑结构以及设计参数等因素,引入图论网络模型等方法,建立"月-日-时"多时间尺度递归的油气管网最大输送能力模拟仿真计算方法。在此基础上,以国家管网集团与长期托运方签订托运合同后更好地利用管输能力为出发点。在已有管输计划的基础上,以最大化注入量为目标,并考虑托运方对油气到达指定站场的时间规定,建立剩余能力核算模型,快速确定管网、管道以及注入分输节点剩余输送能力,为剩余管输资源的高效配置提供理论基础。

3.2　市场化条件下的管道输送能力交易

管道运输定价新办法将国家管网集团跨省管道划分为 4 个价区分别制定运价率,并对主要定价参数实行动态调整,适应了"全国一张网"和天然气市场化改革的发展方向。管道运输定价新办法的影响主要体现在:国家管网集团管道运输价格将成为行业价格标杆;整体运价率将下降,各价区变动程度或有不同;运价率可能维持西南高和西北低的两极格局;中东部价区路径选择竞争将趋于激烈;有利于促进天然气门站价格机制改革。

基于管网公平开放的相关法律、法规、政策、政府行政命令、技术规程,确定一种公平的管道运输费率设计方法;明确油气资源供需状态、其他油气承运方对管输负荷的影响方式,建立考虑油气管网运营商、其他油气承运商、油气托运方三者动态博弈的复杂管网负荷率、输送效益计算模型,制定全局最优的油气管网长期运费协议;在多经济主体准入条件下,提出一套对油气托运方服务请求进行实时分析、判断、接受/调整/拒绝的方法,结合具体的管输服务类型、油气管网输送能力,建立考虑油气管网运营商、多托运方参与的复杂管网输送能力拍卖模型,保证管输交易的公平公正。

3.3　复杂油气供需网络管输资源配置

随着对油气管网监管制度的建立、完善和相关领域改革的深入,在石油天然气管网业务分离出来后,油气管网还可以逐步向社会资本放开,并通过油气管网运输特许经营权公开竞标等方式引入市场竞争。根据油气行业特点实行网运分开、放开竞争性业务,推进公共资源配置市场化。进一步破除各种形式的行政垄断,这将有利于打破大型油气企业的纵向垄断,有利于形成油气行业生产、管输和零售环节相互独立与竞争的市场结构。油气企业深化改革要求进一步推动垄断行业、国资管理体制、能源体制、投融资体制和行政管理体制等改革进程,进一步完善石油流通体制和油气价格机制。

考虑油气资源供需状态对管网输送能力的影响以及管网公平开放下的多经济主体准入条件,建立复杂油气管网输送能力评估和管输拥塞成本分析模型,确定管道输送物理瓶颈,量化管网拥堵管理成本,为油气供应基础设施投资决策提供指导;基于油气资源供应、用户需求及油气管网可用输送能力,建立油气资源供应与管输能力最优匹配模型,综合考虑托运方经济效益、需求侧满意度以及油气管网拥塞管理成本,得到油气供应方案的最优的决策集合,提高管网运行效率。

4 总结与展望

综上所述,油气管网市场竞争机制与资源配置优化技术主要围绕三大方面展开,主要完成管输能力模拟仿真、管输能力交易机制、管输资源配置优化。①研究内容一:考虑最大输送能力模拟仿真与基于最大输送能力以及合同签订情况的剩余输送能力核算,该部分剩余输送能力主要集中在节点注入或分输能力上,然而管道运营商与托运商的合同包括"点对点"运输、"定路径"运输等多种签署情况,因此,需要根据多种合同签订情况确定管网、管道以及注入分输节点多维度的剩余输送能力。②研究内容二:考虑油气管网运营商、其他油气承运商、油气托运方三者动态博弈关系,实现长期管输定价机制以及实时管输拍卖机制制定,鼓励托运方有效利用管容,实现管网平衡,保证管输交易公平公正。然而多方动态博弈在一定程度上增加了问题的复杂度,在实际应用前需要更加完备的计算方法的支撑。③研究内容三:涵盖管输能力评估、拥塞成本分析以及资源配置优化等方面,实现管道输送能力及油气资源的最优配置,降低油气管道系统运行成本,保证油气市场有序运行。对于油气资源配置问题,需要综合考虑多方供需状态变化以及管道复杂水力约束,如何制定能够应用于现场的管输能力动态分配方案还需要更多的理论和实验研究的支撑。

主要参考文献

[1] 梁严,郭海涛,周淑慧,等.美国成品油管道公平开放现状及启示[J].油气储运,2019,38(06):609-616.

[2] 陈炳男,袁庆,陈宇杰,等.原油管道输送过程中摩擦生热对原油输送的影响[J].北京石油化工学院学报,2019,27(03):52-58.

[3] 王凯,张劲军,宇波.原油管道差温顺序输送水力-热力耦合计算模型[J].油气储运,2013,32(02):143-151.

[4] 张雄君,白俊.天然气管道运输定价新办法的影响及相关建议[J].国际石油经济,2021,29(07):14-20.

撰稿人:梁永图[中国石油大学(北京)] 廖绮[中国石油大学(北京)]

油气管网与清洁能源输送网络的多能互补与融合

Complementation and integration of oil and gas pipeline network and clean energy transmission network

1 科学问题概述

当前,石油石化行业正经历国际油价低位震荡、传统业务增长模式饱和、环保政策压力加大,以及新能源替代等多重挑战。加速油气管网与电网以及其他清洁能源输送网络的互联建设是石油石化行业转型升级的重要途径,也是推动能源革命的重要手段。油气管网与电网一样具有灵活、可靠的网络化结构和实时互动的技术特征,相似的运行方式表现出了相仿的组织模式和市场特点,使得油气管网更易融入能源互联网的发展。此外,电能即产即消的瞬时性和无法大规模储存的特点使其无法满足延后的能源负荷需求,而油气资源以其能值高、易储运的特征,成为多能互补的能源互联网中不可或缺的能源,有效支撑了能源互联网实现"源-网-荷-储"运营模式以及整个能源体系协调优化。

目前,我国多能互补研究与应用尚处在起步阶段,对多能互补的理解还不充分,主要存在以下四大瓶颈:①油气管网系统与电力、可再生等能源系统差异性较大,我国不同能源系统规划和运行仍旧相对独立,彼此之间缺乏协调,造成能源利用率低、供能系统安全性和自愈能力低等问题,亟须打破各能源系统之间的壁垒,在规划、设计、建设和运行阶段,对不同供能系统及用能系统进行整体上的协调、配合和优化,形成一体化的供能用能系统,解决传统油气管网系统利用率低,可再生能源消纳能力不足等问题。②油气管网的传输与消费环节存在较大的时滞性,难以与电网在同一时间尺度进行能量平衡与优化,需要综合考虑油气管网与其他能源网络不同的传输特性与需求特性,实现不同时空尺度的协同优化。③油气管网与电网、清洁能源输送网络之间的能源生产、消费信息充分度、透明度较低,难以实现"源-网-荷-储"优化。需要促进能源互联网内部设备信息的交互,实现能源生产与消耗的双向互动,减少信息的不对称,提升能源市场的资源配置效率。④不同能源系统单一的价格机制不能衡量异质能源间的互补、置换、转换关系,导致不同能源主体、运营主体、上级公共能源网间的相互利益关系复杂,需要探索油气与其他能源的市场互补交易及相关收益分配机制。

因此,在推动油气管网运营转型的进程中,需要加强"互联网+"、大数据、云计算等先进技术与油气管网的创新融合,加强油气管网与信息基础设施建设的配合衔接,综合不同能源系统"源-网-荷-储"特征与当市场机制,发展油气管网与清洁能源输送网络互补与融合新理论、新方法,推动能源系统互联互通、统筹调度。

2 科学问题背景

20 世纪 90 年代末至今,能源领域的关注焦点逐步转向能源的可持续问题和能源安全问题。能源互联网目前已经成为学术界与工业界的研究热点和关注焦点,国内外相关的政策、理论成果与工程实践不断涌现,内容涵盖了油、气、电以及可再生能源等不同类型能源间的互补特性及空间、多能互补综合能源系统的设计、协调运行、交易机制等,研究范畴跨越了电气、能源、信息、材料等多个领域,成为学科交叉创新的重要阵地。2016 年,国家发展改革委、国家能源局、工业和信息化部印发《关于推进"互联网 + "智慧能源发展的指导意见》,指出要加强多能协同分布式能源网络建设,电、气、热、冷等不同类型能源间的耦合互动和综合利用。能源互联网是促进可再生能源消纳、提高能源使用效率、构建低碳可持续能源系统的重要途径。其实质是综合使用各种先进的信息和智能管理等技术,利用互联网的信息优势充分收集各个用户的能源信息,借助大数据、云计算等先进技术和高智能优化控制软件指导能源网络的运行调度,使油气、电力、热力等网络控制性的能源节点互联起来,最终建立能量信息和物流等多向流动的共享网络,充分、有效的利用传统能源和新型分布式可再生能源,满足终端用户多样化的能源需求。

化石能源在未来较长一段时期仍是我国能源利用的主体,我国油气管网建设应顺应世界能源发展的大势,加速与其他清洁能源输送网络的互补与融合,发展成为可再生能源消纳、智慧能源建设的重要系统。然而油气管网与其他清洁能源系统的运营管理相对独立,协同运行机制不够健全,未考虑油气与其他能源在转换过程中利益传递关系,导致多能互补在实际运行中面临诸多障碍。如何打破各能源系统之间的壁垒,构建集成互补的综合能源体系,协调优化多种资源出力,增强供能灵活性、柔性化,实现化石能源高效梯级利用与深度调峰,是需求导向下的必要要求。

3 科学问题研究进展

油气管网与清洁能源输送网络的互补与融合技术以实现清洁能源规模化开发,提高能源利用率,保证社会供能可持续和安全性为目标,目前该技术主要分为三大研究内容:综合能源系统的多层面构架设计、多维度协同运行优化以及能量-信息-业务流深度融合。

3.1 综合能源系统的多层面构架设计

结合油气管网与清洁能源输送网络的综合能源系统的多层面构架设计是实现我国未来社会能源可持续发展的基础。该研究内容从供需、多能互补以及多尺度三个层面出发,明确各层面的主要作用和输入输出,通过建立各层面的设计优化模型和算法,实现各层面的互补与融合,建立适用于我国未来发展的综合能源系统体系。该研究内容主要包括三个层面:①供需层面:以各类能源未来的供能系统、用能以及基础设施发展需求为输入,对油气以及各类清洁能源的供应特性和用能对象的需求特征进行智能化分析,考虑各类能源的安全供应保障及提高可再生能源渗透率为目标,决策未来能源互联网系统体系架构设计方案。②多能互补层面:根据不同气候环境和供用能关系,建立以储能为主体的多能生产-供应-存储一体化优化模型,通过不同能源系统之间的有机协调与密切配合,实现各类能源负载的移峰填谷,以突出各类能源之间的相互协调,优化各能源品种自身产业链,实现跨能源种类的优化互补。③多尺度层面:考虑国家、区域与终端消费三个尺度,建立在线能耗分析及碳排放计量模型,对各层面的历史运行数据进行采集和处理,挖掘不同运行场景下的数据规律,同时加快构建促进新能源消纳的市场机制,采用灵活价格机制促进清洁能源参与跨区域的现货交易。研究方法包括整数规划、数据挖掘以及深度学习等理论。

综合能源系统的多层面构架设计存在以下难点:①面向各自独立的复杂能源供应网络,以往决策方案无法实现中长期内各类能源网络的有机协调和多能互补优化。②面向能源互联网的三个层面,当前决策方案只针对单个层面进行优化和提升,缺乏上下层系统的联合考虑,难以保证能源互联网系统构架设计的全局最优。③面向气候环境、能源供应与终端消费等不确定性因素,传统优化设计方法难以保障设计方案的鲁棒性与稳定性。

3.2　综合能源系统的多维度协同运行优化

以油气管网为主体的综合能源系统的多维度协同运行优化近年来得到学术领域的广泛研究,并在工程上初步探索实践。该研究内容重点挖掘和利用不同能源间的互补替代性,从而实现能源互联网中的各类能源在"源-网-荷-储"的全环节与全过程协同运行优化。该研究内容包括三个模块:①适用于能源互联网系统研究的建模和综合仿真技术:以供应端的供能数据和终端能源消费为输入,建立适用于时间、空间和行为复杂性的通用集成仿真模型,并对互联网中各类能源在多种运行场景下的运行规律进行系统模拟仿真。②能源互联网系统优化规划技术:以历史和实时生产、输送及交易数据为基础,考虑资源供应限制、能源供需平衡、设备容量限制、设备运行特征等约束条件,建立以提升能源系统效率和满足用户用能多样性需求为目标的协同优化分析模型,实现能源-时空-目标三个维度的有机统一。③能源互联网的可靠性研究:考虑成本、社会风险与效益等各类相关因素,建立能源互联网系统的可靠性计算和评价模型,并采用蒙特卡洛分析、深度学习、多场景协同评价方法计算和评价市场能源需求变化、供应能力变化、部分突发故障等条件下能源互联网系统的可靠性,指导未来能源互联网的平稳高效发展。

综合能源系统的多维度协同运行优化存在以下难点:①面向复杂能源供应网络,以往决策难以尽数遍历各类能源的相关因素,对数据存储量和高效算法的需求较高。②能源互联网的时间、空间以及行为复杂性难以用精确的数学方式进行表征。③当前能源互联网的可靠性研究体系难以考虑实际运行状态下的各类场景，建模和评估方法较为理想。

3.3 综合能源系统的能量-信息-业务流深度融合

综合能源系统的能量-信息-业务流深度融合是建设能源互联网的核心基础和关键所在，融合水平是决定能源互联网发展阶段的重要因素。该研究内容包括三个模块：①能流的精确跟踪与监测技术：基于数据采集与监视控制系统(SCADA系统)数据进行分析研究，通过对能源互联网运行工艺、资源配置方案以及非正常工况下实时运行数据的深度分析挖掘，建立在线的能流精确跟踪与监测模型，为降低管网运行能耗和碳排放提供准确数据支持与依据。②基于区块链的数据存储技术：考虑互联网系统产生的海量数据易出现数据安全隐患和协调问题，利用区块链技术数字价值传递的特性，建立多方共治、公平可信、智能运作的中心数据存储和控制系统，确保互联网数据安全私密性。③多能互补下的互联网交易机制：遵循公平和达到最大互联网系统效益的基本原则，提出一套对多能互联网服务请求进行实时分析、判断、接受/调整/拒绝的方法，建立考虑能源互联网之间互补/置换/转换过程中利益传递关系的价格链机制，保证交易的公平公正。

综合能源系统的能量-信息-业务流深度融合存在以下难点：①当前能源互联网的技术融合未能以用户需求为出发点，也未能考虑利用资源实现数据共享，存在信息无法双向流动、感知力低和信息闭塞等问题。②各类清洁能源需要与油气管网之间的购买、卖出的交互价格机制尚不完善。

4 总结与展望

综上所述，油气管网与清洁能源输送网络的多能互补与融合技术主要围绕综合能源系统的多层面构架设计、多维度协同运行优化以及能量-信息-业务流深度融合三大研究内容展开，总结如下：

(1)在综合能源系统多层面构架设计方面，通过细化层面来实现油气管网与清洁能源互联网的多点支撑与多元发展，提高能源互联网的清洁能源渗透率和能源供应效率，从而保障能源互联网的可持续发展。上述研究一方面要求方案设计者具有多个领域的专业知识与技能，来控制决策方案的整体最优性；另一方面，各类不确定性因素可能无法被准确预测，存在潜在风险。

(2)在综合能源系统的多维度协同运行优化方面，从建模和综合仿真技术、优化规划方法、可靠性研究三个维度出发来实现油气管网与清洁能源互联网的多维度协同运行优化，充分挖掘和利用不同能源间的互补替代性，有效满足用户多样化需求。然而，能源互联网的多维度协同运行优化在一定程度上增加了问题和算法的计算复杂度，在实际应用前尚需更加完备的理论和实验研究。

（3）在综合能源系统的能量-信息-业务流深度融合方面，涵盖油气管网能量流动监测、区块链数据共享平台以及多能互补的效益共享机制等方面，保障了油气管网系统与其他能源协同互补与多元化服务。

主要参考文献

［1］辛禾.考虑多能互补的清洁能源协同优化调度及效益均衡研究［D］.北京：华北电力大学,2019.

［2］黄维和,沈鑫,郝迎鹏.中国油气管网与能源互联网发展前景［J］.北京理工大学学报（社会科学版）,2019,21（01）:1-6.

［3］黄维和.对我国《中长期油气管网规划》的解读和思考［N］.中国石油报,2017-07-25（002）.

［4］曾鸣,韩旭,杨雍琦,等.能源互联网及其对油气"十三五"规划的影响［J］.国际石油经济,2015,23（09）:6-10＋30.

［5］F Si,J Wang,Y Han,et al. Cost-efficient multi-energy management with flexible complementarity strategy for energy internet［J］. Applied Energy,2018（231）:803-815.

［6］C Feng,X Liao. An overview of "Energy＋Internet" in China［J］. Journal of Cleaner Production,2020（258）:120630.

［7］I Kougias,S Szabó,F Monforti-Ferrario,et al. A methodology for optimization of the complementarity between small-hydropower plants and solar PV systems［J］. Renewable Energy,2016（87）1023-1030.

［8］M Fontes,N Bento,A D Andersen. Unleashing the industrial transformative capacity of innovations［J］. Environmental Innovation and Societal Transitions,2021,40:207-221.

［9］Y Wu,Y Wu,J M Guerrero,et al. A comprehensive overview of framework for developing sustainable energy internet:From things-based energy network to services-based management system［J］. Renewable and Sustainable Energy Reviews,2021,150:111409.

［10］C C Lin,Y F Wu,W Y Liu. Optimal sharing energy of a complex of houses through energy trading in the Internet of energy. Energy,2021,220:119613.

撰稿人:梁永图［中国石油大学（北京）］　廖绮［中国石油大学（北京）］

土与管道的非线性相互作用

Nonlinear interaction between soil and pipeline

1 科学问题概述

在海洋石油开采过程中,海底管道和立管作为输送油气的主要通道,其运行安全与可靠是极为重要的问题,而管道与土壤的非线性耦合作用是管道设计中的关键问题之一。由于海底土壤存在含水量高、孔隙比大、压缩性高等主要物理特征以及变形量大、不排水抗剪强度较低等力学特性,因此,会产生复杂的弹性变形、塑性变形和黏性变形,从而导致埋设或非埋设海底管道和深水钢制悬链线立管的触地点区域的管土相互作用。如何掌握土壤与管道间的非线性相互作用机理,建立准确的管土相互作用预测模型,对管道的运行安全具有至关重要的意义。

管道与土壤相互作用的关键因素主要来源于以下几个方面:①管道所受的水动力或立管的运动速度;②管道的水下重量和粗糙度;③海底土壤提供给管道的各个方向的阻力。从管土相互作用出发,研究主要集中在管道的横向运动(水平位移或横向位移)和垂直运动(上浮或下沉)。

2 科学问题背景

2.1 海底管道管土相互作用

海底管道所处海洋环境复杂,在深水区域通常不需要挖沟埋设,而在浅水区域,考虑可能的如落锚和托锚等因素造成的撞击损伤,需要挖沟埋设。由于海底管道承受例如水流、波浪、滑坡和船锚拖拽等外部荷载作用,管土间的相互作用呈现强烈的非线性特性。当海床土体提供的阻力小于外部荷载时,管道极易发生失稳破坏;且海底管道同时承受内部高温高压流体介质的热应力作用,当海床土体提供的阻力小于管道热应力荷载时也将发生屈曲破坏。无论哪种失稳破坏,都涉及土体的大变形问题。在水平位移过程中管道所受水平阻力由被动区所形成的土坡尺寸与强度决定,该土坡尺寸随管道位移发展而累积并受土体应变软化率等相关效应影响,导致大变形下管道的侧向阻力预测尤为困难。海底管道失稳将导致管道无法正常工作甚至破裂,造成严重的经济损失和环境问题。

海底管道的管土相互作用研究主要集中在海底管道的稳定性分析方法研究。在1988年以前主要为静态分析阶段,管道受力采用 Morsion 方程求解,并假定管道与海床之间的阻力系数为常数。此后进入动态分析和半动态分析阶段,将土体对管道的侧向阻力系数考虑为土性、水动力特性和管道参数的函数。研究人员基于非线性弹性模型、多孔弹性模型、弹塑性模型等土的本构模型,应用阻力位移曲线计算了在自重和环境荷载作用下海底管道的应力分布和位移分布,并对管道在土壤中的垂向渗透以及侧向运动响应的典型大变形问题进行了研究,将基于任意拉格朗日-欧拉方法(ALE 方法)范畴的大变形有限元分析网格重剖分和插值法(RITSS 法)应用到管土垂向与侧向相互作用中,解决了数值模拟中因大位移造成的网格严重扭曲与计算不收敛问题。在极地冻土与相互作用研究方面,Basel Abdalla 等人建立了基于孔隙率函数的三维管土全耦合模型,模拟热传导和土体融沉,该模型模拟了土壤冻结及融沉的周期性变化过程。在土壤大变形分析方法方面,研究人员基于 Lagrangian、ALE 和 CEL 法开展了管土相互作用的数值模拟对比分析,得到管道下沉位移-抗力荷载关系曲线,研究了网格尺寸大小、管道贯入速度及管道与土壤接触表面的不同粗糙度等因素对管土相互作用模拟方法的影响。

2.2　深水钢制悬链线立管的触地点区域管土相互作用

从 1994 年壳牌公司在墨西哥湾 872m 水深安装了世界上第一条钢质悬链线立管开始。经过十几年的发展,其已经发展为简单悬链线立管、懒波型立管、陡波型立管、懒 S 型立管、陡 S 型立管及顺应波式立管等不同形式,并且已经成为深水特别是超深水油气资源开发中常用的立管方案。这主要是因为钢质悬链线立管具有水下施工量和难度较小、顶部无须顶张力补偿机构、适用于高温高压条件以及运动幅值较大的浮式平台等突出优点。

钢质悬链线立管分为悬垂段和流线段,其中流线段由海底土壤约束。因此,在钢质悬链线立管流线段的触地点区域,由于立管周期性运动及海底冲刷等因素,使得海底土壤形成一定深度的沟槽,且该沟槽的深度在的不同位置存在差异。管土间非线性相互作用使得触地点区域沟槽深度及形状预测困难,而掌握触地点区域的管土非线性相互作用是准确预测立管实际形态的基础。且钢质悬链线立管的疲劳损伤主要发生在触地点区域,理清触地点区域的管土非线性相互作用机理是准确预测其疲劳寿命的关键因素。

深水钢制悬链线立管的触地点区域管土相互作用研究起源于由各大油公司共同出资发起的"用于钢制悬链线立管整体分析的管土作用模型"工业联合开发计划(CARISIMA JIP)和"深水环境钢质立管"工业联合开发计划(STRIDE JIP),其致力于开发能够更完善地体现立管与土壤相互作用的模型,并进一步向由管土相互作用模拟对立管安装和疲劳寿命影响方向发展。海洋工程界在多年研究和工程实践的基础上形成了一批立管设计规范,其中,相关规范推荐使用弹簧和摩擦系数来模拟立管深水钢制悬链线立管的触地点区域管土相互作用,但此类近似做法显然无法准确预测。因此,Fontaine 等人在试验室内管土相互作用试验装置上开展了大量试验研究工作,建立了考虑海底土壤侧向阻力和垂向吸附力作用的管土相互作用模型,该模型用于研究海床刚度对钢制悬链线立管疲劳寿命的影响;提出了考虑土壤阻力和浮力因素的"香蕉状"垂向管土相互作用曲线;他们认为立管运动幅值、土壤重塑、海水的灌入及土壤的固结等因素是土壤垂向刚度变化的主要因素。随后研究人员主要集中在分析土壤刚度变化、土壤吸附力、自埋入泥部分土壤侧向阻力等因素对管土相互作用的影响,并分析了立管疲劳响应的决定性因素。

3　科学问题研究进展

当前对管土相互作用的研究主要围绕优化土壤本构模型及数值模拟方法等方面,在开发土壤动本构模型方面的研究还不够深入,未能准确考虑海床地形和回填土壤性质的影响,且未能考虑多场耦合作用及动荷载循环作用弱化对管土相互作用的影响。目前对于管土相互作用的研究主要分为三种技术路线:开发精确土壤本构模型、多场耦合作用机理以及动荷载循环作用弱化机理。

3.1　开发精确土壤本构模型

考虑到管道与土壤耦合问题是"流-固-土"耦合作用问题,渗流起着很重要的作用。且目前多数研究针对在平坦海床上考虑崎岖海床、滑坡、地震荷载等因素对管土相互作用的影响,而实际工程中管道周边的回填土壤的性质与原始土壤存在差别,回填土壤的抗力对管土相互作用影响较大。如何构建不同地形、回填土壤等情况下的管道土壤本构模型,研究复杂荷载作用下地形和回填土特性等对管土相互作用的影响,正确评价土壤对管道阻力的影响,对确保管道的稳定性、安全性、经济性以及改善相关设计规范具有重要意义。

开发精确土壤本构模型存在以下难点:①海床土体不再当作连续介质,而是作为多孔弹性介质来考虑,这种情况下的海底管道与土壤的相互作用与实际情况更接近;②地形和回填土特性等对管土相互作用的影响难以建模求解,对高效的求解算法需求度较高。

3.2　多场耦合作用机理

实际环境中,海底管道受内外压差、内外温差及一系列外部荷载(如内外流、冰载、意外撞击等)的作用,急需建立深海压力场-温度场-土壤作用力场耦合模型,分析多场耦合作用下管土相互作用的过程,更准确地揭示垂向及侧向相互作用机理,从而得到更符合真实情况的分析结果。

多场耦合作用机理存在以下难点:①多场耦合模拟中,如何掌握各因素对管土相互作用的影响规律,从而建立更为贴近实际情况的管土相互作用预测模型;②多场耦合分析通常运算工作量大,对高效的求解算法需求度较高。

3.3　动荷载循环作用下的弱化机理

研究饱和土在循环荷载作用下累积变形特性,分析在不同静荷载和循环荷载共同作用下,饱和软黏土的循环强度和循环累积应变随初始应力状态、循环应力和循环次数之间的变化规律,得到土壤在循环荷载下不同的失效模式。基于蠕变理论,考虑静偏应力、动偏应力和围压的耦合作用,提出循环荷载作用下饱和土循环累积变形模型。研究循环荷载作用下土壤对管道承载力的变化规律,采用极限平衡分析法、上限塑性理论等进行理论分析,研究管道在不同循环荷载作用下的滑动面,得到不同破坏模式以及极限承载力。

4　总结与展望

综上所述,现有土与管道的非线性相互作用研究主要围绕上述三种技术路线展开,因此,未来研究趋势及发展潜力主要具有以下特点:

(1)精准化趋势:更多实际管土相互作用的影响因素被考虑到土壤本构模型中,使得修正后的管土非线性本构模型越来越接近实际情况。

(2)多因素集成趋势:管土相互作用是多场耦合作用下的结果,因此,割裂压力和温度等因素,单独考虑管土相互作用的过程是不完善的,继续开展考虑多场耦合作用下土与管道非线性相互作用。

(3)考虑动态响应趋势:由于海洋环境影响管道与土壤之间的相互作用是循环往复进行的,考虑循环荷载作用下土壤累积变形特性是未来的发展趋势。

主要参考文献

[1] Fontaine E,Nauroy J F,Foray P,et al. Pipe-soil interaction in soft Kaolinite:vertical stiffness and damping[C]. International Offshore and Polar Engineering Conference,2004,517-521.

[2] Kim W J,Newlin J A,J Haws H. Experimental and analytical investigation of soil SCR interaction under VIV[C]. International Offshore and Polar Engineering Conference,2006,68-75.

[3] Hodder M S,White D J,Cassidy M J. Centrifuge Modelling of riser-soil stiffness degradation in the touchdown zone of a steel catenary riser[C]. International Conference on Offshore Mechanics and Arctic Engineering Conference,2004:241-249.

[4] Liang H. Review of research on interactions between deepwater steel catenary risers and soft clay seabeds[J]. Journal of Marine Science and Application,2009(8):163-167.

[5] Wang L Z, Zhang J, Yuan F, et al. Interaction between catenary riser and soft seabed: Large-scale indoor tests[J]. Applied Ocean Research, 2014(45):10-21.

[6] Yu S Y, Han S C, Lee S K, et al. Nonlinear soil parameter effects on dynamic embedment of offshore pipeline on soft clay[J]. International Journal of Naval Architecture& Ocean Engineering, 2015, 7(2):227-243.

撰稿人：王懿[中国石油大学(北京)]

第2章
管道运输系统运行与控制

　　管道运输系统运行与控制主要涉及数据远程采集与通信、输送工艺分析、运行工况分析、压力与输量控制调节与即时优化决策等方面，是保障管道安全、经济、平稳运行，完成计划输量、满足客户需求的关键技术。输油管道系统输送工艺由"旁接油罐"方式向"密闭输送"方式发展，整个管道系统形成统一的水力系统；随着管材耐压等级和性能的不断提高，输气管道运输系统输送工艺由低压输送方式向高压输送方式发展，输气效率大为提高。管道运行与控制从站控、中控发展到管网联控，实现了管道全线密闭输送和控制中心集中自动控制。未来管道运输系统运行与控制将向智能化、智慧化调控运行发展，多方面的功能需求与优化决策不断融入，系统集成度不断提升，数据量急剧攀升，数据处理与优化难度也随之上升。

　　管道运输系统运行与控制对于管道运输系统实现智能、经济、安全和平稳运行至关重要。因此，深入认识和把握管道运输系统运行与控制中的科学问题，对于提升管道运输系统运行智能化、智慧化水平、管道行业安全管理水平具有重要意义。目前，管道运输系统运行与控制的研究主要集中在介质流动特性、输送工艺优化、运行优化、在线仿真、运行工况检测、设施故障诊断等方面。为了适应未来运输介质多样化、管道系统复杂化以及运行智能化、智慧化发展需求，需要结合综合实验、机理建模、数字孪生以及大数据等技术，开展新型管道输送工艺的突破性研究、管道状态自主分析、多目标优化决策与运行调度在机理、算法、模型等方面的理论性研究，实现管道的安全、高效、低能耗、智能化运行管理。今后，应在管道系统介质特性与输送工艺、管道运输系统运行、管道运输系统控制与自主决策三大重点领域开展科学问题研究。

　　在管道系统介质特性与输送工艺方面，需要研究不同介质在管道和设备内的流动特征与机理，总结系统压力损失、热量损失和流致振动等关键规律，探明气体、液体、固体（浆体)等输送介质的物理、化学特性对管道输送的影响;针对不同输送工艺,研究物理场或化学添加剂对输送介质分子运动和分子间相互作用等微观作用机制,提升管道输送的安全性和高效性。在管道运输系统运行方面,依据不同输送介质的流动特征建立完整且精细化描述管道输送、设备运行过程的数理模型,并充分结合管输系统实时数据、历史运行数据等,集成多学科、多物理量、多维度的仿真过程,构建管道输送的数字映射系统;深入研究管道输送过程的非线性动力学机制与热力学特性、管道与设备运行状态的在线智能分析与调整机制、资源供给、管道运行及用户需求三者之间的相互作用特性,形成管道运行的机理模型;分析仿真与优化所涉及的大型稀疏矩阵、非线性代数方程特征,建立快速求解算法,打破大规模管网系统计算的桎梏。在管道运输系统控制与自主决策方面,基于管道运输系统上游资源、下游需求、输送介质特性、设备运行状态参数、管道本体结构等参数,全面研究数据驱动的管道运输系统智能建模理论及方法,研发融合机理、数据与知识的管道运输全流程智能协同优化控制技术,建立多目标动态智能优化决策模型,实现管道运输系统智能协同优化与控制,提升管道运输系统效率与可靠性。

机动管线系统输送理论及智能物流保障机制研究

Research on transportation theory of mobile pipeline system and intelligent logistics guarantee mechanism

1 科学问题概述

机动管线是使用快装接头连接、在地面铺设,利用发动机泵机组输转、加注油料的管道系统,在维护边境安全、稳定台海局势、应急救灾救援中发挥了重要作用。机动管线系统的效能发挥直接决定油料保障成效,对保证快速、可靠输油,提高油料保障效率意义重大。目前,机动管线仍存在以下几个短板,制约其保障能力发挥。

1.1 机动管线特殊地形条件下非稳态流动理论研究不足

管线内的非稳态流动是相对于稳态流动而言的,是指流量和压力随时间不断变化的一种流动状态。管线在输送过程中,由于运行参数调整、泵机组停运、阀门动作等原因,管内流体常常处于非稳定流动状态,因此,仅仅对管输过程进行稳态分析是远远不够的,目前,非稳态流动分析已经成为长输管道的设计运行的重要环节。机动管线运行状态相比于固定管线更为复杂,常常处于较为恶劣的环境之中,为提升机动管线输送的安全性和经济效益,对在机动管线的设计和运行过程中必须要考虑其内流体的非稳定流动状态。

从机动管线引入我国开始,很多学者对其非稳定流动状态进行了研究,取得了丰硕的成果,但由于机动管线是在地表铺设,其运行受环境温度、外力撞击、地形起伏等因素影响较大,已有的非稳态流动理论难以支撑机动管线应用领域的拓展,特别是在野外特殊条件下的机动管线运行时非稳态流动形成的机理及对管线所产生的破坏还无法完美地解决。总的来说有以下3个问题:①低约束条件下流固耦合机理及稳定性问题,机动管线是在地表铺设的临时管输设施,具有低约束的外部力学特征,管内流动状态的变化对管线结构的稳定性有一定的影响,管内流体的剧烈扰动可导致低约束管段出现接头接脱、管子变形等现象发生,而非稳态流动对管线稳定性破坏的机理还不明确,非稳态流动条件下的流固耦合的机制还没有建立。②起伏地形下机动管线阻力危机现象及高雷诺数边界层转捩机制问题,管内出现非稳定流动时,管输雷诺数会瞬间增大并出现波动,雷诺数可达6000以上,导致管输阻力剧烈增加,对高雷诺数下非稳态流动中边界层的转捩机制还没明确,对管输阻力瞬变的现象还不能很好预测,必须建立边界层转捩的非稳态模型。③机动管线气液两相管流的水击问题,水击是一种非常不利的水力现象,对于单相流的水击研究较多,但对于机动管线气液两相流的水击问题研究较少,与固定管道相比,机动管线两相流水击的产生机理不同,导致的危害不同,相应的制方法也不同。

因此,解决复杂地形条件下机动管线的运行安全性问题,需要深入研究非稳态流动理论,构建具有针对性或普适性的管输模型,丰富机动管线输送理论,最终实现普适性强、可靠性好的机动管线设计运行方法。

1.2　管线系统智能化控制程度较低

21世纪初,机动管线系统进行了信息化改造,具备了一定的数据监控、采集功能,但是存在数据采集速率慢、利用率低、自主分析控制能力较弱等问题。机动管线现有监测、控制系统,均为单体数据采集模式,数据采集速率慢、汇总速率低,对数据的处理分析形式单一,无法对机动管线整体运行情况进行快速精确量化分析,管线系统运行状态仍依靠调度人员分析判断,无法快速有效地指导管线系统的工况分析、优化、决策和控制。

因此,针对机动管线智能化控制,开展深入理论研究,建立机动管线系统智能化控制理论体系,构建适用于机动管线系统的工况智能诊断运行调整机制,进而提升机动管线智能化程度,这对于提升机动管线运行效益意义重大。

1.3　高原高寒环境机动管线系统输送理论与关键技术研究不足

现役机动输油管线系统的性能指标、零部件技术参数等均是基于平原环境确定的,高原高寒地区,发动机功率、扭矩下降,输出至离心泵的轴功率减小,泵机组工作效能降低;大气压力降低导致离心泵吸入口压力减小,吸入能力下降,油品吸上困难,扬程、流量、效率随之降低;吸入能力下降更易造成离心泵内存在气-液两相混合流,离心泵剧烈抖动,烧毁机械密封等,适应性下降;管线顺序输送油品过程中,高原低温环境使得混油量急剧增加,降低输送油品的质量,使得现役机动输油管线系统在高原地区使用时输油效率、安全性、可靠性等都大幅下降,甚至导致管线系统无法正常运行,成为制约高原地区油料保障的瓶颈,严重影响部队作战能力的发挥。以上问题共同制约了机动管线系统的性能发挥,故系统可靠性、适应性有待提升。

针对目前高原高寒环境下柴油发动机泵机组降效机理不明确、顺序输送混油跟踪模型预测精度差、管线系统运行方案制定不合理等诸多问题,以机动输油管线系统为研究对象,提出高原高寒环境下柴油发动机动力增效技术、油泵抗不稳定流动技术、机动管线顺序输送油料仿真技术,解决高原高寒环境机动管线输送油料的技术瓶颈问题。

1.4 机动管线配送缺乏智能化物流保障能力,智能化运行效率低

机动管线铺设展开耗费的时间直接决定机动管线的输油时效性,而机动管线管子、管件、动力设备等的配送效率直接制约着机动管线的铺设效率。开展机动管线系统智能物流管理机制研究及机动管线系统智能物流运行保障机制研究,构建机动管线系统智能物流配送系统,对于提升机动管线智能化物流配送意义重大。

2 科学问题背景

为应对地区性突发事件,中印、中朝、新疆边境等地预置了大量机动管线,多为地面裸露铺设,无稳定约束,受环境、温度影响大。机动管线预置地区为高原高寒地区,地形特点复杂,气候环境恶劣,实际应用过程中,存在特殊地形管线系统流动状态不稳定、输送调度智能化低影响输送效率、高原高寒地区管线系统效能下降问题。同时,存在机动管线配送长期缺乏智能化物流保障能力,智能化运行效率低,配送精准性差等问题,严重制约保障能力生成。

3 科学问题研究进展

机动管线系统输送理论及智能物流保障机制研究,主要有基于实验的执果索因研究、基于动力学分析的理论机理研究和基于系统仿真的数值模拟研究三种技术路线,实际研究过程为单一或多种技术路线相结合方式。

3.1 基于实验的执果索因研究

通过分析管线运行参数的变化和管线的外部受力状态,反过来分析产生这些现象的

原因。通过对现有问题的进一步分析,结合理论设计合理实验。主要分为三个模块:①实验调研模块:根据工程问题,凝练实验过程重点研究对象,通过总结目前已有实验、已有理论,结合已经发现的问题或现象,确定可能的主要参数,初步设定实验方案。②实验设计及修正模块:基于初步设计方案,进行实验。分析实验效果是否达到预期。根据实验,对实验规律初步分析,结合已有资料,进一步优化实验流程,根据实验感知对实验对象进行合理调整,直至实验方案与实验对象相匹配。③实验理论总结模块:根据实验获得实验结果,执果索因,结合调研理论,提出合理的具有工程应用的定量化理论模型或半理论模型。

3.2　基于动力学分析的理论机理研究

对管内流体运动过程进行动力学分析,是一种近似微观的流动规律分析方法,建立流体质点的力学模型,建立耦合流体运动参数的质量守恒、动量守恒和能量守恒方程,求解流体的运动状态,得到流体宏观的运动规律。对于机动管线非稳态流动的研究,还要结合管线的约束情况和结构特点,建立流体运动和管线结构的联系。流体动力学分析存在以下难点:①对流体质点受力分析的准确性要求较高。②流体运动方程多为高阶偏微分方程,方程求解时对高效的求解算法需求度较高。③建模过程简化尺度把握困难。清管建模的过度简化,工程意义及科学贡献低,建模过程复杂化,面临模型难以求解、难以应用等问题。

3.3　基于系统仿真技术的数值模拟研究

借助已有商业或开源软件,对工程问题进行抽象重构,是借助已有模型对未知问题进行机理解释的途径之一。路线执行过程主要分为三个模块:①非稳态流动过程重构模块:通过物理认知,结合管线几何特征及管内外流体运动运动性质,确定模拟过程应用的商业或开源软件(ABQUS、ANSYS、FLUENT、OpenFOAM、OLGA 等),确定建模过程及边界条件。②商业/开源软件计算模块:使用软件对求解问题进行重构、对求解区域重新划分,确定合理计算模型,借助软件内核进行求解。③仿真理论分析模块:使用软件输出结果,对工程问题内在物理关系进行机理分析,分析物理规律,完善理论。

4　总结与展望

围绕三种技术路线展开,实施过程各有优劣,对研究者工程/实验认知、理论基础、工业软件了解程度有不同要求,未来研究趋势及发展前景存在差异。

（1）实验执果索因路线，以实验方法和工程经验为基础，基于实验的理论模型及半理论模型虽然具有一定局限性，然而工程应用及指导性强，可直接应用于工程实践。

（2）流体动力学理论机理研究路线，对研究者工程认知、建模及求解能力具有较高要求，清管理论机理研究通用性较强，求解过程较为困难。

（3）数值模拟仿真路线对研究者的工程认知、软件熟悉程度具有较高要求，此研究方案科学贡献限制于通用软件在特定方向完善程度，自证软件结果可信度通常需借助其他途径，突破规律性总结的通用性理论升华过程具有一定难度。

主要参考文献

[1] Jiang Li,Weiming Zhang. A present situation summarization of researches on the efficiency reduction of diesel engine-centrifugal pump unit under low atmosphere pressure [J]. C + CA：Progress in Engineering and Science,2017,42(5):1796-1799.

[2] Yufei Jiao,Ruilin Liu ,Zhongjie Zhang,et al. Comparison of combustion and emission characteristics of a diesel engine fueled with diesel and methanol-fischer-tropsch diesel-biodiesel-diesel blends at various altitudes[J]. Fuel,2019,243:52-59.

[3] Al-Obaidi A R,Towsyfyan H. An experimental study on vibration signatures for detecting incipient cavitation in centrifugal pumps based on envelope spectrum analysis[J]. Journal of Applied Fluid Mechanics,2019,12(6):2057-2067.

[4] Junze Jiang,Zhen Zhang,Jiang Li,et al. Resistance characteristics of oil-gas two-phase flow for mobile pipeline evacuation operation[J]. Acta Armamentarii,2021,42(4):888-896.

[5] Deibi-E García,Daniel Rodríguez,Angela-O Nieckele,et al. Nonlinear instability of interfacial waves in stratified laminar channel flow[J]. International Journal of Multiphase Flow, 2020,133:103463.

[6] L-D Paolinelli,A Rashedi,J Yao,et al. Study of water wetting and water layer thickness in oil-water flow in horizontal pipes with different wettability[J]. Chemical Engineering Science,2018,183:200-214.

[7] L-D Paolinelli,A Rashedi,J Yao. Characterization of droplet sizes in large scale oil-water flow downstream from a globe valve[J]. International Journal of Multiphase Flow,2018, 99:132-150.

[8] Huishu Liu,Jimiao Duan,Jiang Li,et al. Numerical quasi-three dimensional modeling of stratified oil-water flow in horizontal circular pipe [J]. Ocean Engineering, 2022, 251:111172.

[9] Roberto Ibarra,Omar-K Matar,Christos-N Markides. Experimental investigations of upward-

inclined stratified oil-water flows using simultaneous two-line planar laser-induced fluorescence and particle velocimetry [J]. International Journal of Multiphase Flow, 2021, 135：103502.

[10] Gustavo Bochio, Marlon-M-H Cely, Arthur-F-A Teixeira, et al. Experimental and numerical study of stratified viscous oil-water flow[J]. AIChE Journal,2021,67(6).

撰稿人：蒋新生(中国人民解放军陆军勤务学院)

易凝高黏原油管道输送的流动保障

Flow assurance of waxy/heavy crude oil transferring systems

1　科学问题概述

原油是由烃类和非烃化合物组成的复杂混合物,其主要组分与蜡质、胶质、沥青质等相互作用和在不同温度、压力条件下的相态发生变化,致使原油表现出多种流动行为:在较高温度下,蜡处于溶解状态,原油主要表现出牛顿流体的特征;随温度降低,蜡结晶析出并以固体颗粒形式悬浮于原油中,蜡结晶固体颗粒相互作用致使原油的流动表现出非牛顿流体的特征;当析蜡量达原油质量的2% ~3%时,蜡晶颗粒即可相互连接形成海绵状网络结构,原油随之胶凝、失去流动性,并表现出屈服应力、黏弹性、不完全可逆触变性等复杂的非牛顿流体流变行为。

此外,胶质、沥青质等大分子极性化合物还会与蜡分子作用,对蜡结晶、蜡晶结构和原油的流动性产生显著影响。而且胶质、沥青质含量高的稠油在常温下也具有很高的黏度,将会进一步减弱原油的流动能力。另一方面,当输油管道壁面温度低于原油析蜡点温度时,蜡分子在壁面析出并沉积,与胶质、沥青质等形成固相沉积物,降低管道输送效率,甚至造成管道堵塞,情况严重时将发生生产安全事故。

易凝高黏原油管道输送流动是为了保证原油具有良好的流动性,抑制固相沉积,这是保障管道流动安全、节约输送能耗的根本要求。以往研究通过物理、化学方法改善原油流动性(即原油改性),比如在外加物理场(原油管道的管壁加热)、往原油中加入化学添加剂,使原油主要组分的协同作用下,削弱含蜡原油中蜡晶间或稠油中大分子组分间的引力,从而降低原油凝点、黏度及结构强度,提高管道输送的安全性和效率。

尽管以往研究已经对易凝高黏原油管道输送流动做了一些研究,但原油管道流动保障所涉及的主要科学问题尚未解决,包括:①原油流变行为及其机理,即原油中蜡、胶质、沥青质等主要组分的相互作用机制;②原油改性方法及其机理,即物理场或化学添加剂以及管道输送流动与传热环境下,原油中蜡、胶质、沥青质等主要组分的相互作用及其机制,以及这些相互作用对流动性的影响规律;③固相沉积行为及机理,即管道流动与传热耦合作用下原油中的大分子烷烃和胶质、沥青质的传质与相变行为及其机制;④管道停输和再启动过程非牛顿流体的非稳态传热-非稳态流动-相变多重耦合问题;⑤管道清蜡和再启动过程可靠性。

为充分总结易凝高黏原油管道输送流动保障措施,必须在分析易凝高黏原油在多种复杂工况下的流变性及其机理的基础上,开展基于物理或化学改性的方法提高原油的流动能力,并在此基础上,进一步开展固相沉积及机理,提出减少固相沉积的方法,建立管道再启动及其可靠性的评价模型。

2　科学问题背景

易凝高黏原油包括含蜡多的石蜡基原油(常称含蜡原油),以及胶质、沥青质含量高、密度大的重质原油(常称稠油)。我国陆地和海上油田所产原油大多属于易凝高黏原油。随着常规优质石油资源的减少,近20年来世界范围内易凝高黏原油的产量和产地都在快速增加,成为油气资源的重要来源。但与轻质原油相比,易凝高黏原油单相及其油-气-水多相管道输送系统的流动保障存在若干难题:温度较低的环境下,蜡结晶析出并以固体颗粒形式悬浮于原油中,蜡结晶固体颗粒相互作用致使原油的流动表现出非牛顿流体的特征,易凝高黏原油流动性差,因此管道输送能耗高、原油"凝固"导致管道堵塞;蜡等重组分在管壁的沉积致使管输效率下降乃至油井减产、管道堵塞等,严重影响原油输运的效率和安全。此外,针对深海油田,原油从海底集输到地面的过程中,总是伴随着低温、高压、强换热等恶劣的环境条件,使得易凝高黏原油的流动保障问题更加突出。

传统上,易凝高黏原油多采用加热输送工艺,但存在输送能耗高、运行弹性差、允许停输时间短等突出问题。因此,经济、高效的原油改性技术是目前主要研究的方法,成为主要的解决途径。目前主要的含蜡原油改性方法为添加化学降凝剂,但该技术在对原油(特别是高含蜡原油)的适应性和改性效果稳定性等方面还不能完全满足工程需要,存在化学降凝剂成本高,使用有效期短等技术难题。此外,稠油降黏剂的性能还不能满足长距离管道输送需要,以往研究常需要多次添加稠油降黏剂,严重降低了生产效率。

当作业环境进一步恶化,蜡、胶质、沥青质在管壁沉积是输油管道固有问题,无法通过物理或者化学方式进行改善。常采用机械、化学等方法清除这些沉积物。但以往生产实际机械在清管时,由于沉积物在管道中的堆积可造成"管堵",清理管路工作往往需要将输油管道关停,但这样产生的经济效率较低,而且管道的堵塞问题往往会发生生产安全事故,后果十分严重。

由于设备检修或意外突发事故等,输油管道不可避免地会发生停运。若停输时间较长,管内油温下降将导致原油胶凝,当管道启动所需压力高于正常输油所需压力或管道承压能力时,管道启动失败,工程上称"凝管",这对管道而言是灾难性事故。

3　科学问题研究进展

针对易凝高黏原油单相及其油-气-水多相管道输送系统的流动保障难题,存在环境温度下易凝高黏原油流动性差,管道输送能耗高、原油"凝固"导致管道堵塞;蜡等重组分在管壁的沉积则致使管输效率下降乃至管道堵塞、油井减产等问题。主要研究路线包括:①易凝高黏原油流变性及其机理;②原油改性方法研究;③固相沉积及其机理;④管道再启动及其可靠性。

3.1　易凝高黏原油流变性及其机理

易凝高黏原油流变性及其输送技术一直是我国油气储运界科学研究的主题之一。目前已较好掌握了含蜡原油流变性的规律,建立了表征原油流变行为的若干数学模型;流变性机理研究已深化到胶质、沥青质对蜡结晶和晶体结构影响的层面。

近期国际研究的焦点之一是胶凝原油的本构方程,这也是管道启动流研究的基础。胶凝含蜡原油具有黏弹性和不完全可逆结构特性,在力的作用下可经历"蠕变-屈服-裂降"过程。屈服之前弹性占主导,屈服之后结构发生触变裂降,黏性占主导;屈服过程与加载条件密切相关,因而屈服应力与屈服应变不是单纯的材料参数。目前已建立了若干胶凝原油的黏弹-触变本构模型。

含蜡原油胶凝的根本原因是石蜡的结晶并形成网络结构。影响蜡结晶及其网络结构强度的因素包括蜡含量和温度(影响析蜡量),原油中主要的极性组分胶质、沥青质对结晶过程也有显著影响,包括抑制蜡晶析出、降低结晶度、弱化蜡晶网状结构、提高蜡晶表面zeta电位等。

目前研究的不足:一是对蜡晶之间相互作用力的认识还处于定性层面,二是非烃极性组分对蜡结晶和蜡晶之间相互作用力的影响没有明确定量的分析。

3.2　原油改性方法研究

目前添加化学添加剂是含蜡原油的主要改性方法,对其作用机理的主要认识是降凝剂通过共晶、吸附、成核等机制,改变原油中蜡晶的形态和相互作用力,实现改善原油低温流动性的目的。目前的降凝剂主要有乙烯-醋酸乙烯酯共聚物(EVA)及其衍生物,(甲基)丙烯酸高碳醇酯类聚合物及其衍生物,苯乙烯-马来酸酐-丙烯酸高碳醇酯共聚物及其衍生物、丙烯酸高碳醇酯-马来酸酐-醋酸乙烯酯共聚物及其衍生物。但对于高含蜡原油,这些降凝剂的改性效果还不能完全满足工程需要。近年来,对基于有机-无机纳米杂化材料的纳米降凝剂的研究活跃,已经研制出一些具有较好改性效果的纳米降凝剂。这方面研究的主要问题是对降凝剂分子与蜡和胶质沥青质分子的协同作用机制认识不足,使得降凝剂的研发缺乏明确的理论指导;另外,由于对含蜡原油胶凝机理认识的局限,制约了对更复杂的含添加剂体系胶凝机理的认识。

电场改性是一种新兴的含蜡原油改性方法。只需对含蜡原油施加高压电场(1~5kV/mm)并持续1min量级时间,即可获得显著改性效果;倾点温度附近的黏度可降低80%以上,屈服应力下降率可达90%,且能耗只需相同降黏幅度时加热能耗的1%。其机理是原油的电流变效应——电场作用使得极性组分(胶质沥青质)在蜡晶表面聚集(即界面极化),从而削弱蜡晶之间的引力。但是,目前还不能定量解释不同原油电场改性效果的差异,事实上有些原油的电流变效应微弱。这限制了电场改性方法的工业应用。对磁场改性也有若干研究,但该方法的改性效果不如电场。

3.3 固相沉积及其机理

对原油管道蜡沉积的研究已有50多年的历史。目前得到证实的蜡沉积机理包括原油在冷壁面胶凝(形成初始沉积层)、油流中的蜡分子在浓度差驱动下向沉积层扩散并析出使得沉积层加厚及硬化、沉积层中的较低分子量烷烃反扩散进入油流等。基于上述"分子扩散"认识以及传热、传质定律,已建立了若干蜡沉积模型。但是目前的认识还不足以充分说明胶质、沥青质在沉积层中富集的机制,此外对流动状态下的蜡分子结晶动力学、蜡分子扩散以及管流剪切对蜡沉积层冲刷作用等规律还未有准确的定量认识。

3.4 管道再启动及其可靠性

管道停输后,管内原油经历有限空间内的自然对流换热。随着油温下降,原油黏度上升,自然对流减弱,且管壁处凝油层不断加厚,管内原油在非稳态传热的同时逐渐发生相变,直至停输时间足够长时管内原油全部胶凝。管道加压再启动过程中,新进入管道的热油或轻质油不断驱替管内冷油,与此同时管内存油继续冷却直至被全部挤出管道。因此,管道停输及再启动过程是非牛顿流体的非稳态传热-非稳态流动-相变多重耦合问题。其中的关键点包括:①管内原油的自然对流换热与相变耦合及其所致的液固边界演化,这是求解长时间停输后再启动过程流动与传热问题的基础;②再启动过程中非牛顿流体的非稳态流动与非稳态传热耦合问题,准确反映原油黏弹-不完全可逆触变行为的本构关系是其基础。此外,凝油明显增强的压缩性对凝油的启动流有显著影响。对该问题的数值求解需要稳健、高效的算法。目前这些问题都是国际上活跃的研究课题,但尚未有圆满的答案。

另一方面,原油管道再启动安全性受诸多不确定因素的影响,但该领域的研究长期采用确定性分析方法。近年来,该领域已引入基于可靠性思想的分析方法,即考虑运行参数、油品物性、环境参数的不确定性,建立极限状态函数,提出高效抽样方法,形成了对该问题的随机-数值模拟方法,实现了以概率形式描述管道再启动的安全性,为停输时间不太长的管道再启动可靠性分析提供了有效方法。但是,对长时间停输管道的分析仍然有赖于上述非牛顿流体非稳态传热-非稳态流动-相变多重耦合基础问题的实质性突破。

4 总结与展望

流动保障是易凝高黏原油管道输送的核心技术问题,对于长距离输送管道特别是海底管道的安全、高效运行至关重要。工程上,主要体现为原油的流动改性(如降黏减阻)、管壁固相沉积的抑制与清除,以及非稳态工况下的安全运行。所涉及的科学问题包括:易凝高黏原油流变行为及其机理、物理场或化学添加剂环境下原油中主要烃类和非烃组分相互作用的机制及对原油流变行为的影响、管道流动与传热耦合作用下原油中大分子烃类与非烃组分的传质与相变行为及其机制、管输非牛顿流体的非稳态传热-非稳态流动-相变多重耦合问题,以及管道清蜡和再启动等复杂操作过程的可靠性理论等。其中,原油的流变行为机理(蜡晶之间、蜡晶与胶质沥青质之间的相互作用)是原油改性的基础,原油的黏弹-触变本构关系是非稳态流动与传热耦合问题和可靠性评价的基础。对相关科学和技术问题的研究近年来取得了若干重要的进展,但由于对科学问题认识的局限,目前技术的研发仍缺乏充分的理论指导,某些方面甚至仍处于盲目摸索的状态。而对这些理论和技术问题研究的突破,有赖于力学、化学、输油管道工程等多学科的交叉与融合。

主要参考文献

[1] Zhang J J,Yu B,Li H Y,et al. Advances in rheology and flow assurance studies of waxy crude[J]. Petroleum Science,2013,10(4):538-547.

[2] Abedi B,Rodrigues E,Souza M,et al. Irreversible time dependence of gelled waxy crude oils:Flow experiments and modeling [J]. Journal of Rheology,2020,64(5):1237-1250.

[3] Al A,Tgmds A,Deva A,et al. Waxy oils:Deformation-dependent materials [J]. Journal of Non-Newtonian Fluid Mechanics,2020,285:104378.

[4] Yang F,Zhao Y,Sjoblom J,et al. Polymeric wax inhibitors and pour point depressants forwaxy crude oils:a critical review [J]. Journal of Dispersion Science & Technology,2015,36(2):213-225.

[5] Huang Q,Li H Y,Xie Y W,et al. Electrorheological behaviors of waxy crude oil gel [J]. Journal of Rheology,2021,65(2):103-112.

[6] Aiyejina A,Chakrabarti D P,Pilgrim A,et al,Wax formation in oil pipelines:a critical

review[J]. International Journal of Multiphase Flow,2011,37(7):671-694.

[7] Cvdg A,Am B,Lb A,et al. Critical review on wax deposition in single-phase flow [J]. Fuel,2021,293:120358.

[8] Bao YQ,Zhang JJ. Restart behavior of gelled waxy crude oil pipeline based on an elasto-viscoplastic thixotropic model:a numerical study [J]. Journal of Non-Newtonian Fluid Mechanics,2020,284:104377.

[9] 张劲军,宇波,于鹏飞,等. 基于可靠性的含蜡原油管道停输再启动安全性评价方法 [J]. 石油科学通报,2016,1(1):154-163.

撰稿人:李鸿英[中国石油大学(北京)]　张劲军[中国石油大学(北京)]

气泡聚并与破碎对管道流动保障的影响机制

Influence mechanism of bubble coalescence and fragmentation on pipeline flow assurance

1 科学问题概述

气泡的聚并与破碎是生活中常见的物理现象,始于微观的相变,发展后可在宏观尺度观测到,也就是气泡诱发、形成、扩大、聚并、破碎的全过程,看起来似乎是一件简单的、平淡无奇的事情,然而背后其实隐藏着精美而复杂的物理学过程,至今仍未得到透彻的认识。

气泡破碎的机制可以表述为:外力场对气泡形成一种破坏作用,而气泡本身的界面力会制约外力以保持形状的稳定。当破坏作用大于稳定作用的时候,破碎现象即发生。最新的研究发现,表面张力是推动气泡破碎的主要推动力来源,重力在其中起的作用微不足道。气体破碎一般包括气泡破碎速率和破碎后的子气泡分布函数。破碎速率模型主要基于实验数据得到,大致可以分为以下三类:①湍流引起的破碎:一般认为湍流引起气-液界面附近压力的不稳定或湍流涡与气泡的碰撞,将导致两相界面产生变形以致破碎。由于湍流本身的复杂性,这一破碎过程还未得到透彻的认识。②黏性剪切引起的破碎:气泡受到连续相流体的剪切作用会发生形变,当形变到了临界点时将发生破碎。对于气-液两相流动,当气泡足够大的时候,气泡尾部可能会由于黏性力的作用而发生小气泡的脱离。③气液界面的不稳定性引起的破碎:在气液体系中,较大气泡的气液界面上一个很小的波动就会引起气泡的破碎(包括 RayleighTaylor 不稳定性和 Kelvin-Helmholtz 不稳定性),所以在气液体系中往往存在一个最大气泡粒径。大于该粒径的气泡一经形成将会很快破碎,寿命很短。为了完整地描述破碎过程,仅确定破碎核函数还不够,还需要确定破碎后子气泡的分布函数和子气泡的个数。子气泡个数迄今为止尚无模型描述,通常直接给定其数值(如二元破碎的值为2)或者根据经验公式给出数值分布。子气泡分布函数方面则有大量的研究,可以大致分为统计模型和机理模型两大类。按曲线形状,子气泡的分布函数模型可分为"钟形"模型、"U形"模型和"M形"模型。

高速流动和压力变化条件下,气泡破碎可能导致气蚀。气蚀涉及流动动力学条件、机械冲击、过流部件材料种类与成分以及材料表面与液体的电化学交互作用等诸多方面,其损伤机理也相当复杂,对于不同的材料、不同的实验条件,往往得到不同的结论。目前由气泡破碎导致气蚀损伤机理主要存在以下几类:①冲击波机制:由于液体内局部压力的变化引起蒸汽泡的形成、生长及溃灭,导致气蚀的产生。当液体内的静压力下降到低于同一温度下液体的蒸汽压时。在液体内就会形成大量的气泡,而气泡群到达较高压力的位置时。气泡就会溃灭,气泡的溃灭使气泡内所储存的势能转变成较小体积内流体的动能,使流体内形成流体冲击波。这种冲击波传递给流体中的过流部件时,会使过流部件表面产生应力脉冲和脉冲式的局部塑性变形,甚至产生加工硬化。流体冲击波的反复作用使过流部件表面出现气蚀坑。②微射流机制:液体中压力的降低会产生大量的气泡,气泡在过流部件边壁附近或与边壁接触的情况下,由于气泡上下壁角边界的不对称性,在溃灭时,气泡的上下壁面的溃灭速度不同。远离壁面的气泡壁将较早地破灭,而最靠近材料表面的气泡壁将较迟地破裂,于是形成向壁的微射流。此微射流在极短的时间内就完成对材料表面的定向冲击,所产生的应力相当于"水锤"作用。③热效应机制:气泡破碎时产生很高的温度,这一高温作用到过流部件表面,使材料表层发生相变或产生其他现象,影响气蚀过程。气蚀试验时常常见到发光现象,是破碎气泡中的水蒸气或其他气体达到高温所致。此外,气蚀的形成还可能有化学腐蚀机制和电化学机制。

与气泡破碎相比,聚并被认为更为复杂,因为不仅涉及气泡和周围液体的相互作用,也包括气泡之间的相互作用。基于实验观察结果,目前的气泡的聚并机理模型大体上可以分为三类:①液膜排干过程模型(film drainage model):该模型认为,聚并过程可由下述过程来描述:a. 两个气泡相互接近然后发生接触,但气泡之间还有部分连续相液体阻隔;b. 相撞的气泡/液滴继续靠近,将二者之间的连续相液体逐渐排出;c. 当相撞的气泡间的连续相液体被排至临界值时,两气泡发生聚并。尽管有部分文献通过实验等手段直接给出聚并速率的模型,但目前采用更多的是概率模型,气泡的聚并速率等于气泡之间的碰撞频率 c 和聚并效率 λ 的乘积。②速度模型:该模型认为,只有相对速度小于某个临界值时才能给予气泡之间充分的接触时间,从而发生聚并。③能量模型:该模型认为,气泡是否聚并与两个相撞气泡的能量紧密相关。两气泡携带的能量越大,越容易聚并;气泡表面张力越大,则越难聚并。

2　科学问题背景

在海洋油气生产过程中,油气管道内部的流动通常是多相流动,气体存在于各种流动模式中。在油气通道内,尤其是变径处如阀门、离心泵等,气泡不断被诱发、形成、扩大、聚并和破碎。一方面小气泡可能因相互碰撞聚并而形成大气泡,当压力逐渐降低,含气率增加时,气体不断膨胀,气泡的聚并可能导致严重段塞流,严重影响油气的正常生产;另一方面大气泡也会破碎并可能形成多个小的气泡,气泡破碎瞬间,气泡周围的液体会迅速冲入气泡破碎形成的空穴,在高速流动条件下,可能会对油气管道内部或者泵的表面产生冲击,产生"气蚀"现象,不仅可能会破坏过流部件,而且由于大量的气泡堵塞了流道,破坏了油气通道内部流体的连续流动,可能导致流动效率明显下降。因此在流动过程中,两相之间的流体动态相互作用机制,尤其是气泡的聚并与破碎机制对油气管道的流动保障至关重要。

3　科学问题研究进展

气泡的聚并和破碎是一个多相分散体系,离散相(气泡)经过聚并、破碎后的分布对油气管道的流动有重要的影响。这一体系中存在多层次多尺度的复杂结构:细观层次,表面活性分子在气泡表面存在吸附现象,从而影响离散相的界面结构和稳定性;宏观层次,在油气管道内部存在由于流体力学和湍流作用而造成的破碎和聚并现象。全面地描述离散相的聚并和破碎过程需要透彻理解这两个层次的尺度问题。

依据研究问题的方法不同,目前对于气泡聚并与破碎对管道流动保障的影响机制的研究主要分为三种技术路线:理论模型路线、物理实验路线、数值模拟路线。

3.1　理论模型路线

理论模型路线是当前的主流路线。由于气泡的结构尺度跨越多个数量级,该路线主要基于对气泡聚并和破碎现象的物理观测结果,在细观尺度上研究气泡的结构、静力学、气泡界面的稳定机制,在宏观尺度上探究在湍流等流动条件下气泡形态变化,乃至发生聚并和破碎的动态演变过程,建立相应的气泡聚并和破碎的机理模型。

理论模型路线存在以下难点:现有的聚并和破碎模型主要集中在宏观层面,通常基于现象模型、统计分析、经验关联式或半理论半经验方法,由于聚并和破碎现象的复杂性,尚未有模型能够全面地考虑流场和物性对聚并或破碎过程的物理约束,且缺乏对其细观层面机理的认识,如何准确预测各类工况的聚并与破碎现象仍然是一个巨大挑战。

3.2　物理实验路线

采用物理实验的方法从细观和宏观两个尺度去观测气泡聚并与破碎现象,探究背后的复杂机制是当前重要的技术手段。通常情况下,由于气泡本身是无色的,而气泡聚并和破碎是一个快速的演变过程,目前的实验手段主要利用高速摄像机和高速运动分析系统,搭配合适的光源,通过阴影成像技术来捕捉气泡的聚并和破碎的动态演变过程。

物理实验路线存在以下难点:受到目前测量仪器水平和经费的限制,实验上往往难以准确测定复杂流动体系下聚并和破碎过程的时间尺度($10^{-5} \sim 10^{-3}$s)和空间尺度(一般认为气泡在毫米、厘米尺度)的相关参数,故实验结果对聚并和破碎的物理模型指导有限。

3.3　数值模拟路线

计算流体力学(CFD)作为流行的多相流体力学模拟工具,在与群平衡模型(Population Balance Model,PBM)耦合后,能够考虑流场的影响,预测离散相的粒径分布,为理论上研究和分析设备中离散相的聚并和破碎过程提供依据。群平衡方法通过跟踪离散相数密度函数随对流、扩散作用及破碎和聚并源项的变化,来描述离散相尺寸随时间和空间的分布情况。该方法因其保留了离散相的部分尺寸信息,又采用平均化的方法来描述连续相运动,减少了计算量,从而得到了广泛的应用。CFD中常用的双流体模型本身并不封闭,模型中的相间作用力项需要引入气泡直径等参数才能封闭整个方程。群平衡模型在考虑破碎和聚并的基础上能给出离散相的粒径分布,并将粒径分布的信息用Sauter平均直径等形式返回给双流体方程,从而封闭双流体方程。双流体方程求解后又能将流场信息提供给群平衡方程,如湍流耗散率和离散相含率等。理论上,两者的耦合既提高了CFD计算流场信息的准确度,又能预测离散相的粒径分布,可以为海洋油气管道的流动保障提供参考。

数值模拟路线存在以下难点:通过直接数值模拟的方法探索聚并和破碎的机理,需要巨大的计算资源,而且模拟中的物理因素可能与现实情况相比仍有不足,所以更微观的直接数值模拟能够提供的理论依据也有较大限制。

4　总结与展望

目前关于离散相破碎、聚并机理的认知并不一致,尚未有普适性的破碎或者聚并模型。气泡聚并和破碎现象的模型还处于初步阶段,还需对物理机制有更深入的了解以及更多的微观实验验证。例如破碎/聚并过程普遍被认为是连续相与离散相之间直接或间接的相互作用,但目前尚未有直接的实验证据证明其正确性。此外,破碎和聚并受周围流场(如湍流动能、离散相体积分率和剪切率等)影响很大,但由于湍流本身的复杂性,湍流仍是世界性研究难题之一,所以湍流问题研究得不完善也会影响对破碎、聚并等物理现象的理解。

主要参考文献

[1] Bird J C, Ruiter R D, Courbin L, et al. Daughter bubble cascades produced by folding of ruptured thin films[J]. Nature, 2010, 465(7299): 759-762.

[2] Oratis A T, Bush J W M, Stone H A, et al. A new wrinkle on liquid sheets: Turning the mechanism of viscous bubble collapse upside down [J]. Science, 2020, 369 (6504): 685-688.

[3] Wang T, Wang J, Jin Y. Population Balance Model for Gas-Liquid Flows: Influence of Bubble Coalescence and Breakup Models[J/OL]. Industrial & Engineering Chemistry Research, 2005, 44(19): 7540-7549.

[4] Chesters A K. The modelling of coalescence process in fluid-liquid dispersions: A review of Current Understanding[J]. Chemical Engineering Research and Design, 1991, 69(4): 259-270.

[5] Xing Y, Gui X, Cao Y. Effect of bubble size on bubble-particle attachment and film drainage kinetics-A theoretical study[J/OL]. Powder Technology, 2017, 322: 140-146.

[6] Laari A, Turunen I. Experimental determination of bubble coalescence and break-up rates in a bubble column reactor[J/OL]. The Canadian Journal of Chemical Engineering, 2008, 81(3-4): 395-401.

[7] Liao Y, Lucas D. A literature review on mechanisms and models for the coalescence process of fluid particles[J/OL]. Chemical Engineering Science, 2010, 65(10): 2851-2864.

[8] Lehr F, Millies M, Mewes D. Bubble-size distributions and flow fields in bubble columns[J/OL]. AIChE Journal, 2002, 48(11): 2426-2443.

[9] SOVOVÁ H. Breakage and coalescence of drops in a batch stirred vessel—II comparison of model and experiments[J/OL]. Chemical Engineering Science, 1981, 36(9): 1567-1573.

[10] Qin C, Yang N. Population balance modeling of breakage and coalescence of dispersed bubbles or droplets in multiphase systems[J]. Progress in Chemistry, 2016, 28(8): 1207-1223.

撰稿人：段青峰[中国石油大学(北京)]

原油管道停输再启动的安全性智能决策

Intelligent decision-making on restart safety of crude oil pipelines

1 科学问题概述

原油管道停输再启动安全性评价是管道运行管理的重要内容之一，由于计划检修或事故抢修等原因,管道不可避免地存在着停输。管道停输后导致管内原油温度的逐渐降低,进而造成管内原油流动性的持续下降,如果停输时间过长,蜡晶的大量析出将导致管内原油胶凝,给管道再启动带来巨大困难,甚至造成管道报废,严重威胁管道的安全稳定运行。为了避免再启动失败带来的严重后果,有效提高管道的运行管理水平,需要对原油管道停输再启动过程的安全性进行科学、精准、快速的预判决策。国家管网实现原油输送的集中调控对管道提出了智能高效运行的新要求,相应地,原油管道停输再启动安全性评价也需要往智能化决策方向发展,原油管道停输再启动安全性评价也是管道运输工程的重要研究内容之一。

20 世纪 90 年代至今,国内外众多学者已在原油管道停输再启动安全性评价领域做出了许多卓有成效的研究,解决了原油管道工程中不断涌现的难题,但该领域目前仍存在以下三大关键问题:①难以适应变化的参数。原油输送过程中,管道内涉及流量、出站油温、地温、压力等大量运行参数,相关参数均在一定范围内波动,具有一定随机性,并且还可能存在所输油品的物性无法提前准确获知等问题。现有的停输再启动研究主要聚焦于运行参数固定不变或者取平均值的场景,对问题进行了大量的简化,面对参数随机变化或部分未知的情况,由于参数的不确定性,导致现有的理论与方法难以适用。②难以满足实时智能决策的需求。现有的评价方法主要依赖于长期跟踪测量原油物性、大量计算潜在预案组合,由于存在周期长以及无法实时给出评价结果等缺陷,进而导致无法给出预案外出现工况的解决方案,从而无法实现原油管道的运行的实时智能决策。③算法高效性尚待提高。现有评价方法基于机理模型,虽然该方法技术成熟、理论性较为完善、精度较高,但普遍存在计算时间严重滞后于真实工程中的物理时间的问题,难以满足管道智能高效运行的实际需求。

因此,在已有的原油管道停输再启动安全性评价方法的基础上,还需要根据管道智能化发展趋势下的新要求,考虑管输参数的随机不可测扰动、计算时延、工况识别等,构建机理与数据融合的新模型,开发原油管道停输再启动智能高效仿真算法和自校正学习机制,最终实现普适性强、可靠性好的原油管道停输再启动安全性智能决策方法。

2　科学问题背景

随着世界经济的高速发展,能源的需求量迅速增加,通过管道对原油进行输送具有输送量大、受外界影响小、安全性高等优点,是目前世界各主要石油生产国首选的原油输送方式。相比于世界原油管道的发展,我国原油管道建设起步较晚,但在近 30 年得到了快速发展,并取得了举世瞩目的成就。为满足我国日益增长的原油资源需求,逐步建立了东北、西北、西南、东部沿海等原油管网,落实了东北通道、西北通道、西南通道等陆上原油进口通道的建设。目前,我国已建成中哈原油管道、中缅原油管道、中俄原油管道、中俄原油管道二线 4 条进口长输原油管道,形成由 20 余条骨干原油管道组成的国内原油管网,原油管道运营里程约 1 万 km,承担管道进口油、海上进口油和国内大庆、长庆等油田的原油外输任务,同时承担 20 多座炼厂的原油供应任务,有效保障了国内原油生产和输送的安全。

相对于成品油和天然气管道,原油管道输送存在所输油品物性差异大、工艺复杂多样等特点。我国所产原油 80% 以上为含蜡原油,此类原油输送主要采用加热输送工艺,管道停输后,油温与管壁温度的差异导致蜡晶析出,当原油中的析蜡量达到原油质量的 2% ~ 3% 时,原油整体将发生胶凝。一旦原油发生胶凝,就有可能造成管道停输再启动失败。我国所产原油大多易凝高黏从而需要加热输送,而进口原油物性一般较好可直接输送,这就导致管输不同种类原油时存在冷热交替输送、常温掺混输送、加降凝/降黏剂输送等多种工艺,并且在油源供应不足时还可能有间歇输送工艺。采用这些输送工艺时均可能面临停输再启动的操作,使得管道流量、温度及其周围土壤温度经常处于不稳定状态,从而无法准确获知管道的真实运行状态,严重影响的管道的稳定、高效运行,并可能造成管道系统处于潜在的高风险状态。已有的停输再启动安全性评价方法对确定性参数的依赖程度高、反馈速度慢、无法提供预案之外的解决方案。

原油管道停输再启动需要考虑到水力学、热力学、流体力学等诸多因素,同时在管道内部和外部物质进行相互结合的过程中对其物理进程进行描述。为了克服并解决上述原油管道输送问题,提高原油管道运行管理水平、降低潜在安全风险、提高管道运行效益,发展原油管道停输再启动安全性智能决策方法是管道智能化需求导向下的必然要求。

3 科学问题研究进展

针对该领域存在的三个层面的科学问题,依据研究角度的不同,目前对于原油管道停输再启动安全性的研究主要分三种研究方法,分别为管道运行确定性评价研究、管道运行可靠性评价研究和管道智能运行化研究。

3.1 管道运行确定性评价方法

确定性评价方法是当前原油管道停输再启动研究主流路线,并在工程中得到广泛应用。该方法把运行参数、土壤物性、原油物性等参数都取均值或随时间变化的函数,所有参数都是确定的,再将这些确定性参数代入管流换热机理模型,由模拟结果评价不同停输时间下的再启动安全性。该方法主要包括三个模块:①参数获取:通过人工取样测量、查阅历史数据等方式,获得停输再启动安全性评价所需基础数据。②模拟计算:基于物理原理建立机理模型。主要方法包括集总参数法、稳态数值计算法、准稳态数值计算法、非稳态数值计算法。③综合评价:综合分析大量模拟计算结果,主要通过枚举法评估出较为安全的停输时间和再启动方案。

确定性评价方法存在以下缺陷:①无法应用于参数多变工况,限制了该方法在复杂工况下的应用。②由于无法对所有可能工况进行分析,评价结果总是基于离散的模拟结果,从而缺乏全局性。

总体上,该方法的理论基础成熟,可实施性强,但对于更加复杂的工程应用可能无法给出解决方案;另一方面,可能由于计算粒度的问题遗漏某些关键结果,存在潜在安全风险。因此,传统的确定性分析方法无法对目前管道停输再启动中存在的失效风险给出全面、科学、准确的描述和评价。

3.2　管道运行可靠性评价研究

近年来,可靠性评价得到较多研究,并在工程上进行了初步探索实践。管道实际运行过程中,往往很难准确预知管道在何时发生停输,而管道运行参数、管道敷设处的环境参数又是在实时发生变化的,因此,管道停输时的相关参数难以准确给定,而这种不确定性正是再启动失效概率的重要来源。可靠性评价路线不预设管道相关参数,仅在知道相关参数分布的条件下,模拟所有可能的停输和再启动过程,从中找到可能发生再启动失效的样本,并统计再启动失效概率。

可靠性评价方法存在以下缺陷:①参数的分布规律往往无法预知,现行做法是从现场生产数据中寻找最接近的统计分布规律,缺乏客观性。②可靠性评价结果仅保证结果在统计平均意义上的正确性,不能准确预测每一个时刻的参数值。

总体上,可靠性评价方法取消了对参数确定性的限制,引入了随机变量,因此能够适应参数的不确定性变化。然而,可靠性评价路线无法摆脱对参数统计分布规律假设的依赖,在广泛工程落地应用前尚需更加完备的研究。

3.3　管道智能化运行研究

智能化是一种全新的管道运行管理模式,该方法采用大数据方法挖掘管输参数的实时变化特征,构建机理模型为内核的数据驱动计算引擎,实时输出结果并自动学习校正,完成复杂管输任务。智能化路线尚处于概念设计阶段,由于其可能最契合管道智能化运行管理的工程需求,将成为未来的研究热点。

原油管道运行智能化研究过程中主要存在以下难点:①管输参数和流变参数的实时测量和挖掘技术尚属空白,导致无法实现对管道运行状态进行有效检测。②机理与数据如何融合尚无思路可供借鉴,无法对运行数据进行有效利用。

总体上,智能化方法直接依据管道实时感知数据,不再需要假设参数分布以及遍历所有工况,从而可提高对停输再启动场景的适应性。然而,相较于确定性评价路线和可靠性评价路线,智能化路线需耦合管输工艺与数据方法,实施难度更高。

4　总结与展望

综上所述,原油管道停输再启动是原油输送系统运行的重要内容,对于实现我国原油管道高效、安全、稳定运行具有重要意义。目前停输再启动研究的三种技术路线优劣势、成熟度各异,因此,未来研究趋势及发展潜力有所不同:

(1)确定性评价路线实现难度低,已有较多应用,但其在灵活性和普适性方面存在固有缺陷,随着新兴技术的发展,该路线终将被取代。

(2)可靠性评价路线能够适应参数的随机变化,成为优于确定性评价路线的选择,但该路线无法完全避免确定参数分布规律时的主观性,具有一定的局限性。

(3)智能化路线能够更好地应用于实时动态感知、高效灵活调配的真实复杂管输场景。然而,该路线的相关研究处于概念设计阶段,未来需逐步明确模型架构与求解算法,进而将其推向实质研究应用阶段。

主要参考文献

[1] 李伟.埋地热油管道非稳态水力工况的数值模拟及应用研究[D].北京:中国石油大学(北京),2007.

[2] 王凯.原油管道差温顺序输送工艺数值研究[D].北京:中国石油大学(北京),2009.

[3] 柳歆.鄯兰原油管道非稳态输送工艺研究[D].北京:中国石油大学(北京),2011.

[4] 张文轲.原油管道停输再启动可靠性分析及随机数值模拟研究[D].北京:中国石油大学(北京),2011.

[5] 包有权.胶凝含蜡原油结构特性及其对管道启动流影响的研究[D].北京:中国石油大学(北京),2017.

[6] 袁庆.含蜡原油管道停输再启动高效数值方法研究[D].北京:中国石油大学(北京),2019.

[7] Yu B,Wang Y,Zhang J J,et al. Thermal impact of the products pipeline on the crude oil pipeline laid in one ditch-the effect of pipeline interval[J]. International Journal of Heat and mass transfer,2008,51(3-4):597-609.

[8] Han D X,Yu B,Wang Y,et al. Fast thermal simulation of a heated crude oil pipeline with a BFC-based POD reduced-order model[J]. Applied Thermal Engineering,2015,88:217-229.

[9] Yu B,Wang Y,Liu X,et al. Model studies thermal effects of liquid pipeline collocation[J]. Oil & Gas Journal,2007,105(18):54-58.

[10] 凌霄,王艺,宇波,等.新大线同沟敷设热力分析[J].工程热物理学报,2009,30(2)：299-301.

撰稿人：张劲军[中国石油大学(北京)]

大型复杂多气源管网的动态仿真与运行决策

Dynamic online simulation and decision-making of operation for the large-scale complex pipeline network with multi-gas sources

1　科学问题概述

大型复杂管网仿真技术是实现管网决策、设计、控制和管理的有效手段。多气源复杂介质管网仿真理论及系统开发包括管网仿真模型、可视化和用户界面、计算机技术、决策支持系统等多个方面,涉及流体力学、传热学、计算机和电子信息等科学领域。大型复杂多气源管网仿真技术的国产化研发需要重点解决管网仿真动态模型、实时通信和管道在线自适应动态仿真模型、管网仿真数学模型的快速求解技术和基于管网仿真的优化、决策与诊断技术。

在管网仿真动态模型方面,根据管网的结构、规模以及操作和控制条件,随时调整和修正管网仿真模型,正确反映管网的实际组成和运行状态,从而精细描述各种运行方案和条件下管网系统的流动状态和变化过程,以适应管网系统的不同仿真和应用要求,实现任意结构、规模管网系统的静动态仿真和工艺设备的操作、控制过程仿真。同时,该技术还包括如何利用管网结构图形和管道地理信息系统(GIS)三维地理信息,快速、便捷地组建管网仿真模型等研究课题。

在实时通信和管道在线自适应动态仿真模型方面,管网仿真系统的实时通信关系到其在线和高级应用的成功与否,可以采用工业自动化系统开发的统一标准用于过程控制的通信规范协议(OPC协议)来实现这一功能。管网系统在线仿真的另一个难题就是,管网动态仿真模型总是存在某种外部干扰,如管道流体流动动态方程本身的限制、离散化和数值处理的误差、管道参数偏差、测量噪声等。因此,对于实时在线模拟器来说,必须要具有抗外部干扰的能力,即要进行滤波处理。管道动态模型是非线性的,对于这样的复杂系统来说,不论是Luenberger还是Kalman滤波器都很难应用,因此提出基于优化理论的滤波器,将非线性滤波问题归结为非线性优化问题,进而设计出最优管道实时在线模拟器。此外,根据敏感度分析理论,提出基于管道瞬变流动状态空间模型的管道参数实时在线估计和学习模型,建立管道实时在线学习过程,以适应管道参数的不确定性和缓慢变化过程,从而通过学习-观测过程耦合,实现在线自适应精确动态仿真。

在管网仿真数学模型的快速求解技术方面,天然气管网数值仿真的离散方程组为一个大型稀疏方程组,该大型稀疏方程组的系数矩阵为分散的块状和带状结构,其求解过程直接影响仿真效率。目前国内外的天然气管网仿真技术多采用隐式差分法和特征线法进行仿真,由于计算速度慢、过程复杂和稳定性差等原因,很难应对结构复杂的大型天然气管网。因此,在全国性天然气管网蓬勃发展之际,需要考虑半隐式解模算法或其他新型优化算法,对大型复杂天然气管网仿真数学模型的快速求解技术进行研究,以期进一步提升管网仿真效率,使仿真结果可以更快、更好地指导天然气管网的规划、建设与运行管理。

在基于管网仿真的优化、决策与诊断技术方面,随着天然气管网仿真应用的日益广泛和深入,针对大型管网系统中的复杂问题,人们更希望通过仿真技术得到直接的解决方案,实现面向最终应用目标的智能仿真系统,如管网系统的设计与运行优化、事故及状态诊断、生产决策分析等。这就涉及管网仿真理论技术与优化、诊断、决策理论技术之间的耦合问题:管网仿真保证了工艺要求及管网系统流动的合理性和可靠性,优化、决策与诊断技术为寻求最优方案提供了科学的方法、过程和技术手段,通过耦合形成智能仿真系统,为各种复杂问题提供了直接解决方案。

2 科学问题背景

我国油气管网已初步形成"一张网"结构和"多气源"供气的天然气供应网络体系,高度统一的调度、运行和管理将面临极大的挑战。2020 年 9 月 30 日,国家管网集团全面接管中国石油、中国石化、中国海油以及部分省级石油公司的油气管网资产,实现了油气管道统一管理、运行,向"全国一张网"的目标不断进发,初步形成了"X + 1 + X"的油气管道运输与销售体系架构。截至 2020 年底,中国油气管道工程建设平稳推进,油气长输管道总里程累计约为 14.4 万 km,其中天然气管道约 8.6 万 km,原油管道约 2.9 万 km(已扣减退役封存管道),成品油管道约 2.9 万 km。2020 年我国天然气表观消费量为 3240 亿 m^3,天然气源主要包括:四大天然气产区自产气(鄂尔多斯、塔里木、川渝、南海)、进口管道气(中亚天然气管线、中缅天然气管线、中俄天然气管线)、进口 LNG,进口量占比约为 43%。国家管网集团的成立,将使天然气基础设施建设再次驶入快车道,智能管道、智慧管网建设是大势所趋,将为油气管道运营管理注入新动能。可以看出,管道建设加速向网络化方向发展,目前没有一款软件能实现统一全系统的在线仿真,严重影响管网系统调度管理和操作控制的系统性、精准性和及时性。

随着管网的规模越来越大,结构越来越复杂,管网的水力系统相互影响,运行工况复杂多变,要实现管网经济、安全、高效运行的目标,难度巨大。管道仿真技术正是为了满足现代管网的设计和管理需求而发展起来的,其通过计算机模拟能够准确地再现管道内部油品的流动规律以及压力、流量等运行参数,为管道设计和运行管理提供重要的辅助供给,从而大大提高工作效率与管理水平。伴随着管道由单一水力系统向枝状管网的转变,原有的仿真软件及求解方法已不满足管网运行的需要,尤其是在结合自动化控制技术、逻辑编程技术、分层控制技术方面需加大研发力度。

伴随数据采集水平的不断提高,SCADA 系统已成为新建天然气管道系统的标准配置,在历次改造升级时也陆续应用于老管线中。借助 SCADA 系统,可以获得大量的实时运行数据,实现管道系统的遥测、遥控。然而,与先进的硬件环境和操作控制平台不相适应的是,我国目前在天然气管道系统的分析研究上相对薄弱,相应的技术品牌几乎为零。我国管网系统"四肢发达、头脑简单",先进的数据采集和控制系统无法有效指导管道系统的设计、分析、优化、决策和控制。因此,基于现有硬件条件,我们需要迅速开展管道系统的软件研究。

开发大型复杂天然气管网在线仿真技术和软件系统,解决石油天然气管网系统在线仿真应用的问题对我国天然气工业的发展具有重要意义。因此,需要开发具有自主知识产权的天然气管网在线仿真技术,解决日益大型复杂化天然气管网系统的日常运行和安全管理问题;同时,作为管网系统基础核心关键技术,管网仿真技术也是管网系统设计和运行优化、事故及隐患识别等决策支持系统不可或缺的支撑技术。

3　科学问题研究进展

管网仿真技术正是为了满足现代管道系统的设计和管理要求而发展起来的,天然气管网仿真技术作为管网决策、设计、控制和管理的有效手段,受到人们的重视。在国外,现代意义的管网仿真研究始于 20 世纪 70 年代中期,随着计算机技术、计算数学和计算流体力学的发展而不断扩展和日益深入。自 20 世纪 80 年代以来,世界上许多著名的管道公司都花费了大量的人力物力从事管道仿真技术的研究。随着管道技术和计算机技术的不断发展,这些软件的更新换代很快,功能越来越强,使用操作也越来越灵活。目前,国外已有很多成熟的管网仿真技术,这些大型软件已被各管道公司普遍采用且发挥了巨大作用,同时各管道公司又在不断地开发适用于自己的模拟分析软件,以满足决策、设计和管理上的特殊需要。

3.1　聚焦核心关键技术、集成相关领域最新研究开发成果

管网仿真模型和软件随着管网规模的复杂程度不断扩大、优化运行管理和操作控制要求的不断提高、管道自动化和控制理论的不断发展而日趋成熟和完善。目前,管网仿真模型突破了应用上的各种限制,形成了功能高度集成和模块化的动态建模理论体系和方法,可描述气体和液体在任意规模、结构管网系统中的静、动态水力热力分布,模拟各种工

艺设备的操作和控制过程。

经过长期迭代和完善，管网仿真理论和方法已相当成熟，功能也非常强大和完善，基本满足各种应用需求，管网仿真模型能描述天然气管网的各种结构、设备、工艺、流动和操作过程，精确模拟其中的水力热力状态和动态变化过程。

在线仿真是管网仿真的高端技术和应用，面临新的挑战，以满足在线应用对仿真功能、速度、精度、稳定性、鲁棒性、数据处理能力、容错能力等的要求，保证在线仿真的时效性、准确性和鲁棒性。

(1)仿真速度：大型管网仿真需要大量的计算资源和时间，在线仿真的时效性要求更高，这常常限制其应用。管网仿真模型重构无疑是最直接的解决方案，此外计算机资源和技术的突飞猛进也为提高仿真速度另辟蹊径，突破仿真速度在工程应用中的瓶颈。

(2)仿真精度：由于建模参数不确定性和实时测量数据噪声存在，在线仿真准确性一直是关注重点。仿真模型自适应和非线性滤波技术备受重视，以消除或减少参数不确定性和数据噪声的影响，保证仿真精度。

3.2 建立高效、快速管网仿真模型及求解方法

在管网仿真模型方面，管网仿真模型的研究重点是功能高度集成和模块化的动态建模技术，开发具有开放结构的管网仿真系统和应用平台，将各种模型、方法、功能和应用要求有机地结合在一起，形成功能强大的管网仿真系统。此外，仿真算法和运算速度一直都是一个重要的研究方向，以适应不断大型、复杂化的天然气管网及不断提高的应用要求。

在管网快速仿真模型及算法研究方面，针对大型复杂天然气管网在线仿真对计算速度的基本要求，从模型、结构、算法和计算机技术等方面出发，研究、开发并形成快速仿真模型、算法和技术：①管网仿真算法研究，包括大型稀疏矩阵、非线性代数方程组的解法等；②半隐式快速仿真模型研究；③多 CPU、多核、多线程及 GPU 编程技术研究和应用；④分布式云计算模型、结构及算法研究。

在架构平台化方面，管网在线仿真软件架构日益开放化和平台化，从单纯的 CS 结构向 CS-BS 结合或 Client-Server 模式转换，围绕核心水力热力仿真模块和功能，搭建在线仿真应用平台，以便在线仿真过程的校正和控制以及在线仿真结果的展示和应用，从而形成了许多相对独立的专业应用模块。

3.3 开发智能可视化管网仿真决策分析平台

在决策支持系统方面，人们并不满足通过管网仿真技术逐个分析和比较各个不同的方案，而是希望直接得到所关心问题的答案，研究正向基于管网仿真的高级应用技术发展，开发决策支持、在线评价和诊断系统，以提供更加直接的手段来解决管网系统经常碰

到的复杂问题,更好地服务于管网系统的设计和运行。这些研究一方面是同其他理论和应用系统相结合(如与优化理论,进行设计优化、操作和能源优化等研究);另一方面,就是与实际管网相结合的在线仿真,即充分利用SCADA系统的资源和实时数据,对管网运行过程中出现的各种问题提供及时、准确的处理方案(如泄漏检测、天然气管网存活时间、事故应急处理等)。

4　总结与展望

综上所述,多气源复杂介质管网仿真的关键技术研究主要围绕四个方面,从复杂管网动态建模、在线实时通信、快速求解算法、优化与诊断决策四个路线全面推进管网仿真技术的发展与应用。

(1)国家管网集团的成立将进一步加快并促进油气管网的互联互通,多气源的复杂供气网络已初步形成,高度统一供气网络的调度、运行与管理将面临前所未有的挑战。管网仿真技术是迎接挑战不可或缺的工具和手段,然而目前国内的管网仿真市场被国外的仿真软件和品牌垄断,发展国内管网仿真技术、开发仿真软件具有突出的战略意义。

(2)管网仿真技术是一项综合性系统技术,涉及油气储运、流体力学、计算机技术、自动化控制等学科。面对未来多气源、多干线、多分支、互联互通的复杂天然气输送管网,快速的建模技术、模型自适应、大型管网模型的快速求解方法、在线仿真、多核计算设备计算资源的充分调用,是管网仿真技术未来的发展方向。

(3)管网仿真技术在我国得到广泛深入的应用,但严重依赖国外品牌和技术,严重制约管道智能化可持续发展和运行管理水平显著提升。随着我国管网建设规模的不断扩大及其信息化建设的不断深入,管网仿真已成为不可或缺的核心技术,影响到管网系统整个生命周期,在管网系统的各个阶段广泛应用,但目前管网仿真核心技术及应用市场几乎被国外品牌垄断,严重制约我国管道智能化可持续发展,且存在应用与信息安全风险。

主要参考文献

[1] 黄维和,郑洪龙,李明菲.中国油气储运行业发展历程及展望[J].油气储运,2019,38(01):7-17.

[2] 王进举.在线管网仿真系统在天然气行业中的应用[J].化工管理,2019,(28):82-83.

[3] 徐波,李博,宋小晖,等.油气管道智能化运行解决方案的思考[J].油气储运,2018,37(07):721-727.

[4] 赵昆鹏.管道实时在线自适应仿真技术研究[D].西安:西安石油大学,2015.

[5] Arya A K,Honwad S. Multiobjective optimization of a gas pipeline network:an ant colony approach[J]. Journal of Petroleum Exploration and Production Technology,2018,8(4):

1389-1400.

［6］ Wang S,Guo J,Zhang T,et al. The management system based on the dynamic online simulation for the CBM Gathering Pipeline System of Northern Fanzhuang[J]. Journal of Natural Gas Engineering,2016,1(2):148-162.

［7］ 欧新伟,周利剑,李洋.可视化技术在油气管道完整性管理中的应用[J].现代化工,2017,37(8):214-216.

［8］ Bermúdez J R,López-Estrada F R,Besançon G,et al. Modeling and simulation of a hydraulic network for leak diagnosis[J]. Mathematical and Computational Applications,2018,23(4):70.

［9］ Domschke P,Dua A,Stolwijk J J,et al. Adaptive refinement strategies for the simulation of gas flow in networks using a model hierarchy[J]. Electronic Transactions on Numerical Analysis,2018,48:97-113.

［10］ 黄维和,郑洪龙,王婷.我国油气管道建设运行管理技术及发展展望[J].油气储运,2014,33(12):1259-1262.

撰稿人：王寿喜(西安石油大学)　许玉磊(国家石油天然气管网集团有限公司)
　　　　胡旭(国家石油天然气管网集团有限公司)

油气管道实时精确水力热力仿真推演与全局智能调控

Real-time and accurate thermo-hydraulic simulation prediction and global intelligent regulation of oil and gas pipeline

1　科学问题概述

油气管道担负着油气资源运输的重要任务,对保证国家能源和战略安全有着举足轻重的作用。我国油气管道设计和运营长期依赖于国外商业软件,而近年来国际形势日益复杂,中美矛盾日益突出,为有效应对国外"卡脖子"技术封锁以及信息安全等潜在风险,发展油气管道行业国产软件或国产平台对于保障我国能源和战略安全具有重要意义。在这个信息化迈向智能化的时代,油气管道智能化建设是油气管道行业在新时代、新阶段贯彻新发展理念、实现高质量发展的必由之路。然而,我国油气管道设计和运营长期依赖于国外商业软件,尤其是处于底层应用的油气管道水力热力仿真软件,这使得我国更高层次油气管道智能化建设面临着极大挑战。因此,彻底摆脱对国外商业软件的依赖,搭建更高层次的国产油气管道智能决策系统,是我国油气管道行业在新时代背景和复杂国际形势下重要的建设目标。

油气管道智能决策系统作为将来油气管道智能化运营的神经中枢,具有强大的实时精确仿真推演能力和实时全局智能调控能力,在未来油气管道智能化运营中扮演着举足轻重的角色。近年来,物联网、大数据、云计算、人工智能等新兴技术快速发展,给油气管道智能决策系统的建设提供了良好的契机。然而,仅依靠目前大量的油气管道数据资源和先进的软硬件技术仍难以完成油气管道智能决策系统的建设,还需要解决油气管道智能决策系统建设的几个关键科学问题。油气管道智能决策系统建设的关键科学问题可细分为如下四项:①实际油气管道系统高精度水力热力仿真模型构建:油气管道水力热力仿真目前很难完成实际油气管道系统流动传热过程的精确映射,仿真的偏差会造成在仿真推演基础上的智能决策可信度低,因此,如何构建高精度水力热力仿真模型是油气管道智能决策系统建设需解决的科学问题之一。②油气管道系统实时快速水力热力仿真方法开发:油气管道系统中管内流体、管道、设备和四周环境的水力热力变化过程相互影响、相互耦合,耦合求解仿真计算量很大,在仿真推演基础上的智能决策计算往往需要更大的计算量,这会使得智能决策计算很难与现场管道实际运行实时同步,因此,实时快速水力热力仿真方法开发是油气管道智能决策系统建设需解决的科学问题之一。③基于实时精确仿真推演和人工智能决策的运行优化控制策略开发:目前所使用的基于动态规划和智能算法的系统能耗优化方法,其优化目标体系单一,获得的优化方案与实际油气管道运营存在较大区别,无法直接指导现场管道运营,因此,如何以实时精确仿真推演为基础,发展结合人工智能决策的系统优化方法,实现多目标下油气管道系统在线全局优化运行和协同控制,提高优化策略的实用价值,是油气管道智能决策系统建设需解决的科学问题之一。④国产化油气管道智能决策系统云平台构建:目前国内在现场油气管道智能运营建设中仅应用了一些由国外生产厂商制造的在线仿真系统,缺乏智能决策更高层次的应用支撑,因此如何搭建以智能决策为核心的国产化油气管道系统可视化云平台,实现与实际现场设备的协调联动,支撑管道系统全局在线优化决策,是油气管道智能决策系统建设需解决的关键问题之一。

2　科学问题背景

油气行业是典型的传统行业,一方面,随着社会技术的不断发展,社会需求不断增加,从早期的照明与取暖做饭,到机械运行与交通工具的能源消耗,再到化学纤维、化工品等的供应,油气市场需求和规模大幅增长;另一方面,随着油气勘探与开发水平的不断提升,从早期的人工地面地质勘察,到重、磁、电法勘探和数字二维、三维地震处理解释技术,再到油藏数值模拟和数字盆地,现在已发展出智能钻井、智能油气田生产,油气产能大幅提高,无不体现了科技带来的翻天覆地的变化。得益于科技的发展,近代油气行业不断扩张。在当前"大(大数据)、物(物联网)、云(云计算)、移(移动互联)、智(人工智能)"等新兴技术蓬勃发展的大环境下,油气行业通过数字技术与业务的深度融合,利用数字化、智能化技术破解企业发展中的瓶颈问题,解决业务痛点与难点,已成为当前科技发展的主要趋势,数字化转型、智能化发展已成为推进企业降本增效、高质量发展和推动数字经济快速增长的重要手段。

中国油气资源需求带动行业发展,同时也面临着诸多挑战,例如新能源需求大幅增长、原油价格长期低位运行、勘探开发难度加大、单井产量偏低而油气生产成本普遍偏高等。利用数字化、智能化技术解决或辅助解决成本、质量、效率、效益、健康、安全与环保等问题,已成为石油公司和油田技术服务公司的普遍共识。伴随日益加速的智能化进程,欧美国家相继推出了工业4.0和工业互联网规划等产业发展规划,中国也提出了"中国制造2025",当前智能化转型是传统制造业发展的大潮流。在油气管道运输行业,受传统运营理念和技术水平的限制,我国油气管道运营普遍存在着人为干涉较多、人为因素影响严重的情况,这进一步造成了管道企业管理效率低、人工成本高和技术决策风险大等问题。为克服这一系列问题,国内外管道企业正积极探索向智能化方向转型。而如何搭建油气管道智能决策系统以实现管道运营过程中的自动智能决策,是当前国内外实践管道智能化理念所共同面临的主要瓶颈之一。通过油气管道智能决策系统,可实现油气管道系统的在线全局优化运行和协同控制,提升油气管道系统运行的安全性和经济性,对油气管道系统的安全节能以及智能化建设均具有重要意义。

3   科学问题研究进展

实时精确水力热力仿真推演是油气管道智能决策的基石和关键,仿真推演的准确性直接影响着决策方案的可靠性,而仿真推演的高效性很大程度上决定着实时决策方案的可获取性。油气管道的智能决策高度依赖于油气管道水力热力仿真推演的精度和效率,而油气管道仿真模型和仿真算法直接影响着油气管道仿真的精度和效率。因此,建议首先开展实际油气管道系统高精度水力热力仿真模型构建研究,解决精确水力热力仿真推演的难题,然后开展油气管道系统实时快速水力热力仿真方法研究,解决实时快速水力热力仿真推演的难题,最后基于实时精确水力热力仿真推演,结合人工智能决策方法,开展油气管道系统优化运行控制策略研究,搭建油气管道智能决策系统云平台。

3.1   实际油气管道系统高精度水力热力仿真模型

构建高精度油气管道模型是建设油气管道智能决策系统的基础,目前油气管道水力热力仿真模型主要包括机理模型、数据驱动模型和机理-数据混合模型。机理模型主要利用质量、动量、能量守恒与反应动力学等原理描述所研究过程的物理规律,同时基于严谨的逻辑推导得到相应数学表达式,因此,机理建模的优势在于能对过程现象提供合理解释,但此类方法仍存在模型构建过程困难、模型精度难以提升、模型求解收敛速度慢等问题;数据驱动模型采用机器学习算法探索测量数据内在关联,当研究对象底层机理未知或过于复杂而无法高效建模时,可采用数据驱动建模方法研究目标对象的发展变化规律,但此类方法存在对数据量要求高、模型可解释性差、泛化能力弱等问题;机理-数据混合模型克服了前面两种模型的弱点,在油气管道系统高精度仿真建模环节具备更好的应用前景。

根据机理模型与数据驱动模型的连接方式,可将机理-数据混合模型结构分为串联、并联及混联结构。串联建模主要利用机理模型描述物理机制相对清晰的部分。对于某些存在难求解的关键变量,可考虑采用数据驱动建模方法学习相关关键变量的测量值与过程参数的映射关系,实现机理模型中部分关键变量的精确估计。串联混合建模方法能帮助研究人员绕开机理建模过程中机理未知或认知较薄弱的环节,减轻建模难度。并联形式则采用机理模型描述研究对象的物理变化趋势,数据驱动模型将机理模型结果与测量值的误差项作为目标值,通过输出误差补偿值并反馈至机理模型以改善模型性能。混联结构是由多个串联、并联子模型嵌套扩展而成的。相较原有的串联与并联模型,混联模型结构更为复杂,其对预测性能的提升效果需由实验进一步验证。因此,如何构建实际油气管道系统高精度水力热力仿真模型需要进一步深入探索。

3.2　油气管道系统实时快速水力热力仿真方法

近年来,随着仿真技术的快速发展,一些适应于油气管道系统的快速仿真方法被提出,主要包括分而治之仿真算法、自适应仿真算法和并行计算仿真算法。分而治之仿真算法的主要思想是将油气管网中各元件解耦,从物理过程来看,即是将管网拆分成若干个独立的管道;从数学过程来看,即是将离散方程组成的大型稀疏矩阵拆分为若干个规模更小的矩阵进行求解。这种处理方法可有效减小每次求解矩阵的规模,使得计算过程更加高效。自适应仿真算法的主要思想是根据油气管道系统沿线物理量变化的剧烈程度自动地调整空间网格步长和时间网格步长,使网格疏密程度与物理量变化的剧烈程度相适应,这种动态的网格自适应调整策略可有效减少仿真网格数量,进而大幅度提升仿真效率。并行计算仿真算法的主要思想是在充分利用硬件设备的条件下将序列性的仿真计算改变为并行性的仿真计算,有时为了使仿真计算适合于并行计算,需要对仿真算法自身进行改进。近些年,GPU 并行计算、异构并行计算的快速发展,给油气管道系统快速仿真提供了更多可能。

由于油气管道系统的智能决策计算往往需要在仿真推演计算的基础上进行多次试算,这使得油气管道系统的智能决策计算存在计算量大的困难。尽管目前存在一些现成的高效仿真方法,但其计算效率还远远达不到智能决策所需的仿真效率需求。此外,油气管道系统仿真具有油气管道行业自身特点,与商业软件 FLUENT 通用仿真存在着较大差异,一方面,它往往并不是一个全二维或者全三维的仿真;另一方面,油气管道系统是一个复杂的网络结构,往往涉及整个网络结构多元件的耦合仿真计算,一般的通用高效仿真方法并不一定适合油气管道系统仿真。因此,如何开发适应于油气管道系统的实时快速仿真方法,使之满足油气管道系统智能决策的仿真推演计算效率需求,是建设油气管道智能决策系统需要解决的关键问题。

3.3　基于实时精确仿真推演和人工智能决策的运行优化控制策略

在过去几十年里,已开展过较多的油气管道运行优化研究,这些研究主要可划分为两大类,一类是基于动态规划思想提出的优化模型和优化方法研究,另一类是基于群体智能优化算法的油气管道运行优化研究。动态规划思想是将多阶段过程问题转化为一系列单阶段问题,然后再利用各阶段之间的关系逐个求解,进而达到求解整个多阶段过程问题的目的。然而,整个多阶段过程的最终优化结果往往会由于各阶段选取的不同存在着差异,即优化结果受动态规划策略影响。群体智能优化算法是人工智能重要的一个分支,它是从生物种群遗传进化以及生物群体活动等角度出发提出的优化算法,例如遗传算法、粒子群算法、蚁群算法和差分进化算法等,近年来这些算法在油气管道运行系统优化方面应用的案例越来越多。然而,这些研究大多数是以能耗最低为目标,较少考虑油气管道运行的其他目标(目标单一)。此外,这些研究往往针对油气管道运行的离线情况,与油气管道在线真实运行情况存在一定的区别(油气管道仿真精度低),并且也很少考虑油气管道具体的控制过程,未涉及油气管道具体的控制优化(获得的优化方案与油气管道实际运营存在较大区别),因此,这些研究往往只能起到辅助决策的作用。如何将油气管道运行系统优化能够切实有效地应用到油气管道在线真实运行情况是目前油气管道智能化建设需要解决的关键问题。

4　总结与展望

综上所述,油气管道智能决策系统建设关键技术研究主要围绕以下几个方面展开:①融合数据模型和机理模型,构建实际油气管道系统高精度水力热力仿真模型,实现实际油气管道系统精确水力热力仿真推演。②结合油气管道系统特点和云计算或大规模并行计算方法,发展油气管道系统实时快速水力热力仿真方法,实现油气管道系统实时快速水力热力仿真推演,满足实时智能决策的计算效率需求。③以实时精确仿真推演为基础,研究结合人工智能决策的油气管道系统优化方法,实现多目标下油气管道系统快速的在线全局优化运行和协同控制,提高优化策略的实用价值。④搭建以智能决策为核心的国产化油气管道系统可视化云平台,支撑油气管道系统在线智能决策,实现云平台与实际现场设备的协调联动。

主要参考文献

[1]　王军防,矫捷,余红梅,等.基于群体智能优化的原油管道系统能耗优化方法[J].油气储运,2022,41(8):1-8.

[2]　Yuan Q,Chen Z,Wang X,et al. Investigation and improvement of intelligent evolutionary algorithms for the energy cost optimization of an industry crude oil pipeline system[J]. Engineering Optimization,2022:1-20.

[3]　税碧垣,张栋,李莉,等.智慧管网主要特征与建设构想[J].油气储运,2020,39(5):500-505.

[4]　吴长春,左丽丽.关于中国智慧管道发展的认识与思考[J].油气储运,2020,39(4):361-370.

[5]　王振声,陈朋超,王巨洪.中俄东线天然气管道智能化关键技术创新与思考[J].油气储运,2020,39(7):730-739.

[6]　宫敬.从旁接油罐到管网联运再到智能调控——中国输油管道工艺技术50年发展回顾与展望[J].油气储运,2020,39(8):841-850.

[7]　Gupta D,Shah M. A comprehensive study on artificial intelligence in oil and gas sector[J]. Environmental Science and Pollution Research,2021:1-14.

[8]　Sohrab Z,Nima R,Ali L. Applications of hybrid models in chemical,petroleum,and energy systems:A systematic review[J]. Applied Energy,2018,228:2539-2566.

[9]　Yuan Q,Yu B,Li J,et al. Study on the restart algorithm for a buried hot oil pipeline based on wavelet collocation method[J]. International Journal of Heat and Mass Transfer,2018,125:891-907.

[10]　宇波,王鹏,王丽燕,等.基于分而治之思想的天然气管网仿真方法[J].油气储运,2017,36(1):75-84.

撰稿人:宇波(北京石油化工学院)

数据赋能的油气管网运行智能监测

Data enabled operation monitoring of oil and gas pipeline network

1　科学问题概述

近年来,人工智能与数据科学的快速发展,向世人展示了智能化理论与方法在复杂系统规律挖掘、自主推理、动态决策等方面的巨大潜力，将带来大规模复杂系统状态自主分析与主动决策的革命性变革，并已在电网、交通、物流等领域逐渐得到应用。然而，油气资源的调配机制、油气管网介质流动特性与电网等其他网络系统存在本质差异，必须把人工智能和数据科学与油气输送管网深度融合，创新建立油气管网运行安全管理的理论与方法。管网安全运行的关键在于全面风险感知、运行状态精准识别、预测预警预控。这些关键技术的发展离不开对管网实时运行数据的挖掘分析，数据赋能将提升整个管网系统的运行监测水平。

数据赋能的油气管网运行监测研究是通过深度挖掘管网运行的实时数据，建立油气管网数据智能分析方法，精准识别运行状态，为管网的运行决策提供技术支持，从而提高管网运行安全管理水平。目前，现场依靠运行参数，如流量、压力等进行人工监测的方法，主要依赖于现场工作人员的经验对管道运行状态进行判断，这种方法造成的不准确、不及时给运行决策带来了一定的困难。开展基于实时运行数据的管网运行监测研究是发展智能管网的必经之路，可为智能管网的推广奠定技术基础。虽然，国内外学者已在油气管网运行监测领域开展众多研究，取得了较为显著的研究成果，但对于油气管网智能化的发展而言，还存在以下三大方面的研究瓶颈：①管网本体安全难以精准感知，现有的安全监测研究主要依靠数值模拟进行，受制于参数取值的影响，其准确性往往较低，难以对管网本体的安全性进行精准地评估；同时现场依靠在线检测工具进行定期检测，但由于费用较高，且使用条件较为苛刻，其使用周期往往以年为单位，难以实时准确判断管网安全状态。②管网运行工况类型识别难度大，油气管网呈现网络化、智能化发展，监控点随之成倍增长，对管网进行人为监测分析变得愈加困难。管网水力变化复杂，工况切换较为频繁，人为识别监控效率低下、耗时耗力，且容易对运行工况产生误判，难以预防管网运行中出现的异常工况变化。③针对实际采集的数据进行分析，并未与仿真数据相结合，数据分析的层次较低，对单体设备的运行诊断研究比较充分，但对整个管网系统运行诊断研究较少，智能诊断算法普适性和可靠性有待提高。

因此，面对水力复杂、高度非线性的管网系统，为提高管网运行管理水平，实现管网智能化运行，必须进一步开展运行监测研究，充分挖掘利用现场结构复杂、多维异构的运行数据，形成管道本体安全感知、风险预知技术，最大程度降低管道潜在安全隐患；建立基于实时运行数据的管网工况识别方法，明确管网工况类型，指导现场运行操作；深度挖掘运行参数，提高整个管网系统运行诊断精度，预警可能发生的异常工况，最终提高整个管网系统的运行监测水平。

2 科学问题背景

油气管网作为油气供应的重要载体，是国家重要的基础设施和民生工程。根据 2017

年国家发展和改革委员会发布的《中长期油气管网规划》,到 2025 年,我国油气管网总长将达到 24 万 km,实现"全国 100 万人口以上城市成品油管道基本接入,50 万人口以上城市天然气管道基本接入"。油气管网的快速发展对传统的运行管理提出挑战,以往偏向被动应对的静态安全管理模式将不再适用。基于管网实时运行数据的状态监测、风险预知、智能控制将是未来提高油气管网运行管理水平的关键技术。

对管网状态监测不精准,将对以下两方面造成负面影响:①无法降低管网安全隐患,随着管道服役时间的延长,多种原因将导致管道本体缺陷的增加,使管道承压能力降低而增加管道安全风险,容易造成管网腐蚀、破裂,甚至发生泄漏爆炸等事故。运行过程中,由于操作频繁,工况多变,对于输油管道容易发生甩泵等异常工况。②管网系统诊断精度低,现有监测控制系统对数据的处理分析形式单一,对管道内部运行情况无法精确量化分析,管网运行状态仍依靠调度人员分析判断等。我国管网系统虽有着先进的数据采集和控制系统却无法有效指导管道系统的设计、分析、优化、决策和控制。

由此可见,为了克服上述问题,保障管网安全高效运行,必须动态评估管网的安全状态,监测管网系统运行状态,提高管网风险感知能力、管网运行智能化水平、油气行业安全管理水平,开展管网运行监测研究是需求导向下的必然要求。

3　科学问题研究进展

为提高油气管网运行监测水平,提升管网运行状态的感知能力,推动管网智能化发展,实现安全运行的管理目标,针对油气管网运行监测的研究主要包括三方面:本体安全监测研究、运行工况识别研究和管网系统诊断研究。

3.1　本体安全监测研究

油气管网的安全运行,对于保障油气资源的安全连续输送及社会生活的正常运转具有重要意义。目前,国内外关于油气管网本体安全监测的研究主要利用不断完善的有限元理论,通过收集管道的基本参数信息,利用数值模拟的方法,对管道的运行状况进行分析预测,并结合非线性回归方法总结经验公式。另外,油气管网安全监测还通过充分挖掘管道实时运行数据,建立管网本体的智能化安全监测方法。然而,数值模拟方法受制于参数取值的影响,难以实现高精度预测,同时,由于数据带有的复杂高维特点,使得非线性回归方法难以得到准确的拟合结果;现场使用的在线检测工具成本昂贵,无法对管网进行实时在线检测。

总体上,由于管网数据的非线性和复杂高维特性、影响管网安全状态的因素较多,准确监测管网安全状态具有较大挑战,传统数值模拟方法无法实时准确监测管网安全状态,需要进一步开展管网本体安全智能化监测研究。

3.2 运行工况识别研究

近年来,油气管网运行工况识别得到学术领域的广泛研究,并在工程上初步探索实践。目前,油气管网运行工况识别的研究主要通过对管道负压波信号进行降噪处理并提取特征值,建立工况识别方法。虽然对部分工况可以实现较为精准的识别,但目前研究更多是识别管网泄漏工况类型,对于通用的工况识别研究较少,且分析识别的工况种类有限,无法满足现场多工况运行的实际工况需求,特别是对于成品油管网多油品、多批次运行适用性更差。目前研究的数据更多来源于实验数据,对于真实管网数据的分析还有较大距离。

总体上,油气管网运行工况的精准识别需要通过挖掘管网实时运行数据,建立智能的工况识别技术。然而,由于管网拓扑结构复杂,现场操作频繁,数据含有噪声等因素,给油气管网运行工况识别带来了挑战,传统基于机理模型的工况识别方法难以得到有效应用,在智慧管网落地前还需继续开展管网运行工况智能识别研究。

3.3 管网系统诊断研究

单体设备诊断是当前主流路线,并在工程中得到广泛应用。该路线把管网系统分成若干个单体设备,如压缩机、换热器、管道等,以设置阈值或机器学习法分析单体设备的运行状态。该路线主要包括三个模块:设备运行特征分析、特征提取和运行状态识别。而管网系统诊断结合了管网仿真技术和实际运行数据,即在只分析单体设备实时运行数据的基础上结合了设备的仿真数据,以及整个管网系统的仿真数据。管网仿真技术提供了管网系统中单体设备以及整个管网系统的理论运行状态,通过对比分析理论运行状态和实际运行状态即可分析整个管网系统的运行状态。该研究在单体设备诊断的基础上结合了管网系统运行的理论数据和实测数据以及流动保障技术,能够全方位地诊断管网系统的运行状态。

总体上,油气管网拓扑结构复杂,如成品油管网输油工艺复杂,其运输工况复杂、介质不一,涉及设备数量庞大、型号繁多,且管网分布广泛、地势多变,管网系统故障诊断难度较大。管网系统智能诊断技术依旧以单体设备诊断为主,缺乏管网系统诊断研究,急需挖掘实时运行数据做进一步改进,以更好诊断管网实际运行状态。

综上所述,针对油气管网运行的监测研究存在以下不足:①管道数据带有较强的非线性和高维复杂特性,使得传统方法难以对变量间的关系进行准确拟合,且仅仅依靠管网特性和周围环境特性难以准确描述管网安全状态;②由于人为操作以及泵、阀门等设备的不平稳运行导致的噪声信号会影响管道运行工况的识别分析,且管道运行工况数据包含各个站场的进出站压力、流量等数据,数据维度大、分析难度大;③无法充分利用管网运行参数,监测系统状态,进而明确管道系统的故障类型、故障原因及其之间的逻辑关系。

4　总结与展望

综上所述,为提高管网运行管理水平,实现管网智能化运行,必须进一步开展运行监测研究,充分挖掘利用现场结构复杂、多维异构的运行数据,形成管道本体安全感知、风险预知技术,提高整个管网系统的运行监测水平,采用实验研究、理论分析与数值仿真相结合的方法,着力开展本体安全监测、运行工况识别及运行能耗的三方面研究。

(1)通过耦合管网本体机理和现场实际数据,提升本体安全感知能力,能及时、准确对管道本体安全预警预知,避免管道因破裂、腐蚀造成严重后果。

(2)通过挖掘管网运行实时数据,明确管网运行工况类型,跟踪管网运行工况变化、验证是否符合现场制定工况,避免异常事故工况的发生。

(3)基于管网全线水力系统,深度挖掘运行数据,智能诊断管网系统,预警故障发生,智能分析异常类型,提高管网系统安全运行水平。

主要参考文献

[1] M. El Amine Ben Seghier, B. Keshtegar, K. F. Tee, et al. Prediction of maximum pitting corrosion depth in oil and gas pipelines[J]. Engineering Failure Analysis, 2020, 112:104505.

[2] H Lu, T Iseley, S Behbahani, et al. Leakage detection techniques for oil and gas pipelines: State-of-the-art[J]. Tunnelling and Underground Space Technology, 2020, 98:103249.

[3] M E A Ben Seghier, B Keshtegar, M Taleb-Berrouane, et al. Advanced intelligence frameworks for predicting maximum pitting corrosion depth in oil and gas pipelines[J]. Process Safety and Environmental Protection, 2021, 147:818-833.

[4] Lu H, et al. An ensemble model based on relevance vector machine and multi-objective salp swarm algorithm for predicting burst pressure of corroded pipelines[J]. Journal of Petroleum Science and Engineering, 2021, 203:108585.

[5] Zheng J, et al. Deeppipe: A semi-supervised learning for operating condition recognition of multi-product pipelines[J]. Process Safety and Environmental Protection, 2021, 150: 510-521.

[6] Zheng J, et al. Deeppipe: a customized generative model for estimations of liquid pipeline leakage parameters[J]. Computers & Chemical Engineering, 2021, 149:107290.

[7] 余东亮, 张来斌, 梁伟, 等. 长输管道信号降噪及工况识别方法研究[J]. 石油学报, 2009, 30(06):937-941.

[8] Zeng C, Wu C, Zuo L, et al. Predicting energy consumption of multi-product pipeline using artificial neural networks[J]. Energy, 2014; 66:791-798.

［9］ Liu E,Li C,Yang L,et al. Research on the optimal energy consumption of oil pipeline［J］. Journal of Environ mental Biology,2015,36(4):703-11.

［10］ 袁壮.基于深度网络的油气设备特征学习与故障识别方法研究［D］.北京:中国石油大学(北京),2019.

撰稿人:梁永图［中国石油大学(北京)］　王寿喜(西安石油大学)

高含水原油集输管道低温输送及粘壁特性

Transportation at low temperature and wall sticking characteristic of high water-content crude oil in gathering pipeline

1　科学问题概述

随着我国油田相继进入高含水期,地面集输系统采用加热输送工艺所需的能耗显著上升,利用井口剩余压力与温度进行油田采出液输送的不加热集输工艺已成为降低运行能耗的重要手段之一。我国盛产易凝、高黏原油,当温度过低时凝油团易附着于管路内壁,使有效输送截面积减小,严重威胁集输管道的运行安全。开展不加热集输中溶气、高含水原油体系输送规律与原油粘壁机理研究,一方面,可为保障不加热集输工艺的安全实施提供重要理论支撑,有很好的实际意义;另一方面,可深入揭示油气水混合体系粘壁机理与输送规律,对推动复杂流体的流动保障领域发展具有重要的科学意义。

对高含水不加热集输技术低温粘壁规律的研究还处于起步阶段,仍有很多工程应用问题亟须解决。黏附机制主要涵盖机械力学、热力学和化学领域,广泛应用于多种行业,包括油藏开采时油品与岩石间的黏附、海水净化时原油与撇油材料间的黏附、食品行业中液体及颗粒食品与包装的黏附、涂料行业中涂料和底材的黏附、污水处理时淤泥在设备壁面上的黏附等。学者已通过多种理论针对黏附机制进行了解释,但大多研究集中于吸附热力学、流体的流变特性、矿石表面粗糙度等,目前尚未形成用于预测油滴与金属表面黏附作用的通用理论。

本研究属基础理论研究和工程应用研究相结合的研究课题,多学科交叉,涉及子问题较多,难度大,国内外研究存在很多空白,主要的困难表现在以下几个方面:①在低温条件下,稠油及含蜡原油乳状液均呈胶凝状态,油水界面形态结构及流动特性复杂,为油水界面性质的探索增加了难度;②由于凝油团大小的非均匀性以及粘壁的随机性,对低温粘壁规律研究的开展造成了一定的限制;③实验过程中微尺度测量设备大大增加了实验的操作难度,同时由于微观行为的随机性,获取有效数据需要大量的实验积累;④由于油品成分较为复杂,对液液界面及固液界面性质的影响呈多样化,为高含水含蜡原油低温粘壁模型的建立增加了难度。

2　科学问题背景

不加热集输边界温度是不加热集输工艺的关键技术之一。20世纪70年代,玉门油田针对其高含水产液的特点,开展了不加热集输实验,利用井口投球清蜡等辅助输送技术实现了部分油井的不加热集输。长庆马岭油田在不加热集输实验中率先建立了单井单管不加热密闭集输工艺,同时加以配套投球清蜡等技术,利用抽油机提供的输送动力推动原油从井口到计量接转站,实现了油、气、水三相的不加热混输,其流动温度常年在原油的凝固点以下。胜利胜坨油田在进入高含水期后开展不加热集输实验,成功实现了井口加药式不加热集输。"七五"期间,石油部安排"低耗节能油气集输配套技术"科技攻关,大庆萨南、河南双河油田的攻关项目将不加热集输列为重点内容,均开展了较大规模的现场实验,并对实验数据进行了较深入的分析。1990年以后,东河塘油田、长庆安塞、靖安、西峰等油田地面工程建设中,基本上都按不加热集输流程实施。

在油田开发的后期,注水开发是提高油田采收率简易可行和环境友好的方式。当油井中的综合含水率达70%以后,油田进入高含水生产期,此阶段中集输管道内的多相流流态及流变特性与开发初期相差很大,油水混合液黏度较开采初期大幅度下降,低温时管流中的油相黏附在管壁上,导致管道有效流通面积减小,存在油品损失严重、井口回压过高等问题。

经过数十年的研究,我国已具备高含水原油不加热集输的相关研究基础,能够为高含水原油体系输送的现场应用提供一定理论及实验依据,但在油相、水相、管材及复杂流动条件对溶气高含水含蜡油、稠油体系在管输流动过程中的黏附作用机理,溶气高含水含蜡油及稠油体系在水平管内的多相流动规律,输送介质及复杂流动条件对溶气高含水原油在不加热集输过程中的粘壁现象影响,溶解气对高含水原油粘壁规律的影响机制等方面还需进行系统、深入地研究。

3　科学问题研究进展

随着我国陆上老油田逐渐进入高含水期,为降低地面系统集输能耗,我国已经对高含水原油不加热集输边界温度、原油乳状液低温流变特性、溶气原油及溶气含水原油的流变特性以及高含水期管道水力热力计算等方面开展了研究,具备了一定的研究基础。主要研究路线包括:①油固黏附机理研究;②溶气高含水原油低温输送及粘壁规律研究;③不加热集输边界条件研究。

3.1 油固黏附机理研究

基于采油过程中油-矿石的黏附过程，Buckley 指出了油固界面相互作用具有 4 种机制：极性相互作用、沉淀作用、电荷相互作用以及离子结合或特定相互作用。Ranade 等从分子间作用力出发，指出固液黏附特性包括极性分子与金属键相互作用的化学键力。Santos、Silva 等通过油、水、金属表面系统的静态接触实验，研究了油中极性组分在金属表面的润湿作用。Santos 的研究结果表明，分离了沥青质和环烷酸后的原油不易黏附在固体表面上，沥青质和环烷酸的去除会使接触角从亲油状态降低到亲水状态，同时指出管材润湿性受水相离子种类影响；Silva 系统研究了水相 pH 值与无机盐对表面润湿特性的影响，阐述了水相酸碱度可通过影响油固界面双电层而改变表面润湿性的作用规律。许道振模拟了预润湿对管道润湿特性的影响，指出了水相中无机盐的加入可使碳钢从憎水性转变为亲水性。

油固黏附机理研究存在以下难点：①液滴及界面行为与宏观粘壁行为的内在联系研究较少；②油相、水相、管材及流动条件对溶气高含水含蜡油、稠油体系在管输流动过程中黏附行为的影响十分复杂，黏附机理尚不明确。

综上，目前的研究大多针对油田开发及采油过程中原油与矿石分离过程开展的，其条件、介质与管输过程相差很大，因而亟待系统地研究油相、水相、流动条件及金属管材对流动体系与管道壁面黏附行为的影响机制，探明高含水原油管输时凝油的非稳态粘壁机理。

3.2 溶气高含水原油低温输送及粘壁规律研究

在油、气、水三相混输管道输送压力下，管道中含水原油通常溶有一定量气体。气相比例及溶解度对溶气高含水含蜡油、稠油体系在水平管内的流型存在一定的影响，进而影响管输压降的计算。目前，对于溶气含水原油体系的流动特性主要采用高压环道、反应釜、流变仪等设备进行实验研究。中国石油大学(华东)李传宪课题组以气/液相平衡理论、原油流变学理论为基础进行了高压溶解度实验研究，指出甲烷更易溶于碳数较小的烃类溶剂；在碳原子数相同的烷烃中，含有直链碳原子的溶剂对甲烷的溶解度稍大于含有支链甲基的溶剂。华超等通过分析多种高压设备实验下的甲烷在烷烃、环烷烃、芳香烃和乙烯共计 23 种烃类溶剂中的溶解度结果，建立了亨利常数与温度关联式，提出了以临界体积为参数的甲烷在烃类溶剂中的亨利系数的估算方法。吴光焕等基于注气膨胀实验研究了 CO_2 注入过程中超稠油物性变化，结果表明可利用溶解 CO_2 使超稠油膨胀，显著降低超稠油黏度，改善原油物性，并指出 CO_2 注入量较少时，高温对原油降黏起主要作用，而低温时增加 CO_2 的溶解度对原油降黏起主要作用。于涛基于高压流变仪对克拉玛依油田

SN6251 及 MB9103 原油进行实验研究,原油中溶入天然气之后,原油降黏率随溶解度的升高呈线性增大趋势。

由于油气水混输管线内流体流动状态复杂多变,影响体系黏度的因素众多,油气水混输管路水力计算至今为止仍是一个难题。工程应用的混输管道水力计算方法大体可分为四类:均相流法、分相流法、流型法及组合法。均相流法将管内流体视为一体,假设油气水混合均匀,不考虑相间的滑脱、各相间传质传热的影响,将流型的影响归结到阻力系数中,如各油田经验算法(阻力系数法)、Dukler Ⅰ法。分相流法将混输管路假设为气、液两条单相管路,其流通面积、气液流量分别与混输管路相同,也不考虑流型,通过气液相折算因子或应用相关系数将单相的压降转换为多相流管路的压降,如 Lockhart-Martinelli 相关式、Dukler Ⅱ法。流型法则首先需要判断出混输管路的流型,然后针对该管路的流型选取相应的压降计算公式,不同的流型所对应压降公式不同,该类模型中流型的判断是关键。流型的判断有很多种方法,如流型图法、直接观察法、高速照相法、压力波法、射线法等。典型的流型法有 Baker 法和 Beggs-Brill 方法。组合法建立在各类计算模型的基础上,流型判别、持液率计算、摩阻压降、高程压降等分别选用最优的相关式,各类方法适当组合,得到计算精度较高的算法。组合法集合了各类单独算法的优点,适用性及模型精度都较单独算法有所提高。

溶气高含水原油低温输送及粘壁规律研究存在以下难点:①高含水条件下管线内流动状态复杂多变,气相存在条件下混合体系多相流动规律尚未有系统研究;②传统油气水混合体系黏度及管路水力计算方法并不适用不加热集输过程中的溶气高含水原油体系;③不加热集输过程中溶解气对高含水含蜡原油粘壁规律的影响机制并不明确。

基于上述研究成果可知,目前国内外众多混输管道水力计算模型大多建立在室内环道实验或现场数据的基础上,而高含水条件下混合体系流动特性尚未有系统研究,深入理解溶解气对高含水低温条件下混合体系输送规律的影响机制,系统掌握溶气高含水原油混合体系流动特性计算方法是实现优化不加热集输工艺必须要解决的科学问题之一。

3.3 不加热集输边界条件研究

在高含水低温流动体系中,油固力学作用的变化会极大地影响管输压降,高含水原油混合体系能否在一定安全温度范围内稳定输送而不发生凝油迅速粘壁甚至堵管问题,是地面系统流动保障研究中的重点。目前,学者公认的不加热集输边界条件主要评价指标包括粘壁温度与粘壁速率,国内外学者在不加热集油边界条件确定及其影响因素方面获得了一定研究成果。

1999 年,吴迪在研究大庆油田高含水原油不加热集输工艺时提出了起始粘壁温度的概念,即在集输管道中随着温度的降低,原油黏附于管壁,而在管道沿线温度低至起始粘壁温度时,管道中发生明显的凝油粘壁行为。宋承毅、刘合、刘晓燕等先后通过大庆油田现场管道进行了不加热集输实验研究,控制井口回压保持相对稳定并逐渐降低高含水管路输油温度,以实现边界输油温度的确定。2015年,中国石油大学(北京)黄启玉课题组提出了利用压差法通过室内环道实验确定粘壁温度的方法,并对大庆原油、华北原油、玉门原油的粘壁速率进行研究,当测试段的压降随温度的降低急剧升高时,该温度即为起始粘壁温度 T_0,并通过压降反推管径变化计算得出凝油的粘壁速率。

目前,公认的影响边界条件的因素是混合体系的含水率及流速。水相的存在会对凝油颗粒的迁移产生阻碍作用,同时高含水条件下油相比例显著下降,降低了凝油团与管壁间碰撞概率,因此高含水条件一定程度上减弱了粘壁情况。王志华基于光学显微镜研究了胶凝淤积物的微观结构时指出不同于脱水原油,含水原油在胶凝过程中,蜡分子形成的网络结构会包裹住液态原油和水一同胶凝。

对于不加热集输边界条件的研究存在以下难点:①油品组成的复杂性以及地层采出水性质的差异性,为高含水原油不加热集输普适性粘壁温度及速率模型的建立增加了难度;②凝油团大小的非均匀性以及粘壁的随机性,对低温粘壁规律研究的开展造成了一定的限制;③由于现场工况复杂,工况条件不稳定,不能较为全面地描述所有工况,所以难以准确模拟高含水原油低温集输的水力热力情况。

综上所述,尽管近年来相关学者对不加热集输边界条件的确定及其影响因素进行了大量研究,但由于存在油相及水相组分复杂、低温下油水两相及油气水三相流动状态不规律等难以解决的问题,目前对于不加热集输边界条件的判定缺乏一个统一的、标准的方法,并且对于溶气及粘壁温度以下条件的混合体系流动特性,还未有较为深入的研究成果。结合现有理论及申请者在溶气高含水含蜡油、稠油粘壁规律及机理研究领域的初步探索,可对不加热集输过程中溶气高含水原油的粘壁机制展开研究,继而得到确保油气水混合体系安全不加热输送的关键控制参数。只有解决了不加热集输过程中的粘壁边界条件问题,才能够较好地确定和优化集油工艺。

4 总结与展望

综上所述,现有高含水原油集输管道低温输送及粘壁机理的研究主要围绕上述三种技术路线展开,以上三种技术路线的研究内容以及解决的核心问题如下:

(1)建立液滴及界面行为与宏观粘壁行为的内在联系,揭示油相、水相、管材及复杂流动条件对溶气高含水含蜡油、稠油体系在管输流动过程中的黏附作用机理。

(2)明确气相比例、溶解度及流型对溶气高含水含蜡油、稠油体系在水平管内的多相流动规律,掌握溶解气对高含水原油粘壁规律的影响机制,构建不加热集输过程中溶气高含水含蜡油、稠油体系的黏度预测及管输压降计算方法。

（3）掌握输送介质及复杂流动条件对溶气高含水原油在不加热集输过程中的粘壁现象影响规律,明确边界温度以下的粘壁规律及粘壁行为影响机理,提出确保安全不加热输送的边界温度及边界温度以下的清管周期,建立具有普适性的高含水原油不加热集输边界条件预测模型。

主要参考文献

[1] 许道振.预润湿对管道润湿性的影响[J].西南石油大学学报(自然科学版),2016(6):147-151.

[2] 林名桢,李传宪,杨飞,等.测量温度对青海原油等温胶凝特性的影响[J].中国石油大学学报(自然科学版),2011,35(1):135-139.

[3] 吴迪,余刚,孟祥春,等.三元复合驱含油污水油水分离剂的研制[J].工业水处理,2003,23(1):20-22.

[4] 宋承毅.油气多相混输技术及工程实践[J].油气田地面工程,2008,27(1):1-5.

[5] 黄启玉,张劲军,高学峰,等.大庆原油蜡沉积规律研究[J].石油学报,2006,27(4):125-129.

撰稿人:黄启玉[中国石油大学(北京)]

管输含蜡原油多相机系凝胶沉积过程微观机制研究

Study on micro mechanism of gelling and deposition process of waxy crude oil in multiphase system in pipeline

1　科学问题概述

我国主要油田生产的原油大多为高黏易凝的含蜡原油,含蜡原油是由大量碳氢化合物组成的复杂混合物,一般需采用加热方式输送。当管输原油温度降至析蜡点以下时,多相体系易交联而形成稳定的胶凝结构,并沉积于管壁,减小管道的流通面积,增大摩阻,降低管道最小安全输量和增加清管频次,不仅增加输油成本,还不利于管输的安全运行。

含蜡原油管输析蜡胶凝过程物理模型如图1所示,当原油未加热时蜡质晶体呈现固体形态,在出站进入热油管路后,随着管输油温的增加,油温达到胶凝点,在此过程中,固态蜡晶逐渐分解,原油处于多孔介质的状态,随着管输温度的进一步增加,蜡晶持续溶解,原油管输体系处于固液共存状态,当温度达到析蜡点后,在浓度梯度、压力梯度、温度梯度和化学势梯度等各种"力"的作用下,蜡晶以及所形成的胶凝结构逐渐沉积并黏附在管壁上,与此同时,蜡晶内部的长程力和原油与管壁之间的剪切应力同样对管输过程的热力学行为产生影响。

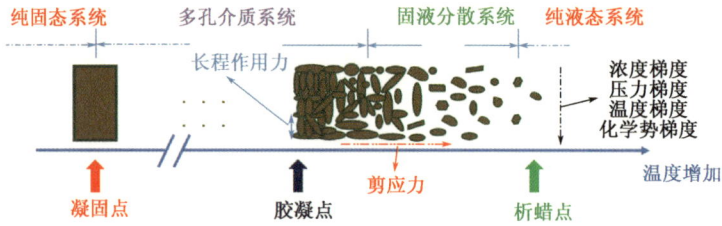

图1 含蜡原油管输析蜡胶凝过程物理模型

因此,进行管输含蜡原油多相体系胶凝沉积实验研究,建立管输含蜡原油多相体系热力学稳定性分析理论,提出针对相变胶凝沉积等微观行为的分子动力学模拟方法,掌握蜡质分子在原油多相体系中相变析蜡和核化胶凝行为的微观作用机制与演化规律,以确保含蜡原油生产过程的安全经济运行。

2 科学问题背景

我国主要油田生产的原油大多为高黏易凝的含蜡原油,蜡含量高达15%～37%,有的甚至高达40%以上。含蜡原油是由大量碳氢化合物组成的复杂混合物,其中,烃类组分包括饱和烃(正构烷烃、异构烷烃、环烷烃)、芳香烃、胶体、沥青质等,含蜡原油中的石蜡是正构烷烃(分子量高,碳原子数大于16)与少量异构烷烃、环烷烃和芳香烃等的混合物,总碳数分布一般在16～70之间。含蜡原油多相体系一般需采用加热输送的方式,加热后的含蜡原油在沿管道向前输送过程中,由于管输油温远高于管道周围环境温度,油流将不断向管外散失热量,引起轴向温降。当管输原油温度降至析蜡点以下时,作为蜡质主要组成的重链烷烃和一些环烷烃将会从原油中不断地溶解、扩散并团聚析出,形成体积较小的蜡质晶体,这些蜡晶结构能为原油多相体系中游离的蜡质、油、沥青质和水分子提供成核位点,促进形成尺寸更大的核化团簇,并进一步交联形成稳定的胶凝结构,在管壁上沉积,随着胶凝团簇的层层堆积,将发展为使流变性较差的胶凝沉积层,如图2所示,这会减小管道流通面积,增大摩阻,降低管道最小安全输量和增加清管频次,不仅增加输油成本,还不利于管输的安全运行。此外,当管道处于不稳定工况运行时,如果发生外部扰动或内部涨落,管输系统易形成"耗散结构",若无外界能量持续补充,原本具有较好时空对称性的耗散结构状态将难以维持,相应的胶凝沉积行为将变得不稳定,其会随着参数的涨落剧烈波动,为清管周期制定、清防蜡工艺开发以及再启动方案规划带来了较大困难,严重影响了含蜡原油管输的安全经济生产。因此,有必要开展管输含蜡原油多相体系热力学稳定性分析及胶凝沉积行为作用机制研究。

图2　含蜡原油管输胶凝沉积结构

3　科学问题研究进展

管输含蜡原油多相体系胶凝沉积过程的研究要运用热力学、流体力学和分子动力学等多个学科理论,结合理论建模、分子模拟以及室内实验等研究手段深入开展。目前管输含蜡原油多相体系胶凝沉积过程的研究主要分为三个方面:管输含蜡原油多相体系胶凝沉积实验研究、含蜡原油多相体系管输过程热力学稳定性分析、管输含蜡原油多相体系相变析蜡微观机理。

3.1　管输含蜡原油多相体系胶凝沉积实验研究

实验研究可以直观地观察管道内多相体系胶凝沉积过程以及各个组分的形态和动态变化,从而得到多相体系胶凝沉积过程的宏观特性和影响规律。

含蜡原油多相体系管输胶凝沉积过程的实验研究主要包括两个方面:①宏观实验研究:主要侧重于揭示多相体系胶凝沉积过程的宏观热物理特性、动力学规律、沉积层物质迁移机理以及多相体系中的相态平衡原理等。目前,胶凝沉积行为宏观实验按所研究介质是否贴近管输实际流态可分为静态实验和动态实验。冷板法、冷指法、旋转圆盘法和PVT分析法等静态实验注重于沉积层厚度、物质组成和相态规律等沉积层理化性质与各运行参数间关系的量化表征,而较少涉及流动对胶凝沉积的影响。动态实验方法主要包括旋转动态结蜡法和实验环道法,具有控温精度高、易于分析流场的特点,可使实验工况接近于实际管流,如图 3 所示。②微观实验研究:主要侧重于从微观角度研究胶凝沉积结构的形态特征、形成机制以及转换规律。目前,常用的微观实验方法主要包括显微观察法、扫描电镜法、透射电镜法和红外光谱法等。

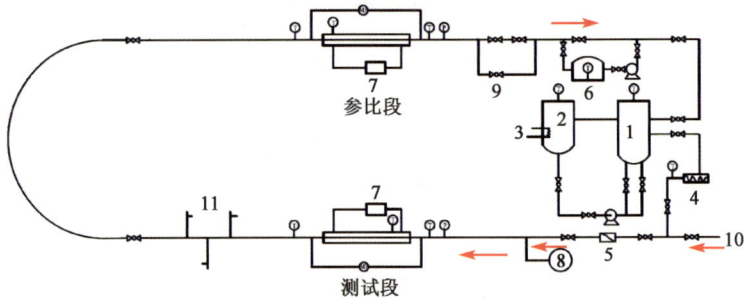

图 3　环道实验装置示意图

1-油罐;2-循环水罐;3-水罐加热盘管;4-螺杆泵;5-液体质量流量计;6-气液分离器;7-温控水浴;8-注气段;9-快关管段;

10-空气吹扫;11-局部取样器

实验研究从一定角度揭示了胶凝沉积过程的动力学机制、不同运行参数影响规律、相变平衡特征以及物质迁移机理。但相关实验研究仅从相对宏观的时间和空间维度对机理进行阐释,且目前含蜡原油胶凝沉积微观实验尚停留在微米尺度,难以观测到胶凝沉积的分子运动、几何结构变化和分子间相互作用等微观作用机制,需要开展微纳尺度的实验研究。

3.2　含蜡原油多相体系管输过程热力学稳定性分析

管输过程热力学分析可以确定过程中工质状态变化的规律以及相应的状态参数,发现过程中能量转换的数量关系,揭示过程中的不可逆程度,反映能量转换与利用的完善性。

该研究方向主要包括三个部分:①管输含蜡原油多相体系胶凝沉积热力学预测模型:相关研究主要集中于多相体系中固相、液相和气相之间的相平衡规律,并通过研究溶解焓、相变焓和溶解度参数等热力学参量揭示胶凝沉积的热力学特性。胶凝沉积热力学模型可分为以下五种类型:正规溶液理论模型;状态方程理论模型;沉积物组成热力学模型;胶凝沉积多固相理论模型;聚合物溶液理论模型。②管输含蜡原油多相体系用能分析研究:一方面,从热力学第一定律出发,把热效率、能耗等当作用能分析的基本指标;另一方面,从热力学第二定律出发,通过"熵"和"㶲"揭示体系能量转换中能质蜕变实质,熵将非平衡态热物系的熵增与由于过程不可逆性所导致的能质损失联系起来,通过分析最小熵产率可以找出不可逆过程中能质损失最大的环节,并针对用能薄弱环节进行节能降耗以达到节能效果。㶲可揭示含蜡原油管输能量转化过程中能量品位降低,能级递减的本质,为合理的用能、节能提供了理论依据。

总体上,含蜡原油多相体系胶凝沉积过程固相、液相和气相之间的相平衡规律以及从能"质"角度的用能薄弱环节分析研究已较为成熟,可以用来预测实际管输过程胶凝沉积行为和指导油田现场节能提效工作。但是,目前胶凝沉积热力学预测模型和管输过程能质分析的相关研究工作都是从管输系统热力学线性区开展,而这样会导致相关热力学分析和预测行为的不准确,导致系统进入耗散结构所对应的不稳定运行区间难以被准确预测。

因此,在对含蜡原油多相体系管输过程进行热力学稳定性分析时,需将热力学系统拓展到非线性区,建立含蜡原油多相体系管输系统热力学模型,分析系统处于特定状态的形成机理,从而确定原油管输系统不同运行参数下的热力学稳定和不稳定区间。

3.3　管输含蜡原油多相体系相变析蜡微观机理

分子动力学模拟可从微纳尺度深入研究不同过程的分子间相关作用和结构变化等微观信息,为各类过程和环节的微观机制研究工作开展提供了一项有力的工具。该研究主要包括降凝剂对胶凝沉积行为抑制作用、外界作用力对胶凝沉积行为影响的微观机理研究两个方面。

降凝剂对胶凝沉积行为抑制作用的研究主要根据含蜡原油多相体系基本物性、微观结构特征和分子间相互作用关系,建立表征蜡晶与降凝剂相互作用的分子动力学模型,据此揭示这一过程的微观动力学机制,探究降凝剂对胶凝沉积行为抑制作用的微观机理。通过研究电场、磁场、剪切力场等外界力场对管输含蜡原油多相体系胶凝沉积行为的影响机制,得到改善原油流动性的有利条件,为石油生产企业制订科学管输工艺提供理论支持。

综上所述,目前在含蜡原油分子动力学模拟领域相关研究较少,主要集中在降凝剂对胶凝沉积行为抑制作用以及外界作用力对胶凝沉积行为影响的微观机理研究上,尚无采用分子动力学模拟方法研究蜡晶在原油多相体系中相变、胶凝、核化和沉积等一系列微观过程的报道,且不同运行参数及理化性质对胶凝沉积过程影响的微观机理尚不明确,需要更加完备的理论研究。

4　总结与展望

综上所述,现有管输含蜡原油多相体系胶凝沉积过程的研究主要围绕上述三个方面展开,然而三个方面研究的优劣势、成熟度各异,因此,未来研究趋势及发展潜力有所不同。

(1)目前含蜡原油胶凝沉积微观实验尚停留在微米尺度,难以观测到胶凝沉积的分子运动、几何结构变化和分子间相互作用等微观作用机制,需要开展微纳尺度的实验研究。

(2)当系统进入耗散结构后,随着体系的进一步演化,会发展为使系统不稳定波动更为剧烈的混沌状态。然而,目前管输系统从耗散结构到混沌的发展历程与能量转换关系难以准确表征,今后可开展管输系统混沌及耗散结构的能量演化规律研究。

(3)对于含蜡原油管输,若处于低温高压的恶劣环境,体系中易产生水合物,出现蜡和水合物共存现象,水合物可作为成核结晶点,促进相变胶凝沉积过程的发生;而目前对于蜡-水合物固相协同沉积尚停留在宏观理论分析和实验研究上,有必要开展相关领域分子动力学模拟研究,以从微纳尺度揭示其微观动力学机制与热力学特性。

主要参考文献

[1] 李传宪,白帆,王燕.原油组成对原油管道结蜡规律的影响[J].化工学报,2014,65(11):4571-4578.

[2] 高歌,吴海浩,全青,等.气液两相间歇流管道蜡沉积实验研究[J].中国科学院大学学报,2017,34(02):226-231.

[3] 于彦恒,张新军.混输管道多相流结蜡实验装置与测试技术[J].天然气与石油,2019,37(03):18-24.

[4] 黄启玉,毕权,李男.油水两相流蜡沉积研究进展[J].化工进展,2016,35(S1):69-74.

[5] Wang Z,Yu X,Li J,et al. The use of biobased surfactant obtained by enzymatic syntheses for wax deposition inhibition and drag reduction in crude oil pipelines[J]. Catalysts,2016,6(5):61.

[6] Cole R J,Jessen F W. Paraffin deposition[J]. Oil Gas J,1960,58(38):87-91.

[7] Ahn S,Wang K S,Shuler P J,et al. Paraffin crystal and deposition control by emulsification[C]//SPE International Symposium on Oilfield Chemistry. Society of Petroleum Engineers,2005.

[8] Zhang Y,Gong J,Ren Y,et al. Effect of emulsion characteristics on wax deposition from water-in-waxy crude oil emulsions under static cooling conditions[J]. Energy & Fuels,2009,24(2):1146-1155.

[9] Zougari M,Jacobs S,Ratulowski J,et al. Novel organic solids deposition and control device for live-oils:design and applications[J]. Energy & Fuels,2006,20(4):1656-1663.

撰稿人:成庆林(东北石油大学)

第3章
管道运输系统应急与维护

管道运输系统受到外部环境、本体材料、内部流体影响,会发生损伤、堵塞等一系列事故,导致灾难性后果。安全可靠的管道运输系统是油气资源开采与输送的重要保障,油气管道应急维抢修技术越来越受关注和重视。对管道运输系统进行科学检测、监测与安全评价,并及时对管道进行维护与维修,可以减少管道事故的发生,一定程度上降低管道运行成本。针对检测、监测到的风险,需开发相应技术进行管道维护;针对发生的事故,需研发相应技术及方法进行应急处置。目前,我国管道运输系统处于建设高峰期,各类压力管道的里程不断增长,但在长输管道维护和抢修体系的技术与装备研发方面投入及成果相对不足。

国内外学者在管道本体损伤机理及管内介质堵塞机理方面已经进行了较为丰富的研究,初步明确了腐蚀与冲蚀、氢致开裂、断裂破坏、疲劳破坏、屈服变形等损伤方式的机理。在此基础上,开发出裂纹检测、体积缺陷检测、焊缝检测、应力检测等检测技术来诊断管道健康状况,并进一步发展腐蚀监测、泄漏监测、地灾监测、第三方入侵监测等技术对管道本体、运行参数、地质条件和周围环境等状态进行监测,实现管道安全预警。针对管道事故工况,研究了泄漏介质扩散、流散、燃烧和爆炸等演化动力学过程及产生的多米诺效应,并建立了管道事故应急处置方法。目前,我国在管道失效机理、事故演化机理等方面的理论研究仍和国际先进水平存在差距,在管道检测与监测、安全评价、应急处置与维护等方面的研究有待突破。今后应在管道损伤、管道堵塞、管道检测、管道监测、事故后果、安全评价、应急处置七大重点领域开展科学问题研究。

在管道损伤研究方面,科学问题主要在于冲蚀腐蚀交互作用机理和掺氢输送管道渗氢机理。冲蚀腐蚀交互作用机理的研究主要包括冲蚀模型的完善、局部环境传质过程与应力状态演变对冲蚀腐蚀耦合作用的影响机制;掺氢输送管道渗氢机理的研究主要包括本体氢原子浓度和氢原子运移速率随输送压力的变化规律,氢致裂纹在管材铁素体和奥氏体等特定相态的发展机理,以及特征荷载耦合对管道氢致开裂的影响机理。在管道堵塞研究方面,科学问题主要在于管道内多相体系的固相沉积及堵塞机制研究,主要包括引发蜡堵的含蜡原油管道蜡沉积机理问题、引发冰堵的天然气管道水合物沉积机理问题、高含水原油集输管道的粘壁机理问题等,以及在清除不同类型固相沉积时清管器的接触行为及运动特性。在管道检测研究方面,科学问题主要在于宏观磁特性参数与结构应力关系研究,从材料微观结构出发,探寻磁特性参数与结构应力间的定量关系,形成基于磁特性参数的结构应力测量方法。在管道监测研究方面,科学问题主要在于湍流模型与泄漏特征的耦合机理,尤其是气体管道中气体可压缩性与泄漏特征的耦合作用,主要包括泄漏特征在管内湍流中的传播与衰减问题、泄漏特征与湍流特征的识别问题、泄漏特征与多源信息的融合问题。在事故后果研究方面,科学问题主要在于喷嘴形状、障碍物、受限空间、气体组分及浓度梯度等在真实场景下的燃烧动力学模型、热辐射模型、火焰加速机制、爆燃转爆轰(DDT)机制、点火概率与机理。在安全评价方面,科学问题主要在于管道泄漏事故的动态风险快速准确评价方法研究,包括失效概率的准确计算问题、事故演化概率的精准判断问题、事故后果的快速预测问题、事故链耦合问题。在应急处置方面,科学问题主要在于管道带压快速修复技术,主要包括应急资源优化配置方案,大泄漏应急处置措施,微小泄漏套筒带压封堵技术与在线不停输快速抢修夹具,实现预防、监测、应急抢修一体化防护体系。

油气管道杂散电流腐蚀机理及防护措施优化算法

Corrosion mechanism of oil and gas pipeline caused by stray current and optimization algorithm of mitigating measures

1 科学问题概述

当油气管道与输电系统(高压交直流输电线路、风/光电场等)、电气化交通系统(高铁、地铁等)等相互靠近时,会受到来自电力系统的杂散电流干扰。早在 20 世纪初,北美就发现临近电气化铁路的铸铁管道会发生快速腐蚀穿孔的现象,并开始研究如何评价及防护杂散电流干扰。当杂散电流为阳极电流时,会加速管壁的腐蚀,导致管道穿孔泄漏,引发安全事故;当杂散电流为阴极电流时,会导致管道氢脆敏感性降低,容易发生脆性断裂。同时还会降低防腐层与管壁的结合力,导致防腐层剥离,引起防腐层下腐蚀等问题。此外,杂散电流还会引起管道对地电位升高,对工作人员及管道设备造成电击损伤。杂散电流干扰对埋地管道具有强大的破坏性,因此,准确预测杂散电流干扰发生的位置、范围和后果,以及经济有效的对其进行消减和缓解,是管道安全运行亟须解决的问题。但是随着供电技术的发展使得杂散电流干扰出现新的变化,例如:近年来我国特高压直流输电工程、高铁、磁悬浮、有轨电车以及汽车充电桩等新型电力设施的快速发展,使得杂散电流的来源更加多样,干扰特征更加复杂多变。而另一方面,我国管道行业的新建管道使用了更高强度的钢材,以及性能更好的 3PE 防腐层等,这些新技术的应用使得原有的评价指标体系和防护策略不再适用。因此,需要针对新型杂散电流干扰建立完善的评价体系和有效的防护系统,保障油气管道的安全运行。

对于新型杂散电流干扰评价及防护领域,国内外均处于起步阶段。主要存在以下问题:①超高强度干扰下管道损伤机理及预测。由于供电系统能力的提升,使得管道受到干扰强度大幅提升。例如,我国西气东输管道受到特高压直流输电系统干扰,其强度高达304V,是常规杂散电流干扰的上百倍。超高强度干扰会引起的管道温度升高、土壤水分和离子电迁移,以及放电烧蚀等连锁反应。其背后涉及电场、温度场、电化学反应、介质和离子电致扩散等过程,只有掌握这些过程背后的科学原理,才能正确评价超高强度干扰。②动态杂散电流干扰腐蚀机理及预测。由高铁、地铁、磁悬浮、有轨电车等电力交通系统的取电过程与其运动状态有关,导致其杂散电流为动态变化。由于管壁/土壤界面为双电层结构,当杂散电流方向和大小发生变化时,管壁/土壤界面过程由稳态时单一的电极电化学反应过程,转变为离子吸附和脱附,铁的不同价态腐蚀产物相互转化以及电极电化学反应的相互耦合过程,使得研究动态杂散电流干扰需要通盘考虑多过程相互耦合。③杂散电流干扰防护措施的优化模型及算法。当前杂散电流干扰的防护设计,主要依靠工作人员经验。这样的做法一是缓解效果很难保证,二是可能在非关键地段增加过多的保护措施而造成经济上的浪费。近年来,电磁场的数值模拟技术快速发展,并被用于预测杂散电流干扰问题。但是,一来市面上常见的商业软件(CDEGS、BEASY、Elysca 等)的核心算法掌握在国外公司手中,容易对我国形成技术封锁。二来这些商业软件只能对确定的方案模型进行求解,无法根据管道的干扰情况进行防护措施的优化,达到经济高效的设计目的。因此,需要对电磁场数值模拟技术进行突破并结合计算机学习算法实现干扰防护的智能优化。

由此可见,针对超强度干扰、动态干扰等杂散电流干扰问题,一方面,需要加强干扰机理的研究,通过详细解析杂散电流干扰过程中材料、界面以及环境三者之间的相互关系和各个物理过程,建立杂散电流干扰的预测评价体系;另一方面,需要加强电磁场数值模拟核心技术攻关,并与机器学习技术相结合实现防护措施智能优化,达到经济高效目的。

2 科学问题背景

我国幅员辽阔,是制造业大国,对电力、交通、石化等需求旺盛。2020 年,我国提出

"新基建"的概念,加大了特高压输电系统、城际高速铁路和城市轨道交通、新能源汽车充电桩等产业的建设投入。资料显示,目前全国高压直流输电工程多达 38 项,线路长度 5.23 万 km,是世界上高压直流输电工程数量最多,输送距离最长,电压等级最高的国家。电气化铁路方面,截至 2020 年底,全国铁路营业里程 14.6 万 km,高速铁路运营里程达 3.79 万 km,稳居世界第一。地铁方面,目前我国已有 48 个市开通地铁,中国内地已开通城轨交通线路长度共计 7978.19km,不论是地铁数量还是总里程都居于世界第一。汽车充电桩方面,目前我国的充电基础设施累计数量已达到 187.0 万台,居于世界第一。油气管道方面,截至 2017 年年底,我国油气长输管道总里程已达 13.14 万公里,按照规划到 2025 年长输油气管道总里程将达到 24 万 km,已接近欧美水平。我国建成和在建的庞大稠密电网、交通运输网以及油气管网,使得杂散电流干扰问题越来越突出。

目前,很多地方由于空间位置受限而建设的"公共走廊",使得油气管道与电力设施相互靠近,输电线路和电气化铁路产生电磁场以及入地电流产生的电场,会对附近的埋地管道产生杂散电流干扰。杂散电流干扰可以引起管壁的腐蚀穿孔,管体氢致开裂,防腐层剥离等风险,严重威胁管道的安全。例如:阿拉伯一条管道因与 380kV 高压线并行而遭受交流干扰,服役 1 年后便发生了腐蚀穿孔。美国纽约一条 PE 管道发生交流腐蚀失效,腐蚀坑呈针孔状。我国东北抚顺地区某管道受杂散电流干扰,导致新铺设的管道半年内就出现腐蚀穿孔的已发生多起,腐蚀速度大于 15mm/年。美国管道和危险材料安全管理局(PHMSA)数据显示,腐蚀导致管道失效占总数的 26%,是管道失效的第二大因素。而对于长输管道来说,大部分管体腐蚀是由杂散电流干扰引起的。油气管道输送介质易燃易爆,一旦管道发生腐蚀穿孔,可能引发可燃物的泄漏燃烧,甚至爆炸,对公众安全造成不可挽回的损害,如青岛"11·22"管道爆炸事件,导致 62 人死亡、136 人受伤。由此可见,杂散电流的治理关乎管道的运行安全。然而对于新型的杂散电流干扰,其干扰机理还不明确,导致未能形成有效的评价体系。由此可见,开展杂散电流干扰评价及防治研究对于保障公共安全具有重大意义。

3　科学问题研究进展

针对油气管道杂散电流干扰评价与防治领域的科学问题,当前主要研究路线包括:①基于杂散电流干扰机理的预测。②基于机器学习的杂散电流干扰预测。③消减防护措施智能优化。它们的特点如下:

3.1　基于杂散电流干扰机理的预测

正如前文所述,杂散电流干扰涉及电场、热场、离子电迁移、吸附脱附等过程。深入研究杂散电流干扰的各个过程,寻找各个因素与腐蚀背后的机理模型和定量关系,建立杂散电流干扰的腐蚀预测方法,就能实现杂散电流干扰评价。

该方法是比较传统的腐蚀学研究路线,其优点在于:①杂散电流干扰各个过程的解析基于物理化学原理,具有坚实的理论依据,因此建立的模型和定量关系使用范围广。②研究过程通过设计试验确定各个因素的影响程度,忽略影响较小的因素,从而大大减少了总体试验量。③可以借助电学、热学等数值仿真技术进行仿真计算试验,减小了结果受设备及环境因素的影响,提升了数据质量。

缺点和难点在于:①为了明确各个过程的反应机理,需要对整个杂散电流干扰过程进行解耦合和再耦合,试验设计难度大。②对于各个过程的观测需要相应的设备支撑,甚至需要自行开发试验设备。③由于涉及过程较多,该方法需要按照步骤,依次循序渐进地解决问题,因此研究时间一般较长。

由此可见,对于该路线,目前比较可行的是采用试验室模拟试验和数值模拟相结合的方法进行突破。

3.2　基于机器学习的杂散电流干扰预测

近年来,机器学习技术得到快速的发展,许多学者开始将其应用于管道腐蚀预测和评价。通过开展不同参数情况下的腐蚀试验,建立庞大的腐蚀因素和腐蚀速率数据库,利用机器学习的方法建立腐蚀影响因素与腐蚀速率之间的定量关系,是该方法的主要技术路线。

该方法的优点:①不需要确切了解腐蚀因素与腐蚀速率之间的机理模型,大大降低了理论难度。②试验设计相对简单。

该方法的主要缺点和难点:①机器学习需要大量的腐蚀数据才能建立比较好的模型,因此试验量较大。②由于机器学习模型不是基于物理化学理论,因此建立的模型适用范围较小。

随着机器学习技术的快速发展,该技术路线得到越来越多关注。但是,要想得到较好预测结果,不仅需要在机器学习算法上投入较多的研究精力,同时需要规划进行长期、大量杂散电流的腐蚀试验,为机器学习提供坚实的数据支撑。

3.3　消减防护措施智能优化

针对目前的杂散电流干扰接地消减防护,对其位置和参数进行优化,可以降低缓解费用,提升缓解效果,具有重要的经济意义。目前该领域尚有两方面内容需要攻克。一是电磁场优化算法,当前的电磁场数值算法考虑因素较多,计算时间长。因此,需要根据实际管道特点,简化计算模型。目前常用的方法是通过使用线单元,或者通过大量数值模拟计算并对计算结果进行拟合得到代理模型,进行简化计算。二是结合最优化理论和机器学习,对防护措施的布置位置、长度、连接数量等关键参数进行智能优化。该方法目前已经在管道阴极保护设计、电力设计等领域进行初步应用,机器学习的方法能够很好地找到复杂体系的优化参数,因此,是未来发展的主要方向。但是,需要注意的是,利用机器学习的方法,首先需要掌握电磁干扰的仿真计算方法,并建立合适的仿真模型能够兼顾计算速度和准确度。其次,需要制定合适的约束条件,不但考虑经济和效果优化,还要结合现场的施工条件等。最后,机器学习与最优化理论分析相结合,形成杂散电流干扰的经济高效防治措施。

4 总结与展望

综上所述,对于新型的杂散电流干扰,其干扰机理还不明确,导致未能形成有效的预测评价体系。这不仅影响对管道自身安全的准确判断和掌控,同时制约了管道与电力设施在"公共走廊"内交叉或并行时的路由选择和处理措施。另外,由于缺乏有效的防护措施以及优化方法,使得杂散电流干扰防护方案不够精细,即在一些位置设置了过多的保护措施,产生大量浪费;与此同时,在高干扰区域却缺乏保护,导致管道处于危险境地。

(1)关于杂散电流干扰损伤机理及预测评价问题,一方面,采用试验室模拟试验和数值模拟相结合的方法,深入研究杂散电流干扰的电子转移、扩散、电渗透等步骤,寻找各个因素与腐蚀背后的机理模型和定量关系,建立杂散电流干扰的腐蚀预测方法。另一方面,可以通过开展不同参数情况下的腐蚀试验,建立庞大的腐蚀因素和腐蚀速率数据库,利用机器学习的方法建立尚不清楚影响规律的各类因素与腐蚀速率之间的定量关系,修正杂散电流干扰损伤模型。

(2)关于杂散电流的消减措施优化算法方面,在揭示其干扰机理的基础上,完成数量、位置、措施类型、长度等参数的优化。在此过程中需要加强电磁场数值模拟核心技术攻关,实现根据已知参数精确计算管道干扰参数,在此基础上防护措施优化的代理约束条件,结合深度学习技术,实现防护措施智能优化,达到经济高效目的。

主要参考文献

[1] 黄维和,郑洪龙,李明菲.中国油气储运行业发展历程及展望[J].油气储运,2019,38(01):1-11.

[2] Z Li,Y Yang. Mechanism,influence factors and risk evaluation of metal alternating current corrosion[J]. CIESC Journal,2011,62(7):1791-1799.

[3] B Wei,Q Qin,Y Bai,et al. Short-period corrosion of X80 pipeline steel induced by AC current in acidic red soil[J]. Engineering Failure Analysis,2019;105:156-75.

[4] Martin B. A history of stray current corrosion[J]. Corrosion & Materials,2006,31(3):12-14.

[5] Xu L Y, Su X, Cheng Y F. Effect of alternating current on cathodic protection on pipeline [J]. Corrosion Science, 2013, 66(1): 263-268.

[6] Z Li, Y Yang. New progress in studying alternating current corrosion on metal pipelines [J]. Acta petrolei sinica, 2012, 33(1): 165-171.

[7] Southey R D, Ruan W, Dawalibi F P. AC mitigation requirements: A parametric analysis [C] // The 56th NACE Annual Conference. Houston: NACE, 2001, paper No. 01604.

撰稿人:姜子涛[中国石油大学(北京)]　张劲军[中国石油大学(北京)]

管道腐蚀机理、评价与防控

The mechanism & evaluation of and protection against corrosion

1　科学问题概述

随着越来越多行业对油气资源的开发利用需求的增加,对油气集输管道的需求也随之增加,管道成为油气资源输送的主要方式,随着管道使用年限的延长等各种因素,腐蚀破坏已经成为油气管道的主要失效形式之一,油气管道腐蚀泄漏不仅会造成较大的经济损失,还可能导致安全事故发生。

在油气管道腐蚀失效中,环焊缝的腐蚀开裂问题尤为突出。在管道建设过程中环焊缝处的防腐涂层施工是在现场完成的,其质量往往不如主体管段,在焊接缺陷、应力以及环境腐蚀等因素的影响下,环焊缝腐蚀威胁着管道的安全稳定运行,已成为油气管道系统的薄弱环节。高钢级管线钢环焊缝腐蚀失效背后涉及的主要科学问题有:①剥离涂层下的缝隙腐蚀规律,包括薄液膜微环境中溶解氧、侵蚀性离子的迁移扩散行为,阴极电位在焊缝表面和焊接缺陷局部的分布规律。②复杂应力作用下焊缝缺陷处的腐蚀开裂规律,包括缺陷局部的应力场、微腐蚀环境中的电极电位和腐蚀电流分布规律。③剥离涂层作用下焊缝缺陷处的裂纹萌生和扩展机理,包括薄液膜中侵蚀性离子、溶解氧、阴极电位对腐蚀开裂的影响规律,环焊缝在多因素交互作用下的起裂条件、扩展速率、断裂模式和断裂机理。

管道检测及剩余强度评价是管道完整性管理的主要内容。主要研究的科学问题包括:①表面缺陷的破坏规律。包括腐蚀缺陷尺寸(长度、深度、面积)、缺陷之间相互作用对管道剩余强度的影响规律。②不同评价方式对不同腐蚀缺陷类型的管道评价效果的影响规律。③管道外径、壁厚对腐蚀管道承压能力的影响规律。

油气管道的腐蚀严重影响着油气输送的安全性和稳定性。因此,油气管道的腐蚀防护是一项重大问题,深入探讨和分析油气长输管道的防腐技术和手段,对于避免或减缓管道腐蚀、提高管道服役寿命、保障油气资源安全运输至关重要。关于管道防护设计到的科学问题:①管道材料的设计优化,实际应用中需要根据输送介质和环境条件选择合适的材料。包括腐蚀和荷载产生的管道位移、变形及疲劳影响规律。②涂层密度、黏结性能、厚度以及涂层位置对管道机械强度的影响规律。③外界条件管道阴极防护系统防护效果的影响规律,包括高温、管道长度、管道防腐层电阻、电流干扰。

2 科学问题背景

随着我国经济的持续发展以及能源需求的不断增加,油气输送管道建设规模不断扩大,管道运输是国民经济五大运输方式之一,是现代综合交通运输体系和现代国民经济体系的重要组成部分,并有向大口径、高压力和高钢级发展的趋势。然而,管线腐蚀及管线钢环焊缝的失效开裂行为逐渐突出,因此,管道腐蚀检测和新型防护技术的研究已成为关系国家经济社会发展及国家公共安全的全局性、战略性问题。

金属腐蚀作为日常生活中普遍存在的现象。其本质是材料在特定环境中发生化学或电化学反应,从而形成金属氧化物,进而改变材料本身的物理和化学性质,导致其不能满足日常生活或生产要求。全世界每年生产的金属约 3.5 亿 t,其中,因腐蚀报废的金属约占三分之一,我国每年由于腐蚀而造成的直接经济损失约为 2048 亿元。特别是一些重大的油气泄漏、火灾爆炸等恶性事故对人身安全、自然环境造成巨大危害。其中,环焊缝失效有些发生在水压试验阶段,有些发生在运行阶段。经大量研究和试验分析,认为环焊缝失效的主要原因是环焊接头的低强匹配、焊接热影响区软化和管道承受的外载荷。国内管道工程建设期水压试验时发生的环焊缝失效事故,发生在连头口、金口、变壁厚焊口、返修焊口上的比例很高(有些焊口同时包含这四种情况)。可见环焊缝的腐蚀开裂问题为管道安全运行埋下了巨大隐患。

由此可见,必须对管线腐蚀问题采取合理有效的防范、治理措施。否则将会导致企业运行设备进一步腐蚀,从而加大设备的投资成本,严重地影响企业的安全生产,而一旦因腐蚀导致管线穿孔,势必会造成经济的大量损失、危害环境和人民安全,是关系国家经济社会发展及国家公共安全的全局性、战略性问题。

3 科学问题研究进展

3.1 油气管道腐蚀机理

1)管体腐蚀机理

油气管道在腐蚀中往往会受到各种腐蚀因素的影响,需要计算各因素耦合后在腐蚀过程中的作用权重,对管线钢的平均腐蚀速率、腐蚀产物的物相组成、微观形貌等进行分析,阐明不同腐蚀条件下管线钢的腐蚀规律,揭示影响腐蚀的主导因素与相应的腐蚀机制。管道腐蚀按失效位置分为内腐蚀和外腐蚀,除此之外,还包括应力腐蚀、电解腐蚀等多因素耦合腐蚀。

(1)管道外部腐蚀机理。

由于油气管道长期埋藏在地下或者置于海水中,其典型的腐蚀类型为土壤腐蚀、化学及电化学腐蚀。土壤腐蚀是外腐蚀的重要形式,土壤中的水分是构成电化学腐蚀条件的关键因素。GuPtans 认为只要有适当的土壤水/气比例,就会使腐蚀速度达到最大,最佳比例大约是水:气 = 65:35;土壤中含盐量是影响管道防腐层老化的主要影响因素之一,在土壤腐蚀介质的导电过程起作用,土壤盐量越高,土壤电导率就越高,从而使土壤腐蚀性增强。

(2)管道内腐蚀机理。

管道内腐蚀主要是油气输送介质存在 H_2S、O_2、CO_2、Cl^- 等酸性气体,与水分共存时,生成氢硫酸、碳酸等对油气管道产生酸性化学腐蚀。与此同时,在管道表面将发生电化学腐蚀。以 CO_2 为例,腐蚀模型的研究主要有三种:第一,经验模型。在经验模型中,采用的腐蚀速率预测公式是依据实验室和现场的腐蚀数据,使用数理统计的方法建立的,这些模型能够提供良好的插值效果。其中最著名的经验模型是挪威的 Norsok N506 模型,此模型是根据大量的实验室腐蚀数据来确定一个腐蚀速率与温度的基本关系式,然后再引入 pH 值、速度等影响因素的校正因子。第二,半经验模型。De Waard 和 William 是最早尝试阐明 CO_2 腐蚀机理的研究人员之一,在定量分析的基础上,提出了一种 CO_2 腐蚀机制,其中主要的阴极反应是未离解碳酸的"直接还原"。第三,机理模型。腐蚀速率预测的机理模型是将对腐蚀过程中的化学反应,电化学反应和传质过程的机理引入到模型的建立中。关于多种腐蚀气体的腐蚀机理研究中,一些学者认为各种气体的占比对腐蚀结果影响较大,要使得创建的模型能够对腐蚀速率进行准确预测,需弄清各气体的占比。另外,对于腐蚀气体的腐蚀机理的研究仅往往考虑管道内部流体为层流的简化工况,但对紊流、三维和多物理场数值模拟研究相对较少,需对管道内部流体的化学场、电化学场、流场和传质场,管道外部土体的温度场、水分场、应力场和化学场进行深入的多场耦合研究。

(3)管道应力疲劳腐蚀机理。

油气管道在持续应力作用下并且长期在复杂环境中工作,会导致管道微裂纹扩展,甚至最终导致管道断裂,这种现象为应力腐蚀问题。很多学者基于这种现象提出了数学力学模型。CHARLES 和 HILLIG 在 1961 年提出的模型被广为接受,但因其模型的复杂性以及数值模拟技术水平的限制,一直没有取得突破性进展。1991 年,美国国家计量局的学者 CHUANG 和 FULLER 假设了规则形状的微裂缝,根据在应力和腐蚀耦合作用下裂缝表面被腐蚀(表现为裂缝扩展)的初始条件,研究应力腐蚀过程中门槛值与极值的存在,后续研究者在这个模型的基础上对不同材料、腐蚀条件和应力的情况进行了研究,提出多种应力腐蚀模型。

针对油气管道腐蚀损伤演化机制方面的研究,目前主要有如下成果:①明确了影响土壤腐蚀的主要因素,建立了土壤腐蚀速率精确预测模型,开发了土壤腐蚀性评价软件,构建了点蚀坑生长 CA 模型,实现了土壤腐蚀速率的准确预测及管道局部损伤的定量描述。②研究了油气管道在 H_2S、CO_2 单独体系及 H_2S/CO_2 共存体系中腐蚀过程,得出了在这三种腐蚀体系下油气管道出现的主要腐蚀行为规律以及腐蚀机理,并针对腐蚀机理提出了相应的腐蚀速率预测模型。③定量分析了管道尤其是弯管内壁不同局部区域腐蚀、磨损以及其交互耦合作用在损伤中的贡献,明确了流体动力学和腐蚀动力学耦合作用下管道尤其是弯管内腐蚀的损伤机制,揭示了不同局部区域内腐蚀磨损演变机制。

2)油气管道焊缝腐蚀开裂机理

相比于母材,焊缝及其相邻部位更容易发生应力腐蚀开裂,即焊缝处的应力腐蚀开裂敏感性高于主体管道的母材区,因此,更应该引起重视,虽然对此展开了大量研究,但并未考虑涂层剥离和焊接缺陷的影响。

现有研究揭示了剥离涂层下管线钢的部分腐蚀开裂规律,但均是针对母材进行的实验测试,目前对于焊缝在剥离涂层下 SCC 行为与机理的探究还未见报道。不同于管体的工厂预制涂敷工艺,油气管道焊接接口处的防腐作业需要在现场完成,受现场环境和施工场地的影响,焊接部分的防腐作业成为整个管道防腐工程的重点和难点。环焊缝不可避免地会出现一些焊接缺陷,如咬边、夹渣、未熔合、未焊透、气孔和裂纹等。焊接缺陷在应力作用下容易产生应力集中,若缺陷处的应力大于管材屈服强度,则会导致局部变形甚至开裂。在腐蚀性介质存在的情况下,即使缺陷处的应力没有达到屈服强度,也会在长期的腐蚀与应力共同作用下产生应力腐蚀开裂。显然,焊接缺陷的存在加速了应力腐蚀开裂进程。目前关于管道缺陷对应力腐蚀开裂的影响已有研究,但只涉及了管道缺陷对应力腐蚀的影响,在建模时均未考虑腐蚀性介质的不均匀分布和迁移过程,而实际上管道缺陷大多隐藏在剥离涂层之下,外加阴极保护电位的分布与腐蚀性介质的传输均会受到薄液层的限制。

3.2 腐蚀管道失效评估及可靠性评价

对于腐蚀引起的管道失效评估,国际上应用较为广泛的是失效评估图技术(FAD)。1980 年,管线结构破坏失效事故引起了美国机械工程师协会(ASME)的关注,经过学者们试验研究,发表了 B31G 评价准则。后来经过各国专家们大量的实验,结果表明,该准则相对保守。双判据法的提出使得对含损伤缺陷结构的强度评估有了更好的预判,它主要通过弹塑性断裂力学分析,结合FAD,从弹塑性理论分析,考虑了塑性失稳因素,结合失效评定曲线,从两方面对结构剩余强度做了相对合理的分析。后来,针对B31G准则的不足之处,1989年,美国天然气协会的Kief-ner经过研究分析,对B31G准则做了三点修正,以上研究成果,对环境作用下结构静强度的确定有重要的指导意义。

目前国内对管道腐蚀缺陷安全评价时常用的方法标准和规范主要有ASME B31G-2012、API 579/ASME FFS-1-2016、DNV RP-F101-2015等。①ASME B31G2012仅根据缺陷的深度和长度评价含腐蚀缺陷管道在多大的运行压力下不会发生断裂,无法对复杂形状的腐蚀缺陷进行评价,得到的只是偏保守的半经验评价结果,因此适用于管材等级较低、服役年限较长的老旧管道的评价。②DNV RP F101-2015基于大量爆破试验获得的管道爆破和管材性质数据,建立数据库并利用三维非线性弹塑性有限元分析等方法,可进行单个缺陷、相互作用缺陷和复杂形状缺陷的评价,考虑了管道所受的轴向荷载和弯曲荷载,其评价结果保守程度低,适用于中高钢级别管道(可达X80)的评价,特别适合高强度、大口径海底管道的评价,但对于老管道应慎重采用此标准进行评价。③API579-1/ASME FFS1-2016将腐蚀缺陷分为均匀腐蚀、局部腐蚀和点蚀3个类型,并给出了各类腐蚀缺陷的具体评价方法,评价结果针对性更强、更加准确。

对于腐蚀对管道结构的损伤方面的研究除了上面讲述的失效评估,还有管道剩余寿命的评估。在剩余寿命评估时,管道的腐蚀参数一般具有随机性,因此剩余寿命评估很多学者从可靠性的角度进行研究。腐蚀管道的剩余寿命可以根据目标可靠度和可接受的失效概率确定。可靠性评价的关键在于腐蚀失效极限状态函数的建立,考虑几何参数、环境参数、荷载参数的随机性,通过抽样分析,建立管道腐蚀失效的极限状态函数。在腐蚀模型建立的时候可建立二维、三维分析模型,腐蚀类型可分析均匀腐蚀、点蚀等,考虑腐蚀速率的影响,一般是通过腐蚀监测获得腐蚀参数的大小。考虑随机参数的随机抽样方面,也有一些抽样方法,如传统抽样法、B-Box选点法,以及其他改进的选点法等;在极限状态函数已知的情况下,常见的可靠度计算方法有一次二阶矩法和改进的一次二阶矩法等。状态函数为非线性或者无明显表达式的情况下,采用蒙特卡洛方法可以有效地计算出失效概率。标准的蒙特卡洛法虽然能准确预测复杂系统的可靠性,但是计算工作量过大。因此,有学者对蒙特卡洛法进行了改进,新方法有效降低了结构可靠性计算过程中的工作量。

3.3　腐蚀管道智能化检测与防控技术

针对油气管道腐蚀防控技术方面的研究,目前主要有如下成果:①研发了系列咪唑啉衍生物与硫脲高效复配缓蚀剂,缓蚀率达95.1%;制备了Ni-W-Y_2O_3-ZrO_2纳米复合镀层,耐蚀性提高了1个数量级;形成了"缓蚀剂+纳米复合镀层"的内腐蚀防控技术。②提出了针对沿线环境复杂多变的长输管道阴极保护设计准则,研发得到基于改性石墨烯的环氧涂层,形成"阴极保护+改性涂层"的外腐蚀防控技术。③形成了高压交、直流干扰防控技术,解决了交流干扰腐蚀的问题。

油气管道腐蚀防控技术的研究存在以下难点:①管道内部流体介质的理化性质、环境等因素显著影响缓蚀剂的效果,导致缓蚀剂难以适应内部复杂流体的变化。②制备的内腐蚀、外腐蚀防护涂层,其机械性能、抗老化性能、抗阴极剥离性能等不佳,难以起到长时间的保护作用。③虽然高压交流腐蚀在一定程度上得到缓解,但是高压直流干扰防控技术仍然停留在概念上,并未进行大规模现场试验。

针对管道智能化腐蚀防控技术方面的研究,目前主要技术成果及难点:①管道智能阴保桩已在国家管网集团西南管道公司、西部管道公司等得到应用,然而监测的数据基本是阴保电流、电位的数据,与腐蚀密切相关的管道应力、管中电流、交直流杂散电流、防腐层绝缘电阻率、土壤关键性腐蚀离子等尚未纳入监测范围。管中电流测试、应力检测等设备,在测试精度以及可靠性方面与国外都有较大差距。②国家管网集团北京管道有限公司、西部管道有限公司、西南管道有限公司等基于PIS系统,构建了基于大数据的管道内检测管理框架。然而,他们的研究仅仅是针对管道内检测数据,数据对象以及量级远未达到管道腐蚀大数据的需求,形成的内腐蚀预测模型也不能应用于复杂环境的腐蚀预测。③我国油气管道腐蚀防护系统的智能化管理体系还尚未成型。

4　总结与展望

油气管道腐蚀机理研究已经取得了一定进展,但也存在一些不足,主要体现在:①目前对于腐蚀机理的研究主要以理想溶液环境体系为主,对于非理想溶液的研究还很有限。②在腐蚀机理方面,虽然已经有研究表明还原是主要的阴极反应,但还存在较大争议,同时CO_2是否直接能参与阳极反应也尚不清楚。③迄今为止,国内外对机理模型的研究大多数是建立在单一电化学腐蚀作用下,没有考虑到管道中的复杂流动问题。未来需要对非理想溶液状态下的腐蚀机理进行深入研究,研究流动对腐蚀的影响和腐蚀产物膜的生长机制,进而结合冲蚀模拟和腐蚀产物膜生长模型判断腐蚀产物膜失去保护性的临界条件。腐蚀对结构的影响标准和规范都有一定的适用范围和局限性,未来需要建立完善的标准和规范体系,工程人员可以按照所需的评价准确度和具体要求合理选择评价标准。④油气管道焊缝腐蚀开裂机理研究方面,目前的实验研究未能综合考虑焊缝缺陷、复杂应力和剥离涂层的影响,模拟研究也未能考虑剥离涂层下腐蚀性介质的迁移以及焊缝缺陷的影响。因此,考虑剥离涂层下腐蚀性介质的迁移以及焊缝缺陷的影响对油气管道焊缝腐蚀开裂机理研究极为重要。

　　油气管道腐蚀防控技术在一定程度上解决了管道内外腐蚀的问题,但是均存在环境适应性差的缺陷,现场应用效果欠佳,不能满足管内流动状态及外部环境复杂多变条件下的防腐要求,研发新型缓蚀剂、新型防腐涂层仍是后期努力的方向。同时,我国管道智能化腐蚀防控技术水平还不高,亟须围绕智慧管网建设目标,研发管道腐蚀防护智能化监测关键设备,以及管道腐蚀感知与交互控制系统,为管道腐蚀防控提供智能分析和决策支持,实现管道腐蚀防控的可视化、智能化管理。

主要参考文献

[1] 任雲.油气采集储运中的腐蚀现状及典型案例[J].化工管理,2014,000(027):89-93.

[2] 韩玮男.长输油气管道建设的安全设计研究[J].石化技术,2016,000(001):253-258.

[3] 狄彦,帅健,王晓霖,等.油气管道事故原因分析及分类方法研究[J].中国安全科学学报,2013,000(07):109.

[4] Zeng L,Zhang G A,Guo X S. Erosion-corrosion at different locations of X65 carbon steel elbow [J]. Corrosion Science,2014,2(85):318-330.

[5] Manikandan R,Babu S,Murali M. A study of corrosion enhanced erosion in Nickel Aluminium Bronze with Niobium and Yttrium [J]. Materials Today:Proceedings,2019,5(1):23-27.

[6] 孙今勃.油气集输管道的腐蚀机理与防腐技术研究进展[J].全面腐蚀控制,2017,31(01):58-59+75.

[7] Kahyarian A,Nešić S. A new narrative for CO_2 corrosion of mild steel[J]. Journal of the Electrochemical Society,2019,166(11):3048-3063.

[8] Zhang H ,Lan H Q . A review of internal corrosion mechanism and experimental study for pipelines based on multiphase flow[J]. Corrosion Reviews,2017,35.

[9] Askari M ,Aliofkhazraei M ,Afroukhteh S . A Comprehensive Review on Internal Corrosion and Cracking of Oil and Gas Pipelines[J]. Journal of Natural Gas Science and Engineering,2019,71:102971.

[10] Fu A Q,Kuang X R,Han Y,et al. Failure analysis of girth weld cracking of mechanically lined pipe used in gasfield gathering system [J]. Engineering Failure Analysis,2016,68:64-75.

撰稿人:张玉[中国石油大学(北京)]　李自力[中国石油大学(华东)]

管道内流体和外部环境作用下管道损伤机理及防护技术

Pipeline damage mechanism and protection technology under the action of fluid in pipeline and external environment

1 科学问题概述

油气管道长时间服役后,因管道内流体、外部环境的作用导致失效,进而引发油气泄漏,不仅对环境造成破坏,而且可能引发火灾爆炸,造成人员伤亡。管道内流体和外部环境作用下管道损伤机理及防护技术的研究与应用,对于保障油气管道安全生产及公共安全具有重要意义。

管道损伤主要有腐蚀、氢致开裂、断裂、疲劳、屈曲变形等形式。多年以来,国内外学者已对管道损伤机理与防护技术研究多年,形成了许多成果,但时至今日,管道的损伤机理与防控体系仍不完善,总的来说有以下几大瓶颈:①多相流管道的冲蚀机制不明确,缺乏准确的预测模型:多相流场下泥沙颗粒运动随机性大,冲击角度和速度变化范围大,与管壁之间同时存在碰撞、滚动、滑动等多种接触方式。与气固或液固两相流冲蚀对比,泥沙颗粒在多相流场下的运动轨迹、冲击方式以及冲蚀机理都有很大差别。因此,如何有效追踪多相流场下泥沙颗粒轨迹,尤其是近壁面颗粒运动特征,如何预测湍流对颗粒运动影响。以及在气-液-固体颗粒-管壁多向耦合的体系中,管道的冲蚀机制是什么,如何建立预测模型是含泥沙颗粒多相流冲蚀研究亟待解决的问题。②管道内流体和外部环境多因素耦合作用下腐蚀机理与防控技术缺失:现有的腐蚀理论研究对象大多为管内流体介质、外部土壤环境、防腐层损伤、杂散电流等单一腐蚀性环境,缺乏对上述复杂因素综合作用下腐蚀损伤演化机制的深入探究,导致现有埋地管道腐蚀机理难以为管道的有效腐蚀防控提供理论支持;传统的缓蚀剂、防腐涂层、阴极保护等腐蚀防控技术存在环境适应性差的缺陷,现场应用效果欠佳,不能满足复杂环境多变条件下的防腐要求;目前各类腐蚀防控决策方案的制定仍主要采取人为决策方式,制定周期长,且主要依赖于个人认知水平,不能满足现阶段管道智能化、智慧化发展的需求。③高强钢氢致开裂理论存在争议,尚无完善的高强钢止裂技术:长输管道所处环境复杂,不同位置管道所在地区的气温与地理条件等外在因素差异性极大,尚无研究可定量描述温度和缺陷力场共同作用下氢原子的运移规律与平衡浓度;氢原子对位错发射、相变、开裂这三种应变能释放行为的影响机制,以及导致释能行为转变的氢原子浓度值目前尚不明确,氢原子作用于断裂模式的变化机理及变化浓度等问题目前尚无定论;基于氢扩散动力学的裂纹扩展预测模型仍缺失,尚无完备的高强钢止裂理论与技术。④高强钢焊接、复杂地理环境下管道可靠性评价仍存在诸多问题：高钢级油气管道的焊接残余应力控制与延性断裂预测技术缺失，焊接残余应力调控和蠕变强度设计理论仍存在瓶颈问题；地质灾害下管道受力状态难以确定，缺乏地质灾害、近浅海等复杂地质区域模型，难以对复杂条件下管道安全性进行定量判定，尚无完善的复杂环境下管道断裂控制方案。

综上可知，当前管道的损伤机理与防控体系仍不完善，多因素耦合作用下管道损伤机理缺失，传统腐蚀防控技术在现场复杂环境下易失效，管道氢致开裂、断裂、屈曲变形控制理论尚未完全形成，亟须围绕复杂损伤演化机制、新型/智能防控技术等目标解决管道损伤领域的重大科学与技术问题，保障油气管道安全生产及公共安全。

2　科学问题背景

管道运输是国民经济五大运输方式之一，是现代综合交通运输体系和现代国民经济体系的重要组成部分。21 世纪以来，我国油气管道行业发展迅猛。随着油气管网运营机制改革，我国主要油气管道实现并网运行后，油气管道里程在"十四五"期间还将快速增长。根据国家《中长期油气管网发展规划》，到 2025 年，油气干线长度将达到 24 万 km。但是，随着管道使用年限增加，管道内流体、外部环境的作用导致管道失效风险增加，将直接威胁管道的安全运行。

2021 年 3 月 13 日，《中华人民共和国国民经济和社会发展第十四个五年规划和 2035 年远景目标纲要》发布，将氢能与储能列为前瞻谋划的六大未来产业之一。各省也根据当地的实际资源禀赋，在陆续发布的"十四五"规划中给定了氢能发展的路径。其中，氢能的安全存储和运输是制约氢能使用的重要问题，高压输氢中的氢脆问题是制约氢能安全配输的卡脖子问题。

管道腐蚀、氢脆、断裂等损伤导致的油气泄漏不仅污染环境，而且可燃性气体的扩散及火灾爆炸等衍生灾害会造成重大的经济损失及人员伤亡。例如，2013 年 11 月 22 日，位于山东省青岛市经济技术开发区的某输油管道因腐蚀穿孔导致大量原油泄漏，导致海域污染并引发爆炸事故，造成 62 人死亡、136 人受伤。2017 年 7 月 2 日，中石油天然气输气管道贵州省黔西南州晴隆县沙子段，因持续强降雨引发边坡下陷侧滑，挤断输气管道，引起泄漏燃爆，造成 8 人死亡、35 人受伤。

因此，随着我国油气管道的大规模建设，管道内流体和外部环境作用下管道损伤机理及防护技术的研究已成为关系国家经济社会发展及国家公共安全的全局性、战略性问题。

3　科学问题研究进展

针对管道的损伤机理与防控体系仍不完善，多因素耦合作用下管道损伤机理缺失，传统腐蚀防控技术在现场复杂环境下易失效，管道氢致开裂、断裂、屈曲变形控制理论尚未完全形成等问题,采用理论分析、实验研究、数值模拟与现场试验相结合的方法,主要开展以下几方面的工作:多相流管道冲蚀损伤机理与预测模型,复杂因素下埋地管道腐蚀机理与新型防护技术,管道氢致失效微观机理及控制技术,以及管道断裂机理及可靠性研究。

3.1 多相流管道冲蚀损伤机理与预测模型

目前已有的研究在耦合作用中仅考虑了流体流速的影响,均未考虑流动形态和流动特征(湍流)的作用,而流动的影响在多相流冲刷腐蚀中起到较为关键的作用,其内在机理目前仍不清楚。这主要是由于多相流冲刷腐蚀过程中,流体流动形态和流动特征复杂多变,无论是实验研究还是数值模拟均存在较大难度。此外,目前国内在工业多相流工况下,管道及过流部件的冲蚀腐蚀测量与实验技术上仍然存在短板,实验技术单一,数据处理方法简单,无法适应流动状态与冲刷腐蚀多因素综合作用下材料冲刷腐蚀特性的在线监测与评价。可靠的冲刷腐蚀预测模型缺乏,无法为多相流工业系统材料的安全监测、寿命预测评估、安全运行特性分析及优化控制、状态诊断等提供理论和数据支撑。由于多相流冲刷磨损问题涉及多学科交叉,因此应采用实验方法与数值模拟相结合的技术路线进行研究,对复杂多变的流动形态和流动特征的研究可采用数值模拟方法,对冲蚀腐蚀的测量可采用实验方法,应用高速摄像系统、层析成像系统、多源信号传输与处理系统、在线电化学测量系统等,同时辅以数值计算对贴壁处流场和颗粒场进行分析,最后获得材料冲刷腐蚀特性并提出相关的预测模型。

基于计算动力学方法,采用弹塑性材料模型和 Johnson-Cook 失效模型进行单颗粒冲击过程的 3D 有限元建模,研究不同泥沙颗粒形状、旋转和撞击速度、角度等参数对靶材料表层应力场、应变场、位移场、冲蚀坑形态以及材料剥离的影响,揭示泥沙颗粒冲击下金属表面的微观变化。考虑多个颗粒连续冲击的累积损害,分析撞击坑不同位置以及重复撞击区的应力、应变规律,研究表面加工硬化层、表面残余应力分布的影响,深入分析长期冲蚀过程中金属材料表面微区受到的多轴非对称应力产生的非弹性变形累积现象对冲蚀行为的影响,揭示泥沙颗粒冲击下金属表面的损失机制。结合直接冲击实验研究,建立金属表面损失预测模型。对比颗粒直接冲击过程,建立颗粒滚动和滑动接触过程的有限元模型,并分析关键影响因素,研究颗粒不同运动状态下接触表层应力-应变场演变特征,深入分析颗粒滚动、滑动状态下的冲蚀机制,建立颗粒不同运动状态下的冲蚀磨损准则。

3.2 复杂因素下埋地管道腐蚀机理与新型防护技术

针对复杂因素下埋地管道腐蚀、冲蚀机理与新型防护技术方面的研究,目前主要有如下成果:①定量分析了管道尤其是弯管内壁不同局部区域腐蚀、磨损以及其交互耦合作用在损伤中的贡献,明确了流体动力学和腐蚀动力学耦合作用下管道尤其是弯管内腐蚀的损伤机制,揭示了不同局部区域内腐蚀磨损演变机制。②明确了土壤腐蚀的主要因素,建立了土壤腐蚀速率精确预测模型,开发了土壤腐蚀性评价软件,构建了点蚀坑生长 CA 模型,实现了土壤腐蚀速率的准确预测及管道局部损伤的定量描述。③研发了系列咪唑啉衍生物与硫脲高效复配缓蚀剂,缓蚀率达 95.1%;制备了 Ni-W-Y$_2$O$_3$-ZrO$_2$ 纳米复合镀层,耐蚀性提高了 1 个数量级;形成了"缓蚀剂 + 纳米复合镀层"的内腐蚀防控技术。④管道智能阴保桩已在国家管网集团西南管道公司、西部管道公司等得到应用,阴极保护智能化管理系统也在国内一些大型的油气管道运营公司,如中缅线、西气东输二线等进行了应用,但基本都处于试应用的阶段。

3.3　管道氢致失效微观机理及控制技术

针对管道氢致失效微观机理及控制技术方面的研究,目前主要有如下成果:①揭示了应力/温度变化对氢原子在位错、晶界、孔洞、裂纹等缺陷处扩散与聚集规律,量化了应力/温度与氢原子扩散率及缺陷处饱和氢浓度的对应关系,获得了最短时间内使裂尖应力集中区达到氢饱和状态的温度阈值。②定量研究了不同氢原子浓度下裂尖及晶界处层错能、相变能、自由表面能的变化规律,得到了应变能与位错发射、晶格相变、组织开裂等行为之间的内在关系,揭示了氢原子浓度对管线钢应变能释放行为的影响机理。③量化了氢原子浓度与晶界空隙膨胀度之间的对应关系,探索了裂纹发展到晶界时因氢致晶界变化而表现出的穿/沿晶转换机制,得到了不同基体氢浓度下管线钢断面处穿/沿晶断裂分布规律。④建立了氢扩散动力学的裂纹扩展模型,预测了不同应力范围的定循环荷载、温度、氢原子浓度下的裂纹扩展速率,获得了针对管线钢的模型修正因子,提出了针对不同管材的模型修正方法。

总体上,已有大量研究定性描述了氢原子在温度和应力影响下的聚集与扩散行为,然而尚无研究可定量描述温度和缺陷力场共同作用下氢原子的运移规律与平衡浓度。氢原子的聚集状态决定了管线钢内应变能的释放行为,然而氢原子对位错发射、相变、开裂这三种应变能释放行为的影响机制,以及导致释能行为转变的氢原子浓度值目前尚不明确,氢原子作用于断裂模式的变化机理及变化浓度等问题目前尚无定论。不解决以上问题,便无法准确预测管线钢氢致开裂速率,这制约管线钢剩余寿命的预测及止裂技术的发展。

3.4　管道断裂机理及可靠性研究

针对管道断裂机理及可靠性方面的研究,目前主要有如下成果:①形成了扩散-相变-蠕变-热弹塑性耦合的高钢级油气管道残余应力计算模型,发明了残余应力中子衍射测试技术以及基于残余应力调控的焊接制造工艺,解决了抗残余应力开裂制造准则缺失的难题。②开展了全尺寸管道断裂试验方法研究与试验装置研制,解决了小尺寸试样无法提供大范围塑性变形区的问题。③数值模拟了管道动态断裂过程,建立了临界 CTOA 计算模型,形成了基于 CTOA 断裂失效准则的含裂纹管道极限压力预测模型。④针对变形管段安全裕度评判技术难题,开创性地将声弹性理论应用于油气管道在线双向应力测量,研制了多功能一体化的超声应力测量装置,时间测量精度 0.1ns,应力精度 20MPa。⑤针对管道布置有限个应变监测点无法评估整段管道安全状态的现状,编写了由监测数据驱动的动态管道应力(应变)计算的有限元仿真引擎,实现了有限个监测点可评价整段管道的安全技术。

总体上,高钢级油气管道的焊接残余应力控制与延性断裂预测技术还不完备,焊接残余应力调控和蠕变强度设计理论仍存在瓶颈问题;地质灾害下管道受力状态难以确定,缺乏地质灾害、近浅海等复杂地质区域模型,难以对复杂条件下管道安全性进行定量判定,尚无完善的复杂环境下管道断裂控制方案。

4　总结与展望

综上所述,当前管道的损伤机理与防控体系仍不完善,多因素耦合作用下管道损伤机理缺失,传统腐蚀防控技术在现场复杂环境下易失效,管道氢致开裂、断裂、屈曲变形控制理论尚未完全形成,因此,未来研究趋势及发展方向主要有:

(1)探究多相流管道冲蚀损伤发生的机理,建立多相流中颗粒运动规律和分布特征模型,建立基于 CFD 的多相流冲蚀预测模型,形成多相流管道防冲蚀设计准则。

(2)揭示复杂因素作用下埋地油气管道的腐蚀机理;研发新型缓蚀剂、纳米复合镀层、超疏水/自修复防腐涂层;研发腐蚀智能防控技术。

(3)完善高强钢氢致开裂理论体系;建立基于氢致失效的管道剩余寿命预测模型;研发高压临氢环境金属结构氢损伤防控技术。

(4)发明油气管道焊接残余应力调控工艺;研究地质灾害、近浅海等环境下管道断裂、疲劳、屈曲行为及安全评价方法;研发复杂环境下管道断裂控制方案。

主要参考文献

[1] Tarodiya R, Levy A. Surface erosion due to particle-surface interactions - A review[J]. Powder Technology,2021,387:527-559.

[2] Heidary R, Groth K M. A hybrid population-based degradation model for pipeline pitting corrosion[J]. Reliability Engineering and System Safety,2021,214:107740.

[3] Yu M, Xing X, Zhang H, et al. Corrosion fatigue crack growth behavior of pipeline steel under underload-type variable amplitude loading schemes[J]. Acta Materialia,2015,96:159-169.

[4] Xing X,Cheng R,Cui G,et al. Quantification of the temperature threshold of hydrogen embrittlement in X90 pipeline steel [J]. Materials Science and Engineering：A, 2020, 800：140118.

[5] Hou J,Kong X S,Wu X,et al. Predictive model of hydrogen trapping and bubbling in nanovoids in bcc metals[J]. Nature Materials,2019,18：833-840.

[6] Yang S Q,Zhang L B,Fan J C,et al. Experimental study on erosion behavior of fracturing pipeline involving tensile stress and erosion prediction using random forest regression [J]. Journal of Natural Gas Science and Engineering,2021,87,103760.

[7] Han P H,Chen P,Yuan S,et al. Characterization of ductile fracture criterion for API X80 pipeline steel based on a phenomenological approach [J]. Thin-Walled Structures,2021, 164,107254.

[8] Venkataramana B,Jeevitha M,Praveen V,et al. Ultra-thin multilayered erosion resistant Ti/ TiN coatings with stress absorbing layers [J]. Applied Surface Science, 2019, 478： 872-881.

[9] Deliwala A A,Peter M R,Yerramalli C S. A multiple particle impact model for prediction of erosion in carbon-fiber reinforced composites[J]. Wear,2018,406-407：185-193.

[10] Cao X,Fu C,Xie Z,et al. Simulation and experimental study on the surface morphology and energy lost of the target material under non-overlapping impact of angular particles [J]. Chinese Journal of Chemical Engineering,2020,29：47-56.

撰稿人：李自力[中国石油大学(华东)]　　曹学文[中国石油大学(华东)]

赵彦琳[中国石油大学(北京)]

管道阀门空蚀损伤机理及防护

Cavitation-damaged mechanism and protection in pipelines

1　科学问题概述

随着管道输送介质向易汽化介质发展,管道阀门容易产生空化空蚀,且成为制约管道阀门安全稳定运行的一个主要因素。空蚀是指流体在局部低压区,当压力小于液体的饱和蒸气压时,液相汽化并伴随着气泡的产生溃灭,在溃灭过程中将产生局部高压并伴随着射流冲击波。如果液流中不断产生空泡并在固体壁面附近频频溃灭,壁面就会遭受巨大压力的反复冲击,从而引起材料的疲劳破损甚至表面剥蚀,形成空蚀,同时还将伴随着噪声和振动现象的产生。空蚀现象广泛存在于管道阀门,如阀门截流、管道结构改变或旋涡等造成的局部低压使液相汽化。若不能对其进行准确预测并加以防护,会对管壁产生强烈的空蚀破坏,产生泄漏、爆炸等危险事故,导致经济损失和环境污染。

国内外学者对管网系统内的空化问题已进行大量研究,包括开展阀门空化流动特性和可视化实验,以及通过计算流体力学方法(CFD)模拟空化的产生溃灭机理等,取得了一系列研究成果。但是这些预测结果往往只能从宏观上反映空化流动形态演变规律,对空泡溃灭及微射流的捕捉与实际结果往往存在较大差距,这是因为微气泡的尺度较小,现有的实验和数值计算方法难以捕捉微小尺度的空泡运动行为,同时也难以捕捉尺度同样较小的微射流现象。此外,空泡溃灭产生的微射流速度可达300m/s以上,这对于现有数值计算方法也产生了极大挑战。

目前针对空化的研究除实验外,往往采用多相流及相间传质的方法对空化相变过程进行预测,得到气相的体积分数分布,这种方法通常只能在宏观上提供有限的信息,即使对空化造成的空蚀破坏进行计算,也无法从本质上揭示空化造成的空蚀破坏机理。目前,针对空蚀问题,现有的理论模型仍存在以下亟须解决的关键问题:①深入研究易汽化介质运输过程中的空蚀机制:a. 研究不同介质的空化流动特性,揭示空泡溃灭对材料表层应力场、应变场、空蚀坑形态以及材料剥离的影响及内在机理。研究空化泡群尺度特征及其演变规律,揭示空化流场速度场、压力场多尺度结构特性,分析空泡尺度与空蚀的内在关联机制。b. 针对空蚀破坏特性开展实验研究,分析空化过程中金属材料表面受到的应力和应变规律,研究表面加工硬化层、表面残余应力分布的影响。②管道阀门中空化空蚀预测方法研究:a. 建立介质空化流过程的流体动力模型,开展管道阀门仿真分析,准确预测管道阀门空化位置和空化程度,揭示多尺度空化流动特性及机理,提出管道内空化风险区,揭示管网系统空化产生机理。b. 基于上述空蚀破坏机理实验结果,开展模型验证研究,优化数值计算方法,提出空蚀破坏的定量表征及预测方法,开展基于空蚀破坏的管道阀门寿命分析及预测。③管道阀门中空蚀防控方法研究:a. 基于管道阀门仿真结果,开展优化设计和空化抑制防控措施研究,通过全流场和过流部件结构优化设计,抑制空化风险区的形成,有效防止管道空蚀破坏。b. 研究表面材料改进措施,根据韧性与硬度两个影响材料表面性能的主要指标,从微观层次分析分子间化学键的重组对涂层基体材料改性的影响。结合物理气相沉积法等方法制备作用于多相流管道内壁弯管处的防空蚀涂层。通过改性纳米碳化钨超音速喷涂技术研究,提高材料表面的韧性和硬度,有效降低管道阀门的空蚀破坏,提高管道阀门寿命。

该研究对深入认识和把握易汽化介质运输过程中空化空蚀的特殊机理和规律、预测和控制液相介质空蚀后果、完善管道阀门液相介质空化多相流理论、空蚀理论以及减缓空蚀对管道内壁的损伤程度具有重要科学意义。

2　科学问题背景

管道阀门空化空蚀机理复杂,与多相流体力学、气泡动力学、传热传质、接触力学、摩擦学、材料力学等学科密切相关。空化空蚀问题已逐渐发展成为一个跨学科的研究领域。综合考虑管道内部空化泡产生溃灭机理、气液两相分布、气泡近壁运动特征以及空蚀机制,突破空化多尺度流动特性表征、空蚀破坏机理等关键科学问题,形成多尺度空化空蚀理论体系。对深入认识和把握空化空蚀的特殊机理和规律、预测和控制空化空蚀后果、完善存在相变的多尺度气液两相流理论体系具有重要的科学意义。

目前,工程上常见的防空蚀做法是提高压力、降低流速、增加管壁厚度或频繁更换管道,这些方法仅能起到临时防护和减缓空蚀的作用,并不能从根本上预防空化空蚀。此外,这些方法安全性差、效率低、不经济,已经成为提高液态介质管道完整性管理水平的"卡脖子"问题。因此,深入把握和认识空蚀机理、准确预测和控制管道空化和空蚀势在必行。相比目前常用的降低流速、增加管壁厚度等方法,基于空化空蚀机理的管道空化预测方法和空蚀风险评估准则可以预测管道空蚀发生的位置和空蚀程度的更多细节,效率更高,精度更高,花费更少。且可为管道阀门的设计建造、高效运行和管理维护提供必要的指导,对液态介质输送管道阀门的安全运行有很强的现实意义。

3　科学问题研究进展

3.1　空蚀损伤机理研究

首先,针对单空泡壁面冲击过程开展实验研究。同时,基于计算流体动力学方法,建立单空泡空化空蚀预测模型对管道中的空蚀现象进行研究。研究不同空泡大小、壁面距离等参数对靶材料表层压力场、速度场、空蚀坑形态以及材料剥离的影响,揭示单空泡冲击下金属表面的微观变化。

考虑多个空泡连续冲击的累积损害,对比分析空蚀坑的位置、深度以及材料表层压力场、速度场的变化规律,深入分析长期空蚀过程中金属材料表面微区受到多轴非对称应力产生的非弹性变形累积现象对空蚀行为的影响,揭示多空泡冲击下金属表面的损失机制。结合单空泡壁面冲击实验研究,建立金属表面的空蚀预测模型。

对比空化可视化结果,建立单空泡射流和壁面冲击过程数值计算模型,并分析关键影响因素,研究空泡不同运动状态下接触表层应力-应变场演变特征,深入分析空化状态下的空蚀机制,建立不同参数下空泡壁面空蚀破坏准则。

3.2　管道阀门空化空蚀预测分析

基于对空蚀过程金属表面损失机制的深入分析,结合宏观空蚀实验结果,量化空泡特征、运动参数以及运动状态等关键因素的影响,建立多参数影响的空蚀预测模型。并结合多相流场数值计算模型、空泡运动状态模型,建立多尺度空化流预测模型和空蚀预测模型。

管道内部汽液相流动特征直接影响压力场的分布以及管道的空蚀行为,研究三者之间的关系对于揭示多相流空蚀机理至关重要。基于对多相流动的深入分析,研究管内不同位置多相流流动特性以及空泡的分布特性,分析空泡分布对空蚀特性的影响。

通过实验以及数值模拟量化不同流动状态的空化流动特性和空蚀速率,获取阀门、弯管处等的空蚀形貌特征,研究气液相分布、空泡运动轨迹与空蚀形貌的关系。使用可拆卸的空蚀测试弯管,实现弯管不同位置处空蚀形貌及空蚀量的测量,并验证多相流场中的空蚀预测模型。实验研究空化状态下空泡对不同微区空蚀的影响以及不同流动条件对管道空蚀过程的影响,实验分析参数包括材料特性和流体特性参数,如流体流速、介质温度、管网压力等。

单个空泡的信息(速度、大小、生长溃灭速率)对深入了解空泡运动过程十分重要。利用空泡界面捕捉模型和离散气泡模型耦合的方法,通过计算相间交换物质动量和能量实现离散气泡和连续相的相互耦合,采用拉格朗日轨迹追踪模型空泡的运动状态,建立多尺度空泡离散-连续混合模型,对管道中液相流场和空泡的运动过程进行多参数的数值模拟,研究多尺度空泡的运动规律和分布特征,实现空化流场的准确预测以及管道三维空蚀形貌预测,并研究多种湍流模型以及近壁边界层处理方法对空蚀预测精度的影响。

3.3 空蚀防护研究

针对难以避免的管道空化区,开展材料表面性能优化研究。其中,韧性与硬度是两个影响材料防空蚀的主要指标。依据材料科学基础学方法,通过分析涂层应用环境和材料的物理化学性质(可逆共价键、非共价键或分子扩散),利用分子间化学键的重组和官能团的反应的方式,平衡材料韧性与硬度的物理性质,达到改良耐磨涂层基体材料的目的。

采用抗空蚀性能更好的材料是减缓管道空蚀损伤的最有效方法之一。但受经济成本及其他设计要求的制约,在不改变材料的情况下,通过分析管内空蚀分布,结合其压力场、速度场的变化规律,分析造成空蚀破坏的最主要因素,从而建立空蚀分布与设计参数之间的对应规律,进而筛选出弯管的最优设计参数,开展基于空化空蚀预测的管道过流部件优化设计,特别是针对局部低压区开展结构优化,防止液态介质空化,最终实现对管道阀门抗空蚀性能的有效提升。

4 总结与展望

综上所述,研究主要围绕上述三种基础科学问题展开。以此探究液体输送管道阀门空蚀损伤发生的机理,建立多尺度空化模型研究空泡运动规律和分布特征,建立基于CFD的多尺度多相空化空蚀预测模型,形成液体输送管道阀门防空化空蚀设计准则,最终达到无空化管网设计和建造,提高液体输送管道的安全性高效性和经济效益。

(1)开展空泡壁面冲击实验,研究不同空泡大小、壁面距离等参数对靶材表层应力场、冲击坑形貌以及材料剥离的影响,揭示空泡溃灭射流冲击金属材料表面的微观变化过程,进而研究多空泡连续冲击造成的累积损害,分析表面加工硬化和残余应力的影响。

(2)基于管道阀门空化流特征和气泡动力学特性以及射流冲击对靶材的应力应变影响,采用多尺度多相流计算方法建立空泡界面和离散气泡耦合多尺度空化和空蚀预测模型,对管内汽液相分布、气泡运动状态和管道阀门空蚀形貌进行研究。

(3)通过碳化钨纳米超音速喷涂技术等,改变材料表面性能,防止空蚀产生。分析涂层应用环境和材料的物理化学性质,利用分子间化学键的重组和官能团反应的方式,优化耐磨涂层基体材料,提高管道阀门抗空蚀性能。

主要参考文献

[1] Philipp A,Lauterborn W. Cavitation erosion by single laser-produced bubbles[J]. J. Fluid Mech,1998,361:75-116.

[2] Hammit F G. Observations on cavitation damage in a flowing system[J]. Basic Eng, 1963, 85(3):347-356.

[3] Vogel A,Lauterborn W. Acoustic transient generation by laser-produced cavitation bubbles near solid boundaries[J]. Acoust. Soc. Am,1988,84(2):719-731.

[4] Dular M,Stoffel B,Sirok B. Development of a cavitation erosion model[J]. Wear,2006,261 (5-6):642-655.

[5] Dular M,Pozar T,Zevnik J,et al. High speed observation of damage created by a collapse of a single cavitation bubble[J]. Wear,2019,418-419:13-26.

[6] Fortes-Patella R,Reboud J L. A new approach to evaluate the cavitation erosion power[J]. ASME J. Fluids Eng,1998,120(2):335-344.

[7] Fortes-Patella R,Challier G,Reboud J L,et al. Energy balance in cavitation erosion:from bubble collapse to indentation of material surface[J]. ASME J. Fluids Eng. ,2013,135 (1):011303.

[8] Tomita Y,Shima A. Mechanisms of impulsive pressure generation and damage pit formation by bubble collapse [J]. J. Fluid Mech. ,1986,169(1):535-564.

[9] Tinguely M,Obreschkow D,Kobel P,et al. Energy partition at the collapse of spherical cavitation bubbles [J]. Phys. Rev. E,2012,86:046315.

[10] Usta,E. Korkut. Prediction of cavitation development and cavitation erosion on hydrofoils and propellers by detached eddy simulation[J]. Ocean Eng,2019,191:106512.

撰稿人:朱祖超 (浙江理工大学)

天然气管道高效清管机理及清管器动力学研究

Study on high efficiency pigging mechanism and pig dynamics of natural gas pipeline

1 科学问题概述

长输管道中的天然气往往夹杂着 H_2S、CO_2 等酸性气体,一旦气体中混有游离水,内壁没有涂层的管道材料会与游离水、酸性气体以及管道微生物发生反应,生成腐蚀性黑粉。黑粉一般会散落于管道内或者黏附于管壁上,它的存在会损伤清管器、腐蚀管内检测装置、阻塞阀门、减少有效流通面积,甚至损坏管道终端的燃料供应装置。

采用清管器进行清管作业已成为长输天然气管道清管的主要方式。当前,针对清管器在具体实际工况下的清管机理和效率等问题研究较少,缺乏实际管线基础下的理论分析。由于实际环境复杂多变,清管器实际运行过程中存在卡堵、清管效率低等问题,严重时甚至出现解体情况,严重降低了管道运输的经济效益,威胁了管线输送安全。

2 科学问题背景

我国油气管道横贯东西、纵穿南北的运输网络格局大致已定,大口径、长距离的输气管道已经遍布东北、华北、华东、西南等广大地区。管道跨越陆地、海底,地形复杂,一旦出现事故,会给生产与生活带来极大的不便。随着管道投入运营时间的增加,管道会出现各种各样的问题影响运输,管道在传输液体、气体的过程中,由于受环境温度、压力的影响,运输介质的物理、化学特性产生变化,在管道内形成油垢、水垢,减小管道有效通过面积,导致运输效率下降,而高效清管技术将大大降低管道公司运营成本,增加收益。

清管器需要清除的是管道建设过程中遗留的少量焊渣、铁屑、焊条棒、游离水等杂质,以及大量黑粉。清管器运行过程中与管内输送介质以及外界多变环境的复杂多场动态耦合是影响清管效率和清管器自身振动的重要因素。近年来,国内外相关学者对清管器在实际工况下的通过性、稳定性进行了广泛研究。

3 科学问题研究进展

1962 年,美国 Knapp 公司和 Girard 公司成功研发出清管器。清管器自此以后经过数年不断改进与创新成为目前最常用的清管工具。将清管装置投放到管道内,通过清管器在前进过程中其密封盘与管道内壁摩擦、刮削作用,或利用清管器周围泄漏的高压流体产生的冲击力,将沉积在管道底部的杂质、黑粉推出管外。常见的有泡沫清管器、芯轴清管器、射流清管器等。

近年来,许多学者对清管器在特殊管段的清管过程进行了深入研究,分析了清管器的适用性、清管效果等性能参数,研究了密封盘硬度、摩擦参数等对清管器动力学的影响,为清管器的优化设计和使用寿命的提高奠定了理论基础。

3.1 清管作业中高效清管机理

依靠传统清管球、泡沫清管器、芯轴清管器组合清理输气管道,其作业过程主要依靠密封盘或者其他结构进行清管,因此,密封盘与管壁之间的连续接触行为会对清管效果产生重要影响。对于橡胶皮碗,邵氏硬度、过盈量等参数不同时,其与钢质管壁的接触率及接触应力不同,同时对黑粉的剥离角度也不同;另外,对于不同橡胶皮碗类型,如分瓣式橡胶皮碗,其对黑粉等管壁附着物的剥离力也不同,因此,研究黑粉等管壁附着物机械剥离过程中橡胶皮碗、钢质管壁与黑粉三者表界面间的复杂动态接触作用,探索特定工况下多表面动态耦合接触作用下的复杂摩擦学行为及机理,可以为工业界中机械式高效清管提供必要的理论依据。

除了选择高效的清管工具,还要结合实际情况确定清管流程。不同清管器的清管能力以及投放次序不同,清理出的杂质、黑粉量也是不同的。每个阶段完毕都要查看收球筒和过滤装置中的黑粉数量,确保该阶段的清理作业完成质量。提出了不同清管器多阶段、每阶段多次清管的清管原则。整套清管方案包括三个阶段,按照清管器的清污能力由小到大依次是泡沫清管器作业、皮碗清管器作业、直板清管器(带钢丝刷、磁铁)作业。对整个作业流程进行分析:第一阶段投放泡沫清管器对管道通球性进行试验,通过泡沫清管器来验证管道是否存在几何大变形处;管道内黑粉在内壁附着顽固,壁面粗糙,对皮碗、直板磨损严重,故根据需要在第二、第三阶段的清管器上安装磁铁、钢刷等结构来辅助清管器清管。

清管器清管过程是一个动态的、时变的过程,管壁杂质产生的反作用力实时反馈到清管器的运动上,后方流体也会实时影响清管器的速度,从而影响清管器对管壁杂质的清除。通过控制清管器速度,使其能够更好地完成清管作业。

3.2　清管器卡堵力学

清管器实际作业过程中,清管器卡堵作为严重安全事故,其产生往往有以下原因:①弯头、三通等特殊管段造成清管器倾斜,进而卡堵;②管道凹陷变形严重造成卡堵;③管道内部存在大块异物或杂质过多,导致清管过程淤积,造成清管器卡堵。

清管器在管内通过弯头时,由于清管器本体骨架为刚性材料,当清管器设计过长或本体刚性骨架直径过大时,本体骨架可能卡堵在弯头处,对清管器与管道弯头的空间几何计算和干涉验证对避免卡堵具有实际工程意义。此外,密封盘作为一种非线性的弹性材料,其在弯头、三通等处,由于管道周向上受力及摩擦力变化不均,外加其自身的蠕变行为及弹性力学变化具有高度的复杂性和自由性,此时密封盘密封作用效果大打折扣,清管器无法通过密封盘获得足够的压差来进行驱动,进而造成卡堵。针对特殊管段这一工况,研究清管器密封盘的变形行为,探究密封盘自身非线性力学行为的变化,掌握不同设计参数对其密封效果的影响规律。长距离清管后,由于前方杂质较多或有大块异物,造成阻力增大,或者是密封盘与管道内壁磨损严重,推力不足,也会造成卡堵故障,对清管器的动态摩擦力进行研究,分析密封盘磨损以及杂质堆积后的阻力对清管器运动的影响。

目前对于清管器的卡堵研究仍较少,案例来源多为实际生产作业过程,缺乏理论指导及对卡堵原因的定量分析,对实际工况条件下的理论分析较少。

3.3　清管器动力学

清管器作为一种管道机械装备,由于其运行速度快、距离长、作业环境复杂等特点,其自身的动力学行为对其清管效果、工作寿命都有较大影响。在长期撞击、振动后,清管器结构容易损伤,严重时甚至会发生解体,威胁管道运输安全。

清管器在运行过程中,自身处于管内流体介质、管道、管外敷设介质的复杂耦合系统中,流体与清管器之间的流固耦合、弹性密封盘与管壁的动态接触都会对清管器的非线性动力学行为造成影响,特别是在通过环焊缝、弯头、陡坡等特殊管段时,多场耦合叠加造成清管器复杂振动,清管器的速度、加速度都会发生突变,产生幅值数十倍于稳定运行时幅值的振动响应,且当清管器通过特殊管段后迅速恢复至稳定运行状态,这一过程在实际作业时,可能周期重复多次。考虑清管器质心位置、尺寸、初速度、密封盘数量、密封盘间隔等设计参数对运行参数的影响,分析不同特殊管段条件周期激励下清管器本体前后端及质心处的振动响应影响规律。查清系统的非线性运动状态与振动幅值和振动强度的关系,以及可能出现的混沌现象的临界条件及系统通往混沌的途径。

掌握流体介质、清管器与管道相互耦合作用时清管器的非线性动力响应特性对清管器的优化设计及内检测作业质量的提升具有重要意义,是亟待解决的关键科学问题,探究清管器在流体介质作用下受到非周期及周期性连续瞬态激励时产生的非线性动力学特性,有助于正确指导管道机器人的设计及优化,提高其结构稳定性,延长管道机器人的服役周期,提高清管作业质量与效率。

4　总结与展望

综上所述,清管器作为清管作业的主要装备之一,其广泛使用在日常清管作业中。清管器在实际清管作业中也暴露出了许多安全问题,针对具体问题的研究相对较少,大多数仍停留在利用工程经验处理阶段,缺乏理论指导。

(1)现有的大多数清管器在流固耦合过程中仍是以理想流体条件为基础,而现实工况下复杂的流体状态,管内的多相流状态都会影响清管器在管内的运动状态,进而影响清管作业效果,因此,考虑多相流等复杂流体状态下的流体计算仍有待发展。

(2)针对清管器卡堵这一问题研究较少,多数研究集中在尺寸设计防卡堵上,对于密封盘引发的卡堵缺乏相应理论指导,密封盘在管道内部的受力变形情况较为复杂,不同的特殊管段对其影响较大。

(3)清管作业时,清管器自身的动力学行为也会对清管效果、使用寿命产生影响,因此维持清管器合理的运行速度对清管作业具有重要意义。当前清管器的调速仍是借鉴射流原理,通过增加旁通阀来进行调速,其控制旁通阀的方式相对粗糙,仍有待结合现代智能算法进行调速。

主要参考文献

[1] 罗小明,赫松涛,何利民.天然气凝析液管道中射流清管器的运动特性[J].油气储运,2021,40(09):1033-1044＋1062.

[2] 李晓伟,何利民,刘海潇,等.射流清管器黏滑特性研究[J].工程热物理学报,2021,42(06):1472-1478.

[3] 李亚茜,田园,邓俊哲.基于CFD的输气管道射流清管器喷嘴类型优选[J].石油机械,2021,49(02):126-132.

[4] Liu C,Wei Y,Cao Y,et al. Traveling ability of pipeline inspection gauge(PIG)in elbow under different friction coefficients by 3D FEM[J]. Journal of Natural Gas Science and Engineering,2020,75:103134.

[5] 孙兆强,张行,刘保余,等.基于流场数值模拟的射流清管器喷嘴优化设计[J].油气储运,2020,39(02):201-208.

[6] Jiang J,Zhang H,Ji B,et al. Numerical investigation on sealing performance of drainage pipeline inspection gauge crossing pipeline elbows[J]. Energy Science & Engineering,

2021,9(10):1858-1871.

[7] 陈建恒,何利民,罗小明,等.射流清管器结构参数与清管积液运移特性[J].油气储运,2018,37(01):40-45.

[8] 熊毅,高萍,奉虎,等.用于管道变形检测的新型泡沫智能清管器设计与试验验证[J].机械工程学报,2019,55(18):22-27.

[9] 冯淑路,鲁青龙,朱建平,等.中缅天然气管道高陡边坡管段清管安全分析[J].油气储运,2022,41(01):107-113.

[10] 张行,崔灿,廖宁生,等.考虑流固耦合的管道机器人冲击环焊缝过程动力学建模与分析[J].机械工程学报,2020,56(23):129-140.

撰稿人：张行[中国石油大学(北京)]

深水立管清管技术

Pigging technology for riser in deep water

1 科学问题概述

随着陆上油气资源日渐匮乏且开采难度不断加大,海洋油气资源的开发已成为世界各大石油公司竞争的热点。据统计,目前世界上100多个国家正在进行海洋油气的勘探与开发,其中有60多个国家已经在深海发现的石油储量约300亿t。预计未来油气总储量有40%来自深海。我国海洋资源丰富,目前已知的海上石油资源量约为450亿t,天然气资源量约为14万亿 m^3。

海底管道输送是目前将海洋油气资源输送到陆地或平台的最为经济、有效的运输方式。为了保证管道输送质量,需要定期利用普通或者智能清管器对管道进行清管、检测作业。与陆地管道不同,海洋管道输送主要以油气水多项混输为主,气液在同一管道内混输过程中由于两相介质之间的界面效应等原因,会出现复杂多变的流动状态。更为重要的是,海洋平台与井口之间一般通过立管连接。因为其较大的高度差(立管高度可达几百米甚至上千米),输送介质在复杂流动、地形等多个条件诱导下极易形成严重段塞流。这种严重段塞流所形成的液塞长度超过立管长度甚至几倍于立管长度,由此引发的管内压降及立管出口的气液流量波动将极为严重。严重段塞流会给海洋油气田的生产造成极大的影响,不仅会降低油气田产量、增加管道腐蚀、严重的甚至会摧毁下游处理设备,导致死井事故。更为糟糕的是,深水立管的清管作业(清管是泛称,包括检测。下同)也会导致段塞流的产生。立管清管作业过程中,管道中介质会在前部积聚从而形成清管段塞流。这种清管段塞流与立管因为自身结构形成的严重段塞流相叠加,使得工况变得异常复杂,若无相关理论指导,预测和评估清管风险并控制严重段塞流的形成,一旦发生清管事故,导致的损失将不可估量。因此,在全球范围内,有相当大数量的海底管道尤其是老旧管道,清管频率很低,甚至从来没有清过管。即便可以进行清管的海底管道,也要通过降低管道输送流量和压力的方式降低清管风险,其主要原因还是缺乏相应的清管理论指导,无法预知潜在的清管风险。现有一些作业也是依据现场工程经验开展的。清管过程中严重段塞流叠加清管段塞流,对段塞流海洋平台设备、立管以及清管设备本身等会造成多大的影响尚属于探索阶段。

2　科学问题背景

由于现有的理论模型无法指导深水立管的清管作业,现场清管作业多依靠经验。这种依靠经验的做法本身就可能存在风险,且有很强的依赖性。油气行业的特殊性导致现场大多采取保守策略,即万不得已,不进行清管作业。然而,输送介质的油气管道,需要定期利用普通或者智能清管器对管道进行清管检测作业,清除管道内部长期运输介质所形成的积蜡、积液、水合物等杂质,或者及时发现管道因为一些内在(管道的腐蚀、裂纹等)或者外在(船锚撞击、地质灾害等)原因所形成的不同程度的损伤,进行相应的维抢修作业,避免严重事故的发生。若不定期对管道进行清管维护,轻则管道中的蜡沉积物等污垢逐渐堆积导致管道的流通面积减小,管道输送能力下降甚至造成管道停输,重则因为管道中的腐蚀或裂纹等损伤扩展后导致油气泄漏甚至发生爆炸事故,造成不可估量的损失。据美国能源部统计,仅修复深度为400m堵塞的海底管道,1km管道的修复费用就高达6.21×10^5美元,随水深的增加,修复费用也急剧增加。因此,正如陆地管道一样,利用清管器定期对管道进行清管检测作业,也是海洋管道运营维护必不可少的流程之一。然而,现在制约海洋管道大规模清管的工程技术难题是如何有效的预测清管风险,保证清管作业的安全。更深层次的理论问题,是如何构建复杂内外流条件下多尺度多过程耦合作用的模型并对其精确求解。现有的海底管道清管存在以下两方面的问题:

(1)部分管道无法进行清管,随着海底管道服役时间的增加以及深水立管清管所面临的技术难题,部分管道没有相关理论指导,不敢进行清管作业。管道内部流通受阻,管道内外腐蚀增加,无法掌握管道的健康状态,存在管道堵塞、泄漏等安全隐患。

(2)可以进行的管道清管,因为没有成熟的清管理论指导,管道运营商需要在清管作业时降低管道输送流量和压力甚至停产,以保证清管作业的安全。这样的作业会带来一定的经济损失。

由此可见,为了解决上述问题,保证海底管道的高效清管作业,必须对海底管道的相关清管理论开展深入研究,以期指导海底管道的清管作业,提升海底管道的维抢修作业水平,保障管道的运行安全。

3 科学问题研究进展

深水清管多尺度多过程耦合作用的复杂系统涉及立管和洋流的耦合模型、立管和清管器的耦合模型、清管器与立管中内流的耦合模型等,耦合尺度大、耦合过程复杂。为了解决深水立管清管问题中所涉及的科学问题,当前,国内外学者主要围绕如何构建上述精确的耦合计算模型而开展相关研究,技术路线主要包括:

3.1 深水立管等效模型研究

因为深水立管的应用水深一般都在 1000m 以上,构建三维大尺度立管流固耦合模型涉及计算模型过于庞大、计算不容易收敛等问题。为了简化计算模型的计算量,同时保证计算精度,国内外学者在等效模型方面开展了如下相关研究:①大挠度曲线杆模型的研究。该方向旨在将超长细比的深水立管简化为大扰度曲线杆单元。研究平台、外流、海床等对立管静力学特性和动力学特性的影响规律。②截断模型的研究。该方向旨在通过将全水深模型进行有效截断后对立管的静力学特性和动力学特性开展研究。通过保证截断系统的静力学和动力学特性与全水深等效,再将截断模型的结果外推计算全水深模型。上述模型的好处是极大地简化了计算模型,大幅提高了计算效率。大挠度曲线杆模型能够在全深水尺寸下实现立管的模拟计算与仿真;截断模型能够将模型缩小到实验尺寸,使得室内实验成为可能。

深水立管等效模型研究存在以下难点:①深水立管的大挠度曲线杆模型和截断模型都是对模型进行了简化,无法保证模型的准确性。在相似缩比过程中,多种相似准则不能同时满足,只能优先考虑某一准则,由此造成了模型与实际之间的误差。此外,截断数值模型的外推的准确性和可信度不高,无法真实地模拟实际物理现象。②简化模型无法考虑内流尤其是段塞流对立管的影响。无法建立全深水尺度下段塞流对立管冲击计算数值模型,无法研究清管器段塞流对立管的力学性能影响规律。

3.2 管内清管流固耦合模型研究

早在二十世纪五六十年代,国外就开始对清管现象进行研究,提出并建立了各种清管模型。McDonald、Barua、Kohda、Taitel、Minami、Lima、Petra 等人都提出了以自己名字命名的多相流清管模型,尝试预测清管过程中清管器的位置、清管器前端液塞的长度、清管器的速度、清管器前后的压降以及清管前后管道流量的变化等。然而,这些清管器模型都是以稳态或准稳态假设为前提的。之后,结合瞬态两相流模型,清管模型由准稳态模型到瞬态模型过渡,国内外学者相继提出清管瞬态模型。现有的研究主要可以分为以下两个方面:①瞬态两相流模型的研究。该方向旨在研究可靠的瞬态两相流模型用于预测瞬态流动规律。常用的瞬态两相流模型有漂移流模型、双流体模型以及无压波模型等。②瞬态清管模型的研究。该方向主要耦合前述的瞬态两相流模型,开发瞬态清管模型,用于预测清管器的瞬时速度、清管器前后两相流体的瞬时流量、压力等数据。

然而,针对海洋立管的清管模拟,现在的研究仍然存在以下难题:①严重段塞流流动相对其他气液两相流动极其不稳定,在立管中的持液率和压力会出现强烈的波动。目前尚无较为精确的气液两相流动模型用于模拟和预测严重段塞流的瞬态流动。②既然严重段塞流流动模型的精度存在问题,严重段塞流工况下的清管模型的精度更无法保证。由于模型本身的局限性,无法追踪严重段塞流工况下的清管器的瞬时速度、清管器前端的持液率等参数。③清管器动力学模型存在精度不够的问题,现有的针对清管器动力学方程的研究,基本都对清管模型做了简化,比如摩擦力模型等。影响了清管器瞬态模拟的精度。更为清管器在立管中和流体的流固耦合作用下的精确模拟带来难度。

3.3　深水立管管土作用模型研究

深水立管研究的另一个关键点在于立管与海床的接触与相互作用问题。管土模型是模拟清管,在 STRIDE JIP 全尺寸模型实验之后,国内外学者逐渐认识到将海床刚度认为是恒定的假设并不符合实际,在此之后的研究中许多学者用以模拟海床的模型为非线性弹簧,但此时并未考虑到海床土体的刚度存在衰减效应。

上述模型虽然可以实现三维,但因为将立管进行了简化,无法考虑管道内流对立管产生的影响。

该技术路线尝试从数值模型出发,力图构建三维大尺度立管清管的流固耦合模型。该技术路线的优点是能够在大尺度上对立管清管力学问题进行研究。缺点和难点在于模型尺度大,计算要求高,且计算结果缺乏有效验证。

3.4　清管振动和疲劳研究

因为立管的超长细比,受场地和技术手段限制,无法在室内外建立完整的立管实验模型。该技术手段主要是通过等比例截取立管模型、先截断再缩比模型、纯缩比模型等简化立管模型,将超长细比立管缩小到百米以下的尺度内。这类技术手段优点是便于实验的开展。缺点和难点是模型经过简化,无法保证系统的可靠性及精度。

4　总结与展望

综上所述,现有的针对立管清管的研究主要围绕上述两个方向展开。各内容虽有一定的研究基础,仍存在不足。因此,未来亟须克服上述研究难点,进一步丰富深水立管清管理论,构建较为精确的复杂内外流条件下多尺度多过程耦合作用的模型,提高深水立管的完整性管理水平。建议进一步:

(1)开展严重段塞流瞬态两相流模型的研究,完善理论模型,提高预测精度。实现深水立管水平段、弯曲段和垂直段严重段塞流的特征参数模拟和预测。

(2)开展严重段塞流清管流固耦合模型的研究,精确预测清管器清管过程中的瞬态参数,提前评估清管风险。

(3)开展可抑制严重段塞流的清管方法研究,通过清管器内部旁通量的调整,控制清管速度,降低清管难度和风险。

主要参考文献

[1] 高德利,朱旺喜,李军,等.深水油气工程科学问题与技术瓶颈——第147期双清论坛学术综述[J].中国基础科学,2016,18(03):1-6.

[2] 王文立.深水和超深水区油气勘探难点技术及发展趋势[J].中国石油勘探,2010,15(4):71-75.

[3] Tiratsoo John. Pipeline pigging and integrity technology [M]. Fourth Edition ed.:Tiratsoo Technical,2013.

[4] Lee H S,Agustiawan D,Jati K I K,et al. Bypass pigging operation experience and flow assurance study [C]//Offshore Technology Conference. Houston,Texas,USA,April 30 -May 3,2012.

[5] Onuoha M D U,Li Q,Duan M,et al. Severe slugging in deepwater risers:A coupled numerical technique for design optimisation [J]. Ocean Engineering,2018,152:234-248.

[6] Kollamgunta S,GVRA S R,Singh H,et al. Overcome slug related operational issues in brownfield facilities by using bypass pigging[C]//The Abu Dhabi International Petroleum Exhibition & Conference,Abu Dhabi,UAE,November 12-15,2018.

[7] Pinto A,Voss W,Ladwa R. Operational bypass pigging in multiphase lines-a flow assurance study comparison to real operation and model validation [C]//The Abu Dhabi International Petroleum Exhibition & Conference,Abu Dhabi,UAE,November 13-16,2017.

[8] Liu Yunti,Zhu Xiaoxiao,Song Jiaping,et al. Research on bypass pigging in offshore riser system to mitigate severe slugging [J]. Ocean Engineering,2022,246:110606.

撰稿人:朱霄霄[中国石油大学(北京)]　张仕民[中国石油大学(北京)]

原油管道智能清蜡机理及控制策略研究

Intelligent wax cleaning technology for crude oil pipeline

1　科学问题概述

原油管道内部的蜡沉积是影响原油运输效率与安全的常见问题。由于原油管道的管径或工况等原因,人工清蜡、停输清蜡等方案都不适用于长输原油管道的清蜡工作,定期使用橡胶皮碗式清管器清蜡是目前广泛采用的清蜡方法。清管器的橡胶皮碗不但用来密封管道,使清管器前后产生压差以驱动清管器运行,还能用来剥离管壁上黏附的积蜡与其他杂物,起到清管的作用。清管器橡胶皮碗的外径相对于管道内径会有一定的过盈量,以确保清管器前后的密封性。蜡沉积物所需的剥离力与固相蜡含量、清管器橡胶皮碗参数等因素有关。

近年来,国内外相关石油院校对清管器机械式清蜡方法进行了相关研究。针对不同种类的清管器,并且考虑了蜡层厚度、蜡晶含量等因素,采用实验等方式研究了机械清蜡的清除效率。上述研究涉及清蜡清管器类型的选择,清蜡过程阻力的影响因素等内容,但没有提到橡胶皮碗类型等关键参数对蜡沉积物剥离力间的定量关系,以及蜡晶细观结构与蜡屑宏观形态之间的内在联系。虽然目前普遍采用清管器清除蜡沉积物,但清蜡工艺与周期的制定,清管器及橡胶皮碗的选择主要凭操作人员的现场经验,缺少科学依据和理论指导。不但使得管道内壁凝胶状蜡沉积物清除效率低,并且容易形成蜡塞段,造成管道的堵塞甚至清管器的卡堵,增大管线停输风险。

2　科学问题背景

目前运输石油天然气的最佳方式即为管道运输,为满足运输的需要,我国的油气管道总长度也呈快速增长趋势,至2020年末总长度达到14.44万km。此外我国南海地区石油地质储量超过2.3×10^{13}kg,我国会继续大力开发深海油气资源,这样会带动我国输油管道总里程的进一步增加。原油组成复杂,包括蜡、芳香烃、胶质、沥青质等多种成分。其中,蜡(C17~C55烷烃的混合物)给原油的生产和运输带来诸多困难。我国所产的原油,以含蜡原油居多,大部分都具有低温黏度大且凝点较高的性质。蜡沉积是含蜡原油生产和输送中常见的问题,输送过程中原油的蜡组分会因各种原因析出并沉积到管壁上。析出的蜡晶相互交结建立起一种三维网状结构的聚集体,将液态原油包裹其中,形成一种固-液不均匀的分散系统,呈现为具有一定结构强度的凝胶状蜡沉积物。蜡沉积物的厚度随沉积时间的增加而增加,导致管道的流通面积减小,管道的输送能力下降,增加运行能耗。

尤其对于周围环境温度较低的管道,如海底管道,蜡沉积问题更加突出。如果不进行妥善处置,如定期清蜡,蜡沉积甚至会引发管道蜡堵或生产停输事故。同时,修复管道需投入巨额资金,尤其是海底管道。国产原油80%以上属于含蜡原油,并且大部分蜡的质量分数均在10%以上,有的甚至高达40%～60%。管输过程中蜡沉积问题比较突出。因此,为提高我国输油管网的运行安全,应更加重视及解决蜡沉积问题。

3 科学问题研究进展

清管器是现代管道工业中不可缺少的必备工具。初始,人们发现一个带有皮质圆盘的活塞,可以去除积存于油气管道内壁上的石蜡,无须增加动力就能提高流量,增加刮刀或钢丝刷可以提高除垢效果。其主要研究方向包括:管道内机械式清蜡方法的研究、管道内凝胶状蜡沉积物的黏附力研究和新型智能清蜡算法的研究。

3.1 管道内机械式清蜡方法的研究

机械式清蜡是当前管道清蜡的主要方式,国内外相关学者都对此方式进行了细致研究,目前已经发展出了直板式、泡沫式、泄流式清管器等不同种类的清管器。清管器的清管方式主要分为两种:①依靠被清洗管道内流体的自身压力或通过其他设备提供的水压或气压作为动力,推动清管器在管道内向前移动,借助铁刷、刮刀等附加结构刮削管壁污垢,将堆积在管道内的污垢及杂物推出管外,这种方式主要适用于较短管道的清洗;②借助泄流孔等结构,利用从清管器周边泄漏的流体产生的压力,使附着在管壁上的污垢粉化,随后被清管器排送出去,这种方式适合长管道的清洗。在清管时,为了推动清管器在原油管道内行进,以便清除管垢,需要提供足够的压力和流量。根据结蜡严重情况以及蜡质的软硬程度,需要对清蜡清管器的规格、类型进行选型,并由小到大,一次发送,这样可以减轻清管器在管道内的卡堵风险。并且依据上一次清管器的表面磨损程度,通过管线压力以及流量的变化,计算出当前状况下的当量管径,来选择下一次所用的清管器尺寸。

机械式清蜡存在以下难点:①难以控制实际清蜡作业质量,对于蜡塞阻力、速度控制等相关问题缺少研究;②对于不同的机械清蜡结构,如皮碗类型、刮刀等结构,缺少关键参数对蜡沉积物剥离力间的定量关系的研究,以及忽略了蜡晶细观结构与蜡屑宏观形态之间的内在联系。

3.2 管道内凝胶状蜡沉积物的黏附力研究

研究管内积蜡的特性对清管工艺的优化具有重要意义,蜡沉积物越靠近管壁的部分,蜡晶析出量越多,导致蜡沉积物与管壁的黏附力越大。清管器剥离蜡沉积物过程中,橡胶皮碗作用于蜡沉积物与管壁界面间,从而将蜡沉积物从管壁界面上剥离,剥离过程的阻力受蜡沉积物与管壁界面间黏附力的影响。蜡沉积物和管壁界面间的黏附特性与析出的蜡晶含量、沉积时间等因素有关。国外学者研究了温度对蜡沉积物黏附力的影响,结果表明,随含蜡原油与管壁间温差的增大,蜡沉积物析出的蜡晶增多,导致蜡沉积物与管壁间的黏附力也增大。此外,研究沉积时间对蜡沉积物黏附力的影响直接关系到清管作业周期。国内外学者研究了沉积时间对蜡沉积物蜡含量的影响,结果表明,随沉积时间的增加,蜡沉积物的蜡含量增加,导致蜡沉积的硬度也增大,同时,蜡沉积物内小尺寸的蜡晶会发生重结晶,导致蜡沉积物的硬度增加,从而影响蜡沉积物的黏附特性。

虽然关于蜡沉积物黏附力方面的研究较多,然而得到的结论多为定性或间接结论,未定量确定固相蜡含量等相关参数对蜡沉积物的黏附特性的关系,对于蜡沉积物的预防及治理问题系统性的研究较少。

3.3　新型智能清蜡算法的研究

传统的清管器清蜡方法都属于纯物理清除方法,比如采用刮蜡板、射流等方法。新型的智能清蜡算法,结合了 Tensorflow 框架与 OpenCV 库,从清蜡数据集的建立,到模型的训练,到最后进行智能清蜡,均能达到对蜡层厚度进行自动识别,以确定最优的驱动清蜡刀头的清蜡扭矩,防止在没有蜡沉积,或者蜡沉积不严重区域,电机空转;另一方面,针对不同的蜡层厚度,可以采用不同的挡位进行清蜡,防止电机对于不同的蜡沉积厚度,采用相同的清蜡转速,提高清蜡的效率。

智能清蜡算法仍存在以下难点:①将测量臂采集的变形参数转化为模拟的管道蜡沉积截面灰度图过程中,仍存在过拟合风险,需要增强模型的泛化能力与鲁棒性;②通过神经网络对于数据集进行训练,在寻找最优参数,找到最优模型的过程中,仍有概率陷入局部最优。

4　总结与展望

综上所述,对于原油管道的清蜡的研究由来已久,目前已有多种机械式清蜡结构,针对不同硬度的积蜡,发展了铁刷或聚氨酯刀等结构。为了实现更好地清管效果,对管内积蜡黏附力和智能清蜡算法的研究也开始成为研究热点。基于凝胶状蜡沉积物的特性和已有的机械式清蜡结构,联合智能算法等方式去寻找最优的清蜡控制,对提高清蜡效率和运输经济效益有重要意义。

(1)长输原油管道的清管工作更加复杂,对清管器的相关结构的强度、耐磨性等性能参数要求更高,后续机械式清蜡结构的设计参数仍需优化与提高。

(2)为了提高清管质量,对管壁附着的蜡沉积物研究成了一个重要方向,考虑橡胶皮碗参数、蜡沉积物参数,多角度观测蜡沉积物被单皮碗剥离过程中蜡屑的产生与堆叠等形态的演变,以及管壁上残留物的形成仍是研究的重点和难点。

(3)采用结合清管技术和现代相关的智能算法等方式进行优化的研究相对较少,对于复杂工况,算法结合不多,未来需要更加高效、合理的算法来优化整个清管作业过程。

主要参考文献

[1] 李卫东,黄启玉,霍富永,等.原油管道清管蜡层剥离研究进展[J].油气储运,2021,40(03):263-270.

[2] Wang W D,Huang Q Y,Huang J,et al. Study of paraffin wax deposition in seasonally pigged pipelines [J]. Chem Tech Fuels Oils,2014,50:39-50.

[3] Wang Qian,Sarica Cem,Chen Tom X. An experimental study on mechanics of wax removal in pipeline [J]. Journal of Energy Resources Technology,2005,127(4):302-309.

[4] 张仕民,何子辰,朱霄霄,等.原油管道新型清蜡清管器研究[J].石油机械,2019,47(2):9.

[5] Wang W D,Huang Q Y. Prediction for wax deposition in oil pipelines validated by field pigging [J]. J Energy Inst,2014,87:196-207.

[6] Zhu Xiao Xiao,Zhang Shi Min,Tan Gui Bin,et al. Experimental study on dynamics of rotatable bypass-valve in speed control pig in gas pipeline [J]. Measurement,2014,47(0):686-692.

[7] Lan Zhicheng,Liu Shuhai,Xiao Huaping,et al. Frictional behavior of wax-oil gels [J]. Tribology International,2016,96:122-131.

[8] 白成玉.原油管道清蜡若干基础问题研究[D].北京:中国石油大学(北京),2013.

[9] 张宇,吴海浩,宫敬.海底混输管道蜡沉积研究与发展[J].石油矿场机械,2009,38(09):1-8.

[10] 黄启玉,李瑜仙,张劲军.普适性结蜡模型研究[J].石油学报,2008(03):459-462.

撰稿人:张仕民[中国石油大学(北京)]

高钢级管道环焊缝氢渗机理与韧性裂化规律

Hydrogen permeation mechanism and ductile cracking law of girth welds of pipeline with high steel grade

1 科学问题概述

管道或管网输送氢气被认为是未来大规模、低成本、远距离输送氢气的重要方式。然而管道使用的高强度钢,若长期处于高压氢气的环境下,金属内部易受氢气分子入侵,发生氢脆现象,导致管道材料脆化,进而引发管道断裂,甚至发生泄漏爆炸事故。管道焊缝周围的热影响区因其特殊的微观结构,容易成为局部缺陷以及氢脆现象的高危区域,严重威胁输氢管道的输送安全。因此,需要对高钢级管道环焊缝氢渗机理与韧性裂化规律开展系统研究。研究方向应包括:①掺氢天然气对典型高钢级管道环焊缝微观结构及宏观力学性能影响规律;②天然气管道允许的安全掺氢比阈值;③掺氢天然气管道缺陷损伤评估方法。通过突破掺氢管道本质安全关键技术,建立掺氢天然气管输系统的完整性管理体系,以保障掺氢天然气管道的输送安全。

2　科学问题背景

近年来,随着中国低碳化转型发展的深入,推进新能源系统低碳化变革的政策力度逐步加大。发展低碳能源、优化能源系统是实现长期减碳减排目标以及推进中国能源清洁低碳转型发展的重要途径。氢作为一种来源广泛、清洁无碳、灵活高效的二次能源,是推动传统化石能源清洁高效利用和支撑可再生能源大规模发展的理想互联媒介,也是实现交通运输、工业和建筑等领域大规模深度减碳减排的最佳选择。

然而氢能产业目前还面临着生产、运输和供氢基础设施缺乏等问题,其中氢气的运输在整个氢能供应链的经济、能耗性能中占有很大比重。管道输氢被认为是实现氢气大规模、长距离运输的重要方式,其具有输氢量大、能耗小和成本低等优势。中国氢能联盟2019年发布的《中国氢能源及燃料电池产业白皮书》指出,美国有2500km的输氢管道,欧洲有1569km的输氢管道,我国仅有100km输氢管道。全球范围内输氢管道的数量加起来不到4500km,与油气管道相比,是几个数量级的差别。目前国内外低压氢气管道运输尚处于初步发展阶段。

氢气管道的造价约为天然气管道造价的2倍,且氢气密度远小于天然气,导致氢气的输送成本也比天然气高。因此,天然气掺氢输送,以充分利用现有天然气管道设施被认为是可积极探索的输氢方式。同时由于氢的自身属性,在管道中会引起氢脆、渗透等管材方面的风险,严重威胁输氢管道的运行安全。因此,需要对高钢级管道环焊缝氢渗机理与韧性裂化规律开展系统研究,保障掺氢天然气管道的输送安全。

3　科学问题研究进展

目前,针对天然气管道掺氢输送安全性研究方向主要包括:管道本体及焊缝的力学性能劣化与掺氢比的关系、结合氢渗透与扩散的仿真模型、考虑掺氢影响的管道环焊缝损伤评估方法。

3.1 管道本体及焊缝的力学性能劣化与掺氢比的关系

目前针对管道本体力学性能劣化与掺氢比的关系的研究较为深入，大量学者研究了不同强度等级的钢材在不同氢气分压条件下，各项力学性能的变化。相比于管道本体，环焊缝力学性能劣化与掺氢比关系的研究仍较少，其中对于高钢级管道环焊缝氢脆断裂的研究尤为匮乏。由于焊接过程中局部高温，在焊缝周围形成与母材微观结构不同的热影响区，容易成为局部缺陷与氢脆裂纹的高危区域。除此之外，氢气的纯度、环境温度、钢材表面状况同样对于焊缝在氢气环境中的力学性能的变化起到明显影响，然而许多研究却并未对这些变量加以考量。

目前实验研究方法主要运用掺氢气态环境或者电解质溶液来模拟天然气管道掺氢输送环境，进而运用传统的力学实验方法来测量管道本体及焊缝的力学性能。现有实验结果表明，氢气对于中、低强度等级钢材的焊缝与母材的影响相近；然而氢气对于高强度等级的钢材的焊缝影响相比于母材更加明显。现有实验结果主要集中于较低掺氢比例（<5%）、高强度等级钢母材以及焊缝在高掺氢比例（>5%）环境下的力学性能劣化实验数据非常有限。与此同时，不同掺氢比例条件下管道母材与焊缝中疲劳裂纹扩展速率数据非常匮乏，难以为设计掺氢输送管道提供指导。因此急需通过研究掺氢比对管道本体及焊缝的力学性能劣化的影响，确定天然气管道允许的安全掺氢比阈值，并且建立不同掺氢比例下焊缝缺陷验收标准。

3.2 结合氢渗透与扩散的仿真模型

氢作为最小的原子，在钢、铜等金属中极易渗透并扩散。氢原子在浓度、应力的驱动下，聚集在材料的局部缺陷中（位错、空隙、晶界、析出相界面），进而降低材料的局部断裂韧性，增加应力集中，形成微小裂纹，并最终引发氢致断裂。由此可见，预测氢原子在材料中的扩散浓度是建立准确预测氢致断裂仿真模型的重要步骤。

当前运用的许多断裂仿真模型，往往是建立在传统的塑性断裂理论基础上，通过对力学试验数据进行直接拟合，获得相关的模型参数。这样的方法需要大量的实验数据以保证在不同氢气环境下模型参数的准确性。由于此类模型并未耦合氢原子的扩散计算，因此无法准确预测管材在长服役周期下因氢渗透与扩散带来的力学性能劣化。因此需要开发更加完善的仿真模型。近些年，相场模型（Phase Field Model）在断裂仿真领域有了很大发展。相场模型有以下明显优点：①可以非常便捷地耦合多物理场计算，将氢扩散浓度与应力场运算相耦合；②可直接运用Griffith能量原理进行断裂仿真计算；③规避了裂缝界面带来的强不连续性，保留了位移场的连续性；④裂纹扩展路径由能量计算确定，摆脱了网格划分对裂纹形态的影响。由此可见，相场模型可成为氢致断裂仿真模拟方面重要发展方向。

3.3 考虑掺氢影响的管道环焊缝损伤评估方法

环焊缝作为油气管道连接的主要方式,受现场施工焊接条件的限制,相对于管道母材更容易产生缺陷,同时环焊缝焊接过程引发的管道热影响区软化等更是加剧了环焊缝区域脆弱性,由于材料、几何多重的非连续性与焊缝缺陷的高发,环焊缝损伤评估本身也是油气管道完整性评价中的重要关键技术。当天然气掺氢后,又加剧了环焊缝的脆弱性与失效的复杂性,如何考虑氢渗引发焊缝韧性时变劣化与焊缝裂纹增长,建立掺氢条件下管道环焊缝动态损伤评估方法至关重要。

当前管道环焊缝的损伤评估与适用性评价主要采用小尺寸试验、宽板试验和全尺寸实验相结合的试验研究与基于精细化有限元数值仿真的理论研究,重点目标在于构建环焊缝工程适用性评价中的失效评估曲线或直接建立表征管道环焊缝极限承载能力的应变能力预测公式。然而由于缺乏考虑氢渗对焊缝材质劣化的影响与缺陷时变的影响,现有的损伤评估方法均无法用于输氢管道的完整性评价,近年来基于相场模型的仿真方法成功用于金属材料性能劣化与断裂仿真分析,基于一定数量的分析结果有望厘清焊缝材质劣化与缺陷时变规律。因此,应结合相应数值仿真计算与多尺寸试验的验证,尽快建立表征焊缝材质韧性劣化与缺陷增长在不同掺氢比条件下的演化模型,构建考虑掺氢影响的管道环焊缝失效评估曲线或应变能力方法。

4 总结与展望

综上所述,为了建立掺氢天然气管输系统的完整性评估体系,应采用实验研究、理论分析与数值仿真相结合的方法。通过研究掺氢比对管道本体及焊缝的力学性能劣化的影响,确定天然气管道允许的安全掺氢比阈值,并且建立不同掺氢比例下焊缝缺陷验收标准。同时,应开发结合氢渗透与扩散的断裂仿真模型,以预测管材在长服役周期下因氢渗透与扩散带来的力学性能劣化和断裂风险,建立新的管道环焊缝损伤评估方法与工程适用性评价方法,以保障掺氢天然气管道的输送安全。

主要参考文献

[1] Sharma, Satish Kumar, Sachin Maheshwari. A review on welding of high strength oil and gas pipeline steels [J]. Journal of Natural Gas Science and Engineering, 2017, 38: 203-217.

[2] Xu K. Hydrogen embrittlement of carbon steels and their welds[J]. Gaseous hydrogen embrittlement of materials in energy technologies. Woodhead Publishing, 2012: 526-561.

[3] Ohaeri E, Eduok U, Szpunar J. Hydrogen related degradation in pipeline steel: A review [J]. International Journal of Hydrogen Energy, 2018, 43(31): 14584-14617.

撰稿人: 张宏[中国石油大学(北京)]　刘啸奔[中国石油大学(北京)]
王昊[中国石油大学(北京)]

深海固液两相水力提升管路堵塞与管控

Plugging and control of deep-sea solid-liquid two-phase hydraulic lifting pipeline

1　科学问题概述

深海粗颗粒矿石从海底提升到海面采矿船的提升技术是大洋多金属锰结核开发的关键技术之一。对海洋矿物提升系统来说,由于颗粒大小不一、形状各异,输送条件苛刻,管道提升面临着很多问题。近年来,随着能源利用和效率的提高,研究者们更多地关注浆体堵塞问题。目前泵内以及垂直管网中出现不同的浆体堵塞问题,极大地影响着提升效率。因此,研究颗粒在管网中的运动特性对于防止堵塞安全工作具有重要意义。

现有的防堵塞研究主要有对于颗粒滞留现象和滑移速度、沉降速度、输送浓度与当地浓度等,通过提升管网中的速度、浓度来解决堵塞问题。①开采的矿石粒径较粗,与一般细颗粒浆体相比,含粗颗粒的固液混合物所具有的一个显著特点是,由颗粒速度小于流体速度(其差值称为滑移速度)而导致颗粒在垂直管网中一系列问题。滑移速度的存在可能会导致管道内的颗粒浓度增加,形成浆体滞留,严重者造成管道堵塞。②在实际生产中,颗粒都是不规则的,比同体积的球体表面大,颗粒表面也是粗糙的。根据这些特点,由运动物体阻力理论分析可知,这些条件都会引起颗粒运动时阻力的增大。不规则颗粒的沉降速度小于规则颗粒的沉降速度,因此,越不规则的颗粒越难提升。③由于固相颗粒速度比液相流动速度慢,管道中会有颗粒积累现象也就是管网堵塞。因而管道中的当地浓度不同于固相颗粒进口处的输送浓度。特别是提升速度过低时,管内当地浓度过大,会造成堵管。

现有的堵塞管控机制虽然不同程度地实现了减堵效果,但都存在以下难以克服的问题:①管网中大颗粒滞留沉降。实际的锰结核形状为类球体,当固体颗粒在与其密度不同的水流中运动时,颗粒表面形状不像流体质点那样随周围压力而变化。这种差别主要表现在颗粒与流体之间存在速度滑移。固相粒子基本上能够跟随水流质点的运动,显然像锰结核这样尺寸较大的颗粒(30~50mm)很难满足跟随要求。由于颗粒速度比水流速度慢,管网中存在颗粒滞留现象,因而垂直管中的当地浓度 C_{vl}(即管道中的实际浓度)可能大于输送浓度 C_v(即管道出口固体颗粒体积浓度)。因此,会引起管网内部大面积堵塞,影响海底提升系统的可靠运行,降低颗粒通过效率。②颗粒群的滑移速度测量。当颗粒以群体形式在管网中运动时,由于颗粒浓度和颗粒碰撞接触的作用,颗粒群的滑移速度不同于单颗粒的滑移速度。但是测量颗粒群在输送过程中的滑移速度比较困难,目前还没有取得实测结果。③粗颗粒固液两相流摩阻准确计算。管流的水力摩阻实际上就是每米管道上的压力损失。所以对于管道中粗颗粒液固两相流而言,摩阻应该包含清水流动的沿程损失和局部损失,以及粗颗粒作用下的各种能量损失。现阶段研究者运用了一种无量纲化的研究方法,得出静止竖直管和平移摇摆垂直管中,管道的摩阻系数与雷诺数的关系,对工程实际中粗颗粒固液两相流摩阻的估算提供了新的依据。但是,由于实验条件的限制导致数据还不十分充足,可靠性和通用性还有待验证。

2　科学问题背景

未来 15 年将是从深海勘探到深海开发的关键阶段,伴随着科学技术和世界经济的不断发展,对矿产资源的需求量越来越多。人们把目光转向蓝色的海洋,由于陆地矿产资源的日益枯竭,开始研究如何勘探和开采潜藏在海底矿产资源。占地球表面积 49% 左右的"国际海底区域"海底蕴藏着丰富的金属矿产、能源和生物资源,如多金属锰结核、富钴结壳、多金属软泥、热液硫化物、天然气水合物、各种生物基因等,是目前地球上还没有被人类充分认识、开采与利用的最大的潜在矿物资源基地,引起了世界各国的高度重视与极大兴趣,从 20 世纪 60 年代开始,西方发达国家就开始投入巨额资进行海底矿产资源的调查和开采技术的研究与开发。我国于 1990 年 8 月 22 日以"中国大洋矿产资源研究开发协会"的名义,向联合国海底管理筹委会(联合国海底管理局前身)提出了矿区申请,并将大洋多金属结核资源开发作为国家长远发展项目给予专项投资。

在深海采矿水力提升中,管网始终处于海水中,一旦堵管将很难处理,会给生产带来巨大的损失,因此这样的事情是绝对不允许发生的。粗颗粒提升是深海采矿、水力采矿、河道中经常遇到的基础应用研究问题。粗颗粒水力提升是不同于细颗粒的两相流运动,研究浆体对管网堵塞机制的影响,就必须要了解引起这些堵塞的内部原因,内部流动堵塞的研究主要包括两相阻力系数、滞留效应及流动特性等研究,这对于管网的优化设计、减轻磨蚀堵塞及延长使用寿命等具有重要的指导意义。国外对粗颗粒流动的研究开展较早,经历了理论分析、实验研究和数值模拟三个阶段,采用先进的测试技术、有限元分析方法等揭示了两相流流场规律、颗粒受力情况及颗粒运动规律等内部特性。国内对管网中的颗粒流动研究目前主要集中在颗粒摩阻、碰撞、滞留效应分析的实验研究上。

3　科学问题研究进展

由固体颗粒和水组成的大浓度固液两相流管道输送已广泛应用于建筑、煤炭、冶金等工业领域,在短距离的输送中显示出了良好的技术经济效果。由于固液两相流管道输送的堵塞问题不仅关系到能源的节约和效率的提高,而且对长距离的输送效果有极大的影响,特别是在深海采矿业中,近年来,随着提升系统的普遍采用,较大距离的垂直向上管道输送对堵塞管控问题提出了更高的要求。因此,固液两相流管道输送的堵塞管控问题越来越引起人们的关注。

3.1　颗粒摩阻、碰撞研究现状

基于边界层理论,对于固液两相流的管道输送,其阻力损失主要表现为浆体与管壁的摩阻损失和颗粒(质团)碰撞造成的能量损失。根据减阻的机理不同,现有固液两相流管道输送的减阻研究大致可分为两大类:型体减阻和静减阻。型体减阻是探索物质的流线型对保持层流边界层的影响。有某些外国文献中将管道内壁加工成旋形的环状,可减少流体的压力损失,达到减阻的目的。结果说明,在最小输送速度下,宽底矩形断面管道较同断面面积的圆形管道流体水头损失减少约20%。静减阻是指在流质中添加某种物质,使主流区与边界层之间形成一个缓冲层,相应地增加了层流边界层的厚度而起到减阻作用。目前静减阻在固液两相流管道输送中的应用最为广泛。常用的添加物主要有:高分子稀溶液、细砂泥浆、高压注气等。

(1)现有技术存在问题:形体减阻技术加工复杂,未得到广泛应用;静减阻由于添加物的物化性质不同、成本过高、难分离的原因也未广泛应用。

(2)现有理论存在问题:减阻现象不仅与依附于边界层上的层流边界层的动态、低频湍流的起源等许多基本问题相关,而且还与分子微观力学联系在一起,这使得减阻问题十分复杂。直到现在,人们对减阻现象仍没有获得清晰、完整的物理图形,认识上仍存在分歧。对减阻现象的理论分析大多局限在层流边界层的稳定性方面。然而,当层流边界层转变为湍流边界层时,是否仍可以达到减阻效果?在湍流边界层实现减阻的条件又是什么么?颗粒的运动力学特性对减阻有何影响?这些问题都是值得深入研究的。

3.2　颗粒滞留研究现状

夏建新等学者对颗粒在垂直管道中的滞留效应进行了实验,利用快速摄影技术测量了颗粒在输送时的滑移速度。测量结果表明,粗颗粒在上升流中的最大滑移速度是其沉降末速,当水流速度超过沉降速度后,滑移速度逐渐减小。颗粒直径越大,滑移速度相应增加。在颗粒悬浮试验的基础上,得到了任意形状单颗粒的拖曳力系数变化规律和颗粒群浓度与滑移速度的相互关系。通过理论分析得到了实验数据的验证。

现阶段存在的问题:在管道水力提升中,由于颗粒运动速度滞后水,存在输送浓度随提升速度增大而增大,管道输送浓度与管道当地浓度不同的特征,在提升速度和输送浓度确定下,颗粒群的滑移速度是影响管内当地浓度的唯一因素。但粗颗粒提升速度的测试的工作量大,前人借鉴的试验资料较少,因此实验次数不多,还有待考证。水力提升管道内的当地浓度测量困难,颗粒相关公式还有待进一步验证。

3.3　堵塞原因分析

(1)最大颗粒尺寸过大。随着颗粒的加大,浓度升高,颗粒位于管壁附近的概率增大,垂直管道水力提升临界提升速度不仅随颗粒粒径增大而增大,而且随提升浓度增大而增大。

(2)颗粒间的碰撞。颗粒之间存在碰撞、颗粒与管壁的碰撞均会造成损失,导致管道堵塞,并且在颗粒体积浓度增加的同时,颗粒间的相互作用力也随之增大,产生凝聚。

(3)滑移速度。当提升管中颗粒输送速度小于水流速度时,将会产生滑移现象。由于滑移速度的存在,可能会导致管道内的颗粒当地浓度增加,甚至造成管道堵塞。

(4)其他。管路结垢、管道转弯角度过大、管道漏水等都会导致局部浓度过大而堵塞。

4　总结与展望

颗粒堵塞是深海采矿提升系统设计发展的研究关键,可提升采矿系统的安全性,降低堵塞管网问题造成的经济损失。综上所述,研究堵塞机制以预控堵塞主要围绕着两个方面进行展开:

(1)围绕深海扬矿采矿系统设计进行研究,如管道设计,通过对深海扬矿采矿管网的设计进行参数优化和分析,减少在深海采矿工作过程中因为设计上的缺陷而产生的堵塞问题,同时根据对深海采矿的优化提高采矿运输的效率,对发展国内深海采矿以及提高国家开发海洋资源的综合能力和技术水平具有突出的战略意义。

(2)围绕深海采矿的工作工况进行研究,通过对于不同情况的所造成的堵塞进行分析,实现深海扬矿采矿设备对于不同工况下的采矿输送的合理设计以及使用,减少在实际工作因为堵塞而造成的经济损失,解决安全问题。

主要参考文献

[1] 熊传治.海洋矿物资源[M].邹伟生,译.北京:海洋出版社,2001.

[2] 菲尔莫尔 C.F 埃尔尼.海洋矿物资源[M].北京:海洋出版社,1991.

[3] 冯雅丽,李浩然.深海矿产资源开发与利用[M].北京:海洋出版社,2004.

［4］周怀阳,彭晓彤,叶瑛.天然气水合物勘探开发技术研究进展［J］.地质与勘探,2002,
38(1):70-73.

［5］夏建新,倪晋仁,黄家桢.粗颗粒物料在垂直管流中的滞留效应［J］.矿冶工程,2002
(03):37-40.

［6］费祥俊.浆体与粒状物料输送水力学［M］.北京:清华大学出版社,1994.

［7］瓦斯普 E J.固体物料的浆体管道输送［M］.北京:水利出版社,1980.

［8］刘会娥,余皓,魏飞,等.提升管内颗粒的微观运动行为［J］.中国石油大学学报(自然
科学版),2003(04):106-109.

［9］Xia J X,Ni J R,Mendoza C. Hydraulic lifting of manganese nodules through a riser［J］.
Journal of Offshore Mechanics & Arctic Engineering,2004,126(1):72-77.

［10］Sobota J,Palarski J,Plewa F,et al. Movement of solid particles in vertical pipe［C］//
ISOPE Ocean Mining & Gas Hydrates Symposium;ISOPE OMS-2007. International Socie-
ty of Offshore and Polar Engineers (ISOPE),2007.

撰稿人:李畎(浙江理工大学)

基于多传感数据融合的管道泄漏内检测理论方法

Theory and method of pipeline leak detection based on multi-sensor data fusion

1 科学问题概述

管道小泄漏或渗漏引起的失效,主要表现在:一是泄漏未及时检测发现;二是油气管道的复杂缺陷检测精度低,管道螺旋焊缝缺陷不能精准检测,管道小泄漏和渗漏不能精准检测;三是单一原理的检测技术不能检测出管道存在的复杂缺陷。其根本原因是螺旋焊缝、环焊缝缺陷辨识磁偶极子励磁理论,以及管道小泄漏或渗漏的声场扩散理论,缺乏理论创新和方法突破,管道泄漏内检测数据分析方法不足,具体表现在:①励磁理论方面不足,轴向励磁检测器,不能检测轴向腐蚀凹槽,对于老旧复杂螺旋焊缝存在的缺陷检测精度不高,环向励磁检测器,由于其探头处于不均匀的环向磁场内,其缺陷量化模型难以建立,量化不准,不能检测周向环焊缝缺陷;②管道小泄漏或渗漏检测声磁电场信息融合识别理论不足,当前漏磁检测、超声检测不能有效检测,针眼型、裂纹型的渗漏或泄漏很难检测和量化,需要采用非磁传感技术。

多传感器数据融合分析理论是一个新兴的研究领域,是针对一个系统使用多种传感器这一特定问题而展开的一种关于数据处理的研究。多传感器数据融合技术是近几年来

发展起来的一门实践性较强的应用技术,是多学科交叉的新技术,涉及信号处理、概率统计、信息论、模式识别、人工智能、模糊数学等理论。多传感器融合技术已成为军事、工业和高技术开发等多方面关心的问题。与单传感器系统相比,运用多传感器数据融合技术在解决探测、跟踪和目标识别等问题方面,能够增强系统生存能力,提高整个系统的可靠性和鲁棒性,增强数据的可信度,并提高精度,扩展整个系统的时间、空间覆盖率,增加系统的实时性和信息利用率等。

考虑影响管道完整性的主要因素,大量存在螺旋焊缝、轴向沟槽、环焊缝缺陷、小泄漏或渗漏问题,目前一次性检测难,漏检率较高,制约我国内检测技术发展,需要从科学原理、励磁理论,多传感器理论方面,开展基于多传感数据融合的管道泄漏内检测理论方法研究,建立任意空间的磁偶极子模型,声场扩散模型,以及声磁电场人工智能融合处理算法模型,建立适用于管道螺旋焊缝、环焊缝、轴向沟槽等缺陷,以及小泄漏和渗漏一体化检测方法,获取可变向励磁、人工智能的缺陷量化与识别特征模型和方法。

2　科学问题背景

我国油气管道实施强制性检验,主要应用管道漏磁内检测技术,一直被工业界视为缺陷检测和量化的重要工具,通过对检测数据进行深度量化分析和安全性评估,可给出管道剩余强度和剩余寿命,为制订维修方案提供必要依据,也为下一次检测分析数据的对比积累基础数据,使管道的盲目被动维修转化为预知性主动维修,对风险大的缺陷及时进行修复,进一步实现管道本质安全。

国内外管道内检测工业化技术以管道三轴高清轴向漏磁内检测技术为主,国外内检测技术在环向漏磁、超声波腐蚀检测、压电超声裂纹检测以及电磁超声等检测技术方面技术成熟度较高,在超声波检测、电磁超声(EMAT)检测技术方面已经工业化应用;国内还没有超声波检测、电磁超声(EMAT)内检测技术;国内环向漏磁技术已有研究,但尚处于开发之中,目前没有工业化应用;国外螺旋励磁技术方面研究刚刚起步,仍然处于试验阶段,国内也尚未开展研究,针对声波泄漏内检测技术,国外已有大量工业现场应用,国内目前仍属空白。

目前管道内检测涉及的螺旋焊缝、轴向沟槽、环焊缝、小泄漏或渗漏等缺陷的精准检测是当前内检测存在的主要问题,我国已开展了单一轴向(水平)励磁场强的磁偶极子模型模拟,但环向激励、螺旋激励下的磁偶极子模型尚未建立,任意方位的复杂缺陷的磁偶极子模型没有建立,需要开展如下工作:

(1)需要从理论方面满足环焊缝、螺旋焊缝检测、轴向沟槽缺陷的检测的需求,满足环焊缝、螺旋焊缝与轴向沟槽、小泄漏或渗漏同时检测的需求。

(2)需要考虑漏磁场与其他物理场融合,克服单一漏磁场不能解决管道小泄漏或渗漏难题,解决磁偶极子模型等多物理场融合机制问题。

(3)需要考虑声磁理论,发展复杂缺陷漏磁场磁偶极子理论,建立任意方位的磁偶极子模型,形成适应复杂缺陷的解析解和数值解。需要从励磁模式方面考虑,考虑任意方位磁场、探头的励磁结构配置,采用可变向励磁、螺旋励磁模式,克服单一轴向励磁、环向励磁的缺点,解决管道环焊缝、螺旋焊缝、轴向沟槽缺陷同时检测难题。

3 科学问题研究进展

3.1 多传感器数据融合理论方面

国内学者采用小波去噪的方法,并利用径向基函数(RBF)神经网络的数据融合技术对缺陷信号进行检测处理,提出了一种基于多传感器数据融合技术的漏磁信号处理方法,仿真结果表明,采用这种方法可以有效提高系统的检测能力和信号精度。

基于多传感器漏磁内检测器系统的组成,采取分布式的多传感器数据融合分析技术,中国石油大学(北京)分别对漏磁检测器的主传感器、ID/OD传感器、轴向里程传感器、周向钟点传感器的信号进行各自特征量的数据分析,采取支持向量机融合分析技术实现对多传感器检测数据的融合分析,相较于传统的单类型传感器数据分析,能有效提高数据分析的全面性、质量和准确性。

漏磁信号处理使用神经网络方法,基于实际检测数据和有限元软件仿真结果,研究了缺陷鉴别和漏磁信号补偿的各种算法,提出了模糊识别方法中的小波神经网络技术,实验验证了小波神经网络算法的可行性,弥补了传统的人工鉴别信号的过程中人为误差因素。

基于管道漏磁内检测数据集为训练对象,建立了深度卷积神经网络模型算法,基于深度学习框架TensorFlow,搭建了7层的深度卷积神经网络,开展了管道漏磁内检测图像数据集的训练识别,将交叉熵损失函数作为网络训练的目标优化函数,并在目标函数中加入了正则化参数惩罚项,实现对于卷积神经网络模型的优化,利用训练好的卷积神经网络模型来对于新输入的管道漏磁图像数据进行预测,平均识别率达92%。

BP神经网络和优化RBF神经网络方面,基于管道和储罐漏磁内检测焊缝信号特征和缺陷信号特征的识别,建立了缺陷样本库,构建缺陷识别BP神经网络进行自动识别,提出了一种泛化能力优化的径向基神经网络(RBF),采用自适应学习机制网络对仿真缺陷样本进行训练。

3.2 管内部声场和磁场信号融合规律方面

声场与磁场的融合理论基础方面,单一原理不能解决管道复杂缺陷的检测精度问题,通过光纤磁致伸缩、次声传感器、螺旋励磁永磁激励模式的关联性配置,发现复杂缺陷的

量化规律,提高小泄漏、复杂焊缝缺陷检测的精度,需要解决如下问题:

(1)基于声场与磁场之间的复杂工况因素,建立最大介数点的时变隐马尔可夫模型,分析声磁时间偏差、声磁场时域频域的投影对齐,构建声磁传感网络拓扑结构分析模型,表征声磁场拓扑特征。

(2)基于空间域的磁场和声场分布的描述,提出螺旋励磁周向和轴向多通道响应、轴向和周向分布特征规律,以及小泄漏渗漏次声场的声波全域扩散分布规律,表征声磁场的融合规律。

(3)基于声场与磁场的参量对比性分析,获得声扩散激励模式下磁场强度、磁畴、磁导率与声场之间的关联关系模型,建立声场的物理量,如声压、质点振动、振幅等与磁极间距、磁场移动速度、提离值之间的关系模型,可以全面认识声场和磁场在空间域的关联性特征,表征声磁场参数关联性。

3.3　复杂缺陷任意空间磁偶极子理论与算法方面

揭示复杂缺陷下的磁偶极子模型的本质机理和算法,对于可变向励磁下复杂缺陷的信号量化处理具有重要作用。需要开展如下工作:

(1)提出缺陷磁偶极矩的分布规律,建立任意方位缺陷的三维磁偶极子通用模型,解决传统的磁偶极子模型仅针对磁化方向与裂纹垂直的情况的问题。

(2)对于其他方位的类裂纹或缺陷,建立任意方向有限缺陷漏磁场分布的三维磁偶极子通用模型的建模,算法模型可计算任意长宽深比例。

(3)在模型算法上,提出一种基于磁偶极子模型的材料缺陷漏磁检测问题的单元积分算法,将整个缺陷材料剖分为若干单元,考虑到源点分布的非均匀性问题及材料的非线性问题,对于几何形状复杂的缺陷,通过单元逼近,得出缺陷漏磁场的分布。最终把传感器的安装姿态同时考虑到模型中,建立传感器坐标系下,任意方位缺陷漏磁场三维磁偶极子模型,该模型实现磁化场、有向缺陷、磁传感器三者空间位置和姿态的统一,可提高缺陷识别精度10%以上。

3.4　油气管道小泄漏或渗漏的声场扩散理论与算法方面

目前我国声场渗漏理论和算法方面,通过光纤磁致伸缩、次声传感器信号的存储、滤波、解调及降噪,获得小泄漏或渗漏声场扩散的规律,提高管体渗漏识别精度。声场扩散理论在紊流、层流介质中,单一物理场或单一融合层次的系统识别能力提高有限,复杂小泄漏或渗漏缺陷目标识别方法不足,需要有针对性的完善理论和算法:

(1)油气介质声场扩散理论重构。建立基于空间信息的分布式信息融合模型,利用模态互补,共享信息而提升识别率。

（2）油气介质声场扩散数据标记对齐。设计新型基于光纤磁致伸缩、次声传感、可变向励磁的被动融合识别模态，同步记录和由声压、位置等组成的时间序列参数，有序标记、对齐声、磁场和声压数据集，实现渗漏和小泄漏的高精度、高分辨率的识别。

（3）基于多模态深度融合模型的小泄漏或渗漏目标识别，提出到达时差法和多模态方法组合的光纤磁致伸缩、次声泄漏检测方法，形成基于油气介质输送的环境空间中多模态深度融合模型的识别算法，开展管道典型小泄漏和渗透的信号分析与特征提取。

4 总结与展望

当前我国在管道检测领域，多传感器融合理论和方法方面还处于空白，需要考虑任意空间的磁偶极子模型、声场扩散模型，以及声场磁场人工智能融合处理算法模型，建立适用于管道螺旋焊缝、环焊缝、轴向沟槽等缺陷，以及小泄漏和渗漏一体化检测理论模型，实现可变向励磁、人工智能的缺陷量化与识别特征。需要开展如下研究工作：

（1）多传感器多场拓扑特征研究，基于声场与磁场等多传感器之间的复杂工况因素，建立最大介数点的时变隐马尔可夫模型，分析声磁时间偏差、声磁场时域频域的投影对齐，构建声磁传感网络拓扑结构分析模型。

（2）多传感器多场融合规律研究，基于空间域的磁场和声场等多传感器分布的描述，提出螺旋励磁周向和轴向多通道响应、轴向和周向分布特征规律，以及小泄漏渗漏、次声场的声波全域扩散分布规律。

（3）多传感器多场参数关联特征研究，基于声场与磁场等多传感器的参量对比性分析，建立声扩散激励模式下磁场强度、磁畴、磁导率与声场之间的关联关系模型，建立声场的物理量，如声压、质点振动、振幅等与磁极间距、磁场移动速度、提离值之间的关系模型，可以全面认识声场和磁场在空间域的关联性特征。

（4）多场融合缺陷信号人工智能深度学习方法。基于漏磁场与声场等多传感器融合的理论，构建缺陷模型数据集，为缺陷智能识别提供基础依据，建立深度学习卷积神经网络模型，针对次声信号进行时域和频域频谱分析及噪声滤波，依据声磁信号特征融合进行声场与漏磁场信号的缺陷识别。

主要参考文献

［1］董绍华. 中国油气管道完整性管理 20 年回顾与发展建议［J］. 油气储运，2020，39（03）：241-261.

［2］Si-Chaib M O，Djelouah H，Boutkedjirt T. Propagation of ultrasonic waves in materials under bending forces［J］. Ndt & E International，2005，38（4）：283-289.

［3］Zhang YongJiang，Chen Congqi，He Guangling，et al. Research of high resolution pipeline inspection Tool[J]. Development & Innovation of Machinery & Electrical Products,2008, 21(4):84-86.

[4] Zhang Zhiwen,Shi Ruilong,Wu Liangyin,et al. The field application of acceptance detection technology to oil and gas pipelines before operating[J]. Development & Innovation of Machinery & Electrical Products,2017,30(1):75-77.

[5] Wolf Böckler,Landstorfer R. Reliable and cost effective leak detection with an new generation of ultrasonic pigs[J]. American Journal of Therapeutics,2013,20(5):460-462.

[6] Wang F,Shao Z,Xie J,et al. Extrinsic fabry-pérot underwater acoustic sensor based on micromachined center-embossed diaphragm[J]. Journal of Lightwave Technology,2014,32 (23).

[7] Kikuchi H,Tschuncky R,Szielasko K. Challenges for detection of small defects of submillimeter size in steel using magnetic flux leakage method with higher sensitive magnetic field sensors[J]. Sensors and Actuators A-Physical,2019,300:111642.

[8] Sun X Y,Kang F N,Wang M M,et al. Improved probabilistic neural network PNN and its application to defect recognition in rock bolts[J]. International Journal of Machine Learning & Cybernetics,2016,7(5):909-919.

[9] Sun Y,Feng B,Liu S,et al. A Methodology for identifying defects in the magnetic flux leakage method and suggestions for standard specimens[J]. Journal of Nondestructive Evaluation,2015,34(3):20.

撰稿人:董绍华[中国石油大学(北京)]

海底管道悬空内检测机理研究

Mechanism of inner detection of subsea pipeline free span

1 科学问题概述

管道作为油气资源输送的重要工具,对保障经济快速发展发挥着越来越关键的作用。随着全球范围内油气资源的进一步快速流动,各类油气资源输运管道的铺设里程也在飞速增长。截至 2020 年底,全球在役油气管道总里程约 201.9 × 10^4 km,其中天然气管道约 135.0 × 10^4 km,占管道总里程的 66.9%;原油管道约 40.1 × 10^4 km,占管道总里程的 19.8%;成品油管道约 26.8 × 10^4 km,占管道总里程的 13.3%。2021 年,我国新建油气管道约 5414 km,油气管道总里程达到了 15 × 10^4 km,其中天然气管道里程约 8.9 × 10^4 km,

占我国管道总里程的59.3%；原油管道里程约3.1×10⁴ km，占我国管道总里程的20.7%；成品油管道里程约3.0×10⁴ km，占我国管道总里程的20%。根据《中长期油气管网规划》，到2025年，我国管网规模将达到24×10⁴ km。管道输送油气资源过程中的安全性直接决定了整个油气资源输送系统能否正常工作。由于油气资源输送管道常常需要穿越山脉、河流、公路、铁路和城区等地区，工程中常采用将管道填埋于地面或海床以下一定深度的方式保障管道持久、安全和稳定地输送油气资源。但随着管网服役年限的增加，由于人工作业、洋流冲刷、地质运移或其他环境荷载作用等原因，埋于地层或海床中的管道会出现局部悬空，称之为埋管悬空。

埋管悬空可能进一步发生管道局部应力集中、管道保温层破坏、管道损伤、管道泄漏甚至管道折断等各类安全事故。这些因埋管悬空现象而可能发生的安全事故不仅会造成巨大的经济损失，还会给环境带来不可估量的破坏。因此，长输管道的悬空检测问题越来越受到国家相关部门和企业的重视。为了避免埋管悬空所导致的各类重大事故的发生，定期进行长输埋管悬空检测作业对油气输运管线的正常安全运行具有重要意义。

2 科学问题背景

目前，国内外对于埋管悬空问题已开发出一些成熟检测方法，主要包含物探调查技术、机器人巡检技术和传感监测技术。但是，这些技术均是在管道外部对埋管悬空进行检测，其作业过程容易受到管道外部复杂多变的环境和地理条件的限制，检测结果常常不稳定。管道内部环境则相对稳定，管内检测可以有效避免管道外部复杂多变的环境和地理条件的限制。因此，基于国内外埋管悬空检测技术现状，开展一种埋管悬空内检测方法研究具有重要的经济意义和社会意义。

3 科学问题研究进展

针对埋管悬空检测问题，主要从以下三个方面进行研究：①管内动荷载作用下埋地管道与悬空管道动力学响应特性研究；②埋管悬空检测信号处理分析方法与悬空评价指标建立；③海底悬空管道动力行为智能预测。

3.1 管内动荷载作用下埋地管道与悬空管道动力学响应特性

埋于地层或海床中的管道长度可达成百上千公里，由于我国地形地貌特征多样、地质结构复杂，长输埋管系统沿线常常具有多种振动响应特性。实验研究中难以分析如此多类型的振动响应特性。因此，有必要分别建立埋地管道和悬空管道的响应特性分析模型，将埋地管道的研究对象视为管土耦合系统，将悬空管道的研究对象视为埋管悬空系统。

建立管土耦合系统，研究管道埋深、管道杨氏模量、土壤杨氏模量、土壤密度、管道泊松比、土壤泊松比及土壤阻尼系数对管土耦合系统动力学响应特性的影响规律。

建立埋管悬空系统,研究土介质刚度系数对管土接触部分动力学响应特性的影响规律,研究埋管悬空长度对埋管悬空系统动力学响应特性的影响规律。

3.2　埋管悬空检测信号处理分析方法与悬空评价指标建立

通过悬空检测器所采集到的振动加速度响应信号包含了埋管是否悬空的关键信息,但一般情况下很难直接从响应信号时域参数的变化中分析出埋管是否出现悬空的关键信息。因此,必须使用一定方法对所采集到的信号进行预处理、分析与埋管悬空特征信息提取,研究能反映埋管是否出现悬空的特征信息、参量及其变化规律,并建立对埋管悬空敏感的悬空评价指标。埋管悬空信息的分析是否准确、可靠,悬空评价指标的选取是否敏感、有效,决定了埋管悬空辨识结果的真实程度。

为了提取埋管悬空检测信号中的悬空特征信息,需要首先预处理信号以消除信号中的干扰信息。由于在时域内无法从信号中观察或分析出能有效辨识埋管悬空情况的关键信息,因此需要进一步采用合适的信号分解方法对预处理后的信号进行分解,并通过信号分析方法对分解后的信号进行悬空特征信息分析。通过分析出的悬空特征信息辨识出埋管悬空情况。

通过相关研究建立埋管悬空检测信号的预处理方法和分析方法,设计埋管悬空检测信号采集、分析与处理程序界面,并建立多个用于辨识埋管悬空情况的埋管悬空评价指标。

3.3　海底悬空管道动力行为智能预测

预测海底悬跨管动力响应可以指导海底管道结构设计、安全管理和损伤预警,对保障海底油气管道安全具有重要意义。目前预测海洋管道动力响应主要采用理论模型、数值模型和实验研究三者相互结合的方式,该方式虽然可以较好地预测海洋管道动力响应,但在一定程度存在预测效率和数据利用率不高,准确性、可重复性和稳定性亟待改善等问题。针对如上问题,建立一种准确性、可重复性和稳定性较好的高效海底悬跨管动力响应预测模型也是本项目的关键科学问题。拟结合 GRU 神经网络、Bagging 算法和 Adam 优化器,共同构成混合智能方法,建立双向加权 GRU 集成神经网络模型;采用海底悬跨管动力学特性理论与数值模拟数据作为样本库,通过训练集成神经网络模型建立海底悬跨管动力响应预测模型;基于实验数据,利用自学习理论优化动力响应预测模型。最终,通过理论、数值模拟和实验数据的充分利用,借助集成神经网络模型的自学习特性和高效性,有效改善海底悬跨管动力响应预测的准确性、可重复性和稳定性,实现海底悬跨管动力响应的高效预测。

4　总结与展望

针对海底管道悬空内检测机理问题,对比分析了传统埋管悬空检测方法的局限性,提出一种海底管道悬空内检测方法,开展海底管道悬空内检测理论、方法与实验研究。围绕着管内动荷载作用下埋地管道与悬空管道动力学响应特性研究、埋管悬空检测信号处理分析方法与悬空评价指标建立和海底悬空管道动力行为智能预测三方面,力图建立系统的海底管道悬空内检测机理分析方法及动力行为预测方法。未来的研究发展方向主要包括两方面:

(1)建立完善的基于深度学习的海底管道悬空动力行为智能预测方法,有效改善现有方法在准确性、可重复性和稳定性方面的不足。

(2)开展海底管道悬空内检测相关实验,研发功能完善的悬空内检测机器人。首先搭建悬空检测原理验证实验装置,初步研究激励信号扫频速率、激振力幅值及悬空内检测机器人移动速度等参数对悬空检测结果的影响规律,并采用多个悬空评价指标分析悬空情况、计算悬空位置和长度。进一步根据实验结果开发模块化机器人信号发生系统、信号采集系统、数据存储系统、姿态纠偏系统等,优化悬空内检测机器人结构。

主要参考文献

[1] 高鹏.2021年中国油气管道建设新进展[J].国际石油经济,2022,30(03):12-19.

[2] 李秋扬,赵明华,张斌,等.2020年全球油气管道建设现状及发展趋势[J].油气储运,2021,40(12):1330-1337,1348.

[3] 严琳,赵云峰,孙鹏,等.全球油气管道分布现状及发展趋势[J].油气储运,2017,36(5):481-486.

[4] 杨光.《中长期油气管网规划》意义重大[J].中国能源,2017,39(12):28-30.

[5] Zhang B,Gong R,Wang T,et al. Causes and treatment measures of submarine pipeline free-spanning[J]. Journal of Marine Science and Engineering,2020,8(5):329.

[6] Xu L,Lin M. Numerical modeling of the configuration of a long-distance free-spanning submarine pipeline on an uneven seabed[J]. International Journal of Offshore and Polar Engineering,2017,27(01):102-111.

[7] Leckie S H F,Draper S,White D J,et al. Lifelong embedment and spanning of a pipeline on a mobile seabed[J]. Coastal Engineering,2015,95:130-146.

[8] 贾邦龙,帅健,张银辉.海底管道悬空段状态检测及安全性评价[J].油气储运,2021,40(06):658-663.

[9] 单潜瑜,白兴兰.海底管道悬空治理数值模拟[J].浙江海洋大学学报(自然科学版),

2020,39(05):458-465,476.

[10] 廖宁生,张行,张仕民,等.移动振动激励下的管道悬空内检测试验研究[J].石油矿场机械,2018,47(5):60-64.

撰稿人:张行[中国石油大学(北京)]　张仕民[中国石油大学(北京)]

压力管道微裂纹超声检测理论与评价方法

Theory and evaluation method of ultrasonic testing of microcracks in pipeline

1　科学问题概述

压力管道属于承压类特种设备,广泛用于石油、石化、电力、冶金、燃气等国民经济支柱领域和航空航天、船舶深海等国防军工领域,被中共中央、国务院《关于质量提升行动的指导意见》(中发〔2017〕24号)列为高端装备,明确要求提升质量、核心竞争力。随着我国经济的高速发展,压力管道的需求量日渐增多,据2020年国家市场监督管理总局统计的数据显示,全国共有压力管道101.26万km,且总量以年均8%的速度增长。然而,近年来,我国压力管道的安全事故屡有发生,如福建腾龙芳烃高压氢气管道爆炸、湖北当阳高压蒸汽管道爆炸、珠海长炼石化油混氢管道爆炸等,给安全生产、经济发展和社会稳定带来严重影响。因此,压力管道的安全运行和定期检验异常重要。

压力管道通常在高温、高压、腐蚀、临氢等苛刻介质环境下长期服役,容易产生局部间隙在微米级、长度为亚毫米级的闭合或半闭合型微裂纹,且在制造和使用过程中的发生频率最高。在服役环境和交变荷载的持续作用下,裂纹扩展速率通常呈指数型增长,而扩展速率的快慢又决定了检测、维修与安全保障的策略。若能检测出早期微裂纹,则可通过捕捉微尺度的裂纹扩展变化,尽早判断裂纹的活性和危害性;同时,可根据其危害性调整检验任务,指导状态维修,或实施降压、停机等安全措施。因此,为了更好地对压力管道实行全生命周期管理,拟研究压力管道微裂纹的早期检测方法和定量监测技术,既避免在极端工况下带病运行所造成的失效爆炸事故,又可为科学判断在役压力管道的安全状况和剩余使用寿命提供有效手段。

非线性超声相控阵成像技术是一种有效的微裂纹检测方法。然而,压力管道具有高参数化、多样化的复杂结构,呈现出变管径、变曲率的几何特征,同时部分管道还存在着多层结构。要用以往成像技术对压力管道的微裂纹进行非线性超声检测,在理论上和应用上都仍存在一定局限性。亟待解决的关键科学问题如下:

(1)压力管道微裂纹超声非线性机理。

该领域研究人员通过实验观测到的新型非经典非线性现象,如相控阵体波基频相位上的非线性响应等,有望进一步提升相控阵技术对微裂纹的定量监测能力及灵敏度,但这种新型非经典响应尚无相关的基础理论支撑。此外,单一模态的非线性超声相控阵方法难以同时适应压力管道及其焊缝,所以仍需综合研究相控阵体波与导波的非线性检测机理。最后,不同模态的相控阵超声在微裂纹断面处发生波型转换的条件与机理尚不明确。因此,有必要开展微裂纹与相控阵多模态超声相互作用产生的非线性机理研究,建立微裂纹特征参量与声学非线性之间的理论模型,从而有助于形成压力管道微裂纹的相控阵量化表征方法。

(2)压力管道多模非线性超声相控阵聚焦方法。

由于压力管道具有变管径、变曲率等几何特征,使得非线性超声相控阵的聚焦问题更加复杂,该领域研究人员通过在国家管网、中石油等多个压力管道运用单位的实验发现,只有深入研究压力管道的结构特征与材料声学特性对相控阵声传播的影响机理,形成结构特征和材料声学特性的分析方法以及基于多模复合柔性楔块的延迟聚焦法则,才能有效地在线检出管道内层中的微裂纹。此外,需探究压力管道微裂纹断面和结构特征可能引起的多次波型转换、散射、反射和折射现象。因此,建立多视点波束追踪与模态转换分析的多模非线性聚焦方法,进而研制多模复合检测装备,也是实现压力管道微裂纹检测的关键。

(3)压力管道微裂纹成像的非线性解耦与量化表征。

在仪器、环境等非线性噪声源的干扰下,微裂纹产生的非线性超声信号难以被准确拾取,使得非线性解耦问题成为制约非线性超声检测技术发展的一大难题。因此,需要基于多模非线性超声相控阵成像技术,研究压力管道中非线性噪声响应特征以及相应的解耦方法。最后,各种多视点检测模式下微裂纹引起的各模态非线性信号分量会存在差异性,对应的非线性图像指标与微裂纹特征间也存在多种量化关系,因此,如何借助非线性图像指标解决压力管道微裂纹量化表征也是亟待解决的一个关键问题。

综上所述,为了解决压力管道微裂纹早期检测与定量评价难题,拟通过阐明压力管道微裂纹非线性相控阵超声理论,发展多模非线性超声相控阵聚焦方法,从而形成多模复合超声相控阵检测装备,建立微裂纹的非线性解耦、成像新技术与量化表征新方法。预期成果为实现压力管道微裂纹的有效检测和定量监测提供重要理论与关键技术支撑,进而提升我国在高端能源装备设计制造与运行维护领域的核心竞争力。

2 科学问题背景

压力管道属于承压类特种设备,广泛用于能源、冶金等国民经济支柱领域及国防军工,被中共中央、国务院《关于质量提升行动的指导意见》(中发〔2017〕24号)列为高端装备,明确要求提升质量、核心竞争力。我国年均能源消耗总量巨大,因此需建设大量压力管道,以确保能源供应安全以及经济发展稳定。

压力管道在制造与服役过程中易萌生微裂纹,由于苛刻服役环境和应力循环的持续作用,微裂纹容易发生快速扩展,且其发展阶段占据结构疲劳寿命的80%~90%。这说明一旦扩展至宏观裂纹,设备可能会突然失效。而当前无损检测方法受理论和技术的限制,集中在大尺度缺陷,难以在早期发现微裂纹,并无法及时判断其活性和危害性,导致检测周期被缩短,且使用寿命被降低,甚至还可能造成火灾、爆炸、环境污染等灾难性事故。可见,研究压力管道微裂纹的检测新理论与定量评价方法,对于保障人民生命财产安全显得尤为重要,也是提高压力管道使用寿命、改善设备质量与检测周期、降低维护成本的关键。

3　科学问题研究进展

长输管道、工业管道和城镇管道等压力管道采用的无损检测方法主要包括超声、涡流、磁粉、渗透和射线等。其微裂纹具有断面闭合和分布广泛的特点,而涡流、磁粉和渗透仅适用于近表面/表面开口缺陷的检测,射线难以检测面积型缺陷且不适合受限空间使用。而超声检测的穿透能力强,且对人体无害,是压力管道缺陷无损检测中普遍使用的技术手段。

常规线性超声可适用于获取材料中宏观缺陷的位置、尺寸、取向等信息。然而,常规线性范围内的声学信号响应对结构中的微裂纹却非常不敏感。对于承受疲劳荷载或发生材料脆化的在役压力管道(如内壁应力腐蚀开裂、环焊缝氢脆等),若无法在早期检出微裂纹,或难以捕捉裂纹的细微变化,则存在巨大的安全隐患。这是因为已有研究表明,发展到宏观缺陷阶段后,设备可能在很短时间内就会失效。受限于常规线性超声方法的缺陷检测与定量能力,当前工业上采用的应对措施是:缩短压力管道构件的检修周期,甚至降低其使用寿命。此外,压力管道向高参数化发展的趋势日益明显,这意味着未来压力管道的结构将进一步地多样化、复杂化,而常规线性超声方法的局限性在工程实践中也将越来越大。非线性超声方法的具体进展与存在以下三方面问题。

3.1　压力管道微裂纹超声非线性机理

非线性超声是一类基于材料的非线性弹性本构关系的检测方法。在非线性弹性本构关系存在的情况下,一些线性声学性质(如可叠加性和互反性)不再成立。由于材料非线性的作用,超声波的波形会呈现出不同程度的畸变,利用这种特性可对微裂纹进行检测和定量。国内外相关研究表明,超声非线性响应对材料的微观尺度变化非常敏感,可表征材料性能退化失效过程的每个阶段。

此外,现有研究表明,材料的非线性弹性可分为两种形态:经典非线性和非经典非线性。其中,经典非线性的主要技术手段为有限幅值法,其典型的声学特征是二次谐波的产生和积累。研究表明,有限幅值法在一定条件下能够定量评价位错、微裂纹、析出物等早期损伤。然而,该方法难以用于压力管道,这是因为该方法通常需在压力管道的特定位置上布置多个超声探头,检测效率低,不利于在现场使用。而且有限幅值法用于变厚度、变曲率的压力管道时,还面临二次谐波发生复杂衍射现象的不利因素。此外,在使用有限幅值法时,不仅微裂纹会产生二次谐波,压力管道基体材料也会产生二次谐波,而基体的经典非线性响应甚至有可能掩盖微裂纹的非线性响应。因此,难以使用经典非线性方法检测压力管道微裂纹。

3.2 压力管道多模非线性超声相控阵聚焦方法

微裂纹的非键合接触界面的滞回特性和拍击效应会引起接触声非线性(即非经典非线性),国外 Solodov 和 Korshak 等首先发现微裂纹断面在超声波作用下会产生较强的非线性响应,非经典非线性不仅产生高次谐波,也引起其他类非线性效应(如低次谐波)。基于非经典非线性的低次谐振频率、大量基波能量转移等特征,便能够有效地区分非经典非线性与材料基体非线性。其后,国内外众多学者针对非经典非线性方法开展了大量的研究工作,提出了不同类型的微裂纹检测方法,如混频法、次谐波法、非线性声谐振法、振动声-调制法等。然而,压力管道处于复杂的环境下,上述方法更易受测量仪器和环境所引起的非线性噪声影响,仍存在检测结果信噪比较低和误差较大的问题。另外,压力管道复杂的几何结构使得采取上述方法时存在可达性差、检测盲区多等问题,限制了在现场测量的可操作性。而且上述方法都无法以图像的形式对微裂纹的非线性响应进行精确定位,因此在工业应用时存在明显的局限性。可见,非经典非线性更具备表征压力管道微裂纹的潜力,但还需要进一步研究适用于压力管道的可成像的非经典非线性超声检测技术。

近年来,围绕非线性检测的上述难点,国内外少量学者将非线性检测原理与超声相控阵技术相结合,初步实现了微裂纹的成像及空间定位。其中所采用的超声相控阵技术通过设定合适的延迟法则,能实现声束的合成、偏转、聚焦等功能,能对缺陷进行直观、快捷地成像;现代的超声相控阵系统已经实现小型化,大大改善了用于压力管道检测时的可操作性和可达性;同时,超声相控阵系统也拥有了丰富的激励信号类型和物理聚焦模式。这些都为结合超声相控阵系统来进行非线性检测创造了优越的硬件条件和物质基础。基于这些条件,英国帝国理工学院的 Tang 等和北京大学的李法新等分别研究了人体组织、金属基体材料的非线性对微裂纹相控阵非线性成像的影响,并利用了反向脉冲调幅技术提高了相控阵对微裂纹的分辨力;日本东北大学的 Ohara 等也首次利用提出了相控阵次谐波成像技术,证明了非线性相控阵技术对微裂纹具有更高的检测灵敏度。

3.3　压力管道微裂纹成像的非线性解耦与量化表征

研究人员基于商用超声相控阵系统开发出了非线性相控阵扩散声场成像技术,该技术充分利用了相控阵的并行聚焦功能,及非经典非线性效应引起的基波能量转移特性,抑制了次谐波成像中相控阵基波带宽的影响,实现了块状金属试件中微裂纹的早期检测和定量监测。考虑到绝大多数工程结构不具备扩散声场和次谐波的现场检测条件,研究人员又提出了实用性更强的非线性相控阵连续声场成像技术,并首次观测到微裂纹产生的新型非经典非线性现象,建立了非线性成像噪声抑制的基础方法。相比于其他非线性相控阵技术,连续声场成像技术对微裂纹的成像效果,具有更高的灵敏度、信噪比和稳定性。

4　总结与展望

综上所述,非线性超声相控阵是微裂纹的主要检测方式,可望突破微缺陷的非线性解耦、空间定位和量化表征技术瓶颈。为实现压力管道微裂纹的早期检测和定量监测,需要开展以下几方面的工作:

(1)研究管道微裂纹与超声波相互作用的动态力学行为以及多模态超声波的新型非经典非线性响应机理,阐明管道微裂纹的非线性超声相控阵成像原理。

(2)建立非线性相控阵激励和采集方法,分析非线性超声相控阵自适应聚焦原理及影响因素。

(3)开展非线性超声相控阵成像与解耦方法研究,建立非线性超声相控阵量化表征与参数优化技术。

主要参考文献

[1] Solodov I Y, Wackerl J, Pfleiderer K, et al. Nonlinear self-modulation and subharmonic acoustic spectroscopy for damage detection and location[J]. Applied Physics Letters, 2004, 84:5386-5388.

[2] Donskoy D, Sutin A, Ekimov A. Nonlinear acoustic interaction on contact interfaces and its use for nondestructive testing[J]. NDT & E International, 2001, 34:231-238.

[3] Drinkwater B W, Wilcox P D. Ultrasonic arrays for non-destructive evaluation: a review [J]. NDT & E International, 2006, 39:525-541.

[4] Tang M, Eckersley R J. Nonlinear propagation of ultrasound through microbubble contrast agents and implications for imaging[J]. IEEE Transactions on Ultrasonics, Ferroelectrics, and Frequency Control, 2006, 53(12):2406-2415.

[5] 高鹏,李法新.非线性超声相控阵无损检测系统及实验研究[J].实验力学,2014,29：
1-11.

[6] Sugawara A,Jinno K,Ohara Y,et al. Closed-crack imaging and scattering behavior analysis using confocal subharmonic phased array[J]. Japanese Journal of Applied Physics,2015, 54:07HC08.

[7] Cheng J,Potter J N,Croxford A J,et al. Monitoring fatigue crack growth using nonlinear ultrasonic phased array imaging[J]. Smart Materials and Structures,2017,26:055006.

[8] Cheng J,Potter J N,Drinkwater B W. The parallel-sequential field subtraction technique for coherent nonlinear ultrasonic imaging [J]. Smart Materials and Structures, 2018, 27:065002.

[9] Potter J,Cheng J,Drinkwater B W,et al. Ultrasonic array imaging of contact-acoustic non-linearity[J]. The Journal of the Acoustical Society of America,2016,140:3325.

[10] Cheng J,Drinkwater B W,Chen X,et al. The pitch-catch nonlinear ultrasonic imaging techniques for structural health monitoring[J]. Science China Technological Sciences, 2021:1-10.

撰稿人：程经纬(合肥通用机械研究院)

复杂环境耦合下油气管道泄漏的扩散机理、模拟与智能监控

Diffusion mechanism,simulation,and intelligent monitoring of oil and gas pipeline leakage under complex environment

1 科学问题概述

利用长距离管线输送油、气等资源已成为当今世界能源输送的最主要的手段。然而，随着使用时间的增加，由磨损、腐蚀或人为破坏等原因造成管道破损，从而引发的管道泄漏成为管道输送运行维护的重点内容。一旦发生管道泄漏，不仅造成输送介质的浪费，产生直接经济损失；同时泄漏的油气介质还会造成周边环境的严重污染、影响农作物和相关工业生产，并给附近人民身体健康安全带来巨大的威胁。目前，管道泄漏已经成为国内外管道运输的重要课题，如何预测防范、及时发现、响应定位和控制处理输运管道的泄漏，已经成为管道输送运行维护和管理中的首要安全问题。油气管道输送系统泄漏扩散机理、模拟和智能监控的科学问题可细分为如下四项：

1.1　管道泄漏高精度数值仿真

基于全三维非定常可压缩流动控制方程,对输送管线系统进行瞬态模拟,建立正常工况时流场速度、压力及温度等各状态量的大数据库;以瞬变流模型对管线泄漏局部进行数值计算,模拟分析单点和多点泄漏条件下引起的泄漏管线流场波动情况,掌握输送管线系统泄漏局部的流场演化规律,以及泄漏发生后管线泄漏处上下游各流场量的瞬变规律。

1.2　管道泄漏油品扩散规律与后果

目前存在四大瓶颈:①难以确定泄漏量。总泄漏量为泄漏形成阶段、稳定泄漏阶段、泄漏衰减阶段和泄漏末期阶段泄漏量的总和,由于受到泄漏检测仪器精度的限制,管道泄漏时间难以准确确定,此外由于受到管道内外压差的影响,难以确定泄漏孔口出流面积随时间的变化情况,在一定程度上增大了泄漏量的计算难度。②复杂地形下难以确定泄漏范围与到达指定区域的时间。不同地形条件下,输油管道泄漏油品的流动行为存在较大差异,传统输油管道泄漏研究忽略地形、油品入渗土壤及地表坡度的影响,从而导致现有的计算方法存在一定的局限性与不准确性。③缺乏多条件耦合的泄漏扩散行为特性研究。依据 Fay 方程推导的 SPILL 模型可计算泄漏液体的液池半径,虽可描述泄漏液体在可渗透地表的扩散行为却忽略地形起伏对泄漏扩散带来的影响,而 Webber 等人依据浅水方程,尽管考虑了多种地表条件对扩散过程的影响,但未考虑入渗及地表坡度对扩散过程的影响。④建模复杂、计算量大,传统针对管道泄漏特性的分析与研究多采用数值模拟的方法,通过建立地形与管道的三维模型,采用 VOF 方法模拟油品泄漏在地表的动态运移扩散过程,该方法建模与网格划分过程极其复杂,且采用数百万的网格进行计算无疑耗费巨量的计算时间。

1.3　管道泄漏后高效检测定位技术

研究最优泄漏负压波检测方案及传感器布置方式;结合信号检测和流体力学理论,采用高灵敏度的动态压力变送器,研究管线系统泄漏引起的压力瞬变信号的数据采集技术;基于不同滤波方式和奇异点捕捉技术,研究与管壁参数相适应的流场瞬变信号降噪和特征提取方法;基于高阶统计分析双谱估计方法和互相关分析法,研究管道上下游瞬变信号的相关性;基于负压波理论,研究不同管内介质动态声速、管道系统布置结构等参数对泄漏检测定位精度的影响,掌握高精度负压波定位技术。

1.4　管道输送系统智能监控和安全运行技术

利用深度学习方法研究泄漏量与管输系统各个影响因素之间定性及定量关联,建立天然气管线系统状态预测模型，并提出预警策略；研究多测点和多节点数据采集、数据处理、多维度显示和无线数据远传技术，研究大口径阀门的快速开启和快速闭合动态特性及瞬态规律，构建实时分析运行状态和宏观性能参数的智能化管道输送系统监控平台，以确保长距离管道输送系统的长周期安全运行，为石化及能源等领域管道输送系统转型升级提供技术支撑。

2 科学问题背景

随着工业的快速发展，能源的消耗量越来越多，而管道输送是调节地区间能源配置的主要方式。石油、天然气在全球一次能源中占比近60%，陆上70%石油和99%天然气、海底100%的油气须通过管道输送，油气管道是国民经济的生命线，也是油气生产与供应的重要保障设施。进入21世纪以来，随着国民经济快速发展，我国油气生产与供应形势发生重大变化，管道总里程由2000年1.8万km发展到2017年13万km。为了满足日益增长的能源需求，国家已经打通西部(中亚)、东北(中俄)、西南(中缅)三大陆上油气战略通道，并随着海洋油气田开发，在渤海、东海、南海建设了近6000km海底管道。

目前，油气输送管道主要有架空和埋地两种敷设形式。架空管道裸露在空气中，易受到阳光、雨雪等自然条件的侵蚀，导致管道防护层老化、破损及断裂；埋地管道长期受到土壤中水汽及管内介质物性的影响，导致管壁被腐蚀变薄等损伤，最终可能造成管道泄漏事故的发生。

2012年8月，四川巴中市因天然气管道泄漏，致使某公司大楼发生爆炸；同年8月2日15时许，南江县南江镇光雾山大道朝阳段移动公司营业厅处发生一起天然气泄漏引发的爆炸事故，爆炸事故共造成1人死亡、25人受伤，其中3人伤势较重；2012年9月，宁夏中卫发生天然气管道泄漏事故，造成3死4伤；2013年10月，兰州市雁滩路发生天然气管道泄漏事故，两万余人被紧急疏散；2013年11月22日凌晨3点许，位于山东省青岛市黄岛区秦皇岛路与斋堂岛路交会处，中石化输油储运公司潍坊分公司输油管线破裂，事故发生约15分钟后关闭输油，但斋堂岛街约1000m²路面已被原油污染，部分原油沿着雨水管线进入胶州湾，海面过油面积约3000m²，当日上午10点30分许，黄岛区沿海河路和斋堂岛路交会处发生爆燃，同时在入海口被油污染海面上发生爆燃，事故共造成62人死亡、136人受伤；2021年6月13日6时42分许，位于湖北省十堰市张湾区艳湖社区的集贸市场发生重大燃气爆炸事故，造成26人死亡，138人受伤，其中重伤37人；2021年8月17日，河北保定高阳县锦华街道岳家佐村，发生一起天然气泄漏爆燃事件，造成1人死亡，4人受伤；2021年10月18日10时许，河北邯郸华润燃气有限公司维修人员在郝庄巷40号院管道井内进行阀门更换作业时，发生天然气泄漏，造成3人窒息，伤者被第一时间发现并送往医院救治，经抢救无效先后死亡；2021年10月21日，沈阳市和平区太原街南七马路路口发生燃气爆燃事故,事故造成4人死亡;3人重伤、伤情平稳,44人轻伤。以上事故的直接原因基本都是高压钢管严重锈蚀破裂,造成泄漏天然气在密闭空间聚集,遭遇火星后发生爆炸。

可见,管道泄漏影响正常输送,泄漏发生时快速响应和精确定位非常困难,介质泄漏后容易发生着火、爆炸,造成重大的人员伤亡,严重威胁周边人们的身体健康以及经济财产安全,还会造成环境污染。

3　科学问题研究进展

3.1　泄漏扩散机理

国内外学者近年来针对油气管道泄漏扩散进行了大量的实验和模拟研究,建立了多种泄漏模型。Witlox 将气体相态分为液相和超临界相,设定孔径大小值为 6～150mm,进行高压气体泄漏扩散实验,并使用 Phast 仿真,将仿真结果与试验结果进行比对,验证了实验的有效性。Wareing 基于英国国家电网的研究项目,通过模拟气体与空气混合组分扩散过程,研究高压密相气体管道泄漏的近场扩散规律,模型还考虑了熔化潜热影响,并采用修正的 k-e 湍流模型,验证了实验数据。Woolley 建立一套体积为 $2m^3$ 的气体球罐泄漏装置,泄放管路总长 9m、内径 50mm,实验测量了近场温度和浓度等数据,发现近场浓度与温度都与所建立的模型具有较高的吻合度,但该模型对远场扩散情况的描述是否与实际接近还需进一步的实验研究。目前已有的气体泄漏扩散模型与其适用特性对比如表 1 所示。

气体泄漏扩散模型与其适用特性对比　　　　　　　　　　　　　　表1

扩散模型	适用对象	使用范围	计算量	精度
高斯烟羽模型	中性气体	大规模连续泄漏	少	较差
高斯烟团模型	中性气体	瞬时和部分泄漏	少	较差
Sutton 模型	中性气体	连续稳定泄漏	少	较差
FEM3 模型	重气	连续泄漏和有限时间	大	较好
BM 模型	中性或重气	大规模、长时间泄漏	少	一般
箱及相似模型	中性或重气	瞬时和稳态连续泄漏	少	较差
唯象模型	重气	—	少	较差

随着计算机软硬件技术的飞速发展,国内外相关学者在大量现场与实验室实验的基础上,开始研究如何用计算机对扩散模型进行数值仿真。目前应用比较广泛的有高斯、FEM3、BM、Sutton、箱、唯象、三维传递等模型。

国内外发展程度差距较大,国外遥遥领先于国内,虽然扩散模型已形成较为成熟的理论体系,但仍存在以下难点与不足:①需探究计算量更少,精度更高的泄漏扩散模型。②由于液体输送介质的黏性相对较高,泄漏后扩散的区域相对比较有限,因此,需进一步研究液相介质扩散规律,建立相应的液体扩散模型。

3.2 管道瞬变流动的数值建模

流体数值计算先后经历了无黏数值计算、准黏流数值计算和完全黏流数值计算三个阶段。Lakshminarayana B 对 20 世纪 90 年代前 CFD 技术在流体机械中的应用做了详细总结和分析。20 世纪 90 年代以后出现了完全黏流数值计算,并逐渐成为流体机械数值计算的主要方法。随着旋转机械数值计算技术的发展,湍流模型的研究和应用也在不断深入。完全黏流湍流数值模拟方法可分为直接数值模拟(Direct Numerical Simulation,DNS)、雷诺平均法(Reynolds Averaged Navier-Stokes,RANS)、大涡模拟方法(Large Eddy Simulation,LES)和混合 RANS/LES 方法等。在雷诺平均框架下,常见的模型有 $k\text{-}\varepsilon$ 模型、$k\text{-}\omega$ 模型和雷诺应力模型(Reynolds Stress Model,RSM)等,其中 LES 被当前认为是能较好平衡资源需求和结果精度的一种模拟方法,具有极大的工程应用前景。

另一方面,对可压缩气体、弱可压液体而言,其产生压缩后需要补充的封闭方程各不相同。对气体而言,一般对气体状态方程经过一定修正即可实现,这一方法应用较多且其各种求解也相对成熟;但对弱可压的流体而言,由于常规数值建模时一般均忽略其可压缩性,因此,相应的挑战较大。

3.3 泄漏扩散模拟方法

目前泄漏扩散模拟主要有两种方法:基于 FLUENT 的管道泄漏扩散规律研究,基于元胞自动机的管道泄漏计算与模拟研究。

利用 FLUENT 模拟泄漏扩散的过程包括三个研究内容:①复杂地形模型建立:提取输油管道周围地形典型高后果区建立三维真实地形模型,获取 DEM 数据,基于地图绘制软件 Global Mapper 生成等高线,再通过 Rhino 软件生成三维地形曲面。②CFD 数值模拟:分别模拟不同泄漏量、泄漏孔径、泄漏口处初始速度、不同地表类型下泄漏油品在地表的扩散规律影响,在 FLUENT 软件中,对于气液相界面瞬态追踪选择 Geo-Reconstruct 精确捕捉像界面变化情况,考虑重力对油品泄漏扩散的影响,设定相关边界条件进行模拟。③数值模拟结果分析:获取不同工况下泄漏面积和泄漏时间的定量关系,借助后处理软件对不同时刻油品扩散面积进行统计分析,设定尺寸标准后建立图像像素间距与实际空间尺寸数据的对应关系,完成输油管道泄漏扩散面积的计算。

基于 FLUENT 的管道泄漏扩散规律研究存在以下难点:①需根据 DEM 数据形成地形

曲面,结合地形因子建立三维地理模型。②需分析不同泄漏孔径、不同管道直径、不同泄漏速度条件下输油管道泄漏渗透扩散过程及地面油品扩散覆盖规律,分析各因素对扩散路径和扩散速度的影响。

基于元胞自动机的管道泄漏计算与模拟研究包含以下几个内容:①泄漏过程元胞自动机建模:确定元胞空间,将实际研究区域划分为二维离散网格,网格大小与元胞大小相同,与栅格数据保持一致;确定元胞状态,单个元胞状态由地形高度(DEM 数据)、x 方向单宽流量、y 方向单宽流量、地面粗糙度、泄漏深度等多种变量所组成;确定元胞邻域,常见邻域类型有冯·诺伊曼(von Neumann)型、摩尔(Moore)型、扩展的摩尔(Moore)型、马戈勒斯(Margolus)型等;设定元胞状态为未泄漏、部分泄漏、完全泄漏;建立元胞转化规则,建立由 t 时刻目标元胞(即其邻域元胞)的泄漏情况计算 $t+1$ 时刻中心元胞的泄漏情况,推导出元胞在各方向的转换规则公式。②管道泄漏模拟的实现:通过对地理信息系统的二次开发,将设计的元胞自动机泄漏模型转变成计算机可识别的语言来直观地显示泄漏油品在复杂地形下的蔓延情况,为将来的泄漏预测以及应急抢险提供技术支持。

基于元胞自动机的管道泄漏计算与模拟研究存在以下难点:①泄漏流散过程影响因子量化的研究:泄漏过程是一个多相、多组分在气象条件、地表条件和地形条件影响下运动的复杂现象,影响泄漏流散的因子可以分为静态(坡度、坡向、高程、植被等)和动态(风速、风向等)因子,如何采集这些因子使之转变为计算机可识别"语言"是研究的一大难点。②元胞自动机的转换规则研究:元胞自动机模型本质上的自组织特性与输油管道泄漏行为很接近,因此能够模拟泄漏,但如何确定泄漏中元胞的状态和元胞的转换规则函数为研究内容的重中之重。③可视化模拟方式的研究:相较于 FLUENT 模拟,元胞自动机可以与 GIS 集成,利用 GIS 可视化技术实现泄漏扩散模拟,将量化分析结果与 GIS 结合,实现泄漏扩散事故后果的精确地理位置定位,为应急决策提供支持。

3.4 泄漏定位技术

管道检漏技术通过近 20 年的发展,根据检测原理、检测范围的不同衍生出很多不同的检测方法。目前检漏技术根据检测范围的不同有两种,即区域定位技术和点定位技术。

区域定位技术有未知流量(UFW)分析、比较流量分析、区域计量分区(DMA)技术等。目前,常见的区域定位方法是流量测定分析法,根据管线状况将管网分区,各区域装有仪表,逐区进行检测。当管道没有泄漏时,流进和流出管道的流量相等。如果管道发生泄漏,当泄漏程度达到一定范围时,进出口会形成显著的流量差。因此,在管道的多个点处进行流量的检测,可以确定泄漏的程度和大致位置,但对泄漏点定位的精度不高。

点定位技术有磁信号检测、超声波检测、压力检测和声学检测等。其中，负压波法原理是管道中流体压力突然意外下降是未知泄漏或未记录需求的迹象。泄漏本质上是一种液压现象，其在管道中的发生改变了其液压特性，这可以使用特定的压力传感器直接或间接检测到。压力和流量变量最常用作泄漏指示器，从理论上讲，一旦发生泄漏，泄漏孔附近就会产生一个等效的压降，这反过来又会在泄漏位置引起一组压力波的释放，然后以与泄漏尺寸相对应的特定速度沿管道反向传播。这组波被称为负压波，在多项研究中都是泄漏分析的理想工具。通过对压力传感器接收到的流体压力信息进行分析，就可以对给油气管道进行泄漏检测和定位。

目前，基于负压波检测油气管道泄漏已经得广泛地应用，但是在检测微小缓慢的泄漏检测效果不好，且容易受到干扰而产生误报。

4   总结与展望

综上所述，目前复杂环境耦合下油气管道泄漏的研究主要围绕着四点展开，分别是管道泄漏高精度仿真，管道泄漏油气扩散规律，管道泄漏点高效检测定位技术以及管道输送系统智能监控和安全运行技术，这几项技术成熟度各异，在未来研究趋势及发展潜力有所不同，应从以下几个方面改进，进而提高复杂环境下油气管道泄漏预警与防控技术。

(1)从机械和流动两大方面综合考虑，建立的泄漏扩散模型，对油气管道输送系统的泄漏进行精确数值模拟，确定扩散强度和区域范围。

(2)编制可快速计算软件。

(3)提出管线无损压力波检测方案，构建智能化管线状态检测和预警云平台，进而提高管道输送系统的安全性。

主要参考文献

[1] Qu Z,Feng H,Zeng Z,et al. A SVM-based pipeline leakage detection and pre-warning system[J]. Measurement,2010,43:513-519.

[2] Brennan M J,Gao Y,Joseph P F. On the relationship between time and frequency domain methods in time delay estimation for leak detection in water distribution pipes[J]. Journal of Sound & Vibration,2007,304(1):213-223.

[3] Frank T,Lifante C,Prasser H M,et al. Simulation of turbulent and thermal mixing in T-junctions using URANS and scale-resolving turbulence models in ANSYS CFX[J]. Nuclear Engineering & Design,2010,240(9):2313-2328.

[4] Ming T,Zhao J. Large-eddy simulation of thermal fatigue in a mixing tee[J]. International

Journal of Heat & Fluid Flow,2012,37(37):93-108.

[5] Araújo M D V,Neto S R D F,Lima A G B D. Theoretical Evaluation of Two-Phase Flow in a Horizontal Duct with Leaks[J]. Advances in Chemical Engineering & Science,2013,03 (4):6-14.

[6] J V N Sousa,A G B de Lima,S R de Farias Neto. Numerical analysis of heavy oil-water flow and leak detection in vertical pipeline[J]. Advances in Chemical Engineering and Science,2013,03(1)9-15.

[7] Briscoe F ,Shaw P . Spread and evaporation of liquid[J]. Progress in Energy and Combustion Science,1980,6(2):127-140.

[8] Sridhar N . Numerical prediction of wind flow over complex terrain with shallow and steep hills[D]. Texas Tech University,2015.

[9] 阳子轩.复杂管道泄漏检测技术研究[D].武汉:武汉理工大学,2011.

撰稿人:罗小明[中国石油大学(华东)]　何利民[中国石油大学(华东)]
朱祖超(浙江理工大学)　林培锋(浙江理工大学)

管道维抢修应急资源调度优化及策略

Emergency resource scheduling optimization and strategy for pipeline maintenance and repair

1 科学问题概述

管道运输具有运量大、占地少、连续性强、耗能少、成本低、效益好等优点,是原油、成品油、天然气最主要也是最理想的运输方式。西方发达国家已基本实现油气运输全程管道化,已经建成的油气输送管道长度达到250万km。我国油气管道建设稳步推进,油气管网不断完善,截至2020年底,油气管道总里程达到16.5万km。至2025年,我国长输管道总里程预计将超过24万km。

随着管道服役年限的增加,管道运输的一些安全隐患开始显现。我国现有的油气管道中60%以上已运行近20年,东部一些管道已运行30年以上,管道已进入事故多发期。管道发生故障之后,维抢修设备和人员需要在最短时间内快速反应并到达现场,高效地完成维抢修任务,避免事故的恶化,及时恢复管道的正常运行。然而,因为维抢修设备和人员的早期部署无法准确匹配现场,叠加管道突发事故位置和类型的高度不确定性,现有的维抢修作业做不到完全及时、高效,因为人员、车辆出动不迅速和到现场后,机具、设备不齐全而耽误现场作业的情况时有发生。这里面的主要科学问题是不确定条件下的应急资源调度问题,涉及的难点在于:①管道的里程较长,工况复杂,但维抢修人员和设备资源有限,如何在复杂的条件下做好合理的沿途资源部署是需要解决的难点之一。②管道事故属于突发事件,可预测性低、可获知信息量少。如何利用有限的信息预测管道事故类型和事故地点,并调度资源是需要解决的难点。

2　科学问题背景

为了应对油气管道的突发事故,在管道沿线的某些大型站场通常配备维抢修作业队和相应的维抢修作业机具。一旦管道出现事故,负责该区域的维抢修作业队在最短的时间内快速反应并到达现场进行维抢修作业。然而,因为资源有限,维抢修作业队所负责的区域通常较大,某些管道事故地点因为距离较远、地形地貌复杂等原因,往往无法快速到达现场,造成事故的严重性进一步扩大,给社会和环境造成不必要的损失。这实际上是不确定条件下的应急资源调度问题。这里面的不确定性主要体现在以下几个方面:①管道的事故发生地点的高度不确定性。②管道事故类型的高度不确定性。③事故的发展性具有高度的不确定性。在边界条件完全模糊的条件下确定最优解是这背后的关键问题。这一理论问题如果得不到求解,在维抢修战队选址、维抢修人员和机具的配置等方面仍依据工程经验,缺乏合理性。同时,在面对突发的管道事故,也无法做到及时构建应急响应网络,确定应急物资的调度计划,降低损失和不良影响。

3　科学问题研究进展

面对不确定条件下的应急资源调度,现有的研究手段和技术路线主要有数字化管理系统的建立和应急资源调度模型的研究两个方面。

3.1　数字化管理系统的建立

现有的维抢修队信息化管理能力较弱,维抢修人员、设备等大多没有统一的系统管理。面对突发的维抢修作业事故,虽然存在部分预案,但预案不够完善,且调取困难。针对这些问题,该技术路线主要是通过建立数字化管理系统或者平台,将所有的人员和机具设备进行在线管理。平台并不改变站场的位置,通过路径规划等算法优化人员和机具的资源配置,并通过信息平台的建设,提高维抢修作业人员和机具的调度和管理能力。该技术路线的优点是从管理上入手,优化现有的资源,可执行性强。缺点在于并没有解决维抢修站场位置的合理选择问题。

3.2　应急资源调度模型的研究

该技术路线从底层算法和模型着手,通过研究不确定条件下的应急资源调度模型的建立与求解,提高维抢修作业人员和机具的调度和管理能力。现有的模型主要有应急资源调度的序贯博弈决策模型、非合作博弈的多灾点应急资源调配模型、多模式分层网络的应急资源合作博弈调度模型、基于隐马尔科夫链的应急事件状态预测及资源调度模型等。该技术路线的优点是通过建立复杂的调度模型,通过各类函数描述应急物资调度中物资需求量、调度时间和事故地点的不确定性,求得这类不确定条件下的应急资源调度给出最优解;缺点在于实际问题过于复杂,现有的模型和算法都不能准确地描述,求解结果的不确定性高。

4　总结与展望

管道维抢修应急资源调度优化问题实际上就是解决不确定条件下的应急资源调度问题。对于通过建立数字化管理系统或者平台,将所有的人员和机具设备进行在线管理,并通过路径优化等,可以有效提高维抢修资源的调度效率,但是这一方法有其局限性。从底层算法和模型着手,建立不确定条件下的应急资源调度的复杂模型并进行求解,可以更加合理地从全局性角度出发,对资源进行优化。当然,现有的模型尚不够完善和精确,后续的研究有待在算法和模型上进一步优化和完善。

主要参考文献

[1] 杨继君.应急资源调度决策与建模优化[M].北京:中国社会科学出版社,2013.

[2] Chen Y Y,Zhang L B,Hu J Q,et al. Optimization of distribution of emergency resources for emergency rescue points of oil and gas pipelines [C]∥E3S Web of Conferences. 2021, 266. EDP Sciences.

[3] Malec M,Benalcazar P,Kaszyński P. Optimal location of gas network maintenance centres: A case study from Poland [J]. Journal of Natural Gas Science and Engineering,2020,83, p. 103569.

[4] 赵星,吉康,林灏,等.基于多目标路径规划的应急资源配置模型[J].华南理工大学学报(自然科学版),2019,47(4):7.

[5] Gabdulkhakova A,Konigries B,Rizvanov D A,et al. An agent-based solution to the resource allocation problem in emergency situations[C]. European Conference on Web Services, 2011:151-157.

[6] 曹俊杰.基于未确知测度和博弈论集对理论的油气管道维抢修站队选址评价[J].安全,2021,42(4):8.

[7] Othman S B,Zgaya H,Dotoli M,et al. An agent-based decision support system for resources scheduling in emergency supply chains[J]. Control Engineering Practice,2017:27-43.

［8］ Cavdur F，Kose-Kucuk M，Sebatli A. Allocation of temporary disaster response facilities under demand uncertainty：An earthquake case study［J］. International Journal of Disaster Risk Reduction，2016，19：159-166.

撰稿人：朱霄霄［中国石油大学（北京）］　张仕民［中国石油大学（北京）］

CHAPTER FOUR

第4章
管道运输系统设备与设施

管道运输设备与设施主要包括管道增压设备、低温运输设备、混输管道与设备、管道调控设备以及储存设备与设施。目前管道运输系统设备与设施的研究主要围绕油气等常规介质输送过程开展工作，集中在运输机理、运输调控、内部流动特性等方面。为了适应管道运输口径不断增大、运距迅速增加、储存设施大型化、运输介质由单相流体逐渐扩展到煤炭、矿石、混凝土等非常规介质的要求，基于清水的常规设计方法和调控理论已不再适用，需要考虑气液固多相流体、低温流体、非牛顿流体以及非流体离散相等介质的特征，分析其对输送设备与设施的影响，进行针对性设计开发和运维研究。

管道运输系统设备与设施针对泵和压缩机等增压设备，需要开展内部流动、噪声与震动和健康诊断等研究工作，包括在低温介质和混合物介质等特殊输送工况下的多相流动特性和可靠性分析，最终满足增压设备的高效运行要求。针对特种阀门，需要开展阀门调控、噪声控制和密封失效等方面的研究，满足特种阀门可靠稳定运行要求。针对储罐、洞罐、储气库和储油库等储存设备与设施，开展设计检测技术和时效破坏特性等方面研究，实现储存设备的安全运行。管道系统设备与设施对于管道运输实现连续、迅速、经济、安全、可靠、平稳运行至关重要。因此，深入认识和把握管道运输系统设备与设施中的科学问题，对于提升系统的安全性和经济性具有重要意义。今后应在增压设备与系统、特殊介质混合输送管道和设备失效、储存设备与设施等重点领域开展科学问题研究。

在增压设备与系统方面，以增压设备的智能高效运行为目的，开展基于多目标系统特性的设计分析和运行调控研究，揭示泵、压缩机等增压设备与管路系统的整体流动特性。在特殊介质混合输送管道和设备等失效方面，针对不同使用场景和特殊介质，揭示管道和设备的力学特征，同时分析内部介质对材料表层形态以及材料剥离的影响，建立空蚀和磨损预测模型，进而完成失效评估。在低温介质输送和储存方面，目前尚未形成综合考虑热力学效应及气体可压缩性的低温空化模型,以及建立考虑实际介质特性的应力应变模型,需开展低温输送和储存设备的高可靠性测试、评估和优化研究。在储存设备与设施方面,需开展大型储备油库的安全与风险防控、地下储气储油库的设计和运维、掺氢天然气地下储库的运维和安全等方面研究。

管道系统流致振动分析与控制

Analysis and control of flow induced vibration of pipeline system

1 科学问题概述

管道内的流体激励是引发管道系统振动的主要激励源之一,管道系统的超标会影响管路系统的输运稳定性,引发超标噪声、构件受损、疲劳、失效和破坏等问题,并大大缩短管道系统的预期寿命,甚至会产生灾难性后果。随着运输效率的提高,管道内流体输送流速逐渐增大,并显著影响整个系统的振动特性。因此,研究管道系统流致振动产生机理、动力学特性预测、振动检测方法及控制方法对管道系统的设计具有重要应用价值。

国内外学者对管道系统的流激振动问题进行了一定的研究,包括管道内流固耦合计算方法的探究、管道的振动响应特性分析、减振降噪方案等,并取得了一系列研究成果。但是这些研究多以单一管道为研究对象,并未综合考虑多跨、多种构件、多支撑下的管道系统在流体激励下的整体振动特性,系统不同方向、不同构件间的耦合影响机理尚不明确,描述系统动力特性耦合分析方法的构建、超标振动的预测与控制都面临着极大挑战。针对管道系统的流致振动问题,现有的理论计算模型、检测与控制仍存在以下两个方面的研究瓶颈:①管道系统受到内部介质荷载及安装过程中预应力、应变工况的综合作用,系统横向与轴向振动互相影响,振动行为复杂,难以实现对管道系统振动行为的精确预测。②管道系统在海水荷载、风荷载等外部流场环境和系统支撑的共同作用下,表现出明显的非线性特征,外部荷载对管道系统固有频率、模态振型、振动响应等线性动力学特性和分岔性外及混沌运动等非线性动力学特性的作用机理不明确,难以实现针对特定应用环境的管道振动控制。

由此,为揭示复杂外部环境及内部流动介质对管道振动特性的影响规律,实现管道系统的振动预测与控制,还需进一步深入研究不同构件、不同支撑结构、不同地基的等效力学模型,发展考虑管道系统内输运流场及外部风、波浪、洋流等环境流场及安装预应力与应变工况下的系统耦合振动计算模型及其求解方法,分析多构件、多支撑下的管道系统流致振动产生的机理和规律,最终实现管道系统流致振动特性精确预测和控制,完善管道系统的振动分析理论。

2　科学问题背景

管道系统在风载、洋流或潮汐荷载作用下发生大幅振动,将严重危害输送系统的安全、稳定运行,对结构流致振动特性以及振动响应的研究,有助于我们对结构进行优化设计,预防因流致振动导致的失效,提高管道系统整体的可靠性和稳定性。管道系统振动特性预测及振动控制不精准,将对以下两方面造成负面影响:①在外部及内部流动荷载的综合作用下,管道持续超标振动将导致管道本体及管路连接件等处的缺陷增加,使管道承压及密封性能降低而增加管道安全风险,并引发泄漏甚至爆炸等事故。②难以进一步实现管道系统的优化设计及节能运行,由于无法准确预测管道系统在不同环境荷载及内部流动荷载、不同基础及支撑下的振动性能,导致管道系统的连接件、支撑方式与数量、管内流速等参数无法实现最优化设计及能耗的进一步优化。

由于现有管道振动耦合计算模型及求解方法多基于简单元件和直管路模型,管道边界条件模型多简化为固支、简支、自由和弹性支撑等简单形式,较少考虑管道和内部输送介质、外部环境流体间的相互作用,内部介质流动及外部环境对管道振动的作用机理尚不清晰,导致管道振动特性计算精度不足。因此,为了克服上述问题,保障管道系统的安全、稳定运行,必须发展考虑管道内输运流场及外部风、波浪、洋流等环境流场下的系统耦合振动计算模型及其求解方法,分析系统流致振动产生的机理,建立管道系统流致振动特性预测和控制方法是需求导向下的必然要求。

3　科学问题研究进展

管道系统的流致振动分析与控制研究涉及流体力学、振动力学、接触力学、摩擦学等学科等多个学科领域,研究主要分为三种技术路线:管道系统流固耦合振动特性计算、流致振动的机理分析方法、管道系统的减振和优化设计。

3.1　管道系统流固耦合振动特性计算

目前,管道系统流固耦合振动特性计算多基于较为成熟的特征线法、有限元法、传递矩阵法等,建立常见管路元件的数理模型并根据管路布局划分管道单元或节点,结合管道形状及支撑方式构建系统的动力学方程。但受到管道支撑及结构元件数理模型的限制,振动特性计算精度往往较差,同时由于复杂管路,特别是有分支的管路系统方程具有明显的高维特征,使得方程求解难度大、效率低。

国内外管道系统流固耦合振动特性计算存在以下难点:①现有耦合模型及求解方法多基于直管路系统,针对复杂管道元件的数理模型缺乏,更极少考虑管道和内部输送介质、外部环境流体间的相互作用。②现有管道边界条件模型多简化为固支、简支、自由和弹性支撑等简单形式，而管内流体边界通常假设为封闭或自由边界，未建立复杂的阻尼弹性支撑(减振器、弹性支吊架)和复杂流体边界的数理模型，极大地制约了输流管道的动力学计算精度。

总体上，构建高精度的管道系统流固耦合振动计算方法，需要发展不同构件、不同支撑结构的动力学模型，发展沙地、淤泥等不同安装地基的等效力学模型及管道系统动态边界处理方法，并进一步考虑波浪荷载、风荷载等外部环境流场及荷载，探究系统在长悬臂、分布式约束、松动约束等特殊工况下的流固耦合振动的线性数学模型及其求解方法。

3.2 流致振动的机理分析方法

当外界海流和洋流等流场流经管道时，由于流体的黏性，在管道系统结构的外表面将会出现边界层分离的现象，尤其是当外界来流具有一定的流速时，尾流场中将会出现交替脱落的漩涡，致使管道周围的流体压力发生周期性变化，从而激发管道发生涡激振动。此外，管道内部的流体也能够对管道产生激励的作用，管内流体与管道结构之间也存在着较强的流固耦合作用，当管道发生振动时，管内流体也随之发生振动，管内流体对管道的结构将会产生惯性力、科氏力和离心力的作用，这使得管道系统流致振动发生机理更加复杂，研究难度较大。

目前管道系统流致振动的机理分析重点集中在管道系统在外界流场作用和管内单一介质、不同流型下多相介质共同作用下的振动响应位移、频率、模态、疲劳损伤特性及非线性振动特性研究，但此类研究多基于规则流场假设开展，分析结果主要是不同外流场、不同内流场下的管道系统振动特性规律，较为单一，并未能结合内、外流场特殊流动结构对管道振动特性的影响规律，也未获得管道振动特性对内外流动不稳定结构的影响规律，未能获得管道系统流致振动机理的有效分析方法。

国内外管道系统流致振动的机理分析存在以下难点：①外界流场的流速，比如海流、洋流、波浪和内波等都会随着时间发生变化且具有一定的随机性，管内流动特性在管道振动的影响下也具有较强的随机性，与现有规则流场作用下获得的流致振动变化规律差别较大。②管道内部、外部流场不稳定流动结构随着介质、流型、流速等参数变化较大，构建不同流动形式、具体某种流动结构与管道系统不同振动特性的幅值、频率变化规律的关联关系难度较大，严重制约了管道系统流致振动机理的探究。

总体上，揭示管道系统流致振动发生机理，需要发展振荡流、随机流等不规则外界流场计算模型，通过分析管内及管外流场速度场变化特性、压力场变化特性及涡的生成、发展与脱落变化特性，构建内、外流场不稳定流动结构与管内压力脉动、管道振动的时域特性及频域特性的关联关系。

3.3　管道系统的减振和优化设计

目前,管道系统减振目前主要依靠是降低流速、增加管道支撑、更换配管方案、增设阻尼构件等,这些方法仅能减缓已发生的超标振动,效率低、不经济,而且不能从根本上预防管道系统超标振动的发生,这也成为提高输运管道系统设计和完整性管理的"卡脖子"问题。系统减振及优化设计难点主要集中在,当前管道系统振动特性理论模型和计算方法的局限下,国内外研究尚未比较全面地揭示管道布置形式及其边界条件、内外部环境荷载、管道支撑形式等对系统振动特性的影响,在含有分、合流元件等复杂结构的管路系统设计时缺乏相应的指导性设计与优化理论。

总体上,开展管道系统的减振和优化设计研究,需要通过分析管内压力、速度、涡量等分布规律,确定管内流场引发振动的主要因素,建立介质输运温度、流速与管道设计参数之间的对应规律,构建以降低外源荷载涡激振动为目标的管道系统布局设计及优化方法,并结合管道材料和支撑构建材料性能优化开展研究,积极探索新型吸振、隔振材料制作管道或支撑构件。

综上所述,目前管道系统流致振动分析与控制研究存在以下不足:①振动计算模型及求解方法多基于直管路系统,缺乏针对复杂管道元件的数理模型,更极少考虑管道和内部输送介质、外部环境流体间的相互作用;并且现有管内流体边界通常假设为封闭或自由边界,缺乏复杂的支撑形式和流体边界的数理模型,制约了输流管道的动力学计算精度。②管道内部及外部流场具有明显的随机性,但现有流致振动分析多基于规则流场假设开展,缺乏内、外流场特殊流动结构与管道振动特性的相互影响规律与流致振动产生机理的深入探究。③支撑形式、管道形状等因素均对系统振动特性有重要影响,缺乏各因素之间的系统作用机理及各因素对振动特性的影响评价指标。

4　总结与展望

综上所述,为揭示内源和外源流体激励诱发管道系统振动的机理,实现管道系统的流致振动控制与布局优化设计方法,提高液体输送管道的安全性、高效性和经济效益,应采用实验研究、理论分析与数值仿真相结合的方法,着力开展管道系统流固耦合振动特性计算及系统减振和优化设计研究。

(1)发展不同构件、不同支撑结构、不同地基的等效力学模型,综合考虑管道系统内输运流场及外部风、波浪、洋流等环境流场,构建管道系统在无预应力、有预应力及预应变工况下的线性动力学方程及其求解方法和横向-轴向耦合非线性动力学方程及其求解方法。

(2)结合数值计算与宏观实验,分析管道参数、管内流动特性、管外环境特征对系统固有频率、各阶模态振型及系统在不同类型激励下的振动响应等线性动力学特性和分岔性及混沌运动等非线性动力学特性的影响。

（3）分析管内及管外流场的压力、速度、涡量分布规律，确定管内及管外引发流激振动的最主要因素，揭示管道系统流致振动发生机理，建立管内流动参数-管道参数-振动强度及管外流动参数-管道参数-振动强度的关联关系，提出管道系统的设计与优化方法。

主要参考文献

［1］ Hassan M A,Weaver D S,Dokainish M A. A simulation of the turbulence response of heat exchanger tubes in lattice-bar supports［J］. Journal of Fluids and Structures,2002,16：1145-1176.

［2］ Jin J,Zhang Y,Yang X. Stability analysis of fluid-conveying pipes with supported ends［J］. Advanced Science Letters,2012,15：133-138.

［3］ Wang L,Ni Q,Huang Y Y. Flow induced vibration of a nonlinearly restrained curved pipe conveying fluid［J］. China Ocean Engineering,2004,18：347-356.

［4］ Guo H Y,Lou M. Effect of internal flow on vortex-induced vibration of risers［J］. Journal of Fluids and Structures,2008,24：496-504.

［5］ Song L J,Fu S X,Cao J,et al. An investigation into the hydrodynamics of a flexible riser undergoing vortex-induced vibration ［J］. Journal of Fluids & Structures, 2016, 63：325-350.

［6］ Wang L, Jiang T L, Dai H L, et al. Three-dimensional vortex-induced vibrations of supported pipes conveying fluid based on wake oscillator models ［J］. Journal of Sound and Vibration,2018,422：590-612.

［7］ Yu D L,Wen J H,Shen H J,et al. Propagation of steady-state vibration in periodic pipes conveying fluid on elastic foundation with external moving loads［J］. Physics Letters A, 2012,376：3417-3422.

［8］ Tang Y, Yang T Z. Post-buckling behavior and nonlinear vibration analysis of a fluid-conveying pipe composed of functionally graded material［J］. Composite Structures,2018, 185：393-400.

［9］ Ma Z Y,Chen J L,Li B,et al. Dispersion analysis of Lamb waves incomposite laminates based on reverberation-ray matrix method［J］. Composite Structures,2016,136：419-429.

撰稿人：朱祖超（浙江理工大学）

管内运行装备致振机理研究与疲劳分析

Vibration mechanism and fatigue analysis of the equipment running in pipeline

1　科学问题概述

以清管和内检测为目的的管道作业过程需使用管内运行装备,如清管器、封堵器和内检测器等。该类装备通过弹性元件与管道内壁相互作用,在管道输送介质的推动下沿管线持续运行。管内运行装备、管道和管内介质组成了动力学系统,以管内运行装备为研究对象,管道摩擦阻力、重力和介质推力构成连续激励,管道内直焊缝、环焊缝等构成了离散瞬时激励,于是,管内运行装备的振动可归结为介质-结构强耦合非稳态、非线性动力学。在某些工况下,管内运行装备表现出强烈的结构振动行为。在长达几十公里甚至几百公里的运行过程中,管内运行装备的振动将使其结构产生疲劳,机体零件(如螺纹连接件、联轴器、电子器件等)会因此达到疲劳极限而损坏、脱落,这不仅会对装备结构完整性造成损害,降低或丧失作业效能,还会影响到作业后管道的正常使用。为此,需开展针对管内运行装备的致振机理研究和疲劳分析,为高可靠性管内运行装备设计奠定理论基础。

2　科学问题背景

油气管道在建成之初,管道内会残留有积液和施工杂质;长期运行之后,管内会形成积蜡、污垢等杂质,大大降低管道输送效率;在地震、山体滑坡等地质灾害作用下,管体出现不同程度的损伤。如不及时解决上述问题将会带来安全隐患,对自然环境和人类生命安全造成巨大的威胁。截至2020年底,我国油气管道总里程已近16.5万km,在可预见的未来,上述问题将持续凸显。

目前,利用清管器或者内检测器等管内运行装备对管道进行清管和检测是管道运营维护必不可少的流程;对于出现故障的管道,用封堵器进行封堵业已成应急抢险的重要措施之一。管内运行装备的结构通常由本体和弹性支撑结构组成。本体通常为钢制圆筒,内部有相应的传感器、数据采集、能源供给等模块。不同功能的管内运行装备本体外部结构有较大差异,例如,实现检测功能的装备本体外部结构有探针或磁感应线圈;实现封堵功能装备外部有卡瓦和胶筒结构。弹性支撑结构包括橡胶皮碗、支撑轮等,其作用是支撑装备、刮削管壁以及与管道内壁形成动密封,在装备前后建立压力差。

在理想的管道形状和润滑条件下,管内运行装置可平稳运行,但是,实际管内运行装备在管道内运行时会产生振动。在润滑较差的管段低速运行时,装备很可能产生黏滑运动,从而诱发显著的结构振动。当运行通过焊缝、腐蚀坑和管壁凹陷时,装备的结构振动加剧,出现强烈的"颤抖"现象。如果介质具有可压缩性,装备遇到焊缝后可能会暂时停止,继而突然起动,对装备产生瞬时冲击。管道内壁结蜡或其他非永久性存在的碎片同样会对管内运行的装备产生瞬时激励,且软蜡和残余硬蜡会产生不同的瞬时冲击效果。

由于管道对管内运行装备的激励贯穿整个作业过程,装备结构的振动会在构件上产生疲劳损伤的积累效应,具体表现为螺纹连接件松脱、外置摆臂疲劳断裂,甚至设备脱落、解体。不仅造成管道作业的失效,还会导致管道卡堵,给管道运行带来重大安全隐患。

3 科学问题研究进展

研究管内运行装备在长距离运输过程中的振动行为对理解机体结构疲劳具有重要意义。根据管内运行装备的运行环境,目前对管内装备运行振动的相关研究主要分为三种技术路线:管道运行装备-管道结构耦合动力学、管道内运行装备受迫振动荷载谱研究、管道内运行装备的疲劳分析研究。

3.1 管道运行装备-管道结构耦合动力学

研究管内运行装备在长距离运输过程中的振动行为对理解机体结构疲劳现象具有重要意义。在输油管道中,由于介质自身的润滑作用,皮碗与管壁涂层间的摩擦造成的磨损可忽略,而在输气管道中,清管器皮碗与管壁之间有很大的摩擦系数,运行阻力大,有管道卡堵风险。清管器皮碗常采用非线性材料——聚氨酯,皮碗以准静态过程通过管壁和焊缝时,皮碗本身的应力分布和管壁间的摩擦阻力已经通过有限元方法得以深入研究。

聚氨酯是黏弹性材料,皮碗过盈量的变化会导致皮碗的自激振动,所以,安装有皮碗的管内作业装备在干燥的天然气管道中运行时,即使运行速度恒定,清管器也会产生轴向振动,且振动的幅度与皮碗的过盈量呈正相关。管道焊缝是管内运行装备的离散瞬时冲击的重要来源,目前的研究思路主要是把管道运行装备除弹性元件以外的部分进行局部刚化,研究装备作为整体运动时的动力学响应。在干管道中,装备以恒定速度冲击焊缝时,皮碗与管壁之间的干摩擦是本体"颤振"现象产生的根源。在原油管道中,由于装备自身惯性、介质惯性以及管道弹性的影响,焊缝对装备的作用集中体现为冲击作用,装备的振动以轴向振动为主。此外,皮碗对管壁产生的反作用对管道原有结构安全性造成的影响是研究的重点,具体的研究进展包括大落差段管道清管冲击力与管土耦合条件下管道的位移、安全落差的判断等。

3.2 管道内运行装备受迫振动荷载谱研究

对管内运行装备进行振动检测,并进行频谱分析,从而获取管内运行装备受迫振动的荷载谱,既可用该荷载谱进行结构疲劳的虚拟分析,也可以用该荷载谱激励振动实验台对管内运行装备进行疲劳评价。

虽然行业内已经认识到需要研究管内运行装备受迫情况下的疲劳问题,但只是简单地研制正弦激励实验台远不能真实还原管内运行装备的复杂受迫振动情况。下一步努力的方向应该设计典型管内运行装备的模拟装置,分别针对不同的输送介质进行管内运行过程中装备的振动检测,进而进行频谱分析并获得管内运行装备受迫振动荷载谱。目前,在这个研究领域的研究基本空白,亟待解决。

3.3　管道内运行装备的疲劳分析研究

虽然管内运行装备由于结构振动疲劳而导致构件失效的案例已见诸报端,但针对管内运行装备的疲劳分析研究的工作较为缺乏。

针对管内运行装备疲劳分析的研究手段有虚拟分析、台架实验和管内耐久实验。台架实验和管内耐久实验需在管内运行装备关键部位布置加速度传感器,在高应变区粘贴应变片。根据实测数据,基于雨流循环计数法等对本体进行疲劳累积损伤计算与分析,这两种方法周期长,需投入较高成本。结构疲劳的虚拟分析方案是采集激励的荷载谱,应用动力学荷载分解方法得到虚拟荷载谱,对装备结构进行应力分析和疲劳累积损伤计算。目前针对装备结构的有限元疲劳损伤分析主要有两种方法,一种是基于准静态理论的单位应力叠加法;另一种是基于瞬态理论的模态应力叠加法。虚拟分析的特点是速度快、成本低,但需预先获得装备在管道中运行的荷载谱。

从现场的应用情况来看,管内运行装备易发生疲劳失效的部位集中在弹性支撑元件和机械连接元件,这种疲劳失效类型与管内运行装备的串联结构特征有密切关联,所以,对含机械连接结构的疲劳分析是管内运行装备疲劳分析的重难点。

4　总结与展望

综上所述,管内运行装备的致振机理可从管内环境和装备自身结构两点切入,利用结构动力学理论和方法进行深入研究,探索复杂激励下管内运行装备的结构振动理论模型。在此基础上,利用结构疲劳分析理论对长输管道中的清管器、检测器、封堵器结构进行疲劳分析。开展广泛而深入的实验研究,探索表征实际油气管道对典型管内运行装备的荷载谱,推动管内运行装备实验振动疲劳实验台架设计理论的建立。上述研究工作对提高装备的运行可靠性、保障管道运行安全有重要的意义。未来的发展方向可归结为以下三点。

(1)考虑管内运行装备的结构刚度和弹性支撑材料的非线性,提出更符合实际工况的设备结构振动力学理论模型,得出装备整体结构特别是机械连接部位的振动规律。

(2)研制各类管内运行装备模拟装置和测试三轴加速度的振动测试仪器,开展典型装备的管内运行振动测试实验,获取管壁对装备激励的原始资料,归纳出典型装备在管内运行时的荷载谱。

(3)进行管内运行装备的结构疲劳分析,以实验结果为标准,优选管内运行装备的结构疲劳振动损伤分析方法和管壁荷载谱生成方法,最终形成管内运行装备结构振动疲劳理论和实验台架设计理论。

主要参考文献

[1] 彭阳,安建川,罗敏,等.长宁页岩气宁纳线大落差管段清管冲击应力与位移分析[J]. 天然气工业,2021,41(09):142-151.

[2] Ramella C, Canavese G, Corbellini S, et al. A novel smart caliper foam pig for low-cost pipeline inspection—part a: design and laboratory characterization[J]. Journal of Petroleum Science & Engineering,2015,133:771-775.

[3] 李经廷,贾文龙,陈莎,等.清管荷载作用下输气管道安全落差研究[J].应用力学学报,2021,38(01):318-325.

[4] 张行,崔灿,廖宁生,等.考虑流固耦合的管道机器人冲击环焊缝过程动力学建模与分析[J].机械工程学报,2020,56(23):129-140.

[5] 喻军,刘浠尧,韩勇,等.大落差管道清管冲击的有限元分析[J].油气储运,2018,37(08):916-921.

[6] Araújo R, Carvalho V, Freitas G, et al. Pipeline inspection gauge's velocity simulation based on pressure differential using artificial neural networks[J]. Sensors, 2018, 18 (9):3072.

[7] Angelo C, Machado F, Schoen C. Influence of tire sizes over automobile body spectrum loads and fatigue damage accumulation[J]. Materials and Design,2015,67:385-389.

[8] Dong J, Liu S, Zhang H, et al. Experiment and simulation of a controllable multi-airbag sealing disc of pipeline inspection gauges(PIGs)[J]. International Journal of Pressure Vessels and Piping,2021,192:104422.

[9] 吴道俊.汽车悬架承载梁焊接结构疲劳分析[J].长沙理工大学学报(自然科学版), 2019,16(01):79-84+110.

[10] Zhang H, Zhang S, Liu S, et al. Chatter vibration phenomenon of pipeline inspection gauges(PIGs)in natural gas pipeline[J].Journal of Natural Gas Science & Engineering, 2015,27:1129-1140.

撰稿人:姚本春[中国石油大学(北京)] 张仕民[中国石油大学(北京)]

高压天然气管道内颗粒物检测及过滤机理研究

Detection and filtration mechanism of particulate matter in high-pressure natural gas pipeline

1　科学问题概述

在天然气长距离管道输送及储气库注气过程中,气体内夹带的大量微小液滴进入压缩机组或地层后将造成动力设备部件损坏和地层渗透率降低,严重威胁天然气长周期安全输送以及储气库的注采能力。现阶段利用纤维材料对颗粒物进行逐级过滤分离是实现天然气内微小颗粒分离的主要手段。然而实际现场试验结果发现,高压工况下过滤分离元件及装备的实际性能与常压相比,出现明显退化现象,导致天然气含液量无法达到工艺运行要求。此外,在高压天然气运行工况下,实时测试颗粒物杂质浓度是实现过滤分离设备实际性能在线评价的有效手段,但压力和液滴物性多变严重影响评价结果的准确性。高压天然气管道内颗粒物检测及过滤机理研究的主要问题体现为:①高压工况下亚微米级液滴粒径识别理论模型不完善;②多孔介质内液滴、纤维及孔隙相互作用关系尚不明确;③多级分离元件耦合作用机制需进一步确立。因此,深入开展微纳尺度颗粒物在线检测、气液聚结过滤以及多级过滤分离等方面的科学研究,可为解决实际高压现场过滤分离装备失效问题提供重要理论支撑,同时通过揭示多孔材料内气液两相流动与质量传递规律,对于促进特殊环境下多相流领域研究具有重要科学意义。

2　科学问题背景

近年来,我国天然气管道及储气库建设发展迅速,预计2030年天然气管道总里程将达到20万km以上,储气库调峰能力达到800亿 m^3。在天然气开采、长距离输送及储存过程中,气体内会不同程度地夹带部分矿物、黏土、凝析油和化学添加剂等杂质。对于固体粉尘杂质的过滤理论已较为成熟,利用现有方法可完全达到天然气净化要求。对于粒径 $3\mu m$ 以下尤其是亚微米液滴的分离,目前普遍采用以气液聚结过滤为核心的多级过滤分离技术,但分离效果有待进一步提高。对于高压天然气长距离输送管道压气站,若细小液滴进入离心式压缩机干气密封系统将导致干气密封环损坏,进而造成压缩机停机。据统计,2006年至2019年各输气管线中由于气体内含液量超标引起的压缩机故障率超过10%。在储气库地面工艺及海域气田群开采过程中,由于天然气压力、注入量或产量变化范围大,通常选用往复式压缩机作为工艺系统的增压设备。压缩后的天然气须经过高效聚结过滤器除去夹带的润滑油油滴,以避免其进入地层或沉积在海底管道。若油滴进入地层将致使渗透率降低、储气库注气量下降，严重限制了储气库的调峰能力。若油滴长时间在海底管道累积将降低天然气外输量，由此引起的单次水下清管作业会造成近千万元的经济损失，同时也极大影响沿海地区能源的稳定供给。因此，无论是陆地还是海域，均急需突破天然气高效过滤分离技术瓶颈。

3 科学问题研究进展

针对高压天然气管道内颗粒物检测及过滤分离领域归纳的科学问题，国内外研究主要分为高压天然气管道内颗粒物在线检测及监测，气液聚结过滤分离机理研究，以及多级过滤分离性能匹配与运行优化三个方向。

3.1 高压天然气管道内颗粒物在线检测及监测

在高压天然气管道的实际运行工况下，通过在线取样和实时测量气体中夹带的颗粒物尺寸和数量进而计算得到颗粒物浓度，是评估天然气管道工艺气质量、评价过滤分离设备实际性能的重要手段。天然气管道内颗粒物杂质组分复杂，要求颗粒物检测设备的设计与使用应与管道内常见的颗粒物理状态、物性、粒径和浓度范围等相匹配。此外，输送管道内高压天然气的压力和气体流速等因素对检测结果的准确性有明显的影响。

针对天然气压力高、工况波动大、颗粒粒径小的特点，目前常用的管道内颗粒浓度检测方法包括质量法、光学法、微波法等，其中光学方法因测量速度快、重复性好、精度高以及可用于在线测量等优点更具有应用价值。姬忠礼教授团队将天然气等动取样与单个颗粒光散射强度测定相结合，揭示了高压工况下光学测量体偏移及形变机理，发明了测量体动态调控和光子计数探测识别技术，研制的颗粒物含量在线检测装置已应用于国内高压天然气管网。

近几年，可长周期运行的颗粒物在线监测技术需求日益迫切。Taha 等利用微波技术测量了天然气中的固体颗粒物浓度，设计的监测装置可在 6.35MPa 压力下工作。国家管网集团西气东输分公司将基于光散射法的颗粒物浓度在线监测装置应用于天然气贸易交接点，初步实现了颗粒物浓度的实时检测与超限报警。

3.2 气液聚结过滤分离机理研究

围绕气液聚结过滤的研究主要在微观尺度和宏观尺度两方面开展。在微观尺度方面，Mullins 教授团队利用高速摄像及原子力学显微镜等手段，发现在气体曳力及重力作用下液滴在单根纤维上的形态特征，采用拉格朗日离散粒子跟踪方法及 VOF(volume-of-fluid)模型分析了液滴在滤材内的扩散行为。在宏观尺度方面，Kasper 教授团队研究了亚微米级液滴的聚结过滤过程，阐明了滤材液滴夹带机制，并揭示了滤材非均质性对液体通道的作用机制。Charvet 教授团队首次将同步辐射 X 射线全息成像技术应用于聚结过滤研究,发现了液体在单层滤材内部沿厚度方向的非均匀性,为建立聚结过滤效率及阻力预测模型提供了重要依据。然而,目前绝大多数宏观尺度研究都是在气体流动停止后,对滤材内静态液体分布情况进行分析,停止气流会使液体在毛细作用下于滤材内部重新分布,因此如何获得微小液滴在纤维内部动态聚结信息,成为准确建立滤材内部液体分布与压降及效率之间相互作用关系的关键。此外,目前有关压力对纤维滤材性能影响的研究较少。Innocentini 等基于 Forchheimer 方程得到了典型纤维过滤材料渗透系数的适用范围。常程和刘震等发现高压工况下滤材会发生较大的形变,导致高压工况下运行一段时间后滤芯整体过滤性能出现下降。

3.3　多级过滤分离性能匹配与运行优化

由于高压天然气管道内的颗粒物杂质组分复杂、同时含尘含液、工况波动大等特点,为避免单一分离设备在实际使用中易拥堵、寿命短的问题,一般采用"预分离 + 过滤分离 + 聚结分离"的设计理念,由多级过滤分离工艺逐级实现气液固三相分离,因此,如何确保各级分离部件设计与实际运行参数相适应,确立能耗和分离效果的整体运行性能最优化原则,是面临的重要科学问题。

高压天然气多级分离设备不能满足实际性能要求的主要原因在于各级分离元件及设备的性能不匹配,为此,通过研制具有亚微米级液滴高效聚结与微米级颗粒惯性捕集协同作用的紧凑式分离元件,可实现液滴粒径小、液滴浓度变化范围宽和气体流量波动大等苛刻工况下的高效分离。

通过对聚结分离设备压差、排液液位及出口液滴浓度的实时监测,可掌握长周期内能耗和分离性能随运行参数变化规律,根据长输管道贸易交接等关键站场聚结分离设备的监测数据分析,对管网的过滤分离设备进行系统优化和运行控制。此外,建立基于液滴/颗粒沉积过程机理模型与运行数据相融合的过滤分离元件运行寿命实时预测方法,可实现预测性维护,并有效提高过滤分离元件的使用寿命以及压缩机组平均无故障运行时间。

4　总结与展望

综上所述,现有高压天然气管道内颗粒物检测及过滤机理的研究主要围绕上述三个方向展开,未来三个方向需要解决的核心问题如下:

(1)实现天然气管网关键节点的管道内颗粒物浓度长周期在线监测,在监测装置原理设计合理性、颗粒信号处理算法精确度等方面确保监测数据稳定可靠,完善颗粒浓度超标的应急处置体系。

（2）建立液滴在纤维上运动、分离、聚合等过程的动力学理论模型,揭示气液聚结过滤过程中液滴、纤维与孔隙结构多尺度效应影响,提出增强高压工况下聚结分离性能的具体技术方法,构建聚结分离效率预测模型。

（3）结合智慧管网的设计理念,在对过滤分离设备的运行参数监测、运行状态诊断以及能耗系统评价的基础上,实现天然气过滤分离装备的数字化设计、智能化运行。

主要参考文献

[1] Taha W,Abou-Khousa M,Haryono A,et al. Field demonstration of a microwave black powder detection device in gas transmission pipelines[J]. Journal of Natural Gas Science and Engineering,2019,73:103058.

[2] Lu L,Wu X,Ji Z,et al. The influence of pressure on optical particle measurement-science direct[J]. Journal of Aerosol Science,2019,127:18-26.

[3] Mullins B J,Braddock R D,Agranovski I E,et al. Observation and modelling of clamshell droplets on vertical fibres subjected to gravitational and drag forces[J]. Journal of Colloid and Interface Science,2005,284(1):245-254.

[4] Mead-Hunter R,King A J C,Mullins B J. Aerosol-mist coalescing filters-a review[J]. Separation and Purification Technology,2014,133:484-506.

[5] Kampa D,Wurster S,Buzengeiger J,et al. Pressure drop and liquid transport through coalescence filter media used for oil mist filtration[J]. International Journal Multiphase Flow,2014,58:313-324.

[6] Charvet A,Pacault S,Bourrous S,et al. Contribution of synchrotron X-ray holotomography to the understanding of liquid distribution in a medium during liquid aerosol filtration[J]. Chemical Engineering Science,2011,66:624-631.

[7] Innocentini M D M,Eduardo H T,Monica L A,et al. Filtration of gases at high pressures: permeation behavior of fiber-based media used for natural gas cleaning[J]. Chemical Engineering Science,2012,74:38-48.

[8] 姬忠礼,熊志宜.高压天然气过滤分离技术与设备[M].北京:科学出版社,2018.

撰稿人:常程[中国石油大学(北京)]　刘震[中国石油大学(北京)]
姬忠礼[中国石油大学(北京)]

氢气长输用离心压缩机流场失稳及管道流固耦合振动机理

Flow field instability of centrifugal compressor and fluid- solid coupling vibration mechanism of pipeline for long-distance hydrogen transportation

1　科学问题概述

氢能利用作为全球能源可持续发展和战略转型的重要技术路径,正成为全球能源和交通领域发力的热点。对于大规模集中制氢和长距离输氢来说,离心压缩机及管道运输是最经济的方式。离心压缩机流量大、紧凑轻量化且可靠性高,但存在性能曲线窄和易于流动失稳(失速和喘振)的特性,且管输氢气为超临界流体,物性变化使压缩机内流动更加复杂。另一方面,因管输离心压缩机等设备的流动及控制变化、管道截面突变及阀门启闭等造成管内流体处于非定常状态,诱发管道与流体的耦合振动,而强烈的振动会造成管道破裂甚至失效,对长输管线的安全运行造成重大影响。因此,研究管道长输离心压缩机流场失稳机理及与管道耦合振动的力学机制和抑制手段,对提高长输管道的安全可靠性具有重要意义及应用价值。

管输离心压缩机及其下游管路形成了一个复杂的流固耦合系统,压缩机内部的分离涡、激波、间隙涡及失速团等复杂湍流现象严重影响着压缩机的流动稳定性,而压缩机与管道、阀门等管路部件耦合,诱发管道振动。氢气流动的压力波动与管道系统的振动对管输系统的稳定性造成严重影响,准确分析压缩机流场失稳及管道耦合振动机理并实现有效抑制涉及几个关键科学问题:①离心压缩机内流失稳机制及流动控制。离心压缩机内部流动存在边界层分离、激波、间隙涡等复杂湍流运动,叶顶间隙泄漏流、叶片吸力面分离团脱落的干扰对下游压力场产生高频扰动,当压缩机存在喘振时,周期变化流场对管道流体施加大幅低频压力脉动。如何厘清压缩机失稳流动机理及主动抑制流动失稳是亟待解决的关键科学问题。②非稳气流诱发长输管道流固耦合振动的力学机理。管路振动受结构和流动因素共同激发,上游离心压缩机的非稳定流动使管道气体产生压力脉动,气柱在管道截面变化或走向改变处产生激振力,激发管路系统振动。管内流场与管道结构互为边界条件,流固耦合的复杂力学机制深刻影响管路的振动特性,该问题有待进一步的深入研究。③离心压缩机与长输管道的匹配调控原理。长输管道的振动与管内氢气的流动相互耦合,准确有效的振动抑制和调控有赖于系统结构与流体单元(离心压缩机、管道、阀门等)之间耦合模型的建立,在此基础上,掌握流固耦合管路系统的调控原理,实现变工况条件下压缩机与长输管网的动力匹配,目前仍缺乏科学深入的研究。

为实现管输离心压缩机高效稳定运行和下游管道流致振动的有效抑制,有必要研究离心压缩机内流失稳及流动控制机制,阐明非稳气流诱发长输管道流固耦合振动的力学机理,掌握离心压缩机与长输管道的匹配调控原理。在此基础上,建立管输氢气离心压缩机及长输管道的设计与调控方法。

2 科学问题背景

随着氢能利用技术的快速发展,终端氢气的需求大幅增加,有必要将氢气长距离运输到相应的市场,但对大规模集中制氢和长距离输氢来说,离心压缩机及管道运输是最经济的方式。压缩机是长距离输氢的核心设备,制氢端压力一般在 10bar(1bar = 10^5Pa)以上,输氢端压力为 4~6MPa,气量多在数吨每小时,该应用场景最适合的压缩机是高速电机直驱离心压缩机,输送能量密度高、功耗低。目前,管输天然气压缩机的研究较多,并已有成熟产品系列,而管输氢气压缩机的应用相对较少。与管输天然气相比,管输氢气易泄漏且处于超临界流体状态,离心压缩机性能曲线窄且易于发生流动失稳现象(失速和喘振),增加了管输氢气流场机理分析和流动控制的复杂性。另一方面,氢气长输管道可达数百甚至几千公里,投入成本巨大,管道与流体系统的耦合极易诱发振动,其安全可靠性备受业界关注。目前国内氢气长输管道工程普遍使用国外标准,尚未建立自主的氢气长输管道标准体系,管道结构设计和振动安全评估缺乏可靠的准则指导。

氢能利用产业的发展和大规模长距离输氢的需求对管输离心压缩机及长输管道的高可靠性提出了严峻挑战,针对氢气长输用离心压缩机流场失稳及管道流固耦合振动机理展开研究具有重要的理论价值和现实意义。

3 科学问题研究进展

国外氢气管道的发展起步较早,目前,欧洲的氢气输送管道长度约为 1770km,最长的氢气管道由法国液化空气集团所有,该管道从法国北部一直延伸至比利时, 全长约402km。美国氢气输送管道大部分位于得克萨斯州、路易斯安那州和加利福尼亚州,现有氢气输送管道长度超过 2600km。按照《中国氢能产业基础设施发展蓝皮书》预计,到2030年我国氢气管道将达到 3000km。氢气输运与更常见的天然气输运不同,主要体现在:①氢气分子量小、密度低,更易发生泄漏;②管输超临界氢气声速在 103m/s 以上,低马赫数下氢气可压缩性较低;③氢气管道的直径小于天然气管道,更易诱发振动问题。目前,对管输氢气离心压缩机流动及长输管道振动涉及的科学问题研究较少,具体进展及存在的问题如下:

3.1 离心压缩机失稳流动机制及流动控制

离心压缩机内存在的复杂湍流现象包括间隙涡、吸力面分离及尾迹切割等,由此进一步发展诱发的流动失稳主要包括失速和喘振,其失稳参数由压缩系统特性决定。因氢气分子量小、难以压缩,氢气离心压缩机单级压比较低,为达到设计压比,普遍采用多级多缸形式,而离心压缩机级数越多,效率越低、工况范围越窄,偏离设计工况的流动越容易失稳,某级流动的失稳可传播至上下游流场,导致压缩机及其下游管道产生强烈的气流激振。早在1955年,Emmons等在离心压缩机实验中发现了两种不同的喘振现象,即发生在靠近特性曲线最高点正斜率部分的轻度喘振和更低流量点的深度喘振,在转速较低处,这两种喘振现象中间存在一个无喘振区,但在转速较高时,两个喘振区重合,无喘振区消失,研究表明,离心压缩机的失速和喘振特性比轴流压缩机要复杂得多。之后有关离心压缩机喘振的研究大量展开。麻省理工学院的Fink对某涡轮增压器进行了详细的失速和喘振数据测量,研究了增压器后带不同体积容腔对喘振特性的影响,认为诱导轮叶尖处的失速是引起喘振的关键因素。1999年,Ribi和Gyarmathy研究了轻度喘振情况下压缩机与附属管路间的能量交换问题,结果表明,轻度喘振情况下各部件对能量输入的贡献主要取决于各自稳态特性曲线的斜率。2016年,Hiradate等对多级离心压缩机的喘振展开实验研究,指出级间耦合会改变系统稳定性,某级流动的失稳会诱发系统轻喘。失速与喘振密切相关,且失速往往发生于喘振前。

压缩机流动失稳的控制分为主动控制和被动控制方法,从应用于离心压缩机的被动控制方法来看,主要就是上面提到的部件变几何以及机匣处理方法。有关机匣处理的代表性例子如下:Amann等对某汽车用涡轮增压器进行实验发现,有叶扩压器内的失速限制了压缩机的工作范围,通过在叶轮出口盖侧开周向槽,并在其后接气腔,改善了稳定性范围。Jansen等发现其所研究的压缩机工作范围在低速时主要受诱导轮所控制,而在高速时则是有叶扩压器,于是分别实验了叶轮入口盖侧的轴向槽和扩压器入口盘侧的径向斜槽对稳定性的影响,稳态工作范围扩展了接近30%。Fisher采用入口自循环放气的方法,适当选择放气位置,比如诱导轮喉部之后,该处理方式不仅可以减小喘振流量,还可以增加堵塞流量。高闯等采用数值方法详细研究了无叶扩压器壁面开径向槽对失速控制的机理,并就开槽参数的选取给出了建议。

3.2　非稳气流诱发长输管道流固耦合振动的力学机理

自1885年Brillouintl首次观察到流体诱发的管道振动现象以来,管道振动问题就引起诸多学者的研究。随着数值计算技术、振动理论与方法研究的不断发展,研究人员在管道振动方面做出了较多研究工作。长输管道的振动稳定性研究主要是各种边界条件下的管系在受流体激励作用的"失稳"问题,其本质是管道与流体系统的非线性耦合对管道振动的影响机制。部分研究依据Hamilton原理,采用有限元法推导输送管道的流固耦合运动方程,运用QR法求解输运管道在不同边界条件下的临界速度和固有频率,计算管道对各种荷载的动态响应,结果表明,当管内流体的流速高于临界速度时,管道振动将失去稳定性。长输管路的振动主要表现为上游气体压力脉动引起的受迫振动或流体-管路系统的自激振动,其振动响应特性取决于气流激振以及管路的几何布置情况。采用非定常流体力学方法模拟流场、有限元方法分析长输管系的振动存在单元数目过多、使计算资源消耗过大的问题。目前较多的研究对管道及流场建模简化处理,如对管道非定常流动做出一维、线化和等熵假设,而对管道采用一维单元或壳单元模拟。合理简化实现了管道振动的高效计算,但带来了平衡计算资源和模型真实度的问题,难以确保流固界面数据的准确传递。相较于天然气长输管道,氢气长输管道的输送压力及管道直径较低,且未有相应的设计方法和规范。此外,氢气会引起管道的氢脆失效,与天然气管道的设计不同,氢气管道设计公式中应增加"材料性能系数"一项,以反映氢脆对管道力学性能的不利影响。增加材料性能系数将使管道计算壁厚增加,设计压力降低,对氢气长输管道的振动力学特性及可靠性施加重要影响。目前,针对氢气长输条件开展的长输管道振动的研究尚未见报道。

3.3　长输管道与管路元件系统的耦合振动机理

在阀-流体、管道-流体系统的振动研究上都已取得了部分重要成果,但在分析长输管道振动问题时往往仅考虑流固耦合作用,忽略了阀门对流体-管道系统振动的影响,也未考虑长输管道对阀门元件振动的影响,因此不能全面揭示长输管道-阀门-流体系统的振动特性和耦合机理。Ahmadi、Kojima等的研究即使考虑阀门作用,也仅将其视为开关的流体扰动源或瞬变边界条件,而忽略阀门元件的动态调节特性。目前,尚未见以阀门-长输管道-流体系统的耦合振动为对象的研究。

4　总结与展望

根据氢气输送距离、用氢要求及用户分布情况,利用管道输送是最为高效的方式,同时,离心压缩机是氢气长输最合适的压缩机形式。为确保管输离心压缩机及氢气长输管道的安全可靠性,需要开展以下几个方面的工作:

(1)从流体动力学角度研究离心压缩机内流失稳机制及流动控制,阐明管输氢气非稳流动特性的影响规律。

(2)从管输气体流体动力学与管道结构动力耦合的角度研究非稳气流诱发长输管道流固耦合振动的力学机理,掌握管道振动稳定性的影响因素。

(3)建立管道-元件-流体系统流体与结构动力特性的耦合关联模型,探索离心压缩机与长输管道的匹配调控原理。

主要参考文献

［1］ Emmons H W, Pearson C E, Grant H P. Compressor surge and stall propagation［J］. Transactions of ASME,1955,77(3):453-467.

［2］ Hiradate K, Joukou S, Sakamoto K, et al. Investigation on pressure fluctuation related to mild surge in multistage centrifugal blower with inlet guide vane［J］. Journal of Turbomachinery,2016,138(11):111003.

［3］ W Jansen, A F Carter, M C Swarden. Improvements in surge margin for centrifugal compressors［J］. AGARD CP-282,1980.

［4］ F B Fisher. Application of Map Width Enhancement Devices to Turbocharger Compressor Stages. SAE Paper No. 88-0794,1988.

［5］ 高闯. 离心压缩机无叶扩压器失速与系统喘振先兆分析研究［D］. 上海:上海交通大学,2011.

［6］ 王世忠,于石声. 载流管道固液耦合振动计算［J］. 哈尔滨工业大学学报,2001(06): 816-818 + 841.

［7］ Seong-Hyeon Lee, Sang-Mo Ryu, Weui-Bong Jeong. Vibration analysis of compressor piping system with fluid pulsation［J］. Journal of Mechanical Science and Technology,2012,26 (12):3903-3909.

［8］ Ahmadi A, Keramat A. Investigation of fluid-structure interaction with various types of junction coupling［J］. Journal of Fluids and Structures,2010,26(7-8):1123-1141.

［9］ Kojima E, Yamazaki T, Shinada M. Development of a new simulation technique based on the modal approximation for fluid transients in complex pipeline systems with time-variant nonlinear boundary conditions［J］. ASME Journal of Fluids Engineering,2007,129(6): 791-798.

撰稿人:肖军(合肥通用机械研究院)

浮式液化天然气生产储卸装置(FLNG)天然气液化强化技术

Transfer Enhancement Technologies of Natural Gas Liquefaction for FLNG

1　科学问题概述

我国海洋天然气资源丰富,广泛分布于东海和南海海域,其中大部分为深海气田、边远小气田和油田伴生气资源。对于这些资源的开发,由于受成本和技术的限制,无法采用传统的固定式海洋平台或海底管道等方式。近年来,海洋工程界提出了基于浮式液化天然气生产储卸装置(LNG Floating Production Storage and Offloading unit,FLNG,又称 FPSO-LNG)的液化技术。FLNG 是集海上天然气/石油气的液化、储存、装卸和外输于一体的新型 FPSO 装置,其具有便于迁移及安全性高等特点,可充分利用油气资源。该技术的工业链为:首先通过 FLNG 将海底天然气采出并经预处理后液化,然后将 LNG 装载到 LNG 运输船上,通过 LNG 船将 LNG 运输到靠近岸边的浮式储存再气化装置(LNG Floating Storage and Re-gasification Unit,LNG-FSRU) 或 LNG 接收终端,将 LNG 气化后输送至终端用户。该技术对于促进深水气田的开发具有重要作用。

FLNG 天然气液化强化技术的科学问题主要包括:①天然气液化过程多相平衡传质强化:天然气中多元杂质的复杂传质分离,是造成目前 FLNG 装置上部模块占地面积大、晃荡敏感性高的主要原因,因此,如何以气液固多相平衡为基础,发展适用于 FLNG 的天然气液化过程多相平衡传质强化技术,同时提高杂质在 LNG 中的溶解度,是 FLNG 系统高效紧凑运行需要解决的科学问题之一。②FLNG 系统多相流动稳定和流型调控:目前多相流型演化和调控技术研究多针对陆上管道和相关设备,以降低流动阻力为主要研究目的,海上晃荡条件下的多相流动规律更复杂,可能导致严重的流动不均,偏流或回流等一系列问题,是制约 FLNG 关键设备和系统安全、稳定运行的瓶颈问题,因此,发展多相流动稳定和流型调控技术是 FLNG 系统高效紧凑运行需解决的科学问题之一。③FLNG 系统多组分非共沸腾工质相变换热机理及传热强化:目前相变换热机理研究多是针对静止条件下的简单组分工质,然而 FLNG 系统中制冷剂和天然气都是复杂多组分工质,相变机理复杂;相变过程组分迁移增加了传质阻力,降低了换热性能,制约了 FLNG 设备的紧凑化发展。因此研究多组分工质相变机理,在此基础上发展适用于多组分工质的相变传热强化技术是 FLNG 系统高效紧凑运行需解决的科学问题之一。④FLNG 预处理液化一体化协同强化:目前 FLNG 预处理环节和液化环节相互独立,缺乏有效的能量综合利用和工艺融合机制,在进行 FLNG 工艺系统化优化时存在瓶颈,因此,如何以传质传热与流动强化技术为基础,发展适用于 FLNG 的温区调控机制,实现 FLNG 预处理液化工艺融合,是 FLNG 系统高效紧凑运行需解决的科学问题之一。

2　科学问题背景

海上作业的特殊环境使得 FLNG 海上液化工艺的设计标准不同于陆上,需要考虑台风、波浪和平台空间等因素,工艺系统的紧凑型、占地面积及对海上环境的适应性等在 FLNG 海上液化工艺的设计中显得更为重要。目前,海上液化工艺设计存在的问题主要包括以下两个方面:第一,甲板空间和质量受限是 FLNG 装置面临的首要问题。FLNG 上部模块的尺寸为同等规模陆上 LNG 工厂的 1/6,带来了设计和投资成本上的问题,这也是目前限制 FLNG 装置建造的主要原因之一,传统的 FLNG 上部模块主要装置为天然气预处理装置和液化装置两部分,常规技术一般采用分子筛脱水 + 醇胺法脱酸 + 节流/膨胀制冷 + 常压储存,面临的主要问题是甲板面积受限。因此开发新型的天然气预处理与液化一体化生产模式,降低 FLNG 装置对上部工艺模块空间和质量的需求,是解决该问题的有效途径。第二,FLNG 的生产装置会一起随波浪晃动。船体晃动会对液化工艺系统中制冷工质和天然气的流动与换热造成影响,从而影响换热器、塔器、分离器等关键设备的运行稳定性,包括气液平衡、物流分配和能质传递等过程,最终影响液化工艺系统的工作性能。

因此,为了从根本上解决 FLNG 工艺系统复杂、占地面积大、能耗高、晃动影响机理不清等难题,有必要开展传质传热强化与流型调控技术在 FLNG 天然气液化中应用的研究,从相变换热的微观机理和理论入手,提出预处理与液化工艺协同运行新模式,为我国深远海天然气高效开发提供理论和技术支持。

3　科学问题研究进展

截至 2021 年,世界上已投产的 FLNG 船体共 4 艘,另有 31 个 FLNG 项目处于招标、计划或评价阶段,总规模达到 1.192 亿 t/年。但国内目前关于 FLNG 项目处于概念设计阶段,缺乏工艺和设备的专利技术,且存在多个技术难题,亟须开展相关研究工作。目前对于 FLNG 天然气液化强化主要分为三种技术路线:相变动力学路线、传热传质强化路线、工艺一体化路线。

3.1　相变动力学路线

目前针对多自由度晃荡条件下 CO_2 及重烃等多相混合物溶解度和固液相平衡的研究较少,基于稳定简单流动条件下的相平衡理论模型不能满足 FLNG 在海上晃荡条件下的应用需求,对脱 CO_2、脱水、脱重烃工艺和运行参数的优化问题也需要进一步研究。有必要建立新的晃荡条件下超低温液固相平衡模型和逸度模型,研究晃荡条件下杂质颗粒的成核机制,探索固体颗粒的相态变化和溶解边界条件。多自由度晃荡条件对非共沸冷剂沸腾气泡成核、生长、脱离和沸腾流型特性的影响以及对非共沸原料气冷凝成核、生长、运动和冷凝流型特性的影响方面的研究均十分欠缺,现有晃荡工况的研究成果尚不能推广至新型 FLNG 天然气液化系统,亟须开展相关研究工作。目前新提出的强化换热结构的强化效果大多通过其换热系数、摩擦因子或两者综合的评价指标进行评价,缺乏传热传质与流动协同耦合下的评价结果,其实际的可应用性仍值得进一步研究。

3.2　传热传质强化路线

FLNG 液化工艺中原料气含有水、CO_2、重烃等杂质,增加了原料气流动与传热传质过程的复杂性;同时,当天然气带压液化工艺应用于 FLNG 装置时,海况引起的多自由度晃荡进一步增加了非共沸工质流动与传热传质过程的复杂性,导致流态、温度、压力等参数随晃荡工况的剧烈变化,大大降低了 FLNG 主低温换热器的换热性能,进而降低带压液化工艺的整体液化性能。但目前 FLNG 装置液化工艺中非共沸工质的流动与传热传质的相关研究还处于探索阶段,而有关传质机制、冷凝与沸腾传热特性、气泡与液滴成核机理等的研究往往是针对不同研究对象的单一问题开展的,缺乏系统性,以至于含杂质天然气液化过程气-液-固耦合相变机理、晃荡条件下非共沸工质相变动力学行为及流型演化机理、相变换热的微观机理及影响机制等科学问题至今尚未被充分诠释。通过传质传热强化与流型调控技术解决 FLNG 装置天然气液化复杂流动与换热的基础问题并提高天然气液化工艺的海上适应性,对于深远海天然气的高效开发具有重要的科学意义和工程应用前景。

3.3　工艺设备一体化路线

目前新提出的强化换热结构的强化效果大多通过其换热系数、摩擦因子或两者综合的评价指标进行评价,缺乏传热传质与流动协同耦合下的评价结果,其实际的可应用性仍值得进一步研究,预处理模块的体积和能耗限制了 FLNG 的经济性。需要揭示晃荡条件下非共沸工质的多相流动及能质传递的协同耦合机理,建立基于多相流动与能质传递协同耦合机制的"通道-芯体-多冷箱模块"一体化协同强化换热体系,分析工质物性、流动与热质传递特性对换热器及通道均匀性和轴向导热影响;建立多股流、多通道换热器传热模型及多股流冷箱芯体优化模型,优化芯体结构参数;建立冷箱多模块热力学参数和能量传递关系模型,优化工质组成、操作参数、冷箱负荷等,提出多冷箱模块整体的优化控制策略;研究天然气预处理与带压液化降温过程的热力学特性,建立天然气杂质脱除与液化过程的温度区间选择模型,开发新型 FLNG 预处理与液化一体化工艺,为新型 FLNG 液化模式的推广应用提供技术支持和理论依据。

4　总结与展望

综上所述,现有 FLNG 液化强化技术的研究主要围绕上述三种技术路线展开,然而三种技术路线的优劣势、成熟度各异,因此,未来研究趋势及发展潜力有所不同。

(1)相变动力学路线是研究液化过程的热力学循环参数和工质匹配的最佳选择,是保障工艺理论可实现性的基础,目前的研究成熟度相对较高,对具体设备选型、结构优化等方面指导不足。

(2)传热传质强化路线是实现高效紧凑 FLNG 装置研发的关键途径,目前对复杂传热传质过程的理论和技术研究不足,未来的研究趋势在于通过揭示复杂流动传热过程机理,开发更加高效、紧凑、稳定的 FLNG 设备。

（3）工艺设备一体化路线通过将液化工艺参数与传热、传质过程进行耦合研究，能够更好地应用于真实复杂的浮式液化场景，目前受算法、模型及控制策略限制，相关研究处于理论阶段，未来需优化模型与求解算法，释放其应用潜力。

主要参考文献

［1］Berstad D，Neks P，Anantharaman R，et al. Low-temperature CO_2 removal from natural gas ［J］. Energy Procedia，2012，26：41-48.

［2］Teng L，Li Y，Hu Q，et al. Experimental study of near-field structure and thermo-hydraulics of supercritical CO_2 releases［J］. Energy，2018，157：806-814.

［3］Murallidharan J S，Prasad B V，Patnaik BS. A universal wall-bubble growth model for water in component-scale high-pressure boiling systems［J］. International Journal of Heat and Mass Transfer，2018，122：161-181.

［4］洪霞，武春林.横荡工况下板翅式换热器内天然气冷凝特性的模拟研究［J］.气体分离，2017，1：42-45.

［5］李剑锐，陈杰，浦晖，等.横摇对水平管外制冷剂两相降膜流动换热特性的影响分析［J］.制冷技术，2016，36（5）：20-23.

［6］李玉星，刘亮，王少炜，等.横摇工况下 FLNG 绕管式换热器降膜流动换热数值模拟研究［J］.中国海上油气，2021，33（01）：184-191.

［7］Huang K，Hu Y K，Deng X H. Experimental study on heat and mass transfer of falling liquid films in converging-diverging tubes with water［J］. International Journal of Heat and Mass Transfer，2018，126：721-729.

［8］Han H，Wang S W，Li Y X，et al. 3-D Numerical study for the film thickness distribution of n-pentane falling film flow around the curved egg-shaped tube bundle［J］. Chemical Engineering Research and Design，2020，156：156-170.

［9］Zhu J L，Sun C Z，Li Y X，et al. Experiment on Adaptability of feed gas flow rate and sea conditions on FLNG spiral wound heat exchanger［J］. International Journal of Heat and Mass Transfer，2019，138：659-666.

撰稿人：李玉星［中国石油大学（华东）］

大口径直埋高温热水管道屈曲机理

Buckling mechanism of buried large diameter hot-water pipeline

1 科学问题概述

当前国内针对供热直埋热水管道的技术标准《城镇供热直埋热水管技术规程》(CJJ/T 81—2013)只适用于公称直径小于或等于1200mm的热水管道,设计分析方法主要基于20世纪80年代弹性薄壳结构局部屈曲理论,未考虑管道弹塑性条件下的失效特征,对于大口径直埋热水管道的基础理论研究严重滞后于工程实际需求。目前,工程建设中大量使用的大口径热水管道,由于管径增加、设计壁厚减小,在130℃高温荷载下容易产生弹塑性屈曲失效;同时管网运行温度、压力会随季节性热荷载改变及工艺热源启停、管道事故等产生波动性变化。因此研究时变温压荷载作用下大口径直埋热水管道的失效机理,为大口径直埋热水管道设计及敷设方式的更新提供指导,提高管道本质安全,对保障供热管网安全运行有重要的现实意义。

时变温压荷载作用下管道处于环向与轴向双向交变的应力状态,高温服役条件下管材本质上又处于弹塑性状态,使得现行标准中弹性薄壳结构局部屈曲理论已无法适用。其复杂性体现在:①管道屈曲响应行为受到高温、高压荷载的双重作用,屈曲管段应力应变处于多轴非线性时变状态。材料非线性的变化导致管道局部刚度不断改变,增加了管道屈曲行为的复杂程度。②埋地管道受到管周土壤的约束作用,使得管道局部热屈曲发生后,管道后屈曲形态受到土壤约束与热应力自限性耦合动态平衡的影响。③城镇供热管网运行工况随多层次原因改变而形成多时域尺度波动性温压荷载,交变热应力会使屈曲位置管体产生塑性累积的疲劳损伤,使得管道破裂极限状态受其全寿命荷载特性的影响。因此,时变温压荷载与管土耦合的协同作用致使大口径直埋热水管道的非线性屈曲失效机制存在多重耦合的复杂性。

综上所述,研究时变温压荷载作用下大口径直埋热水管道-土体耦合机制与失效机理,能够促进对直埋热水管道屈曲响应的科学认识,完善薄壳结构相关理论,在此基础上揭示时变温压荷载作用下屈曲管道塑性累积损伤行为特征,明确大口径直埋热水管道热屈曲极限状态可靠判定指标,弥补现有设计理论的不足,为大口径直埋热水管道的工程设计和全寿命周期安全评估提供理论依据。

2 科学问题背景

城市基础设施是城市正常运行和健康发展的物质基础,随着城市常住人口规模逐年增加,对城市绿色基础设施的更新和提升有了更高的目标。作为城市生命线系统的重要基础设施,城市集中供热系统为减轻城市环境污染和降低资源消耗、满足居民对生活品质的需求以及可持续发展的目标做出了重要贡献。

与其他城市基础设施相比,城市集中供热系统建设起步晚、前期发展慢。1974年,北京市煤气热力工程设计院联合中国石油大学(北京)(原北京石油学院)在国内首次开展了供热管道直埋敷设试验研究,分析了公称直径500mm以下管道无补偿冷安装直埋敷设的计算方法和设计参数,为制定城镇供热管道工程技术标准奠定了基础,编写了《城镇直埋供热管道工程技术规程》(CJJ/T 81—98)标准。近年来,随着我国城市集中供热的蓬勃发展,大管径(公称直径大于500mm)直埋供热管道无补偿冷安装敷设方法凭借其占地少、施工期短、节约工程投资等优势,在供热系统建设中得到广泛应用。一些城市的供热管网主干线直径已增大到1400mm,工作压力达到2.5MPa,最高设计工作温度高达130℃。

大口径直埋热水管道由于长期受到波动性高温和高压荷载作用,容易发生结构失效,引发热水管道泄漏事故。事故表明,热水管道作为现代城市重要能源基础设施,一旦发生事故将严重影响居民的正常生活秩序,给人民群众的生命、财产安全造成严重威胁。

3　科学问题研究进展

目前埋地热水管道屈曲行为的相关分析主要以结构热屈曲行为和宏观失效准则为研究对象,涉及结构力学、弹塑性力学、岩土力学等多个学科领域。其主要研究方向包括:土体约束下管道薄壳热屈曲研究、后屈曲阶段管道失效准则研究和热力交变荷载下管道疲劳寿命研究。

3.1　土体约束下管道薄壳热屈曲研究

目前我国进行埋地热水管道的抗屈曲设计主要基于弹性薄壳结构局部屈曲理论,而大口径埋地热水管道在高温服役状态下,管材本质上处于弹塑性状态,现有弹性薄壳结构局部屈曲理论已无法适用。

针对油气管道弹塑性屈曲的研究较为深入:海底管道热屈曲方面,大量学者研究了海底热水管道的非线性热屈曲行为,分析了初始缺陷、浮力块长度、管道埋深、介质温差等因素对海底管道侧向屈曲变形的影响规律,给出了管道安全运行的许可温差。埋地油气管道屈曲方面,国内外学者致力于建立更真实的有限元模型准确描述地面位移作用下油气管道的非线性屈曲特征,分析了荷载条件、土壤参数、管材特性等设计参数对管道非线性屈曲行为的影响,定量得到了管道弹塑性应力状态对非线性屈曲响应的影响。这两方面的研究均没有考虑时变性温度、压力荷载对管道屈曲行为的影响,因此无法用于时变温压荷载与管土耦合协同作用下大口径埋地热水管道的弹塑性屈曲行为的分析。

3.2 后屈曲阶段管道失效准则研究

油气管道领域对弹塑性极限状态已经有了较为成熟的研究,主要采用基于应变的准则对管道开展设计与评价。美国可靠能源系统中心(CRES)、加拿大标准协会(CSA)等机构基于全尺寸试验或数值仿真结果提出了油气管道极限压缩应变准则。大量学者针对油气管道的轴向临界屈曲应变开展了相应研究,基于数值仿真模型分析了土壤类型、管材特性、荷载条件等多种因素对管道应变响应与屈曲失效行为的影响。值得强调的是,由于热应力的二次应力特征,温度荷载作用下埋地热水管道轴向应变响应与位移边界作用下油气管道屈曲过程的轴向应变响应存在本质区别,因此油气管道中采用的基于轴向应变的失效准则无法直接用于大口径埋地热水管道的热屈曲失效分析。

管道截面椭圆度变形准则是基于应变设计的另一个评判指标,加拿大标准 CSA Z662 规定椭圆度不能超过 3% 。国内外学者通过建立数值仿真模型,研究了地质沉降以及第三方挖掘影响下埋地燃气管道的应变及截面椭圆度变化情况,分析了荷载条件、土壤特性等参数对管道截面椭圆度的影响规律。而在大口径埋地热水管道的后屈曲阶段,由于管道热应力存在自限性,管道截面椭圆化过程中热应力随局部变形而产生动态释放,因此比油气管道位移荷载过程中的屈曲演化行为更为复杂。

3.3 热力交变荷载下管道疲劳寿命研究

热水管道的服役周期长,亟须发展热水管道的全寿命周期安全运行保障技术。由于难以实时监测埋地管道力学状态变化情况,需要对管道自身的使用寿命进行预判,从管道疲劳损伤的角度开展管道失效行为的预测研究。因此,热力交变荷载与管道塑性应变累积的关系对埋地热水管道破损行为的研究至关重要。

针对油气管道弹塑性变形条件下的疲劳行为,大量学者研究了波浪荷载作用下海底管道的疲劳损伤,结合 S-N 曲线对疲劳寿命进行可靠性分析,分析了管材特性、管道边界、悬空长度等对管道疲劳损伤和可靠性的影响,得到了管道疲劳失效极限状态方程。针对连续油管的疲劳特性,大量学者通过开展连续管低周疲劳试验研究了连续管疲劳失效机理,分析了内压、管材特性及管体缺陷等因素对连续管疲劳寿命的影响,建立了连续油管疲劳寿命预测模型。埋地热水管道由于热荷载的不同时间尺度的波动性,会存在大时间尺度的大幅度应变变化特征与小时间尺度的微小波动特征,导致以上研究难以直接应用。因此,开展时变荷载作用下考虑管材塑性累积损伤的大口径热水管道全寿命完整性评价研究具有重要意义。

综上所述,目前时变温压荷载与管土耦合协同作用条件下大口径埋地热水管道热屈曲失效的研究存在以下不足:①已有的埋地热水管道成熟的抗屈曲设计方法依然基于弹性假设,无法用于管道先屈服后屈曲这种塑性强化初始状态下的非线性屈曲行为分析。②由于热应力的自限性特征,管土耦合边界下埋地热水管道局部热屈曲机制尚未明确,缺少可靠的温压荷载与管土耦合协同作用下大口径埋地热水管道屈曲失效分析模型与表征指标。③对于时变温压荷载作用下大口径埋地热水管道后屈曲过程中应力应变演化规律与塑性损伤累积规律缺少定量解释。④缺乏考虑高温条件、多重波动性温压荷载作用下埋地热水管道的疲劳失效准则,进而没有形成保障管道全寿命周期安全服役的合理方法。

4　总结与展望

综上所述,为达到揭示时变温压荷载作用下大口径埋地热水管道-土体耦合机制与失效机理、建立大口径埋地热水管道全寿命完整性评价方法的研究目标,应采用实验研究、理论分析与数值仿真相结合的方法,着力突破温压荷载与管土耦合协同作用下大口径埋地热水管道非线性屈曲机制与时变温压荷载条件下埋地热水管道后屈曲管段塑性损伤累积规律两大难题:

(1)针对当前基于弹性假设的抗屈曲设计方法无法准确模拟高温、高压荷载作用下管道弹塑性非线性屈曲行为与缺乏大口径埋地热水管道屈曲失效可靠表征指标的不足,应建立温压荷载作用下考虑管材真实力学特性与管道真实初始几何构型的管道非线性屈曲计算模型,探索温压荷载与管土耦合协同作用下管道的屈曲行为特征,明确屈曲管道力学特性表征参数的演化规律,提出表征大口径埋地热水管道热屈曲极限状态的力学指标。

(2)针对时变温压荷载作用下管材塑性损伤累积、结构刚度下降、后屈曲管段疲劳失效行为复杂,缺乏考虑高温条件及波动性温压荷载作用下热水管道疲劳失效准则的不足,应开展高温条件下管材疲劳失效特性试验研究,定量分析高温条件与时变温压荷载对热水管道疲劳失效行为的影响,建立埋地热水管道剩余寿命评价模型,进而提出考虑塑性损伤累积的大口径埋地热水管道全寿命完整性评价模型。

主要参考文献

[1] 中华人民共和国住房和城乡建设部. 城镇供热直埋热水管道技术规程:CJJ/T 81—2013[S]. 北京:中国建筑工业出版社,2013.

[2] Zhang J, Liang Z, Han C J. Buckling behavior analysis of buried gas pipeline under strike-slip fault displacement[J]. Journal of Natural Gas Science and Engineering,2014,21,921-928.

[3] Liu X B, Zhang H, Li M, et al. Effects of steel properties on the local buckling response of high strength pipelines subjected to reverse faulting [J]. Journal of Natural Gas Science &

Engineering,2016,33:378-387.

[4] Oswell J M. Soil Mechanics for Pipeline Stress Analysis [M]. Naviq Consulting Inc,2016.

[5] Canadian Standard Association,Canadian Standard,Z662,Oil and Gas Pipeline Systems [S]. Etobicoke,Canada,2015.

[6] Saberi M, Behnamfar F, Vafaeian M. A Semi-Analytical Model for Estimating Seismic Behavior of Buried Steel Pipes at Bend Point Under Propagating Waves [J]. Bulletin of Earthquake Engineering,2013,11(5):1373-1402.

[7] Liu X B,Zhang H,Han Y S,et al. A semi-empirical model for peak strain prediction of buried X80 steel pipelines under compression and bending at strike slip fault crossings[J]. Journal of Natural Gas Science and Engineering,2016,32:465-475.

[8] Park J E,Kyung K S,An Y M,et al. Fatigue evaluation of district heat pipes based on the measured data[J]. Journal of Korean Society of Steel Construction,2011,(69):569-579.

[9] Reichert B,Nguyen T,Rolovic R,et al. Advancements in fatigue testing and analysis [J]. Society of Petroleum Engineers,2016,doi:10.2118/179064-MS.

撰稿人:张宏[中国石油大学(北京)]　刘啸奔[中国石油大学(北京)]

液化天然气(LNG)接收站输送泵流动及系统匹配特性

Flow and system matching characteristics of transferring pumps in LNG receiving terminal

1　科学问题概述

液化天然气(Liquefied Natural Gas,LNG)是"海气登陆"保障国家能源安全的"第五大战略能源通道"。我国 LNG 产业主要布局在沿海地区,如山东、天津、广东、浙江、福建、辽宁等地,这些地区都建有大型 LNG 接收站和 LNG 工厂。截至 2019 年底,已投产 LNG 接收站 20 余座,总接收能力超 8000 万 t/年;据不完全统计,规划、扩建、新建 LNG 接收站超过 60 座,接收能力超亿吨。LNG 低温输送泵是 LNG 接收站中最关键的流体输送设备,为 LNG 接收站气化单元等提供输送动力,保证气体顺利通过管网到达全国各地使用单位。但 LNG 属于低温易汽化介质,在输送过程中不可避免发生汽化而呈现气液两相形态,极易发生空化,不仅影响泵的性能,而且引发低温流程装备及系统的运行稳定性问题,影响 LNG 连续安全输送。因此,需要对 LNG 接收站输送泵空化流动及运行特性进行研究。

目前,LNG 低温输送泵实际研制过程缺乏对低温空化的充分考虑,导致难以评估 LNG 低温工质空化的动态特性,也阻碍了对泵内空化形成机制和影响因素的深入认识。与常温水空化相比,低温空化最显著的特点是工质的物性参数对温度变化敏感。在相同热流密度下,低温流体存在更大的温降和压降。空化热效应影响气液相间分布及界面附近的密度梯度,流场呈现弥散状或"雾化"状态,在空泡尾迹区形成大量的离散气泡,由此产生大尺度空化泡和小尺度离散气泡共存的多尺度问题。低温流体的压缩性与热效应关系密切,复杂的气相界面形态也会造成流体声速的迅速下降,低温介质不再是理想不可压的。由于存在热效应、多尺度和可压缩三个明显特征,低温泵内能量传输不仅仅由速度和压力主导,温度和压力与密度的耦合关系使泵的能量分配机制更为复杂。这不仅使泵内部流动更加复杂,存在不同尺度轴向、径向和周向涡系等非稳态流动结构,出口压力出现剧烈波动;同时也将使 LNG 低温输送泵的最佳工况与管路系统不匹配,影响泵的运行效率。为了确保 LNG 低温输送泵在运行范围内高效稳定工作,必须要解决三个关键科学问题:①考虑热力学效应的可压缩多尺度空泡流动特性及其影响;②输送泵内部不稳定流动特性及系统匹配;③基于多目标系统特性的输送泵运行调控研究。

因此,为充分揭示 LNG 接收站输送泵空化流动及运行特性,必须构建一种适合解析多尺度空化形态的数值计算方法,实现 LNG 低温输送泵内空化流动的高效计算;在全流量工况、高精度的非定常空化流场信息分析的基础上,明确泵内流动与能量转换的定量关系;掌握内部流动不稳定对外特性不稳定的影响机理,通过泵阀等设备的联合调节与优化,使 LNG 低温输送泵系统与管路性能相匹配,保证 LNG 低温输送泵在高效稳定区域运行。

2　科学问题背景

天然气是一种清洁、高效的低碳能源,其燃烧产生的二氧化碳为煤的 50%、石油的 70%,产生的微颗粒物仅为煤的 0.26%、石油的 8.33%,具有使用安全、热值高、洁净等优势。我国是全球第一能源消费国,2019 年能源消耗约占全球总消耗的 24.3%。我国能源消耗中,煤炭占比为 57.6%、石油占比为 19.7%、天然气占比为 7.8%、非化石能源占比为 14.9%,而全球的能源结构中,煤占比为 27%、石油占比为 33.1%、天然气占比为 24.2%、非化石能源占比为 15.7%。我国与全球能源消费结构相比,目前的能源结构仍不合理,天然气利用比例远低于世界平均水平。在能源结构中提高天然气比重是构建清洁低碳体系、改善大气环境质量的重要举措。但我国天然气储量较低,天然气大量依赖进口,LNG 是我国天然气进口的主要形式之一。我国 LNG 进口主要来自澳大利亚、卡塔尔等国家,通过 LNG 船运输至国内沿海 LNG 接收站(图 1),利用码头装卸臂经管道存储于 LNG 储罐,采用 LNG 低压输送泵将其输送出储罐,经 LNG 高压输送泵加压后进入汽化器进行汽化,然后通过管网进行输送。LNG 生产消费过程包括液化、转运、接收、运输和销售等,每个环节都将用到 LNG 低温输送泵。

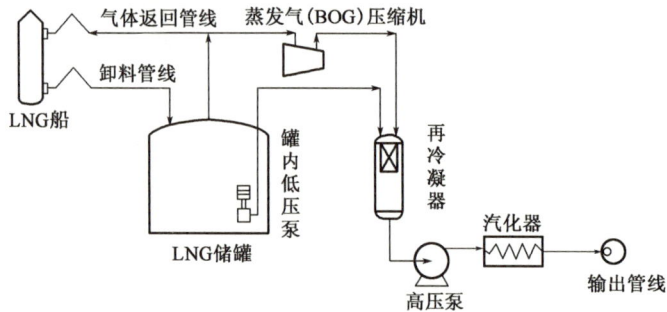

图1　LNG 接收站工艺流程图

LNG 接收站需要连续可靠运行,保证向下游提供连续稳定的天然气,因此,需要 LNG 低温输送泵长周期可靠运行。但低温空化将影响输送泵系统的稳定性,而且由于系统在设计时无法预估损失,以及低温易汽化介质空化流动的不稳定性、实际运行过程中可能出现的特殊状况及工艺需求波动等原因,出现 LNG 低温输送泵的最佳工况与管路系统不匹配。但泵在非设计工况下运行不但效率下降,而且使泵内部流动更加复杂,运行可靠性和使用寿命也将降低。因为,为了保证 LNG 低温输送泵长周期稳定高效运行,需要掌握输送泵内低温空化流动机理,分析内部不稳定流动和能耗的关联,研究泵调节与运行控制的机理和技术,降低泵组系统能耗,提高泵运行可靠性。

3　科学问题研究进展

3.1　多尺度低温空化及其影响研究

低温流体空化流动的特点是流体介质的物理属性对温度变化敏感,在相同的热流密度下,低温流体内部会产生更大的温度梯度,继而产生更大压降,使流场变得更为复杂。由于低温空化所带来的温度变化对液体密度的影响显著,所以在关注热效应的同时,还需考虑低温流体的压缩性。此外,从现有研究中可以发现,低温空化流场中的气液界面呈弥散形态,微气泡的存在导致了低温空化流动的多尺度现象。空化模型经过多年的发展,可以较准确地预测空化引起的相间质量传递速率,但大多是基于体积平均方法的宏观尺度模型,针对空泡多尺度结构特征还没有很好的预测方法,而微气泡团的输运将对流场及泵性能造成重要影响。因此,亟须建立一种考虑可压缩效应的多尺度数值计算方法,对低温空化的多尺度流动特性开展研究。同时,各种空化流动结构的动态演化对泵的影响显著,不仅影响泵运行的稳定性,还会造成水力性能的降低,彼此的关联机制尚未完全揭示。在离心泵空化状态由初始工况到扬程断裂工况发展的过程中,空泡在叶轮流道内积累并逐渐影响叶轮内正常的能量交换,通常伴随着流动分离和旋涡发展,可以改变流场的摩擦阻力分布、压力分布,甚至产生压力脉动等。从现有的文献来看,通过分析空化导致的叶轮叶片荷载及泵能量传递特性的改变,可以揭示空化引起的扬程下降现象。但尚无考虑空化多尺度效应的泵内流动特性分析方法,微气泡溃灭产生影响尚不明确。针对低温空化与泵特性的关联,需要从更微观的角度对低温空化流动现象进行研究,在此基础上揭示空化的热质耦合传输特性及其影响。

3.2　输送泵流动特性及系统匹配研究

针对 LNG 接收站管路系统,由于系统结构庞大而复杂,输送泵与管路系统的整体流动特性难以通过常规方法揭示,针对单个设备的性能预测并不能适用于整个系统,造成系统不能在高效稳定区间运行。基于目前的文献研究,尚未看到成熟的全系统、全流场、高精度的非定常计算方法。因此,亟须开展考虑空化的输送泵设备和管路系统流动特性集成计算和优化设计方法,在全流量工况、高精度的非定常流场信息分析的基础上,开展输送泵与管路系统匹配特性研究,明确泵内流动与管路能量转换的定量关系,掌握内部流动不稳定对系统不稳定性的影响机理。开展基于全系统、全流场的高精度数值计算与预测分析,使低温 LNG 输送泵与管路性能相匹配,保障 LNG 输送泵在高效稳定区间运行,从而保障整个 LNG 接收站系统的安全稳定。

3.3　输送泵运行调控研究

在运行调控方面,目前针对 LNG 泵-管路系统的运行节能调控研究尚不成熟。泵是系统的重要组成部分,在满足用户需求的基础上,调整和评价泵机组的流量和压力,最大限度地减小管网系统的能量损失,即泵系统能耗评价和供需平衡问题;而在保证供需要求的基础上,通过转速和阀门调节等方式改变泵的运行工况,使各泵均在最佳区域运行。在泵-管路系统中,运行工况的优化不但可以提高机组的运行效率,还能在一定程度上减振、降噪,并减少不利工况的出现。根据优化的目标数量来看,早期优化调度研究主要以最小能耗或者最小流量偏差为目标的单目标模型为主。如以系统总功率最小为优化目标,通过扬程约束使系统满足系统扬程的要求,通过偏离度约束将离心泵的实际工作点限制在最佳工作点附近,以保证泵具有较高的效率和可靠性。而随着系统的复杂性以及优化算法的进步,多目标模型开始出现并应用于实际。而针对 LNG 输送泵的运行调控,在掌握系统流动和能量特性的基础上,基于多目标系统特性的输送泵运行调控研究还很欠缺。因此需对其加强基础研究,形成输送泵系统高效可靠节能的运行调控方法。

4　总结与展望

综上所述,LNG 接收站输送泵空化流动及运行特性研究主要围绕多尺度低温空化及其影响、输送泵流动特性及系统匹配、输送泵运行调控开展研究,建立考虑热力学效应的可压缩多尺度空泡流数值分析方法,分析内部不稳定流动结构与性能的关联,揭示空化的热质耦合传输特性对泵能量传递的影响;掌握 LNG 低温输送泵与管路系统匹配的原则,调节泵运行在最佳工况,降低系统能耗,保证泵及 LNG 接收站稳定高效运行。

主要参考文献

[1] Sarosdy L R, Acosta A J. Note on observations of cavitation in different fluids[J]. ASME Journal of Fluids Engineering, 1961, 83(3):339.

[2] Petkovšek M, Dular M. Observing the thermodynamic effects in cavitating flow by IR thermography [J]. Experimental Thermal and Fluid Science, 2017, 88(11):450-460.

[3] Zhang S F, Li X J, Zhu Z C. Numerical simulation of cryogenic cavitating flow by an extended transport-based cavitation model with thermal effects[J]. Cryogenics, 2018, 92: 98-104.

[4] Zhang D S, Shi L, Zhao R, et al. Study on unsteady tip leakage vortex cavitation in an axial-flow pump using an improved filter-based model[J]. Journal of Mechanical Science and Technology, 2017, 31(2):659-667.

[5] Liu Y, Tan L. Spatial-temporal evolution of tip leakage vortex in a mixed flow pump with tip clearance[J]. ASME Journal of Fluids Engineering, 2019. 141(8):081302.

[6] Pouffary B, Fortes-Patella R, Roboud J, et al. Numerical simulation of 3D cavitating flows: analysis of cavitation head drop in turbomachinery [J]. ASME Journal of Fluids Engineering, 2008, 130(6):061301.

[7] Wang Y, Dong Q, Zhang Y. Meridional shape design and the internal flow investigation of centrifugal impeller[J]. PIME Part C: Journal of Mechanical Engineering Science, 2017, 231(23):4319-4330.

[8] Ormsbee L E, Lansey K E. Optimal control of water supply pumping systems[J]. Journal of Water Resources Planning & Management, 2015, 120(2):237-252.

撰稿人:朱祖超(浙江理工大学)

考虑拘束效应的管道环焊缝韧性表征研究

Study on characterization of toughness of pipeline girth weld considering constraint effect

1　科学问题概述

大口径高钢级管道已成为我国长输油气管道建设的首要选择。环焊接头是长输管道的重要组成部分,高钢级管道环焊接头材料差异性大,存在几何与材料性能上的多重非连续性。焊缝区域材料表观韧性影响因素多且规律复杂,缺乏准确可靠的材料断裂韧性表征方法。由于全尺寸管道与小试样存在几何尺寸方面的差异,导致了韧性水平存在明显不同,基于实验室试样的断裂韧性测试结果不能有效表征实际服役管道的韧性水平。传统不考虑几何与材料等多重拘束效应的断裂评定直接导致了管道环焊缝断裂评估结果的过保守性,给管道的生产制造及运行维护带来了困难。

因此,需要开展考虑拘束效应的管道环焊缝韧性表征研究,研究方向应该包括:①材料微观损伤机理模型研究;②统一拘束表征参数的确定方法研究;③裂尖拘束效应对材料韧性的影响机制研究。通过开展管道环焊缝材料韧性表征方法研究,能够为焊缝区材料的韧性确定提供理论支撑。

2　科学问题背景

以 X80 为代表的高钢级油气管道的大规模建设运营极大程度地降低了油气运输成本,促进了油气行业的快速发展。管道在建设阶段需要通过焊接的方式连接在一起,环焊缝位置几何与材料分布不连续,导致环焊接头处应力状态复杂,降低了接头的变形承载能力。一旦存在裂纹型缺陷,在外界荷载作用下很容易发生断裂失效。近年来,发生多起由于环焊缝断裂导致的失效事故。2017 年 7 月和 2018 年 6 月,贵州晴隆天然气管道先后两次发生了环焊缝断裂引发的天然气泄漏爆炸事故,使得开展高钢级管道环焊缝的断裂失效评估成为行业热点。断裂韧性作为管道设计与工程适用性评估的核心参数,对管道环焊缝结构安全状态的评估结果有着重要影响。环焊接头材料的韧性水平确定是开展高钢级管道环焊缝完整性评价的关键环节,环焊缝的韧性水平受材料、几何拘束效应的影响,通常不是一个确定的材料参数。

目前,工程上的普遍做法是采用标准规定的含深裂纹的、高拘束度试样的断裂韧性测试结果来评估全尺寸管道环焊缝的断裂韧性。而实际服役管道环焊接头的裂纹形式多为表面型浅裂纹,这种断裂韧性标定方法会在一定程度上低估环焊缝材料的韧性水平。同时,焊缝材料的断裂韧性与裂纹不同拘束状态密切相关,全尺寸管道环焊缝区域存在几何及材料的多重非连续性,这种结构的复杂性会导致接头区域存在几何及材料拘束效应。材料特性及几何尺寸引起的裂尖拘束效应导致全尺寸管道的断裂韧性与小尺寸试样的断裂韧性之间存在明显差异。除此之外,管道服役环境复杂,荷载形式多样,进一步加剧了接头裂尖拘束状态表征的难度。如何准确建立拘束和材料断裂韧性的关联关系,实现全尺寸管道环焊缝断裂韧性的准确表征已成为开展高钢级管道环焊缝工程适用性评估需要突破的关键科学问题之一。

3 科学问题研究进展

3.1 材料微观损伤机理模型

精准的材料细观损伤模型是开展管道环焊接头韧性与拘束关联性研究的前提和基础。基于细观损伤力学的理论模型,能够从微观上描述材料韧性撕裂的过程,从而能够反映结构裂尖真实的拘束状态,准确模拟裂纹的开裂与扩展行为。目前常用的损伤理论模型主要包括 GTN(Gurson Tvergaard Needleman)模型、CGM(Complete Gurson Model)模型等。GTN 模型考虑了完整的微孔洞萌生、长大、贯通过程,可以较好地预测中应力到高应力三轴度下的韧性断裂过程;但对于低、负应力三轴度下剪切机理主导的断裂模式,其模拟结果的准确性较差。后续在损伤理论模型的表达式中引入了与剪切损伤有关的修正项,将材料的损伤形式分为孔洞长大和剪切损伤。GTN 模型使用线性孔洞贯通模型来描述材料达到临界状态时,由于相邻孔洞之间的贯通作用而迅速失效的过程;将临界孔洞体积分数 f_c 作为材料内部孔洞开始贯通的标志,即材料失效的起点,并认为 f_c 是仅与材料相关的常数;忽视临界孔洞体积分数 f_c 与应力状态、初始孔洞体积分数、孔洞形状、孔洞间距以及基体应变强化指数等因素密切相关的现实情况。针对以上不足,Zhang 等人提出了 CGM 损伤理论模型。目前,针对材料的断裂行为已经形成了相对成熟的基于材料微观损伤理论的机理模型。这些模型在高钢级管道环焊缝材料上的适用性仍需开展深入研究,管道环焊接头的断裂韧性表征需要进一步明确焊缝区材料的断裂失效机理,建立环焊缝不同区域材料的宏观力学性能与微观损伤参数之间的统一关联关系。

3.2 统一拘束表征参数的确定方法

随着数值仿真分析技术与试验测量技术的不断发展,近年来,研究者们对结构拘束状态的统一表征方法开展了系列研究工作。相关研究者提出了一种基于裂尖等效塑性区面积 A_p 的金属材料裂尖拘束差异性的精确表征方法,弥补了传统将应力三轴度作为拘束表征参数导致的裂尖约束与断裂韧性指标关联度较低的不足。在此基础上,进一步形成了基于裂纹尖端张开位移(CTOD)的拘束统一表征参数A_d,开展了基于两参数J-A_p的双参数断裂评估。传统的断裂评估方法是基于单参数J开展的,基于双参数的断裂评估方法能够降低评估结果的保守程度。针对低拘束状态的裂纹而言,目前的双参数理论还不能同时准确表征三维结构的面内和面外拘束,进而提出了三参数的断裂力学理论。

目前,通过理论研究提出的Q、T、T_z拘束表征量,或者是基于数值方法提出的应力三轴度、等效塑性区面积参数,均是从机理上揭示拘束与断裂韧性的影响规律与关联。在现有研究基础上,想要准确获得管道的韧性水平仍需借助数值仿真分析方法,因此离工程实际应用仍有一定差距,迫使目前管道工业只能选取高约束试样进行管道断裂韧性的确定。与此同时,大部分涉及拘束断裂理论的相关研究主要针对的是单一均质材料;而对于管道环焊缝来说,其存在几何与材料性能上的多重非连续性,尚缺乏适用于高钢级管道环焊接头的精准表征几何与材料影响的拘束表征参数。

3.3　裂尖拘束效应对材料韧性的影响机制

针对拘束效应,国内外学者对断裂韧性的影响规律开展了的相关研究,定性得到了不同结构或试样在拘束与韧性水平上的差异,初步建立了裂尖拘束状态与焊缝材料断裂韧性的统一关联关系。环焊接头拘束形式多样主要包括几何拘束及材料拘束,不同拘束类型之间往往存在相互耦合作用。几何拘束改变了裂尖的局部应力状态、裂尖应力、应变场等,其包含的面内、面外拘束存在相互耦合,且耦合作用的非线性程度高,几何尺寸对拘束状态的影响机理复杂。

由于高钢级管道环焊接头是一种典型的非均质材料结构,焊缝区域材料性能失配所引起的材料拘束效应同样不可忽略。几何拘束与材料拘束相互耦合,共同影响着裂纹尖端的应力应变场。相关研究者验证了均质材料所定义的统一拘束参数对面内、面外几何拘束与材料拘束进行统一表征的适用性,证明了裂尖等效塑性区面积用来统一表征不同面内及面外拘束的可行性,初步建立了不同拘束状态下材料断裂韧性与裂尖复杂拘束状态的关联关系。在现有研究基础上,需要针对裂尖拘束效应对材料断裂韧性的影响机制开展深入研究,由于高钢级管道环焊接头结构存在差异性明显的材料分区,不同区域材料断裂性能的高度不均匀所引起的复杂材料失配问题及材料拘束形式需要就基于裂尖等效塑性区面积的拘束表征参数的适用性开展验证分析,进一步研究明确给出管道环焊接头复杂拘束状态的统一表征参数,探明裂尖拘束效应对焊缝区材料断裂韧性的定量表征关系。

4　总结与展望

综上所述,开展长输油气管道环焊接头的断裂失效评估,保障管道的本质安全,需要采用数值仿真研究及试验验证分析相结合的研究手段,探明裂尖复杂拘束状态与材料断裂韧性的关联性,实现考虑拘束效应影响的接头断裂韧性表征。首先,基于材料微观损伤机理模型及数值仿真分析方法建立能够准确描述焊接接头韧性断裂的数值仿真分析模型,探明几何拘束、材料拘束等多种裂尖拘束状态对管道环焊缝韧性的复杂影响机理。针对管道环焊缝区域存在的几何及材料的多重非连续性,建立能够准确表征接头裂尖拘束状态的统一拘束表征参数,给出裂尖拘束状态与焊缝区材料表观断裂韧性的统一关联关系,提出能够准确考虑复杂拘束效应影响的管道环焊缝断裂韧性确定方法,为高钢级管道环焊接头的断裂失效评估提供准确的材料韧性指标要求。

主要参考文献

[1] Zhang Z L,Thaulow C. A complete gurson model qpproach for ductile fracture[J]. Engineering Fracture Mechanics,2000,67(2):155-168.

[2] Kaptchouang N, Monerie Y, Perales F, et al. Cohesive GTN model for ductile fracture simulation[J]. Engineering Fracture Mechanics,2021,242:107437.

[3] Xu J Y, Wang G Z, Xuan F Z, et al. Unified constraint parameter based on crack-tip opening displacement[J]. Engineering Fracture Mechanics,2018,200:175-188.

[4] Shlyannikov V N,Boychenko N V,Tumanov A V,et al. The elastic and plastic constraint parameters for three-dimensional problems[J]. Engineering Fracture Mechanics,2014, 127:83-96.

[5] 杨杰. 面内/面外统一拘束参数及其与材料及焊接接头断裂韧性的关联[D].上海:华东理工大学,2014.

[6] Mu M Y, Wang G Z, Xuan F Z, et al. Unified correlation of in-plane and out-of-plane constraints with cleavage fracture toughness [J]. Theoretical & Applied Fracture Mechanics,2015,80:121-132.

[7] Xha B,Yl B,Xh A. New constraint parameters based on crack tip plastic zone:theoretical derivations and effectiveness verification-science direct[J]. International Journal of Solids and Structures,2020,190:129-147.

撰稿人:张宏[中国石油大学(北京)]　刘啸奔[中国石油大学(北京)]

往复式液氢泵及高压管道系统的液氢流动机理

Liquid hydrogen flow mechanism through reciprocating liquid hydrogen pump and high pressure pipeline system

1　科学问题概述

往复式液氢泵用于液氢的输送和加注,具有启停迅速、可灵活应对压力和流量的变化以及适用于高压场合等特点,是液氢管道系统的心脏设备,也是氢能源领域的重要设备之一。近年来,液氢因其储能密度高的特点,成为一种极具发展潜力的氢能储存方式,在加氢站、氢燃料汽车等氢能源领域得到了广泛的研究。由于液氢超低温、低黏度低沸点等物理特性,在往复式液氢泵高压输送和加注过程中,设备效率受空化现象、脉动及液氢泵密封性能影响,不利于液氢的安全稳定输送和加注。因此研究液氢的空化特性、脉动特性及其在往复式液氢泵密封特性,对完善液氢的应用技术和理论体系具有重要意义。

液氢作为一种超低温液体燃料,常压下其沸点为20K,同时黏度极低,只有水的1/70,在往复式液氢泵输送和加注液氢过程中,液氢泵性能受各方面因素影响,为保证液氢泵安全高效输送,需要研究以下几个关键科学问题:①液氢在输送过程中的空化特性研究。液氢作为一种超低温液体,其沸点低,加上管道运输过程复杂,在往复泵进排液阀进出口前后、高压缸腔内速度突变及管道弯曲或截面发生变化等情况下,由于压力发生变化,可能会引起空化现象,空化现象会导致系统运行不稳定甚至设备损坏,而关于低温液体的空化流动规律、不同因素对其影响机理以及低温流体的物性变化对空化过程的影响规律有待进一步研究。②高压作用下液氢的脉动特性研究。液氢的沸点低、黏度低,其压缩性等物性参数与常规介质相差较大,在高压作用下的脉动规律也会存在差别,而泵送过程中的启停、往复泵自身脉动的影响、管道截面变化等均可能引起液氢压力、流量的脉动,甚至可能导致液氢状态发生变化,影响设备系统运行稳定与安全,而液氢在高压下的脉动规律研究还未见相关报道。③液氢泵高压往复密封形式机理研究。液氢泵活塞(柱塞)与缸体动密封形式通常有接触密封和非接触密封两种。接触密封通常采用填料密封,非接触密封为间隙密封形式。接触密封密封性好,但会限制活塞(柱塞)运动和寿命,尤其是接触密封摩擦生热会对液氢产生怎样的影响存在不确定性,如是否会局部液氢相变、相变的程度与后果,以及控制方法等,均有待开展研究。此外,液氢环境下接触密封材料类型、结构形式和安装方式等值得进一步研究和探讨。对于非接触密封,高压下液氢介质缝隙密封特性机理研究尚未见相关报道,但却是液氢泵安全可靠运行的关键控制因素。液氢介质缝隙流动特性、液膜形成与破坏机理、液氢环境下不同压力、温度、间隙距离、活塞(柱塞)运动速度等对非接触密封特性影响均有待进一步探讨。

综上，为实现液氢的安全高效输送与加注，应研究液氢在输送过程中的空化特性，系统性地分析低温流体物性随温度变化的情况，阐明热力学效应对低温空化的影响，探究往复式液氢泵参数、弯管曲率、管道收缩角度等参数对液氢空化规律的影响；揭示高压作用下液氢的脉动特性，探究降低流动过程中压力、流量脉动的方法，从而有效地改善输送系统的稳定性；对于液氢泵高压往复密封形式研究：接触密封研究分析液氢环境下不同压力与温度、活塞(柱塞)运动速度、密封材料和结构形式等对接触密封特性的影响规律，揭示接触密封摩擦生热对液氢产生的影响，建立高压接触密封寿命模型；间隙密封研究液氢介质在间隙密封中缝隙流动规律，揭示液氢高压下物理性能变化对高压间隙密封与泄漏量的关系，分析超低温环境下不同压力与温度、间隙距离、活塞(柱塞)运动速度等因素对间隙密封特性的影响规律，阐明液氢介质缝隙流动特性、液膜形成与破坏机理，建立高压间隙密封泄漏动态模型。

2　科学问题背景

近年来，氢能作为可取代传统化石燃料的绿色清洁能源，其产业链囊括了上游氢制造产业、中游氢集输与储存产业，以及下游氢能应用产业。而液氢作为一种高能、超低温液体燃料，具有较高的储能密度，是理想的氢能储存方式，已成为氢能源领域的研究热点和前沿。往复式液氢泵作为液氢加注的重要设备，启停迅速，运行压力可达40MPa以上，可灵活应对压力和流量的变化，对加氢站、氢燃料汽车以及液氢高压输送管道等氢能相关产业的推广和应用具有重要技术支撑意义。与传统往复泵输送的水介质等相比，液氢的极易空化以及液氢往复泵的脉动特性对往复式液氢泵的加注过程以及高压液氢管道输送性能产生了显著的影响，同时，液氢高压特性对往复液氢泵密封的影响也增加了液氢泵送过程中的复杂性和预测难度。

此外，与高压气态氢相比，液氢更适合长距离运输，是一种高效经济的运输方式，可采用低温罐车进行公路运输，也可采用罐式集装箱进行铁路、海运、航空等方式运输，此时作为液氢输送领域关键核心设备，往复式液氢泵可为驱动液氢转运提供动力源。因此，往复式液氢泵也是液氢储运环节的重要组成部分。除此之外，对于液氢长距离管道输送，由于受管道漏热、液氢气化等因素限制，鲜见相关研究报道。

可见，液氢的加注和运输等新能源领域的发展研究均对液氢高压管道输送及往复式液氢泵提出了新要求和挑战，针对液氢的空化特性、脉动特性及其密封形式开展研究具有重要的理论价值和现实意义。

3　科学问题研究进展

随着液氢装备、技术、应用和产业的加速发展，往复式液氢泵已成为液氢输送和加注的重要设备。对于液氢泵输送和加注液氢工艺过程中的空化、脉动和往复式液氢泵密封相关科学问题探讨研究较少。目前往复泵领域介质的流动特性和密封机理研究,多以常温液体(如水)为介质,具体进展和存在问题如下:

3.1　液体通过泵送的空化现象

由于常温液体在大气压下为液态,因此,在往复泵中基本上不发生空化现象,其空化主要出现在离心泵中,离心泵由于吸入口压力下降可能引起液体空化,在管道输送过程中液体流速的急剧变化会引起局部压力迅速降低导致空化的发生,关于常温液体在泵送系统中的空化现象,目前已开展了大量的实验和数值模拟研究,并取得了大量的研究成果,相关理论较为成熟。

然而相比于常温流体(水),低温空化的热力学效应更明显,从而导致了低温空化的研究更为复杂。液氢通过往复泵泵送的过程中,由于进排液阀速度的突变以及管道弯曲等造成压力分布发生变化,可能引起空化发生。目前的研究表明,低温空化时空泡相界面呈现出模糊的形态,这给低温空化的实验测量带来了一定的难度。温度变化较大带来的热力学效应明显,会对空化强度产生较大的影响。针对低温液体空化的数值模拟和理论研究,目前已进行了一些推导和计算,但目前的计算模型没有很好地考虑热力学因素对空化的影响,参照常温液体的修正公式和实验结果也不能很好地吻合,无法有效预测真实的液氢在泵送管路系统中的空化现象。

3.2　液体在高压下的脉动特性

液体在高压泵送的情况下,泵的启停、往复泵活塞(柱塞)本身的往复运动、管道截面参数的变化等都可能引起压力、流量脉动,脉动严重时会对泵及管道系统造成损坏,降低设备运行效率甚至引起安全问题,当脉动频率和设备固有频率接近或成整数倍时,会引起机组和管道共振,严重影响设备安全高效运行。对于常温液体(主要是水)的脉动特性研究,目前已展开大量的试验和数值模拟研究,对主要参数的影响规律已经基本掌握,并提出了一些有效的脉动抑制方案和措施。然而对低温液体在高压下的脉动特性尚未见到报道,一方面实验难度较高,而数值计算和理论分析无法全面考虑各主要因素的影响,无法对低温液体在高压下的脉动规律进行有效预测,这影响了泵机组和管道系统的安全性,无法针对性地采取安全保护措施降低脉动的影响。

3.3　高压往复密封形式研究

接触密封研究:往复式液氢泵的活塞(柱塞)和缸体之间极易产生泄漏,如果采用接触式密封,虽然可以解决泄漏问题,但会影响到活塞(柱塞)速度以及泵使用寿命。现有针对高压液氢环境的接触密封研究鲜有报道,往复泵的接触密封研究多见于常温下流体介质(如水),通过理论分析、数值模拟与试验相结合,探究压力与温度、活塞(柱塞)运动速度、密封材料和结构形式等对密封性能的影响该类方法可供液氢高压接触密封参考,但研究需要考虑液氢超低温、低黏度低沸点等物理特性影响,以及考虑接触密封摩擦带来的液氢气化导致泵送不稳定甚至停泵。

非接触密封研究:往复式液氢泵中液氢的泄漏主要发生在活塞(柱塞)压缩过程中液氢压力升高过程中,活塞(柱塞)和缸体之间的间隙越大,摩擦力越小,泄漏量越大。现有的研究,多关注于间隙密封材料的选取和密封结构的实验性研究,目的是减小活塞(柱塞)与缸体之间间隙,与理论研究相差较远。以高压水介质间隙密封特性研究现状为参考,通常通过对水压环形间隙密封的密封机理进行理论研究,分析泄漏量的影响因素,如活塞(柱塞)的运动速度、水介质的黏性效应与惯性效应、黏压效应和可压缩性等,得到往复泵泄漏量与容积效率的变化规律,最后通过仿真模拟和实验加以验证。但基于高压水介质的研究结论,其结果肯定与高压液氢有较大出入。

上述研究基本都围绕水介质研究开展的,其结果不一定适用于液氢介质,仅可用于研究方法参考。通过往复式液氢泵输送和加注液氢工艺过程中,空化特性研究、脉动特性研究和高压液氢介质密封形式研究鲜有报道。

4 总结与展望

综上所述,往复式液氢泵是液氢输送和加注的重要设备,针对液氢的超低温、低黏度低沸点等物理特性,为提高液氢的储运效率,提升作业的安全高效与可靠性,准确预测液氢的流动特性与往复式液氢泵工作性能,需要开展以下几方面的工作:

(1)研究液氢在输送过程中的空化特性,阐明热力学效应对低温空化的影响,进一步建立往复式液氢泵参数、弯管曲率、管道收缩角度等参数对液氢空化的影响规律。

(2)明晰高压作用下液氢的脉动特性的主要机理,建立准确降低流动过程中压力、流量脉动的技术,提出有效地改善输送系统稳定性的方法和对策。

(3)研究液氢泵高压往复密封形式:探究接触密封,研究分析液氢环境下不同压力与温度、活塞(柱塞)运动速度、密封材料和结构形式等对接触密封特性的影响规律,揭示接触密封摩擦生热对高压液氢的影响,建立高压接触密封寿命模型;探究液氢介质在间隙密封中缝隙流动规律,揭示液氢高压下物理性能变化对高压间隙密封与容积效率关系,进一步获得超低温环境下不同压力与温度、间隙距离、活塞(柱塞)运动速度等因素对间隙密封特性的影响规律,阐明液氢介质缝隙流动特性、液膜形成与破坏机理,建立高压间隙密封泄漏动态模型。

主要参考文献

［1］　Durbin D J, Malardier-Jugroot C. Review of hydrogen storage techniques for on board vehicle applications［J］. International Journal of Hydrogen Energy, 2013, 38(34):14595-14617.

［2］　Yamane K, Hiruma M, Watanabe T, et al. Some performance of engine and cooling system of LH2 refrigerator van musashi-9［J］. International Journal of Hydrogen Energy, 1996, 21 (9):807-811.

［3］　Lee J, Lee J, Lee K, et al. The study on development of performance in cryogenic piston pump［J］. Transaction of the Korean Hydrogen and New Energy Society, 2014, 25(3):240-246.

［4］　Furuhama S, Fukuma T. High output power hydrogen engine with high pressure fuel injection, hot surface ignition and turbocharging［J］. International Journal of Hydrogen Energy, 1986, 11(6):399-407.

［5］　Furuhama S, Sakurai T, Shindo M. Study of evaporation loss of liquid hydrogen storage tank with LH2 pump［J］. International Journal of Hydrogen Energy, 1993, 18(1):25-30.

［6］　W Peschka. Liquid hydrogen pumps for automotive application［J］. International Journal of Hydrogen Energy, 1990, 15(11):817-825.

［7］　Kamijo, Kenjiro. The efficiency of high pressure cryogenic pumps［J］. Transactions of the Japan Society of Mechanical Engineers, 1986, 52(481):3266-3272.

［8］　Yamane K, Nakamura S, Nosset T, et al. A study on a liquid hydrogen pump with a self-clearance-adjustment structure［J］. International Journal of Hydrogen Energy, 1996, 21 (8):717-723.

［9］　Petitpas G, Aceves S M. Liquid hydrogen pump performance and durability testing through repeated cryogenic vessel filling to 700 bar［J］. International Journal of Hydrogen Energy, 2018, 43(39):18403-18420.

［10］　Petitpas G, Moreno-Blanco J, Espinosa-Loza F, et al. Rapid high density cryogenic pressure vessel filling to 345 bar with a liquid hydrogen pump［J］. International Journal of Hydrogen Energy, 2018, 43(42):19547-19558.

撰稿人:肖军(合肥通用机械研究院)

低温流程阀门流体动力学及流致失效

Fluid dynamics and flow-induced failure of cryogenic process valve

1 科学问题概述

低温流程阀门作为低温介质输送过程中的关键控制设备,主要用于液化天然气、液氮、液氧、液氢、乙烯等低温介质输送过程的调控,广泛应用于能源、电力、化工、冶金、航空航天等行业输送系统,对系统运行的稳定性和可靠性起着重要的作用。液体火箭在加注液氧、液氢等低温介质推进剂时,需要采用低温流程阀门来控制进料流量和压力。低温流程阀门快速启闭过程会引起流体突变,容易造成空化和汽蚀破坏,低温空化会导致输送的低温介质中夹带空泡,而空泡的存在会引起输送管道汽蚀破坏,降低火箭发动机内燃料燃烧效率,甚至造成液体火箭发射事故。液态天然气(LNG)输送至 LNG 储存罐中,也需要利用低温流程阀门进行过程调控,阀门快速启闭过程同样会容易使液态天然气产生空化,空化产生的空泡会随 LNG 输送至 LNG 储存罐中,对 LNG 储存罐构成潜在危险,严重时会导致 LNG 储存罐发生爆炸。由于低温介质的汽化潜热较小,并且其饱和蒸气压对温度的敏感性更大,导致在输送低温介质过程中流程阀门内不可避免地产生空化现象,出现气液两相流动。低温空化会导致流程阀门内产生严重的汽蚀,破坏阀芯和管道表面结构,使阀门产生泄漏和噪声,严重影响阀门调控性能和使用寿命。由于低温介质沸点低,其泄漏后会直接沸腾,极具危险性。因缺少低温空化预测理论的科学指导,低温流程阀门的国产化攻关至今没有实质性的突破,这严重制约着低温流程阀门的生产安全、经济效益和国家示范工程的推广。

国内外学者采用数值模拟、实验研究等方法对低温流体机械内部流动和性能预测等方面进行了大量的研究,但目前在低温流程阀门内部流动、调节性能及流致失效预测方面主要存在以下问题:①对于低温流程阀门内部流动数值计算,一般是采用理论分析,并结合经验方法对低温流体湍流及空化计算模型进行修正,虽然考虑了热力学效应对阀门低温流动的影响,但在修正饱和蒸气压、气液两相质量传输、空泡生长等方面考虑得并不全面,而且没有综合考虑瞬态调控工况及气体可压缩对低温阀门内部流动的影响,未形成综合考虑低温介质热力学效应和气体可压缩性的低温非定常流动数值计算方法。②低温流程阀门内部产生瞬态空化时,低温流程阀门内单相流体瞬间变成气液两相流体,液相与气相之间温度和压力差会驱动两相之间的质量传输,产生复杂的流动,上述气液两相流动对低温流程阀门调控性能参数会产生很大影响,这方面研究工作也未见报道。③没有形成针对低温流程阀门流致失效的预测方法,对低温流程阀门内部腐蚀、空蚀等流致失效方面的研究尚不充分,特别是瞬变工况下低温流程阀门内流致失效产生机理尚未见研究。

为充分揭示低温流程阀门内部流动、调控性能预测及流致失效机理,必须采用理论分析、数值模拟和实验研究方法,对低温流程阀门内部非定常流动和流致失效机理开展研究。考虑热力学效应和可压缩性对低温湍流和空化流动的影响,构建精确计算低温空化流动的计算模型,开展不同工况下低温流程阀门内部非定常流动数值模拟研究,获得低温流程阀门内部流场信息参数变化规律;分析低温工况下流程阀门瞬态调控特性变化规律,建立低温空化流动与调控性能参数之间的关联规律;分析阀门内空化的动态变化过程,提出低温瞬态空化参数化表征方式,提取低温空化区介质特性和局部流场特性,揭示低温流程阀门流致失效机理,提出低温流程阀门流致失效表征方法,为高性能、高可靠性低温流程阀门的设计开发和工程应用提供支撑。

2　科学问题背景

我国是全球第一能源消费国,2019年能源消耗约占全球总消耗的24.3%。我国能源消耗中煤炭占比为57.6%,石油占比为19.7%,天然气占比为7.8%,非化石能源占比为14.9%。为缓解全球温室效应和降低碳排放,LNG作为一种清洁、高效的能源,越来越受到青睐。其与石油相比,LNG价格相对低廉,扩大LNG的利用,可以弥补石油资源不足,实现能源多元化和提高环境质量,填补了我国清洁能源需求的巨大缺口,并且LNG便于运输,可以在产地冷冻成液体送到世界各地市场。因此很多国家都将LNG列为首选燃料,LNG正以每年约12%的速度高速增长,成为全球增长最迅猛的能源行业之一。随着我国对能源需求的不断增长,引进LNG将优化中国的能源结构,有效缓解能源供应危机、生态环境保护等问题。截至目前,国内投产的LNG接收站已有20余座,每年整体接收能力可达到9000万t。其中,如中海油浙江宁波LNG接收站、中海油莆田LNG接收站、中石油大连LNG接收站等大型LNG接收站的接收能力均超500万t/年以上。据统计,在接收能力300万t/年以上的大型站LNG接收站中,低温流程阀门的使用量能够达到约3500台,占阀门总量的90%以上。因此,低温阀门能否正常运行直接关系到整个LNG接收站管道系统的运行安全。

低温流程阀门瞬态调控时,阀门下游产生强烈的射流冲击,阀后流场局部区域压力迅速降低到饱和蒸气压以下,产生的低温空化破坏是造成低温阀门结构失效和密封泄漏的主要原因,会影响整个低温介质输送系统的安全稳定。低温瞬态空化形成、发展及溃灭演化过程十分短暂,存在强射流的湍流流动对数值计算格式要求更高,为了准确地捕捉这种低温瞬态空化动态演化过程,构建精确的低温空化流动数值计算模型是亟须解决的一个关键的科学问题。在调控过程中,阀内产生的低温复杂流场是影响阀门调控精度的主要因素,如果低温阀门调控精度不准确,会引起低温介质输送系统输送流量不够,在不同低温介质混合反应时,也会导致低温介质反应不完全。目前由于没有准确捕捉低温流程阀门内空化流动的精确数值计算方法,低温阀门空化流动与调控性能之间的关联关系也有待建立。由低温介质流动和空泡破裂诱发的冲蚀、腐蚀、空蚀等流致失效是导致阀门失效和影响低温介质输送系统安全运行的主要因素,LNG 是易燃易爆易气化介质,如若泄漏,会引起现场重大事故。目前少见有关低温流程阀门流致失效预测方面的研究工作,为保障低温流程阀门和低温输送介质输送系统安全运行,亟须对低温流程阀门流致失效机理和预测方法开展深入研究。

3　科学问题研究进展

针对该领域三个层面的科学问题,当前主要研究路线包括:①综合考虑低温介质热力学效应和可压缩性的影响,重点开展低温流程阀门内部流动精确数值计算模型和数值模拟研究。②针对低温复杂空化流场对流程阀门调控性能参数的影响,建立低温空化流场参数与阀门调控性能参数之间的关联关系。③探究低温流程阀门流致失效机理,构建低温流程阀门流致失效表征和预测方法。

3.1　低温流程阀门流体动力学

低温流体的热导率较小,相同热流量下,低温流体较水会产生更大的温度梯度,这促使低温介质在空化区域附近存在较大温差。低温介质饱和蒸气压对温度十分敏感,温度微小下降,会引起低温介质饱和蒸气压呈倍数降低。在常温介质空化计算时,通常认为气液相变是由气液相间压差来驱动的,由于空化区域会出现较大温差且温度对低温介质饱和蒸气压影响较大,这必然要求在计算低温空化流动时需要同时考虑压差和温差的驱动作用,需要考虑热力学效应源项,并结合动量与能量方程来描述低温空化过程气液两相传输机理。空泡与周围液体之间存在的温度梯度促使热量以热传导的方式通过气液交界面驱动空泡变形,这使得空泡与液体之间存在较强的夹带效应,导致气液相界面比较模糊,不易区分。低温空化区域气液界面附近存在较大密度梯度,气体可压缩性对密度十分敏感,这使得气体可压缩性会影响空泡的生长过程以及气液两相传输过程,目前尚未形成基于综合考虑热力学效应及气体可压缩性的低温空化数值计算模型。主要研究包括:针对低温流程阀门内流体流动特点,分析低温空化区域压差和温差效应对空泡形成和发展过程的影响,确定空泡半径及空泡生长率的表达式,分析热力学效应和气体可压缩性对低温介质饱和蒸气压的影响,构建气液两相间质量传输修正方程,修正基于热力学效应及气体可压缩性的低温湍流及空化计算模型,获得精确计算低温流程阀门内部流动的数值计算模型,开展流程阀门内低温空化流动数值模拟研究。

3.2 低温流程阀门调控性能研究

在阀门调控过程中,由于开度的瞬态变化,会引起过阀门通流面积的变化,进而在阀门内部产生漩涡、二次流等复杂流动状态;低温空化对流程阀门调节性能的影响也较常温空化更为复杂,当流程阀门在瞬态调控过程时,阀内会产生十分紊乱的低温空化流动,这些复杂流动状态的产生和发展将引起阀门上下游的压力变化和能量损失等。并且随着温度的降低,流程阀门内空化强度逐渐增大,流程阀门内流体能量损失也会逐渐增加,严重影响流程阀门调控的稳定性。如何获得低温复杂空化流场对阀门内部流量及压力脉动等参数的影响规律,建立复杂空化流场与阀门调控性能之间的关联,是目前尚待解决的关键技术难题。主要研究包括:建立基于热力学效应、速度梯度及气液两相间质量传输的熵产分析方法,分析瞬态调控条件下低温流程阀门内能量损失及对应的流场分布,获得低温流程阀门内压力、流量波动规律及流阻特性,明确低温复杂空化流场对流程阀门调控性能的影响规律。

3.3 低温流程阀门流致失效预测

当流程阀门瞬态调节时,阀后会产生强烈射流和复杂涡流;并且阀后局部压力会迅速降低到介质饱和蒸气压以下,阀内会产生瞬态空化,瞬态空化形成到溃灭的时间极短,会诱导流程阀门产生强烈的激振和噪声,高速射流和空泡破裂高频地与壁面作用,导致阀门壁面产生严重的空蚀,在低温流程阀门内表现尤为明显。瞬态空化产生时,阀内单相流体瞬间变成气液两相流体,液相与气相之间温度和压力差会驱动两相之间的质量传输,产生复杂的低温空化流动,目前尚未形成准确识别和表征低温空化形成及演化的方法,无法获取由空化诱导空蚀的机理,因此,对由低温介质流动及空化破裂诱导的流致失效进行准确预测是亟须解决的一个科学技术难题。主要研究包括:分析低温流程阀门内空泡产生、发展、溃灭动态演化过程,提出空泡识别方法;构建空化表征特征量,以特征量来描述空化流动特征;提取低温空化区介质特性和局部流场特性,揭示低温流程阀门流致失效机理,提出流致失效表征方法,分析不同工况参数对低温阀门内流致失效的影响规律,构建低温流程阀门空蚀预测方法。

4 总结与展望

综上所述,低温流程阀门流体动力学及流致失效主要围绕低温流程阀门流体动力学、调控特性研究和流致失效预测等三方面的相关基础科学问题展开,采用理论分析、数值模拟和实验研究方法,对低温流程阀门内部非定常流动和流致失效开展研究。考虑热力学效应和可压缩性对低温湍流和空化流动的影响,构建精确计算低温空化流动的计算模型,开展低温流程阀门内部非定常流动数值模拟研究;分析低温工况下流程阀门瞬态调控特性变化规律,建立低温空化流动与调控性能参数之间的关联规律;分析阀门内空化的动态变化过程,提出低温瞬态空化参数化表征方式,揭示低温介质空化诱导流致失效机理,提出低温流程阀门流致失效预测方法,为高性能、高可靠性低温流程阀门的设计开发和工程应用提供支撑。

主要参考文献

[1] 时素果,王国玉,胡常莉.热力学效应对液氮空化流动的影响[J].北京理工大学学报,2012,32(5):484-487.

[2] 孙奇,肖箭,邓德伟.液化天然气用超低温阀门的设计与研究[J].阀门,2013,(01):6-11.

[3] 李康,蒲亮,王国平,等.液氢低温截止阀传热及应力的模拟研究[J].低温工程,2014(06):12-16.

[4] Sarosdy L R,Acosta A J. Note on observations of cavitation in different fluids[J]. ASME Journal of Fluids Engineering[J]. 1961,83(3):399-400.

[5] Ito Y,Tsunoda A,Kurishita Y,et al. Experimental visualization of cryogenic backflow vortex cavitation with thermodynamic effects[J]. Journal of Propulsion & Power,2016,32(1):1-12.

[6] Chen T R,Wang G Y,Huang B,et al. Numerical study of thermodynamic effects on liquid nitrogen cavitating flows[J]. Cryogenics,2015,70:21-27.

[7] Sun T Z,Ma X F,Wei Y J,et al. Computational modeling of cavitating flows in liquid nitrogen by an extended transport-based cavitation model[J]. Science China,2015,59(2):337-346.

[8] Alhelfi A,Sunden B. Simulations of cryogenic cavitation of low temperature fluidswith thermodynamics effects[J]. International Journal of Mechanical Aerospace Industrial and Mechatronics Engineering,2015,9(1):65-69.

[9] Zhang S F,Li X J,Zhu Z C. Numerical simulation of cryogenic cavitating flow by an extended transport based cavitation model with thermal effects [J]. Cryogenics,2018,92:98-104.

撰稿人:张光(浙江理工大学) 林哲(浙江理工大学)

切断阀内部瞬态流动特性及流致振动

Transient flow characteristics and flow-induced vibration in shutdown valve

1 科学问题概述

切断阀作为一种通断阀,是整个管道系统中的重要控制元件,其功能主要是依靠改变阀芯的开度控制介质流量大小,从而起到控制阀门出口流体压力变化的作用。广泛应用于石油化工、水利水电等管道运输工程。在实际工作中,切断阀的工作性能对整个管道系统有直接的影响,对系统的控制主要是通过控制其内部流体的流态来实现的。流体在阀口和阀体内部的流态对系统内部的各个元器件甚至整个系统的流体传动及控制都有着极其重要的影响。由于切断阀存在流道突变较大的特点,造成其流体激振相对较高,在运行过程中容易出现不稳定及振动现象。因此,分析流体介质在阀体内的流动机理及流固耦合特性,对合理设计阀芯结构及提高切断阀性能具有重要意义。

目前,针对切断阀的瞬态启闭运行过程中,主要存在瞬态流动特性及流致振动两个方面的问题。与其相关的内部流动数值计算方法、动态特性以及流致振动等方面的基础研究开展得不够充分:①在阀门内部流动数值计算方法方面,对于切断阀启闭过程的瞬态数值计算研究较少,特别是在快速切断过程带来的局部突变压降和回流现象下数值计算不够准确。②切断阀动态特性的主要结构参数变化对切断阀的动态性能产生的影响研究不够充分,为阀门性能提升的结构设计优化不能提供全面完善的理论支撑。③阀门经常被当作耦合边界条件处理,主要研究执行机构和阀门管道的振动产生的激励以及模型。很少有人研究流体对阀芯的周期性冲击诱发的振动特性。

为充分揭示切断阀内部瞬态流动及流致振动特性,仍需采用理论分析、数值模拟和实验研究方法,对切断阀的动态特性及流固耦合特性进行研究。研究适用于切断阀启闭过程的瞬态精确数值计算方法,分析阀口启闭过程中的阀芯运动与流场特性,并对影响切断阀动态特性的主要结构参数分别进行研究,以探究这些参数的变化对切断阀的动态性能产生的影响,同时采用流固耦合方法,研究流体流经阀芯时,对阀芯周期性冲击作用诱发的流致振动特性。

2　科学问题背景

随着制造业发展,能源的需求量大大提高。面对能源供需格局新变化,习近平总书记从保障国家能源安全的全局高度,提出了"四个革命、一个合作"的能源安全新战略。石油、天然气这些常用资源,大多采用管道运输的方式进行传输。阀门作为管道运输中主要的控制器件,在化学工程、石油工程、水利工程等行业得到了广泛的应用,在不同的工作条件下具有分流、节流和启闭等功能。因此,阀门工作性能与稳定性直接影响到管道运输系统安全稳定地运作。随着工业的速度发展,阀门行业迎来了发展的重大机会,阀门的性能和类型也会迎来重大革新,也会向着智能化方向发展。与此同时,阀门质量和性能要求也会提高。在各种工作环境下,如何提高阀门性能、阀门的安全性和稳定性成为阀门的研究目标。

切断阀是流程工业管路系统中必不可少的设备,发挥着切断或接通管路流体的作用,在系统中通过调节阀芯开启高度控制管路系统出口处流体的压力与流量。切断阀工作状况要求频繁启闭阀芯,加之其材料与工艺等方面的设计缺陷,容易导致泄漏、能耗增加、振动和设备侵蚀等不良后果。随着工业科技的高速发展,为适应高性能的输送系统,探索切断阀设计新思路、新方法,研发新结构、新性能的切断阀势在必行。切断阀复杂的内部流道形状导致流体流动状况也十分复杂,在工作过程中,流道内可能会产生涡流、回流等现象,将严重影响切断阀的工作性能,对系统危害很大,甚至可能会损坏设备,一旦出现问题,将造成较大的损失和人员伤亡。国家相关部门从2006年至2020年将切断阀的品种定性从阀门到安全附件、许可条件从阀门许可条件到有专项条件进行了"升级"。切断阀在这个切断系统中起着关键性作用,在液化气体装卸时,如果出现意外事故,切断阀能够迅速切断介质,保护设备安及操作人员安全和周围环境安全,防止重大事故的发生。危化品储罐、储运设备和输送管道上都要求设置切断阀,应急工况时,这些阀无须人工操作或电气控制就会自行关闭。切断阀装置也是汽车罐车上重要的安全附件,在装卸过程中,如果发生外接管路破裂,其能够迅速动作,切断物料通道,从而终止装卸,确保汽车罐车介质装卸的安全,切断阀稳定可靠的性能将关系到汽车罐车在发生意外时能否保障人员安全和避免财产损失,是保障安全运输的重要防线。因此,切断阀的内部复杂流动特性及其引起的振动问题是亟须探索研究,对保护管道设备及系统,预防事故发生极为重要。

3 科学问题研究进展

针对切断阀内部瞬态流动特性及流致振动的科学问题,具体包括以下三部分内容:①阀门内部瞬态流动数值计算;②阀门动态性能研究;③流致振动特性分析。

3.1 阀门内部瞬态流动数值计算

研究者们采用各种数值计算方法对阀门内部流动、不稳定流场结构及阀门结构对流动影响等方面进行了研究。采用standard k-ε湍流模型和动网格技术对切断阀进行瞬态数值模拟,分析阀口流量及阀芯的动态特征。采用不同湍流模型对止回阀内部流动特性进行数值模拟,通过实验结果的对比认为,RNG k-ε湍流模型在精确描述阀门内部的流动特征方面具有优势。采用standard k-ε湍流模型开展几何结构对切断阀内部流动及水力特性影响的三维稳态数值模拟,结果发现,阀芯出口的几何结构是影响阀门内部不稳定涡结构以及阀芯的受力状况的重要原因。采用standard k-ε湍流模型及空化模型讨论了截止阀内部几何参数对水动力空化的影响。采用standard k-ε湍流模型研究了阀体运动产生的流体力和流量变化。采用Realizable k-ε模型开展压力截止阀内部流动的瞬态数值模拟,分析动态流场与阀门运动的力学耦合特性。采用RNG k-ε湍流模型对限速切断阀的流体域进行仿真模拟,将仿真结果与理论计算值和实验测试值进行了分析比对。采用

Realizable k-ε 模型和动网格技术模拟了截止阀启闭过程中动态流动状况,确定了流体通过阀道时所产生的漩涡、水锤和死水区等水流状况,为液压冲击的预测与防范及阀道结构优化提供理论依据。针对高压环境下阀门启闭动态特性复杂,启闭时间评估困难的问题,数值模拟了阀门内部的细节流场,计算获得阀门开度和流量以及阀芯位置和上下表面压差的关系,提出一种计算阀门开关动态特性的计算模型。

3.2　阀门动态性能研究

针对切断阀动态性能研究方面,研究者们进行了理论动态响应建模来获得更优的稳定性、可靠性结果。研制了一种液压电梯用新型限速切断阀,对以往的限速切断阀阀芯进行了改进,建立了以电梯液压系统为基础的数学模型,对该限速切断阀的阻尼孔直径、进口油液的压力以及负载质量等参数进行了动态仿真和试验,得到的试验值与仿真值基本吻合,证明了所设计的限速切断阀基本性能符合技术要求。Bringer 液压公司在所研制的限速切断阀基础上进行研究,首先建立了该种限速切断阀的内部流体域模型并进行了仿真分析,根据仿真得到的结果改进了阀芯结构,然后搭建了动态仿真数学模型,分别在模型中输入斜坡信号以及阶跃信号进行模拟,研究结果表明,改进后的限速切断阀阀芯运动的稳定性、阀芯的导向性等性能都得到了提高。设计了一种特定的限速切断阀,这种阀在工作时切断流量值可以不受环境温度的影响,扩大了限速切断阀的使用范围,通过静态仿真对比分析了两种不同环境温度工况下的关断流量,然后搭建液压系统数学模型进行动态性能研究,得到该种限速切断阀在不同温度时的关断时间以及关断流量,为之后进行优化提供了数据参考。基于所需液压系统的要求,研制了一种在特殊工况下使用的限速切断阀,根据设计要求对限速切断阀进行参数设计并建立结构模型,搭建了液压系统数学仿真模型,对影响限速切断阀动态响应的参数分别进行了仿真模拟,最后得到了适用工况的合理取值范围。运用计算流体力学方法研究了截止阀开启过程中不同阀芯高度下的流体压差变化情况,分析了不同流体出口静压、阀芯小孔直径以及入口速度对阀芯上下表面流体压力差的影响。利用动网格技术分析了阀门动作时的动态特性,尤其是在高频开启时以及流体黏性改变时的影响。

3.3　流致振动特性分析

在流固耦合及振动分析方面,研究者进行了较多的研究。以切断阀的流场和阀体阀芯作为研究对象,分析了流固耦合对大流量阀内流场和流动特性的影响,以及对阀芯阀杆动力学特性的影响,证明了切断阀基于流固耦合作用下的结构设计的可行性。通过建立截止阀的三维模型并进行模态分析,研究不同边界条件设置对模态分析结果的影响,并通过截止阀自由模态试验、工作模态试验对理论分析结果进行验证,结果显示,截止阀并未达到刚体的要求,阀杆和阀盘的频率较低,在流体激励频率和阀体结构频率靠近时,会激励阀体振动影响整个管系。为降低截止阀流体激振,对角式截止阀和直流式截止阀开展了流体激振特性对比分析。结果表明,两种截止阀阀后压力脉动均比阀前有所增强,但直流式截止阀阀后漩涡强度、阀芯受力、压力脉动幅度均小于角式截止阀。运用流固耦合的方法分析了不同阀芯结构对锥阀轴向振动的影响,发现在阀芯轴向振动过程中阀口逆压力梯度区的压力波动幅值和相位会产生剧烈变化,对阀芯轴向振动幅值也产生较大影响。

4 总结与展望

综上所述,切断阀内部瞬态流动特性及流致振动主要围绕以下三个方面开展,完成切断阀内瞬态启闭精确数值计算、动态性能以及流致振动特性研究。①建立适用于切断阀启闭过程的瞬态流动数值计算模型及方法,探究内部瞬态流动特性。②分析阀门启闭过程中的阀芯运动与流场特性,以及切断阀动态特性在结构参数下的影响规律,保障阀门的稳定性及可靠性。③基于流固耦合方法,分析阀芯周期性冲击作用诱发的流致振动特性,为阀门降低振动结构优化设计提供理论支撑。

主要参考文献

[1] 符明海.紧急切断阀及其应用概述[J].化工机械,2020,47(05):579-583.

[2] 娄燕鹏,周世豪,余巍,等.船用紧急切断阀振动分析与结构改进[J].机械研究与应用,2018,31(01):57-60.

[3] 李哲,魏志军,张平.调压阀内流场数值模拟及动态特性分析[J].北京理工大学学报,2007(05):390-394.

[4] Jin Z,Qiu C,Jiang C,et al. Effect of valve core shapes on cavitation flow hhrough a sleeve regulating valve[J]. Journal of Zhejiang University-Science A,2020;21:1-14.

[5] Lei J,Tao J,Liu C,et al. Flow model and dynamic characteristics of a direct spring loaded poppet relief valve[J]. Proc IMechE,Part C:Journal of Mechanical Engineering Science,2017;232:1657-1664.

[6] Saha B K,Chattopadhyay H,Mandal P B,et al. Dynamic simulation of a pressure regulating and shuf-off valve[J]. Computer &Fluids,2014,101:233-240.

[7] 宋建新,王立成.一种截止阀开关动态特性的计算方法[J].载人航天,2021,27(04):501-506.

[8] 胡国良,徐兵,杨华勇,等.新型限速切断阀的设计及实验研究[J].浙江大学学报(工学版),2004(05):105-110.

[9] Wan H X,Fang J,Hui H. Numerical simulation on a throttle governing system with hydraulic butterfly valves in a marine environment [J]. Journal of Marine Science & Application, 2010,9(4):403-409.

[10] Gomez I,Gonzalez-Mancera A,Newell B,et al. Analysis of the design of a poppet valve by transitory simulation[J]. Energies,2019,12(5):889.

撰稿人:刘琦(浙江理工大学)

氢能承压设备无损检测及质量评价

Non-destructive testing and quality evaluation on hydrogen pressure equipment

1 科学问题背景

与传统化石能源如石油、煤炭等相比,氢能具有清洁环保、来源多样、可规模储运等优点,在能源结构中扮演重要的角色。氢能储运装备是氢能产业链中的核心装备,广泛应用于氢能产业链的各个环节。氢气在常温常压下的密度较低,通常以高压的形态进行储运。高压气态储氢具有容器结构简单、压缩氢气制备能耗少、充装速度快等优点,是目前国内氢燃料电池汽车领域技术发展较成熟且应用最为广泛的一种方式。

氢能高压储运装备总体由储存装备和运输装备构成,主要包括长管拖车及氢气输送管道、加氢站用钢制多层高压储氢容器、氢燃料电池汽车用复合材料高压氢气瓶等。氢能装备得到大量应用的同时,其氢安全、氢相容性检测、结构无损检测、损伤评价等方面技术也在不断发展。

我国政府十分重视氢能与燃料电池技术和产业发展,《国家中长期科学和技术发展规划纲要(2006—2020年)》将氢能汽车列为重点基础研究内容,明确提出"燃料电池汽车、车用氢能源产业与国际同步发展"的目标;《中国制造2025》提出到2025年,制氢,加氢等配套基础设施基本完善。我国在氢能高压储运装备方面取得了不少特色成果,发布了《固定式高压储氢用钢带错绕式容器》(GB/T 26466—2011)、《车用压缩氢气铝合金内胆碳纤维全缠绕气瓶》(GB/T 35544—2017)等标准。尽管各类装备都已得到示范应用和大力推广,各类标准也在不断出台,我国氢能储运装备缺陷检测、评定技术以及氢安全保障仍然存在诸多技术瓶颈。

2 科学问题概述

氢能承压设备检验检测的问题主要反映在检验方法的适应性、有效检测评价方法的缺失和检验检测能力的不足等方面。

2.1 缺乏有效的无损检测手段和质量评价方法

对于一些特殊结构尤其是复合结构的氢能承压设备的失效模式和机制,目前还没有完全掌握,缺少有效的检测方法和安全评价规则。例如,尽管目前我国已经发布了适用于35MPa 和 70MPa 的高压储氢气瓶的相应标准《车用压缩氢气铝合金内胆碳纤维全缠绕气瓶》(GB/T 35544—2017),以及相关的定期检验团体标准,但其中并没有很多关于车载储氢气瓶损伤的检测与评价方法,对复合材料高压氢气瓶检测仅局限于外观检查和泄漏检测,没有有效的方法检测瓶体内部存在的缺陷;气瓶阀座与内胆连接接头是车载Ⅳ型高压氢气瓶的主要薄弱环节,但缺少有效的无损检测方法和评价规则,所以应当加强相关技术的研究。储氢气瓶复合材料结构易在加工、装配及服役过程中受到荷载作用导致损伤,例如层间分层损伤、纤维断裂等,进而在外荷载下可能发生纤维局部屈曲,导致承载能力明显下降,而目前该过程损伤的检测和评价技术也同样缺乏。铝内胆的制造、疲劳损伤等也存在检测难题。现阶段已有不少产品在市场上应用,面对必须进行的法定检验以及社会对氢能汽车安全性的关注,迫切需要开展 70MPa 高压储氢气瓶损伤的有效检测和评价方法研究。

2.2 快速可靠的氢环境检验检测能力不足

氢能承压设备必须通过氢安全性能测试,相应氢环境检测装置研制难度大、成本高,且使用安全性要求高,目前,我国这方面的检验检测能力无法满足氢能行业快速发展的需要。以车载高压氢气瓶为例,目前市面上主要使用的是Ⅲ型和Ⅳ型气瓶,其氢环境下型式试验国内外仅个别机构能够实现,材料与氢相容性试验装置数量不足,应当加大有关氢环境下检验检测设备的研发投入,以满足氢能行业快速发展的需要,降低和避免由于检验检测缺失而带来的氢能承压设备安全风险。另外,相关的适用于氢介质的安全附件、仪表和装卸附件(如安全阀、紧急切断阀、爆破片装置、压力表、温度计、压力传感器、温度传感器、装卸阀门、管路阀门等)是氢能储运装备的必要组件,也应加大其检测装置的研发投入和力度。氢能储运装备的检验检测、型式试验等方面的技术仍有不少难题和不足,应加快建设第三方检测机构,以满足迅猛发展的氢能产业安全需求。

2.3 氢能储运装备检验检测方法及标准体系仍然不健全

近些年,针对氢能储运装备检验检测、定期检验、型式试验等方面的国家标准、团体标准不断发布,然而很多种类的氢能储运装备的检验检测标准仍未被完全覆盖,且即使标准题目覆盖了,方法也并不十分有效。另一个层面,承压设备相关标准也只能大致做出规定,例如,《汽车用压缩天然气金属内胆纤维环缠绕气瓶定期检验与评定》(GB/T 24162—2009)、《固定式压力容器安全技术监察规程》(TSG 21—2016)等现行规范标准规定,车用气瓶定期检验时,需要进行气瓶拆卸后的瓶体内外部检测和水压试验,储氢固定式压力容器定期检验有时也需要进行水压试验。此类标准做出的规定可能存在难以执行或是针对性不足问题。例如,储氢压力容器和高压氢气瓶介质的特殊性,盛装的氢气必须满足氢燃料电池对氢气品质的要求,纯度和密封要求较高,拆装高压氢气瓶有可能破坏其密封性能,而对于氢气瓶装在汽车底盘上的这种情况,其装备装拆非常困难。

3　科学问题研究进展

氢能产业发展势头迅猛,氢能储运装备的检验检测技术发展也非常迅速。高压储氢容器、瓶式储氢容器、车载高压储氢气瓶已在国内外得到一定应用。以下就高压储氢容器、车载高压储氢气瓶等氢能储运装备的检验检测现状与发展趋势做分析。

3.1　高压储氢容器缺陷检测研究

由于高压储氢容器结构特殊,容器制造完成后难以进入容器内部开展检验,且结构具有单层、双层和多层等多种形式,现有无损检测方法和装置难以检测该类容器在使用过程中产生的缺陷。由于单一的无损检测方法难以保证该容器复杂结构的缺陷有效检出,需要开展内外部多种检测手段有机结合的缺陷检测方法和设备的研究。射线检测对厚壁容器面积型缺陷检测灵敏度较低,而超声检测具有操作方便、分辨率高、成本低、适应面广、对厚壁容器面积型缺陷检测灵敏度较高等优点。但针对该类容器超声检测具体有以下难点:球型封头为双层结构,在球型封头外表面检测时,由于声束被层板中间空隙挡住,无法检测内层板焊缝缺陷,而在焊缝接管侧由于空间限制难以进行检测标准规定的扫查,因此,该焊缝外表面两侧的超声检测均难以满足检测标准的要求,且无法保证各类缺陷的有效检测。因此,超声检测应采用外表面以及内表面多个检测面的有效结合,需要将探头伸入小尺寸封头深孔中进行检测,但该类检测也存在以下几种困难:①孔径小,常规探头难以伸入小孔径;②检测面曲率半径小,且是凹面,界面的超声传播损失很大;③从小孔内壁到焊缝外侧热影响区声程极大,通常的超声聚焦技术难以满足要求;④奥氏体不锈钢焊缝声衰减多且散射严重等。鉴于上述多重难度叠加,现有的检测方法均很难达到满意的效果。浙江大学、浙江省特种设备科学研究院和巨化等单位共同制定发布了《固定式高压储氢用钢带错绕式容器定期检验与评定》(T/ZJASE 001—2019),提出了一套以内置式超声相控阵为主,宏观等检测手段为辅的检验检测方法,为该类储氢装备的缺陷检测提供了实用手段。

3.2 车载高压储氢气瓶损伤检测及寿命评估研究

在车载高压储氢气瓶损伤检测方面,目前研究成果并不多,尚属于起步阶段,且国内外并无对气瓶损伤检测的相关标准,例如针对Ⅲ型瓶,国际化组织、欧盟、日本、美国等对车载高压储氢系统制定了相关的国家标准。我国发布了国家标准《车用压缩氢气铝内胆碳纤维全缠绕气瓶》(GB/T 35544—2017),但国内外标准均未给出气瓶损伤的无损检测方法,仅以目测为主,检测精度不高且很多内部损伤无法检测。事实上,根据目前车载储氢气瓶的运行使用环境,对于已经集成在车内的储氢系统,在运行过程中进行检验检测的操作性并不高。因此,针对车载储氢气瓶的检测,在出厂前检测分析其安全状况就成为保障车载高压储氢气瓶安全的关键环节。另一方面,对于发生事故的车辆,拆除集成系统后对储氢气瓶的损伤进行检测,评估气瓶的剩余寿命以及是否能继续使用也具有重要意义。

Ⅲ型气瓶的损伤检测主要包括碳纤维增强型复合材料和铝内胆的检测。树脂基的碳纤维增强型复合材料的损伤形式主要分为:界面剥离、基体开裂、纤维断裂以及分层,对其无损检测及评价是主要的技术难点;对于铝合金内胆主要检测反复充装可能引起的疲劳裂纹。目前关于复合材料储氢气瓶检测技术的研究不多,如章清乐等用超声C扫检测了某航空用碳纤维复合材料气瓶中的缺陷,但可检出的缺陷尺寸较大,且在精确、结构适用性上有较大局限性;浙江省特种设备科学研究院开展了储氢容器的超声相控阵内检测技术研究,以及气瓶缺陷演化规律研究等。针对复合材料的无损检测技术,国内外已开展了大量的研究,尤其是在航空航天领域,主要采用了超声、计算机层析X射线照相(工业CT)等检测方法。如张振林等利用相控阵对碳纤维复合材料的分层缺陷开展了研究。J. Habermehl等人用该相控阵超声检测系统对飞机上碳纤维增强聚合物基复合材料平板构件进行检测,比传统超声检测速度快且成像效果好。工业CT也被应用在一些复合材料的检测中,其对复合材料内部的分层和空隙等缺陷有较好的检测效果。Hocheng等对复合材料试件的横切面上因钻孔所引起的分层缺陷进行CT检测。朱延霆等针对某型号的呼吸器用碳纤维复合材料气瓶开展了CT检测。除此之外,还有不少以激光超声、声发射、红外热成像等方法对复合材料开展检测的技术。但各类技术存在各自的弊端,如激光超声检测技术不受检测工件形状的影响,但其对工件的材料有要求;声发射检测技术仅适用于可发射声信号的分层、树脂开裂等动态缺陷的检测,且难于检测形状复杂的复合材料构件并且难以准确定位;红外热成像检测、激光错位散斑检测、太赫兹检测均只能进行近表面检测。

4 总结与展望

综上所述,现有氢能承压设备无损检测和质量评价的研究有了一定进展,但车载高压储氢气瓶损伤检测方面,目前研究进展并不多,尚属于起步阶段。现有的技术和方法虽能在一定程度上完成检测的目的,但测量稳定性、损伤程度、精确定位等仍需提升。对于较高要求的承压设备,如Ⅳ型瓶及相应的氢能输送管道,标准规定的定期检验方法仅包括内外表面检查、水压试验等,无法提供检测与判断氢气瓶内部损伤程度的方法与指标,而国内尚无车用氢气瓶定期检验与评定标准。Ⅳ型瓶在服役过程中受到高低压循环和充放气过程中气瓶内部温度变化的共同作用,易导致疲劳损伤、内胆屈曲失效及内胆与金属结合力下降等现象,使得气瓶服役性能预测困难;同时,气瓶中金属与非金属连接的特殊接头结构,也使得气瓶接头强度难以保证、无损检测困难。因此,在尽快补足标准缺口的同时,应针对不同氢能储运装备的特性提出更专业更能落实的检测方法和体系,以最终构建健全相关安全技术规范和标准技术体系。

<h2 style="text-align:center">主要参考文献</h2>

[1]　郑津洋,胡军,韩武林,等.中国氢能承压设备风险分析和对策的几点思考[J].压力容器,2020,37(06):39-47.

[2]　中国标准化研究院,全国氢能标准化技术委员会.中国氢能产业基础设施发展蓝皮书(2018):低碳低成本氢源的实现路径[M].北京:中国标准出版社,2018.

[3]　郑津洋,马凯,周伟明,等.加氢站用高压储氢容器[J].压力容器,2018,35(09):39-46,58.

[4]　毛宗强.世界氢能炙手可热中国氢能蓄势待发[J].太阳能,2016,7:16-19.

[5]　郑津洋,张俊峰,陈霖新,等.氢安全研究现状[J].安全与环境学报,2016(6):144-152.

[6]　张俊峰,欧可升,郑津洋,等.我国首部氢系统安全国家标准简介[J].化工机械,2015(2):157-161.

[7]　钟海见,何琦,缪存坚,等.全多层钢制高压储氢容器定期检验方法研究[J].中国特种设备安全,2018,(06):44-48,51.

[8]　章清乐,李宏.复合材料气瓶超声穿透C扫描检测技术[J].玻璃钢/复合材料,2012,(4):121-123.

[9]　朱延霆,梁丽红,张亚军,等.碳纤维复合材料气瓶的CT检测实验研究[J].CT理论与应用研究,2013,(04):651-658.

[10]　钟海见,何琦,缪存坚,等.全多层钢制高压储氢容器定期检验方法研究[J].中国特种设备安全,2018,(06):44-48,51.

撰稿人:唐萍(浙江省特种设备科学研究院)

低温软管传热传质及其保温

Heat and mass transfer and thermal insulation of cryogenic hose

1 科学问题概述

浮式天然气液化装置(FLNG)外输低温软管系统已成为我国南海气田开发的"卡脖子"技术,对于离岸远的气田,采用传统的管道上岸方式,将导致成本大幅度上升,无法实现经济开采。低温绝热技术是低温工程中重要的研究课题,是维持低温的关键技术,如低温液体的储存和输送,低温环境的获得与维持等,低温绝热技术广泛应用于工业领域中,低温产品生产中选择的绝热方式、绝热结构,以及绝热材料和制造生产中的工艺水平对产品的绝热性能有着很大的影响。

低温管道与周围之间的传热包括导热、对流和辐射。导热是指固体内部热量从温度较高部分传递到温度较低部分的现象,在低温管道中热量在管壁和保温层内的传递就是导热;流体流过一个物体表面时与物体表面间的热量传递过程称为对流换热,对流换热分为强制对流换热与自然对流换热两类,管道内运输时与管壁的换热是强制对流换热,管外保温层与环境的换热是自然对流换热;任何有温度的物体都在不断地向空间发出热辐射,同时吸收其他物体的辐射,管道保温层外表面受周围环境及太阳辐射的影响,所以在进行低温管道热力分析时辐射也应考虑在内。

国内外学者已在低温软管传热传质与保温方面做了众多工作。但仍存在以下难点:①功能层材料选型:密封层要求在超低温工况下具有良好的密封性和柔顺度及较小的过流阻力,保冷层维持低温软管内介质温度,降低软管内外热损。②保温结构设计与计算校核:需计算软管在不同工况(温度、压力、层叠系数、曲面拉伸)下的力学性能,权衡隔热性、密封性、强度、柔韧性、质量等参数,优化低温软管的结构形式,获得合理的层间厚度与层叠模式,克服低温柔性管道热膨胀系数差异大、热失配风险高、适用海况范围窄等限制。③低温软管加工制造:需突破大长度连续缠绕成型技术,解决超低温密封、连接和泄漏难题。④低温软管保温性能测试:为满足常温和冷态性能测试要求,需开发实验室原型低温软管性能测试平台,按照标准规范要求开展低温环境下静态、动态性能测试及低温动态疲劳试验验证。

总之,低温软管的保温与传热是一个复杂的非线性问题,对低温软管结构特别是液化天然气(Liquefied Natural Gas,LNG)、液氢等深冷输运装备的设计理论、计算方法及性能试验手段的攻关研究,将对低温软管的国产化研制、设计及加工制造关键技术和难点突破有重要的实际意义,可填补我国深冷软管技术的空白并实现其系统总成和工程化应用。

2　科学问题背景

在液化天然气、液氢等的装卸过程中,柔性耐低温软管由于其柔韧性好、耐腐蚀性强、隔热性能优异,且能承受因海流、浮船运动和安装导致的荷载所产生的大变形等优点,能完全满足安全技术要求且可适应多种操作条件,相较传统的刚性装卸臂,更适宜海上液体介质的输送。

低温软管波纹结构的存在会增加波纹软管内流体流动过程中的扰流和流动阻力,增强流体与外界的换热。近年来,学者们采用数值模拟的方法对波纹管低温柔性管的力学性能进行了分析,如 Yang 等以低温螺旋波纹管为研究对象,考虑低温材料和大几何尺寸的非线性,为 LNG 低温波纹管的结构设计提供了一种优化方案。Maikson 等使用多尺度模型(包括宏观模型、细观模型和非线性效应)对海上浮动式低温软管进行了研究。Zhou 等基于各向异性层状复合材料理论,开展了内压条件下黏合柔性低温船用软管回旋增强层的力学行为特性。Gergely 等从两种技术的安装注意事项、相关风险水平、投资成本、运营和物流成本等各个方面对比分析了 FLNG 船舶中柔性低温软管传输和刚性海上装载臂的优缺点。Francois 等为了确保卸载操作期间低温软管的结构性能和完整性,进行了极限荷载状态下的故障模式和力学性能分析。Hu 等采用数值方法研究了海洋复合低温软管在机械荷载和热荷载共同耦合作用下的力学性能、耦合荷载下低温复合软管的结构响应、层间接触摩擦、材料非线性等,建立了复合低温管道结构力学热耦合分析框架。

低温管道与外部环境温度之间有较大的温差,从而使得传输介质在管道输送过程中与外界环境进行热量交换,造成大量的冷单量和冷量损失。在这个复杂的传热过程中,管道保温特性、太阳辐射等因素都会产生重要的影响,因此,对管道与外界环境之间进行耦合传热与保温分析尤为重要。

3　科学问题研究进展

目前,关于低温柔性软管研究主要集中在其结构分析及应力等方面,针对软管的传热分析相对较少。目前对于低温软管的传热传质与保温,主要围绕低温管道传热理论、流动特性数值模拟及软管结构造型与保温性能测试三方面展开研究。

3.1　考虑热流固耦合的低温管道传热理论研究

国内外研究学者对低温管道相变传热传质理论做了大量研究,低温软管的传热过程包含有多层反射屏之间的辐射换热、夹层中残余气体的导热、夹层中隔物的导热,国内外学者基于传热学、分子动力学、稀薄气体导热理论,并在此基础上推导了多层绝热的传热模型;低温介质在运输过程中易通过相变形成气液两相流,常见的两相流模型有均相流模型、漂移流模型、双向流模型、混合物模型和基于流型的模型,对于管内相变两相流的数值计算和模拟奠定了基础,为低温软管的液化输送提供了理论依据。

然而理论研究存在以下难点:由于目前低温软管流动特性实验数据缺乏,已有的数学模型并未充分考虑接触面处相互作用,只对部分特定传热传质工况具有适应性。

总体上,低温管道输送技术及其传热保温的研究具有一定的理论基础,但由于理论模型特定的使用要求及限制条件,低温管道内传热传质及保温问题研究仍存在不足,因此,应当在低温流动实验方法及数据分析上加大力度,发现新现象,创建新理论。

3.2 低温软管流体流动特性数值模拟分析

低温软管传输介质湍流现象较为复杂,基于计算流体动力学(CFD)的模拟方法弥补了实验测量和理论分析方法的不足,更易得出满足工程需要的结果,获得管内时空流动换热数据。已有学者利用数值模拟的方法,分别基于 RANS 和 DDES 湍流模型,研究非稳定状态下流体在管内流动过程中的沿程压降及流动阻力的变化规律。低温软管波纹结构的存在会增加波纹软管内流体流动过程中的扰流和流动阻力,增强流体与外界的换热。

数值模拟的难点在于:结果可靠性需要依据物理模型试验进行验证,但目前低温实验设施缺乏,数据积累不够。

总体上,低温软管流体流动特性数值模拟分析的前提是弄清管内流体流动特性机理,其难点在于如何利用计算流体动态模型准确描述波纹软管内低温液体的流动状态,包括流体的压降特点及波纹附近的湍流变化情况等。

3.3 低温软管结构选型与保温性能测试

低温软管组件会因暴露于内外环境侵害而受到破坏和损伤,因此,需要通过实验手段研究立管保温性能,研究低温软管在冷却和预热过程中的瞬态行为,使其传热性能满足工况要求。

软管试验测试及结构材料选型存在以下难点:目前研究工作主要集中在低温金属波纹管结构的填充管,但对于大口径复合材料传输管,由于结构复杂,层间接触摩擦大,钢丝滑移非线性,现阶段需求不高,国际上研究较少。

低温复合软管由于管径大,需要较高的抗拉能力,较小的柔韧性,承受较低的温度荷载,这需要结合严格的实验测试程序进行设计和鉴定。

4 总结与展望

综上所述,分别按照低温软管传热传质及保温理论分析及非线性有限元数值动力学计算分析、结构设计与功能层材料选型三条技术路线相结合进行低温软管的传热与保温分析,然而三种技术路线的成熟度与优劣势有所不同。

（1）理论研究可以为工程实践提供依据和参考，但简化的物理模型有特定参数适用范围，开展低温介质流动实验并提升数据分析水平，是建立新理论的基础。

（2）非线性数值分析的计算方法，实现难度较低，然而由于结构层之间的接触摩擦，材料的力学性能随温度而变化，结构-热耦合性能分析较为复杂，结果准确性有待验证。

（3）试验测试的技术路线现阶段研究较少，可参考试验方法与试验数据较少，但是试验测试的方法可准确反映全尺度低温软管的传热与保温性能，是未来发展趋势。

主要参考文献

［1］ Giacosa A，Mauries B，Lagarrigue V. Joining forces to unlock LNG tandem offloading using 20in LNG floating hoses：an example of industrial collaboration［C］// Offshore Technology Conference. OnePetro，2016.

［2］ Lagarrigue V，Hermary J. Re-shaping LNG transfer［C］// Offshore Technology Conference. OnePetro，2018.

［3］ 杨志勋，阎军，熊飞宇，等. 液化天然气低温波纹柔性管的流动特性［J］. 油气储运，2017，36（09）：1089-1094.

［4］ Yang Z，Yan J，Chen J，et al. Multi-objective shape optimization design for liquefied natural gas cryogenic helical corrugated steel pipe［J］. Journal of Offshore Mechanics and Arctic Engineering，2017，139（5）.

［5］ Tonatto M L P，Tita V，Forte M M C，et al. Multi-scale analyses of a floating marine hose with hybrid polyaramid/polyamide reinforcement cords［J］. Marine Structures，2018，60：279-292.

［6］ Zhou Y，Duan M，Ma J，et al. Theoretical analysis of reinforcement layers in bonded flexible marine hose under internal pressure［J］. Engineering Structures，2018，168：384-398.

［7］ Szekely G，Peixoto E. Flexible hose technology benefits for ship-to-shore high pressure natural gas transfer［C］// Offshore Technology Conference. OnePetro，2018.

［8］ Bardi F C，Tang H，Kulkarni M，et al. Structural analysis of cryogenic flexible hose［C］// International Conference on Offshore Mechanics and Arctic Engineering，2011，44359：593-606.

［9］ Hu H，Yan J，Zhou B，et al. Thermal and mechanical coupled analysis of marine composite cryogenic pipeline［C］// International Conference on Offshore Mechanics and Arctic Engineering. American Society of Mechanical Engineers，2019，58806：V05AT04A026.

［10］ 王海燕，刘淼儿，杨亮，等. LNG 低温波纹软管内流体流动特性模拟分析［J］. 中国海洋油气，2019，31（05）：183-189.

撰稿人：安晨［中国石油大学（北京）］

CHAPTER FIVE

第5章
管道运输计量技术与装备

管道流量是单位时间内流经管道截面的流体量，对其进行精确计量对保障生产管理、流动保障和贸易交接等具有重要意义。对多相混输管道气液分相流量进行计量时，需要测量出管截面上气、液各相流速和对应的相分率。与单相流不同，气液在管内流动通常会存在质量、动量和能量交换，气液速度往往不一致，存在速度滑移，还会呈现分层流、波浪流、段塞流、弥散流、环状流等多种流动形态。因此，常规的单相流量仪表难以直接应用于两相流量测量，多相流体准确计量始终是个难题。近年来，氢能在能源结构中扮演着重要的角色，与石油、煤炭等传统化石能源相比具有清洁环保、来源多样、可规模储输等优点，因此，氢气流量计量也已提到历史日程。

在多相计量方面，当前主要有气液分离计量、气液混相计量、分流取样计量以及虚拟计量等技术。对于多相管流计量，由于气液流型、流速波动的复杂性和随机性，准确计量流量和相分率面临较大挑战。当前多相计量存在的主要问题是计量误差大，需要频繁标定，难以在全流型以及0%～100%含气率范围内稳定工作，采用射线类的测量技术还存在辐射隐患。在氢气流量计量方面，天然气混氢比例影响管道安全和贸易交接，受到多维核心区和黏性边界层的制约，音速喷嘴计量氢气存在不确定问题。因此，需重点开展多相、多场等严苛工况下管道运输计量的科学和技术问题研究，鼓励计量方法原理性突破，管道流量海量监测数据安全储存，交接认证，以及流量的分配调度等典型场景应用技术探索。通过研究孕育催生出一批原创性强、自主可控的管道运输计量装备与校准技术。

研究的重点领域及科学问题主要包括以下方面：在多相计量研究方向，计量装置向小型化、智能化、非接触发展，大数据、人工智能等技术在流量计量中应用潜力日益凸显。科学问题主要在于：气-液、液-液等多相混输流体的总流量及各分相流量的计量理论及实现方法，重点探究有管内气液强化分离与流速反演机制、混相计量传感器流量响应规律、分流取样相分离控制机理；力、声、热、电、光等物理场多传感器数据融合相分率测量机制；流量机理模型的构建、流量敏感性特征提取、海量数据诊断和清洗、数据驱动模型泛化能力提升算法，以及数据驱动模型和流量机理模型耦合机制；流量测量不确定度及误差传播分析方法、计量结果校准和量值溯源及流量数据的自反馈与自校准技术。在混氢天然气运输计量技术与装备方向，关键科学问题包括：研制静态质量法氢气实流流量标准装置，解决纯氢流量计的溯源问题；基于高声速条件下超声流量计在线校准技术研究，提升氢气流量计的准确度水平；开展混氢天然气能量计量，形成混氢天然气流量校准方法。在边界层及传热效应对氢气流量计计量特性影响方向，关键科学问题在于：量化"边界层"与"传热效应"对氢气音速喷嘴流量计流出系数的影响，揭示边界层状态内音速喷嘴传热效应、真实气体效应与流出系数的变化规律。

油气管内分离分相计量基础理论、关键技术和装备

In-tube separation metering by phase of oil-gas multiphase flow：fundamental theory，key techniques and equipment

1　科学问题概述

气液多相流广泛存在于石油、化工、电力、核能等多个工业领域。例如在海洋油气开发中，水下井口产物为油气多相流，需要通过管道混输到平台或陆上终端。在注蒸汽稠油开采中，蒸汽管网内流动介质也为蒸汽-水两相流。多相流体的流量测量对于生产管理、流动保障、贸易交接都具有重要意义。

对多相混输管道气液各自流量进行计量时，需要测量出管截面上气、液各相流速和对应的相分率。与单相流不同，气液在管内流动通常会存在质量、动量和能量交换，气液速度往往不一致，存在速度滑移，还会呈现分层流、波浪流、段塞流、弥散流、环状流等多种流动形态，因此常规的单相流量仪表无法直接应用于两相流量测量。由于气液两相流动的复杂性和随机性，两相流量的准确计量始终是个难题。

2　科学问题背景

国外学者从1960年对多相流技术进行研究开始，到1970年美国 Tulsa 大学通过大量多相流的实验为止，获得了多相流滑动和持液率的关系式。20世纪80年代中期，Texaco和 BP 公司相继发表了第一批关于多相流量计量的论文，并研制出了第一代多相流量计。气液多相计量主要采用传感器或数学算法模型测量或推演气液混相流体各分相的质量进

行测量。气液两相流体的流动过程具有强烈的不稳定性和波动性,流型也随流量、组分、压力温度等参数不断变化。而当前多相流动理论尚不完善,针对多相流的相分率、速度检测传感器尚不成熟,都制约了多相计量技术的发展。

我国多相流量计严重依赖于进口,采购和维护成本高,供货周期长,极大限制了我国关键产业的进展。自主研发新型多相计量装置将破除国外技术壁垒,提升该领域我国装备研发水平,具有重要意义。

3 科学问题研究进展

多相流计量方法和装置一直是管道输送领域关注的前沿和研究热点。依据气液流量计量原理,目前对于多相计量的研究主要分为四种技术路线:气液分离计量路线、气液混相计量路线、虚拟计量路线以及管内分离分相计量技术路线。

3.1 气液分离计量路线

完全分离法是应用分离设备将气液混合物分离成单相气体和单相液体后,再通过普通单相流量计进行计量。该方法把两相流量的测量转化为单相流量测量,具有工作可靠、测量精度高、测量范围宽且不受气液两相流流型变化影响等优点。常见的计量分离器采用立式或卧室容器,为了保证分离效果,分离器的直径通常必须达到管道直径的 5~10 倍以上,体积庞大。Tulsa 大学提出柱状旋流气液分离器(GLCC)是完全分离计量的典型代表。

气液分离计量存在以下难点:①分离设备体积庞大,价格昂贵;②由于存在较大的缓冲容积,存在计量延迟,实时性差;③需要建立专门的计量站和测试管线,这在很大程度上增加了计量成本。

总体上,分相计量采用计量分离器将气液两相流计量转变为气、液单相流量计量,极大降低了计量的复杂性,提高了计量精度。但由于体积庞大、计量成本高,限制了其推广应用。

3.2 气液混相计量路线

气液混相计量是当前工业现场多相计量的主流方式,该方法无须采用分离装置,因此,体积小、结构紧凑。气液总流量通常采用文丘里等节流装置来测量,而相分率则采用电容、电导、射线等相分率传感器进行测量。近年来实验室内开始采用层析成像技术测量气液相分率,主要有电容成像、电导成像、超声成像、核磁共振成像等。在多相流相分率参数测量中,由于油、气、水三相物理特性存在较大差异,其相间接触界面十分复杂,滑脱效应显著,致使油、气、水三相在管道截面及轴向方向均呈现非均匀分布形态,给相分率参数的准确测量带来极大挑战。近年来,还出现了利用真实质量流量计直接测量多相流体质量流量的报道,但质量流量计流动阻力损失大,流型和各相组成对测量精度有影响。

气液混相流量计量存在以下难点:①直接面向气液两相流体,受气液两相流动复杂性的影响,误差甚至超过10%;②采用文丘里等节流件进行气液混相计量存在较大的阻力损失;③相分率传感器受管道流型以及流体介质含盐量等因素影响,需要定期标定,射线类方法还存在放射性污染风险。

总体上,气液混相流量计量的优势是不需要对气液进行分离,体积小,结构紧凑。但传感器直接面对两相流体,受气液两相流波动的影响,精度难以进一步提升,需要频繁标定。此外,计量装置成本高,含气率适应性差。

3.3　虚拟计量技术路线

虚拟计量是一种基于数学模型的预测计量方法,虚拟计量无须实体流量计量装置,利用管道系统上的正常工艺信号,如压力、温度、流量控制阀开启度等反演获得气、液各分相流量,并且根据周期性的流体特性进行模型参数更新。虚拟计量当前有两种实验途径,一是基于多相流模型,二是基于数据驱动。多相流模型通过对目标管道建立水力、热力模型,将采集的生产数据作为特征输入向量来实现流量的预测,典型的代表有 Shlumberger 公司的 OGLA Online 系统以及 FMC 公司的 Flow Manger 模块等。而数据驱动则无须建立模型,根据生产检测的大量数据,通过机器学习算法来建立流量映射关系,通常采用的方法包括:k-最近邻(k-Nearest Neighbor,KNN)、决策树(Decision Tree)、基于统计分析的线性回归、支持向量机(Support Vector Machine,SVM)以及人工神经网络方法(Artificial Neural Network,ANN)等。

虚拟计量存在以下难点:①基于模型的方法,多相流模型建立复杂,求解复杂度高;②基于数据的方法数据量要求大、数据范围要求宽,模型可解释性差、泛化能力弱;③随着管道运行工况的变化,其运行参数可能偏离学习工况,需要自动校正等问题。

总体上,虚拟计量可省去大量的实体计量设备,显著降低计量成本。然而其计算复杂度更高,需要大量带有流量标记的现场数据,以及准确挖掘提取流动敏感的特征参数。亟须可靠的、多相流动模型和稳健高效的建模求解算法。将多相流模型和数据驱动相结合,利用多相流模型对数据进行清洗和降维,将有助于提高虚拟计量系统的预测精度和泛化能力。

3.4　管内分离分相计量技术路线

气液管内分离分相计量基本思路是:首先在管道内部植入螺旋流发生器,诱发螺旋流实现管内气液相分离,并用常规流量计测量其各相流量。气液"分隔"但不分开,始终保持接触并流，分离和计量均在管内完成，装置体积缩小到极致。同时分离后通过分相计量将多相流体的流量测量转化成了单相流体的流量测量，从根本上保证了测量仪表的稳定性、可靠性和测量精度。

气液管内分离分相计量存在如下难点：①螺旋流诱发与演化过程敏感因素众多，稳定均匀螺旋环状流实现方法尚不明确；②气相携带、液滴沉降规律复杂，气液实现管内完全分离对螺旋发生器参数要求高；③环状液膜-气芯交互作用规律复杂，气、液相流速测量难度大。

总体上，管内分离分相多相计量方法兼有传统完全分离计量法精度高、性能稳定和非分离法体积小、结构紧簇的优点，结构简单，物理原理明确，是一种有广阔发展前景的多相计量方法。其计量成功的关键在于实现管内气液的完全分离，以及气液相界面、气液分相流速的准确测量，亟须开展气液两相流螺旋流演化规律研究，探索管内相分离强化方法，优化分离原件结构，建立液相速度非介入测量和气相速度反演模型，研发新一代多相计量装置样机。将相分率、流速测量数据与先验物理知识进行耦合，将有望实现测量数据的自动标定校准，应用前景广阔。

4　总结与展望

综上所述，现有多相计量研究主要围绕上述四种技术路线展开，然而四种技术路线的优劣势、成熟度各异，因此，未来研究趋势及发展潜力有所不同。

(1)分离计量路线计量原理简单、计量精度高、实现难度低，是当前落地应用最佳选择，但其体积庞大、实时性差、计量成本高。而当前多相计量装置正向小型化、非介入、智能化方向，以及高可靠性、易维护发展，该路线终将被取代。

(2)混相计量路线直接面向多相流体进行计量，受两相流波动影响，计量精度很难进一步提升，进一步发展难度很大。

(3)虚拟计量路线无须实体计量装置，计量成本低，适用范围广，当前还处在初级探索阶段，但随着大数据和人工智能技术的进步，发展前景广阔。其未来研究重点在于挖掘流量敏感参数，提升其预测精度和泛化能力。

(4)管内分离分相计量路线兼具传统完全分离计量精度高和混相计量体积小的优势，物理模型明确，具有广阔的发展潜力，未来需要探索气液相分离强化方法，研发高效管内分离器原件，探索数据驱动和多相流动机理模型相结合，开发非介入气、液界面和流速测量技术和装备。

主要参考文献

[1] 梁法春,陈婧,陈俊文,等.插拔式变比例均匀取样器及气液两相流量计量[J].中国石

油大学学报(自然科学版),2021,45(01):167-174.

[2] Liang F,Sun S,Gao J,et al. Equal split of gas-liquid two-phase flow at variable extraction ratio[J]. Chemical Engineering Research and Design,2018,136:165-176.

[3] Bikmukhametov T,Jäschke J. First principles and machine learning virtual flow metering:a literature review[J]. Journal of Petroleum Science and Engineering,2020,184:106487.

[4] Yan Y,Wang L,Wang T,et al. Application of soft computing techniques to multiphaseflow measurement:a review[J]. Flow Measurement and Instrumentation,2018,60:30-43.

[5] Yang Y, Wang D, Niu P, et al. Gas-liquid two-phase flow measurements by the electromagnetic flowmeter combined with a phase-isolation method[J]. Flow Measurement and Instrumentation,2018,60:78-87.

[6] Khayat O,Afarideh H. Design and simulation of a multienergy gamma ray absorptiometry system for multiphase flow metering with accurate void fraction and water-liquid ratio approximation[J]. Nukleonika,2019,64.

[7] Meribout M,Shehzad F,Kharoua N,et al. An ultrasonic-based multiphase flow composition meter[J]. Measurement,2020,161:107806.

[8] Falcone G. Multiphase flow metering principles[J]. Developments in Petroleum Science, 2009,54:33-45.

[9] Hansen L S,Pedersen S,Durdevic P. Multi-phase flow metering in offshore oil and gas transportation pipelines:trends and perspectives[J]. Sensors,2019,19(9):2184.

[10] Pan Y,Li C,Ma Y,et al. Gas flow rate measurement in low-quality multiphase flows using venturi and gamma ray [J]. Experimental Thermal and Fluid Science, 2019, 100: 319-327.

撰稿人:梁法春[中国石油大学(华东)]

油气管道多相流量测量的不确定度

Uncertainty of multiphase flow measurement in oil and gas pipeline

1　科学问题概述

流量是油气开采、输送、处理等生产过程中的核心检测参数,是流动流检测研究的重点和基础。流量的准确测量是掌握开采过程油气产量、实时监测油气井动态信息、评定油气井产能、优化开采策略和生产工艺的关键。在开采至地面后,油气需要经过如汇集、输送、分离等工艺处理流程,过程中同样需要准确测量管道中的流动参数,从而实现计量管理和运行控制,保障油气的持续、高效生产。

油气田开采过程中,油井产出液复杂多变,表现为油水、油气、气水、油气水等不同形式的多相流,其中,油气水三相流是油气田开发过程中最常见的多相流。在多相流系统中,由于各相间持续相互作用,存在形状和分布在时间和空间上随机可变的相界面,导致其流型复杂多变。多相流动特征还受到温度、压力、管道结构等外部环境影响,致使多相流流动特性远比单相流动复杂,导致多相流动参数繁多且检测困难。以油气水多相流为例,其流量测量包括各相的瞬时流量和累计流量,涉及包含流速、气油比、含水率、含气率、混合液密度、温度、压力等诸多过程参数的检测。由于各参数间相互关联,同时开采过程中油气井采液、产气的总量和各相含量都不固定,各相流速、物性以及流向等流动状态均在持续变化,进一步增大了多相流流量测量的难度。

国内外对油气田管道多相流理论、测量方法、技术和装备开展了大量研究,并取得一系列研究成果。目前多相流测量方式主要有三种:一是通过气液两相分离设备,将多相流中的气液进行分离以简化复杂的流态,从而分别计量气相流量和油水混合液相流量,再通过液相含水分析获得油流量和水流量;二是均相化测量方法,通过混合设备将多相流体混合成均相,在均相流模型条件下采用如文丘里流量计等单相仪表测量混相流量,结合伽马射线法等进行相含率测量,进而获得多相流量;三是多相流直接测量,结合文丘里管、单能伽马传感器、双能伽马传感器、流型调整装置等组成,通过测量气液两相流流量和相含率等实现多相流量测量。

根据多相流测量方法,目前油气水三相流测量存在的核心问题主要包括以下几个方面:①油气水分离方法和技术,油气水分离是进行多相测量的重要过程,主要有重力分离和旋流分离两种主要方式,但存在压损、能耗以及分离效率等方面问题;②气液两相(含液气体和含气液体)流量测量方法,油气水三相分离后,从三相流测量简化为高含液或高含气的气液两相流测量,其测量准确性将直接决定多相流量的测量精度;③油气水分相含率测量方法,各相含率的测量是对多相流物性、基本流动规律、流型以及物理模型等研究的关键,也是最终获得多相流流量的基础,主要由电学法、声学法、射线法等测量方法,由于受流型、流动状态等影响较大,目前在测量精度以及测量范围方面仍存在较大问题。

因此,对油气管道多相流研究,仍需从多相流流动机理、多相流分离技术和装备、两相测量技术和方法以及相含率测量技术等方面深入展开,进而最终实现多相流动的精确、实时、高效测量。

2　科学问题背景

多相流广泛存在于能源、化工、核电等工业领域,特别是在能源领域,随着我国经济的高速发展,对石油和天然气的需求量越来越大,油气的持续稳定开采对于保障我国能源安全有重要意义。国内外油田,特别是低渗透油田多采用注水开发方式,通过注水保持地层压力从而维持油井长期的稳产生产。目前,国内主力油田经过几十年的开采,已进入高含水或特高含水开发阶段,部分油田的综合含水率达 80% 以上,大庆油田、胜利油田的含水率均超过 90%。与之相对的,一些新开发油田以及如中东地区的油田,其整体含水率则相对较低。由于油田实际情况和开采技术的不同,油井产出的原油、天然气和矿化水形成了一种相态和流态非常复杂的多相流,是一个油气水之间随机变化组合过程,多相流是油气生产过程中最普遍的流动形式。油井内不同深度油层间的油气通过井筒向上输送,各个油层产出的油气水量各不相同,必须在井下对不同深度地层流体的含气率、含水率和总流量等多相参数进行准确测量,以确定各层位的油气产量从而实现高效的油藏开采管理。由于井下空间狭小、温度压力高、安装条件差等因素导致井下的多相流量测量难度极大。而无法准确获取井下真实油气开采情况,容易给油气运输设备带来巨大负担,并导致开采效率的下降以及开采成本的大幅提升。

国外的油气相关企业和科研院所十分重视多相测量技术的研究,自 20 世纪 60 年代以来,美国、挪威、法国、英国、俄罗斯等国都投入了大量的人力物力研制多相流量测量技术和多相流量计,从而使这一技术获得了实质性的发展。多相流量计已被广泛地应用于油气田的开采计量,目前国外主要有 Schlumberger、Emerson Roxar、Agar 等公司的多相流量计产品,国内的 Haimo 和 Veritas-msi 等产品也得到了一定的应用。多相流量计在各国油气井中使用数十年,但其不确定度并未显著降低。目前的多相流量测量的精度基本在 5%～10%,该测量精度与单相流测量 1% 甚至 0.5% 以内的高精度相比,测量结果的准确性仍存在较大问题,并且依然存在工况适应性问题,难以很好满足现代不同油井复杂环境下的油气精确生产计量需求。

3　科学问题研究进展

3.1　油气水分离方法研究

气液分离是多相流量计测量的重要过程,可降低多相流动的复杂性和不稳定性,有效提高测量精度,分离后通过单相流量计分别进行低含液率的气相和低含气率的液相测量。国内外学者对分离技术和设备进行了大量研究,目前分离设备主要有重力式和离心式两大类。其中,重力式分离由于沉降速度无法控制,只能通过增大设备尺寸实现有效分离,无法直接用于多相流量计。因此离心式分离是目前研究的主要方向,Wei 等针对高速气液两相流特点,设计了由 4 个半圆形导叶组成的离心式气液分离器,并通过数值模拟和实验测试对分离性能进行了测试。Xiong 等对螺旋叶片式分离器的分离过程进行了模拟和测试,研究了流型和流动参数对分离效率的影响,指出环状流的分离效率高于雾状流和块状流。孙永正等对管柱式、叶片式及常规式三种旋流分离器进行分离实验,指出管柱式旋流分离器分离效率优于叶片式及常规式分离器。薛国民提出了重力分离腔与螺旋管分离腔组合的气液分离器结构,融合重力式和离心式特点,有效提高了分离效率和适应范围。

分离技术研究的重点是设备结构优化、分离效率提升以及降低分离过程的压力损失和增大适用范围等,仍需通过对不同分离原理的研究,获得适合于多相流测量的气液分离方法。

3.2 气液两相流量测量研究

国内外对气液两相流测量进行了持续研究,取得了一系列的成果并已在油气计量中得到了应用。气液两相流测量也存在分离测量和在线测量两种形式,其中在线测量是目前的主要研究方向,天津大学、西安交通大学、中国石油大学等高校对此进行了大量的研究。主要方式有:①通过孔板、文丘里等单相流量计测量总流量,结合均相流模型、分相流模型等修正模型对测量结果进行修正;②采用多传感器进行组合测量;③采用单相流量计结合相含率检测测量。

目前测量过程中因存在以下问题而导致测量精度整体仍较低:①测量结果易受传感器敏感性、流型以及含气量等因素影响,测量结果的不确定度较高;②对安装方式以及弯管、阀门等流动干扰敏感,对安装环境有要求较高;③两相流量计的计算模型均引入各种假设,而这些假设与实际流动存在差距,进而产生测量误差。因此,在现有技术基础上,必须通过开展两相流测量研究,开发精度高、适应性强的实时在线气液两相测量技术,保障油气的高效开采。

3.3 油气水分相含率测量方法

目前相含率检测方法主要有电学测量法、射线法、快关阀取样法、声学法等。电学测量法主要利用不同流体的电导率等电学特性差异进行相含率测量,成本低、结构简单、瞬时响应快,但测量参数对相分布状态和流型参数较为敏感。快关阀取样法是相含率检测的经典方法,虽然测量精度高,但不合理的快关阀间距及截取次数选择将会导致测量误差增大,并且无法进行在线实时测量。声学法利用声波在流场中会发生透射、反射、散射、干涉等现象,引起发射和接收信号的频率、幅值和相位变化,以此来监测多相流体的流动状态,一般适用于测量稀疏分散流的相含率。射线法主要利用射线对介质有较强的穿透能力,且不同的物质对射线的吸收率不同,通过检测射线穿过管道内的油、水、气混合物的衰减关系进行相含率的测量,是目前多相流流量计产品上最主要的相含率测量方法,国外的Framo、Roxor、Schlumberger、Agar等公司的多相流量计以及国内海默的多相流量计均采用了伽马射线进行相含率的测量,但也存在成本高、精度容易受流动状态影响等问题。此外,光学法、微波法以及核磁共振法等相关技术也被用于相含率测量。

相含率是重要的多相流测量参数,目前虽已开展不同方式的测量研究,但很多方法仍处于测试阶段。同时受限于油气水多相流动的复杂性,相含率检测的准确性、稳定性以及工况适应性仍存在不足。

4　总结与展望

综上所述,油气水多相流量测量相关的油气水分离技术、气液两相流量测量技术和相含率测量技术有了较多的发展,但多相流流量计在油气田现场使用效果有待提高。多相流测量是流动参数测量中的难点和关键点,现有的技术和方法虽能在一定程度上完成流动检测的目的,但测量稳定性、测量精度仍需继续提升以满足复杂测量环境下的使用要求。多相流是目前最为复杂的管道流动形式,多相流量测量技术的提升需从多相流体动力学、计算流体力学、检测技术、传感器技术以及包括人工智能、图像识别、信号处理等多学科多领域开展研究。

主要参考文献

[1] 苏茜.油气水多相流相含率超声测量机理与方法[D].天津:天津大学,2017.

[2] 汪功维.多相流含水率测量技术研究[D].西安:西安石油大学,2021.

[3] 凌王翔.油气水多相流测量技术的研究[D].杭州:浙江大学,2008.

[4] Pengkai Wei,Dong Wang,Pengman niu,et al. A novel centrifugal gas liquid pipe separator for high velocity wet gas separation[J]. International Journal of Multiphase Flow,2020, 124:103190.

[5] Zhenqin Xiong,Mingchao Lu,Minglu Wang,et al. Study on flow pattern and separation performance of air-water swirl-vane separator[J]. Annals of Nuclear Energy,2014,63:138-145.

[6] Weibiao Zheng,Ruomiao Liang,Xingkai Zhang,et al. Wet gas measurements of long-throat venturi tube based on forced annular flow[J]. Flow Measurement and Instrumentation, 2021,81:102037.

[7] Wu Haitao,Xu Ying,Wang Jinghan,et al. Gas-liquid two-phase flowrate measurement in pseudo-slug flow with venturi[J]. Flow Measurement & Instrumentation,2021,78:101887.

[8] Kaihao Tang,Hongli Hu,Lin Li,et al. Sectional water fraction measurement for gas-water two-phase flow containing a conductive water phase utilizing capacitance sensor[J]. Measurement Science and Technology,2021,32:055104.

［9］ Shi Xuewei, Tan Chao, Dong Feng, et al. Conductance sensors for multiphase flow measurement:a review［J］. IEEE Sensors Journal,2021,21:12913-12925.

［10］ Stenio Aristilde, Marco C P Soares, Thiago D Cabral, et al. Measurement of multiphase flow by tilted optical fiber bragg grating sensor［J］. IEEE Sensors Journal,2021,21:1534-1539.

撰稿人:陈德胜(浙江理工大学)　林哲(浙江理工大学)

CHAPTER SIX

第6章
新型、特种管道运输系统及相关技术

在我国"双碳"目标大背景下,新型、特种管道运输管线作为能源开发利用的重要组成部分,需要对相关科学问题进行深入研究。新型、特种管道运输系统主要应用于液化天然气、氢气、二氧化碳和混凝土等介质的输运,涉及新材料研发、管道加工制造、管网设计、服役过程中管线振动及泄漏监测和完整性管理等保障输运安全性、高效性和经济性的核心技术。新型、特种管道运输系统对管道和管网的要求从常温、常压等一般性能向高温、高压、低温、氢脆性、保温性、自清洁性等特殊性能需求演化,从粗放型管网设计和运行管理向精细化、全过程、多领域融合的智慧型管网设计和运行管理转变。此外,氢能是能源结构调整和产业转型升级的重大方向,二氧化碳运输是碳捕获(CCUS)技术系统的关键环节,氢气、二氧化碳气体输送将是管道运输工程一个重要的新增长点。实现"双碳"目标必须以科技创新为先导。因此,深入了解新型、特种管道运输系统及相关技术中的科学问题,掌握特种管道输氢、二氧化碳利用及封存、管道高强度钢生产及焊接等关键技术,对我国"双碳"目标的实现和管道运输工程学科的发展具有重要意义。

新型、特种管道运输系统及相关技术的发展需要新型材料、新型结构和力学等多基础学科融合和创新。目前,新型、特种管道运输系统及相关技术的科学研究主要包括管道特殊材料研制、管道特殊加工制造工艺研究、管网整体设计、气液固多相流下的管道流动保障、外部环境因素对输运管道服役性能的影响机制、复合管线断裂与修复和管道生命周期内的完整性检测、疲劳损伤及剩余寿命评估等。为了适应未来新型、特种管道的研发需求,需要结合理论研究、数值模拟、综合实验以及人工智能、深度学习等技术对特殊管线的焊缝劣化、管道极限承载、损伤演化和修复、特殊介质输运过程中的流动保障、管线和管网的多目标优化等开展深入研究,掌握新型、特种管道运输系统设计关键技术,保障其安全、高效运行。

在管道输氢理论与关键技术研究方面,开发安全、可逆、高容量的有机液态储氢材料体系,研究天然气输送管道和氢气输送管道的氢致失效微观机理和损伤演化机制、管道环焊缝的氢渗机理与韧性劣化规律、生产工况下氢气燃烧机理与火焰加速机制、运输过程中的液氢低温管道振动特性和液氢运输管道的高效热管理预测模型,建立管道剩余寿命预测模型、氢气管网的管道设备安全可靠性评价方法和失效风险评估系统,保障输氢管道安全高效运行。在二氧化碳管输理论与关键技术研究方面,基于二氧化碳管道运输工艺特性优化设计二氧化碳管道运输系统,结合 X80 钢焊接接头在多介质耦合的液态/近临界区 CO_2 体系中的腐蚀机理,建立多介质耦合工况下的 CO_2 管道腐蚀预测模型,保障 CO_2 管道运输安全。在天然气液化强化技术研究方面,结合相变动力学理论、传热传质强化理论和工艺设备一体化技术,研制更加高效、紧凑、稳定的 LNG 设备。在生物管道关键技术研究方面,基于管道抗菌特性及涂层自清洁性能,进一步研究管道防垢机理及仿生表面技术,以开发具有抗菌、去污、除垢功能的环保管道。在气力管道输运研究方面,结合多相流运输机理及颗粒流动分析方法,研究冲蚀磨损规律、耦合振动特性、输送系统设计方法,研制物料长距离气力运输技术。在超高性能混凝土管道研究方面,基于混凝土在管道内的流动特性,研究泵送压力和剪切力等因素对流变机制及运输阻力的影响。在复合管道特别是海洋复合软管研究方面,基于强度理论、机械振动理论、断裂力学理论及数值分析方法研究复合软管界面断裂规律、软管结构阻尼及其对结构动力响应与疲劳损伤的影响、非金属内衬管材的径向屈曲失效机制,结合传热传质机理研究低温软管的保温特性,最终实现复合管道的极限强度和使用寿命预测。

软管结构阻尼及其对结构动力响应与疲劳损伤的影响

Structure damping of flexible piping and its effect on structural dynamic response and fatigue damage

1 科学问题概述

随着现代工业的进步,工业结构和工程材料都向着高精度发展。工程中会有各种各样的参数,而作为机械结构中的参数则主要有三个:质量、刚度、阻尼。静止的结构,如果从外界获取动能,就会产生振动,如果没有持续的外部激励,其振动的振幅就会逐步衰减,直至振动停止。而这个振动衰减的现象便是阻尼存在的作用。阻尼的形式多种多样,空气中、材料中,以及结构部件之间的相互运动都有阻尼的存在。即使在真空中,给予物体一个初始振动,该物体也不会无休止地运动,这是由于材料本身也具有阻尼。这种使得能量耗散的因素便是阻尼。工程中,为方便研究,通常人们将结构阻尼定义为系统在振动时能量损耗的总称。

一般情况下,在结构动力学分析中,与惯性力、弹性力相比,阻尼力的大小在数值上显得微乎其微,然而,在某些情况下,阻尼力又发挥着不可替代的作用,比如,结构振动在很多情况下是非常有害的,必须加以降低或消除,结构在共振的情况下,若是没有阻尼力的存在,其振幅就会持续增大而导致结构破坏。正是由于阻尼力的存在,遏制了振幅的增长,在一定程度上保护了结构的稳定性。所以说,阻尼可以改善结构的振动状况。比如燃油汽车,其由于其较高转速,便不得不考据其振动性能,为了保证乘客的乘坐舒适性以及发动机的运转稳定性,就要对发动机本身进行严格的动力学分析,从源头上减少振动剧烈程度,以及在传递介质方面使用合适的抗振减振悬架等。这里的悬架便是应用了阻尼因素的耗能减振作用。

在海洋油气田开发中,柔性立管作为水下生产系统与浮体装置之间的油气输送通道,因其优异的性能而被广泛应用,成为目前安装数量最多的立管形式。非黏结柔性立管由多层同轴结构组成,各层之间允许发生相对滑移。由于受内外压力和张力的作用,当曲率低于临界值时,层与层之间没有滑移,各层仿佛黏合在一起;但是一旦曲率大于临界值,层与层之间就会发生相对滑移。正是由于层间滑移的存在,柔性立管的弯矩-曲率关系才呈现出明显的非线性和迟滞现象。这种层间滑移引起的摩擦效应阻碍整体变形的行为即可视为阻尼的作用。层间摩擦可以在一定程度上减少柔性立管抗拉铠装层承受的轴向应力和弯曲应力,考虑阻尼力的存在能够更好地预测其主要受力部件的真实应力,可以更准确地预测其所能承受的最大荷载及其使用寿命。在一定程度上可以避免预测值大于真实值或小于真实值而引起的设计及制造方面的资源成本浪费或者事故风险。

世界上很多学者正在从事这方面研究,但研究柔性立管方面的阻尼仅仅研究柔性立管的力学行为是不够的,由于大多数工程物体具有相似的结构模型,因此,可以在一定程度上参考其他领域对阻尼问题的研究方法,他们的研究方法很可能对本领域具有重要研究意义与参考价值。

2　科学问题背景

在工程领域中,几乎所有的力学现象都离不开阻尼的作用。不同领域的专家学者根据各自的研究需要,着重研究不同方面的阻尼类型,如:结构阻尼、介质阻尼等。在结构的振动中,各种响应都是有关阻尼的函数,能否正确估计阻尼并且表示阻尼,直接影响结构动力分析结果的可靠性,阻尼值一个小的差异可能会导致结构响应上成倍的变化,甚至几十倍的差异。

3 科学问题研究进展

柔性立管靠端部配件进行端部的连接，在端部配件区域，柔性立管各层无法发生相对滑移，由此容易发生过度弯曲和应力集中等现象，因此采取类似建筑模型方面的思路方法，对端部构件的刚度做准确描述，可以更好地分析其受到动态荷载情况下的力学行为以及寿命。在靠近端部部位以及需要控制最大弯曲曲率的部位，也以使用一些阻尼器或者弯曲约束器。

结构由振动状态衰减到静止状态，在这个过程中存在能量消耗的问题，一般认为由于阻尼而消耗的能量称为阻尼耗能。结构振动过程中阻尼耗能的方式有以下几种：① 结构材料的内摩擦作用而使机械能逐渐转化为热能消失在周围的介质中，这在金属材料构件的振动中是主要的耗能原因。②空气和水等介质对在其中振动物体的阻尼。空气动力阻尼一般都很小，可以忽略。但在风振动分析中必须考虑空气动力阻尼的作用。水动力阻尼一般都较大，例如海上作业平台承受着较大的水动力阻尼。③节点、支座处连接件之间和构件的裂缝接触面之间的摩擦耗能。这主要是由构件之间或构件与支座的相对运动引起的。当结构处在弹塑性振动阶段时，这是结构的主要耗能方式之一。④附属构件(如填充墙)的内部摩擦耗能及其与主体结构部分的摩擦耗能，这也是结构在振动中的主要耗能方式。⑤通过基础向土壤中耗散的能量。

3.1 库仑阻尼

法国科学家库仑作了许多关于摩擦的实验，并且指出了静摩擦与动摩擦之间的差别，在一般情况下，把这种库仑阻尼看为常量，它阻止干燥表面的相对滑动，这就是通常所说的库仑阻尼。库仑阻尼是常见运动阻尼的一种，库仑阻尼来源于两个相互摩擦的平面，库仑阻尼的大小等于相互摩擦的两个平面上的正压力乘以其摩擦系数。

一旦两个平面有了相对运动，库仑阻尼与摩擦平面的相对速度无关，即阻尼力和运动质量块的速度无关。库仑阻尼力的方向与物体运动的方向相反。海底管道与海底摩擦产生的阻尼通常采用这种库仑阻尼来表示。

$$f_d = \mu N \tag{1}$$

式中，f_d 为库仑阻尼力；μ 为摩擦系数；N 为正压力。

管地摩擦在一定情况下可以使用库仑阻尼模型，但也仅限于在海底起伏较为平缓的情况下，如果管道接触的海底地面存在部分忽高忽低的地势情况，研究管道在管地摩擦情况，或者研究管道层间摩擦，使用库仑阻尼模型便会有非常大的误差。

3.2 流体阻尼

李思梁以波纹管式流体阻尼隔振器为研究对象，重点研究流体阻尼隔振器动力学参数,并采用理论计算、仿真分析以及实验测量等方法得到流体阻尼隔振器动力学参数的变化规律,何玲、郑钢铁在三参数模型的基础上研究了流体黏性发热对流体阻尼力的反馈作用。

流体阻尼又称为速度平方阻尼,即物体在流体中所受到的阻力与运动速度的平方成正比,流体阻尼采用海流的拖曳力表示,阻尼力为:

$$F_a = \alpha \dot{x} |\dot{x}| \tag{2}$$

式中,α 为阻力系数;$\dot{x}$ 为运动速度。

对于海洋环境中的立管,流体阻尼力即海流作用在立管上的拖曳力。直至目前为止,工程上对于立管拖曳力的计算依然采用 1950 年 Morison 提出的方法,其表达式如下:

$$f_D = \frac{1}{2} C_D \rho A u_x |u_x| \tag{3}$$

式中,C_D 为垂直于柱体轴线方向的拖曳力系数;ρ 为海水密度;A 为垂直于波浪方向柱体的投影面积;u_x 为柱体中心轴处波浪水质点的水平速度。

可以看到,上述两式基本相同,于是问题归结于选择合适的拖曳力系数。拖曳力系数 C_D 反映了流体的黏滞性,它与雷诺数 R_e 及柱面粗糙度 δ 有关。当 $2 \times 10^4 \le R_e \le 3 \times 10^5$ 时,可以忽略表面粗糙度,取 $C_D = 1.2$;当 $R_e > 3 \times 10^5$ 时,C_D 与 R_e 和 δ 密切相关;对于表面光滑的圆柱体;当 $R_e \approx 6 \times 10^5$ 时,C_D 会迅速减小到 0.28;一旦 $R_e > 2 \times 10^6$,C_D 又会恢复到 0.5。R_e 值的变化对粗糙表面的圆柱体影响较小。API RP 17B 中指出,C_D 的取值范围通常在 0.7~1.2 之间。

3.3　材料阻尼

材料阻尼又称为材料的内摩擦,它的本质是由于材料内部分子或金属晶粒在运动中相互摩擦导致的能量损耗。材料阻尼是材料内部复杂的分子间的相互作用和运动所致,阻尼的大小取决于材料的种类、制造的方法、施工的过程、错综复杂的相互作用以及样本间的材料性质的差异,导致系统中能量损失的不同。材料的阻尼是从材料的微观现象中提出的。宏观上连续的材料,在微观上因应力或交变应力的作用产生分子或晶体之间的错位运动,塑性滑移晶体变形,这样消耗了一部分作用于结构的能量。这种错位、滑移和变形的大小取决于施加的动力应力的强度。对于海底柔性立管而言,材料阻尼与其他几种阻尼相比非常小,通常可以忽略不计。如需考虑,可用黏性阻尼模型来描述。在整体分析中常常采用瑞利阻尼的形式来表征,一般阻尼比取为 3%,根据荷载条件,选择合适的瑞利阻尼类型。

3.4　迟滞阻尼

一些学者建议用迟滞阻尼的假设,通常也被称为复阻尼理论。其假设的阻尼力与位移成正比,且与变形速度方向相同。

按照此假设,阻尼力可以表示为:

$$F_d = i\eta kx \tag{4}$$

式中,$i = \sqrt{-1}$(90°的相位变化);η 为阻尼系数或损耗因子;k 为刚度系数。此时运动方程为:

$$m\ddot{x} + k(1 + i\eta)x = F \tag{5}$$

当频率为 ω 的简谐荷载在单自由度体系时,系统振动一个周期所产生的耗能为:

$$\Delta W = \pi\eta kX_0^2 \tag{6}$$

从公式(6)可以看出,迟滞阻尼理论下所耗散的能量与系统的振频无关,这与实验中"材料内摩擦等耗能因素引起的阻尼力在相当宽的频带变化平缓"这一事实一致,迟滞阻尼理论假定应力和应变之间存在相位差,图1为简谐应变下的迟滞曲线。

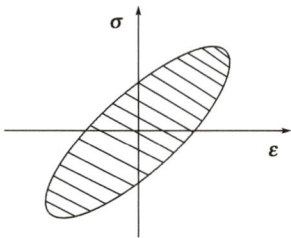

图1 应力与应变的关系

虽然该阻尼模型克服了黏性阻尼理论的一些缺陷,但仍存在着不足;如该模型原则上只适用于稳态简谐振动或简谐稳态受迫振动;结构不考虑阻尼自振频率小于考虑阻尼时的自振频率,将遇到有悖于物理事实的问题;同时由于引入复数运算导致计算量的增大,没能受到大量的应用,但随着计算机的进步和各种算法的出现,计算已不是关键问题。

海洋管道层间摩擦引起的阻尼通常也被称为迟滞阻尼,也在某些文献中被称为结构阻尼。它是由非黏合柔性立管中螺旋条带的滑移导致的,而螺旋条带的滑移也使得柔性立管的弯矩-曲率关系呈现出明显的非线性和迟滞现象。因此,要研究层间摩擦对柔性立管整体分析的影响,首先需要分析立管的非线性弯曲响应。

在循环弯曲荷载作用下,立管的弯矩-曲率关系曲线构成了一个迟滞回路。条带发生滑移时,摩擦力做功导致的能量耗散是迟滞回路形成的实质,而迟滞回路的面积能够表示能量耗散的多少。对于这样的迟滞阻尼,如果采用库仑阻尼模型来计算将会是一项极其复杂的工作,因此,众多学者将思路转向到了能量法,利用耗散能相等的原则,将迟滞阻尼等效为黏性阻尼。

用耗损的振动能量和总的机械振动能量的比值作为阻尼衡量的指标及特征值的方法称为能量法。能量法能更为普遍、直观地分析和计算结构的阻尼特性。首先介绍两个常用的阻尼特征值:结构损耗因子 η 和阻尼比 ξ、W。

η 等于耗散能 E_d 和机械振动能 E_v 之比:

$$\eta = \frac{E_d}{E_v} \tag{7}$$

在共振条件下,任意时刻的机械振动能 W 与系统最大动能 $E_{k(\max)}$ 与或最大势能 $E_{p(\max)}$ 相等,即:

$$W = E_{k(\max)} = E_{p(\max)} \tag{8}$$

将每个周期内耗损的振动能量 E_{d} 除以 2π,就可以得到了与 W 一样的量纲,因此 η 可以按照下式计算:

$$\eta = \frac{E_{\mathrm{d}}}{2\pi W} \tag{9}$$

4　总结与展望

随着科学的发展,能源采集逐步进入深海工程,新材料不断地被使用,面临的海洋环境也越来越恶劣,对深海油气开采设备的要求也越来越高。立管作为海洋油气开发中一个重要的组成部分,其性能好坏直接影响到油气开发的成本与利润以及环境安全,传统的阻尼理论已越来越不能满足新的要求,这就需要用新的思维方式和新的理论来满足目前这种需要,这样出现了很多新的课题,但应首先应解决如下几个基本问题:

(1)建立数据库。邢明党针对各国对结构阻尼的取值差异情况,收集了大量国内外资料数据,分析结构阻尼的发展历史和影响结构阻尼的各种因素。郭震山等人在广泛收集国内大跨索支承桥梁模态阻尼实测资料的基础上,试图建立能够反映国内索支承桥梁模态阻尼特性的数据库。通过对收集到的实测资料进行统计分析,详细研究了两种索支承桥梁:斜拉桥和悬索桥的模态阻尼特性,找出了模态阻尼同几种参数之间的关系。

因此,可以参考他们的研究方法,收集柔性立管结构的阻尼行为数据并且建立理论数值数据库和实测数据库,分析并预测立管在各种工况的力学响应,更加精准地预测其受力状态及使用寿命,为其设计方面提供重要的参考价值。由于影响结构阻尼的因素繁多,如结构形式、荷载的不同特点、地基的多变性、材料的不同等,应收集各种不同真实条件下质量可靠数据,为研究创造必要基本条件。因为任何理论和任何一种近似计算模型的建立都是以实测数据为依据,并又反过来需要实测结果检验其正确与否。目前,这些数据非常有限,远远不能满足需要。另一方面,在已取得的数据中,又由于对数据取得的条件描述不够、实测方法和技术的不一致,以及实测的误差等因素,从而使得其数据不能够共享。收集到共享数据还需设立统一的标准,给研究提供方便。

(2)影响阻尼的因素。在确定阻尼力时,人们长期以来禁锢在传统的阻尼模式的范围内,强行采用黏滞阻尼系统去等效各种线性和非线性阻尼系统,仅仅考虑数学处理上的方便,而忽视了其真实的物理意义,关注于所使用的阻尼模型结果中体现的影响因素,忽视了影响阻尼的其他一些重要因素,如振幅、结构尺寸、土壤和基础形式、节点等。

(3)阻尼的实验研究和识别方法。目前,动力实验方法还不能直接提供结构的阻尼力和恢复力,仍是按阻尼力和恢复力的相互关系,采用一定的阻尼假设模型,假定在恢复力的条件下去识别阻尼。在弹性阶段,振动的恢复力很容易确定,所以过去在弹性振动中的阻尼问题已经有了很多的研究,但结构进入弹塑性状态后,其刚度是一个不断变化的量,要想准确地描述结构恢复力是比较困难的,从而导致无法对阻尼进行有效识别,增大了研究结构弹塑性动力分析中的阻尼问题的难度。

不同阻尼模型和阻尼比对结构弹塑性分析的影响是不可忽略的。特别是在这一阶段结构即将破坏,因此其阻尼比的大小具有特别意义。在研究中,研究人员仍然采用不同的方法,没有一种为大家所接受的、行之有效的获取结构弹塑性振动阶段阻尼特性的直接试验方法。

(4)阻尼的随机性与模糊性。由于影响阻尼的因素具有随机性,阻尼即使在相同的条件下,反复的测试,每次也会得出不同的阻尼值,所以阻尼是一个随机变量。另外,用不同的测试手段和不同的计算方法,它的取值也是不同的。对不同测试方法和不同计算方法的评价也常有不同看法,如L准确、较准确、不准确。这表明阻尼又是一个模糊变量。长期以来,把阻尼作为普通常量来处理是片面的,应该加强对其随机性和模糊性的研究。

主要参考文献

[1] 方前锋,朱震刚,葛庭燧.高阻尼材料的阻尼机理及性能评估[J].物理,2000(09): 541-545.

[2] 冷巧娟.钢筋混凝土构件的阻尼特性和地震破坏模型研究[D].长沙:湖南大学,2007.

[3] 饶靖.非粘合柔性立管整体分析及端部效应数值模拟[D].大连:大连理工大学船舶与海洋结构物设计制造,2016.

[4] 汤明刚.深水柔性立管及附件设计的关键力学问题研究[D].大连:大连理工大学,2015.

[5] R P Api. 17B Recommended Practice for Flexible Pipe [J]. Iso 13628-11: 2007 Identical,2008.

[6] A Spec. 17J Specification for unbonded flexible pipe[J]. American Petroleum Institute, Washington,Dc,1998.

[7] 李思梁.波纹管式流体阻尼隔振器动力学参数研究[D].哈尔滨:哈尔滨工业大学,2016.

[8] 何玲,郑钢铁.流体阻尼器中黏性发热的反馈作用与热平衡研究[J].应用力学学报,2006(04):505-510.

[9] 邢明党.上海经贸大厦在"云娜台风"作用下结构随机阻尼的实测试验研究[D].武

汉:武汉理工大学,2005.

[10] 郭震山,陈艾荣,项海帆.大跨缆索承重桥梁的结构阻尼特性[J].世界地震工程, 2000(03):52-57.

撰稿人:刘军鹏 [中国石油大学(北京)]

复合管道的界面断裂

Interface Fracture of Composite Pipelines

1　科学问题概述

海底管道运输是海洋油气最为经济有效的运输方式,被誉为"海洋油气工程的生命线"。随着全球范围内海洋油气开发由浅海迈向深海,深水高压低温环境对输油气管道提出严峻的考验。随着水深增加,传统单层管需要增加壁厚,以应对高压环境,增大安装难度的同时,加大了经济成本,对深海条件下油气开发适用性较差。为了避免这种情况的发生,研究者们提出了一种新型海底管线的概念——复合夹层管。复合夹层管由于夹层填充材料的作用,与传统单层管和双层管相比,具有更强的承载能力和更好的保温性能,能够满足深水和超深水管道作业要求。同时,油气卸载用漂浮软管,LNG 低温软管等软管结构多数也是黏结性结构,存在不同材料的界面,在复杂环境荷载及工作荷载下,由于变形的不协调,容易在界面处发生损伤以及断裂,影响管道的整体强度、刚度及寿命。

在复合管界面应力应变分析中,线弹性断裂力学在脆性材料的断裂分析中发挥了重要作用;然而,复合夹层管黏结界面发生裂纹扩展时,被黏物和黏结剂的塑性变形也是一个值得考虑的因素。黏结界面裂纹的扩展很可能是在黏结剂以及某一个被黏物中扩展的,此时,线弹性断裂力学分析方法将会失效,这就需要借助内聚力模型来进行相关的力学分析。同时还需要进一步考虑被黏物和黏结剂的塑性变形、界面端部的奇异性、黏结界面的内聚力破坏、黏结界面的蠕变等问题对界面断裂产生的影响。

2　科学问题背景

作为海洋油气生产系统中的"生命线",海底管道在整个海洋油气生产系统中起着至关重要的作用,并且针对目前的技术而言,其作用是不可替代的。管道作为油气开采、输送的重要设施,对其结构性能进行深入研究,对于指导海底管道结构选型、设计计算都具有重要意义,也为深水油气开采生产活动的安全性提供了更高的保障。复合夹层管是一种新型的、具有很高的抗压和保温性能的管道。其作为保温材料,主要功能是减少油气运输过程中的热量损失,并且防止结蜡所造成的管道堵塞,使得油气能够顺利运输。用于油气卸载用的漂浮软管也是一种复合结构,具有几十层层黏结结构,不同材料具有不同的功能,通过高温硫化制造出一种复合结构,可以根据管道的荷载和工况对材料和几何结构进行设计。另外,输送 LNG、CO_2、液态氢等低温液体的软管,也可采用复合结构,兼顾强度和刚度,能够适应传输及卸载时船和平台的晃动,相比于钢制管线在轻量化方面也具有很大的优势。

但是,这种黏结的复合管道通过各层材料部件黏结等方式连接起来,形成了黏结界面。在黏结界面处,因其物理性质不匹配和几何形状的间断性,其界面破坏机理十分复杂。同时,在制备过程中,由于人为因素和制造误差等原因,难免会在连接界面处引入孔洞、杂质等缺陷,这将很容易引起界面裂纹的萌生,进而引起裂纹起裂和扩展,并导致整个复合结构断裂破坏,最终造成工程结构物的整体失效。因此,对黏结界面进行界面断裂分析是至关重要的。

3 科学问题研究进展

目前,对于复合管道的界面问题以及界面断裂问题研究较少,界面断裂问题主要针对一般材料与结构。目前对于界面断裂的研究主要分为:基于强度理论、基于断裂力学理论、基于数值分析方法。

3.1 基于强度理论的复合管道界面断裂评价方法

基于强度理论的界面断裂评价方法主要有三种:①承载力(界面平均黏结强度)模型,是忽略界面应力场的奇异性、震荡性、界面不匹配等一系列复杂因素的影响,直接根据简单实验(单剪、双剪实验等)数据得到的一种模型,这种承载力模型都属于经验模型,目前模型精度存在较大争议。②界面强度模型,是通过破坏面与黏合材料面之间的相似性,来建立两者界面强度之间的关系,该理论模型中的界面强度可以由界面两侧材料的强度来表征,无论是承载力模型还是界面强度模型,都只适用于特定的简单结构,并不适合属于复杂复合结构的界面破坏行为的评价。③黏结滑移模型忽略界面破坏行为的一系列复杂因素的影响,通过测试两种不同材料界面的位移场/应变场,可以得到两材料界面间的黏结-滑移关系,用以描述界面的剥离破坏过程,这类方法可以弥补通过实验测试手段获得两种材料表面的位移场/应变场的测试误差,但是目前能够直接计算界面断裂关系的有限元模型极少,缺乏可比性。

总体上,界面承载力、黏结-滑移模型等的强度理论无法精确评价复合夹层管道这种复杂的界面断裂破坏问题,这种方法只能大概估计出界面处的损伤程度,但是往往不能对界面处的损伤进行一个恰当的定量描述。

3.2　基于断裂力学理论的复合管道界面断裂评价方法

与传统的强度理论不同,对于界面裂纹尖端的应力奇异性,断裂力学方法中的断裂能、应力强度因子、裂纹能量释放率、J-积分等都可以定量描述界面应力场的奇异和震荡性,为评价界面破坏行为提供了强有力的手段。基于断裂力学的评价方法可以分为三类:①基于断裂能的评价方法,该方法统计基于界面断裂能的多种计算模型,这些模型都含经验参数,并且可以根据复合夹层管夹芯材料的拉伸强度或压缩强度等材料参数直接计算,在复合夹层管道界面破坏行为的数值分析中得到了广泛的应用。该方法存在的缺陷为:界面断裂能测试值的精度问题及这些断裂能模型的有效性还有待考证。②基于界面应力强度因子的评价方法,通过研究复合结构的中心界面裂纹和周期性界面裂纹,讨论材料组合和相对裂纹长度对应力强度因子的影响,获得计算界面裂纹应力强度因子的有效方法。③基于能量释放率 G 或 J-积分的评价方法,这种方法主要分为两类:一类是依据裂纹前沿的位移(应力、应变)场与距裂纹尖端距离的关系直接拟合计算应力强度因子,但是这类方法需要确定裂纹尖端的位置;另一类是利用裂纹附近区域的位移场,直接计算 J-积分或通过计算 J-积分而转化成应力强度因子,这种方法不需要确定裂纹尖端的位置,且具有鲁棒性。这对于非均质材料来说具有明显的优势。

总的来说,基于断裂力学理论的评价方法,可以定量描述界面应力场的奇异和震荡性,为评价界面破坏行为提供了强有力的手段,但是关于复合夹层管道界面断裂问题的 J-积分计算存在较大困难。

3.3　基于数值分析方法的复合管道界面断裂评价方法

复合夹层界面断裂建模思路常分为三种:①虚拟裂纹闭合技术,假设在裂纹扩展中释放的能量等于将裂纹闭合回到其原始构型所需做的功,能量释放率通过裂纹尖端处的力和位移信息计算。虚拟裂纹闭合技术的特点是以独立的能量分量形式计算自相似的裂纹扩展过程。但是,裂纹的萌生以及小裂纹的发展是不可预测的,并且由于虚拟裂纹闭合技术中能量释放率与特征长度(常与单元网格尺寸相联系)有关,所以必须依托强大的网格优化技术来描述裂纹扩展过程。②内聚力模型方法认为界面裂纹尖端附近会形成内聚力损伤区域,该方法的核心就是建立损伤区域界面张开位移与牵引力的关系。内聚力模型方法克服了线弹性的局限性,在模拟复杂界面裂纹扩展上更具优势。同时,内聚力模型对网格的节点空间坐标信息要求不高,更易于进行有限元实现。③扩展有限元方法,可以描述裂纹沿任意路径的扩展,很好地克服了虚拟裂纹闭合技术和内聚力模型需要预先设定裂纹路径以及要求高质量的网格排布的局限性。

总的来说,与虚拟裂纹闭合技术相比,内聚力模型方法克服了线弹性的局限性,在模拟复杂界面裂纹扩展上更具优势。同时，内聚力模型对网格的节点空间坐标信息要求不高，更易于进行有限元实现;考虑到大多数黏结界面裂纹扩展路径并非完全任意，且扩展有限元方法求解难度高，对非线性问题也有一定的局限性等缺点，内聚力模型相比于扩展有限元方法更适合描述界面断裂。

4 总结与展望

界面断裂问题属于断裂问题的一个分支，由于界面裂纹端部的震荡性，其理论及数值分析方法相比于一般断裂问题有其特殊性。目前关于界面断裂的分析方法主要有以下结论:①基于强度理论的复合管道界面断裂评价方法，界面断裂模型建构容易，计算效率高，但是这种方法只能大概估计出界面处的损伤程度，往往不能对界面处的损伤进行一个恰当的定量描述。②基于断裂力学理论的评价方法，可以定量描述界面应力场的奇异和震荡性，为评价界面破坏行为提供了强有力的手段，但是解决复杂界面断裂问题存在较大难度。③基于复合管道界面数值分析方法，可以通过内聚力模型克服线弹性的局限性，以及材料的非线性问题，可以较准确地描述复杂界面的断裂问题。

但是，复合管道的界面断裂问题相比于一般材料及结构的断裂问题也有其特殊性，例如，复合管道中一般有纤维材料与其他材料的界面，纤维材料具有各向异性，纤维角度对裂纹的扩展具有较大影响，在材料特性中需要进行考虑;另外，复合管道一般处于低温或者高温，常温管道较少，温度荷载对界面的长期影响以及对界面裂纹扩展等不能忽略。据文献调研，这些复合管道中的界面断裂问题目前都没有关注到，而这对复合管道的界面强度及寿命都有较大影响，未来需要进行攻关研究。

主要参考文献

[1] Zhang Y, Noda N A, Wu P Z, et al. Stress intensity factors of a central interface crack in a bonded finite plate and periodic interface cracks under arbitrary material combinations [J]. Engineering Fracture Mechanics, 2011, 78(6): 1218-1232.

[2] Bnea M D, Silva D A. Adhesively bonded joints in composite materials: an overview[J]. Proceedings of the Institution of Mechanical Engineers Part L-Journal of Materials-Design and Applications, 2009, 223(1): 1-18.

[3] Wang J. Cohesive zone model of FRP-concrete interface debonding under mixed-mode loading[J]. International Journal of Solids and Structures, 2007, 44(20): 6551-6568.

[4] Lu X, Teng J, Ye L, et al. Bond-slip models for FRP sheets/plates bonded to concrete [J]. Engineering Structures, 2005, 27(6): 920-937.

[5] Irwin G R. Analysis of stresses and strains near the end of a crack transversing a plate [J].

J Appl Mech,1957,24(1):361-364.

[6] Griffith A A. VI. The phenomena of rupture and flow in solids [J]. Philosophical Transactions of the Royal Society of London Series A,Containing Papers of a Mathematical or Physical Character,1921,221(582-593):163-198.

[7] Rice J R. A path independent integral and the approximate analysis of strain concentration by notches and cracks [J]. Journal of Applied Mechanics,1968,35(1):379-386.

[8] Peters W,Ranson W. Digital imaging techniques in experimental stress analysis [J]. Optical Engineering,1982,21(3):213427.

撰稿人:张玉[中国石油大学(北京)]

高温高压对管道密封性能作用机制

Effect mechanism of high temperature and high pressure on sealing performance

1　科学问题概述

随着油气开采和炼油及化工技术的迅速发展,高温高压等苛刻工况条件在各种油气输运和炼化装置中非常普遍。作为管道输运关键技术之一的管道密封技术需要不断突破高温高压条件的限制,掌握管道密封性能作用机理及核心技术是油气开采和炼化的迫切需求。

管道密封最常用的连接形式是螺栓法兰式密封,其由螺栓连接两个法兰,并在法兰间设置密封垫圈以实现密封流体。当前,法兰式管道密封存在密封面的加工制造、法兰的安装过程中极易出现磕碰、精度不足、尺寸不合理等影响密封性能的问题,同时,高温高压下管道新型密封材料应用过程中常遇到常规密封计算方法不适用的情况。

当前常规的密封设计主要来源于经验以及国外产品样本(例如 Parker、Trelleborg 等国外超大型公司给出的推荐公式),我国的高温高压管道密封结构设计主要依赖国外技术,相关研究起步较晚,经验不足。高温高压密封结构相关的实验设备费用昂贵,同时具有较高的危险性、耗时费力以及经济性和效率较低等特点,不利于实验研究的发展。具体存在以下几个方面的问题:①理论研究缺乏实验支撑;②对高温高压法兰密封的数值分析研究不充分,相较于常规密封分析,高温高压管道的密封需要从温度时间引起的蠕变、内部热流场分布和管道的激振作用影响等多个方面考虑高温高压下的法兰密封作用机理;③管道密封实验手段有待改进,高温高压下的密封特性的数字孪生结合不够紧密。高温高压对实验设备的要求更高,难度更大,相关测试手段大多只能测试常规的动、静密封效果,对高温高压下的密封性能的衰减和密封在荷载作用下的温度场、应力场等无法准确测量。

高温高压的法兰密封受荷载和温度场的加载路径影响较大,单纯依靠测量手段无法实现对高温高压密封的准确监测和测量,需要结合多种手段相互配合共同完成对高温高压密封特性的监测和测量,借助虚拟现实技术实现高温高压密封作用机理的实时显示和动态演化规律,可为掌握高温高压密封作用的核心技术研究提供技术手段。

高温高压管道密封与常规的管道密封作用机理存在较大的差异,需要利用多种手段,从高温高压对管道的作用引起的应力场、温度场的变化和荷载应力路径对密封性能的影响以及改进现有实验测试手段,结合虚拟现实技术,多角度研究高温高压特性对密封性能的影响,最终实现高温高压下的管道密封性能作用机制研究,解决高温高压下管道密封的关键科学问题。

2 科学问题背景

螺栓法兰连接是企业中高温高压设备的重要连接方式,法兰之间的垫片是关键密封构件,它结构简单、易拆卸。因此,螺栓法兰连接及法兰垫片遍及石油、化工等行业中。作为连接管道密封的结构,管道法兰连接垫片在工作过程中受螺栓预紧力、工作温度、工况条件下介质压力、附加外荷载的作用,必须要有足够的强度和紧密性才能满足密封的要求。但如今炼油及化工行业工艺要求的多样化,使得管道法兰连接的工作条件更加复杂,特别是在高温高压、强腐蚀、易燃易爆等复杂条件的场合,所以各行业对螺栓法兰连接的紧密性评定就愈加严格。因此,压力管道的设计制造也必须在能满足大型化、操作条件苛刻以及工作环境恶劣的条件。它的合理设计不仅能保证设备和管道长期安全地运行,给企业带来盈利,还可以避免其发生泄漏而发生重大的安全事故带来的经济损失和人身安全灾难。

同时,由于常年工作在高温及变温工况下,随着设备服役周期的逐渐延长,高温工况下的螺栓法兰连接就会出现垫片等密封元件的回弹能力降低以及螺栓发生蠕变变形,造成密封能力下降;或者由常温升高到高温之后以及经常工作在变温工况中,设备密封失效,出现的泄漏、"跑冒滴漏"现象得不到彻底抑制,有时甚至需要设备紧急停车,给石油化工行业造成巨大损失。

由此可见,如果对高温高压下法兰的密封性能不进行深入的研究,极其容易引发重大的生产事故,造成巨大的财产损失以及人员伤亡。因此,开展高温高压密封作用机制研究是保障我国石油化工产业输运安全的迫切要求。

3 科学问题研究进展

对高温高压对管道法兰垫片密封性能作用机制的研究,主要聚焦在高温高压工况下法兰垫片密封性能的变化,相关研究主要分为三条技术路线:理论研究、数值模拟方法、基于数字孪生的密封实验方法。

3.1　基于分形理论的密封接合面接触分析研究

密封过程就是通过施加外荷载,使两个密封接触面表面的凸峰发生变形和流动,其接触面积增大,进而减小两接触表面之间的泄漏通道,阻止流体介质通过。两个粗糙表面在宏观上的接触,其微观上表现就是各个微凸体和刚性平面的接触。所以,建立单个微凸体和刚体平面之间的接触模型,还需要知道各个微凸体在粗糙表面的分布。传统研究把微凸体的分布简化为等高分布或高斯分布。由于这种方法基于随机过程和统计原理,不能反映粗糙表面形貌特征的本质,且在多重尺度下会产生不同结果,不具备唯一性。而基于分形理论产生的 W-M 以及在此基础上改进和修正的 W-B 模型等能很好地弥补传统研究方法的不足,使得模型结果具有确定性。

理论方法存在以下难点:理论推导所建立的分析模型偏于理想情况,对于极端工况缺乏相应的理论指导,需要结合实验结果进行修正和改进。

总体上,技术路线 1 通过理论方法对管道密封性能进行研究,该方法能够深入地理解和认识摩擦界面对密封影响机理。然而,理论方法也存在缺点,需要与实验研究相结合,对模型进行系数修正,才能更好地反映工程实际。

3.2　基于数值模拟的管道高温高压法兰密封性能研究

数值模拟方法是当前管道高温高压垫片密封性能研究的主流路线,并在工程中得到广泛应用。该方法通过有限元软件对法兰应力温度、压力等因素进行分析,得到高温高压工况下螺栓法兰连接强度和密封性能。分析过程中,对法兰加载真实工况边界条件。分析内容围绕不同密封形式法兰的温度、压力分布情况,应力大小及分布情况,并分别对法兰结构中螺栓、垫片及预紧力等进行模拟仿真,作瞬态分析,保证法兰结构的密封性和结构完整性。通过有限元分析从侧面来验证法兰是否满足材料许用应力要求,是否符合设计规范,分析得出更适合的法兰设计方案。

数值仿真存在以下难点:有限元分析模型较为理想化,对现实情况的模拟程度有限。

总体上,技术路线 2 通过有限元软件建立了管法兰连接系统的三维有限元模型,对法兰连接系统分别进行了各部件的温度、压力场稳态分布研究、热-流-结构耦合场研究以及系统的紧密性评定。该方法提高计算分析的灵活性和速度,获得了实际实验过程中不能得到的数据,为管法兰系统的密封性研究提供一个良好的分析平台,能够为工程实际问题提供大量的准确数据库,提高计算效率,容易实现工程应用。然而,数值仿真也存在劣势,有限元分析模型是使用较为理想化的模型来近似模拟实际情况,分析非线性行为也是近似的计算,因此,有限元结果会与实际情况不完全相符。

3.3 基于数字孪生技术的管道法兰高温高压密封性能实验

管道法兰垫片高温高压密封性能实验方法是当前管道高温高压密封性能研究方法的另一主流路线,该方法通过建立虚拟现实的法兰高温密封性能测试装置,利用分布式光纤和红外探测等测量技术手段,对不同法兰规格下常温螺栓加载方式和高温下不同垫片下系统内螺栓荷载和泄漏率进行测量,得到不同垫片、不同温度、不同螺栓加载方式下螺栓力随内部介质温度变化的响应、压力和温度波动时螺栓力响应等数据,结合虚拟和大数据手段,构建虚拟模型,实现管道法兰密封的时空演化过程研究,最终实现法兰连接系统密封性能动态变化的测量和评估。

实验方法存在以下难点:实验环境、数据采集及对实验数据的处理等,这些都会影响实验结果的真实性和精确性。

总体上,技术路线3通过实验方法对管道法兰高温高压密封性能进行研究,该方法能够最大限度地体现现实情况下高温高压对管道密封性能影响机制。然而,实验方法也存在缺点,实验方法对实验环境、数据采集及对实验数据的处理要求较高,周期较长,效率较低。

4 总结与展望

综上所述,现有高温高压对管道密封性能作用机制研究主要围绕上述三种技术路线展开,然而三种技术路线各有优劣势及局限性。

(1)基于分形理论的密封接合面接触分析研究的方法能够从理论层面分析摩擦副界面温升机制,但单纯的理论研究在公式推导时偏于理想状况,对于工程应用的指导有限。

(2)基于数值模拟的管道高温高压法兰密封性能研究方法计算效率高,容易实现工程应用。可以得到实际实验过程中不能得到的数据,能够为工程实际问题提供大量的准确数据,但其限元分析模型较为理想化,分析非线性行为也是近似的计算,对现实情况的模拟程度有限。

(3)管道法兰高温高压密封性能实验方法能呈现现实情况下高温高压对管道密封性能影响机制,数据更加准确,但其对实验环境、数据采集及对实验数据的处理要求较高,周期较长,效率较低。

主要参考文献

[1] 谢育辉,艾波,任相军,等.Waters 法兰设计方法分析与建议[J].石油化工设备技术,2015(6):6-10.

[2] 龚春鸣,沈峰,白宁,等.高温高压大直径法兰结构及其力学性能分析[J].机械设计与研究,2018,34(3):154-157.

［3］ Zheng X,Zhang X,Gao J,et al. Heat loss characteristics of Pipe Flange Joints(PFJs): experiments and simulations[J]. Journal of Pressure Vessel Technology,2019,142(2).

［4］ Aljuboury M,Rizvi J,Grove S,et al. A numerical investigation of the sealing performance and the strength of a raised face metallic bolted flange joint[J]. International Journal of Pressure Vessels and Piping,2020,189:104255.

［5］ Sato K,Muramatsu A,Kobayashi T,et al. FEM stress analysis and sealing performance of bolted flanged connections using PTFE blended gaskets under internal pressure[C]// ASME 2015 Pressure Vessels and Piping Conference,2015.

［6］ Abid M,Nash D H,Javed S,et al. Performance of a gasketed joint under bolt up and combined pressure, axial and thermal loading-FEA study[J]. International Journal of Pressure Vessels and Piping,2018,168.

［7］ Zheng X,Sato K,Fujihara T,et al. Effect of tightening procedure on the sealing performance of bolted gasketed pipe flange connections[C]// ASME 2019 Pressure Vessels & Piping Conference,2019.

［8］ Aljuboury,Muhsin,et al. Manufacturing and development of a bolted GFRP flange joint for oil and gas applications[J]. Proceedings of the Institution of Mechanical Engineers,Part B:Journal of Engineering Manufacture,2021.

［9］ Arghavani J. Sealing performance of gasketed bolted flanged joints:effect of flange surface charActeristics and application of fuzzy logic.[D]. Ecole Polytechnique, Montreal (Canada). 2002.

［10］ 陈志,蔡垚,顾灿鸿.基于分形理论的机械密封干摩擦时端面接触特性的研究[J].工程科学与技术,2021,53(3):188-196.

撰稿人:安晨[中国石油大学(北京)]

氢能输送管道损伤演化机制及调控

Damage evolution mechanism and its control method for hydrogen transportation pipeline

1　科学问题概述

"碳达峰、碳中和"目标是对能源消费结构变革的重要推手,氢能作为来源多样、储运便捷、利用高效的清洁能源,是实现"碳达峰、碳中和"目标的重要途径之一。安全经济输运是氢能发展的关键环节。利用管道进行氢能输送，被认为是当前实现大规模氢气输送利用的重要手段。然而，与其他气体能源相比(例如天然气)，氢气具有易导致材料产生氢损伤、易泄漏等特点，使得输氢管道损伤机制复杂；同时氢气爆炸极限宽、调控困难，如防范不当易出现安全事故。因此，探明氢能输送管道损伤演化机制并建立调控方法对管道安全运行至关重要，需要从材料选型、制造安装与运行维护等方面开展深入研究。

输氢管道材料选型问题：输氢管道在高压临氢环境中的服役性能受温度、氢气压力与应力状态的影响，现有燃气管道在长期临氢环境服役下的技术难题也逐渐凸显。在高压氢环境中服役，氢会侵入金属内部并在金属中传输与偏聚，对材料力学性能产生影响，引发高压氢脆问题；而非金属材料抗渗透性能较弱，氢分子将溶解、扩散至材料内部，引起非金属氢鼓包等现象。上述氢环境下金属与非金属的服役特征变化均会引起材料原位与非原位力学性能的折减，影响金属与非金属管道以及附件、接头等结构的服役性能。因此，为保障输氢管道的安全服役，亟待开展金属抗氢脆性能评估与非金属氢渗透评估，探明输氢管道及其附件在临氢环境下的失效模式与服役性能，提出抗氢脆、耐氢渗透的输氢管道材料选型方案与结构优化方法。

输氢管道制造安装问题：输氢管道成型工艺及其安装与连接方式对管道在氢环境下的服役性能具有显著影响。金属管道制造中，金属焊接接头的焊缝和热影响区相较本体区域受金相组织等影响，容易引发氢富集与氢脆现象，加剧了焊接接头与焊缝等区域的失效风险；非金属管道制造中，受非金属熔接的管道连接工艺，管道接头处的熔区以及接头不连续结构均会导致该位置处的氢富集，引发氢气大量渗透与显著的氢鼓包现象。同时，氢环境下输氢管道集成附件的失效风险也显著提升，管道接口的密封件在氢作用下将引发老化、硬化、脆化等现象，导致密封性能下降或甚至丧失密封性能；受金属氢脆的影响，管道接管、螺栓、法兰、阀门的强度、韧性与使用寿命显著降低，导致在连接端与密封端出现结构破坏。因此，氢环境对输氢管道的成型与集成附件的制造安装均提出了更高的要求。

输氢管道运行维护问题：受氢气宽爆炸极限的影响，氢气渗漏的监测和早期预警系统需要避免过高使用温度和电信号传输的传感器系统，保障传感器本质安全防爆、可抗电磁干扰、实现远距离、大范围分布式测量。考虑氢环境下螺栓、法兰与阀门因寿命下降引发的结构失效问题，需要建立起密封氢泄漏监测系统，形成结构服役寿命评价方法。对于氢老化与氢渗透对输氢管道压力、流量计量装置的影响，在探明计量装置使用寿命的基础上，探究氢介质对装置计量效果的影响，修正和改进传统燃气管道检测、监测、测试装置。

2 科学问题背景

随着我国能源结构的不断优化，可再生能源发展迅速，但与此同时"弃风""弃光"现象也极为严重。另一方面,氢能因其具有低碳环保、来源广泛、利用高效的特点,是极具应用前景的二次能源。因此,将电网无法消纳的可再生能源制成氢气,是解决大规模可再生能源消纳问题的有效途径之一。但如何将大规模的氢气从制氢场所安全高效地运输到用户终端面临巨大挑战。通过氢能管道或将氢气以一定比例掺入天然气,再利用天然气管网进行输送是解决该问题的重要途径之一。

发达国家高度重视氢能管道的发展,全球纯氢输送管道总里程已达到5000km左右,美国的输氢管道运行里程全球最多。其中全球最大的氢气供应管网,位于墨西哥湾沿岸,全长965km,输氢量达150万 Nm^3/h。国内氢气长输管道建设处于起步阶段,现有氢气输送管道总里程仅约400km。目前已知的长距离输氢管道只有金陵-扬子氢气管道、巴陵-长岭氢气提纯及输送管线工程、济源-洛阳氢气管道三条。在建拟建的包括:河北定州-高碑店氢气管道、舟山海底输氢管道等。在掺氢输送管道方面,据不完全统计,自2004年以来,欧洲委员会、荷兰、德国等国家先后开展了一系列掺氢天然气管道输送系统应用示范项目。2004年,在欧洲委员会的支持下,国际上首次开展了"NaturalHy"项目,将氢气注入高压输送管线,并通过配送管网输送至最终用户;2007年,荷兰开展了将氢气掺入当地天然气管网供普通家庭使用的研究和示范;2012年,德国开展了风电制氢-天然气管道掺氢全过程示范项目;2014年,法国开始实施"GRHYD"项目,开展了为期五年的混氢天然气应用示范;2015年,德国进一步开展P2G全过程技术链示范项目;2016年,英国开展了"HyDeploy"项目,对掺氢天然气供住宅使用的可行性进行了验证。国内目前掺氢天然气管道输送系统的应用示范总体较少且规模小。

氢气易燃易爆且对材料性能有劣化作用,例如国内外研究发现,氢气会显著降低金属材料的断裂韧度,X80钢的断裂韧度从空气中的219MPa·$m^{1/2}$降低到5MPa氢气中的105MPa·$m^{1/2}$和21MPa氢气中的102MPa·$m^{1/2}$。高压氢环境下的非金属强度也将显著折减,高密度聚乙烯在35MPa氢气中的强度比空气中强度显著降低,高压氢气同时会造成高密度聚乙烯等材料发生鼓泡、微裂纹等损伤,疲劳裂纹扩展速率也会增加。因此,氢能输送管道面临的挑战之一就是临氢环境对管道的氢损伤影响,亟待在揭示纯氢/掺氢天然气环境中管道损伤规律和机制的基础上,提出相应的管道性能调控方法。

3　科学问题研究进展

目前,在氢能输送管道损伤演化机制及调控方法方面,国内外主要围绕输氢管道材料临氢损伤特性、输氢管道高品质制造技术、输氢管道运行维护关键技术三方面展开研究。

3.1　输氢管道材料临氢损伤特性研究

围绕输氢管道材料临氢损伤特性及选型方面,在金属管道氢环境下的性能研究中,美国圣地亚国家实验室、韩国标准科学研究院、浙江大学等均已进行了纯氢/模拟掺氢天然气($H_2 + N_2$或$H_2 + CH_4$)环境下材料性能原位测试研究,分析材料力学性能演化规律,获得了部分管线钢在氢环境中的力学性能,但由于试验数据的限制和损伤机理方面的不明确,无法支撑输氢管道性能的预测和调控。在损伤机制方面,材料中塑性区、裂尖等区域在不同温度和应力条件下的氢原子分布规律不清,氢原子对管线钢穿/沿晶断裂模式的影响规律缺乏研究,管线钢中基于氢扩散动力学的裂纹扩展预测模型缺乏,现有模型较少考虑氢浓度分布的影响;在材料临氢性能演化规律方面,管线钢在临氢环境中材料性能劣化随应力比、应变速率的演化规律不清,在不同压力的真实掺氢天然气环境中材料的力学性能数据缺乏,混合气体中各气体组分对高压氢脆程度的影响规律和机制不明,制约氢能管道发展。

在非金属管道氢环境下的性能研究中,考虑非金属管道受长时内压蠕变与氢气对材料性能折减的协同作用,显著增加了非金属管道性能评估与安全保障的难度。以美国西北太平洋国家实验室为主的研究团队开展了高密度聚乙烯在高压氢环境下的原位与非原位性能测试,评估了临氢环境对非金属材料性能折减规律;然而氢环境下的材料损伤机制与温度等影响规律研究,目前国内外均未见有相关团队报道。此外,氢气在管道中的渗漏问题也是国内外研究团队关注的重点,非金属中的氢渗透系数主要受材料种类、管道制造工艺、温度等的影响。国内外目前非金属管道用于输氢的案例相对较少,非金属临氢性能评价与其氢的渗透系数随制造工艺以及温度等演化特性不清,难以预测非金属管道在氢环境下的服役性能。

3.2 输氢管道高品质制造技术研究

对于输氢管道制造安装而言,在进行氢气/掺氢天然气输送时,金属管道焊缝与非金属管道接头等关键结构处于高压富氢环境下,局部氢浓度饱和会促进管材氢吸附和渗透,容易诱发裂纹、滞后断裂与氢加剧泄漏,这会引起氢气/掺氢天然气管道产生材料失效,进一步导致气体泄漏、积聚、燃烧、爆炸等问题,严重威胁氢气/掺氢天然气的使用安全和推广应用。上述问题近年来已引起了世界各国的关注,形成的共识是:为了保障输氢管道服役安全,需在能够真实再现管道服役环境的高压临氢环境中,开展管道材料性能测试和氢环境损伤机制研究,揭示制造工艺与氢损伤间的关联机制,提出输氢管道制造安装技术要求。

对于金属管道的焊缝而言,目前相关报道中关于临氢管道环焊缝韧性劣化的相关研究较少,由于环焊接头组织成分与应力状态的复杂性,氢环境下其材料损伤机制有待进一步探明。与国外研究相比,我国对不同氢环境下管材及环焊缝的典型材料力学性能劣化规律研究不足。因此需要针对不同焊接工艺条件下管线钢及其环焊接头的组织成分,考虑组织结构、应力状态、氢分压与输送压力的影响,系统开展多因素耦合作用下氢渗透与扩散研究,进而提出精准描述管道环焊缝氢渗透与扩散的机理模型,在此基础上研究高压富氢环境下管材及环焊缝内部晶格结构变化规律,建立氢环境下管材及焊缝典型力学性能数据库,提出管道环焊缝性能劣化的量化模型。在管道环焊缝裂纹驱动力演化机理方面,裂尖应力场的变化会改变氢在环焊缝中的分布特征,导致氢损伤行为也随之发生变化;而氢富集造成的损伤会进一步改变裂尖的局部应力应变状态,不仅导致韧性的降低,还改变了裂尖的应力场强度,两者的相互耦合使得氢环境下环焊缝的裂纹驱动力演化机理更加复杂,对于氢环境下材料、荷载、缺陷等因素对环焊缝裂纹驱动力的耦合作用值得深入研究。此外,管道环焊缝断裂评估方法有待完善。

输氢管道用密封件、法兰、阀门等附件通常面临着氢脆与氢渗漏等问题,降低使用寿命,使得附件提前失效。国外已针对临氢环境中密封件、法兰等附件的失效行为开展了较为系统的研究,并支撑开发了临氢环境专用附件。而我国在该方面的研究刚刚起步,国产管道附件在氢环境中损伤演化规律尚不清楚,产品缺乏,受制于人。

3.3　输氢管道运行维护关键技术研究

对于输氢管道运行维护而言,传统燃气运维系统中的传感器面临工作温度高、需要使用电信号、无气体选择性、灵敏度较低等问题,通常难以直接应用于氢气监测。近年来,国内外学者提出采用光学型传感器监测氢气具有本质安全防爆、可抗电磁干扰、温度敏感性高、可实现远距离监测、适用于大范围分布式测量等诸多优势,成为当前研究的热点。国内学者在最新的研究中,提出了使用干涉型光纤氢气传感器来实现对氢气浓度的检测,并开展了较为系统的理论分析与实验研究,通过设计光学传感探头,搭建起完整的实验检测系统,证实此传感结构可以检测到明显的干涉信号,具备高灵敏度氢气检测的可行性。为输氢管道氢气渗漏监测和早期预警系统与接管、螺栓、法兰、阀门处的氢气泄漏监测提供了较为可行的技术方案。

4　总结与展望

在输氢管道材料选型方面,揭示纯氢/掺氢天然气输送管道氢损伤演化机制,并建立相应的氢损伤调控方法是支撑输氢管道规模化应用的重要基础。重点应开展纯氢/掺氢天然气管道氢损伤随材料(化学成分、微观组织等)、气氛环境(氢气压力、杂质等)、荷载(内压荷载、应力集中)等的演化机制,探明上述因素对氢在塑性和裂纹尖端等区域分布特性的影响,探明氢原子对管线钢穿/沿晶断裂模式的影响规律,建立管线钢中基于氢扩散动力学的裂纹扩展预测模型,结合理论分析和实验结果,提出氢能输送管道氢损伤调控方法。在非金属输氢管道中,开展氢环境下的原位力学性能测试实验,以强度、刚度、韧性与蠕变速率为关键力学性能指标,建立不同氢浓度、氢压力、服役温度与服役时间对力学性能折减的影响机制,结合承压设备理论分析,提出氢能输送非金属管道的服役性能评价与寿命预测方法。探明非金属中氢溶解系数与扩散系数随氢浓度、氢压力、服役温度与管道材料及成型工艺的响应机制,系统建立起非金属管道氢渗透评价方法,研制低渗氢高压力的高性能非金属输氢管道。

在输氢管道制造方面,针对金属焊接接头焊缝和热影响区的材料金相组织及其损伤情况,开展不同焊接工艺条件下焊缝处与本体材料处在氢环境下的原位力学性能测试,量化焊缝处临氢环境下的性能折减情况,形成管道环焊缝裂纹驱动力计算方法和管道环焊缝断裂评估方法,提出管道优化的焊接工艺;针对非金属接头处熔区与不连续结构的影响,开展熔区与本体材料氢环境下的原位力学性能测试与渗透性能测试,量化接头处的氢渗透行为及其影响机制,设计低渗透的结构连接方式。在此基础上,开展管道密封件在氢环境下的综合性能测试,探明密封件的老化行为,建立氢环境下密封件的密封性能预测与使用寿命预测模型;探究输氢管道接管、螺栓、法兰、阀门在氢脆影响下的强度、韧性的损伤演化特性与使用寿命预测模型。最终建立输氢管道制造安装方法,并研制长寿命、耐氢脆、低渗氢的氢环境用附件,为我国氢能管道发展提供支撑。

在输氢管道运行维护方面,建立本质安全防爆的氢气渗漏监测和早期预警系统,探究氢气传感器工作原理,针对特定尺寸与工作压力的输氢管道提供定制化传感探头设计方法,提出氢气信号的降噪处理与信号提取方法,最终实现远距离、大范围分布式氢气测量。针对输氢管道的螺栓、法兰与阀门等关键部件,需要建立起密封氢泄漏监测系统,探明结构服役寿命评价方法。针对输氢管道的压力、流量计量装置,在探明计量装置在氢环境下使用寿命的基础上,探究氢介质对装置计量效果的影响,修正和改进传统燃气管道检测监测装置。最终形成氢浓度监测、氢泄漏检测的输氢管道运行维护系统。

主要参考文献

[1] 中国电力传媒集团有限公司. 中国能源大数据报告(2021)[R]. 北京,2021.

[2] Charlotte V L, Machiel M. Power-to-gas in electricity markets dominated by renewables [J]. Applied Energy,2018,232:258-272.

[3] Schiebahn S, Grube T, Robinius M, et al. Power to gas:technological overview, systems analysis and economic assessment for a case study in germany[J]. International Journal of Hydrogen Energy,2015,40(12):4285-4294.

[4] Linlin M,Catalina S. The use of natural gas pipeline network with different energy carriers [J]. Energy Strategy Reviews,2015,8:72-81.

[5] Nguyen T T, Park J, Kim W S, et al. Effect of low partial hydrogen in a mixture with

methane on the mechanical properties of X70 pipeline steel[J]. International Journal of Hydrogen Energy,2020,45(3):2368-2381.

[6] 张一苇,顾超华,李炎华,等.煤制天然气中氢对 X80 钢螺旋焊管力学性能的影响[J].压力容器,2020,37(3):1-8.

[7] An T,Zhang S,Feng M,et al. Synergistic action of hydrogen gas and weld defects on fracture toughness of X80 Pipeline steel[J]. International Journal of Fatigue,2019,120:23-32.

[8] An T,Peng H,Bai P,et al. Influence of hydrogen pressure on fatigue properties of X80 pipeline steel[J]. International Journal of Hydrogen Energy,2017,42(23):15669-15678.

[9] An T,Zheng S,Peng H,et al. Synergistic action of hydrogen and stress concentration on the fatigue properties of X80 pipeline steel[J]. Materials Science & Engineering. A,Structural Materials ：Properties,Microstructure and Processing,2017,700:321-330.

[10] Shang J,Chen W,Zheng J,et al. Enhanced hydrogen embrittlement of low-carbon steel to natural gas/hydrogen mixtures[J]. Scripta Materialia,2020,189:67-71.

撰稿人:施建峰(浙江大学)　花争立(合肥通用机械研究院有限公司)

氢气运输管网的完整性管理

Integrity Management of Hydrogen Transmission Pipeline Network

1　科学问题概述

氢能由于兼具经济性和环境友好性,被视为人类能源问题的最终解决方案备选之一,正深刻影响着世界能源供应和应用体系的长远重构,并正在加速交通、发电、工业和住宅等领域的快速变革和世代演化。传统化石能源具有较强的地理属性,典型煤炭和油气资源分布的不均匀性带来了世界各国对能源供应、运输通道和应用市场的争相控制。氢气作为典型的可再生能源,既被传统化石能源出口国视为保持能源竞争力优势的未来武器(沙特阿美公司已向日本出口"蓝氢",并宣布了 50 亿美元绿氢建设计划),又被传统化石能源进口国视为从根本上解决能源紧缺问题的重要机遇。中国政府做出实现碳达峰和碳中和的重大战略决策后,国际能源界将更多的注意力投向了氢能产业,而美国重返《巴黎协定》则标志着全世界都将在中美这两大经济体的一致行动下加速推进以氢能为代表的新能源发展。

氢能产业发展涉及一系列技术创新和科技融合。由于氢的物理性质和使用特点,高压气态和低温液态这两种通常的储存和运输方式对制取、存储、输送、利用等环节的工艺流程和机器设备都提出了较高的要求。中国具有广阔的西部荒漠和良好的光照条件以及充沛的风力和水力资源，可开发的"绿氢"资源预计具有"亿吨"级当量，完全能够满足我国经济社会快速可持续发展的清洁能源供应要求，从根本上改变我国能源供应长期依靠进口的"卡脖子"现状，长远保障我国能源战略安全。然而，由于历史和地理原因带来的经济社会发展不均衡，我国西部地区丰富的"绿氢"资源远离中东部的能源负荷中心，导致了供需上的错配和不平衡。以广东佛山为例，该市氢能示范应用走在全国前列，但紧张的氢气供应已经开始严重影响氢燃料电池汽车运营，全市近年已出现氢燃料电池汽车因氢荒而停运的问题。因此我们需要研究经济、安全、可靠的氢气远距离运输方式，以建立"产-储-输-分销-应用"的完整产业链。目前主流的长管拖车运输方式，虽然经过长年的发展具备了成熟的技术，但由于运输效率和经济性显著受到距离的制约，并不适合长距离氢气运输。管道运输由于较低的运输成本，被认为是适合大规模、长距离的运氢方式。我国已计划在2030年建成3000km以上的氢气长输管道，而欧洲则计划在2040年建立起总里程超过4万km的氢气运输管网。

全球氢气管网的发展历史已超过70年，但迄今只有共计不到5000km的总里程，我国仅有100km。相较于超过300万km的天然气管网规模，氢气管网发展上的落后导致我们目前缺乏科学系统的氢气运输管网完整性管理技术体系，尚未形成明确统一的风险评估、安全性评价和可靠性评价方法，对管道安全经济运行的监测分析和动态调控技术有限，对关键的失效机制和失效模式认识不足，对外部环境、管道本体和供应调度等各因素相互作用机制的了解不够清晰，难以满足大型化、复杂化、一体化、智能化的国家级氢气管网建设要求。氢气运输管网的完整性管理相比于传统的天然气管道而言，总的来说有以下四大技术难点：①运氢管材的特殊要求，由于氢气运输对温度和压力的较高要求，且常见金属管材容易发生氢脆现象（即金属材料长期在氢环境下会与氢气反应而引起力学性能的劣化），因此氢气管道用材在合金元素、钢级、管型、操作压力等方面与天然气管道相比，存在一定的限制范围。②复杂的热力学过程，氢气相比甲烷具有不同的热力学性质，因而在管道运输中随着环境条件和工艺流程变化而产生的膨胀、压缩乃至相变等过程中，氢气的水力工况和热力学性质都会遵循不同的变化规律，这对我们分析管道和设备失效提出了全新的挑战。③氢气供应的不稳定性，作为二次能源，氢气的产出受到一次能源供应的极大制约。理想的以可再生电力（风电、水电等）为驱动的电解水制氢方法，显然受到风力和水力的季节性供应差别影响。而主流的化工副产品制氢则导致氢气产量受副产品原料供应的限制。这些额外的限制条件对管网保供能力带来了剧增的难度。④更严重的失效后果，氢气与天然气相比密度小，爆炸区间范围宽，最小点火能量低，火焰温度高且扩散系数大，研究表明，高压氢气泄漏扩散形成的危险云团较大且集中，扩散最大高度较天然气增加得快,在近地面区产生的危险后果较小,但氢气影响范围区间更广,更易扩散,且达到同样火焰热辐射水平时,氢气的热辐射距离更近,能量相对更强,这对氢气运输管网的安全运行和可靠性保障提出了更万无一失的要求。

因此,为了实现我国氢气运输管网的快速发展以满足氢能产业对"血管"的要求,我们需要解决以下科学问题:①引入材料性能系数,建立氢气管道的新型设计公式。②查明氢气的相平衡规律,构建快速、可靠、稳健的新型相平衡计算体系。③探明氢气供需网络的运行规律,探索管网保供能力的高效、准确、实时预测方法。

2　科学问题背景

在众多的能量载体中,氢气是公认的清洁能源,氢气燃烧只产生水,是真正零排放的二次能源。在能源科技不断进步、经济重心逐渐偏移、环境问题日趋严重和疫情带来的全球经济社会发展显著减速的大背景下,氢能越发被视为改写地缘政治格局并影响国际能源供求关系乃至金融秩序的关键变量。根据熵增理论,社会进步必然需要增加能源消耗,而能量的增加会加快结构离散,因此氢能具有的来源近乎无穷尽且均匀平衡分布(水),可小规模生产供应(太阳能电解)和多种简单制取方式等优势,使其更适合熵增社会对分布式能源供应体系的需求。氢能供需网络和电网(电解水制氢)、天然气管网(天然气制氢)、二氧化碳捕捉封存体系(重油和天然气制氢的副产品)等集成系统天然的耦合特性使其成为现代能源互联网体系中有机且不可或缺的组成部分。氢能发展的根本驱动力在于人对美好生活的需要和向往,兼具了气候治理与能源革新的双重功能。氢能将成为构建人类命运共同体的绿色引擎。

我国无论是具有电解水优势的西部地区,还是具有化工副产品优势的东北地区,都和东南沿海、长江流域等氢能利用先行地区具有较远距离,因此氢气管网成为氢能产业重要的基础设施和民生工程,在新能源和能源互联网框架建设中被寄予厚望。确保设施安全是氢气管网系统的首要问题,确保可靠供应是氢气管网系统的根本任务,明晰失效后果是氢气管网建设的决策依据,三者侧重不同,但不可分割。因此,氢气管网的完整性评价应包含管道和设备的安全、氢气供应的可靠和管网失效后果评估等多个层面,并需要制订相应的预防和应急措施。

相比天然气管网较为成熟的完整性管理体系,氢气管网由于发展较慢,尚未形成明确的标准规定和统一的管理规范。与天然气中主要成分甲烷相比,氢气独特的热力学性质和氢脆效应对管道和设备的材质提出了更高的要求。由于氢气在空气中的最小点火能量仅为 0.017mJ,远小于甲烷的最小点火能量,且氢气燃烧火焰的传播速度远大于甲烷,因此氢气管道的失效将导致更为严重的燃烧和爆炸风险。此外,对常见金属管道,焊接和密封处的氢气渗透速率比甲烷快,而对于非金属管道,氢气的渗透速率可达到甲烷的 4~5 倍,具体取决于管输压力和管材性质等。对于意外泄漏，相同条件下氢气的泄漏速率也大于甲烷，所以氢气管道发生意外失效时更大的泄漏量和常态运行时更大的渗漏量都带来了氢气管道运输的更高风险。此外，氢气在运输各工艺流程中水力工况和热力学性质的改变以及氢气作为二次能源不稳定的供应量都对管网的可靠性管理带来了新的挑战。因此，我们需要针对我国氢气管网发展中面临的可靠性管理各技术瓶颈，开展相应的关键理论与方法研究，并与系统科学、运筹与优化科学、热力学、流体力学、材料力学等基础学科相互促进，共同发展。

3　科学问题研究进展

对氢气管网进行完整性管理，是保障氢气管网安全可靠运行的重要措施，也是实现我国能源供应体系更新迭代和长远保障的重要手段。目前对于氢气管网可靠性管理的研究主要在氢气管网的管道设备安全性评价、氢气供气的可靠性评价和氢气管道设备的失效风险评估这三个方面。

3.1　氢气管网的管道设备安全性评价

管体安全(管道本体的本质安全)是大型管网系统安全的基础，一般是在管道缺陷的定量检测基础上，通过一系列严格的理论分析与计算来确定缺陷是否危害管道结构的安全可靠性，并根据缺陷的发展规律，进一步确定管道的安全服役寿命。目前我们已经针对天然气管网从系统层面建立了目标可靠度计算模型和算法，综合纳入了屈服强度、抗拉强度、断裂韧性等标称指标，并对缺陷管道的腐蚀缺陷对失效行为的影响进行了建模模拟和实验验证。在此基础上，分析了氢气对管道腐蚀速率、缺陷发展和疲劳裂纹扩展的影响，并针对氢气管道提出了新的裂纹容许尺寸检测标准。此外，在氢气管道弥散型损伤缺陷中，可能形成氢鼓泡现象，即存在处于原子状态的氢并且管道加工过程中在钢材内部形成空穴，对管道设备的安全性构成了新的挑战。

安全性评价方面存在以下难点：①现有管道系统安全评价体系所考虑的管道失效模式较为片面，仅关注了单一荷载作用下高钢级管道环焊缝接头失效，不适用于复杂轴向组合荷载。②目前在焊接接头失效的研究方面尚未考虑土壤-大气-水等环境工况对接头失效的影响，也没有考虑研究管道周围环境非稳态热力学工况的影响。③对管道腐蚀的研究目前尚缺乏管道外可能的土壤杂散电流腐蚀的动力学机制和发展规律研究。

3.2　氢气供应的可靠性评价

复杂氢气管网系统的供应保障能力需要与资源供给、管输能力配置、用户需求演化等多条件相结合，并且还受到国际政治局势、季节气候变化以及其他能源载体的价格起伏等因素的影响。这些条件和因素间的相互作用,致使氢气管网供应保障能力动态评价难度较大。目前,通过分析能源需求的演化规律,采用经典统计方法分析和基于机器学习的数据挖掘方法等技术手段,研究了环境、区域经济、市场、国际政治走向等多种因素的相互作用机制,并引入了管网拓扑特性和瞬变特性对运输能力的影响。综合考虑资源分布、用户性质、管网输送能力、管体与设备的运行与维护等因素,借助运筹学理论建立拟调度问题的数学模型,对稳态和非稳态下的管网调度方案提出了优化算法,能够给出设备运行、源点注入、下游分输等最优方案,从而保障管网的安全可靠供气能力。

供气可靠性评价方面存在以下难点:①当前的供应保障能力评价体系缺乏对管体状态、设备故障、供需波动、政策信息等非稳态不确定因素的考虑,因此各评价方法只适用于特定的生产场景,不具有普适性。②由于优化模型对管网节点的维数爆炸相关性,且目前缺少对复杂拓扑结构管网体系调度方案的快速优化方法,导致大规模、复杂结构和真实运行条件下的调度方案优化时间长,难以满足管网供应保障的快速反应要求。

3.3　氢气管道设备的失效风险评估

风险评估是管道完整性管理的重要部分,需根据现有的管道信息辨识风险事件与可能导致管道失效的情况,确定风险事件导致管道失效的可能性并评估失效后果的严重程度。目前对氢气管网的失效风险评估主要是基于成熟的天然气管网可靠性评估体系,引入氢气对管道各区段失效可能性得分和失效后果得分产生的影响,考虑管道处于高压富氢环境中管材的氢脆和氢腐蚀等加剧作用,明确氢气对失效概率的加速影响并相应更新管道寿命预期模型,根据氢气在泄漏扩散和燃烧爆炸上相比甲烷不同的特征相应修改风险打分指标。

失效风险评估方面存在以下难点:①氢气管道的应急修复技术尚属空白,缺乏风险控制和消弭手段。②非稳态工况下诱发部件失效的多因素影响规律尚不明确。

4　总结与展望

综上所述,氢能产业发展事关我国"碳达峰、碳中和"目标大局,且有望成为改变当前能源供应局面和地缘政治格局的突破口,而氢气管网作为长距离氢能输送的首选方式适合我国氢资源分布与氢利用发展地理不均衡的特性。为了实现氢气管网建设的快速发展,我们需要形成科学的氢气运输管网完整性管理体系,包含管道设备安全性评价、供气的可靠性评价和失效风险后果评估这三个方面:

(1)目前的氢气管网的完整性研究大多基于成熟的天然气管网完整性理论和技术,通过分析氢气相比于甲烷不同的物理化学性质和燃烧特性,更新评价指标,引入不同参数,推导控制方程,构造改进算法,修正打分标准,从而提出适宜的安全评价体系、优化调度方案和风险评估方法。因此,传统的天然气管网可靠性管理在非稳态、大规模和多因素条件下的难点尚未被解决,甚至在引入新的参数和指标后方程形式更复杂,求解难度更高。

(2)氢能作为二次能源,其生产供应受到的制约因素相比天然气等一次能源更多,因此,理想的供应保障能力评价体系需要耦合数倍的政策、环境等多种因素,这极大提升了该问题的维度和求解难度,也为基于机器学习的数据挖掘技术提供了广阔的应用前景。

(3)天然气管道掺氢输送是一种具有潜力的发展模式,通过不断试验不同掺氢比对管道运行安全和供应可靠的影响,最大限度地利用成熟的天然气管网完整性管理体系设计掺氢管网的管理模式和技术细节,从而降低技术难度,减少新建管网的费用,并兼顾氢气运输要求,为氢气管网的建设积累经验和技术储备。

主要参考文献

[1] 曹蕃,陈坤洋,郭婷婷,等.氢能产业发展技术路径研究[J].分布式能源,2020,5(01):1-8.

[2] 何盛宝,李庆勋,王奕然,等.世界氢能产业与技术发展现状及趋势分析[J].石油科技论坛,2020,39(3):17-24.

[3] Haeseldonckx D,D'haeseleer W. The use of the natural-gas pipeline infrastructure for hydrogen transport in a changing market structure[J]. International Journal of Hydrogen Energy,2007,32(10-11):1381-1386.

[4] Cerniauskas S,Junco A J C,Grube T,et al. Options of natural gas pipeline reassignment for hydrogen:cost assessment for a germany case study[J]. International Journal of Hydrogen Energy,2020,45(21):12095-12107.

[5] Bouledroua O,Hafsi Z,Djukic M B,et al. The synergistic effects of hydrogen embrittlement and transient gas flow conditions on integrity assessment of a precracked steel pipeline[J]. International Journal of Hydrogen Energy,2020,45(35):18010-18020.

[6] Singh R. Pipeline integrity: management and risk evaluation [M]. Gulf Professional Publishing,2017.

[7] Su H,Zhang J,Zio E,et al. An integrated systemic method for supply reliability assessment of natural gas pipeline networks[J]. Applied Energy,2018,209:489-501.

[8] Yan Y,Liang Y,Zhang H,et al. A two-stage optimization method for unmanned aerial vehicle inspection of an oil and gas pipeline network[J]. Petroleum Science,2019,16(2):458-468.

[9] Tian X,Zhang H. Failure pressure of medium and high strength pipelines with scratched dent defects[J]. Engineering Failure Analysis,2017,78:29-40.

[10] Zhang T,Li Y,Li Y,et al. A self-adaptive deep learning algorithm for accelerating multi-

component flash calculation [J]. Computer Methods in Applied Mechanics and Engineering,2020,369:113207.

撰稿人:孙树瑜(阿卜杜拉国王科技大学)

输氢、储氢工况下氢气燃烧机理与火焰加速机制

Hydrogen combustion and flame acceleration mechanism under hydrogen transmission,storage conditions

1　科学问题概述

氢气易燃易爆、燃烧范围宽(4%~75%)、点火量低、扩散系数大且易对材料力学性能产生劣化,在管道输送、储存和使用过程中均具有潜在的泄漏和爆炸危险,因此,氢储运安全是氢能应用和大规模商业化推广的重要前提之一,并在世界范围内引起了广泛的关注。

许多国家成立了专门的研究机构,用以开展氢安全研究,以期在氢能产业化过程中占据主动权和制高点,并取得了一系列有价值的成果,但时至今日,输氢、储氢典型生产工况下氢气燃烧机理与火焰加速机制仍不完善,总的来说主要面临如下挑战:①喷嘴形状、障碍物对喷射火焰长度、热辐射的影响,以及氢浓度梯度对火焰加速和DDT的影响机制尚不明确,现有理论难以对实际输氢、储氢生产工况下火灾爆炸的危害性进行有效评估;②氢喷射火产生的微火焰对材料性能的影响机制尚不明确,导致现有输气管道、储气设施对输氢、储氢的可靠性难以论证;③典型生产工况下的氢爆燃爆轰试验及液氢泄漏瞬态脉动喷射火试验数据缺失,难以为氢风险评价所需模型的建立与验证提供充足的基础数据支持;④氢自燃机理尚无定论,复杂形状管道下的氢自燃试验缺失,使得对高压氢气泄漏的危险性估计不足;⑤可燃氢在典型工况下的点火概率及氢浓度对点火概率的影响规律至今无人阐明,阻碍了氢储运安全评估、事故缓解方法和应急安全响应机制的建立。

因此,开展典型生产工况(泄漏口形状、障碍物、氢浓度梯度及空气浮力)下的氢爆燃爆轰试验、液氢泄漏瞬态脉动喷射火试验,及复杂形状管道下的氢自燃试验,阐明典型生产工况下氢燃烧爆炸规律,建立液氢泄漏、开放环境下氢气爆燃爆轰、爆燃爆轰转变、氢点火、流体与火焰界面相互作用等若干氢行为数值模型,揭示复杂工况下的氢燃烧机理,从而为氢能储运安全评估、储运设施材料选择、氢能安全标准的制定提供基础数据和理论支撑。

2　科学问题背景

世界能源需求的不断增长和化石能源引起的环境污染问题都迫切呼唤着新能源的开

发与利用。氢能具有来源多样、储运便捷、利用高效、清洁环保等特点，既是清洁能源，又是支撑化石能源清洁高效利用、可再生能源大规模储能的重要手段。21世纪以来，发达国家争相出台氢能技术发展规划，以便在未来的新能源竞争中占据主动权。我国也高度重视氢能燃料电池汽车的发展，《中国制造2025》(2015—2025年)将节能与新能源汽车列为十大重点发展领域之一，提出"实现大规模、低成本氢气制取、存储、运输、应用一体化"的战略目标，要大力发展氢能、燃料电池等新一代能源科技。2016年发布的《"十三五"国家科技创新规划(2016—2020)》将氢能、燃料电池列为新一代引领产业变革的颠覆性能源技术。2019年《政府工作报告》强调"推动充电、加氢等设施建设"等，氢能首次被写入《政府工作报告》。截至2018年底，世界范围内已建成加氢站369座，其中我国已建成加氢站23座，占比约6%。根据《中国氢能产业基础设施发展蓝皮书(2016)》，2020年我国加氢站将达100座，2030年达到1000座。

氢气易燃易爆、燃烧范围宽(4%~75%)、点火量低、扩散系数大且易对材料力学性能产生劣化的影响，在制备、储存、运输、加注和使用过程中均具有潜在的泄漏和爆炸危险，因此氢安全是氢能应用和大规模商业化推广的重要前提之一，并在世界范围内引起了广泛的关注。许多国家成立了专门的研究机构，用以开展氢安全研究，以期在氢能产业化过程中占据主动权和制高点，如日本供氢及氢应用技术协会(HySUT)、日本氢能检测研究中心(HyTReC)、美国圣地亚国家实验室(SNL)、欧盟燃料电池和氢气联合协会(FCH2JU)、北爱尔兰氢安全工程研究中心(HySAFER)、加拿大电力科技实验室(PowerTech)等。我国相关机构也在氢安全领域开展了大量研究，如浙江大学成立了氢安全研究实验室，在氢气泄漏爆炸、氢与材料相容性、高压氢气快充温升、车载储氢气瓶耐火性能、氢风险评价等方面开展了较为系统的研究，并取得了重要的阶段性成果。

因此，氢安全的研究已在世界范围内如火如荼地开展，为了在未来的新能源竞争中占据主动权，开展典型输氢、储氢工况下氢气燃烧爆炸的研究势在必行。

3 科学问题研究进展

3.1 氢燃烧火焰行为研究

氢燃烧范围宽，点火能量低，若泄漏后被点燃立即会形成射流火焰，称为氢喷射火。依据泄漏状态的不同，氢喷射火可分为亚声速喷射火和欠膨胀射流喷射火。SNL、HySAFER等机构开展了一系列氢喷射火试验，得到了火焰长度和热辐射值等试验数据，并总结出基于弗雷德数Fr、雷诺数Re和马赫数Ma计算不同喷射火类型下火焰长度的经验公式，但试验所用喷嘴形状均为圆形。Mogi等通过试验对比，研究了不同喷嘴类型下的氢气喷射火特性，结果表明，喷嘴形状对火焰长度具有显著的影响。氢喷射火模拟的研究重点为热辐射模型的建立。付佳佳等基于 OpenFOAM 平台,嵌入基于大涡模拟方法的 fvDOM 辐射计算模型,对氢亚声速喷射火中火焰长度的影响因素进行了基础性研究。Brennan 等同样基于大涡模拟方法,采用基于概率密度函数的混合分数燃烧模型,结合"虚喷管"概念,对氢欠膨胀喷射火火焰长度、宽度进行了基础性研究。Cirrone 等采用涡流耗散燃烧模型和 DO 热辐射模型,对氢欠膨胀喷射火热辐射危害进行了基础性研究。虽然有不少学者开展了氢喷射火的模拟研究,但总体而言,相关燃烧模型和热辐射模型仍不成熟,模拟结果具有一定的不确定性。

3.2　复杂工况下氢爆燃转爆轰(DDT)机制

氢在受限空间内泄漏后,易发生氢气的积聚,形成可燃氢气云。若可燃云团被意外点燃,由于障碍物的影响,火焰与障碍物之间产生的循环激励效应加剧了燃烧过程。在燃烧初始阶段,燃烧波与冲击波分离且速度低于冲击波,称为爆燃,随着火焰的加速,当燃烧波与冲击波以同样的速度向前传播时,称为爆轰,整个过程称为爆燃爆轰转变(DDT)。爆轰波的形成会严重加剧事故后果,因此 DDT 一直是氢燃烧爆炸研究的热点。研究重点为 DDT 的产生机理及障碍物尺寸、空间受限程度、燃料气体成分、燃料浓度梯度和反应边界条件对火焰加速过程和 DDT 发生位置的影响机理。研究表明,火焰传播经历缓燃、爆燃、爆燃转强爆轰、强爆轰衰减及稳定爆轰等阶段,火焰、主导激波和反射激波间的相互作用是影响 DDT 的主要因素。

3.3　高压氢气泄漏自燃机理

高压氢气泄漏后在没有点火源的情况下会发生自燃,但目前国际上对氢自燃机理尚无定论,相关机理主要包括逆焦耳-汤普逊效应、扩散点火机理、静电点火机理、热表面点火机理和催化反应点火机理。Mogi、Yamada 等分别通过试验和模拟研究了高压氢气通过管道泄放的自燃过程,论证了扩散点火机理的合理性。Duan 等基于扩散点火机理,利用试验和理论分析方法对高压氢气泄漏激波传播特性、自燃机理及自燃火焰发展规律进行了系统性研究。

4　总结与展望

综上所述,在氢燃烧与爆炸研究方面,火焰加速(FA)和爆燃爆轰转变(DDT)的机理仍不明确,氢自燃机理及试验研究仍需加强,在未来氢安全的研究方面,提出如下建议:

(1)研究喷嘴形状、障碍物对喷射火焰长度、热辐射的影响,以及氢浓度梯度对火焰加速和 DDT 的影响机制。

(2)研究氢喷射火产生的微火焰对材料性能的影响机制。

（3）开展典型生产工况下的氢爆燃爆轰试验及液氢泄漏瞬态脉动喷射火试验。

（4）研究高压氢自燃机理，开展复杂形状管道下的氢自燃试验。

（5）研究可燃氢在典型工况下的点火概率及氢浓度对点火概率的影响机制。

主要参考文献

［1］ WINTER C. Hydrogen energy-abundant, efficient, clean: a debate over the energy-system-of-change ［J］. International Journal of Hydrogen Energy, 2009, 34(14): S1-S52.

［2］ CIRRONE D M C, MAKAROV D, MOLKOV V. Simulation of thermal hazards from hydrogen under-expanded jet fire［J］. International Journal of Hydrogen Energy, 2018, 44(17): 8886-8892.

［3］ GRUNE J, SEMPERT K, FRIEDRICH A, et al. Detonation wave propagation in semi-confined layers of hydrogen-air and hydrogen-oxygen mixtures［J］. International Journal of Hydrogen Energy, 2017, 42(11): 7589-7599.

［4］ WANG C J. WEN J X. Numerical simulation of flame acceleration and deflagration-to-detonation transition in hydrogen-air mixtures with concentration gradients ［J］. International Journal of Hydrogen Energy, 2017, 42(11): 7657-7663.

［5］ ZHANG B. The influence of wall roughness on detonation limits in hydrogen-oxygen mixture ［J］. Combustion and Flame, 2016, 169: 333-339.

［6］ POROWSKI R, WOJCIECH R, ANDRZEJ T. Analysis of mechanisms of hydrogen spontaneous ignition during its release into atmosphere［J］. Przemysl Chemiczny, 2013, 92(1): 76-81.

［7］ DUAN Q L, XIAO H H, GAO W, et al. Experimental investigation of spontaneous ignition and flame propagation at pressurized hydrogen release through tubes with varying cross-section［J］. Journal of Hazardous Materials, 2016, 320: 18-26.

［8］ DUAN Q, ZHANG F, XIONG T, et al. Experimental study of spontaneous ignition and non-premixed turbulent combustion behavior following pressurized hydrogen release through a tube with local enlargement［J］. Journal of Loss Prevention in the Process Industries, 2017, 49: 814-821.

［9］ DUAN Q L, XIAO H H, GAO W, et al. Experimental study on spontaneous ignition and flame propagation of high-pressure hydrogen release via a tube into air［J］. Fuel, 2016, 181: 811-819.

撰稿人：崔淦[中国石油大学（华东）]

大规模液氢输运管道振动机理与高效热管理调控机制研究

Study on vibration mechanism and efficient thermal management regulation mechanismof large-scale liquid hydrogen transportation pipeline

1　科学问题概述

液氢作为一种高效、清洁、可再生的绿色能源,因其具有热值高、零排放、高能量密度(普通汽油3倍)等特点,为交通运输(车、船)、航空航天(高超声速飞机、火箭推进)等提供了卓越的动力,同时,作为工业还原介质,因具有超纯度(6N)、高纯度品质(5N)等特性,在芯片、显示、光伏电池等战略性新兴产业发展及石油精制、金属氧化物还原、贵金属加工等行业建设发挥独特作用。液氢的储存与输运是氢能规模化与致密储输中的瓶颈,大规模储输过程带来的管路振动及输氢管道的长时间高效热管理问题涉及液氢生产、运输、最终应用等所有环节,相关问题若不解决,氢能的应用则难以推广。

现有的大推力氢氧火箭发动机、液氢加注站均需要短时间、大流量的液氢供给及在将来大规模、远距离液氢输氢管道中,液氢流动、反复充注过程及输运泵本身的压力、流量等参数的非线性时变波动等是引起管道振动的主要原因;同时,管路真空绝热保温不当导致液氢与外界环境之间的漏热引起气液两相流及蒸发气(BOG),直接排放时造成氢损失,若不及时排放,会造成管路压力升高,产生较大的安全隐患,深入研究液氢输运管道的振动机理与高效热管理调控机制,实现液氢大规模远距离输运,面临几个关键科学问题:

1.1　多力场作用下的管道振动形成机理及预测

液氢管路振动可能由以下几个原因产生:①泵动力不平衡引起机器本身和其相连管道产生振动;②气液两相混合物在管道中不同流型引发的管路机械振动;③往复泵在运行过程中,活塞或柱塞的周期性运动会产生压力脉动,导致管道发生振动泵出口管路压力脉动引起的振动。

1.2　液氢输运管道冷量耗散路径形成机理及影响因素

液氢所处的20K温区储输环境与外界环境的较大温度梯度,导致传热对装置性能有显著影响,需深入探究其冷量耗散路径形成机理及影响因素:①不同设备及管道的形状特征因子下的冷量耗散网络;②液氢气液两相流的冷量耗散非线性时变瞬态与稳态模型。

1.3 液氢输运管道的高效热管理调控机制

为避免由内外温差引起的液氢快速蒸发损失,研发高真空、强绝热的液氢管道成为液氢大规模输运所面临的挑战:①长期存放短期使用液氢输运管路冷凝真空多层绝热与新型材料真空多层绝热性能预测模型;②大规模、长周期使用低温液氢输运管路综合热管理调控技术。

2 科学问题背景

液氢作为一种清洁且高能量密度的燃料,被广泛应用于卫星、航天飞机和宇宙飞船等运载火箭发射中,在航空推进领域中起着关键性作用。在未来,氢能有望在推动中国能源结构改革、保障国家能源安全等方面扮演越来越重要的角色,并可能在能源、化工、交通等领域引起一系列变革。在氢能产业发展过程中,高效、低成本的氢气储运技术是实现大规模用氢的必要保障。目前,氢的典型储运方式主要包括高压气态储运、低温液态储运、有机液态储运和固态储运技术等。对于气氢储输,不同状态储存的氢气可通过车载、管道或船用进行远距离运输。气态储氢以高压气瓶为储氢容器,通过高压压缩储存气态氢,其主要优点在于储氢容器结构简单,充放气速度快。中国目前氢能发展处于起步阶段,整体产氢规模较小,氢能利用的最大特点是就地生产、就地消费,氢气的运输距离相对较短,因此,多采用长管拖车运输;管道运输的压力相对较低,一般为 $1.0 \sim 4.0$ MPa,具有输氢量大、能耗小和成本低等优势,但是建造管道的一次性投资较大,不适合作为氢能发展初期的运输方式。中国可再生能源丰富的西北地区有望成为未来氢能的主产地,而中国能源消费地主要分布在东南沿海地区。在未来氢能大规模发展的前提下,管道运输可实现氢能的低成本、低能耗、高效率跨域运输。

低温液态储氢具有能量密度大、体积密度大、加注时间短等优点,其基本原理是将氢气压缩冷却至 -253℃ 使其液化,并储存在低温绝热容器中,液氢密度高达 70.78kg/m³。氢气液化系统和储氢容器是氢气液化储存的关键装置。为避免由内外温差引起的液氢快速蒸发损失,研发高真空、强绝热的储氢容器成为液氢应用的重点和难点。为降低比表面积,减少换热,储氢容器一般以圆柱状或球形为主,由于圆柱状容器生产简单,应用更加广泛。为减少和避免热蒸发损失,液氢储罐多采用双壁层结构,其内胆盛装温度为 20K 的液氢,通过支撑物置于外层壳体中心,内外壁层之间除保持真空以外,还需放置碳纤维、玻璃泡沫、膨胀珍珠岩、气凝胶等绝热材料,防止热量传递。低温液态运输的运氢能力大,可减少车辆运输的频次,提高加氢站的供应能力,适用于距离长、输运量大的情况。日本和美国都已将液氢罐车作为加氢站运氢的重要方式之一。在特定场合,液氢也可通过管道运输,但由于当前技术受限,输氢管道容器的绝热要求高,管道结构复杂,液氢管道仅适合短距离输送。

总体来看,中国氢能发展前期(约到 2025 年),车载储氢将以 70MPa 高压气态储氢为主;运输将以 45MPa 长管拖车为主,低温液态运输和管道运输将逐步进行示范项目,协同发展。中期阶段(约到 2030 年),车载储氢将以气态、低温液态为主,多种储氢技术相互协同;氢气运输将以高压气态车载运输、低温液态运输和气氢管道运输相结合的方式协同进行。远期阶段(约到 2050 年),全国氢能发展步入成熟阶段,氢气需求量增大,大力发展管道运输成为必然趋势,氢气管网将覆盖全国,保证氢气供应通畅。

可见,我国氢能源产业的发展对气氢和液氢管道的输运提出了新要求和挑战,针对液氢输运管道的振动机理与高效热管理调控机制开展相关研究具有重要的理论价值和现实意义。

3　科学问题研究进展

在未来氢能大规模发展的前提下,液氢可作为氢氧发动机的推进剂,其工业化使用离不开航天航空领域的发展。低温液态储氢具有能量密度大、体积密度大、加注时间短等优点。氢气液化系统和储氢容器是氢气液化储存的关键装置。由于氢气液化温度低,使得液化系统能耗高,且对储氢容器绝热要求高。低温液态储氢技术难度大、一次性投资成本高。降低氢气液化成本、提高储氢容器绝热性能是目前研发的重点方向。通过管道运输液氢时,由于受当前技术限制,输氢管道容器的绝热要求高,管道结构复杂,仅适合短距离输送。液氢流动、反复充注过程及输运泵本身的压力、流量等参数的非线性时变波动引起的管道振动尚不明确,输氢管路长时间大规模真空绝热热管理背后的科学问题探讨较少,具体进展与存在的问题如下:

3.1　液氢低温管道振动行为机理及稳定防护规律

在输流管道振动方面,一些文献利用有限元方法对输液管道的振动进行了分析,得到了流体速度、压力在管道中的分布规律以及管道固有频率的影响因素;在原有理论的基础上,通过考虑过冷度等一些相关因素的影响,对管道轴向振动与流体压力脉动的流固耦合方程模型进行了研究。少量文献分析了高频振荡流体荷载作用下折弯式管道系统的耦合振动特性,其结果表明节流孔板对管道系统的振动有一定的抑制作用。对于液氢等深低温流体而言,还没有较准确的管道振动微分方程。对于低温气液两相流动问题,国内外学者进行了大量的研究。一些文献对管内两相流动流激振动进行了分析,总结了近几年有关流激振动方面的研究进展,提出了减少输送管内流激振动现象的措施。部分文献基于数值模拟,利用欧拉双流体模型通过分析水平圆管内固-液两相流动压降,总结出速度、固相体积分数与压降的关系,总结出影响空化过程的因素有入口速度、出口压力、湍流黏度以及弯管角度等,初步得到防止液氢在输送管道内流动出现气液两相流的方法,但目前尚无法准确获得多力场耦合作用下的管道振动及减震影响规律。

3.2 液氢输运管道冷量耗散路径形成机理及影响因素

对于液氢等一些低沸点的低温流体,处于20K左右的静止状态与流动状态下的冷量耗散机理具有较大区别。液氢静止状态下,其与周围环境主要通过热传导和热辐射形成冷量耗散网络,亟须通过基于试验、解析、数值计算相结合的方式,辨别出管道在液氢处于静止状态下的最短耗散路径,提取出最短冷量耗散路径的形成机理及影响因素;液氢流动状态下,其对流传热得到大幅增强,需要综合考虑其所形成的包括热传导、热对流、热辐射的相关影响,同时,由于时均变化的环境太阳辐照密度、风速、大气压等决策变量波动,以及液氢冷量耗散产生的大量蒸发气及由此引发的液氢气液两相流的非线性时变瞬态与稳态冷量耗散网络模型。

3.3 液氢输运管道的高效热管理预测模型及调控方法

对于需要长期存放短期使用的真空绝热输氢管道,为了解决长期存放中真空度保持的困难,少量文献提出在真空腔中充入易于冷凝的高纯 CO_2(99.99% 以上)气体,其压力略高于环境大气压,平时常温存放时外界气体不可能渗漏进入绝热腔,绝热腔也不存在真空度的保持与监测问题。工作时,低温介质进入导管后,可凝气体在低温壁上冷凝成固态,形成真空腔。为准确预测管路绝热性能,需建立的包括液氢与周围环境之间的辐射传热、对流传热、热传导传热稳态/非稳态换热模型。

对于大规模长周期使用低温液氢输运管路,必须采用综合的热管理技术。一些文献介绍了国内外提出的被动热防护技术和主动制冷技术。低温液氢输运管路的热管理中被动热防护主要通过隔热措施减少与外界的热量传递,或采用消耗自身的方法实现热量的转移。被动热防护技术低温液氢热管理中常采用的有效方法包括多层隔热技术、遮阳板技术、连接结构隔热设计、流体混合技术、热力学排气技术等。低温液氢的长期储存不可避免受到外界漏热的影响,这一部分的热量会使低温液氢温度升高而汽化,造成液氢损失。要实现低温推进剂的无损长期储存,必须采用主动制冷技术。主动制冷通常采用低温制冷机对低温推进剂进行冷却,从而达到降温的目的。低温制冷机中的 GM 制冷机[GM 循环是由吉福特(Gifford)和麦克马洪(Mcmahon)二人发明]、斯特林制冷机和脉管制冷机均可以达到液氢温度,并在20K 温区有一定的制冷量,可以用来冷凝气体和冷却液体。主动制冷技术采用的低温制冷机在液氢温度下工作效率很低,需要消耗大量的电能才能转移部分热量。因此,使用低温制冷机的前提是储箱已具备良好的绝热能力,确保外界漏热量与制冷机的制冷量处于同一水平,并且能够为制冷机提供充足的电源。

4　总结与展望

为了深入研究液氢输运管道振动机制预测及防护,真空深低温液氢管道高效热管理,需要开展以下几方面的工作:

(1)明晰液氢管路振动分布规律以及管道固有频率影响的主要来源及机理,阐明高频振荡流体荷载、气液两相流流型、周期性脉动等因素对振动的影响规律,形成相应低温氢管路减振防护策略。

(2)研究液氢与外界环境的较大温度梯度下的冷量耗散路径形成机理及影响因素,研究最短冷量耗散路径的形成机理及影响因素;建立包含流动状态与环境波动下的气液两相流的非线性时变瞬态与稳态冷量耗散网络模型。

(3)研究过冷液氢流态与真空绝热液氢输运管道关系,建立包括液氢与输运管路之间的考虑辐射传热、对流传热、热传导传热稳态/非稳态换热模型,探寻集成多种主/被动热防护的大规模液氢管路绝热方案,并建立综合热管理调控技术。

主要参考文献

[1] Abohamzeh E,Salehi F,Sheikholeslami M,et al. Review of hydrogen safety during storage, transmission, and applications processes[J]. Journal of Loss Prevention in the Process Industries,2021:104569.

[2] Papadias D D,Peng J K,Ahluwalia R K. Hydrogen carriers:production, transmission, decomposition,and storage[J]. International Journal of Hydrogen Energy,2021.

[3] Kalyadin O V,Sergeev A V,Grebennikov A A,et al. Modeling of the cooling process of long pipelines for transportation of liquid hydrogen[C]∥IOP Conference Series:Materials Science and Engineering. IOP Publishing,2021,1035(1):012045.

[4] 栾骁,马昕晖,陈景鹏,等.液氢加注系统低温管道中的两相流仿真与分析[J].低温与超导,2011,39(10):5.

[5] Miwa S,Mori M,Hibiki T. Two-phase flow induced vibration in piping systems[J]. Progress in Nuclear Energy,2015,78(jan.):270-284.

[6] Chang H,Xie X,Zheng Y,et al. Numerical study on the cavitating flow in liquid hydrogen through elbow pipes with a simplified cavitation model[J]. International Journal of Hydrogen Energy,2017:18325-28332.

[7] Mao H,Li Y,Wang L,et al. Estimation of the pressure oscillation in geyser process occurring in cryogenic fluid pipeline[J]. International Journal of Heat and Mass Transfer, 2021,169:120922.

[8] Miwa S,Mori M,Hibiki T. Two-phase flow induced vibration in piping systems[J]. Progress in Nuclear Energy,2015,78(jan.):270-284.

[9] 李明蓬.二氧化碳冷凝真空多层绝热液氢输送管的研制[J]. 低温工程,1996(02)：1-5.

撰稿人：肖军(合肥通用机械研究院)

二氧化碳管输理论与关键技术

The theory and key technology of carbon dioxide pipeline transportation

1　科学问题概述

二氧化碳捕集、利用及封存(CCUS)是一项具有大规模二氧化碳减排潜力的新兴技术,被广泛认为是应对全球气候变化、控制温室气体排放的重要技术之一,对我国"双碳"目标的实现具有重要意义。CO_2输送作为CCUS技术的中间环节是捕集和封存、利用阶段间的必要连接,对整个CCUS技术的成功运营起着至关重要的作用。在众多运输方式中,管道输送是CO_2远距离运输最具规模应用优势、最经济和最安全的途径。随着我国CCUS技术走向规模化和商业应用,建设CO_2输送管道成为必然选择。

尽管国外已有大量的CO_2管道输送工程实践,国内CO_2管道输送领域研究仍处于探索阶段,缺乏大规模、长距离CO_2输送管道设计、建设及运行的相关经验,许多关键技术仍处于空白阶段。CO_2管道介质流动特性、输送工艺与传统油气管道系统存在巨大差异,需要将CO_2的特殊性质和传统管道输送理论融合,借鉴国外CO_2管输工艺与技术经验,结合国内碳源、碳汇及环境特点,建立完善的CO_2管输理论并针对关键技术展开探索。

目前还存在着以下三大方面的研究瓶颈：①多相态下CO_2管道输送工艺特性难以明晰,CO_2管道现场应用不成熟,现有的管道输送工艺特性分析主要依靠实验和数值模拟进行,受制于参数取值的影响,其准确性往往较低,难以对多相态下CO_2管道输送水热力变化规律进行准确表征,导致计算结果与实际工程应用存在偏差。②CO_2管道优化设计复杂性高,CO_2特殊的物理性质导致对杂质、温度、压力等环境因素敏感性强,管道设计存在不确定性,需要充分考虑运行状态变化,传统油气道设计方法不适用于CO_2管道;CO_2管网设计复杂性高,存在多源单汇及单源多汇模式,受源汇点温度、压力及组分多重约束,难以有效优化。③CO_2安全输送关键技术有待进一步提高,目前尚未形成完善的CO_2管道泄漏检测定位技术,超临界CO_2管道泄漏过程热力学参数发生突变,泄漏特征难以明确;缺乏高效的腐蚀与防护技术,当管道含水等其他杂质时会发生严重腐蚀,但腐蚀机理还不明确,难以捕捉腐蚀形态；缺乏成熟的 CO_2 管输安全流动评价方法和可靠性评价体系。

因此，面对多相态、水热力复杂、高度非线性的 CO_2 管道运输系统，为提高管道设计及运行管理水平，还需开展 CO_2 管道输送工艺特性分析研究，考虑 CO_2 物理性质及外界环境变量，探究多相态下 CO_2 管道输送水热力变化规律，形成 CO_2 高效管道输送理论；针对多相态管输模式、点对点及管网结构、陆上、海上运行环境，形成 CO_2 管输系统优化设计方法；耦合 CO_2 管输物理特性和数据驱动模型，形成管道泄漏检测定位技术、腐蚀分析与防护技术、管输流动安全保障技术以及可靠性评价方法，最大限度降低管道潜在安全隐患。

2　科学问题背景

CO_2 管道输送作为 CCUS 技术的中间环节，担负着把 CO_2 气源从捕获阶段输送至利用、封存阶段的关键使命，是实现 CO_2 大规模输送的重要方式。区别于传统油气长距离输送及集输管道，CO_2 输送介质的多相态、复杂水热力特性对 CO_2 管道输送设计及运行管理提出挑战。根据 2021 年 9 月《中共中央　国务院关于完整准确全面贯彻新发展理念做好碳达峰碳中和工作的意见》，须"推进规模化碳捕集利用与封存技术研发、示范和产业化应用"。完善 CO_2 管输理论及关键技术的研发应用是推动未来 CCUS 技术的规模应用的关键技术，将为"双碳"目标如期实现发挥重要作用。

CO_2 管道输送理论和关键技术发展滞后将对以下三个方面造成负面影响：①难以为标准制定提供理论支撑，现有管输 CO_2 水热力计算模型通常通过实验或数值模拟获得，模拟准确性和通用性仍然较低，计算结果与实际工程应用仍有偏差，无法推动行业及国家陆上、海上 CO_2 管输标准的制定。②难以实现 CCUS 技术的整体规模应用，CO_2 管道输送技术不成熟将导致碳源和碳汇衔接受阻，无法推动规模经济带来的成本下降，不利于"双碳"目标的稳步实现。③难以降低管道安全运行隐患，由于难以明确 CO_2 泄漏特征和腐蚀机理，没有成熟的安全流动评价方法和可靠性评价体系，导致容易发生泄漏、腐蚀事故，造成生态环境风险。

由此可见，为了克服上述问题，保障 CO_2 管道系统安全高效运行，推动 CCUS 技术规模应用，必须明晰 CO_2 输送工艺特性及水热力变化规律，提高管道设计和运行安全管理水平，开展 CO_2 管输理论与关键技术深入研究是需求导向下的必要要求。

3　科学问题研究进展

为提高 CO_2 管道输送设计及运行管理水平，实现安全高效目标，目前对 CO_2 管道输送理论与关键技术的研究主要分为三个方面的技术路线：CO_2 管道输送工艺特性分析、CO_2 管道输送系统优化设计、CO_2 安全输送关键技术研究。

3.1 CO_2 管道输送工艺特性分析

CO_2 管道输送工艺特性分析,是管道完整性管理、流动保障、管道运行的基础。CO_2 管道输送的相态有三种:气态、液态及超临界状态;特别是超临界状态,其物性具有非常规流体特性与变化规律。目前,现有的研究利用现场实验方法以及不断完善的数值模拟方法,探究多相态下 CO_2 管道输送水力、热力变化规律,对管道的总体输送工艺进行分析,确定输送相态、设计压力、水热力计算公式。但是,目前的研究没有充分考虑真实的 CO_2 管道输送状态,包括管输杂质的含量、运行过程的相变、管道起伏情况等,无法满足实际工况需求。同时,虽然国外相关学者已建立较多通用的 CO_2 水热力计算模型,但是与我国真实管道运行工况相比,还存在较大误差。

CO_2 管道输送工艺特性分析存在以下难点:①管输 CO_2 中含有的杂质种类多,对管道输送物性影响较大,传统方法难以对混合物物性进行准确拟合。②CO_2 管道运行工况数据包含管道沿线温度、压力、流量等数据,数据维度大,水力、热力关系具有较强的非线性和高维复杂特性,分析较为困难。

总体上,CO_2 管道输送工艺复杂,涉及多相态、多杂质,而且由于管道数据的非线性、复杂高维特性以及安全状态的影响因素较多,给 CO_2 管道输送工艺特性分析带来挑战,传统数值模拟方法无法实时准确探究多相态下 CO_2 管道输送水热力变化规律,需要进一步开展 CO_2 管道输送工艺特性分析研究。

3.2 CO_2 管道输送系统优化设计

CO_2 管道输送系统建设国内仍处于起步探索阶段,开展 CO_2 管道输送系统优化设计对CCUS 技术的规模应用具有重要意义。现有 CO_2 管道设计通常借鉴油气管道设计经验,考虑气源组分要求、输送相态的选择与控制、输送量、输送温度与压力、输送距离、路由选择、设备选型、材料特殊要求等因素,获得具有成本效益的管输方案。目前,我国现有 CO_2 管道设计及实践多为陆上点对点短距离低输量管道,缺乏长距离大输量管道、海上管道以及管网经验,无法满足 CO_2 大规模利用及封存、海底封存等技术配套需求。

CO_2 管道输送系统设计优化存在以下技术难点:①超临界态 CO_2 对杂质、温度、压力等因素敏感性较强,特别是海底管道受风浪、潮流等环境因素影响,导致管道运行状态及流体水热力特性影响较大,CO_2 管道设计存在较强不确定性。②CO_2 管网设计需要进行源汇匹配,常见模式包括点对点、多源单汇及单源多汇等,其中管网优化设计复杂性较高,需要考虑不同碳源组分差异影响、拓扑结构选择、变径设计、多周期接入等因素。

总体上,CO_2 管道输送系统设计存在环境变量影响较大、运行不确定性较强等特点,涉及多相态下的管道运输模式选择及管网拓扑方案选择问题,传统油气管道设计方法在

CO_2 管道不完全适用,需要针对 CO_2 物理特性开发综合考虑环境不确定的 CO_2 管道(网)优化设计模型,充分结合运行方案实现整体统一优化,降低设计方案敏感度和运输风险。

3.3　CO_2 安全输送关键技术研究

对 CO_2 管道输送的特性进行软件模拟计算,初步明确管道沿线压降、流体温度变化曲线。建立 CO_2 管道运行仿真模型,模拟不同泄漏下运行参数的变化情况,考虑泄漏时 CO_2 管输水热力变化,建立机理和数据驱动的泄漏检测模型,形成管道泄漏检测定位技术。考虑输送介质的特殊性,研制耐蚀材料、涂层、缓蚀剂、阴极保护等一种或多种联合的保护方式,开发新型高效腐蚀防护方法,加大对弯管、焊接接头、管输节点等特殊部位腐蚀行为的研究,提出高效的防腐技术。研究停输工况下管道内流体变化规律,针对停输再启动过程提出相应安全控制建议,形成流动安全保障技术。

CO_2 管道输送关键技术研究存在以下难点:①由于 CO_2 管道输送的复杂性,仿真模型难以表征其真实状态,无法准确描述其运行特性。②CO_2 管道腐蚀机理和泄漏过程具有较强的耦合性,还未能明确描述,缺乏相应高效的控制措施。

总体上,CO_2 管道输送关键技术还未成熟,在 CO_2 管道输送工艺特性研究的基础上,亟须明确管道水热力参数变化规律,开展腐蚀机理研究和防护技术开发,研制高效防腐材料。研究 CO_2 管道输送泄漏过程管道减压过程,形成耦合机理和数据驱动的泄漏检测定位技术。模拟停输再启动过程,提出安全流动保障技术,形成管道可靠性评价体系,为 CO_2 管道安全、经济输送提供理论指导和建设依据。

4　总结与展望

综上所述,现有 CO_2 管道的运行理论与关键技术主要围绕上述三个方面展开,各内容均存在明显的研究不足,因此未来亟须克服各研究难点,进一步提高 CO_2 管道输送技术水平:

(1)改进现有数值模拟和实验方法,开展管道输送工艺特性分析,探究多相态下 CO_2 管道输送水热力变化规律,为 CO_2 管输设计与运行管理提供理论依据。

(2)基于 CO_2 管道输送工艺特性研究,开发综合考虑环境不确定条件下 CO_2 管道设计优化模型,充分结合运行方案实现整体统一优化,降低设计方案敏感度和运输风险。

(3)开发耦合 CO_2 管道输送物理特性和数据驱动模型,形成 CO_2 管道泄漏检测定位、腐蚀分析与防护、流动安全保障以及可靠性评价技术,最大程度避免异常事故工况的发生。

主要参考文献

[1]　Rui Q, Haoran Z, Xingyuan Z, et al. A multi-objective and multi-scenario optimization model for operation control of CO_2-flooding pipeline network system [J]. Journal of Cleaner

Production,2020,247:119157.

[2] Edwards R,Celia M A. Infrastructure to enable deployment of carbon capture,utilization, and storage in the united states[J]. Proceedings of the National Academy of Sciences, 2018,115:201806504.

[3] Onyebuchi V E,Kolios A,Hanak D P,et al. A systematic review of key challenges of CO_2 transport via pipelines[J]. Renewable & Sustainable Energy Reviews,2017,81.

[4] Suoton P,Nejat R,Iqbal M. CO_2 pipeline design:a review [J]. Energies, 2018, 11 (9):2184.

[5] Lund H,Mathiesen B V. The role of carbon capture and storage in a future sustainable energy system[J]. Energy,2012,44(1):469-476.

[6] 陆争光. CO_2管道输送工艺技术研究[J].新技术新工艺,2016,3:10-13.

[7] 李昕.二氧化碳输送管道关键技术研究现状[J].油气储运,2013,32(4):343-348.

[8] Wetenhall B,Race J M,Downie M J. The effect of CO_2 purity on the development of pipeline networks for carbon capture and storage schemes[J]. International Journal of Greenhouse Gas Control,2014,30(2):197-211.

[9] Alfonso G P,Christophe C,Patrice P,et al. Comparative study of vapour-liquid equilibrium and density modelling of mixtures related to carbon capture and storage with the SRK, PR, PC-SAFT and SAFT-VR mie equations of state for industrial uses [J]. Fluid Phase Equilibria,2017(440):19-35.

[10] Nazeri M,Chapoy A,Burgass R,et al. Measured densities and derived thermodynamic properties of CO_2-rich mixtures in gas,liquid and supercritical phases from 273K to 423K and pressures up to 126MPa[J]. The Journal of Chemical Thermodynamics,2017,111: 157-172.

撰稿人:梁永图[中国石油大学(北京)]

X80 钢焊接接头在多介质耦合的液态/近临界区 CO_2 体系中的腐蚀机理研究

Corrosion mechanism of X80 steel welded joints in multi-medium coupled liquid/near-critical CO_2 system

1 科学问题概述

截至目前,我国共有 26 个碳捕集、利用与封存(Carbon Capture,Utilization and Storage,

CCUS)项目正在规划或运行。其中,CO_2输送管道的失效对我国造成了严重的经济损失,而腐蚀则是CO_2输送管道发生失效的主要原因。国内的吉林、长庆、中原和胜利油田等CO_2输送管道就遇到了较严重的局部腐蚀问题,制约了CCUS技术在我国的快速发展。

　　CCUS技术的高成本是限制其大规模推广的最主要障碍之一。目前,国内外在役CO_2管道的材料主要是X52、X60和X65等管线钢。CO_2输送管道如果使用X80钢建设,可减小管壁厚度、增大管径、提升输送压力与能力、降低CO_2管道建设与运营成本。X80钢母材的显微结构与较低强度管线钢的铁素体+珠光体显微组织不同,其微观结构主要有三种:贝氏体单相、贝氏体-铁素体双相和下贝氏体-板条马氏体。显微结构的差异导致X80钢及其焊接接头与较低强度管线钢的耐腐蚀性出现差异。X80钢在焊接过程中,紧邻熔合线(Fusion Line,FL)部分的母材(Base Metal,BM)由于经历热循环会出现力学以及耐腐蚀性能下降等问题,这使得焊接接头成为管道服役安全的薄弱环节。焊接接头是焊缝(Weld Metal,WM)、热影响区(Heat Affected Zone,HAZ)和BM组成的非均匀结构。HAZ一般还可被细分为粗晶区(Coarse Grain Heat Affected Zone,CGHAZ)、细晶区(Fine Grain Heat Affected Zone,FGHAZ)和部分相变区(Inter-Critical Heat Affected Zone,ICHAZ)。这些亚区可能会出现不同的显微组织,比如板条状贝氏体、粒状贝氏体以及马氏体/奥氏体(M/A)组元等,并且不同亚区之间的晶粒度有较大差异。这种显微组织结构以及成分的差异加上较大焊接残余应力的存在,会让各亚区之间产生电化学非均一性。因此,焊接接头在腐蚀介质中存在微观腐蚀电池与宏观腐蚀电池耦合的复杂电化学过程,且易呈现出腐蚀局部化特征,这将降低X80钢CO_2管道的可靠性和安全性。

　　CO_2在管道中一般以气、液或超临界态形式输送,温度范围为4~50℃,压力范围为5~20MPa。一般认为,CO_2以超临界或液态方式输送有更好的经济性。在管道输送过程中,CO_2的相态可能会发生变化。由于管道散热以及压降,CO_2可能会从超临界态转变为液态,且水在CO_2中溶解度随温度降低而降低,可能出现凝析液。对于同一段管道,由于昼夜气温变化也可能会处于超临界与液态CO_2交替的腐蚀环境中,且在较低管压或者非正常工况条件下可能会处于CO_2的近临界区环境。这里的近临界区特指在临界点附近涵盖了液、气以及超临界态这三相的局部相态区域。另外,在CO_2海洋封存系统中,由于海水温度可低至4℃,CO_2在海底管道内处于液态。

　　综上所述,X80钢焊接接头在多介质耦合的液态以及近临界区CO_2体系中很有可能成为CO_2管道腐蚀敏感的最薄弱环节,产生局部腐蚀失效造成安全事故和损失。因此,非常有必要对X80钢焊接接头在这些环境中的腐蚀行为与机理进行深入研究。

2　科学问题背景

　　在我国"双碳"目标的大背景下,CCUS技术将被用于中和15%~20%的碳排放量。

我国建设和运营大规模的 CO_2 输送管道将不可避免。

管道输送 CO_2 已有将近 50 年历史。目前世界范围内在役的 CO_2 管道长度超过 6000km，输送量超过 150Mt/年。这些 CO_2 管道主要以提高原油采收率（Enhanced Oil Recovery，EOR）为目的。在大规模推广 CCUS 技术的背景下，CO_2 管道安全是首先需要被注意的问题之一。据统计，北美 CO_2 管道事故率为 0.64 起/（千公里·年）（1994—2013年），远高于其同期天然气管道事故率[0.19 起/（千公里·年）]。在 CCUS 情况下，如果不采取有效防腐措施，CO_2 管道事故率有可能进一步提高。与北美 EOR 中 CO_2 主要来自纯度较高的天然 CO_2 气井不同，我国规划或运行中的 26 个 CCUS 项目中，CO_2 一般是从燃煤电厂尾气中通过燃烧前、燃烧后或富氧燃烧技术捕集得到的，会含有一定量的 SO_2、NO_2、H_2S、O_2 和 H_2O 等烟道气杂质。当 CO_2 管道温度降低导致有凝析液时，CO_2 以及杂质成分就会溶解在凝析液中形成多介质耦合体系，对管道内壁产生强烈的腐蚀作用，进而增加管材失效引发事故的概率，直接影响到 CCUS 系统的安全、稳定运行。

3 科学问题研究进展

以 CCUS 技术为背景的含多种介质的超临界、液和气态 CO_2 腐蚀问题按环境可分为两大类：富 CO_2 相（CO_2 为溶剂）和富水相（含饱和 CO_2）中的腐蚀。当前，研究集中在超临界态 CO_2 环境中多因素对管材腐蚀行为的影响上。在已公开发表的文献中，X80 钢在液态 CO_2 环境腐蚀的文献非常有限，未见其在近临界区 CO_2 环境腐蚀的文献报道，也没有 X80 钢焊接接头在富 CO_2/水相环境中腐蚀的相关文献。

3.1 X80 管线钢焊接接头各亚区的腐蚀敏感性

焊接接头耐腐蚀性能降低问题已得到学术界和工业界的广泛关注。近年来的研究主要集中在研究焊接接头在焊接后组织类型和晶粒尺寸等对各亚区在不同环境中腐蚀敏感性的影响上。李亚东等利用离散、热模拟处理和模块化重构的一维微电极阵列对 X80 管线钢焊接接头进行了模拟重构，并使用微电极阵列测试技术研究了 X80 钢模拟焊接接头及孤立分区在 CO_2 饱和溶液中的电偶腐蚀行为。其结果表明，孤立的 WM 区的自腐蚀电流密度虽最小，但在电偶腐蚀的加速作用下，WM 与 CGHAZ 作为阳极会首先因腐蚀而失效，成为模拟焊接接头的薄弱环节。Ballesteros 等研究显示，X80 钢焊接接头的 HAZ 在含 H_2S 溶液中的局部腐蚀比 BM 和 WM 上的更为严重，他们认为，这是和 HAZ 的显微组织结构密切相关的。这些研究表明，在不同的环境中，焊接接头腐蚀敏感的区域可能不同，且随着腐蚀周期的延长，这种腐蚀的相对敏感性可能会发生逆转，并且目前对这些现象还缺乏深入的微观机制解释。

天然气 X80 钢管道焊接接头腐蚀敏感的问题可能也会出现在 X80 钢 CO_2 管道的焊接

接头上。目前尚未见到关于 X80 钢焊接接头在液态或近临界区 CO_2 环境中腐蚀的研究报道。焊接接头的各亚区在液态以及近临界区 CO_2 环境中的腐蚀敏感程度以及各亚区间的电偶腐蚀特性、显微组织对腐蚀的影响有待研究。由于高压环境的限制,很多腐蚀研究方法无法应用,可以考虑在进行高压模拟实验研究的同时,在常压下模拟管道内凝析液的环境中引入微区电化学技术进行研究。

3.2　CO_2 相态对管线钢腐蚀行为与机理的影响

不同相态下的 CO_2 物性(包括密度、黏度和扩散系数等)差异可能会对管线钢腐蚀行为与机理产生影响。Farelas 等的研究显示,在含 650ppmv 水以及 1000ppmv SO_2 的液态 CO_2(8MPa、25℃)中,X65 钢出现了较为严重的孔蚀(6.5mm/年),而在相同杂质浓度和压力条件下的超临界 CO_2(8MPa、50℃)中,却没有发现明显的腐蚀。Sui 等研究发现 X65 钢在 8MPa、27℃的液态 CO_2 中的均匀腐蚀速率高于在50℃相同压力条件超临界 CO_2 中的均匀腐蚀速率。以上结果均表明,相比于在超临界 CO_2 中,管线钢在液态 CO_2 中有更高的腐蚀敏感性。

Hua 等的研究显示,X65 钢在离临界点更近的含不饱和水的 35℃超临界 CO_2 环境比在 50℃超临界 CO_2 中更容易出现孔蚀。管线钢在近临界区 CO_2 中可能由于物性的剧烈变化表现出独特的腐蚀特性。CO_2 相态除了会影响水在 CO_2 中的溶解度以及腐蚀性介质的传质过程,还可能会影响腐蚀产物膜的成分与结构,进而影响其对基体的保护性。

3.3　多介质耦合对阴极反应与阳极溶解机理的影响

杂质气体成分对管线钢的阴极反应和阳极溶解机理会产生重要影响。Choi 等研究了 X65 钢在含 10000 ppmv SO_2 和饱和水的超临界 CO_2 中的腐蚀行为,结果显示腐蚀速率为不含 SO_2 条件下的 10 倍以上。Xiang 等利用动电位扫描方法研究了阀门钢在含亚硫酸杂质的饱和 CO_2 溶液中的腐蚀行为,发现了亚硫酸能使阴极极化曲线出现明显的二段波现象,这很有可能与亚硫酸氢根离子直接得电子生成氢气的阴极反应相关:

$$2HSO_3^- + 2e^- \longrightarrow H_2 + 2SO_3^{2-} \tag{1}$$

该研究同时还发现,亚硫酸加速了腐蚀的阳极过程,并类比 H_2S 腐蚀的阳极溶解机理,提出了相应的阳极溶解机制。这些反应机理是基于常压电化学实验结果提出的,对于高压 CO_2 体系还缺乏实验验证。

当 NO_2 杂质存在时,该腐蚀问题会更为复杂。Ayello 等的研究表明,相比于 SO_2 和 O_2 杂质,100ppmv NO_2 能更大地增加 1010 碳钢在超临界 CO_2 中的腐蚀速率(12mm/年),且腐蚀速率随含水率增大而增大。NO_2 溶于水除了能为腐蚀阴极过程提供更多的 H^+ 去极化剂,同时还使腐蚀过程可能存在如下的阴极反应:

$$NO_3^- + 2H^+ + 2e^- \longrightarrow NO_2^- + H_2O \tag{2}$$

Zheng 等的研究表明，碳钢在含 H_2S 溶液中的腐蚀过程存在 H_2S 直接得电子的阴极反应：

$$2H_2S + 2e^- \longrightarrow H_2 + 2HS^- \tag{3}$$

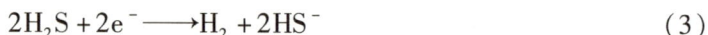

以上阴极反应与阳极溶解机理在多介质耦合的液态以及近临界区 CO_2 环境中是否发生尚不清楚，需进一步研究确认。此外，在应力存在的条件下，杂质气体的存在是否会导致 X80 钢焊接接头产生应力腐蚀开裂问题，尚需研究确定。

4 总结与展望

综上所述，X80 钢焊接接头在液态以及近临界区 CO_2 环境中的腐蚀问题还存在以下挑战：

(1)不同 CO_2 相态条件下的管线钢腐蚀行为存在差异的确切原因未知，CO_2 相态对腐蚀机理的影响机制尚不清楚。

(2)多种烟道气介质耦合作用下的阴极反应与阳极溶解机理相对复杂，目前尚无清晰、统一的认识。

(3)焊接接头在该环境下各亚区电偶腐蚀、应力腐蚀、相腐蚀以及显微结构对腐蚀影响的微观机制研究尚处空白状态。

主要参考文献

[1] R Barker, Y Hua, A Neville. Internal corrosion of carbon steel pipelines for dense-phase CO_2 transport in Carbon Capture and Storage(CCS)-a review[J]. International Materials Reviews, 2017, 62:1-31.

[2] 李亚东, 李强, 唐晓, 等. X80 管线钢焊接接头的模拟重构及电偶腐蚀行为表征[J]. 金属学报, 2019, 55:801-810.

[3] A F Ballesteros, J A P Gomes, I S Bott. Corrosion evaluation of SAW welded API 5L X-80 joints in H_2S-containing solution [J]. Materials Research-Ibero-American Journal of Materials, 2015, 18:417-426.

[4] F Farelas, Y S Choi, S Nesic. Corrosion behavior of API 5L X65 carbon steel under supercritical and liquid CO_2 phases in the presence of H_2O and SO_2[J]. Corrosion, 2013, 69:243-250.

[5] P Sui, J Sun, Y Hua, et al. Effect of temperature and pressure on corrosion behavior of X65 carbon steel in water-saturated CO_2 transport environments mixed with H_2S[J]. International Journal of Greenhouse Gas Control, 2018, 73:60-69.

[6] Y Hua, R Barker, A Neville. Effect of temperature on the critical water content for general and localised corrosion of X65 carbon steel in the transport of supercritical CO_2 [J]. International Journal of Greenhouse Gas Control, 2014, 31: 48-60.

[7] Y S Choi, S Nesic, D Young. Effect of impurities on the corrosion behavior of CO_2 transmission pipeline steel in supercritical CO_2-water environments [J]. Environmental Science & Technology, 2010, 44: 9233-9238.

[8] Y Xiang, C Li, Z Long, et al. Electrochemical behavior of valve steel in a CO_2/sulfurous acid solution [J]. Electrochimica Acta, 2017, 258: 909-918.

[9] F Ayello, K Evans, R Thodla, et al. Effect of impurities on corrosion of steel in supercritical CO_2, in: CORROSION/2010, San Antonio, Texas, USA. Paper no. 10193, NACE International, 2010.

[10] Y Zheng, B Brown, S Nesic. Electrochemical study and modeling of H_2S corrosion of mild steel [J]. Corrosion, 2014, 70: 351-365.

撰稿人：向勇[中国石油大学(北京)]

超高性能混凝土管道泵送阻力形成过程与调控

Resistance formation process and control in pipeline pump for ultra high performance concrete

1 科学问题概述

管道泵送混凝土浇筑方式具有高效、经济、安全及应用场景灵活等优点，是现代混凝土的主要输运浇筑方式。近年来，超高性能混凝土(UHPC)因其具有优异的耐久性、超高强及高韧性等优点，成了土木工程领域发展的重点结构工程材料。极低水胶比和大掺量外加剂是 UHPC 材料的主要组成特征，导致 UHPC 具有高黏度和低屈服应力的流变行为，并表现出一定程度的剪切增稠，极大增加了超高性能混凝土的管道泵送难度，不但大幅增加了管道输运所需的泵送压力，而且，泵送过程中可能因为剪切增稠而出现管道堵塞，严重影响工程进度甚至导致工程事故。因此，研究 UHPC 在管道中的流动行为与阻力形成机理对完善 UHPC 的应用技术和理论体系具有重要意义。

新拌 UHPC 是由厘米级粗颗粒至纳米级粉体、水、纤维和高分子外加剂拌制而成的复杂流体，可视为粗颗粒分散在水泥浆中的固-液-气三相复杂悬浮体，水泥水化导致 UHPC 流变行为具有时变性，在泵送压力、温度、剪切作用下，其时变性将发生改变，从而影响管道泵送性能；并且，在压力和剪切力诱导作用下，UHPC 中固-液-气三相易出现分离，准确预测和调控 UHPC 的管道泵送性能面临几个关键科学问题：①压力与剪切作用下极低水胶比浆体颗粒间的相互作用机理。UHPC 的粉体分散是通过大掺量的高性能减水剂保证粉体材料减水剂分子的有效吸附，间隙溶液中还存在较高浓度的减水剂分子。颗粒间的相互作用力主要受范德华力、颗粒表面吸附减水剂分子的静电斥力/空间位阻力，以及含有高浓度减水剂的间隙溶液的共同影响。在压力及剪切作用下，颗粒间的距离(外加剂分子侧链受压缩作用)、外加剂的吸附与解吸附，以及间隙溶液高分子构象均可能出现变化，对上述问题缺乏科学认识。②压力与剪切作用下 UHPC 内固-液-气相的稳定性。混凝土是由固-液-气三相组成的复杂悬浮体，固相密度大于液相，液相密度大于气相，虽然 UHPC 较高的黏度一定程度上阻止了三相分离，但在剪切和压力的诱导作用下，UHPC 内的固-液-气三相的稳定性有待进一步研究。③UHPC 管道泵送阻力影响因素与形成机理。混凝土的流变性能及其经时行为、泵送速度、泵送压力、泵送时间、温度等因素均影响管道泵送阻力，但对各因素及其耦合作用对 UHPC 泵送阻力的影响规律缺乏系统认识；并且，UHPC 具有剪切增稠特性，如何评价和消除高泵速下输运阻力的陡增(甚至堵管)有待深入研究。④UHPC 管道泵送阻力调控原理与预测。降低 UHPC 管道泵送阻力的主要措施是通过开发降黏型减水剂降低 UHPC 的黏度，但这单一方法难以满足工程实际需求；针对 UHPC 管道泵送阻力的预测模型还未见相关报道。

综上，为实现 UHPC 管道泵送输运阻力的有效调控，保障 UHPC 的高效、安全运输浇筑，应认清压力与剪切作用下极低水灰比浆体颗粒间的相互作用规律，揭示泵送条件下 UHPC 流变行为的变化机理；阐明压力-剪切作用下 UHPC 固-液-气三相稳定性规律，建立三相复杂悬浮体的稳定性控制方法；阐明泵送速度、泵送压力、流变性能、温度等各因素对泵送阻力的影响规律，建立 UHPC 泵送阻力预测模型；在此基础上，构建 UHPC 管道泵送阻力调控原理与技术。

2 科学问题背景

近年来，工程结构不断向深地、深海、大跨与高层方向发展，对混凝土材料的强度、耐久性和工作性提出了更高要求，UHPC 具有的超高强、高韧性和高耐久等特点，满足了土木工程发展方向的新要求，成为土木工程领域的研究热点和前沿。管道泵送作为一种混凝土输运及浇筑手段，由于效率高、施工连续性好、成本相对较低、应用场景灵活等优点，被广泛地应用于混凝土结构的施工中，是目前混凝土输运最主要的方式。与普通混凝土相比，UHPC 的极低水胶比与大外加剂掺量等特征对材料在管道输运过程中的流动行为及阻力大小产生了显著的影响，并且 UHPC 固-液-气三相组成特点进一步增加了材料在管道泵送过程中的复杂性和预测难度。

此外,3D 打印技术作为一种先进工程结构建造技术在土木工程领域蓬勃兴起,是未来土木工程技术发展的重要方向。管道运输是 3D 打印混凝土材料的主要输运方式。3D 打印混凝土材料应具有良好的可泵送性、可打印性及可建造性,它的组成特征也是高粉体含量与大外加剂掺量,因此,管道泵送也是 3D 打印混凝土技术的重要组成部分。

可见,混凝土材料科学与施工建造技术的进步均对混凝土的管道泵送提出了新要求和挑战,针对 UHPC 管道泵送输运阻力形成机理与调控开展研究具有重要的理论价值和现实意义。

3　科学问题研究进展

自 1933 年美国首次使用管道泵送的方式输运混凝土以来,管道泵送已成为现代混凝土浇筑施工的主要方式。混凝土的管道输运与油气管道输运不同,一般认为,混凝土的管道可泵送性包括几方面:①混凝土易于流动,能充填满泵送管道。②压力作用下混凝土保持良好的匀质性。③泵送过程中的阻力较小。④泵送前后混凝土的性能变化较小。经过 90 多年的实践与研究,在混凝土泵送技术和材料制备方面取得了显著进步,混凝土泵送机械设备已能满足千米级高强混凝土的高层泵送要求,但混凝土高层泵送仍然依赖于耗时、耗财的试错性盘管泵送试验,而对混凝土管道泵送行为背后的科学问题探讨较少,具体进展与存在的问题如下:

3.1　混凝土在管道内的流动行为

混凝土在管道中的泵送受混凝土中浆体含量影响较大,浆体含量较高、集料悬浮在浆体中混凝土(饱和混凝土)的泵送阻力较小;而当混凝土中浆体含量较低不能填充满集料间隙,流动过程中集料之间相互接触(非饱和混凝土),泵送阻力大。UHPC 属于前者,可用连续介质力学描述,其管道内流动行为取决于混凝土的黏度和屈服应力,管道内流体的剪切力由管道壁处的最大值(τ_w)线性变化至圆心处的 0。将剪切速率与混凝土的流变模型结合并沿管道横截面积分,便可得到混凝土在管道内横截面的流速分布。当混凝土的屈服应力大于该点处的剪切应力时,混凝土不发生剪切作用。对于普通混凝土,其屈服剪切应力较高,一般均高于 τ_w,因此,混凝土主体不发生剪切作用,而在管道壁处形成一层很薄的润滑层,混凝土以栓流的形式在管道中输运;但对于 UHPC 而言,其屈服应力较低,在一定半径范围内,剪切应力可能高于 UHPC 的屈服应力,因此,管道中流动的混凝土除栓流层外,还有一部分混凝土受到剪切作用。管道内混凝土的剪切速率受混凝土流变参数的影响,主要是润滑层黏度常数与塑性黏度之比,该参数值越小,泵送过程中施加在混凝土上的剪切速率越小。

现有研究均采用宾汉姆模型来描述混凝土的流变行为,UHPC 的流变行为显然不符合宾汉姆模型,因此,无法准确界定栓流层和剪切层的界面,以及横截面的流速分布,不能准确描述 UHPC 在管道中的真实流动行为。

3.2　混凝土在管道泵送压力和剪切等因素作用下的流变行为与稳定性

混凝土在管道泵送过程中经受几兆帕至几十兆帕的压力作用,导致混凝土的流变性能出现变化,主要有几个潜在影响机制:第一,高压作用下水泥颗粒的分散性会增加。一方面,水泥颗粒分散性的增加会减小水泥颗粒之间的距离,增加颗粒间的吸引力。另一方面,水泥颗粒的总表面积随着泵送压力的增加而增加,这使得水泥浆中的减水剂分子数量不足以覆盖所有颗粒表面,而增加颗粒的絮凝。第二,聚羧酸减水剂的侧链长度随着泵送压力的增加而减小,影响了其分散性并降低了水泥基材料的流动性。第三,泵送压力下集料可能会吸收更多的自由水和减水剂,从而降低流动性。由于高外加剂掺量和极低水胶比的特征,压力作用下 UHPC 流变性能的具体影响机制仍是未知。

剪切作用通过破坏胶凝材料颗粒之间的絮凝结构和化学连接来改变胶凝材料颗粒的相互作用和分散状态,剪切作用也影响胶凝材料颗粒对外加剂的吸附,进而影响水泥基材料的流变性能。通常,高剪切速率可以分散胶凝材料的絮凝结构,从而改善浆体的流动性;然而,也有相反情况的报道。剪切作用如何影响 UHPC 中减水剂的吸附/解吸附,胶凝材料颗粒的团聚与分散值得深入研究。

少量文献报道了通过大型盘管试验改变泵送速率等参数,研究泵压及管道内剪切的耦合作用对混凝土流变性能的影响,但盘管试验存在无法准确控制压力与剪切速率的缺点,因此,无法准确获得压力与剪切耦合作用对混凝土流变性能的影响规律。

压力作用导致混凝土固-液-气三相出现分离趋势,相关研究建立了压力泌水与混凝土稳定性的关系。在剪切速率梯度的诱导作用下,密度差异较大的固-液-气三相存在分离趋势,相关文献建立了剪切速率梯度下集料迁移的数学模型,但关于压力和剪切耦合作用下 UHPC 固-液-气三相分离的相关研究未见报道。

3.3　混凝土管道输运阻力预测模型及调控

早期,基于大量的现场工程实践得到了预测混凝土管道泵送阻力的经验公式。近年来,研究人员采用流变学理论研究了混凝土的管道泵送,取得了相关成果。研究认为,混凝土流变性能和润滑层的性能共同影响混凝土的管道输运行为,开发了摩擦仪来表征混凝土润滑层的流变性能。基于混凝土及其润滑层的流变性能,建立了混凝土在泵管中流动的数学模型,解析了泵送压力-混凝土流变性能-泵送速率间的关系,为预测混凝土的泵送行为提供了工具。同时,研究人员通过 CFD 和 DEM 等方法建立了混凝土材料在泵管中流动的数值分析模型,预测混凝土的管道泵送阻力和流动行为。

　　上述研究均基于混凝土是宾汉姆流体而进行的数学推导,其结果不一定适用于非宾汉姆的 UHPC。通过降黏型减水剂降低混凝土黏度是降低 UHPC 管道泵送阻力仅有的方式,而通过泵送工艺、管道特征以及材料组成等因素综合考虑降低 UHPC 输运阻力的研究鲜见报道。

4　总结与展望

　　综上所述,管道泵送是现代混凝土施工的主要输运方式,UHPC 是土木工程未来的主要结构材料,其大外加剂掺量和极低水胶比的特征显著改变了 UHPC 的流变性能与管道泵送行为。为了准确预测和调控 UHPC 的管道泵送阻力,需要开展以下几方面的工作:

　　(1)从物理化学及微观角度阐明压力和剪切作用对极低水胶比浆体颗粒间的相互作用和固-液-气三相稳定性的影响规律,进一步获得泵送过程对 UHPC 流变性能的影响规律。

　　(2)明晰高黏度、低屈服应力的 UHPC 管道泵送阻力主要来源及作用机理,建立材料组成、泵送工艺,管道特征等因素对阻力的影响规律。

　　(3)研究 UHPC 的流变模型与管道内混凝土流动形态的关系,建立 UHPC 管道泵送数值分析模型,实现 UHPC 管道泵送阻力的准确预测,并建立泵送阻力调控技术。

主要参考文献

[1] SHEN W,YUAN Q,SHI C,et al. How do discharge rate and pipeline length influence the rheological properties of self-consolidating concrete after pumping?［J］. Cement and Concrete Composites,124(2021)104231.

[2] KAPLAN D,DE LARRARD F,SEDRAN T. Design of concrete pumping circuit［J］. ACI Materials Journal,2005,102(2):110-117.

[3] KWON H,PARK C K,JEONG J H et al. Prediction of Concrete Pumping:Part Ⅱ — Analytical Prediction and Experimental Verification［J］. ACI Materials Journal,2014 (110):2014.

[4] CHOI M,ROUSSEL N,KIM Y et al. Lubrication layer properties during concrete pumping ［J］. Cement and Concrete Research,2013,45(1):69-78.

[5] CHOI M S,KIM Y J,KWON S H. Prediction on pipe flow of pumped concrete based on shear-induced particle migration［J］. Cement and Concrete Research,2013,52:216-224.

[6] NGO T T,KADRI E H,BENNACER R et al. Use of tribometer to estimate interface friction and concrete boundary layer composition during the fluid concrete pumping ［J］. Construction and Building Materials,2010,24(7):1253-1261.

[7] FEYS D, KHAYAT K H, PEREZ-SCHELL A, et al. Prediction of pumping pressure by means of new tribometer for highly-workable concrete [J]. Cement and Concrete Composites, 2015, 57:102-115.

[8] FEYS D, DE SCHUTTER G, KHAYAT K H et al. Changes in rheology of self-consolidating concrete induced by pumping[J]. Materials and Structures, 2016, 49(11):4657-4677. DOI:10.1617/s11527-016-0815-7.

[9] WANG D. SHI C, WU Z, et al. A review on ultra high performance concrete: Part II. Hydration, microstructure and properties[J]. Construction and Building Materials, 2015, 96 (15), 368-377.

[10] SCHROFL CH. GRUBER M, PLANK J, Preferential adsorption of polycarboxylate superplasticizers on cement and silica fume in ultra-high performance concrete(UHPC) [J]. Cement and Concrete Research, 2012, 42(11):1401-1408.

撰稿人：史才军(湖南大学)

长距离高浓度粗颗粒尾矿管道输送技术

Long distance pipeline transportation technology for high concentration coarse particle tailings

1 科学问题概述

随着矿山的开采和钢铁行业的不断发展,我国尾矿年产生量约 10 亿 t,占一般工业固体废物年产生量的四分之一,随之而来的环境和资源压力也在不断加大。管道输送因其无污染、低能耗、高可靠性等优势,已成为地形复杂、交通不便地区矿物外运的最佳方式。同时,随着绿色、低碳、可持续发展战略的实施,浆体管道输送技术将在我国获得全新的发展。近年来,浆体管道输送技术在尾矿处理方面也得到了初步探索与推广应用,如云南普朗铜矿长距离高压差高浓度尾矿输送管线、武钢金山店长距离铁矿尾矿输送管道工程和刚果(金)SICOMINES 铜钴选矿厂高浓度尾矿输送系统等。

然而,上述尾矿管道输送工程的输送浆体浓度均介于 40% ~ 55%,粒径介于 0.045 ~ 0.075mm,为进一步提高输送效率、降低输送成本和拓宽输送范畴,亟须研究长距离高浓度(≥55%)、粗颗粒(≥0.1mm)尾矿管道输送理论和技术,突破高浓度粗颗粒尾矿管道输送面临的瓶颈问题,问题包括:①高浓度粗颗粒尾矿管道输送机理不明。现有粗颗粒管道输送理论的初始条件是以水为载体、固体粒状物料为悬浮物,通过 Durand 和 Newitt 公式推导输送摩阻损失、不淤临界流速、物料级配等参数,与实际运行参数存在较大偏差。②细颗粒均质浆液形成机理与特征不明。粗颗粒尾矿在输送过程中仍含有一定比例的细颗粒,如何形成稳定的细颗粒浆液,实现粗颗粒在浆液中悬浮运动,亟须阐明细颗粒均质浆液的形成机理与特征,揭示细颗粒均质浆液对粗颗粒悬浮及运动规律。③高浓度粗颗粒尾矿管道输送系统工艺参数耦合严重且波动大,运行过程监测及控制难。受复杂运行环境的影响,高浓度粗颗粒尾矿管道输送系统工艺参数波动及耦合更为严重,亟须研究一种自适应的控制策略及技术,实现尾矿管道输送全流程复杂工艺参数实时感知、解耦分析与智能控制。

因此,为了解决上述科学问题,亟须突破粗颗粒高浓度尾矿管道输送基础理论与关键技术,促进我国矿山绿色化与智能化建设,推动"双碳"目标的实施。

2　科学问题背景

浆体管道输送为尾矿的高效处理和利用提供了一种科学的解决方案,但现有浆体管道输送理论及技术在进行尾矿输送时难以实现输送浓度、效率及成本间的平衡,主要体现在:①高浓度粗颗粒管道输送机理特性研究不足:现有粗颗粒管道输送理论的初始条件是以水为载体、固体粒状物料为悬浮物,通过 Durand 和 Newitt 公式推导管道输送水力学特性,未形成完备的长距离高浓度粗颗粒尾矿输送机理分析理论。②管道输送参数耦合严重,运行状态实时控制困难:受复杂环境影响,高浓度粗颗粒尾矿管道输送系统工艺参数波动及耦合更为严重,缺乏匹配的自适应控制策略及技术,难以实现尾矿管道输送全流程复杂工艺参数实时感知、解耦分析与智能控制。

由此可见,如果无法突破长距离高浓度粗颗粒尾矿输送理论与技术瓶颈,尾矿输送管道的设计、建设与运维将缺乏完备的理论支撑。每条尾矿管道输送均需要进行大量的实验拟合修正,理论和技术不具备普适性和推广性,且在后期的运维控制中存在潜在的安全风险。

3　科学问题研究进展

以高浓度粗颗粒尾矿管道输送摩阻损失、不淤临界流速、物料级配等机理分析与浆体流变特性研究为理论支撑,指导管道的设计与运维。研发与之适配的自适应控制策略及技术,是实现尾矿管道输送全流程复杂工艺参数实时感知、解耦分析与智能控制的关键。依据任务划分粒度的不同,目前对于长距离高浓度粗颗粒尾矿管道输送技术的研究主要分为三种技术路线:输送机理及浆体流变特性研究、细颗粒浆液载体输送特征及运动机理研究、运行状态智能感知与控制理论研究路线。

3.1　输送机理及浆体流变特性研究

输送机理及浆体流变特性研究是当前的主要研究路线,是长距离高浓度粗颗粒尾矿管道输送技术发展的理论基础。该路线主要是运用数学、力学、物理学分析方法,研究高浓度粗颗粒浆体在复杂空间形态管道中的浆体流变特性及输送机理,主要包括三个模块:①浆体流变特性:分析尾矿固液混合浆体在复杂条件下的屈服应力、黏度变化等流变特性规律,得出尾矿浆体的临界输送浓度。②运动机理:研究同粒径浆体在不同输送浓度及流动条件下对各自浓度分布、速度分布、颗粒压力、壁面剪切力等输送特性的相互影响及变化趋势,揭示浆体水力输送的最小流速、滞留效应和阻力损失等机理。③磨损机理:从速度、动量和能量等角度探究管道磨损及泄漏机理,得出浆体特性、管道形状、管道材质等与管道磨损间的影响关系,提出降低管道磨损的方法及措施。

输送机理及浆体流变特性研究路线存在以下难点:①随着输送浓度的增加,尾矿浆体呈现非均质流特性,屈服应力和流变参数变大,会出现紊流输送与层流输送混叠现象,现有细颗粒低浓度均质两相流理论难以适用。②粗颗粒尾矿粒径波动大,浆体级配混杂,黏度小,易发生沉降分层,现有流变模型、阻力损失计算模型等难以实现临界管径、临界流速、输送压力等工艺参数的精准计算。③在高浓度粗颗粒的输送条件下,现有的流变学管道磨损理论及方法,已经无法完成管道磨损程度及位置的定性与定量分析。

3.2　细颗粒浆液载体输送特征及运动机理研究

细颗粒浆液载体输送特征及运动机理已在学术领域得到了初步研究。粗颗粒在输送过程含有的细颗粒将在吸水后形成相对稳定的细颗粒浆液,使其他粗颗粒在浆液中悬浮运动,能够有效降低粗颗粒在输送过程中的阻力损失和管道磨损。当然,如果细颗粒含量过多,使浆液黏度过度增加,细颗粒抑制紊动减阻作用小于黏度变大后而增加的能耗,也会造成阻力过大。这种以细颗粒浆液为新载体的固、液两相流理论,在工程上具有广阔的应用背景。然而,传统固液两相流理论及公式都是在以清水为载体,将全部颗粒都假设为悬浮颗粒下推导的,在高浓度粗颗粒尾矿输送中,不具备普适性。

细颗粒浆液载体输送特征及运动机理研究路线存在以下难点:①细颗粒浆液载体的形成机理及对水流结构的影响不明。②细颗粒浆液载体对粗颗粒悬浮及运动规律有待探索。③不同物料粗细颗粒配比下,输送参数阻力损失、临界不淤流速等参数的理论计算模型还需推导。

3.3　运行状态智能感知与控制理论研究

运行状态智能感知与控制理论近年来在管道输送领域得到广泛研究,该路线多是基于自主设计的管道输送模拟实验系统,探究关键工艺参数及其耦合关系对管道输送系统运行状态的影响,从而实现尾矿管道输送全流程运行状态监测与控制。该路线主要分为三个研究方向:①参数感知:利用无线传感网络、5G、工业互联网等技术,对影响管道运行指标的关键参数(浓度、压力、流速等)进行检测,并通过数据融合、数值模拟和有限元仿真等方法探究其耦合关系。②状态监测:现有的状态监测技术大多是基于企业 SCADA 系统和西门子工业组态界面,完成尾矿管道输送系统的设备参数监测及异常工况报警等功能。③运行控制:主要采用人工经验结合 PID 调节的方法,少数企业通过数字化建设引入工业大数据、机器学习等技术构建了生产过程智能控制系统,实现了管道输送系统的优化控制。

运行状态智能感知与控制理论研究路线存在以下难点:①尾矿管道输送系统工艺参数耦合严重,传统的参数估计方法难以完成不完备、不确定和模糊检测值等多源异类数据的解耦分析。②尾矿管道输送系统受到运行工况、设备状态等多种不确定因素的干扰,运行过程具有非线性、多时变、强耦合的传递延迟特性,已有控制理论及技术难以满足尾矿管道输送全流程复杂工艺参数实时感知与智能控制的要求。

4　总结与展望

综上所述,现有浆体管道输送技术研究主要围绕上述三种技术路线展开,三种技术路线的侧重角度、研究内容及完善性各有差异,其未来研究趋势与发展方向也有所不同。

(1)输送机理及浆体流变特性研究路线亟须探明浓度及粒径变化对管道输送系统的影响,揭示高浓度粗颗粒的尾矿浆体流变特性和管道输送机理,从而达到指导系统关键工艺参数设定的目的,保障管道安全稳定运行。

(2)细颗粒浆液载体输送特征及运动机理研究路线需进一步完善细颗粒浆液作为输送载体的固液两相流输送理论与技术体系,为长距离高浓度粗颗粒尾矿管道的运维提供可靠的理论保证。

(3)运行状态智能感知与控制理论研究路线需进一步推动前沿信息技术的应用,搭建尾矿管道输送智能感知体系,研究非线性多耦合参数的表达方法,建立系统运行状态监测与智能控制模型,实现尾矿管道输送的实时监控与协同优化控制。

主要参考文献

[1] 姜圣才,成秉任,温春莲.浆体管道输送技术在冶金矿山的应用前景[J].水力采煤与管道运输,2011,2:1-3.

[2] 段建平,王振堂,巴红飞.刚果(金)某选矿厂高浓度尾矿输送系统的应用实践[J].湖南有色金属,2019,35(2):23-26+32.

［3］ 马艳晶,李甲.高浓度尾矿中长距离管道自流输送设计及应用[J].中国矿山工程,2015,44(5):66-68.

［4］ 纪优,孙光华,徐晓冬,等.多场耦合条件下充填料浆管道输送数值模拟研究[J].化工矿物与加工,2019,48(03):23-27.

［5］ 刘晓辉,吴爱祥,欧阳振华,等.浓密尾矿管道输送的研究现状及展望[J].安全与环境学报,2020,20(1):283-289.

［6］ 张修香,乔登攀,孙宏生.废石-尾砂高浓度料浆管道输送特性模拟[J].中国有色金属学报,2019,29(5):1092-1101.

［7］ Xinming Wang,Jianwen Zhao,Junhua Xue,et al.Features of pipe transportation of paste-like backfilling in deep mine[J].Journal of Central South University,2011,18(5):1413-1417.

［8］ Bhargav Bharathan,Maureen McGuinness,Sharun Kuhar,et al.Pressure loss and friction factor in non-Newtonian mine paste backfill:Modelling,loop test and mine field data[J].Powder Technology,2019,344:443-453.

［9］ Sape A. Miedema. The heterogeneous to homogeneous transition for slurry flow in pipes[J].Ocean Engineering,2016(123):422-431.

［10］ 郭靛.金属矿山尾矿高浓度管道输送技术研究[J].低碳世界,2015(36):111-112.

撰稿人:吴建德(云南大学)